马克思主义理论研究和建设工程重点教材

中国哲学史

（第二版）上册

《中国哲学史》编写组

人民出版社

高等教育出版社

教学课件下载

本书有配套教学课件,供教师免费使用,请访问 https://dj. lilun. cn/html/courseware.html,即可浏览下载。

图书在版编目(CIP)数据

中国哲学史/《中国哲学史》编写组编. --
2 版. -- 北京:人民出版社,2021.9(2024.6 重印)
马克思主义理论研究和建设工程重点教材
ISBN 978-7-01-022925-6

Ⅰ.①中… Ⅱ.①中… Ⅲ.①哲学史-中国-
高等学校-教材 Ⅳ.①B2

中国版本图书馆 CIP 数据核字(2021)第 174947 号

责任编辑 任 民　　封面设计 王 洋　　版式设计 于 婕　　责任校对 黄常委
责任印制 贾 菲

出版发行	人民出版社	网　址	http://www.pph166.com
社　址	北京市东城区隆福寺街 99 号	版　次	2012 年 2 月第 1 版
邮政编码	100706		2021 年 9 月第 2 版
印　刷	北京中科印刷有限公司	印　次	2024 年 6 月第 8 次印刷
开　本	787mm×1092mm　1/16	定　价	84.00 元(上、下册)
印　张	42. 25	购书热线	010-84095064
字　数	700 千字	咨询电话	010-84095103

• 马克思主义理论研究和建设工程重点教材 •

马克思主义理论研究和建设工程咨询委员会委员、审议专家

（以姓氏笔画为序）

王伟光	王晓晖	王梦奎	王维澄	韦建桦
尹汉宁	龙新民	邢贲思	刘永治	刘国光
江流	汝信	孙英	苏星	李捷
李君如	李忠杰	李宝善	李景田	李慎明
冷溶	张宇	张文显	陈宝生	邵华泽
欧阳淞	金冲及	金炳华	周济	郑必坚
郑科扬	郑富芝	侯树栋	逄先知	逄锦聚
袁贵仁	贾高建	夏伟东	顾海良	徐光春
龚育之	梁言顺	蒋乾麟	韩震	虞云耀
雒树刚	滕文生	魏礼群		

《中国哲学史》教材编写课题组

首席专家 方克立　　郭齐勇　　冯达文　　陈卫平
　　　　　　　孙熙国

主要成员 （以姓氏笔画为序）
　　　　　　　丁为祥　　刘成有　　李存山　　李翔海
　　　　　　　杨信礼　　吾敬东　　吴根友　　张连良
　　　　　　　陈　静　　陈少明　　苗润田　　徐洪兴
　　　　　　　萧洪恩　　麻天祥

《中国哲学史》教材修订课题组(第二版)

首席专家 方克立　　冯达文　　陈卫平　　孙熙国
主要成员 （以姓氏笔画为序）
　　　　　　　刘成有　　杨立华　　杨信礼　　苗润田
　　　　　　　段海宝　　顾红亮

目　　录

第一编　先　秦　哲　学

第二编　秦汉至隋唐哲学

导　论

　　习近平总书记在哲学社会科学工作座谈会上说："中华文明历史悠久，从先秦子学、两汉经学、魏晋玄学，到隋唐佛学、儒释道合流、宋明理学，经历了数个学术思想繁荣时期。"在这个过程中，"涌现了老子、孔子、庄子、孟子、荀子、韩非子、董仲舒、王充、何晏、王弼、韩愈、周敦颐、程颢、程颐、朱熹、陆九渊、王守仁、李贽、黄宗羲、顾炎武、王夫之、康有为、梁启超、孙中山、鲁迅等一大批思想大家，留下了浩如烟海的文化遗产"。① 这些文化遗产中蕴含着丰富的宇宙自然观、社会历史观、人生价值观、认知思维方式等哲学智慧。它们是中华文明的核心精神，同时也是世界哲学的瑰宝。认识和把握中华民族源远流长、博大精深的哲学思想，对于我们增强文化自信，推动中华优秀传统文化的创造性转化和创新性发展，具有十分重要的意义。习近平总书记在庆祝中国共产党成立 100 周年大会上的讲话中深刻指出，"以史为鉴、开创未来，必须继续推进马克思主义中国化"，就是要"坚持把马克思主义基本原理同中国具体实际相结合、同中华优秀传统文化相结合"。② 中华优秀传统文化集中体现在中国哲学中，凝练在中华民族对天人、道德、名实、有无、理气、心性、知行等哲学问题的沉思里。对中国哲学史的研究和探索不仅要挖掘出中华民族独特的价值理念和思维方式，更要展现出中国哲学是如何经历了近代哲学革命发展到以马克思主义为主流的新阶段，马克思主义又是如何与中华优秀传统文化相结合逐步实现中国化的历史过程。这是我们编写教材第二版的根本宗旨。

　　中华优秀传统文化丰富的哲学思想、人文精神、教化思想、道德理念等，可以为人们认识和改造世界提供有益启迪，可以为治国理政提供有益启示，也可以为精神文明建设提供有益启发。

---

① 习近平：《在哲学社会科学工作座谈会上的讲话》，人民出版社 2016 年版，第 4—5 页。
② 习近平：《在庆祝中国共产党成立 100 周年大会上的讲话》，人民出版社 2021 年版，第 12、13 页。

第一节　中国哲学史的研究对象和基本问题

一、中国哲学史的研究对象

中国哲学史，顾名思义，就是中国哲学产生和发展的历史。它以中国历史上所产生的哲学思想为研究对象，以整个中国哲学的历史演化过程为研究范围，以揭示中国哲学思想发展的特点和规律为基本任务。[①]

首先，中国哲学史的研究对象，体现着一般哲学史学科的总体特征。

哲学史的研究对象是由不同历史时期哲学的研究对象所决定的。哲学关注的不是宇宙人生某个方面或某一领域的具体或个别问题，而是自然、社会、人生和思维的最一般本质和最普遍规律，是对时代问题作出的形而上解答。每个时代所要解决的问题不同、完成的任务不同，因而便有了不同的哲学。一部哲学史就是人类不断以形而上的方式去认识和把握世界的历史。列宁在考察欧洲哲学史时指出，哲学史"简单地说，就是整个认识的历史"[②]。哲学史的发展体现了人类认识和把握世界一般规律的进程。中国哲学史作为人类哲学史的一部分，其研究对象和范围也与一般哲学史的研究对象和范围相一致，具有一般哲学史学科的共性。中国哲学史是中华民族关于自然、社会、人生、思维等根本问题的认识史，它以中华民族在各个历史时期所形成的对自然、社会、人生、思维等根本问题的认识和解答为研究对象。

其次，中国哲学史的研究对象，还体现了中国哲学认识和把握世界的独特方式。

所有民族的哲学都源自该民族在不同历史时期的社会实践，是该民族的社会存在状况在人的思维领域的反映。中华民族在数千年的历史进程中，形成了自己特定的自然和社会环境，经历了自己特定的历史发展过程，塑造了具有自己民族特点的思维方法和表达方式。这就使得中国哲学具有了自己独特的问题意识、思维方式、概念范畴和话语体系。因此，尽管中外哲学在研究对象上具有共同性，但是，中国哲学在认识和把握物质世界和社会历史时仍具有自己特

[①] 在某种意义上说，本教材还不是一部完整的中国哲学通史。它概略地论述了漫长的中国古代哲学和中国近代哲学变革的过程。1949 年后的中国当代哲学史，尚须待历史沉淀一段时间后，由后人来总结和书写。

[②] 《列宁专题文集·论辩证唯物主义和历史唯物主义》，人民出版社 2009 年版，第 146 页。

殊的内容和形式。一方面，中国哲学在某些领域里的关注点与西方哲学有别，形成了一些体现民族特点的哲学问题或研究领域。例如，中国哲学更加重视成就理想人格，将其称为"成人之道"；习惯于"推天道以明人事"，将许多哲学问题的研究落脚于"人道"。这就使得中国哲学具有了重视道德修养和人格养成的特点，产生了"修养论"和"工夫论"等不同于西方哲学的独特领域。另一方面，中国哲学虽然也同其他哲学一样具有宇宙论、本体论、历史观、人生观、认识论等基本内容，但在表达和把握这些内容时与西方哲学有很大不同。例如，中国古代哲学提出了天、道、理、气、心、性等一系列不同于西方哲学的概念范畴，并以这些独特的概念范畴去表达自己对宇宙人生的思考和认识：用"气化流行"去说明宇宙的生化过程，以"天道观"、"理气观"等形式去表述宇宙论和本体论的内容，以"心性论"、"境界论"等形式去表述人生观的内容，以"知行观"、"言意观"等形式去表述认识论的内容。这就使得中国哲学在许多领域和问题上，形成了自己特有的思想内容和言说方式。

二、中国哲学史的基本问题

哲学和哲学史的研究对象决定着其研究范围和研究问题。哲学研究的问题有很多，但其中最基本的问题是思维与存在的关系问题。正如恩格斯所说的："全部哲学，特别是近代哲学的重大的基本问题，是思维和存在的关系问题。"① 这一基本问题包含两个方面：一是思维与存在何者为第一性的问题。哲学家们对这一问题的不同回答，可以将他们分为唯物主义和唯心主义两大派别。凡是断定精神对于物质世界来说是本原的，属于唯心主义派别；凡是承认物质世界是本原的，精神不过是物质的派生物，则属于唯物主义派别。二是思维与存在的同一性问题。凡是认为思维可以反映存在、世界能够被人类所认识和把握的哲学，都是可知论的哲学；凡是认为思维不能反映存在、世界不能被认识和把握的哲学，都是不可知论的哲学。恩格斯对哲学基本问题的总结，揭示了哲学史发展的一般规律，对哲学史研究具有重要指导意义。

思维与存在的关系问题同样也是中国哲学的基本问题。哲学在不同民族那

---

① 《马克思恩格斯文集》第 4 卷，人民出版社 2009 年版，第 277 页。

里会有不同的呈现形态，相应的，哲学基本问题在不同民族的哲学中也有自己特殊的思想内容和表现形式。中国哲学以其独特的方式回答了思维与存在何者为第一性以及有没有同一性的问题。在这一回答中，中国哲学凸显了对主体与客体之间的认知关系、改造关系、价值关系和审美关系的关注，但是，无论是认知关系、改造关系、价值关系还是审美关系，都包含在思维与存在的关系问题之中。在中国古代哲学中，哲学基本问题主要体现在对天与人、心与物、理（道）与气（器）、形与神等关系的回答上，其主要内涵是如何获得关于天道和人道的认识以及如何表达这种认识。例如，先秦时期的"天人之辨"、"名实之辨"，魏晋南北朝时期的"有无之辨"、"形神之辨"，宋元明清时期的"理气之辨"、"心物之辨"，等等。这些既是天人关系问题的展开，又在一定程度上反映了不同哲学家在哲学基本问题上的思想取向。体现哲学基本问题的论争贯穿于中国哲学发展的各个历史时期，推动着中国哲学的发展。

认识和把握中国哲学史的哲学基本问题，强调哲学史的研究要抓住根本和关键，并不意味着可以忽略哲学史上的其他许多非基本的问题，也不意味着可以把两千多年中国古代哲学的丰富内容，都简单地归结为唯物主义与唯心主义的斗争，更不意味着可以用唯物主义或唯心主义作为判断某一学说的思想价值的唯一标准。列宁曾经把唯心主义比喻为"生长在活生生的、结果实的、真实的、强大的、全能的、客观的、绝对的人类认识这棵活树上的一朵无实花"①，认为它作为人类认识史的一个重要环节，不能因为其不结果实，就否认它是包含着深刻思想的智慧之花。认真研究和对待包括唯心主义在内的哲学思想成果和民族文化的智慧，是中国哲学史学科的重要内容。

第二节　中国哲学的发展历程和精神传统

一、中国哲学的发展历程

"时代是思想之母，实践是理论之源。"② 人类在不同历史时期所面临的任务和问题不同，决定了不同时代的哲学也有不同的内容和形式。中国历史上不

---

① 《列宁专题文集·论辩证唯物主义和历史唯物主义》，人民出版社 2009 年版，第 152 页。

② 习近平：《决胜全面建成小康社会　夺取新时代中国特色社会主义伟大胜利——在中国共产党第十九次全国代表大会上的报告》，人民出版社 2017 年版，第 26 页。

同哲学形态的更替和演进，形成了中国哲学发展的基本历程。这是一个因应时代变革、解决时代课题而不断开拓学术领域、创新学术形态的过程。本书所研讨的中国哲学的发展历程可以分为四个时期，即先秦时期、秦汉至隋唐时期、宋至清中叶时期、1840年鸦片战争至1949年中华人民共和国成立的近代时期。

先秦时期是中国哲学的萌发原创期。这一时期出现了老子、孔子、墨子、孟子、庄子、荀子、韩非子以及惠施、公孙龙、邹衍、孙子等众多富有哲学创见的著名思想家，并以这些思想家为代表形成了儒家、道家、墨家、法家、名家、阴阳家、兵家等学派，出现了中国历史上第一个百家争鸣、异彩纷呈的学术思想繁荣时期。先秦诸子提出的一系列哲学范畴和命题，如"道"、"仁"、"气"、"阴阳"等范畴，以及"天人之辨"、"名实之辨"、"性命之学"、"礼法之争"等论辩和学说，成为中国哲学的基本范畴和命题，为中国哲学的未来发展提供了最核心的话题和最基本的理念。

秦汉至隋唐时期是中国哲学从多元走向一元又从一元走向多元的时期，即从先秦时期的诸子百家争鸣走向儒术独尊，又从儒术独尊走向儒、释、道三足鼎立。汉代由崇尚"黄老之学"转变为"独尊儒术"，使儒学正式成为封建国家的主导思想。儒学在汉唐时期的主要形态是经学。汉代董仲舒研治《春秋》，力倡"天人感应"学说，使得儒家思想蒙上了神学色彩。初唐孔颖达等人编著《五经正义》，对汉魏以来的经学进行了总结，掀起了经学发展的又一个高潮。中唐时期，韩愈、李翱、柳宗元、刘禹锡等人，发起了突破经学体例束缚、重视阐释义理的儒学复兴运动。佛教在两汉之际传入中国后，于魏晋南北朝时期得到迅速发展，出现了"六家七宗"等众多思想流派。隋唐时期的天台宗、唯识宗、华严宗、禅宗等不同程度地推动了佛学的中国化。道家思想在汉唐时期也有巨大发展。西汉初年，朝廷为了休养生息，崇尚"黄老之学"，力主道家的"无为而治"。魏晋时期，王弼、郭象等受《老子》、《庄子》等道家经典的影响，援道入儒，形成了"魏晋玄学"这一新的学术形态。东汉末年，道教在民间兴起，经过南北朝时期的发展壮大，到唐代出现了"重玄学"，并逐渐从外丹道转向内丹道。总体来看，秦汉至隋唐时期，儒、释、道三家相互竞争、相互交融，为以后宋明理学的形成和发展提供了深厚的思想积淀。

宋至清中叶时期，以儒家思想为主体融合释、道的理学占据主导地位。这里所说的"理学"，主要是指程朱理学和陆王心学两个派别。张载、罗钦顺、王廷相、王夫之等以"气"为最高范畴，亦建构了自己的哲学体系，他们的哲学可称为"气学"；陈亮、叶适重视事功之学，他们被称为"事功学派"。明清之际形成了批判理学的哲学思潮，这对中国古代哲学有批判总结的意义，并在一定程度上具有早期启蒙的性质，预示着中国传统哲学的转型和走向近代的必然趋势。

中国近代哲学与中国近代社会的政治变革息息相关。近代是中国社会的转型期，这个时期的时代主题是"中国向何处去"，这一时代主题制约着中国近代哲学的进程。围绕着"变革"这个近代哲学的总基调，先后出现了龚自珍、魏源的"更法"、"变古"思想，早期改良派和洋务派"变器不变道"的"中体西用"论，康、梁、严、谭等维新派的"物竞天择"进化史观，章太炎的"革命开民智"说和孙中山的"知难行易"说，以及胡适、冯友兰、金岳霖等人创造的中西结合的哲学体系，直到马克思主义哲学传入中国，毛泽东等中国共产党人以唯物史观、唯物辩证法和"能动的革命的反映论"作为改造中国和世界的工具，中国近代哲学革命才得以真正完成，有着深厚哲学和文化传统的中国又进入了一个崭新的历史时代。

二、中国哲学的精神传统

哲学是时代精神的精华，随着时代的发展而发展。中国哲学作为中华文明的智慧展现，体现了中国各个历史时期的时代主题和时代精神。中国哲学在其发展过程中，不仅丰富了人类文明的智慧宝库，而且形成了自己的思想特色，塑造了自己的精神传统。这是中华文化进一步发展所应继承的宝贵思想资源。

"天人合一"的整体自然观。中国古代哲学家往往把自然看作是一个有机连续的整体。他们善于从整体着眼，重视整个宇宙的统一性，喜欢研究贯通天地万物的统一之"道"。无论是儒家、道家还是佛家，都认为天地万物本质上是一个整体，有着共同的本原或本性。在这种整体自然观的基础上，后来的许多哲学家都认为宇宙运行、自然演化是一个有机连续、不息不止的过程。他们甚至赋予自然界以生命价值，认为自然本身就有生命意义，有其自身的德性和尊严。人是天地自然的一部分，人的身体是天地演化、阴阳二气运行的产物，人的精神是天地之德的显现。因此，人应该尊重自然，泛爱万物，效法天地之道。孟子的"尽心、知性、知天"思想，董仲舒的"天人感应"思想，以及后来许多哲学家所主张的"天人一气"、"天人一理"、"民胞物与"、"与物同体"

等思想，都体现了中国哲学"天人合一"的整体自然观。中国古代哲学的这一自然观体现了人与自然的和谐统一，这无疑具有积极意义，但是，也有一些哲学家由此走向了神秘主义和唯心主义，则是值得吸取的理论思维教训。

真善统一的致思路径。与西方哲学不同，中国哲学把对真理的追求与人生的崇德向善联系在一起。因此，对中国哲学来说，追寻蕴含在物质世界之中的形上之理并不是最终目的，而只是其逻辑前提。如果说西方古代哲学更倾向于对形上本体的探究和追寻的话，那么，对于中国哲学来说，求"真"、明"道"、知"天"，只是其思考宇宙和人生的第一步。认识天道、明了形上之理、掌握了外部世界的普遍规律和一般本质之后，还需要进一步把外在之理转化为内在之性，从而使人成为掌握物质世界本质和规律的圣贤，实现外部世界之理（真）与人的内在之性（善）的统一，并最终落实到治国平天下的社会实践中去。这才是中国哲学的最终目的。中国哲学的这一特点决定了它从不离开善来求真。如果离开了善，离开了价值来谈真理，不会得"真"，而只能得"妄"。真理和价值是同一事物的两个方面，穷理即是尽性，崇德亦是致知。只是，中国哲学的这一致思路径也在一定程度上混淆了真与善的界限，对科学认识的发展产生了一定的消极影响。

知行合一的实践精神。马克思说："哲学家们只是用不同的方式解释世界，问题在于改变世界。"[①] 他所批评的西方思辨哲学的这个致命弱点，在中国哲学中倒是并不显得十分突出。因为强调践履笃行、变化气质，崇尚知行合一、经世致用，正是中国传统哲学的显著特征之一。中国哲学家认为致知和践履是不可分的，其根本目的在于达成自我的转化和社会的转化。一方面在生活实践中，通过具体的道德修养工夫，实现个体理想人格的养成和精神境界的提升；另一方面通过具体的社会活动参与，使社会成为公正的、有良好秩序的社会。无论是自我的转化还是社会的转化，中国哲学思考的重点都不在于探究其对象"是什么"，而在于自我或社会由现实状态向理想状态转化"如何可能"。当然，古代中国哲学家所讲的"行"，主要还是限于道德修养层面，近代孙中山等人将其扩大到"生徒之习练、科学家之试验、探索家之探索"等活动，还都并不真正懂得人民群众的社会实践在认识过程中的地位和作用，因而在讨论知行关系问题时，也有不少人陷入了"离行以为知"的唯心主义。

---

① 《马克思恩格斯选集》第 1 卷，人民出版社 2012 年版，第 136 页。

阴阳相生的辩证法传统。变化发展的思想是中国古代哲学的重要内容。《大学》讲"苟日新，日日新，又日新"，《易传·系辞下》讲"穷则变，变则通，通则久"，都认为变革创新是事物之所以生生不息的原因所在。与变化发展思想紧密联系在一起的辩证思维是中国许多哲学家认识和把握世界的基本方式。史墨"物生有两"的思想，《周易》"一阴一阳之谓道"的思想，老子"反者道之动"的思想等，都是对联系发展、对立统一的辩证法的生动阐发和深入探讨。这些思想被后世哲学家所继承，成为中国哲学建构其思想体系的重要方法。比如，魏晋玄学的"有无之辨"是对有无之间辩证关系的研讨，宋明理学"体用一源"的思维方法是对体用之间辩证关系的反映，而佛教的"中道"观则体现了佛教在认识事物时所具有的辩证思维方式。尽管这些辩证法思想尚有直观、素朴的局限性，但对于人们正确认识世界具有重要价值。

以人为本的人文精神。中国哲学特别重视人在宇宙中的地位，有"人为万物之灵"、"人与天地参"等观念，肯定匹夫匹妇即普通的人都有其主体性、创造性和独立人格，尤其着重探讨人生的目的、意义和道德价值问题，即所谓"安身立命"问题。作为中国哲学主流的儒、释、道三家均以此作为哲学思考的出发点和归宿。这种人文精神是建立在尊重自然的基础之上的，而其内核是道德精神。落实到政治上，则体现为"民惟邦本"的民本主义。尽管我国传统的民本思想有其时代和阶级的局限性，与当代中国提倡的"以人为本"思想有着本质区别，但它所提倡的"天地之性人为贵"、"人皆可以为尧舜"、"民为贵，社稷次之，君为轻"等观念，都体现出了鲜明的人文精神取向，仍能为当代文化建构提供重要的思想启示。

以和为贵的价值理念。中国哲学素有"贵和"的传统。早在西周时期，史伯就提出了"和实生物，同则不继"的思想。《尚书·尧典》也有"协和万邦"的主张。此后，孔子有"和而不同"的思想，老子有"冲气以为和"的思想，《庄子》有"与天和"、"与人和"的思想，孟子有"天时不如地利，地利不如人和"的思想，《礼记·乐记》有"和故百物生化"的思想，《中庸》有"致中和"的思想，佛教有"因缘和合"的思想，张载有"仇必和而解"的思想，等等。这些思想都体现了"贵和"的特征，对整个中国文化产生了深远影响。后来的许多哲学家继承和发展了这一思想，强调家庭的和睦、社会的和谐、世界的和平、宇宙的和生。和谐理念渗透到中国人生活的各个方面，成为中国文化的重要价值取向。

中国哲学特有的精神传统是我们祖先留下的宝贵财富。我们要珍视这些财富并结合今天的生活实践，继承和发扬其中积极合理的因素，剔除或改造那些不适应当代社会的思想内容，对其进行创造性转化和创新性发展。

第三节　中国哲学史学科的发展和研究方法

一、中国哲学史学科发展的简略回顾

中国哲学史是随着中国传统学术在近代的学科分化而逐步形成的一门学科。在这个学科的形成过程中，学科内容不断完善，学术范式不断调整，并逐渐形成了自己相对稳定的研究方法。

中国古代尽管有十分丰富的哲学思想，但并没有独立的"哲学史"学科。古代对"哲学史"的叙述是隐含在"学术史"叙述之中的。《庄子·天下篇》曾对当时各家的学术思想进行了扼要的概括和阐述；司马谈《论六家之要指》又对儒、墨、道、法、名、阴阳六家学说进行了系统的总结和评述；朱熹《伊洛渊源录》对北宋理学家的主要思想和言行事迹作了概述；黄宗羲《明儒学案》和《宋元学案》继承《伊洛渊源录》的写作体例，以"学案体"的形式对宋元明时期的理学思想进行了整理和研究评述。这些学术史论著都在一定意义上反映了特定时代哲学史的发展轨迹，但因局限于传统的学术分类，还不是严格意义上的"哲学史"著作。

直到近代，随着西方现代学科分类体系的传入，"哲学"与"哲学史"学科才被引入中国。谢无量的《中国哲学史》是我国最早的哲学史专著，但该书还没有把哲学与经学完全区分开来。一般认为，胡适《中国哲学史大纲》（上）的出版（1919 年），标志着中国哲学史学科的诞生。此后，冯友兰的《中国哲学史》（上、下卷，1931 年、1933 年出版）、张岱年的《中国哲学大纲》（写成于 1937 年），是中国哲学史学科初创时期的主要代表作。

当代中国哲学"是以马克思主义进入我国为起点的，是在马克思主义指导下逐步发展起来的"①。马克思主义在中国的传播，推动了中国哲学史学科的发展。早在 20 世纪 30 年代，马克思主义就对中国哲学的研究产生了重要影响。

---

① 习近平：《在哲学社会科学工作座谈会上的讲话》，人民出版社 2016 年版，第 5—6 页。

如范寿康的《中国哲学史通论》、张岱年的《中国哲学大纲》，都是以马克思主义为指导思想的。郭沫若、吕振羽、杜国庠、侯外庐等人有关中国思想史、哲学史的论著，是运用唯物史观研究中国哲学史取得的丰硕成果。这些研究成果为实现马克思主义与中国哲学优良传统相结合奠定了基础，开辟了道路。新中国成立后，在马克思主义指导下，中国哲学史学科逐渐形成新的研究视角和学术生长点，在重要人物和著作研究、哲学史料整理、考古文献发掘、方法论问题研讨和学科体系完善等方面，都取得了长足的进展。任继愈主编的《中国哲学史》四卷本（1963—1979 年出版）是这个时期以马克思主义为指导系统研究中国哲学史的代表作。但是，由于受到"左"的思想干扰，特别是"文化大革命"时期批林批孔、评法批儒的干扰，中国哲学史研究也走了一些弯路，留下了深刻的历史教训。

改革开放后，特别是中国特色社会主义进入新时代以来，中国哲学史界围绕着怎样正确运用马克思主义哲学史观和方法论，怎样呈现中国哲学自身的特点，怎样继承中国哲学的优秀传统，如何实现对传统哲学的创造性转化和创新性发展等问题，进行了深入研讨，对中国哲学史学科的发展产生了重要的积极影响。该学科在通史研究、断代史研究、学派研究、专题研究（包括专人研究、专书研究和思潮研究）以及资料整理、辞书编纂等方面，都出现了一批高水平、高质量的成果，为国内外学界所瞩目，中国哲学史研究也达到了一个新的历史高度。

总之，中国哲学史学科的发展，是一个不断创新学术范式、丰富学术内容的过程。在这个过程中，马克思主义哲学与中国哲学优秀传统的有机结合起了十分重要的作用。如何立足中国特色社会主义实践，在马克思主义基本原理指导下，推动中国哲学史学科进一步建设发展，实现文化自觉、文化自信和文化自强，是中国哲学史工作者义不容辞的使命。

二、中国哲学史的研究方法

辩证唯物主义和历史唯物主义是研究中国哲学史的根本方法。这一方法要求我们从社会经济、政治生活中探究哲学思想产生和发展的动因，阐明哲学与社会生活实践之间的客观联系，揭示哲学思想发展的历史进程和内在逻辑。在这一根本方法指导下，研究中国哲学史还要重视以下具体方法。

第一，逻辑与历史一致的方法。逻辑与历史一致的研究方法是马克思主义熔铸、改造黑格尔哲学史观所取得的重大成果。在黑格尔那里，"历史"要统一于"逻辑"，哲学思想的历史发展要屈从于"绝对精神"的逻辑进程。马克思和恩格斯对黑格尔的这一思想进行了唯物主义的改造，认为"逻辑的方式……无非是历史的方式，不过摆脱了历史的形式以及起扰乱作用的偶然性而已。历史从哪里开始，思想进程也应当从哪里开始，而思想进程的进一步发展不过是历史过程在抽象的、理论上前后一贯的形式上的反映；这种反映是经过修正的，然而是按照现实的历史过程本身的规律修正的，这时，每一个要素可以在它完全成熟而具有典型性的发展点上加以考察"①。逻辑与历史一致的方法要求我们，一方面要坚持从历史事实出发，把生动的、现实的历史过程，作为哲学概念、范畴、命题和问题及其辨析、解释、发展的出发点、根据和基础；另一方面，则要善于透过历史的现象形态，排除历史偶然性因素的干扰，从历史上具体的哲学矛盾运动中去发现概念、范畴、命题和问题及其辨析、解释、发展的逻辑进程，把握理论上前后连贯的逻辑环节，从而找到中国哲学思维发展的一般规律。

第二，批判继承方法。习近平同志对弘扬中国传统哲学和文化精华给予了极大的关注，他指出："传统文化在其形成和发展过程中，不可避免会受到当时人们的认识水平、时代条件、社会制度的局限性的制约和影响，因而也不可避免会存在陈旧过时或已成为糟粕性的东西。这就要求人们在学习、研究、应用传统文化时坚持古为今用、推陈出新，结合新的实践和时代要求进行正确取舍，而不能一股脑儿都拿到今天来照套照用。"② 中国哲学史研究必须重视这一辩证分析、批判继承的方法论原则，在回顾、总结、辨析历史上留下来的哲学思想遗产时，要坚持有鉴别的对待、有扬弃的继承，通过扬精弃糟、推陈出新，创造性转化和创新性发展，使传统哲学中的那些正确反映了客观世界的发展规律，具有跨越时空的永久生命力，又能与当代社会相适应的积极思想成果，成为当代中国马克思主义哲学的一个重要来源和有机组成部分。

第三，阶级分析方法。马克思主义的阶级分析方法是唯物史观观察社会、认识历史的基本科学方法。中国传统的思想家、哲学家，无不是生活在特定的社会经济条件下，无不具有特定的政治立场和阶级立场，他们阐发的哲学思想

① 《马克思恩格斯文集》第 2 卷，人民出版社 2009 年版，第 603 页。
② 习近平：《在纪念孔子诞辰 2565 周年国际学术研讨会暨国际儒学联合会第五届会员大会开幕会上的讲话》，人民出版社 2014 年版，第 11 页。

和主张，有意无意地都会打上特定阶级的烙印。离开了阶级分析方法，我们对许多古代哲学思想的产生、发展背景和历史意义就说不清楚。这就要求我们在研究中国哲学史时，不仅要从学术史和思想发展史上认清其理论意义，而且要运用阶级分析方法深入考察哲学思想背后的经济、社会原因，从而深入理解其政治和文化意义，揭明其阶级性的内涵，透过现象看到更本质的东西。当然，在运用阶级分析方法分析具体的哲学思想时，要防止机械化、简单化、教条化，努力做到实事求是，客观全面地作出分析与评价。

第四，比较分析和史料鉴别的方法。研究中国哲学史需要在比较哲学的视野下来把握中国哲学的特点。中国古代虽然没有西方哲学那样的形式系统，却有哲学的实质内容。如何正确理解哲学问题的精神实质，超越中西哲学形式表达上的差异，在异中求同、同中析异，是研究中国哲学史必备的知识视野。科学的比较方法要把握两个重要环节：一方面要对不同的过程、领域或不同的阶段进行比较（类比），比较它们在本质上的相同之点和相异之处；另一方面要对事物、过程本身内部矛盾的双方进行比较（对比）。只有在对过程本身进行矛盾分析、对比的基础上，才能在不同过程之间进行类比；对不同过程进行类比，又可以帮助我们深入揭露所考察过程的内在矛盾。此外，由于中国古代哲学史资料非常丰富而且品类繁多，一些重要典籍的成书过程也相当复杂，再加上时间跨度大、古代汉语与现代汉语的差异等种种原因，因此，研究中国哲学史还要懂得阅读和甄别古代哲学文献的一般方法，掌握一些文字学、音韵学、训诂学、考据学和校勘、辨伪等方面的基本知识。

第四节　学习中国哲学史的重要意义和基本要求

一、为什么要学习中国哲学史

中国哲学史是中华民族几千年来的哲学智慧发展史，集中展现了中国文化的精神内核。学习中国哲学史，具有多方面的重要意义。

第一，有助于提高理论思维能力。哲学既是时代精神的精华，也是民族精神的结晶，是一个民族理论思维的最高成果。中国哲学史作为中华民族的认识史，充分展示出人类认识由浅入深、抽象思维从低级到高级的发展过程。通过对中国哲学发展过程的历史考察，分析、揭示中国古代哲学家认识和把握世界的基本方式，从理论思维的角度来衡量其利弊得失，可以使我们更为深入地思考诸多哲学问题，深化我们对马克思主义哲学、西方哲学和其他哲学思想的理解，锻炼、提高我们的理论思维水平。正如恩格斯所说的："一个民族要想站在科学的最高峰，就一刻也不能没有理论思维。"[1] 理论思维的能力"需要发展和培养，而为了进行这种培养，除了学习以往的哲学，直到现在还没有别的办法"[2]。习近平同志也说过："历史是最好的老师。"[3] 毫无疑问，学习中国哲学史也是我们发展和锻炼理论思维能力的一种好办法。

第二，有助于提升精神境界。中国哲学与其他民族的哲学一样，都要对有关自然、社会、人生和思维的根本问题作出回答。中国哲学的特点之一，就是特别重视人生价值论、境界论、心性论、修养论和"成人之道"问题。比如孔子讲的"朝闻道，夕死可矣"，孟子讲的"富贵不能淫，贫贱不能移，威武不能屈"，贾谊讲的"国耳忘家，公耳忘私"，诸葛亮讲的"鞠躬尽瘁，死而后已"，范仲淹讲的"先天下之忧而忧，后天下之乐而乐"，文天祥讲的"人生自古谁无死，留取丹心照汗青"，顾炎武讲的"天下兴亡，匹夫有责"等，都对塑造中华民族的精神传统和优良品质、提升每个人的生命境界和培养高尚人格，起了十分重要的作用。先贤们为提升生命境界、培养高尚人格而提出的工夫主张，如孔子所说的"毋意、毋必、毋固、毋我"，孟子所说的"尽心知性"、"存心养性"，《中庸》所告诫的"戒慎乎其所不睹，恐惧乎其所不闻"，《大学》的"正心诚意，格物致知"，朱熹的"居敬涵养，格物穷理"，王阳明的"知行合一"、"致良知"，等等，也都值得我们借鉴与吸纳。我们要认真学习先贤们的高尚品格与实践工夫，做中国特色社会主义事业的可靠接班人和社会主义核心价值观的忠实践行者。

第三，有助于弘扬中华民族优秀传统文化，增强文化自信。源远流长、博大精深的中国哲学和文化，是我国各民族共同创造的。它积淀着中华民族深层的精神追求，体现着中华民族独特的精神标识。同时，它也吸取了世界上其他民族的文化成果来发展滋养自己，比如汉唐以来就曾受到印度佛教文化的深刻影响，明清以来中西文化交流与融会更是不断深入和扩展。中国哲学经历了几千年的锤炼和发展，是多元一体的中华民族贡献给世界的伟大精神财富。系统学习中国哲学史，可以提高我们批判继承优秀哲学和文化遗产的能力，对古

---

[1] 《马克思恩格斯文集》第 9 卷，人民出版社 2009 年版，第 437 页。
[2] 《马克思恩格斯文集》第 9 卷，人民出版社 2009 年版，第 436 页。
[3] 《习近平谈治国理政》第一卷，外文出版社 2018 年版，第 266 页。

今、中西哲学思想进行对接、融通和把握的能力，推动当代中国马克思主义哲学的发展，为实现中华民族的伟大复兴作出自己独特的贡献。

二、怎样学习中国哲学史

学习中国哲学史，要注意从整体上把握教材的科学体系，掌握贯穿其中的基本理论、基本知识和基本方法，掌握中国哲学的基本概念、范畴、命题和学理、学说，尤其要注意做到以下几点。

第一，始终坚持以马克思主义为指导。"坚持以马克思主义为指导，是当代中国哲学社会科学区别于其他哲学社会科学的根本标志"①。马克思主义深刻揭示了人类社会历史发展的客观规律，是经过实践检验和证明了的科学真理。我们在考察中国哲学史上的思潮、流派和哲学家的思想，对其作出阶级分析、理论分析和评价其历史地位、理论贡献时，都要自觉坚持马克思主义的立场、观点和方法，坚持社会存在决定社会意识的唯物史观，才能得出符合历史实际的正确结论。在学习中国哲学史的过程中，我们还要努力将当代中国马克思主义哲学的最新成果同中国传统哲学精华结合起来，推动中国哲学史学科进一步科学化，进一步走向繁荣。

第二，重视研读哲学经典文本。学习中国哲学史需要研读教材和有关著作，以便更快地掌握基本知识和基本方法。但要全面深入了解中国哲学，离不开对经典原著的深入研读。恩格斯 1890 年 9 月在致约·布洛赫的信中指出："我请您根据原著来研究这个理论，而不要根据第二手的材料来进行研究"②。他在为《资本论》第三卷写的"序言"中也说："一个人如果想研究科学问题，首先要学会按照作者写作的原样去阅读自己要加以利用的著作，并且首先不要读出原著中没有的东西。"③ 原著之所以重要，是因为它体现了原作者的真实思想。读中国古典哲学原著，就是与古代先哲直接对话，直接进行心灵沟通。经典之所以为"经典"，就在于它久经历史的"考验"并以文本的形式承载着中华民族的核心价值观，值得后人以敬畏的态度去阅读、去体会。当然，敬畏的态度并不意味着盲从。"经典"毕竟是历史，是特定时代的产物，只有知其意、得其神，才能避免食古不化，真正为发展当代中国哲学所用。

---

① 习近平：《在哲学社会科学工作座谈会上的讲话》，人民出版社 2016 年版，第 8 页。
② 《马克思恩格斯文集》第 10 卷，人民出版社 2009 年版，第 593 页。
③ 《马克思恩格斯文集》第 7 卷，人民出版社 2009 年版，第 26 页。

　　第三，力求作全面深入的理解与把握。认识哲学发展的历史，离不开现代人的眼光。但是，后人在认识既往的哲学发展时，必须从特定的历史条件出发，把历史人物及其哲学思想放到具体的历史过程中去认识。不能超越历史条件和历史过程，以个人好恶或主观模式，去宰制、取舍、判断和塑造历史事件和历史人物。哲学史上每一个历史阶段的思潮、流派、人物的思想，哲学史上的概念、范畴、命题和思想系统的提出、诠释与讨论，哲学问题和方法的论战，总是与具体的历史文化背景、与特定时代问题的挑战密切相关的。应当以唯物史观为指导，全面、深入地梳理古代哲学家或思想流派之间的内在逻辑关系，如实地将其放在一定的时空条件下，联系上下左右的相关资料，力求客观、准确地加以理解和评论。

　　第四，注意联系实际，学以致用。毛泽东曾经指出："对于马克思主义的理论，要能够精通它、应用它，精通的目的全在于应用。"[1] 哲学的生命力就在于它植根于现实的土壤，离开了现实的社会生活实践，哲学就会成为无源之水、无本之木。学习中国哲学史，一方面要把中国古代哲学家的思想与他们所处时代的历史实践联系起来，另一方面又要把他们的思想与我们正在进行着的中国特色社会主义事业结合起来，与我们身边的生活实践结合起来，用时代精神去激活古代思想。只有这样，才能真正做到古为今用，推陈出新。

思考题：

　　1. 如何理解哲学基本问题及其在中国哲学史中的特殊表现？

　　2. 中国哲学有哪些精神传统？如何正确理解和全面评价？

　　3. 为什么要学习中国哲学史？怎样学好中国哲学史？

---

① 《毛泽东选集》第三卷，人民出版社 1991 年版，第 815 页。

第一编 | 先秦
哲学

引　言

　　先秦时期泛指秦朝以前的十分漫长的历史阶段。它是中华文化和文明发育与成型的时期，也是中国哲学从萌生、发展到初步奠基的时期。中国哲学的萌芽可以追溯到史前时代，表现在中华先民的宗教信仰和实践智慧中，其开端则在殷周之际。发展至春秋战国时期，儒、道、墨、法等"九流十家"先后创立，出现了百家争鸣、异彩纷呈的局面，拉开了中国哲学的序幕。

　　作为中国文化的核心，中国哲学是在中国社会和中华文明不断发展的基础上产生的，是中华民族精神创造的产物。据考古发现，早在二三百万年前，就有古人类生息、繁衍在中华大地上。中华先民活动可以确证的历史，也有万年以上。在漫长的旧石器时代晚期，母系氏族社会开始形成，并贯穿整个新石器时代。父系氏族社会则已进入铜石并用的时代，社会生产力进一步提升。氏族制后期，部落联盟产生，其首领产生的方式是"禅让"，即在位者主动将首领之位让给德能兼备之人。在部落首领尧、舜、禹之间，留下了"传贤不传子"的美好传说。之后，禹的儿子启改变了"禅让制"，开启了"家天下"的传统，建立了中国历史上的第一个朝代——夏。夏王朝始于启，终于桀，约当公元前21世纪至公元前16世纪。取夏朝而代之的商朝始于汤，终于纣，约当公元前16世纪至公元前11世纪。约在公元前11世纪，武王继承文王的事业，伐纣胜利后建立了周朝。周朝分为西周和东周。公元前770年周平王东迁标志着东周的开始。这个阶段又分为两个时期，即春秋时期（前770—前476年）和战国时期（前475—前221年）。

　　先秦时期，勤劳而智慧的中华先民在中华大地上创造出了相当发达的文明形态。与特定的地理环境相联系，先民们主要以农业为生。早在四五千年前的新石器时代，华夏民族的先祖已经开始从渔猎向农耕过渡，中华农耕文明逐渐形成，畜牧业、制陶工艺等亦随之得到发展。夏、商、西周三代，农耕业已经成为中原华夏民族社会生活资料的主要来源。春秋战国时期，牛耕和铁制农具出现，显著地提高了生产力，农业手工业都得到较快发展。与此同时，天文历法和医学知识也都取得了显著的进步。物质文明的发展为整个社会文明进步奠定了坚实基础。中华先民不仅很早就建立了颇具规模的国家政权，而且在组织、管理方面体现出相当高的水平。特别是西周初年，周公在辅佐成王时，

"监于二代"即借鉴夏殷二朝之历史经验，制礼作乐，以礼乐教化为治国之本，并建立了宗法、分封和世袭等制度，从而使西周王朝的兴盛繁荣达到了历史上前所未有的高度，对中国社会与文明的发展产生了深远影响。

中国哲学在中华先民改造自然和社会的过程中萌芽。考古发现表明，正是在处理与外在世界的关系中，原始思维得到了缓慢而持续的发展。随着先民们物质生产能力、物质生活水平以及原始艺术、原始宗教等精神文化的进步，先民们的思维逐渐超越了对具体的、零碎的生活环境的直观反映，而通过想象描绘出一幅包罗天地万物的世界图景，并对这个世界以及人本身进行整体性和根源性的思考，集中体现在中华先民的宗教信仰和实践智慧中。

先民的宗教信仰大体包括自然崇拜、图腾崇拜、英雄崇拜和祖先崇拜等，在漫长的历史发展中，经历了从原初的"民神不杂"即由专职的神职人员女巫男觋事神而普通人不参与，到"民神杂糅"即人人皆可为巫觋，再到"绝地天通"即切断人与神的关系并由统治者专司神职三个阶段。宗教信仰之所以包含了哲学的萌芽，一方面是因为其中必然涉及对神灵与世界、神灵与人的关系以及人之命运与祸福的解释；另一方面也是因为宗教信仰与以后的哲学观念之间具有某种内在联系。如颛顼帝通过"绝地天通"垄断了人与神的联系，这在一定程度上可以看作是为夏商及以后的天命观念处理天人关系提供了某种借鉴。与中华先民早就在社会性的组织、管理方面达到了较高水平相联系，在作为中华人文始祖的炎帝和黄帝所实现的部族融合中，在尧舜相禅的制度安排中，在大禹治水的历史功绩中，都蕴含了某种关于社会与人生的实践智慧。根据《史记·五帝本纪》的记载，在黄帝与炎帝、蚩尤的争战中，黄帝胜利的原因是"修德振兵"，而蚩尤失败的原因则是"诛杀无道，不慈仁"（张守节：《史记正义》引《龙鱼河图》）。这从一个侧面凸显了"德"的重要性。禅让制度体现了"天下为公"的社会理想。不同的治水之道所达到的不同效果，则促使人们对人与自然的关系以及族群与族群的关系作出进一步的思考和探索。这些实践智慧，成为日后"道不远人"（《中庸》）的中国哲学传统的思想资源。

从"殷人尚鬼"可知，整个社会生活还处在宗教占主导地位的时代。正因为这样，在夏殷时代，中华文明虽然已经出现了哲学的萌芽，但这些萌芽依然处于宗教信仰的笼罩之下。当人们突破了这种笼罩并进而尝试对自然与人事予以理性的说明时，中国哲学就从萌芽状态破土而出了。这发生于殷周之际。《易经》的定型和《尚书·洪范》诸篇的出现就是中国哲学形成的标志。关于

《易经》和《尚书·洪范》诸篇的年代，历来有不同的观点。结合 20 世纪的出土文献，我们认为，《易传·系辞下》所谓"易之兴也，其当殷之末世，周之盛德邪？当文王与纣之事邪"的推断大体是可信的，把《易经》之筮辞与卦爻象编纂在一起，当在西周初期完成。同样，《洪范》思想的成型亦应在周初。《易经》在卜筮的形式下包含了一个具有普遍意义的世界模式与天道、人道关系模式，提出了中国哲学特有的具有普遍性意义的变易观念，实质上蕴含了在中国哲学中同样具有普遍性意义的阴阳观念。箕子在《洪范》中所提出的"五行"观念既有天道观的内容又有人道观的内容，同样是中国哲学所特有并具有普遍性意义的基本范畴之一。这些基本范畴和包括天道、人道关系的世界模式的出现，是中国哲学开端的标志。

以周公为代表的周初思想家在对殷亡周兴等问题的追问和思考中，得出了"皇天无亲，惟德是辅。民心无常，惟惠之怀"（《尚书·蔡仲之命》）的结论，认为只有"敬德保民"，才能保持政权，使"天命"永驻。这实际上是对夏殷以来神秘主义的天命论进行了改造，在其中注入了道德理性的因素。由此，周人不再像夏殷时代那样，认定自己过分渺小，将自己的一切交由神来主宰，而是把传统的"祈天永命"的外向行为内敛而指向自身，从而突出了人的自觉行为对自身的决定性作用。周初的这些具有变革性意义的思想观念，通过周公"制礼作乐"而得到了制度化，对此后的中国文化和中国哲学产生了广泛而深远的影响。周人对于天人关系的思考以及礼乐文明的创制，突破了传统宗教信仰的主导而凸显了理性的作用，成为中国哲学形成的重要标志。

进入春秋战国时期，中国哲学出现了"百家争鸣"的局面。它的出现有着多方面的原因。就社会背景而言，一方面，如前所述，到春秋战国时期，以农业为主体的社会物质生产已经比较丰富，这就为社会精神生产的进一步兴盛奠定了重要物质基础；另一方面，春秋晚期，在西周末年已经出现的政治危机日益严重，不少旧贵族的统治先后被新兴地主阶级的势力所取代。再加上"井田制"的破坏、奴隶的大量逃亡和"国人"的不断暴动，出现了"周文疲敝"即西周以来的社会政治制度逐渐走向"礼崩乐坏"的局面。降及战国时代，更是诸侯割据，战乱频仍，原有的社会秩序已经无法维持。社会结构与社会制度面临着重大变革，迫切要求思想家对"向何处去"的问题作出理论回答。就思想发展的内在要素而言，一方面是经过夏商周的长期积累，古老的中华文明已经具有了较深厚的积淀，期待着面对时代课题而出现新的突破；另一方面则是以从事精神生产为职事的社会阶层——"士"在春秋时期迅速兴起。正是在内因外缘的综合作用下，中国文化和中国哲学迎来了一个诸子蜂起、学派林立的辉煌时代。儒家、道家、墨家、法家以及阴阳家、名家、兵家等先后创立并形成学派。

孔子及其后的儒家继承夏、商、周三代以来的天、帝、天命、天道的终极信仰，以礼乐文明为背景，以"天道性命"问题为枢纽，肯定天道下贯为人之性，创立了凸显人性尊严、人道自觉和人格独立的"仁学"系统，侧重于解决天人之际中的"人是什么"以及人之所以为人的问题，主张通过人文建构、人事活动，特别是道德活动上达天德，把宗教、哲学、政治、道德密切地结合了起来。与之并行的有以老子为代表的道家。道家继承古代思想家对"天"的叩问，以及弥纶天地的"气"的传统和"阴阳"观念，形成了整体性的宇宙观及宇宙生成论。他们创立了凸显天道和超越境界的"道家"系统，侧重于解决天人之际中的"天是什么"以及万物所以为万物的问题，主张人可以通过身心的修养上达天道（天地精神），把自然、社会、人生打成一片。儒家的"仁"与道家的"道"，是中国哲学最核心的范畴，儒家和道家之间也互相影响、互相渗透。墨家与儒家同源，墨子和老子、孔子一样，反思文明的源头，思考天人性命以及文化制度对人的限制问题。墨子具有高度的献身精神和救世情怀，其学说与儒家学说在当时曾并称"显学"。墨家主要代表了当时小生产者的立场，其后虽然中绝，但在民间依然具有一定影响。在"道术将为天下裂"的时代，百家异说各显精彩，并为后学所继承和发展。儒家之有思孟学派和荀子，犹道家之有庄子。法家申韩之学从道家转出而自成一家之言，名辩思潮与兵家、阴阳家等均各成一格。《易传》的天、地、人三才系统，其宇宙生命、气化流行、继善成性、德业双修等论，是儒道思想之大综合。要而言之，诸子百家都是环绕着天人性命之学这一中心而展开论辩的。

诸子百家通过总结反思远古以来中华文化特别是夏、商、周三代的文明成就和哲学智慧，并以此为基础而进行新的创造，由是奠定了中国古代哲学的基本格局，开启了中国哲学的新时代。

第一章　中国古代哲学的诞生

任何哲学都产生于人类对生活实践的追问和宇宙人生的思考。但是，人类的认识若仅仅停留在追问和思考的层面，还不能算是哲学。只有当我们的祖先在思考宇宙和人生的过程中，形成了能够统摄并合理地解释宇宙和人生的本体或本原概念时，中国哲学才真正诞生了。中国哲学的诞生经历了一个从萌芽到形成的历史过程。中国古代哲学最早萌芽于先民在自己的生活中形成的宗教信仰和政治实践。中国哲学的产生则在殷周两大王朝的交替之际。

第一节　中国哲学的萌芽与初建

在中国哲学登上历史舞台之前，我们的祖先对生活实践的探索和对宇宙人生的思考经历了一个漫长的萌芽时期。这些萌芽主要体现在先民的宗教信仰中。中国哲学形成于殷周之际，其基本标志是在这一时期，我们的祖先已经抽象出了反映物质世界的共同本质和普遍规律的范畴和观念，这就是《易经》中的阴阳观念和"易"、"乾坤"等概念，以及《尚书》中的"敬德保民"思想和"五行"、"天德"等概念。

一、宗教信仰与人神关系

宗教信仰是把两种观念紧密联系在一起而形成的：一是灵魂观念；二是万物有灵的观念。在这两种观念的基础上，产生了图腾崇拜和自然崇拜，最后上升到以神灵崇拜为核心内容的宗教信仰。

我们祖先的宗教信仰发展到传说中的"五帝"[①] 时，发生了一场"绝地天通"的宗教革命。关于"绝地天通"，见于春秋时期楚昭王问观射父的故事：

---

① 《左传·昭公十二年》记载有"三坟"、"五典"之说，汉代的经学家将此解释为："伏羲、神农、黄帝之书，谓之'三坟'，言大道也。少昊、颛顼、高辛、唐、虞之书，谓之'五典'，言常道也。"（孔安国：《尚书序》）这可能是关于"三皇五帝"之说的较早记载。因司马迁在《史记》中已将黄帝作为"五帝"之首，所以后来有以燧人或女娲或祝融等配伏羲、神农以为"三皇"的不同说法。

"《周书》所谓重、黎实使天地不通者，何也？若无然，民将能登天乎？"观射父解释说，"古者民神不杂"，掌管神事的是巫、觋、祝、宗。那时候，"民神异业，敬而不渎"。但是，到了少皞（黄帝之子，又作少昊）的时候，"民神杂糅"，"家为巫史"，"烝享无度，民神同位"，人人都可以祭祀上天，人人都可以代表神灵来说话。这一方面使得统治者丧失了神权，丢掉了权威；另一方面也使天下百姓陷入宗教迷狂之中。于是，待颛顼帝（黄帝之孙，少皞之子）继位，便命令"南正重司天以属神"，"火正黎司地以属民"，把神事与民事分开，掌管神事的是颛顼帝和少数神职人员，从事民事的是普通百姓，于是使天、地、神、民"无相侵渎"（《国语·楚语下》）。这是颛顼帝针对南方落后的九黎地区实行的一次重大的宗教改革。到了唐尧时期，尧帝针对"苗民弗用灵，制以刑，惟作五虐之刑曰法"，"乃命重黎，绝地天通，罔有降格"①（《尚书·吕刑》），由此实现了帝尧和神职人员对神权的垄断。

颛顼和唐尧所进行的以"绝地天通"为核心内容的两次宗教改革，其政治意义就在于从神权那里寻找社会等级秩序的依据，以神权的垄断实现政权的垄断。透过先民的宗教信仰和"绝地天通"的宗教改革，我们可以看到存在于先民的宗教信仰中的灵魂与人、灵魂与外部世界，以及神与人、神与外部世界的关系。对这些关系的思考进而催动了中国古代哲学的萌生。

二、《易经》的阴阳与卦象

《周易》包括《易经》和《易传》两部分。相传伏羲作八卦，文王和他的儿子周公推演出六十四卦的卦辞和爻辞，被称为《易经》。相传为孔子所作的"十翼"被称为《易传》。从《易经》卦辞和爻辞所记载的史事来看，其时间大致在文王时期。有两则史事发生在文王以后，但也不迟于西周初年。

《周易》的"易"字，有"简易"、"变易"和"不易"三种含义。"简

---

① 《礼记·缁衣》引《甫刑》曰："苗民匪用命，制以刑，惟作五虐之刑曰法。"孔安国传、孔颖达疏《尚书正义·吕刑》载："重即羲，黎即和，尧命羲和世掌天地四时之官，使人神不扰，各得其序，是谓绝地天通。""三苗乱德，民神杂扰。帝尧既诛苗民，乃命重黎二氏，使绝天地相通，令民神不杂。于是天神无有下至地，地民无有上至天，言天神地民不相杂也。"（见《尚书正义》（二），北京大学出版社1999年版，第539页。）

易"是相对于龟卜而言,用龟壳占卜要经过对龟骨进行整治、钻凿、烧灼和辨认兆纹等复杂程序,而《易经》的卜筮则只需 50 根蓍草就可以完成。"变易"应是"易"概念的主要含义,《易经》就是一部讲"变易"的书。因为"变中有常",此常道或规律就是"不易"。

"易"是中华民族进行哲学抽象的第一个重要范畴。① 甲骨文中,"易"的字形和本义都是把满杯中的水倒入另一相对不满的杯中。从"易"的这一本义,可以看出,"易"所反映的是大自然中损益、盈缺的原理和法则,它富有深刻的哲学内涵。据《周礼·春官》记载:太卜"掌三易之法,一曰连山,二曰归藏,三曰周易"。根据郑玄《易赞》的说法,"夏曰连山,殷曰归藏,周曰周易"。若《周礼》与郑氏之说成立的话,那么,早在夏代,甚至更早的时候,"易"作为我们祖先思考宇宙实体的一个观念就已经出现了。《易传》的作者也认为"易"是一个哲学范畴,其云:"易之为道也","易与天地准,故能弥纶天地之道"。"生生之谓易。""易有太极,是生两仪。两仪生四象,四象生八卦。八卦定吉凶,吉凶生大业。""乾坤,其易之缊邪?乾坤成列,而易立乎其中矣。乾坤毁,则无以见易。易不可见,则乾坤或几乎息矣。""易,其至矣乎!夫易,圣人所以崇德而广业也。……天地设位,而易行乎其中矣。成性存存,道义之门。"(《易传·系辞上》)皆是其证。

阴(- -)与阳(—)是《易经》的基本符号,如《庄子》所说:"易以道阴阳。"阴与阳,应源于对天地万物的抽象和模拟,正如《易传·系辞下》所说:"易者,象也。象也者,像也。"可见,阴与阳是对宇宙间具有对立统一关系的两种不同事物和属性的表征,如男与女、刚与柔、强与弱、上与下、左与右、黑与白、雄与雌、寒与暑,等等。不过,在《易经》中尚未出现"阴"与"阳"两个概念,将(- -)与(—)两个符号以"阴阳"称述当为《易传》之事。高亨说:"阴阳两爻的创造反映了古人认识到宇宙事物的阴阳两性矛盾对立的现象,这是古人对宇宙事物的初步分析,也是他们的辩证观点的初

① 郭沫若说:"在我们的原始时代,我们的祖先,就把宇宙的实体这个问题深深考察过了。'易'这个观念,好像便是这最先的一个。"(《郭沫若全集·历史编》第三卷,人民出版社 1984 年版,第 256 页。)刘文英说:"'易'就是中国哲学的第一个范畴。由'易'推演出的符号系统,就是中国哲学把握世界的第一个思想模式。"(刘文英:《"易"的抽象和"易"的秘密——圭表和日影的启示》,《天府新论》1988 年第 2 期。)

步体现。"①

阴与阳每三爻一组进行组合，便形成了八卦，即《乾》、《坤》、《震》、《巽》、《坎》、《离》、《艮》、《兑》。八卦象征物质世界中八种不同性质的事物，即天、地、雷、风、水、火、山、泽，也就是构成世界的八种物质。因此，阴阳符号及由此构成的八卦是我们的祖先对宇宙人生进行形上思考的最早尝试。对此《易传·系辞》曾有较为明确的论述：

> 古者包牺氏之王天下也，仰则观象于天，俯则观法于地，观鸟兽之文与地之宜，近取诸身，远取诸物，于是始作八卦，以通神明之德，以类万物之情。
>
> 仰以观于天文，俯以察于地理，是故知幽明之故。原始反终，故知死生之说。
>
> 圣人有以见天下之赜，而拟诸其形容，象其物宜，是故谓之象。圣人有以见天下之动，而观其会通，以行其典礼，系辞焉以断其吉凶，是故谓之爻。
>
> 圣人立象以尽意，设卦以尽情伪，系辞焉以尽其言，变而通之以尽利，鼓之舞之以尽神。
>
> 是故天生神物，圣人则之。天地变化，圣人效之。天垂象，见吉凶，圣人象之。

八卦每两个一组进行组合，就构成了六十四卦。《易经》六十四卦其实是对发生在自然与社会中的六十四类不同事物和现象的认识与把握。它既关注事物内部与事物之间两个方面的差异和对立，又强调二者的统一和转化。譬如，《乾》与《坤》、《泰》与《否》、《益》与《损》、《既济》与《未济》等，就既互相对立又互相统一。《乾》可以转化为《坤》，《坤》也可以转化为《乾》；《泰》可以转化为《否》，《否》也可以转化为《泰》；《益》可以转化为《损》，《损》也可以转化为《益》；《既济》可以转化为《未济》，《未济》也可以转化为《既济》。六十四卦前后两个卦之间"二二相偶"、"非覆即变"。"覆"是相邻两卦的卦象上下颠倒，"变"是相邻两卦的六爻完全相反。在这种"二二

---

① 高亨：《周易杂论》，齐鲁书社 1979 年版，第 5 页。

相偶"、"非覆即变"的卦序中，包含着对立的事物可以相互转化的思想。

可见，无论是构成《易经》的基本要素阴（－－）与阳（—）两个符号，还是由阴（－－）与阳（—）符号每三个重叠而生成的八卦以及由此进一步形成的六十四卦，都是对客观存在着的物象的概括和反映。《周易》从《易经》到《易传》的发展，是我们的祖先对他们的生存方式和实践经验的记录和总结，是先民对古代世界的整体认知和直观把握，是中国人认识和把握世界的第一个朴素唯物主义的思想模式。学习《周易》，就是要了解先民如何去把握事物发展变化的规律，以服务于人类认识和改造世界的活动。

三、《尚书》[①] 的五行与天德

"五行"思想见于《尚书·洪范》。周武王灭商后访问箕子，箕子说，上天曾赐给大禹"洪范九畴"："初一曰五行，次二曰敬用五事，次三曰农用八政，次四曰协用五纪，次五曰建用皇极，次六曰乂用三德，次七曰明用稽疑，次八曰念用庶征，次九曰向（享）用五福，威用六极。"显见，所谓"洪范九畴"就是九种治国的大法或范畴。关于"五行"，《洪范》说：

　　一曰水，二曰火，三曰木，四曰金，五曰土。水曰润下，火曰炎上，木曰曲直，金曰从革，土爰稼穑。润下作咸，炎上作苦，曲直作酸，从革作辛，稼穑作甘。

这是以"水、火、木、金、土"为"五行"的最早记载。"五行"是先民在社会生活中，与民生日用关系最密切的五种物质元素及其相关的原理法则。"行"与"道"相通。甲骨文中，"行"的字形像十字路口。《易经·复》六四爻辞："中行独复。"《易传·象上》："天行健。"《诗经·小雅·鹿鸣》曰："人之好我，示我周行。"这里的"行"皆可训为"道"。"润下"是水运动变化的基本原理，"炎上"是火运动变化的基本原理，"曲直"是木运动变化的基本原理，"从革"是金运动变化的基本原理，"稼穑"是土运动变化的基本原理。其中"金曰从革"、"土爰稼穑"，反映了那个时代重视青铜和农业生产的特点。西周

---

① 这里所说的《尚书》仅限于《今文尚书》。《古文尚书》因其伪大致已成定论，故不在此讨论范围。

末年，"阴阳"、"五行"等观念受到人们的重视，乃至成为以后中国哲学的重要范畴，这与《周易》和《洪范》的重要影响是分不开的。

值得注意的是，作为中国哲学史上的一个重要哲学范畴的"德"（"天德"、"元德"、"德元"等），在《尚书》中出现了114次（"道"在《尚书》中只出现12次），且大多是在哲学的层面上使用的。《尚书·吕刑》篇中的"天德"概念，其云："惟克天德，自作元命，配享在下。""克"有胜任、承担的意思。意谓唯能肩任天德，才能配天命，享有天所赐予的福禄。这里的天德也就是后儒所说的天道、天理或常道。孔颖达疏："能效天为德。"（《尚书正义·吕刑》）"惟克天德"体现了《尚书》作者以"天德"来贯通天地人的基本观念。"天德"既体现着自然法则，也体现着社会法则；既彰显着宇宙之理，也呈现出人生之理。这样的"德"，不仅具有明确的哲学内涵，而且还具有统摄宇宙和人生的最高本质的义蕴。

"德"的哲学义蕴，还体现在《尚书》中与"天德"密切相关的两个概念："元德"和"德元"。《酒诰》云："兹亦惟天若元德，永不忘在王家。"元有"始"、"大"、"本"的意思。"天若元德"是说天顺从其大德（《释言》释"若"为"顺也"）。"元德"在《召诰》篇中被称作"德元"，其云："其惟王位在德元，小民乃惟刑用于天下，越王显。"意思是说，王以大德（德元）居位处事，百姓效法王德，如此则王德行于四方而化于天下。可见，"元德"和"德元"都是在顺天、效天的最高之德的意义上说的，类似后儒所说的天道或天理。

《尚书》德论所具有的最高本质义蕴，还体现在《尚书·皋陶谟》的"九德"说和《洪范》的"三德"说中。"九德"说的基本内容是："宽而栗，柔而立，愿而恭，乱而敬，扰而毅，直而温，简而廉，刚而塞，强而义。"《洪范》的"三德"是指："一曰正直，二曰刚克，三曰柔克。"我们可以把《洪范》提出的"三德"说看作是对皋陶"九德"说的继承和发展。郑玄认为"九德"中的"简"、"刚"、"强"，就是《洪范》"三德"中的"刚克"；"宽"、"柔"、"扰"，就是《洪范》"三德"中的"柔克"；"直"、"愿"、"乱"，就是《洪范》"三德"中的"正直"。天刚、地柔、人直，集此三特性于一身的"德"，具有天道或天理的意义和地位，是毋庸置疑的。

首次出现于中国哲学史上的"天德"概念，后来在郭店竹简的《成之闻之》等篇和《易传》中得到了发展，并对儒道两家哲学思想的发展产生了深远影响。《易传·系辞上》："立天之道曰阴与阳，立地之道曰柔与刚，立人之道曰仁与义。"《郭店楚墓竹简·成之闻之》："君子治人伦以顺天德"，"圣人天德何？言慎求之于己，而可以至顺天常矣"。张载《正蒙·神化》："神，天德；化，天道。德，其体；道，其用，一于气而已。"显然，它们都从《尚书》的"天德"和"三德"、"九德"理论中汲取了思想养料。

四、"天命靡常"与"敬德保民"

殷商时代，神学和宗教思想在统治阶级的主流意识形态中占据主导地位。这一时期，我们的祖先已经从史前的多神崇拜中产生出了对唯一的至上神的信仰，这就是"帝"（天帝）在诸神中至上地位的确立和它同王权的直接关联。天上神权原本是地上王权的反映，但在人类进入文明社会的早期，我们的祖先却认为，地上王权的合法性来自上天，所以，《尚书·召诰》说："有夏服天命。"连殷代的亡国之君纣也曾感慨："呜呼！我生不有命在天？"（《尚书·西伯戡黎》）一个王朝的建立是因为它禀受了天命，人们的生活和实践活动也要遵守天帝的意志。在殷人的甲骨卜辞中，我们可以看到有这样的记录：国王想建造城邑，天帝答应了。（"王封邑，帝若"。）天帝要命令刮风了吗？（"帝令其风？"）天帝要命令下雨了吗？（"帝令其雨？"）天帝要赐给我们吃的并保佑我们吗？（"帝降食授又？"）等等。这表明，殷人的一切活动都受到"天帝"的干预。

尽管周初的统治者不可能一下子从殷商时期的天命思想中走出来，但是，在殷亡周兴的过程中，周人已逐渐认识到天命不是永恒不变的，"惟命不于常"（《尚书·康诰》），"天命靡常"（《诗经·大雅·文王》），"天不可信"（《尚书·君奭》）。但是，如何解释天命无常这一现象呢？周公引入了"德"的范畴，强调"以德配天"，对夏商以来的传统天命观进行了改造。

周公，姓姬，名旦，文王之子，武王之弟，因被文王分封于岐邦周地（今陕西岐山北），故称周公。灭商二年后周武王去世，周公摄政，"制礼作乐"，对"小邦周"之所以能够战胜"大邦殷"进行深入反思，他得出的结论是"皇天无亲，惟德是辅"（《尚书·蔡仲之命》），"民之所欲，天必从之"（《尚书·泰誓上》），因此，只有"敬德保民"，才能够"祈天永命"。如《尚书·召诰》所说：

　　　　天亦哀于四方民，其眷命用懋。王其疾敬德！

> 我不可不监于有夏，亦不可不监于有殷。……有夏服天命，惟有历年……惟不敬厥德，乃早坠厥命。……有殷受天命，惟有历年……惟不敬厥德，乃早坠厥命。今王嗣受厥命……王其德之用，祈天永命。

这是说，因为天命顺从人民的意愿，所以，"敬德"与"保民"是统一的。周公说："人无于水监，当于民监。"（《尚书·酒诰》）"天惟时求民主，乃大降显休命于成汤，刑殄有夏……代夏作民主。"（《尚书·多方》）这里的"民主"即是民之主。"天"只选择能够为民做主者，所以，当夏桀、商纣昏乱暴虐时，"天"就降命于汤、武，使之诛灭桀、纣，代其作"民主"。

《尚书·无逸》告诫君王要"先知稼穑之艰难"，"保惠于庶民，不敢侮鳏寡"，"无淫于观、于逸、于游、于田"。君王要知道农业生产的艰难，勤于政务，施惠于民，体恤鳏寡，不要沉湎于声色逸乐、游观畋猎之中。《尚书·康诰》则强调君王必须"用保乂民"，"用康保民"，"若保赤子，惟民其康乂"。意谓君王要像保护初生的小孩那样"保民"，使其得以安康。《康诰》又强调"明德慎罚"，即治理国家主要是彰明道德教化，而谨慎使用刑罚。

把"天"和"德"联系在一起，以德配天，用"德"和"人"的内容来体现天意，这是周初统治者的发明。其进步意义在于，把人们的目光由天上拉回到人间，从注重天转为注重人。正如《礼记·表记》所说的："殷人尊神，率民以事神，先鬼而后礼，先罚而后赏，尊而不亲。……周人尊礼尚施，事鬼敬神而远之，近人而忠焉，其赏罚用爵列，亲而不尊。"这一重大变化反映了从殷商时期以祭祀的宗教文化为主，向西周时期以礼乐的人文道德文化为主的演进，这也成为中国古代哲学观念生长发育的摇篮。

第二节 春秋时期天人观和人神观的转变

公元前770年，周幽王被犬戎杀死于骊山之下，周平王东迁洛邑。中国历史进入了大变动的春秋时期。这一时期的中国哲学围绕天道观念和人道观念开始形成朴素唯物主义和无神论思想，并由此拉开了先秦诸子百家争鸣的序幕。

一、"天道"与"人故"

春秋时期的"天道"观念，上承西周末年的"怨天"、"疑天"思潮。因西周末年不断有天灾人祸出现，使人们对能够"阴骘下民"的天神越来越怨怼、怀疑。如《诗经》中就有："荡荡上帝，下民之辟。疾威上帝，其命多辟"（《大雅·荡》）；"浩浩昊天，不骏其德。降丧饥馑，斩伐四国"（《小雅·雨无正》）；"乱匪降自天"（《大雅·瞻卬》）；"下民之孽，匪降自天。噂沓背憎，职竞由人"（《小雅·十月之交》）；等等。在这些怨天尤人的诗句中，已可见对天神崇拜的怀疑。进入春秋时期，对"天道"的认识逐渐向着自然主义和人文理性的方向发展。

《易经》已开始用阴（--）、阳（—）符号解释宇宙和人生的变化。发展到春秋时期，阴阳逐渐摆脱了素朴的符号形式的限制，成为人们解释自然和社会现象的基本哲学范畴。《左传·僖公十六年》记载："春，陨石于宋五，陨星也。六鹢退飞，过宋都，风也。"宋襄公问周内史叔兴："是何祥也？吉凶焉在？"叔兴先敷衍作答："今兹鲁多大丧，明年齐有乱，君将得诸侯而不终。"然后退而告人曰："是阴阳之事，非吉凶所生也，吉凶由人。"在这里，"阴阳之事"是解释自然现象，而"吉凶由人"则是把自然现象与人事吉凶区分开来，认为吉凶取决于人自身的行为。

《国语·周语下》记载：周卿士单襄公看到晋国君臣傲慢无礼，预言"晋将有乱"。鲁成公问："天道乎，抑人故也？"单襄公回答："吾非瞽史，焉知天道？吾见晋君之容，而听三郤之语矣，殆必祸者也。……"瞽史是从"天道"来预测人事吉凶，而单襄公显然对此不感兴趣，他是用"人故"（人的原因）来预言"晋将有乱"。将"天道"与"人故"相区分，此"天道"就不是神意的表达，而是对自然现象及其规律的认识。《周语下》又记载单襄公说："天六地五，数之常也。经之以天，纬之以地。经纬不爽，文之象也。"这里的"天六地五"就是"天有六气，谓阴、阳、风、雨、晦、明也；地有五行，金、木、水、火、土也"（韦昭：《国语注》）。对"六气"和"五行"的认识，成为春秋时期的一种新的天道观。

天文历法知识在春秋时期有很大发展。一方面，它与占星术结合在一起；另一方面，在对占星术的批判中，也促进了唯物主义天道观的形成。如鲁国的梓慎和郑国的裨灶观测彗星扫射到代表大火的大辰星位上，就曾预言宋、卫、陈、郑将发生火灾。裨灶请求子产用玉器祭祀，以避免火灾，子产不许。第二年春天，宋、卫、陈、郑果然发生了火灾。裨灶说："不用吾言，郑又将火。"子产说："天道远，人道迩，非所及也，何以知之？灶焉知天道？是亦多言矣，岂不或信?"郑国没有用玉器祭祀祈禳,而郑"亦不复火"(《左传·昭公十八年》)。子产说的"天道远"即指星象的运行。虽然占星术偶尔言中,但郑"不复火"的事实却证伪了占星术。

春秋时期仍沿用卜筮以决疑,但"人谋"的理性因素增长了,卜筮的范围与可信度也就缩小了。如《左传·桓公十一年》记载:楚、郧两军面临交战,楚大夫斗廉冷静地分析了战争形势,料定郧军必败。莫敖(楚官名)问是否需请楚王增兵,斗廉指出,战争的胜利主要在于人和,而不在于兵多,故不必增兵。莫敖又问是否"卜之",斗廉答:"卜以决疑。不疑,何卜?"结果是楚军战胜了郧军。因为人的理性已经可以对战争形势作出"胜算"的判断,做到"不疑",所以,"卜以决疑"也就退出了战争的舞台。在这种背景下,春秋后期得以产生伟大的兵学著作《孙子兵法》,就不足为奇了。

春秋后期,越国的范蠡说:

> 天道皇皇,日月以为常,明者以为法,微者则是行。阳至而阴,阴至而阳;日困而还,月盈而匡。古之善用兵者,因天地之常,与之俱行。后则用阴,先则用阳;近则用柔,远则用刚。(《国语·越语下》)

在这里,"天道"即指自然的规律,而其重要的表现就是"阴"、"阳"的此消彼长、相互转化、物极必反。在此意义上,"因天地之常,与之俱行",就是用哲学思想来指导人事活动。

二、民为神之主

春秋时期的无神论思想主要体现在"人道"观念的演进中,民被视为"神之主",对民的重视超过了对神的重视。《左传·桓公六年》记述,随国的季梁说:

> 所谓道,忠于民而信于神也。上思利民,忠也;祝史正辞,信也。……夫民,神之主也,是以圣王先成民而后致力于神。

季梁认为"上思利民,忠也",也就是说,君主首先要忠于民。因为民是"神之主",所以圣王要"先成民",而后致力于祭祀神。《左传·庄公三十二年》记载,虢国"虐(民)而听于神",祈神赐之土田。史嚚(虢太史)说:

　　虢其亡乎！吾闻之：国将兴，听于民；将亡，听于神。神，聪明正直
而壹者也，依人而行。虢多凉德，其何土之能得？

这也是以民为"神之主"。因为神的"聪明正直"就是"依人（民）而行"，
所以"国将兴"，执政者首先要"听于民"；相反，执政者如果"虐（民）而
听于神"，就会导致国家败亡。

　　与民为神之主观念紧密联系在一起的，是这一时期的民本思想，认为民之
利就是君之利，民之利高于君之利。《左传·文公十三年》记载，邾文公要迁
都于绎，卜问的结果是"利于民而不利于君"。其臣认为，如果不迁都，可以
延长邾文公的寿命。邾文公却说：

　　苟利于民，孤之利也。天生民而树之君，以利之也。民既利矣，孤必
与焉。……命在养民。死之短长，时也。民苟利矣，迁也，吉莫如之！

君主的使命就是利民、养民，因此，只要于民有利，即使不符合君主的利益，
君主也要积极参与和推动。晋国的师旷也在《左传·襄公十四年》中表达了类
似的思想："天生民而立之君，使司牧之，勿使失性。……天之爱民甚矣，岂
其使一人肆于民上，以从其淫，而弃天地之性？必不然矣。"天意"爱民"，天
为民而立君。君的职责就是使民保持"天地之性"，实现天心和民心的统一。

　　在民本思想得到伸张的同时，宗教观念则被淡化，崇尚道德成为人生与社
会的最高价值。《左传·襄公二十四年》记载鲁卿士叔孙豹论"三不朽"，即
"太上有立德，其次有立功，其次有立言。虽久不废，此之谓不朽。"追求死而
"不朽"，在宗教观念中就是追求灵魂不死。而在叔孙豹看来，能为人类社会作
出长久的贡献，"立德"、"立功"和"立言"，才是真正的"不朽"。

　　与"三不朽"说相应，在春秋时期较为流行的还有"三事"说。《左传·
文公七年》记载，晋国的郤缺说："六府、三事，谓之九功。水、火、金、木、
土、谷，谓之六府；正德、利用、厚生，谓之三事。""六府"是在"五行"
的基础上增加了"谷"，更加强调了农业生产的重要性。"三事"则是把"正
德"放在人事的首位，其次是"利用"（便利器用）和"厚生"（丰厚生活）。
"三事"和"三不朽"都是把道德置于首位，兼及社会生活的其他重要方面。
《国语·晋语》记载晋卿赵衰说："夫德义，生民之本也；能惇笃者，不忘百姓

也。"《左传·僖公二十四年》记载周大夫富辰说："大上以德抚民，其次亲亲以相及也。"这说明在春秋时期，崇尚道德和推重民本的思想，与重视宗族或家庭伦理是统一的。

与民本思想相联系，春秋时期对"礼"的反思也普遍受到重视。如《左传》所载："礼，经国家、定社稷、序民人、利后嗣者也。"（《左传·隐公十一年》）"礼，国之干也；敬，礼之舆也。"（《左传·僖公十一年》）"礼，上下之纪、天地之经纬也，民之所以生也，是以先王尚之。"（《左传·昭公二十五年》）一般说来，"礼"包含着道德观念、行为规范和典章制度等含义。就"礼"具有道德观念和行为规范的意义而言，它与"德"相当。在"礼"与"德"导引下，"忠"、"信"、"仁"、"义"、"孝"、"智"、"勇"等德目也纷纷被提及。而最能反映当时时代特点的是"礼"与"仪"之区分。《左传·昭公五年》记载，鲁昭公出访晋国，"自郊劳至于赠贿，无失礼"。晋国的女叔齐却说："是仪也，不可谓礼。"在女叔齐看来，"礼，所以守其国，行其政令，无失其民者也"。而鲁昭公失德败国、公室四分、民心离散，他在外交上所做到的只是"屑屑焉习仪以亟"，而远非"善于礼"。女叔齐对"礼"作了"本末"之分，认为其内在的实质是"本"，而外在的仪节形式是"末"。这是以后孔子将"仁"提升为"礼"的内在本质的思想先导。

春秋时期"天道"与"人道"观念的分离，表露出了天人之辨上的朴素唯物主义和无神论思想，为先秦诸子学说的兴起提供了基础。而这一时期由于社会的变动，出现了"王官失守"、学术下移的现象，至春秋中期产生了作为"四民"之首的"士"阶层。① "士"阶层后来逐渐成为诸子学说的承担者。

思考题：

1. 为什么说中华先民的宗教信仰中包含了中国哲学的萌芽？

2. 中国哲学产生于何时？其基本标志是什么？

3. 怎样认识春秋时期天人观和人神观的转变？

---

① 范文澜说："孔子学说就是士阶层思想的结晶"，"称为诸子百家的士，对文化有巨大的贡献"。（范文澜：《中国通史》第一册，人民出版社 2009 年版，第 160、274 页。）

第二章　老子的哲学

老子生活于春秋晚期。当时传统政治秩序逐渐瓦解，各种社会问题和矛盾异常尖锐复杂。面对纷繁的社会矛盾，处于不同立场的人便会形成不同的认识，提出不同的解决时代问题的哲学思想。面对春秋晚期动荡的社会状况，老子在总结前人关于天人关系和民神关系讨论的基础上，对"天道"与"人道"的关系问题进行了新的思考。他从理想化的天道出发，希望用天道来纠正人道中存在的问题和不足。由此出发，老子创立了中国哲学中的道家学派。

关于老子其人，西汉时人有不同的说法。《史记》记载了三个老子：一是指老聃，楚国苦县厉乡曲仁里人，姓李，名耳，字聃，曾做过周王朝守藏室的史官，回答过孔子关于周礼的问题，后来看到王朝衰微而辞官归隐，西出函谷关时留下《老子》五千言；二是指老莱子，"亦楚人也，著书十五篇，言道家之用"；三是指孔子去世一百多年后的周太史儋，"或曰儋即老子，或曰非也，世莫知其然否"（《史记·老子韩非列传》）。前二者是春秋末期人，约与孔子同时而略早，后者是战国时人。学术界一般认为老子即是老聃，是当时深观宇宙和社会人生变化的一位智者。

今传本《老子》①分上下篇，五千余言，是用韵文写成的哲理诗。估计最早的《老子》出现在春秋末年或战国初年，开始的文字不一定有五千字。《老子》文本在传衍过程中不断经过人们口耳相传，笔之于简帛，不断加工、编排、整理、丰富，最后形成了西汉河上公本。河上丈人作《老子注》（又名《老子章句》），将其分为八十一章，前三十七章为《道经》，后四十四章为《德经》，故有《道德经》之名。流传下来的通行本，除河上本外，还有汉代严遵的《道德指归论》，三国时王弼的《老子注》，以及唐代傅奕的《道德经古本篇》等。在传世的通行本中，以王弼本影响最大。

---

① 1973 年，长沙马王堆汉墓出土了帛书《老子》甲、乙本。两种抄本内容大致相同，均是《德经》在前，《道经》在后，部分章次、文字与通行本（王弼注本）有微小差异。1993 年，湖北郭店出土了楚简《老子》甲、乙、丙三组，考古学界认为墓主人入葬于战国中期（前300 年前后）。郭店楚简《老子》字数大约是通行本的四分之一，章序和思想内容与通行本存在重大差异（如竹简《老子》并不激烈抨击"仁义"观念）。简、帛本《老子》的出土，解决了老学史上许多聚讼不已的问题，使我们对《老子》一书的编排次序和文字的演变，有了新的认识。

第一节　以“道”为最高范畴的宇宙观

老子哲学的最高范畴是“道”。通过对“道”的分析与解读，老子表达了对宇宙、社会和人生的系统看法，在中国哲学史上具有深远影响。

一、以无为道

“道”是中国哲学独有的一个重要范畴，在西方哲学中找不到与之相应的概念。老子哲学最显著的一个特点就是把“道”由“人行之道”这样一个具体对象的名称，上升和抽象为一个最高的哲学范畴。“道”的原始含义是道路，后引申为法则、规律——天体运行和世间万物的自然规律、人世间的社会规律以及人类的道德法则等。春秋时期出现了一个论“道”的社会思潮，“天道”、“人道”、“存亡之道”、“忠之道”、“有道”、“无道”等概念均已出现。在《左传》和《国语》中，不但出现了反映自然规律的“天之道”和反映社会规律的“人之道”这样的范畴，而且还有明显的“天之道”与“人之道”相统一的思想。例如，《国语·越语下》：“天道盈而不溢，盛而不骄，劳而不矜其功。”《左传·昭公十八年》：“天道远，人道迩，非所及也。”《左传·襄公十二年》：“忠信笃敬，上下同之，天之道也。”这表明，在《左传》和《国语》中，“道”已经完成了由一个具体对象的名称向哲学概念上升和抽象的历程。老子在此基础上进一步把“道”由一个哲学范畴明确地上升和抽象为一个统摄宇宙和人生的最高本原或本体概念，并对这一本原或本体概念进行了系统概括与阐释。他说：

> 道之为物，惟恍惟惚。惚兮恍兮，其中有象；恍兮惚兮，其中有物。窈兮冥兮，其中有精；其精甚真，其中有信。（《老子》二十一章，以下本章凡引《老子》只注章目，无特别说明者均指王弼注本）
>
> 有物混成，先天地生。寂兮寥兮，独立不改，周行而不殆，可以为天下母。吾不知其名，字之曰道，强为之名曰大。（二十五章）

“道”作为最根本的存在，不能从具体形态上去把握，但是因为“道”为实有，所以其中有“象”、有“物”、有“精”、有“信”。“象”即具象，即物象的具体呈明。在老子哲学中，“象”有小大之分，“大象无形”（四十一章），为

"道"之别名,"小象"则是通常所说的物质实体。"精"就是"精气","精也者,气之精者也"(《管子·内业》)。"信",通"伸",有伸展变化之意。老子这段话的意思是说,"道"作为恍惚幽冥、无形可见的宇宙本体,内在地蕴含着实体("其中有物"),蕴含着极细微的精气("其中有精"),蕴含着伸展和变化("其中有信")。因此,从存在样态上看,"道"是混沌未分的原始物质。但是,这个先于天地万物存在的宇宙本原,却不好称呼它,只能勉强给它起一个名叫作"大",给一个字叫作"道"。"道"虽然是混沌的物质,但它若亡若存,难以把握。老子描述说:

> 视之不见,名曰夷;听之不闻,名曰希;搏之不得,名曰微。此三者不可致诘,故混而为一。其上不皦,其下不昧。绳绳不可名,复归于无物。是谓无状之状,无物之象,是谓惚恍。迎之不见其首,随之不见其后。(十四章)

"道"无形、无声、无迹,"视之不见"、"听之不闻"、"搏之不得",是"无状之状,无物之象"的"惚恍",因此,它不是感觉的对象,人们也难以用感性方式来把握它,所以,道又可以称为"无"。河上公《老子注》云"道无形,故言生于无也"(河上公:《老子注》四十章),以"无形"来解释"无"。老子为什么把"道"说成是"无"呢?根本原因就在于"无"表征着无限。任何具体之"有"都是有限的,有限之"有"不可能生成无限的世界,故它不具有生化万物的功能。老子之所以把"道"规定为"无"和"无形",是为了使无限的"道"区别于有形的具体之物。

二、道生万物

正因为"道"既是有,是混沌未分的原始物质,又是"无",具有无限的特性,因而,它才能够化生宇宙和人生。

> 谷神不死,是谓玄牝。玄牝之门,是谓天地根。绵绵若存,用之不勤。(六章)

用玄牝比喻"道",很可能是受古代先民生殖崇拜的影响。因为"道"象征着一种取之不尽、用之不竭的生命力。老子借用虚空的母性器官为喻，目的在于说明以"无"为特性的"道"具有无限生机和玄妙莫测的特征。

那么，天地万物是如何生成的呢？老子说：

天下万物生于有，有生于无。（四十章）

"天下万物"，郭店简本和帛书乙本均作"天下之物"。这里讲了两种不同的生成状况。"天下万物生于有"指的是万物之生不能凭空而起，必从已成、已有之"有"中生成。"有生于无"指的是，从根源上讲，万物皆生成于无限的"道"。

道生一，一生二，二生三，三生万物。万物负阴而抱阳，冲气以为和。（四十二章）

"道生一"指道一而已，并非指道之外另有一物叫作"一"。"一生二"指"一"皆有阴阳两面。这"一"既可指代宇宙总体，也可指代单一的一物。一物借助自身阴阳的对立统一生成另一物，就是"三"。如此往复，以至于化生万物。万物各具有阴阳二气，阴阳二气相互鼓荡就成为和气。"和"是气的混成流动状态。道在展开、实现过程中，赋予万物源源不断的生命力，以此生成长养万物。从宇宙生成论的进路来看，个体事物的成立有一个过程，如气化、凝聚的过程。从本体论的进路来理解，虚无之"道"是万物之所以为万物的形上根据；从宇宙生成论的进路来理解，道生万物的过程就是天地万物形成的过程。

三、"惟道是从"

"道"不仅创生万物，而且也从整全到分有，内在于万物之中。

道生之，德畜之，物形之，势成之。（五十一章）

王弼注解认为："道者，物之所由也；德者，物之所得也。"具体之物（含人类）的根源在"道"，但只是分有了"道"之一体，构成其内在本质的规定性，这就是"德"。"德"体现和承担"道"的功用而继续发挥滋养功能，所以说"德畜之"。"德"的活动虽有所定向，但仍是一无形质的存在。万物之生还需一个转化为有形质的过程，并依赖外在条件（环境）而最终生成，所以说"物形之，势成之"。在这一转化中，事物实际只能禀赋到"道"的某一个面向，因而是有限的、不完善的、不自足的、有所偏向的存在。只有"孔德"能够完全与道偕行。

孔德之容，惟道是从。（二十一章）

孔德即大德、通德，惟大德、通德可以从道而行。万物生成之后，"道"又如何活动呢？

大道泛兮，其可左右。万物恃之而生而不辞，功成不名有，衣养万物而不为主。常无欲，可名于小；万物归焉而不为主，可名为大。以其终不自为大，故能成其大。（三十四章）

大道广泛流行，无所不到。万物依赖它得以生成，也依赖它才得以养育滋长。但是，"道"并不因为生养万物而自以为有功，自以为是万物的主宰。言外之意就是，"道"生养万物的活动是自然而然的。万物生成之后，"道"也不对万物施加任何影响，而是让万物自然而然地依照其本性自由地生长。"道"的作用在具体人与物中是由"德"来体现的，所以《老子》又说："生而不有，为而不恃，长而不宰。是谓玄德。"（五十一章）这种玄妙的"德"，不据为己有，不自恃己能，不主宰万物，其实也是"道"的特性在具体之物或人中的体现。

可见，"道"在老子哲学中，既是产生天地万物的本原，是原始混沌的物质存在，同时又是天地万物存在和发展的法则、规律。它既虚无无形、广袤无限，又"有精"、"有物"、"有象"、"有状"。① 老子用这样一个具有高度抽象

---

① 在哲学语境中，老子之"道"的确切含义是什么？学界并未形成统一的认识。从历史上看，以韩非、《淮南子》、王充等为代表，主要从唯物主义角度诠释老子之"道"，以庄子、何晏、王弼等为代表则主要从唯心主义角度理解老子的"道"。20 世纪 50 年代末，围绕老子之"道"，出现了唯物、唯心之争。但是，在论争中无论是以范文澜、杨兴顺等人为代表的主张老子是唯物主义的派别，还是以吕振羽、杨荣国等人为代表的主张老子是唯心主义的派别，都是各执己见。任继愈先生先是主张老子是唯物主义，后来"发现主张老子是唯物主义有困难，改变了观点"，又主张老子是唯心主义。［任继愈译著：《老子新译》（修订本），上海古籍出版社 1985 年版，第 32 页。］

性和概括性的宇宙本源和本体概念来说明人类生存的依据和世界的统一性，客观上打击了宗教神学和唯心主义，超越了中国哲学早期用具体的物质元素说明宇宙和人生的局限性，推动了人类思想认识的提高和中国哲学思维的发展。但是，"道"在老子哲学体系中又具有含混、神秘的思想因素，这主要表现在"道"同情感、意志等精神属性也紧密联系在一起。如老子说："神得一以灵"，"神无以灵，将恐歇"（三十九章）；又称："天之道，不争而善胜，不言而善应，不召而自来，繟然而善谋。"（七十三章）这就不但承认了神的存在，而且还认为神只要与"道"相合，就有"灵"。① 正是在这个意义上，老子道论中亦含有神秘主义和唯心主义的思想因素。老子道论之所以会出现唯物、唯心之争，原因就在于"道"这个范畴的复杂性，即它既具有物质的属性和规律的含义，又具有情感、意志等思想因素，这就为以后不同学派从不同的方面发挥老子学说留下了广阔的空间。

第二节 "反者道之动"的辩证法

"道"是万物得以生成的总根源，从整全到分有并内在于万物之中。那么，具体之物在其形成之后，会如何运动？应该如何运动呢？

一、"有无相生"

如前所述，万物在形成之前已由"道"将"阴"、"阳"两种相对的因素赋予其中。老子进而认为，万物生成之后由于"阴"、"阳"两种势力的相互冲突和相互协调，使物体"负阴而抱阳"，变成一个矛盾的统一体。此外，万物在从无形质凝结为有形质时，禀赋了"道"的某一个方面。因此，物体之间和物体内部存在着相互转化的可能性。万物自身之阴阳相互依赖、相互冲突和相互协调，就促使它发生运动和变化。

朴素的辩证观念，促使老子在观察经验世界时表现出敏锐的洞察力。

---

① 吕振羽说：老子的"天和道还是有意识地主宰万物"，"道是创造宇宙，统制宇宙的最高主宰"，"老聃在这里，不但是一个不可知论者，而且是倾向着有神论了"。（吕振羽：《中国政治思想史》，生活·读书·新知三联书店1955年版，第59页。）

有无相生，难易相成，长短相较，高下相倾，音声相和，前后相随。（二章）

物，或损之而益，或益之而损。（四十二章）

有无、难易、长短、高下、音声、前后等表示经验世界各种关系的词汇，都是一对对相反又相辅相成的概念，无此即无彼，无彼则无此。事物的损益，也表明事物不会固定不变，而是处于不断变化的状态中。

老子不仅善于归纳万物运行的基本规律，而且也道出了社会人生的重要法则。

祸兮福之所倚，福兮祸之所伏。孰知其极？其无正？正复为奇，善复为妖。人之迷，其日固久。（五十八章）

图难于其易，为大于其细。天下难事必作于易，天下大事必作于细。是以圣人终不为大，故能成其大。（六十三章）

祸福、正反、善妖，事情的难易和大小，是人间普遍存在的状态。一时的祸患可以转化为将来的幸福，反之亦然，正面可以变为反面，善良可以变为邪恶。从易处入手可以解决大难题，从小事做起能够成就大功业。因此，有远见的人是能从小处着眼而成就大事业的。这种观察往往能够触及事物发展的本质和社会人生问题的症结，体现了老子高度的智慧。老子通过对自然界和社会中大量对立概念的表述，揭示了事物矛盾的普遍性和客观性，同时，他也看到了矛盾双方的相互依存和相互转化，阐发了许多宝贵的辩证法思想。

二、"反者道之动"

在老子看来，万物的相反相成、循环往复就意味着"道"的运动。老子把"道"的这种特征概括为：

反者，道之动。（四十章）

"反"有两种含义：一是相反；二是反复。依前者，"道"之动是向着自己的反面转化；依后者，"道"之动是一个周而复始的过程。这两种含义在老子的思想中均能找到。"道"生养万物的过程即是由无到有、由一到多、由有限到无限的过程,这是朝相反方面的运动。"道"生养万物,但万物最终又复归于"道",这是一种循环往复的运动。

在"相反"和"反复"之间,老子显然更重视"反复"。

> 吾不知其名,字之曰道,强为之名曰大。大曰逝,逝曰远,远曰反。(二十五章)

"道"广大无边,万物均借助"道"而生成("大")。万物从"道"分离出来后,周流不息地运动着("逝")。万物的这种运动离"道"越来越远("远")。远到极处,物极必反,万物又回到了"道"的本根("反")。对万物而言,向本原的重新回归,实际上是一种复命的过程,也是万物的最终归宿。在由"远"到"反"的过程中,万物尤其是人类个体,可以发挥其内在的本性:

> 夫物芸芸,各复归其根。归根曰静,是谓复命。复命曰常,知常曰明。不知常,妄作,凶。(十六章)

万物回归本根之"道",意味着要超越事物的无序状态,使它的变化有所定向而不是盲目地轻举妄动,因而"归根曰静"。定向地回归本根,也就是恢复到事物原来的本质规定性(本性)上去,所以叫"复命"。朝着本根之"道"的方向回归本性,也就能在变动不居的现象世界中把握恒常不变的规律,获得对世界的明智的洞见。反之,如果万物不能朝着"道"的方向复归,行为没有定向,就只能受到"由吉到凶、由凶向吉"的摆布,吉凶无常,祸福难料。

三、贵柔守雌

老子的辩证法思想,还体现在他对"柔弱"和"坚强"的辩证关系的阐释上。《吕氏春秋·不二》称:"老聃贵柔。"《庄子·天下》说老子"以濡弱谦下为表"。柔弱和坚强是矛盾的两个方面,二者统一于老子的"道"中。

　　　　道常无为而无不为。（三十七章）
　　　　弱者，道之用。（四十章）

如前所述，"道"的作用看似微弱，但是持续不断，不会疲惫，自然而然地生养了万物。万物生成之后，"道"继续滋养万物，但它不对万物造成干扰，而是让万物自由发展。"弱者，道之用"，正是由于"道"的活动显得柔弱，往往容易误解为无所作为，但它实际上缓慢地滋养着万物，对万物而言具有必要性，所以"道"无所不为。老子提出"贵柔"原则，来源于对"道常无为而无不为"和"弱者，道之用"的体认。

　　　　人之生也柔弱，其死也坚强。万物草木之生也柔脆，其死也枯槁。故坚强者死之徒，柔弱者生之徒。是以兵强则不胜，木强则兵。强大处下，柔弱处上。（七十六章）
　　　　天下莫柔弱于水，而攻坚强者莫之能胜，其无以易之。弱之胜强，柔之胜刚，天下莫不知，莫能行。（七十八章）

生物死亡时躯体就会变得僵硬，而活着则是柔弱的；水看似柔弱，却能够摧毁坚强之物；树木长大而特别显眼，可能会招致人类的砍伐而不得保全；在军事上，用兵力逞强就会招致杀身之祸。老子进而认为，强大最终只会归于衰败，只有"柔弱"才能得以保全、处于不败，并居于上位，取得看似刚强之物所不能达到的效果。

　　基于以上原因，老子说："守柔曰强。"（五十二章）"天下之至柔，驰骋天下之至坚。"（四十三章）倡导人应遵照"道"的指引，发挥本性，守住"柔弱"，防止由"强"归于"衰"、"微"、"亡"。

　　"贵柔"原则体现在为人处世上，首先就是要"守雌"：

　　　　知其雄，守其雌，为天下溪。为天下溪，常德不离，复归于婴儿。（二十八章）

"知雄守雌"，是循"道"而行的行为原则。人的成长往往有所习染而远离了"德"，因而应当复归到本根（婴儿）上来。在这个意义上，"守雌"与"贵柔"一样，都有本原论的依据。"雄"与"雌"，本来是代表万物的两种性别，这里是一种比喻，"雄"表示张扬、逞强、冒进，"雌"是指收敛、柔弱、谦退。老子"知雄"与"守雌"并举，意味着他对于"雄"与"雌"相互转化有高度警觉，但他的思想旨趣在于"守雌"，倡导人生应当收敛、柔弱、谦退、"不敢为天下先"（六十七章）、"为而不争"（八十一章），避免过度张扬、逞强和冒进。

老子认为，君王尤其应该遵循"贵柔"和"守雌"的原则。他说：

> 贵以贱为本，高以下为基。是以侯王自谓孤、寡、不谷。此非以贱为本邪？非乎？故致数舆（誉）无舆（誉）。不欲琭琭如玉，珞珞如石。（三十九章）
>
> 欲上民，必以言下之；欲先民，必以身后之。是以圣人处上而民不重，处前而民不害，是以天下乐推而不厌，以其不争，故天下莫能与之争。（六十六章）

与先秦众多思想家一样，老子的政治论也往往围绕着人君的行为规范而展开。在一定意义上和许多场合中，政治论就是人君应该秉持的人生论。在这里，老子强调君王应当"以贱为本"、"以下为基"，心口一致地对百姓表示谦下，自称孤、寡、不谷，不要把自己置于高高在上的地位而脱离民众，甚至以势欺下。同时，要把自己的利益放在民众的后面，不可贪图小利和沽名钓誉。如此，君主才能成为民众的领导和表率，真正成就功业和美誉。由此可知，处贱、处下、不争等君王处世的规范，与前面"贵柔"、"守雌"的观念是一脉相承的。

总之，"有无相生"、"反者道之动"、"贵柔守雌"等思想，集中体现了老子辩证法的思想睿智。当然，老子过于强调"反"，而忽视"正"；强调柔弱，而忽视刚强；强调静观，而忽视实践；强调矛盾对立面的相互转化，而忽视相互转化的条件，则是其不可避免的历史局限性。

第三节　"道法自然"的社会历史观

"自然"与"无为"，是老子哲学的核心观念。"自然"即自然而然，顺其本性自由发展;"无为"即顺自然而不妄为。所以从根本意义上说,两者是一致的。老子的这一思想落实到社会历史领域,就形成了"道法自然"的社会历史观。

一、"道法自然"

面对"损不足以奉有余"的社会现实,老子开出了"损有余而补不足"的济世良方,主张用"天之道"改造"人之道"。唯有如此,才能得人性之真和"道"之全。

> 人法地,地法天,天法道,道法自然。(二十五章)

老子的"自然"不是自然界意义上的自然,而是事物本然的状态和属性。人效法地,地效法天,天效法"道","道"效法自己原初的状态。因此,人的真正本性应是效法天道,自然无为。

但是,人为什么会背离"道"的自然情状呢?

> 五色令人目盲,五音令人耳聋,五味令人口爽,驰骋畋猎令人心发狂,难得之货令人行妨。是以圣人为腹不为目,故去彼取此。(十二章)
>
> 名与身孰亲?身与货孰多?得与亡孰病?是故甚爱必大费,多藏必厚亡。知足不辱,知止不殆,可以长久。(四十四章)
>
> 企者不立,跨者不行,自见者不明,自是者不彰,自伐者无功,自矜者不长。(二十四章)

目、耳、口、心、腹,是人的基本官能,当然不容废弃,但过度的色、音、味的刺激,过分地驰骋畋猎和追求稀有货品,或者一味地追求名声和利益,都将激发人的私欲,从而与"生而不有,为而不恃,长而不宰"的"玄德"相背离。从此出发,老子提出了"无身"和"贵身"的主张:

> 何谓贵大患若身?吾所以有大患者,为吾有身,及吾无身,吾有何患!故贵以身为天下,若可寄天下;爱以身为天下,若可托天下。

（十三章）

人的祸患来源于身体，如果"无身"也就无患。老子接着又说要"贵身"和
"爱身"，所以"无身"不能理解为消灭肉体的存在，而是说身心有过多的欲
望和私智需要去除。所谓"贵身"和"爱身"，就是在充分认识到身体的过
多欲望中包含着一种离"道"的倾向，且最终构成对自我的损害的情况下，
对自我加以修炼与提升的一种方法和态度。这种修炼方法，即是"为道"的
方法：

　　为学日益，为道日损。损之又损，以至于无为。（四十八章）

学习是一个不断积累的过程，故云"日益"。但要体悟把握宇宙人生的最高本
体，就需要不断地进行抽象，舍弃具体的存在之物，最后使自己恢复到自然无
为的本真状态。因此，"为学"的方法是做"加法"而不是"减法"，"为道"
的方法则是做"减法"而不是"加法"。

　　致虚极，守静笃；万物并作，吾以观复。（十六章）

所谓"虚"，就是人心在去除了各种欲望、私念、巧智之后所达到的空虚灵动
的状态。此时内心不受任何干扰和污染，能够体认到恒常不变的东西，因而不
再盲目地轻举妄动，修养有所定向，朝着"道"的方向不断努力，最终复归于
"自然"之"道"，体会到"静"的精神境界。

二、无为而治

老子看到，春秋以来中国社会的最大问题就是大"道"废弃，国家昏乱，
忠信尽无，孝慈缺失，盗贼丛生。

　　大道废，有仁义；智慧出，有大伪；六亲不和，有孝慈；国家昏乱，
有忠臣。（十八章）
　　绝圣弃智，民利百倍；绝仁弃义，民复孝慈；绝巧弃利，盗贼无有。
（十九章）

失道而后德，失德而后仁，失仁而后义，失义而后礼。夫礼者，忠信之薄而乱之首。（三十八章）①

为什么会出现这些问题呢？老子从哲学的层面进行了思考。

天下多忌讳，而民弥贫；民多利器，国家滋昏；人多伎巧，奇物滋起；法令滋彰，盗贼多有。故圣人云："我无为而民自化，我好静而民自正，我无事而民自富，我无欲而民自朴。"（五十七章）

在无道的政治中，统治者往往自以为聪明。他们设置诸多禁令限制民众，铸造兵器以维护自身安全，发挥巧智、利用伎俩搜刮天下珍宝与货财，政令繁苛并威吓百姓，以此来维护社会秩序。但实际的效果往往适得其反，最终造成百姓贫穷、战争频发、邪恶丛生、社会混乱。究其原因，就在于统治者不当地"有为"、"好动"、"多事"、"多欲"。因此，政治的有道，是从统治者的行为归于正道开始的。统治者只有按照"道"的要求，用"自然无为"来消解私智诈伪，用"致虚守静"来超越欲望冲动，"以百姓心为心"（四十九章），让百姓有自治的空间，自我化育、自主生活、自给自足，如此才能真正达到政治昌明、社会安治、百姓和乐的理想世界。

不尚贤，使民不争；不贵难得之货，使民不为盗；不见可欲，使民心不乱。是以圣人之治，虚其心，实其腹，弱其志，强其骨，常使民无知无欲。使夫智者不敢为也。为无为，则无不治。（三章）

老子强调的"无知无欲"，源于"自然无为"之"道"的要求，是对巧智多欲的纠偏，适用于统治者和广大民众。它是通过防止激发民众的各种感官欲望，避免人为制造稀奇财货和功名利禄，让民众陷溺其中的方式来达成的。因而

① 竹简本有所不同，与十八章相对应的简文作："故大道废，安有仁义。六亲不和，安有孝慈。邦家昏乱，安有贞臣。"与十九章相对应的简文作："绝智弃辩，民利百倍；绝巧弃利，盗贼无有；绝伪弃诈，民复孝慈。"三十八章则无对应简文。竹简本与通行本对比来看，老子对欲望、伎俩、自以为是、私念是持否弃态度的；关于"仁义"、"孝慈"，竹简本并不明言反对，但置于"道"的范畴之下，至少可以看到老子对德治理念是有保留的；关于"礼"、"忠信"，依通行本更是可看到明显的反对态度。

"使民无知无欲"，即是让百姓回归质朴、善良的本真生活状态。

由此，老子提出了"小国寡民"的政治理想：

> 小国寡民，使有什伯之器而不用，使民重死而不远徙。虽有舟舆，无所乘之；虽有甲兵，无所陈之。使人复结绳而用之。甘其食，美其服，安其居，乐其俗。邻国相望，鸡犬之声相闻，民至老死不相往来。（八十章）

"小国寡民"含有回归原始氏族社会的成分，因而老子的社会理想有着明显的历史局限性。但是，这种乌托邦式的社会构想的可贵之处在于，老子对违背人性的不当"人为"所造成的社会功利化、工具化、虚伪化倾向加以尖锐批评，呼唤人们以虚静的心境超越春秋时期混乱的社会状态，返回到自然、淳朴、本真、自足、自主的生活方式，也就是"道"的生活状态。

第四节　老子哲学的地位和影响

老子对春秋时期社会问题和人类文明的反思，体现着深刻的哲学洞见，在古代思想史上留下了重要的思想资源。老子不仅开创了一个具有深远影响的思想流派——道家，提出了非常重要的哲学观念，而且影响了先秦儒法等诸家思想，并参与塑造了其后整个中华文明极富鲜明特色的民族性格。

一、老子哲学的历史地位

老子哲学不仅是道家哲学的源头，而且是整个中国哲学发展演化的智慧源泉之一。它在中国哲学史上具有十分重要的历史地位。

首先，老子把"道"看作是化生天地万物的本原，并构建了一个以"道"为核心范畴的哲学体系。老子崇尚自然无为，主张返璞归真，倡导柔弱谦下的人生态度，不仅得到了道家学者以及道教人士的推崇和发展，而且与主张"人文化成"、"刚健进取"的儒家学说一起构筑了中华民族文化的基本格局。

其次，老子提出了"道"、"德"、"无"、"有"、"常"、"无为"、"柔弱"、"虚静"等重要范畴，赋予其丰富的思想内涵，并构建为一套玄妙的义理系统，形成了中国哲学史上第一个相对完整的哲学体系。他把"道"提升为最高的哲学范畴，在"道—有—万物"的框架中观察、认识和解释万事万物，从而超越了感性具体的经验，进到了形而上的根源层面，建立了一种有别于原始宗教、体现理性思维的宇宙理论，并在对天地万物的观察、认识和思考中，形成了独具特色的道家辩证法。

最后，落实到人生论和社会政治论，如果说孔子继承了周公以来的礼治传统，创立了儒家学派，那么，老子则对当时社会功利化和工具化倾向加以反思与批评，倡导回归自然的生活方式和无为而治的政治理念，创建了道家学派。

二、老子哲学的影响

老子哲学中包含有丰富的辩证观念。他对事物对立面之间相互依存、相互转化的关系有着深刻的认识。这或许与他作为史官"历记成败、存亡、祸福、古今之道"（《汉书·艺文志》）的实际经验有关，同时也可能受到过《易经》辩证思想的影响。老子哲学的辩证思维加深了人们对祸福相倚、难易相成、成败相因、柔弱胜刚强的认识，培养了人们清静谦下、虚己容物的精神境界，这使得经典进入了人们的日用常行之中，成为深入人心的生命智慧。可以说，老子哲学对中国辩证思维的形成起着至关重要的作用。但是，老子过分地重柔弱而轻进取、重静观而轻实践、重淳朴自然而轻知识文明的倾向，在一定程度上也妨碍了老子辩证法的正常发展，需要加以批判地取舍和扬弃。

老子哲学倡导自然无为，追求质朴本真，反对人为造作。老子所开创的道家以虚无为本、以柔弱为用，主张"无为而无不为"。这些都深深地影响了后来的庄子思想。司马迁认为庄子"其学无所不窥，然其要本归于老子之言"（《史记·老子韩非列传》），道家思想史上也经常老庄并提。庄子也有自己的"道论"，将"道"视为超越时空的永恒本体，具有生养万物的能力，表现在一切事物之中。又如，庄子主张顺从天道，摒弃"人为"、"机心"，逍遥自得，从而与天地万物相通，体现了对"道法自然"理念的展开。这些都是庄子对老子相关思想的继承和发展。

受老子哲学影响，战国时期稷下学宫中的彭蒙、田骈、慎到等人发展出了"黄老学派"。1973年马王堆汉墓出土的《黄帝四经》，反映了黄老之学从战国末期至汉初的流传情况。秦汉之际，黄老之学盛行。《吕氏春秋》、《淮南子》的作者均深受老子哲学的影响。

此外，老子哲学对儒、法、兵家思想也产生了重要影响。中华文化实由儒道互补而推陈出新。经魏晋玄学、道教和唐代三教并举的文化政策的作用，宋明理学家大多曾出入佛老二氏。例如周敦颐提出"无欲故静"、"主静立人极"，就受到了老子思想的启发；宋明理学中众多的观念范畴，如"无极"、"太极"、"有"、"无"、"常"、"道"、"静"、"虚"等，均从道家义理系统中转手而来。当然，儒道两家尽管有相互吸收的一面，但依然是两种不同的思想形态。老子倡导"道法自然"，成为儒家文化发展和制度构建过程中的一种批判性资源，而发挥着某种纠偏作用，保证了中华文化的多元共生、和谐互动与协调发展。对于法家，老子对其亦有根源性的影响。《史记·老子韩非列传》评韩非法家学说"喜刑名法术之学，而其归本于黄老"，从中可以看到法家与老子哲学的渊源关系。此外，在《孙子兵法》中，也不难看到老子哲学对兵家辩证法的深刻影响。

总之，老子在中国哲学发展史上具有重要地位，其哲学思想对后世产生了深远影响，他开创的道家，成为中国封建社会里唯一可以与儒家学说相提并论的思想流派。老子哲学与孔子哲学一样，也曾被封建统治者所利用，被后来的哲学家所发展，甚至老子本人被道教徒奉为道教祖师，这些都应当与老子本人的思想区别开来。

思考题：

    1. 如何理解老子的"道"？

    2. 试论老子的辩证法思想。

    3. 概述老子社会历史观的主要内容。

    4. 谈谈你对老子哲学智慧的认识。

第三章　孔子的哲学

如果说老子给出的解决时代问题的良方是用"天道"来匡正"人道"，那么，曾向老子请教过周礼的孔子在学习继承中华先民的思想智慧、反思三代兴亡的历史经验、总结春秋时期哲学思想成果的基础上，则把眼光投向了人和社会，主张在尊重敬畏"天命"的前提下，"以人弘道"，实现天与人、礼与仁的统一。由此出发，孔子开创了儒家学派①，形成了其富有原创性的哲学思想。

孔子（前551—前479年），名丘，字仲尼，鲁国陬邑（今山东曲阜东南）人，中国古代著名的思想家、教育家，曾被后世奉为"至圣先师"、"万世师表"。孔子的先世为殷人后裔、宋国贵族。3岁丧父，少时"贫且贱"，曾做过管仓库的"委吏"和管牛羊的"乘田"。谙于礼，精于"六艺"，曾以"儒"为业。30岁即兴办私学，渐有名声。50岁时出任鲁国的"中都宰"，政绩颇佳，"四方皆则之"，后升迁为"大司寇"，行摄相事。因政局动荡、齐人离间，在55岁时率弟子离开鲁国，周游列国14年，终不见用。68岁时重返鲁国，专心从事讲学和整理古代文献典籍。《史记·孔子世家》记载了他的生平活动。由其学生记录整理的《论语》一书，是研究孔子哲学思想的主要资料。

第一节　"天"的思考和"命"的探索

"天"是儒家哲学的一个重要概念，在《论语》中共出现19次。孔子对"天"的思考和对"命"的探索是他思考社会和人生问题的形而上依据。

一、自然之天与意志之天

孔子的天首先是自然之天。他说："天何言哉？四时行焉，百物生焉。天何言哉？"（《论语·阳货》，以下本章凡引《论语》只注篇名）自然生发、不为而成的天，就是我们生活于其中的物质世界。孔子说："巍巍乎！唯天为大，

---

① 《汉书·艺文志》载："儒家者流，盖出于司徒之官。"司徒的职责是"掌邦教，以佐王安扰邦国"（《周礼·地官》）。《周礼·太宰》也说，教化百姓的官员曰"儒"。"儒"发展到春秋时，因社会变革丧失了自己原来的官位，遂于民间从事相礼和教育事业。

唯尧则之。"（《泰伯》）尧能够效法的天，也应当是自然之天。子贡在评价孔子时说："夫子之不可及也，犹天之不可阶而升也。"（《子张》）不可阶而升的天当然也是自然之天。自然之天，具有自然而然、广大浩瀚、高远深邃的含义。

这样一个高远深邃的"天"，在孔子的议论中，有时也具有意志等精神方面的属性。

> 天生德于予，桓魋其如予何？（《述而》）
> 颜渊死。子曰："噫！天丧予！天丧予！"（《先进》）
> 获罪于天，无所祷也。（《八佾》）
> 子畏于匡，曰："文王既没，文不在兹乎？天之将丧斯文也，后死者不得与于斯文也；天之未丧斯文也，匡人其如予何？"（《子罕》）

这样"天"就既有物质性的色彩，又有规律、法则和精神性的含义。这表明，孔子关于"天"的概念并没有十分确定的内涵，而是根据议论的问题而有所不同。

二、"畏天命"与"知天命"

正因为《论语》中的"天"有规律、法则和必然性的内涵，也有情感意志等精神性的内涵，所以，孔子才敬天、畏天。

> 君子有三畏：畏天命，畏大人，畏圣人之言。小人不知天命而不畏也，狎大人，侮圣人之言。（《季氏》）

孔子敬畏天对人下的命令（也即天给予人的禀赋，人之所以为人的根据，人之应然的法则），又敬畏政治上的王公大人、道德上的圣人的言论。他一方面保留了天的神秘性和对于天、天命、天道的信仰、敬畏；另一方面又修正了西周关于天帝、天命只与天子、诸侯、大夫等贵族阶层有关的看法，从而使每一个人都有可能直接地面对上天，在人生的道路上"畏天命"进而"知天命"，这就肯定了人所应具的宗教性的要求。他说：

吾十有五而志于学，三十而立，四十而不惑，五十而知天命，六十而
耳顺，七十而从心所欲，不逾矩。(《为政》)

在这里，"天命"是指客观环境、外缘条件或必然性。孔子说："不知命，无以
为君子也。"(《尧曰》) 又说："道之将行也与，命也；道之将废也与，命也。"
(《宪问》) 这里的"命"也是在客观的原理、法则和必然性的意义上说的。

孔子思考"天"和"命"的目的是知"天"、知"命"，是为了更好地认
识和把握自己的历史使命。孟子曾经引述过孔子对《诗经·大雅·烝民》"天
生烝民，有物有则，民之秉彝，好是懿德"的解释。"孔子曰：'为此诗者，其
知道乎！故有物必有则；民之秉彝也，故好是懿德。'"(《孟子·告子上》) 孔
子以此诗为"知道"之诗，强调要在人事活动中，特别是道德活动中去体认天
命。如此，才能"不怨天，不尤人，下学而上达"。也是在这个意义上，他说：
"知我者其天乎！"(《宪问》)

孔子把外在的天命落实到人的内在之性上，实现了对外在之天的敬畏与主
体内在的道德律令的结合，从而为他的人生哲学和社会哲学找到了形上依据。
孔子的这一思路虽然包含着神秘主义成分，但表达了贯通天道与人道的重要思
想，对后世儒者形成积极有为的担当意识和超越生死的人生态度产生了重要
影响。

第二节 "仁"的提升和"人"的反思

《吕氏春秋·不二》篇说："老聃贵柔，孔子贵仁。"《荀子·解蔽》篇也
说："孔子仁知且不蔽。"的确，"仁"是孔子思想中最有特色和思想智慧的范
畴之一。孔子的"仁学"和老子的"道论"，对中国哲学产生了深远影响。与
老子把天道理想化不同，孔子在对"仁"的抽象和提升中对人进行了反思，奠
定了儒家人学思想的基础。

一、修德成仁

据《尚书·金縢》记载，周公自称："予仁若考，能多材多艺，能事鬼
神。"他把"仁"视为人的一种重要品德。到春秋时期，"仁"的观念大量出

现，其含义不断丰富，"仁"涵盖的范围越来越大，抽象的程度越来越高。《左传·襄公七年》："恤民为德，正直为正，正曲为直，参和为仁。"所谓"参和"，就是说德、正、直三者合为一体，可以由"仁"来统摄，"仁"成为一个具有一定程度的抽象性和普遍性，涵盖了德、正、直等品行的概念。

孔子在《左传》的基础上对"仁"做了进一步的提升和抽象，把"仁"熔铸成为一个统摄诸多德目的哲学概念。这主要表现在，他用"仁"来说明德，认为成仁是修德的关键。孔子说："刚毅木讷，近仁。"（《子路》）他认为具有刚强、果决、朴实、慎言四种品德的人只是接近于"仁"。又说："能行五者于天下，为仁矣。"这五者便是恭、宽、信、敏、惠，因为"恭则不侮，宽则得众，信则人任焉，敏则有功，惠则足以使人"（《阳货》）。又说："博学而笃志，切问而近思，仁在其中矣。"（《子张》）"孝弟也者，其为仁之本与！"（《学而》）还说："克己复礼为仁。一日克己复礼，天下归仁焉。"（《颜渊》）这样一来，"仁"实际上统摄了德的所有条目，成为涵盖"德"的各个方面的一个基本范畴。正是在这个意义上，朱熹说："仁者，本心之全德。"（朱熹：《论语集注》卷六）"本心之全德"就是说仁是一个具有普遍意义的涵纳诸种道德规范的一般性哲学概念，是一种概括了"全面的道德行为"的哲学范畴。冯友兰说："有时候孔子用'仁'字不光是指某一种特殊德性，而且是指一切德性的总和。所以，'仁人'一词与全德之人同义。在这种情况下，'仁'可以译为 perfect virtue（全德）。"①

二、仁者爱人

孔子"仁"论的贡献，不仅体现在他把"仁"提升和抽象成为一个哲学范畴，还体现在他把"仁"和人联系在一起来进行思考，对人本身进行了哲学反思。孔子用"仁"来规定人，认为"仁"与人具有直接统一性，"仁"存在，人就存在；仁德完全丧失了，也就不成其为人了。所以，"君子无终食之间违仁，造次必于是，颠沛必于是"（《里仁》）。《中庸》载孔子语："故为政在人，取人以身，修身以道，修道以仁。仁者，人也，亲亲为大；义者，宜也，尊贤为大。"《礼记·表记》也说："仁者，人也。道者，义也。"就是说，做到了仁，就是一个真正的人。由此出发，孔子把"仁"的本质诠释为"爱人"：

---

① 冯友兰：《中国哲学简史》，北京大学出版社 1985 年版，第 53 页。

樊迟问仁。子曰："爱人。"问知（智）。子曰："知人。"（《颜渊》）

孔子主张仁智双彰，以爱人为仁，知人善任为智。他继承了周公以来的人道主义传统，不仅反对人殉、人牲，甚至对用具有人的形状的木陶俑去陪葬都表示厌恶。孔子有重民的思想，《论语》记载"所重：民、食、丧、祭"（《尧曰》）。他反对苛政、暴政，主张像子产那样"惠民"、"养民也惠"、"使民也义"（《公冶长》），希望统治者不违农时，使百姓能够依季节从事生产，其基本生活得到保障。他肯定民生问题是为政之本，主张在富民的基础上实施礼乐教化。

子适卫，冉有仆。子曰："庶矣哉！"冉有曰："既庶矣，又何加焉？"曰："富之。"曰："既富矣，又何加焉？"曰："教之。"（《子路》）

庶是人口众多，这是社会安定繁荣的标志。没有战乱的地方，容易吸引百姓。孔子主张"富民"、"教民"，庶而后富，富而后教。他还注意到了社会公正问题，反对贫富过于悬殊。

孔子认为，人对自己父母兄弟姐妹的爱是最自然真挚的情感，所以孝悌、爱亲为仁之根本。人首先要爱自己的父母和兄弟姐妹，然后推己及人，推广到爱身边的人、他者和一般老百姓，乃至草木鸟兽、山水瓦石。子曰："弟子入则孝，出则弟，谨而信，泛爱众而亲仁。"（《学而》）所说的就是，做弟子应该在家孝顺父母，出外敬爱长者，做事谨慎，说话信实，广泛地关爱众人，亲近有仁德的人。孔子的弟子有子发挥他的这一思想说："君子务本，本立而道生。孝弟也者，其为仁之本与！"与耶稣的"博爱"、墨子的"兼爱"不同，孔子的"爱"是有差等的，但他的"泛爱众"并不限于只爱亲人，而是以爱亲为出发点，把在家庭生活中体验和培养出来的爱心，一层一层地推广出去，他认为这就是"仁"。

如何才能做到"仁"呢？孔子主张反求诸己，通过道德自律和主体意识的高扬来实现"仁"的目标。他说：

躬自厚而薄责于人。（《卫灵公》）
夫仁者，己欲立而立人，己欲达而达人。能近取譬，可谓仁之方也

已。(《雍也》)

在孔子看来，"天生德于予"（《述而》），因此，"仁"离我们并不遥远，只要有自觉行"仁"的主观意愿，就能努力达到"仁"，所以他说："我欲仁，斯仁至矣。"（同上）

尽管如此，孔子所说的这种道德自律和主体意识，并不容易做到，即使是备受他喜爱和赞赏的弟子颜回，孔子也不轻许以仁，而只是说他"其心三月不违仁"。至于其他弟子，则只是"日月至焉而已矣"（《雍也》）。孔子甚至认为自己也很难达到仁的境界，他说："若圣与仁，则吾岂敢！抑为之不厌，诲人不倦，则可谓云而已矣。"（《述而》）对于一般人来说，能够达到仁的某个层次就不错了，完全达到"仁且智"的人那就是圣人了。

孔子的"仁"论及其对"人"的反思，为后学所继承、发挥并产生了深远的影响。孟子说："仁也者，人也。合而言之，道也。"（《孟子·尽心下》）《庄子·天地》云："无为言之之谓德，爱人利物谓之仁。"《韩非子·解老》云："仁者，谓其中心欣然爱人也。"朱熹在解释孟子的"仁也者，人也。合而言之，道也"一语时，也说："仁者，人之所以为人之理也。然仁，理也；人，物也。以仁之理，合于人之身而言之，乃所谓道者也。"（朱熹：《孟子集注》卷十四）这就明确地把"仁"和"人"统一起来。中国传统哲学的"仁"论和把"仁"与"人"统一起来的思想，确立了人的道德属性，对今天的道德建设和人格修养，仍然具有重要的启示意义。

三、理想人格

如果说每个人都需要持守"仁"，才得以成为人，那么，君子便是人之中能够圆满地践行"仁"的人格典范。故孔子反复表彰君子。

孔子认为，君子是有道德理想的：

> 君子谋道不谋食……君子忧道不忧贫。(《卫灵公》)
> 君子喻于义，小人喻于利。(《里仁》)
> 君子怀德，小人怀土；君子怀刑，小人怀惠。(同上)

孔子这里都是在强调，君子是以超越现实功利作为自己的价值追求的。

孔子又以为，君子是有教养的。这种教养，一方面表现在内涵上：

文质彬彬，然后君子。（《雍也》）

君子欲讷于言而敏于行。（《里仁》）

君子泰而不骄，小人骄而不泰。（《子路》）

君子矜而不争，群而不党。（《卫灵公》）

这都是说，君子既讲求真实，也表现得典雅；能够做到少说空话，多做有意义的事；有价值持守但不傲慢骄横，与人合群但不结党营私。要之，君子应该是有精神气质的一类人。

另一方面，表现在对待他人和事业上，君子有"恭"、"敬"感：

道千乘之国，敬事而信。（《学而》）

事思敬。（《季氏》）

君子敬而无失，与人恭而有礼。（《颜渊》）

居处恭，执事敬，与人忠。（《子路》）

孔子这里强调的君子"恭"、"敬"，源于深沉的历史意识和责任担当：当代人所享有的一切，都是以往历史上一代又一代付出极其艰辛的努力甚至献出生命争得的，因之，自当对历代之前辈心存敬畏与感恩，而自己这一代亦当承接前辈开创的事业付出自己的努力，以为下一代创造幸福。要之，君子又必是对社群—国家有承担的一类人。

无疑，有崇高的价值追求，有良好的精神教养，有强烈的责任担当，这些构成孔子"仁学"所塑造的君子人格的范型。

及至处于国家的危难之际，君子更可以做到：

无求生以害仁，有杀身以成仁。（《卫灵公》）

君子可以为崇高价值理想去"杀身成仁"。"杀身成仁"已然成为孔子及儒学传统具终极意义的思想信仰。这一思想信仰，在激励历代士子为国效力乃至献身的追求中，产生过巨大影响。

第三节 "礼"的发展和"道"的追求

在孔子以前,"礼"主要是作为一个伦理和政治范畴来使用的。如"定人之谓礼"(《左传·僖公二十八年》),"礼所以守其国"(《左传·昭公五年》),"礼之可以为国也久矣,与天地并"(《左传·昭公二十六年》)。孔子继承了前人的"礼"论,并在反思和倡导周"礼"的过程中,对"礼"有所提升和发展,把"礼"作为理想社会的建构,并赋予"礼"以一种哲学的义蕴。

一、礼之本与礼之用

春秋时期最大的社会问题是礼坏乐崩,天下失序。具体表现为君不像君,臣不像臣,父不像父,子不像子。孔子认为,改变这一状况的办法是恢复西周的礼制,通过"正名"使天下回归于"礼"。所以,当子路问孔子"卫君待子而为政,子将奚先"时,孔子回答说:"必也正名乎!"治国安民,一定要先"正名",因为"名不正,则言不顺;言不顺,则事不成;事不成,则礼乐不兴;礼乐不兴,则刑罚不中;刑罚不中,则民无所措手足"(《子路》)。在当时的时代条件下,孔子关于"礼"的思想,无疑有维护旧制度的一面,然而孔子的关切点在于维护正常的社会秩序,使社会摆脱混乱走向平治。

孔子认为,对于"礼"应重点把握其本质。鲁人林放曾就"礼之本"问教于孔子,孔子高兴地说:"大哉此问!"接着便回答说:"礼,与其奢也,宁俭;丧,与其易也,宁戚。"(《八佾》)《礼记·檀弓上》也有一段话,与此可互相印证,其云:"子路曰:'吾闻诸夫子,丧礼,与其哀不足而礼有余也,不若礼不足而哀有余也。祭礼,与其敬不足而礼有余也,不若礼不足而敬有余也。'"可见,孔子于"礼"重其实质,而不拘泥于外表的繁文缛节。

孔子认为,"礼"的功能是调节社会关系,使社会成员按其"名分"和秩序进行生活和实践,从而达到社会的和谐。

> 道之以政,齐之以刑,民免而无耻;道之以德,齐之以礼,有耻且格。(《为政》)

行政命令和刑罚制裁是强制性的,它的作用虽然迅速、明显,但不会深入和持久。以德作引导使之遵从礼制,它的作用虽然不是那么迅速和明显,但能唤起人们的道德自觉，使人们从内心里远离错误和罪恶。孔子弟子有子发挥了上述思想，提出："礼之用，和为贵。先王之道，斯为美。"(《学而》)

二、复礼归仁与以道言礼

孔子对"礼"的提升和发展，主要体现在他认为"礼"要以"仁"为基础，把仁的内涵灌注到"礼"中去。他说："人而不仁，如礼何？人而不仁，如乐何？"(《八佾》)没有仁德，就不可能践行礼仪。"仁"是内在的道德自觉，"礼"则是"仁"的彰显和外化。孔子说：

> 知（智）及之，仁不能守之，虽得之，必失之。知（智）及之，仁能守之，不庄以莅之，则民不敬。知（智）及之，仁能守之，庄以莅之，动之不以礼，未善也。(《卫灵公》)

"仁"、"智"是人之为人的重要品格和本质属性，但是，这一品格和本质属性的实现要体现为"礼"，人践行了"礼"，也就实现了内在的仁德。在这个意义上，孔子又说："克己复礼为仁。一日克己复礼，天下归仁焉。为仁由己，而由人乎哉？"(《颜渊》)

孔子对"礼"的提升和发展，还体现在把"礼"和"道"联系在一起，认为"礼"的最终目标是进达到"道"。他说："齐一变至于鲁，鲁一变至于道。"(《雍也》)"天下有道，则礼乐征伐自天子出；天下无道，则礼乐征伐自诸侯出。"(《季氏》)齐国改革较早，虽然经济发展了，但因忽视礼乐和道德建设，带来严重的社会问题。鲁国继承了西周的道德传统，这是其进步的方面，但也存在一些违礼的现象，如果鲁国能够改变这些现象，实行真正的礼制，那就实现"天下有道"的目标了。天下有道时，制作礼乐和出兵打仗都由天子做决定；天下无道时，制作礼乐和出兵打仗则由诸侯做决定。可见，孔子的"道"不同于老子的"道"，老子"道生天地"的"道"具有生成论的义蕴，而孔子"天下有道"的"道"则是人类社会的最高原理和法则，因而对人和社会具有统摄和决定意义。孔老道论的这种差别并没有妨碍孔子对"礼"的提升和发展。

> 陈亢问于伯鱼曰："子亦有异闻乎？"对曰："未也。尝独立，鲤趋而

过庭。曰：'学诗乎？'对曰：'未也。''不学诗，无以言。'鲤退而学诗。他日又独立。鲤趋而过庭。曰：'学礼乎？'对曰：'未也。''不学礼，无以立。'鲤退而学礼。闻斯二者。"（《季氏》）

孔子以"仁"释"礼"，以"道"论"礼"，表明"礼"已经具有了丰富的哲学内涵。据《论语·尧曰》记载，孔子曾经说："不知命，无以为君子也；不知礼，无以立也；不知言，无以知人也。"这里的"命"、"礼"，都是在哲学意义上说的。《礼记·乐记》说："礼者，天地之序也"，"序，故群物皆别"，"大礼与天地同节"，明确把"礼"作为统摄社会和自然的哲学范畴来使用。

孔子认为"礼"不是一成不变的，他虽然崇尚文武周公，肯定和赞美周礼，但是，他对周礼并不是简单继承，而是有所损益：

殷因于夏礼，所损益可知也；周因于殷礼，所损益可知也。其或继周者，虽百世可知也。（《为政》）

不仅"殷因于夏"、"周因于殷"有"损益"变化，将来"继周者"也会有"损益"变化。对此，孔子曾经设想未来将"行夏之时，乘殷之辂，服周之冕。乐则韶舞"（《卫灵公》）。虽然继周而兴的后世未必一定用夏朝的历法，坐商朝的车子，戴周朝的帽子，音乐也未必一定要用韶舞，但孔子认为历史在因革损益中向前发展的认识无疑具有相当的合理性。

第四节　"中庸之道"的方法论

"中庸之道"是孔子哲学的重要内容。它既是一种最高的道德，也是人们认识和把握事物的一种重要方法。"极高明而道中庸"（《礼记·中庸》）的思想对后世儒家的影响很大。不能把中庸之道简单地归结为折中主义，其中包含着合理的辩证法思想因素。

一、"过犹不及"

孔子说："中庸之为德也，其至矣乎！民鲜久矣。"（《雍也》）《礼记·中庸》记载，孔子还说过："君子中庸，小人反中庸。君子之中庸也，君子而时中；小人之（反）中庸也，小人而无忌惮也。"可见，他把中庸看作是人的一种最高品德、德性，只有君子才能做到，一般老百姓很难做到，肆无忌惮的小人甚至是反其道而行之的。

什么是中庸呢？孔子认为就是要把握"时中"或"中行"、"中道"的原则，做事不偏不倚，恰如其分，既不"过"，也不"不及"；做人则既不"狂"，也不"狷"。这是一种很高明的动态平衡的艺术。

> 不得中行而与之，必也狂狷乎！狂者进取，狷者有所不为也。（《子路》）
> 子贡问："师与商也孰贤？"子曰："师也过，商也不及。"曰："然则师愈与？"子曰："过犹不及。"（《先进》）

"师"是颛孙师，即子张。"商"是卜商，即子夏。子张为人处世有点过度，子夏则有点不到位。不偏不倚乃日用常行之理，过度和不到位同样不好。

中庸作为最高的德或道，体现在很多方面。在文质关系上，孔子主张"质胜文则野，文胜质则史。文质彬彬，然后君子"（《雍也》），这是文质关系的中道。孔子评论《关雎》"乐而不淫，哀而不伤"（《八佾》），这是哀乐情感表达的中道。孔子的弟子赞扬孔子"温而厉，威而不猛，恭而安"（《述而》），这是性情、仪表上的中道。

> 人或问孔子曰："颜回何如人也？"曰："仁人也，丘弗如也。""子贡何如人也？"曰："辩人也，丘弗如也。""子路何如人也？"曰："勇人也，丘弗如也。"宾曰："三人皆贤夫子，而为夫子役，何也？"孔子曰："丘能仁且忍，辩且讷，勇且怯，以三子之能，易丘一道，丘弗为也。"（《淮南子·人间训》）

孔子说自己"仁"不如颜回，"辩"不如子贡，"勇"不如子路。这三个人都有贤于孔子之处，但他们都心甘情愿做孔子的学生，为其所役使，原因何在呢？孔子的回答是：关键在于他把握了中庸之道，能够做到"仁且忍"、"辩且讷"、"勇且怯"。这是三个学生都不能企及的。

孔子还提出了"权"，即通达权变、随时制节的思想，强调原则性（经）

与灵活性（权）统一的动态平衡原则。

> 子曰："可与共学，未可与适道；可与适道，未可与立；可与立，未可与权。"（《子罕》）

可以共同学习，但不一定能够一起求道；可以一起求道，但不一定能够一起建功立业；可以一起建功立业，但不一定能够一起通权达变。孔子通过"共学"、"适道"、"立"、"权"这四个层次的比较，来说明"中庸"作为"德"和"道"的至高地位。

可见，中庸之道不是不讲原则，左右逢源，去迎合所有的人，不是滑头主义的"乡愿"。恰恰相反，在孔子看来，"乡愿，德之贼也"（《阳货》）。

二、执两用中

"中庸之道"不仅是最高的道德、德性，而且还是认识世界的基本方法，是在对立两极中把握事物的运动变化之道，特别是把握其适中之度的矛盾分析方法的具体运用。

> 子曰："吾有知乎哉？无知也。有鄙夫问于我，空空如也。我叩其两端而竭焉。"（《子罕》）

孔子"叩其两端而竭焉"的方法，就是对于未知（无知）的事物，不断地从正反两个方面提出问题，穷根究底，去发现事物的内在联系和规律性，得出符合实际的结论，从而实现从"无知"到"知"的转化。在这个过程中，特别值得重视的是孔子提出的"四毋"："毋意、毋必、毋固、毋我"（同上），即要防止随意揣测、断然认定、拘泥错谬、自以为是，以保证观察和推论的客观性。

《礼记·中庸》记载，孔子赞扬舜帝是有大智慧的人，除了他有"好问而好察迩言，隐恶而扬善"的美德之外，"执其两端，用其中于民"，即善于分析社会矛盾，选择最有利于人民的适中之道，也是他治国理政的一大法宝。据说尧、舜、禹三代圣王禅让帝位时有所谓"十六字心传"，"允执厥中"（《尚书·大禹谟》）就是其中的重要内容之一。可见，崇尚"中道"、"执两用中"

在中国文化特别是儒家文化中有着十分深厚的传统。

毛泽东曾经称赞中庸范畴是孔子的一大发现、一大功绩，认为它是既反对"左"（"过"）又反对右（"不及"）的两条战线的斗争方法，其重要意义和作用在于肯定事物质的稳定性。但不能把中庸绝对化、僵固化，否则它就会成为否定质变和反对革命性变革的工具。所以毛泽东又说，孔子知道量变引起质变的道理，但他畏惧其变，中庸之道由之就蜕变为"维持封建制度的方法论"[①]。

第五节　孔子思想的价值和影响

孔子开创了对中国文化影响深远的儒家学派，他在中国历史上的价值和影响值得我们特别关注。

一、孔子思想的价值

首先，孔子的价值表现在其人格典范上。司马迁在《史记·孔子世家》中说："《诗》有之：'高山仰止，景行行止。'虽不能至，然心乡（向）往之。余读孔氏书，想见其为人。"我们不但要了解孔子的为学，更须知道他的为人。古人讲"知人论世"，从孔子的语默动静、进退行止中，我们可以深切地感受到其人格魅力。孔子持守道义，席不暇暖，不畏辛劳，乐以忘忧，在困厄中与弟子"习礼大树下"，"讲诵弦歌不衰"（《史记·孔子世家》）。孔子一生"学而不厌，诲人不倦"，"发愤忘食，乐以忘忧"（《述而》），"笃信好学，守死善道"（《泰伯》），"知其不可而为之"（《宪问》）。这些都激励着后世一代一代中国人自强不息，勇往直前。与西方的"先知"、"英雄"人格不同，中国的君子人格、圣贤人格是他们通过自己的努力，在成就自己和成就他人的生活实践中达到与呈现出来的。

其次，孔子奠定了以"仁爱"为中心的人文主义的精神价值系统。"仁学"是孔子哲学的核心思想。孔子在我国思想史上开启了道德的主体性、内在性和道德自由的传统。孔子倡导德治，这一理念体现了以人为本的价值取向，值得我们进一步弘扬。孔子提出的道义、忠恕原则和仁、义、礼、智、信等价值，

---

① 《毛泽东哲学批注集》，中央文献出版社 1988 年版，第 380 页。

"天下一家"、"中国一人"的社会文化理想，有着深远影响和积极意义。"仁学"是一种成德之教，其基本理想是要通过孝悌忠信、诗书礼乐的教化来培养有德之君子，并通过君子的治理，使国家、社会逐渐恢复和谐的秩序，不断走向文明。虽然孔子思想中也包含有终极信仰，也讲现实性，但他所代表的重人文的文化，与重宗教或重功利的文化有很大的不同。

再次，孔子主张"有教无类"，开启了平民教育之先河，重视培养民间知识人，为打通士人参政的途径奠定了基础。孔子是伟大的教育家，他主张在礼、乐、射、御、书、数六艺之学中陶冶学生的人格，主张立志有恒、内省不疚、改过迁善、言行一致。他倡导的是德性的教育、性情的教育、人格的教育和终身的自我教育。

最后，孔子在整理古代典籍和文化方面作出了巨大贡献。孔子对《诗》、《书》的内容加以取舍和编排，对《礼》、《乐》做加工整理，成为后世教育的基本内容。他又把鲁国史官所记的《鲁春秋》改写成《春秋》，以褒贬是非善恶，史称"春秋笔法"的典籍编写模式成为后来史家记史的范例。通过孔子的工作，我们的文化得以继承和发展，粲然可观。孔子对中华文化的传承与发展作出了重大的贡献。

二、孔子思想的影响

不容否认，孔子的思想具有两重性。在社会急剧变革的时代，孔子不能不受时代的影响，他既有站在贵族立场上维护旧的统治秩序的言论，也有为新兴阶层的发展鸣锣开道的言论。他虽然承认历代礼制可以作一些损益，但他的损益只是在保持旧质的规定性的前提下作一些修补，即是说，在不触动原有的社会制度的本质的前提下，对典章制度作点滴改良，或某种权变。孔子思想中还包含着一些内在矛盾，例如，他一方面兴办私学，接收平民及其子弟读书，主张"学而知之"，另一方面又主张"惟上智与下愚不移"（《阳货》），肯定有"生而知之"者。他对生产劳动与劳动者是轻视的，曾斥责"问稼"的樊迟是"小人"，表现出明显的贵族阶级的局限性。

孔子对后世的影响同样具有两重性。

一方面，孔子的思想深刻地影响了中国文化的走向，至今仍然是我们民族文化的宝贵财富。孔子之后，儒分为八，不同时期的儒家学者从不同的方面继承和发展了孔子的哲学思想。战国中期的孟子和宋明诸儒重点发展了孔子的

"仁学"，进一步扩大和深化了心性之学，即致力于孔子的"内圣"之学。战国末期的荀子和汉代的董仲舒等则致力于推广孔子的"礼学"，发展了"外王"之学，强调礼制等制度性建设的重要性。后世儒家学者使儒学的发展有了更多的面向，丰富了儒学的生命力。儒学是中国哲学与文化的基本形态之一。儒家与诸子百家、佛教、道教等相互批评并不断融合，构成了中国博大精深的历史文化传统。

另一方面，自儒学在汉代成为官方统治思想之后，孔子的地位被历朝历代统治阶级越捧越高，宋明以后更被奉为"至圣先师"、"万世师表"，享有中国历史上任何一个思想家都不曾有过的特殊地位。与此同时，他的思想往往被教条化、意识形态化，他的形象和思想被封建统治者所利用而工具化，而其真正的精神、有活力的思想则往往被禁锢在历史的局限性之中。我们今天学习和研究孔子思想，就需要把其中反映中华民族思想精华的内容，与在漫长的封建社会中附加在孔子身上的历史附着物区别开来，扬精弃糟，古为今用。

思考题：

1. 概述孔子"仁"学的思想要旨。
2. 怎样认识孔子思想中"仁"与"礼"的关系？
3. 孔子是如何把对"天命"的敬畏与人内在的道德性结合起来的？
4. 何谓"中庸之道"？如何正确理解和评价？

第四章　墨子的哲学

墨子（约前 468—前 376 年），名翟，鲁国滥邑（今山东滕州市木石镇）人，做过宋国的大夫，也曾做过造车子的工匠（见《墨子·鲁问》），并自称"贱人"（《墨子·贵义》），是春秋战国时期典型的平民哲学家。墨子曾"学儒者之业，受孔子之术"（《淮南子·要略》），后不满于儒家礼乐的烦琐和所造成的浪费，从儒家中分化出来，创立了墨家学派。这一学派①主要代表了从奴隶制向封建制转变过程中平民和小生产者的利益，在战国时期与儒家并称为"显学"（《韩非子·显学》）。

与其他各家相比，墨家学派有一个显著的特点，就是其内部有较严密的组织纪律。墨子之下的首领称为"巨子"，学派内部各成员不仅有互相帮助和协作的义务，而且必须服从巨子的领导，切实奉行"墨者之法"。战国中后期，墨家内部产生分化，即所谓"墨离为三"（同上）。现传《墨子》②书中有的同一篇名而分为上、中、下，文句小异而大旨无殊，可能是墨家三派所传墨子思想的不同版本，后来都被编入《墨子》书中。秦汉之后，墨家学派中道断绝，但其思想在中国古代乃至近代仍有重要影响。

第一节　"兼相爱，交相利"的社会历史观

墨子生活于战国前期，此时的"天下无道"比孔子所处的春秋末期更加严重。诸侯国之间的兼并战争更加频繁和残酷，"强侵弱，众暴寡，兵革不休"，人民生活也更加困苦。墨子在考察社会存在现状和历史发展实际的基础上，提

---

① 和孔子一样，墨子也曾周游列国，宣传自己的主张，但始终未被当权者所重用。墨子晚年主要从事授徒讲学的活动，并向各国统治者举荐弟子出仕，以期实现自己的政治理想。史料记载，"墨子兼爱，摩顶放踵利天下，为之"（《孟子·尽心上》），"墨子服役者百八十人，皆可使赴火蹈刃，死不还踵"（《淮南子·泰族训》）。这是一个不避危难困苦，具有高度献身精神而积极救世的学派。

② 《墨子》一书现存 53 篇，是墨家的一部著作总集。其中，《经上》、《经下》、《经说上》、《经说下》、《大取》和《小取》6 篇，是后期墨家主要讨论认识论、逻辑学和科学的作品；《备城门》以下 11 篇，是对墨家的防御技术和守城器械的记载和说明；其余 36 篇则直接与墨子本人的言论和活动有关，是研究墨子思想的主要依据。

出了解决当时社会问题、重建社会秩序的十大主张，即"兼爱"、"非攻"、"尚贤"、"尚同"、"节用"、"节葬"、"天志"、"明鬼"、"非乐"、"非命"。其中，"兼爱"也就是"兼相爱，交相利"，是墨子实现其匡世济民理想的基本手段和途径。

一、"兼爱"与兴利

墨子认为，当时的"天下之害"都是由于国与国、家与家、人与人之间"不相爱"而产生的。他说：

> 天下之人皆不相爱，强必执弱，众必劫寡，富必侮贫，贵必敖（傲）贱，诈必欺愚。凡天下祸篡怨恨，其所以起者，以不相爱生也，是以仁者非之。（《墨子·兼爱中》，以下本章凡引《墨子》只注篇名）

在墨子的思想中，"仁者"就是能够"兴天下之利，除天下之害"的人。既然"不相爱"是产生世间一切祸害的根源，"仁者非之"，那么为了"兴天下之利，除天下之害"，就要以"兼相爱，交相利"来取代"别相恶，交相贼"。简言之，就是"兼以易别"（《兼爱下》）。"兼"是总全而不作分别，"兼相爱"就是对一切人不分远近、亲疏、贫富、贵贱，皆一视同仁，普遍而同等地爱之。"别"则是分别人与我，自爱而不爱他人，如此就会相互怨恶、相互侵害。

墨子主张，用"兼相爱，交相利"来处理国与国、家与家、人与人之间的关系，也就是要"视人之国若视其国，视人之家若视其家，视人之身若视其身"，这样就会除去天下之害。"是故诸侯相爱则不野战，家主相爱则不相篡，人与人相爱则不相贼。……凡天下祸篡怨恨可使毋起者，以相爱生也，是以仁者誉之。"（《兼爱中》）"兼相爱"不仅可以除去天下之害，而且可以兴起天下之利，因为爱人、利人者可以从中得到对等的回报："夫爱人者，人必从而爱之；利人者，人必从而利之"（同上）。如果国与国、家与家、人与人之间都能够"兼相爱，交相利"，那么世间就不会有战争，不会有"强执弱、众劫寡、富侮贫、贵傲贱、诈欺愚"等恶现象，社会、家庭乃至普遍人际关系就会恢复秩序而求得和谐。

《吕氏春秋·不二》篇说"孔子贵仁，墨翟贵廉（兼）"，就是说孔子以"仁者爱人"为最有价值，墨子以"兼相爱，交相利"为最有价值。儒墨两家之同是都讲"爱人"，而其分歧在于，墨家强调要把"爱人"落实到物质生活方面，也就是说，"兼相爱"要见诸"交相利"。而儒家的"爱人"更多的是针对人的德性来说，把"爱人"视为"人之所以为人的类本质"来看待的，因此，与物质利益没有直接的关联，在某种意义上讲具有超越物质功利的内在价值。墨子从互利互惠的社会功效立论，故其先讲"爱利人之亲"，然后讲"人报我以爱利吾亲"（《兼爱下》）。这样，对人之亲和对己之亲就要同等地爱之。儒家则是从人的本质属性立论，认为人的道德情感等精神属性源于最本真的亲亲之情，"孝弟也者，其为仁之本与"，进而将孝悌等亲亲之情加以扩充，达到"泛爱众而亲仁"。因此，儒家的"爱人"随着人际关系的远近亲疏而有差等。《墨子》书中有《非儒》篇，开篇就批评儒者"亲亲有术，尊贤有等"。这里所谓"亲亲有术"之"术"，即是"差别"；"尊贤有等"之"等"，更指"等级"。而墨家是主张"爱无差等"，爱己之亲与爱人之亲没有厚薄之别的。在爱有差等和爱无差等的问题上，儒墨两家形成尖锐的对立，乃至孟子提出"距杨、墨"（《孟子·滕文公下》），即把墨家以及主张"为我"的杨朱作为两个极端而加以排斥。

墨子"贵兼"，主张"兼以易别"，其价值标准就是能为天下兴利除害。墨子所讲的"利"，包括"天下之富"、"人民之众"、"刑政之治"（《尚贤上》），而最根本的乃是万民衣食之所足，此即"万民之大利"（《兼爱下》）。墨子说："民有三患：饥者不得食，寒者不得衣，劳者不得息，三者民之巨患也。"（《非乐上》）"兼爱"首先要解除这三患，使"民无饥而不得食，寒而不得衣，劳而不得息"（《尚贤中》）。墨子强调，"五谷者，民之所仰也"（《七患》），"衣食者，人之生利也"（《节葬下》）。显然，墨子讲"利"，重在物质生产和物质生活，以人民的衣食富足为主要追求目标。

二、"贵义"即"利人"

墨子也讲"贵义"，他说"万事莫贵于义"（《贵义》），主张"必顺虑其义，而后为之行"（《非攻下》）。然而，义之所以贵，也在于义同社会功利之间的内在关联。墨子说：

> 义者，正也。何以知义之为正也？天下有义则治，无义则乱。我以此知义之为正也。（《天志下》）
>
> 今用义为政于国家，人民必众，刑政必治，社稷必安。所为贵良宝

者，可以利民也，而义可以利人，故曰：义，天下之良宝也。(《耕柱》)

墨子以义为"正"，又说"以兼为正"。义的实际内涵就是兼，"兼即仁矣，义矣"(《兼爱下》)。天下有义则治，无义则乱，"有义则富，无义则贫"(《天志上》)，义可以利人，所以义为正，义可贵。义与利是统一的，利为义之功效，义为利之手段，这是墨子的功利主义道德观。后期墨家更以"利"界定"义"，《墨子·经上》云："义，利也。"凡利人的，就是人所当行，就是义（宜）。儒家讲义利之辨，墨家讲义利之合，两家之同是都排斥个人的自私自利，而分歧在于，儒家认为道德有其内在价值，仁义、人伦是人之所以为人者，道德生活的价值高于"饱食暖衣"的物质生活；墨家则认为道德有其功效价值，道德生活（包括"君臣父子皆能孝慈"等等）亦属社会之公利，而社会之公利最根本的乃是人民的衣食富足。

墨家的思想较多地反映了当时小生产者（"农与工肆之人"）的经济利益和政治诉求。由于各诸侯国之间的"强侵弱，众暴寡，兵革不休"是人民生活的最大祸患，所以墨家鲜明地主张"非攻"，即反对侵略战争。在政治上，墨家还主张"尚贤"，即不论贵贱等级而举用贤才；"尚同"，即选择天下贤者，立为天子、三公、诸侯国君和各级行政长官，"上之所是，必皆是之；所非，必皆非之"。在经济和社会生活中，墨家主张"节用"，即反对奢侈浪费；"节葬"，即反对"厚葬久丧"；"非乐"，即反对"弦歌鼓舞，习为声乐"。这些都是为了"兴天下之利，除天下之害"，而"节用"、"节葬"、"非乐"更是把满足人民的基本物质需求放在首位。关于音乐，儒家重视其道德教化功能与审美功能的统一，而"墨子之所以非乐者，非以大钟、鸣鼓、琴瑟、竽笙之声以为不乐也，非以刻镂华文章之色以为不美也"，但以"万民之利"的价值标准衡量之，制造钟鼓琴瑟等乐器以及供养歌舞队伍"将必厚措敛乎万民"，"亏夺民衣食之财"，而且君子听之有碍政事，百姓听之有碍生产，所以"为乐非也"(《非乐上》)。这突出地表现了墨家的功利主义思想既有人民性的特点，又有片面、狭隘的唯经济论的历史局限性。

第二节 "天志"、"明鬼"和"非命"的天人观

墨家认为，只要实行"兼爱"或仁义，社会就会得到治理，人民生活就会

富裕。墨子"天下有义则治"、"有义则富"的必然性，除了诉诸人与人之间"兼相爱，交相利"的道德回报之外，更重要的是寄望于"天志"、"明鬼"，即以"天"的道德意志和鬼神之"明智"的赏善罚恶，作为其实现社会理想的精神和信仰之保障。

一、"天志"与天子之正

墨子所谓"天志"，就是认为"天"是最高主宰之神，它有"欲义而恶不义"的道德意志。在人世间，庶人、士、大夫、诸侯、三公等都要"尚同"服从于天子，而天子之上还有天神。它对天子的善恶予以赏罚，此即墨子所说的"天之为政（正）于天子"（《天志上》），"天子为善，天能赏之；天子为暴，天能罚之"（《天志中》）。在墨子看来，"义果自天出"，天神的意志就是"仁义之本"，而天子必须"顺天意"从事于"义政"，"顺天之意，得天之赏"，"反天之意，得天之罚"（同上）。"天"通过赏善罚恶来体现其为社会秩序和正义的维护者。

墨子高扬"天志"，其实"天"的意志也就是墨子所要表达的人民的意志。他说：

> 我为天之所欲，天亦为我所欲。然则我何欲何恶？我欲福禄而恶祸祟。……天下有义则生，无义则死；有义则富，无义则贫；有义则治，无义则乱。然则天欲其生而恶其死，欲其富而恶其贫，欲其治而恶其乱。此我所以知天欲义而恶不义也。（《天志上》）

天有"欲义而恶不义"的道德意志，也就是天欲人之生而恶其死，欲人之富而恶其贫，欲社会之治而恶其乱。在这里，义与利是统一的，天与人也是统一的。墨子又说：

> 顺天意者，兼相爱，交相利，必得赏；反天意者，别相恶，交相贼，必得罚。（同上）
>
> 天之意，不欲大国之攻小国也，大家之乱小家也；强之暴寡，诈之谋愚，贵之傲贱，此天之所不欲也。（《天志中》）
>
> 虽天亦不辩（辨）贫富贵贱、远迩亲疏，贤者举而尚之，不肖者抑而

废之。(《尚贤中》)

由此可见，墨子"天志"的具体内涵，实际上就是他所主张的"兼爱"、"非攻"、"尚贤"等等。墨子说："我有天志，譬若轮人之有规，匠人之有矩"（《天志上》），"置立天志，以为仪法"（《天志下》）。"天志"就是规矩、仪法，亦即墨子用"推天道以明人事"的方式所确立的价值准则。对此，王国维曾评论说："墨子道德政治上之原理，可以二语蔽之曰：'爱'也，'利'也。今试执墨子而问以人何以当爱当利，则彼将应之曰：天道如是，故人道不可不如是。……则其道德政治之说，不为无据矣。"①

二、"明鬼"与赏善罚恶

墨子不仅讲"天志"，而且持多神论、有鬼论的观点，认为"有天鬼，亦有山水鬼神者，亦有人死而为鬼者"（《明鬼下》）。针对当时的"执无鬼"论者②，墨子以众人之耳目"有尝见鬼神之物，闻鬼神之声"以及古书的记载来证明鬼神的存在。鬼神处于天之下、人之上，故而墨子主张"上尊天，中事鬼神，下爱人"（《天志上》）。如果说天神主要是"为正于天子"，那么鬼神就是奉行"天志"而普遍地对人间的善恶予以赏罚。

> 故鬼神之明，不可为幽间广泽、山林深谷，鬼神之明必知之。鬼神之罚，不可为富贵众强、勇力强武、坚甲利兵，鬼神之罚必胜之。(《明鬼下》)
> 鬼神之所赏，无小必赏之；鬼神之所罚，无大必罚之。(同上)
> 鬼神之明智于圣人，犹聪耳明目之与聋瞽也。(《耕柱》)

鬼神的"明智"远超过圣人。对于人间的善恶，"鬼神之明"，无所不知；对于人间善恶的赏罚，鬼神也无所不至，无所不能。作为最高主宰的天神和众多的鬼神，构成了对人间善恶的明察秋毫，无论贫富贵贱都能公正地予以赏罚。我

---

① 王国维：《书辜氏汤生英译〈中庸〉后》，《王国维文集》第三卷，中国文史出版社1997年版，第45页。
② 据《墨子·公孟》篇，出自儒家的公孟既认为"无鬼神"，但又说"君子必学祭祀"。墨子从而批评"执无鬼而学祭礼，是犹无客而学客礼也，是犹无鱼而为鱼罟也"。

们从中既可以感受到墨家对社会道德、公平、正义的强烈追求，又可以发现墨家是在以虚构的神灵世界来弥补其对现实社会所谓"尚同"之政治制度设计的不足。

三、"非命"与信赖人力

墨子认为，"儒之道足以丧天下者四政焉"：其一是"儒以天为不明，以鬼为不神"；其二是"厚葬久丧"；其三是"弦歌鼓舞，习为声乐"；其四是"以命为有，贫富寿夭、治乱安危有极矣，不可损益也"（《公孟》）。儒家的"以命为有"，一是认为有作为道德之根源的"天命"，如《中庸》所说"天命之谓性"；二是认为有非道德性的、人力所不能改变的"时命"，如《论语·颜渊》载子夏所说"死生有命，富贵在天"，《论语·宪问》载孔子所说"道之将行也与，命也；道之将废也与，命也"。墨子的"非命"，即反对儒家认为有"贫富寿夭、治乱安危"不可改变的"时命"。墨子认为，如果执此"有命"之说，则"为上者行之，必不听治矣；为下者行之，必不从事矣。此足以丧天下"（同上）。

墨子否认"有命"，与其义利统一和"天志"、"明鬼"的思想亦相联系。天和鬼神既然能够赏善罚恶，那么人的"贫富寿夭"就是天和鬼神对人的义与不义进行赏罚的一种结果，也就是说，人类活动的吉凶灾祥完全是由人的义与不义决定的。儒家则认为，人的义与不义和人的"贫富寿夭"没有必然的因果联系，如颜渊在孔子弟子中"德行"居首，但他贫而早逝，故出自儒家的公孟说："有义不义，无祥不祥。"（同上）就是说，在道德上有义与不义的区分，但义与不义并不能带来鬼神所赏罚的祥与不祥。否认了天和鬼神的赏善罚恶，这在墨家看来就是"以天为不明，以鬼为不神"。

在社会的"治乱安危"方面，孔子说："人能弘道，非道弘人。"（《论语·卫灵公》）他周游列国，就是要"弘道"以改变"天下无道"的状况。可见，孔子并不认为"治乱安危"不可改变，他是很注重发挥主体能动性而"尽人事"的。但当付出主观的努力之后仍不能超越客观条件的限制，无法改变"天下无道"的现实时，孔子便将"道"之行与不行归之于"命"。依墨子的"非命"之说，个人的"贫富寿夭"和社会的"治乱安危"，都是被人的主观努力以及天和鬼神的赏善罚恶所决定的。人类在客观条件和现实世界面前之所以"无可奈何"，并不是"命"导致的，而是人用力不足的缘故。可见，墨家比儒家更加强调主体能力的发挥，主张刻苦自励，强力而行。

墨子"非命"而重视人力，又是从人与动物相区别的意义上提出的：

> 今之禽兽、麋鹿、蜚鸟、贞虫，因其羽毛以为衣裘，因其蹄蚤以为绔屦，因其水草以为饮食。故唯使雄不耕稼树艺，雌亦不纺绩织纴，衣食之财固已具矣。今人与此异者也，赖其力者生，不赖其力者不生。君子不强听治，即刑政乱；贱人不强从事，即财用不足。（《非乐上》）

动物因其自然生成的形体和自然环境的条件，不用耕织便能生存；人则必须依靠自己的力量，从事耕织劳动才能获得生活所需的"衣食之财"。墨子对人兽之别的这一看法，包含着将劳动视为人的本性的有益思想探索。

墨子所讲的"力"，包括"刑政"之力和物质生产之力。他指出，"强必治，不强必乱"，"强必富，不强必贫"（《非命下》），天下之治和人民的衣食富足只有充分发挥人的主体力量，强力从事于政务和生产活动才能实现。在此意义上，墨子批评"执有命者不仁"（《非命上》），"执有命者，此天下之厚害也"（《非命中》）。因为"执有命"就会使人相信有人力不能改变的"命定"之事，从而消极怠惰，"王公大人怠乎听狱治政，卿大夫怠乎治官府"，"农夫怠乎耕稼树艺，妇人怠乎纺绩织纴"，如此则"天下必乱矣"，"天下衣食之财将必不足矣"（《非命下》）。墨子"非命"，正体现了墨家主张勤于政务、勤于劳作，不避任何危难困苦，为了天下之治和人民富足而积极有为、努力奋斗的精神。不过，墨家所说的"强必治"、"强必富"，是以鬼神的赏善罚恶作为实现这一目标的条件保证。这反映了当时处于弱势地位的小生产者，还无法完全依靠自己的现实力量来改变自己的社会命运。

第三节 "察类明故"和"三表法"的认识论

墨子的认识论主要体现在他对认识的来源、认识的过程和检验认识的标准等问题的看法上。

一、"取实予名"

在认识来源问题上，孔子有"生而知之"的说法，走向了先验论。墨子则相反，他主张人的认识只能来源于人的感官所能感觉到的客观实际，明确说："天下之所以察知有与无之道者，必以众之耳目之实知有与亡为仪者也。请惑闻之见之，则必以为有；莫闻莫见，则必以为无。"（《明鬼下》）这就是说，判断有与无的标准是人的闻见和感觉，而不是人的主观意识，这就坚持了唯物主义的感觉论。

从"名"出发，还是从"实"出发，是先秦哲学家在认识来源问题上争论的一个焦点。在面对社会政治问题时，孔子主张以"名"正"实"，即用名称或概念去规定客观现实和存在，用周礼规定的等级名分来限定和纠正现实社会中存在的失序现象，这是一种先验论的观点。墨子不同意孔子对名实关系的看法，主张应该根据客观事物的实际给予事物相应的名称，也就是说，是事物的"实"决定"名"，而不是"名"决定"实"。这就是他所讲的"取实予名"的认识论。他以如何辨别"仁与不仁"为例进行了论证：

> 今瞽曰："钜（皑）者白也，黔者黑也。"虽明目者无以易之。兼白黑，使瞽取焉，不能知也。故我曰瞽不知白黑者，非以其名也，以其取也。今天下之君子之名仁也，虽禹、汤无以易之。兼仁与不仁，而使天下之君子取焉，不能知也。故我曰天下之君子不知仁者，非以其名也，亦以其取也。（《贵义》）

盲人在名称概念上也能知道黑与白的区别，但把黑与白的东西放在一起，盲人就不能"取"出哪些是黑的、哪些是白的。由此而言，盲人并不真正知道黑与白。辨别黑与白的关键，不在"名"，而在"实"，"仁与不仁"也是如此。如商王纣、卿士费仲与箕子、微子，若从各自的"言"和"名"上看，无法判定谁"仁"谁"不仁"，但若从各自的"行"和"实"上看，则一为"暴人"，一为"圣人"（见《公孟》）。因此，是否真的知道"仁与不仁"，不是根据名称概念，而是要以其"取"，也就是以实际行动及其功效来检验。

二、"察类明故"

墨子注重经验，但也看到了理性认识在人们认识和把握事物中的作用。他提出，认识事物需要"以往知来，以见知隐"（《非攻中》）。就是说，要从以往的经验中推知未来，从表面的现象中把握事物的本质。为了做到这一点，他在中国哲学史上第一次提出了"类"、"故"、"理"三个逻辑范畴。

墨子认为，人们在认识事物和辩论的过程中首先要做到"察类"、"知类"。类之"名"就是能够指称这一类事物并反映其本质的概念。比如说，时有"好攻伐之君"针对墨子的"以攻伐为不义"提出责难说："昔者禹征有苗，汤伐桀，武王伐纣，此皆立为圣王，是何故也?"墨子的回答是："子未察吾言之类，未明其故者也。彼非所谓攻，谓诛也。"(《非攻下》)所谓"察类"，从认识论上说，就是要明确概念在内涵和外延上的确定性，辨明不同概念的区别。"非攻"反对的是非正义的侵略战争，而"禹征有苗，汤伐桀，武王伐纣"是古代圣王以正义之师征伐暴君，是正义的战争，不属于"攻"的范围，当然不在"非"之列。

认识事物，不仅要"察类"，还要"明故"。墨子说的"明故"，就是要明确事物"之所以然"的原因，认识事物的本质和规律，把握人们行动的目的和指向。如墨子辨明："昔者三苗大乱，天命殛之"，这是"禹之所以征有苗也"；在夏王桀时"夏德大乱"，天乃命汤"往而诛之"，这是"汤之所以诛桀也"；在商王纣时"天不序其德，祀用失时"，天乃命周文王"伐殷有国"，武王践阼后又梦见三神告之曰"往攻之"，这是"武王之所以诛纣也"(同上)。明确了"禹征有苗，汤伐桀，武王伐纣"的原因，也就辨明了他们的征伐属于"诛"暴君而不属于"攻"有道。

"察类"、"明故"以后，才能给出取舍是非之"理"。"理"是在"察类"和"明故"的基础上认识和把握到的事物的根据。人类只有熟悉了事物的"类"和"故"，正确地运用推理，才能把握事物的本质和规律，对事物的发展趋势作出判断和预测。据《鲁问》记载，彭轻生子曾问墨子："往者可知，来者不可知?"墨子回答说，假如你的亲人在百里之外遇难，给你一天的期限，你若能赶到营救，他就会得生；若一天之内赶不到，他就会死去。现在有"固车良马"和"驽马四隅之轮"在此，你将如何选择呢?彭轻生子回答说："乘良马固车，可以速至。"墨子马上说："焉在不知来?"意思是说，只要认识了当下，明白了"理"，就可以知"来"。所以，在《非儒下》中，墨子又说："仁人以其取舍是非之理相告，无故从有故也，弗知从有知也。无辞必服，见善必迁。"由此可见，"察类"、"明故"就可以"出言谈"，知是非。

"类"、"故"、"理"是紧密联系在一起的三个概念。墨子"察类、明故、求理"为其后学开启了重视认识论和逻辑学之先河，在中国认识论和逻辑思想发展史上具有重要地位。

三、"言有三表"

墨家是从儒家中分化出来的。儒墨两家都讲仁义，都尊崇先王之道，但他们对仁义和先王之道的"取舍不同"，然而又都认为自己讲的是真仁义、"真尧舜"。如战国末期的韩非子所说："尧舜不复生，将谁使定儒墨之诚乎？"在韩非子看来，要确定儒墨之是非就需要"参验"（《韩非子·显学》）。这个问题，墨子已率先想到了，他提出"言必立仪"，就是要确立一个检验认识、言论之是非的标准。

墨子在论证其"非命"的思想时，明确提出了"言必立仪"的"三表法"。他说：

> 言必立仪。言而毋仪，譬犹运钧之上而立朝夕者也，是非利害之辨，不可得而明知也。故言必有三表。何谓三表？子墨子言曰：有本之者，有原之者，有用之者。于何本之？上本之于古者圣王之事。于何原之？下原察百姓耳目之实。于何用之？废（发）以为刑政，观其中国家百姓人民之利。此所谓言有三表也。（《非命上》）

"仪"和"表"都是标准之意。"立朝夕"是指确定东西方向。如果要判断言论的"是非利害"而没有标准，那就像在转动着的轮子上无法确定东西方向一样。因此，墨子提出"言必立仪"，"言必有三表"，也就是提出判断言论"是非利害"的三条标准：第一是以古代圣王的历史经验为标准；第二是以众人的实践生活经验为标准；第三是应用于刑政，以符合国家和人民的利益、取得实际的功效为标准。"三表法"一方面体现了中国古代的尊古传统，另一方面体现了墨子以经验主义和功利主义为思想特色的朴素唯物主义思想。其重要理论价值就是在中国哲学史上第一次系统地提出了检验真知的方法，并把劳动群众的生活和实践经验、劳动群众的切身利益作为检验真知的标准。尤为可贵的是，墨子把"是非"与"利害"相联系，认为真知既是"是非"之是，又是"利害"之利，在一定程度上实现了真理与价值的统一。

但是，墨子"三表法"中的朴素唯物主义思想也有着浓厚的经验主义狭隘性和局限性。如论证鬼神的有无，墨子也"以众之耳目之实"为标准，"闻之见之，则必以为有；莫闻莫见，则必以为无。若是，何不尝入一乡一里而问之，自古以及今，生民以来者，亦有尝见鬼神之物，闻鬼神之声，则鬼神何谓无乎？若莫闻莫见，则鬼神可谓有乎？"（《明鬼下》）"入一乡一里而问之"，毕竟是有限的经验，根据有限的经验不可能归纳出鬼神的有或无。人类的感觉具有局限性，有真实的感觉，也有错觉、幻觉。所谓"尝见鬼神之物，闻鬼神之声"，就没有把经验中的真实感觉与错觉、幻觉区分开来。汉代的王充就对墨子思想的这一局限作出过批评，他说："墨议不以心而原物，苟信闻见，则虽效验章明，犹为失实。"如只"信闻见于外"，而"不诠订于内"，则可能以"虚象"为实。因为"是非者不徒耳目，必开心意"（《论衡·薄葬》），也就是说，要获得正确的认识，不仅要有感觉经验，还必须有理性思维。墨子在这一点上确实犯了经验主义的错误。

第四节　墨学的影响及其中绝

儒墨两家在战国时期并称为"显学"，所谓孔墨"从属弥众，弟子弥丰，充满天下"（《吕氏春秋·当染》）。但在秦汉以后，墨家学派却失传而中绝，此中原因值得深思。

一、墨学的影响

墨学的兴起绝非孤立，当时与墨家并起的还有主张"全生为己"的杨朱学派。这两派之不同，如孟子所说："杨子取为我，拔一毛而利天下，不为也；墨子兼爱，摩顶放踵利天下，为之。"（《孟子·尽心上》）这两派在当时都有较大的社会影响，乃至孟子说："杨朱、墨翟之言盈天下。天下之言，不归杨则归墨。……杨、墨之道不息，孔子之道不著。"由是孟子提出"距杨、墨，放淫辞"，又说"予岂好辩哉！予不得已也"（《孟子·滕文公下》）。可以肯定的是，"杨朱、墨翟之言盈天下"推动了儒家"不得已"地参与争鸣、辩论，从而促进了先秦诸子之学的繁荣，也促进了儒家学说的发展。

墨家学说主要代表了当时的平民和小生产者的经济利益和政治诉求，故其"尚贤"之说强调："古者圣王之为政，列德而尚贤，虽在农与工肆之人，有能则举之……"（《尚贤上》）关于"工肆之人"，《论语·子张》载子夏说"百工居肆以成其事"，"肆"是官府造作之处，"工肆之人"就是居于各级官府周围承担制造任务的工匠。因为农民被束缚于乡村土地上，而"工肆之人"则相对比较自由，所以墨家学派的主体可能就是当时的工匠与学者相结合的一批人。这批人组成了一个有严密组织纪律性的团体（从而淡化了宗族的亲缘关系），以墨子为领袖①，又有"巨子"为首领，以"兼爱"为旗帜，以"天志"、"明鬼"为号召，汲汲于奔走救世，有时数百人成集团地活动②，大力宣传自己的主张，主动挑起与各家的论辩，艰苦卓绝、舍生忘死地从事于扶危解难。可以想见，在战国时期这是一个近似于宗教的、有很大能量和影响力的学派。

墨子主张"兼爱"、"非攻"、"节用"，不分贫富贵贱地"尚贤"。在战国中期，与墨学相近似的还有宋钘、尹文，"愿天下之安宁以活民命，人我之养，毕足而止……见侮不辱，救民之斗，禁攻寝兵，救世之战"（《庄子·天下》）。除此之外，惠施主张"泛爱万物"、"偃兵"、"去尊"，公孙龙倡议"偃兵"、"兼爱"。这些都受到了墨学的影响，以惠施、公孙龙和后期墨家为代表的先秦名辨思潮更是在墨子重视论辩的推动下形成的。

墨子的"兼爱"、"非攻"，以及宋钘、尹文、惠施、公孙龙的"寝兵"、"偃兵"之说，在战国中期形成一股反战思潮。儒家当然也是反战的，孟子针对当时"争地以战，杀人盈野；争城以战，杀人盈城"的残酷现实，提出"善战者服上刑"（《孟子·离娄上》）。但在战国中期以后，随着法家思想的得势，大规模的兼并战争成为主潮，而反战的思想必然受到压制。《管子·立政》篇中就批评："寝兵之说胜，则险阻不守；兼爱之说胜，则士卒不战。"法家以"耕战"为标准，主张"以法为教，以吏为师"，因而韩非子批评更严厉："孔、墨不耕耨，则国何得焉？……曾、史不战攻，则国何利焉？"（《韩非子·八说》）"儒以文乱法，侠以武犯禁"。韩非子把儒墨两家学说直接视为对国家有害的"蠹虫"（《韩非子·五蠹》）。

二、墨学的中绝

墨学中绝的主要原因是其所主张的爱无差等、不分贫富贵贱地"尚贤"以

---

① 据《墨子》书之《鲁问》、《公输》和《韩非子·外储说左上》，墨子本人就是能制造木车、木鸢和守城器械的能工巧匠。

② 据《墨子·公输》，墨子为了阻止楚攻宋，派遣"弟子禽滑釐等三百人"，持守御器械，"在宋城上而待楚寇"。

及"节用"、"节葬"、"非乐"等观念，与宗法社会、君主制国家的礼制相冲突。墨子力图用"兼相爱"的方法实现"交相利"的目的的主张，同中国封建社会发展的实际不相适应。费尔巴哈曾经希望用"爱"来解决德国社会的问题，对此恩格斯就曾予以尖锐批评："可是爱啊！——真的，在费尔巴哈那里，爱随时随地都是一个创造奇迹的神，可以帮助克服实际生活中的一切困难——而且这是在一个分裂为利益直接对立的阶级的社会里。这样一来，他的哲学中的最后一点革命性也消失了，留下的只是一个老调子：彼此相爱吧！不分性别、不分等级地互相拥抱吧！——大家都陶醉在和解中了！"[①] 显然，随着封建制度的确立、巩固和发展，"兼相爱"的哲学路向已同新的社会实践不相吻合。因此，墨子哲学也就不断受到后来者的批评。

荀子说："墨子蔽于用而不知文。"（《荀子·解蔽》）"用"就是功用，而"文"就是礼制。荀子又说："墨子有见于齐，无见于畸。……有齐而无畸，则政令不施。"（《荀子·天论》）"畸"就是儒家所主张"亲亲有术，尊贤有等"的差等秩序，而这也正是墨家"非儒"的一个主要方面。荀子批评：

> 不知壹天下、建国家之权称，上功用，大俭约而僈差等，曾不足以容辨异，县君臣。然而其持之有故，其言之成理，足以欺惑愚众，是墨翟、宋钘也。（《荀子·非十二子》）

一般来说，儒家对"功用"、"俭约"也是肯定的。但墨家的"上功用"旨在百姓的衣食富足，而其"大俭约"则取消了能够体现"亲亲尊尊"之差等秩序的礼制，这就与宗法社会、君主制国家难以相容了。因此，墨家在秦汉以后中绝并不是偶然的。但墨家所主张的"强本节用"[②] 以及"天志"之爱民等思想因素，后来也被儒家等学派所吸收（如董仲舒所讲的"天意"近于墨子讲的"天志"），发挥了久远的影响，这也是历史的事实。

墨学中绝的另外一个原因是，随着时代的发展，墨学日益丧失了它所代表的阶级的支持。儒墨两家学说在战国中后期也曾受到庄子及其后学的批评。如

---

① 《马克思恩格斯文集》第 4 卷，人民出版社 2009 年版，第 294 页。
② 司马迁在《史记·太史公自序》中也曾批评墨家的"俭约"和"节葬"不能体现亲疏尊卑的差等秩序，"故曰俭而难遵"，但又指出："要曰强本节用，则人给家足之道也。此墨子之所长，虽百长弗能废也。"

庄子从"齐是非"的观点提出"道隐于小成，言隐于荣华，故有儒、墨之是非"（《庄子·齐物论》），庄子后学把对是非的论辩视为多余的"骈拇"（《庄子·骈拇》），又提出"削曾、史之行，钳杨、墨之口，攘弃仁义，而天下之德始玄同矣"（《庄子·胠箧》）的主张。值得重视的是，《庄子·天下》篇肯定了墨子及其学派"以绳墨自矫，而备世之急"、"泛爱兼利而非斗"、"好学而博"、"日夜不休，以自苦为极"的人格精神，称墨子是真心爱天下的"才士"。同时，也对墨子的"非乐"、"节用"、"节葬"之说提出了批评，认为"以此教人，恐不爱人；以此自行，固不爱己"，特别是还指出墨家的"以自苦为极"，"使人忧，使人悲"，有悖于人之常情，"墨子虽独能任"，但天下之人实难以做到。这可能是后来墨家走向衰落乃至中绝的又一原因。由于"以自苦为极"只有极少数人才能做到，所以后来墨家队伍的主体逐渐偏向于"游侠"。在秦汉统一之后，君主集权的政治制度和社会秩序不会为"以武犯禁"的"游侠"留下多少发展的空间。

思考题：

1. 比较墨家"兼爱"说与儒家"仁爱"观之异同。

2. 试述墨子天人观的主要内容。

3. 墨子"三表法"述评。

4. 你如何看待墨学中绝这个思想史现象？

第五章　孟子的哲学

孟子（约前372—前289年），名轲，字子舆（一说字子车或子居），战国中期儒家代表人物。他所处的时代，封建制度已在各国确立，处在上升时期的新兴地主阶级统治显示出了优越于奴隶制的勃勃生机，各国竞相变法图强，以实现天下的统一。"当是之时，秦用商君，富国强兵；楚、魏用吴起，战胜弱敌；齐威王、宣王用孙子、田忌之徒，而诸侯东面朝齐。天下方务于合纵连衡，以攻伐为贤"（《史记·孟子荀卿列传》）。但是，随着封建经济的发展，地主阶级与农民的矛盾也日趋激化，苛捐杂税日益加重，"有布缕之征，粟米之征，力役之征"（《孟子·尽心下》，以下本章凡引《孟子》只注篇名）。"民之憔悴于虐政，未有甚于此时者也。"（《公孙丑上》）孟子哲学力图解决这一时代问题，提出了实行"仁政"以缓和并最终解决君民关系的治世方案，以维护封建地主阶级的统治。当时，在意识形态领域中影响最大的学派是墨家学派和杨朱学派，以至于出现了"杨朱、墨翟之言盈天下。天下之言，不归杨则归墨"（《滕文公下》）的状况。但是杨朱之"为我"、墨翟之"兼爱"，都同新兴地主阶级的等级秩序不合，同儒家的亲亲、仁爱原则相悖。站在时代前沿的孟子以"距杨墨"为己任，认为"杨氏为我，是无君也。墨氏兼爱，是无父也。无父无君是禽兽也"。"杨墨之道不息，孔子之道不著，是邪说诬民，充塞仁义也"。（同上）要推动封建社会向前发展，就必须改变"无君"、"无父"的失序状态，建立起君臣上下有序、夫妇男女有别的社会等级秩序。由此出发，孟子为统治阶级设计了一幅以"性善"说和"仁政"说为基本框架的思想蓝图，并到齐、梁、陈、魏等国游说，向梁惠王、梁襄王、齐宣王、邹穆公、滕文公等当时诸多政治人物宣传自己的政治主张和社会理想。一度"为卿于齐"，出现过"后车数十乘，从者数百人"（同上）的盛况。但是，在"强国事兼并，弱国务力守"（《商君书·开塞》）的时代，孟子解决社会问题的思想设计却被急功近利的统治者视为"迂远而阔于事情"（《史记·孟子荀卿列传》），终不见用。晚年孟子"退而与万章之徒序《诗》、《书》，述仲尼之意，作《孟子》七篇"（同上），成为儒家仅次于孔子的一代宗师。

第一节　孟子哲学的渊源

孔伋（约前483—前402年），字子思，学者一般称"子思子"或"子思"，系孔子嫡孙，春秋战国时期的著名思想家。生平事迹不详。一般认为子思受教于孔子的高足曾参。后人把子思、孟子及其后学称为"思孟学派"，并认为子思上承曾参，下启孟子。虽然思、孟未必有直接师承关系，但二人在学理上确实有所承续。后儒多认为子思在孔孟"道统"的传承中有重要地位，并且对宋明理学产生过重要影响。《子思》一书亡佚已久，清末黄以周有所辑佚。相传《礼记》中的《中庸》、《表记》、《坊记》、《缁衣》四篇出自子思之手（见《隋书·音乐志》引沈约说）。司马迁《史记·孔子世家》说"子思作《中庸》"，后儒多认定《中庸》为子思所撰。近几十年来大量考古文献陆续出土，给思孟学派的思想史研究提供了不少新材料。

到目前为止，学界较为认可能够代表先秦儒家思孟学派思想的，主要有道德的"五行"和"中庸"。

一、道德的"五行"

战国末年的荀子在《非十二子》中批评过子思倡导、孟子发挥的思孟学派的"五行"学说。但是由于《荀子》文本以及其他传世文献没有明确这种"五行"的具体内容和名目，所以关于此"五行"的具体所指，历来争辩不休。在1973年长沙马王堆出土的帛书中，有讨论"五行"的古佚书一种，学者命之为《五行》，并分为"经"和"说"两部分。相关考证见庞朴《马王堆帛书解开了思孟五行说之谜——帛书〈老子〉甲本卷后古佚书之一的初步研究》（《文物》1977年第10期）、《思孟五行新考》（《文史》1979年第7辑）。1993年在湖北荆门出土、1998年出版的《郭店楚墓竹简》中也有与马王堆帛书《五行》"经"部分基本一致的内容，并且自名为"五行"。至此，此种道德"五行"学说的具体内容方有定论，"道德的'五行'"被用以区别于"阴阳五行"等同名的思想学说。

《五行》开篇即揭示所要讨论的"五行"，具体内容是"仁、义、礼、智、圣"：

　　五行：仁型（形）① 于内谓之德之行，不型（形）于内谓之行。义型（形）于内谓之德之行，不型（形）于内谓之行。礼型（形）于内谓之德之行，不型（形）内谓之行。智型（形）于内谓之德之行，不型（形）于内谓之行。圣型（形）于内谓之德之行，不型（形）于内谓之［德之］② 行。

仁、义、礼、智、圣可以作为外在的规范存在于客观世界中，也可以蕴含于人心之中，成为人的内在之性。楚简《五行》把前者叫作"行"，把后者叫作"德之行"。"行"，有原理、规律的含义。《诗经·小雅·鹿鸣》曰："人之好我，示我周行"，毛传曰："行，道。"《易·象传》曰："天行健，君子以自强不息。"《易·象传》曰："反复其道，七日来复，天行也。"孔颖达疏："此乃天之自然之理，故曰天行也。"《汉书·司马相如传》曰："大行越成。"颜师古注引文曰："行，道也。"可见，这里的"周行"、"天行"、"大行"，皆非指称具体事物的殊相概念，而是具有高度抽象性和一般性的哲学范畴。因此，楚简《五行》篇所说的"行"，就是天德或天道，就是客观世界运动变化的原理和规律。德行，则是天德和天道内化于人心而形成的人的内在之性。

　　楚简《五行》又说：

　　德之行五，和谓之德。四行和谓之善。善，人道也。德，天道也。

仁、义、礼、智、圣是人心得之于天道的，或者说是天赋予人、内化于人心之中的。这五种德行内在地协调一致，就是天道之德。其表现在外的仁、义、礼、智四种道德行为，相互和合，就是人道之善。仁、义、礼、智、圣的和合，是形而上之天道；仁、义、礼、智的和合，是形而下之人道。前者是与天道相连的道德心性，属于超越层面；后者是与社会礼俗相连的道德实践层面。前者"诚于中"，后者"形于外"。就道德实践之所以可能而言，五德的内化显

---

① 把"形"视为"型"之本字，恐不妥。《说文解字》曰："型，铸器之法也。"段玉裁注曰："以木为之曰模，以竹为之曰笵，以土为之曰型。""型"作动词，有把外物铸就成形的意思。以"形"为"型"之本字，反于此处文义不合。

② 据上文文例和帛书本，当作"圣型（形）于内谓之德之行，不型于内谓之［德之］行"。"德之"二字为衍文。（见荆门市博物馆编：《郭店楚墓竹简》，文物出版社 1998 年版，第 151 页。）

得更为重要。

就士君子人格而不是就圣贤人格来说，既要五德的内化，又必须注意"时行之"。"五行皆形于内而时行之，谓之君〔子〕。士有志于君子道谓之志士。善弗为无近，德弗志不成，智弗思不得。思不精不察，思不长〔不得，思不轻〕不形。不形不安，不安不乐，不乐无德。"（《五行》）君子、志士在人道（善）的层面要有所作为，有道德实践，才庶几近道。道德的"仁思"、"智思"、"圣思"与五德内化有关，道德理性思考、道德体验的明觉精察，有助于善行实践的提升，从而促使五德形之于内。于是，君子获得与圣贤境界一样的终极性的安乐。

可见，仁、义、礼、智、圣有两种存在状态：一种是"型于内"的状态（德之行）；另一种是"不型于内"的状态（行）。但是，二者比较，楚简更为关注的是"型于内"的状态，更为关注的是如何把"形上之理"含纳持守于人心之中。因此，楚简的"五行"说是继孔子把"道"根植于人性之中以来，对性与天道关系作出的又一次具有重要意义的建构。正是这一建构形成了中国哲学合内外之道的重要特征。

二、《中庸》的思想

自司马迁以来，很多学者认定《中庸》系子思所作。但整个文本可能经历了较长的形成和演变过程，最终呈现出今天的面貌。作为《礼记》的一篇，《中庸》的传世文本至少与汉代《礼记》一书的编纂工作有关。尤其是文本中"今天下车同轨，书同文"的描述，通常被认为是秦灭六国之后才有可能出现的。因此，我们只能说《中庸》文本所表现出的思想倾向，比较接近于思孟学派或者子思学说。为了方便起见，这里使用"《中庸》"指称我们所谈论的对象。

《中庸》开篇即总括其思想要旨：

天命之谓性，率性之谓道，修道之谓教。

"天命之谓性"，是说宇宙万有之性，根源于生生不息的天道。"性"是就天道落实在世间万物之存在上说。此"性"不是生理自然之性，而是一种生生不已的创造之性。此"性"可对宇宙万有作一存在意义上的解释和说明。《中庸》是一套形而上的理论，要对存在作一根源性的说明。"率性之谓道"，是说一切人、物均循其"性"（"天命"）而行，便是"道"。世间一切人、物的存在与活动都是道的显现。就人而言，人循天命之性而行，所表现出来的就是道，具体而言即人道。如见父母知孝，见长辈知敬，见朋友知友爱等。而要行道必先明道，明道又必须通过涵养和学习才能达到，这就是"教"。

《中庸》还提出"诚"的概念，来说明"道"和"性"，认为"诚者，天之道也。诚之者，人之道也"。"诚"是天地万物的本然状态，是万物之始，也是万物之终。

> 诚者自成也，而道自道也。诚者物之终始，不诚无物。是故君子诚之为贵。诚者非自成己而已也，所以成物也。成己，仁也；成物，知也。性之德也，合外内之道也，故时措之宜也。

"诚"是自己成就自己，"道"是自己实现自己。"诚"就是成就万物终始的"道"，没有"诚"也就没有万物。所以君子以"诚"为贵。"诚"不但要成就自己，同时也要成就万物。成就和完善自己谓之仁，成就和完善万物谓之智。成己成物，即是兼物我、合内外。因此，"诚"是天道，也是"性"。叫人去认识"诚"就是"教"。认识了"诚"，把握了"性"，就可以能动地改造客观世界。

> 自诚明，谓之性；自明诚，谓之教。诚则明矣，明则诚矣。唯天下至诚，为能尽其性；能尽其性，则能尽人之性；能尽人之性，则能尽物之性；能尽物之性，则可以赞天地之化育；可以赞天地之化育，则可以与天地参矣。

《中庸》进一步用"中和"解释"道"，认为：

> 喜怒哀乐之未发，谓之中；发而皆中节，谓之和。中也者，天下之大本也；和也者，天下之达道也。致中和，天地位焉，万物育焉。

万事万物本然的状态，如同人的喜怒哀乐等情感未发之前，这种状态叫作"中"。"中"是道之体，是性之德。如果情感抒发，恰到好处，无所乖戾，自然而然，这就叫作"和"。"和"是道之用，是情之德。"中"是天下万物的重要本原和根本依据，"和"则是畅行天下的"达道"。实现了"中和"状态和境界，天地各安其所，运行不息；万物就会各遂其性，生生不已。"中和"就是"诚"，就是"性"，就是"道"。"道"是人之为人的根本。真正的君子必循道而行，须臾不能离道。

> 道也者，不可须臾离也，可离非道也。是故君子戒慎乎其所不睹，恐惧乎其所不闻。莫见乎隐，莫显乎微，故君子慎其独也。

此外，《中庸》还提出了"尊德性"与"道问学"的统一：

> 君子尊德性而道问学，致广大而尽精微，极高明而道中庸，温故而知新，敦厚以崇礼。

君子既重视固有之德性的存养与扩充，又重视后天不断的学习和修养；既有崇高的志向，又脚踏实地，不脱离平凡的生活世界，在日用常行之中追求真善美合一之境。

为了把"天道"与"人道"统一起来，《中庸》以富有主观色彩的"诚"解释"天道"，认为"诚"体现在人身上就是"性"。人体认了"诚"，就能体认万物之"性"，而得以"成己成物"。这在本质上是一种以主观"自我"为核心的"天人"合一论。《中庸》的这一思想对孟子哲学和宋明理学产生了深远的影响。

第二节　孟子的性善说和心性修养论

对人的本性是什么的回答，直接决定着人们对社会问题的认知和解决。因此，人性问题成为战国时期哲学思想领域争论的重要问题之一。由于孟子提出的解决当时社会历史问题的基本方案是"仁政"，因此在人性问题上，他就必然坚持先验的性善论。

一、性善说

春秋时期的孔子曾说："性相近也，习相远也。"（《论语·阳货》）认为人一生下来所具有的自然本性是相近的，但每个人后天的活动和环境不同，使其德性有了很大的差别。到了战国时期，对人性问题的认识得到了进一步深化，当时的思想家们提出了"有性善，有性不善"（即"性可以为善，可以为不善"）、"性无善无不善"等观点，其中告子的"性无分于善不善也"（即"性无善无不善"）（《告子上》）的观点，具有较大的影响。孟子不同意这些观点，提出了性善论。

孟子的性善论主要是在同告子的论辩中建立起来的。告子主张"生之谓性"，认为人"性"是生下来就具有的先天本能，如"食色"等，都是人的本性。他以流水比喻人性，认为："性犹湍水也，决诸东方则东流，决诸西方则西流。人性之无分于善不善也，犹水之无分于东西也。"（同上）也就是说，善恶不是人的生理本能和本性，而是后天引导的结果。

孟子反对告子对人性的看法，认为告子"生之谓性"的最大尴尬就在于把人之性混同于"牛之性"、"犬之性"，看不到"人之所以异于禽兽者"就在于人所特有的社会属性，即"仁、义、礼、智"。他说：

> 无恻隐之心，非人也；无羞恶之心，非人也；无辞让之心，非人也；无是非之心，非人也。恻隐之心，仁之端也；羞恶之心，义之端也；辞让之心，礼之端也；是非之心，智之端也。（《公孙丑上》）

孟子认为，"恻隐之心"、"羞恶之心"、"辞让之心"、"是非之心"是"人"的根本属性，具有"四心"才是一个真正意义上的人，没有这"四心"就不是人。所以，孟子继承了《中庸》"仁者，人也"的说法，提出："仁也者，人也。合而言之，道也。"这实际上就是用"仁"来规定人，把人性归结为人所特有的"仁道"。与告子一样，孟子也以水喻性："人性之善也，犹水之就下也。人无有不善，水无有不下。"（《告子上》）从社会性的视角出发来认识和把握人性，这是孟子高明于告子的地方。但令人遗憾的是，孟子把人所具有的区别于动物的社会属性说成是先天就有的，这就与告子殊途同归了。他说：

> 恻隐之心，人皆有之；羞恶之心，人皆有之；恭敬之心，人皆有之；
> 是非之心，人皆有之。恻隐之心，仁也；羞恶之心，义也；恭敬之心，礼
> 也；是非之心，智也。仁义礼智，非由外铄我也，我固有之也，弗思耳
> 矣。(《告子上》)

"四心"说和"四德"说是理解孟子人性论的关键，也是其人性论抽象性的集中表现。人与动物不一样，就在于人具有不同于动物的"生命活动的性质"，"有意识的生命活动把人同动物的生命活动直接区别开来"[①]。仁、义、礼、智等社会属性恰恰是人们在"有意识的生命活动"中形成的。但是，孟子不这么看，他认为人异于禽兽的社会属性（"四心"和"四德"）是每一个人先天固有的，不需要经过后天的训练和学习，所以，孟子又把这"四心"称作"良知"和"良能"。他说："人之所不学而能者，其良能也；所不虑而知者，其良知也。孩提之童，无不知爱其亲者。及其长也，无不知敬其兄也。亲亲，仁也；敬长，义也。"（《尽心上》）这是孟子人性论的核心和关键，也是孟子抽象人性论的失足之处。众所周知，善与恶是人们在后天的生活实践中形成的社会属性。孩子能够做到爱亲敬长，原本是后天教育和影响的结果，孟子却把后天形成的知识、礼仪、情感等良知、良能，看作是每个人先天就有的先验情感和知识，这就把人们在后天形成的具体的社会属性还原为先天固有的抽象的自然属性。这样的自然属性是每个人一生下来就有的，与人们后天的生活实践活动没有丝毫关系，因而是抽象的。他举例说：

> 所以谓人皆有不忍人之心者，今人乍见孺子将入于井，皆有怵惕恻隐
> 之心。非所以内交于孺子之父母也，非所以要誉于乡党朋友也，非恶其声
> 而然也。(《公孙丑上》)

看到孩子可能落入水井，你会去救他，但你的施救并不是因为要结交孩子的父母，也不是因为要在乡党朋友面前显示自己，或谋取虚荣，而是内心良知、良能的驱使。固然，孟子所讲的这种良知、良能的确具有一定的普遍性，但这至多说明良知、良能是人的某种不自觉的无意识的社会性的道德心理和思想情

[①] 《马克思恩格斯文集》第 1 卷，人民出版社 2009 年版，第 162 页。

感，而不能说明人的社会属性（譬如说善性）的先验性。孟子把仁、义、礼、智先验化的致思倾向使得他回到了告子的"生之谓性"说，区别只在于"生之谓性"中的性，在孟子那里的是善，在告子那里则"无分善不善也"。

孟子对性善论的阐释是从"四心"（恻隐、羞恶、辞让、是非）开始的，但是，"四心"仅仅是人性的开端和萌芽（"端"），如何让开端和萌芽长成参天大树，也就是由自发的无意识的"本心"，修养而扩充成为自觉的有意识的道德情感和思想规范，形成仁、义、礼、智"四德"，这就是他的心性修养论所要完成的任务。

二、心性修养论

人皆有善端或"四心"，但现实生活中为什么会有不善呢？孟子认为，不善的原因在于人不能发现善端，或虽然发现了善端，但"不能尽其才"（《告子上》）。因此，发现本心并"能尽其才"，是孟子心性修养论的基本内容。孟子的心性修养论实际上可以分为两个过程或阶段：一是发现善端或良知；二是扩充善端或良知。

人们涵养性情、认识世界的第一步就是寻找本心，也就是把放失的善端找回来。孟子把这一过程叫作"求放心"。

> 仁，人心也；义，人路也。舍其路而弗由，放其心而不知求，哀哉！人有鸡犬放，则知求之；有放心，而不知求。学问之道无他，求其放心而已矣！（同上）

人对良知本心的追求和对声色货利的追求不同。良知本心内在于人，故"求则得之，舍则失之。是求有益于得也，求在我者也"。声色货利则不然，它外在于人，故"求之有道，得之有命。是求无益于得也，求在外者也"（《尽心上》）。所以，人应该把"求"的工夫用在"求心"上，而不是用在"求鸡犬"等货利上。

孟子认为，人之所以能够内求，就在于人心所具有的特殊功能"思"。他说：

> 耳目之官不思，而蔽于物。物交物，则引之而已矣。心之官则思，思

> 则得之，不思则不得也。此天之所与我者。先立乎其大者，则其小者弗能
> 夺也。此为大人而已矣。(《告子上》)

这是说如果听任耳目之官的支配，必逐于物欲。只有充分发挥"心"之"思"
的统摄和宰制作用，才不会堕落。"心"的这种统摄和宰制作用，也是人本来
具有的。"心"之"思"能使人"先立乎其大者"，即立定志向。立定志向，
就不会为物欲牵引，而成就"大人"之人格精神。

　　孟子涵养性情、认识世界的第二步就是寡欲养心，扩充善端，最后达到
"尽心"、"知性"、"知天"的境界。处在"以攻伐为贤"的时代，孟子看到了
对物质欲望的追求是遗失善性的原因，他把当时的社会弊端和战乱归结为人们
的"多欲"和"求利"，因此要想从根本上解决问题就需要"寡欲"，认为
"养心莫善于寡欲"(《尽心下》)。通过寡欲和内省，存养浩然之气，提升自己
的道德水平和精神境界，最后达到对宇宙人生的把握。为此，他还向学生介绍
自己存养性情的经验。他说：

> 敢问何谓浩然之气？曰："难言也。其为气也，至大至刚，以直养而
> 无害，则塞于天地之间。其为气也，配义与道；无是，馁也。是集义所生
> 者，非义袭而取之也。行有不慊于心，则馁矣。我故曰告子未尝知义，以
> 其外之也。必有事焉，而勿正，心勿忘，勿助长也。"(《公孙丑上》)

孟子认为，浩然之气作为一种精神力量"至大至刚"，其影响则遍布"天地之
间"，其形成离不开"义与道"，所以，浩然之气需要通过"集义"来存养，
还需要"志"来领引。他说："夫志，气之帅也；气，体之充也"；"持其志，
无暴其气"；"志壹则动气，气壹则动志"。(同上)志可以帅气，气也会影响
志。志气互摄，道义相配，就会保有浩然之气。保有了浩然之气，就可以"存
诚尽性"。在论述这一思想时，孟子重申并发挥了子思的思想，他说：

> 诚者，天之道也。思诚者，人之道也。(《离娄上》)
> 尽其心者，知其性也。知其性，则知天矣。存其心，养其性，所以事
> 天也。(《尽心上》)

"诚"是天之道,但是,"诚"也在人心之中。因此人类对宇宙人生的认识和把握,就不需外求,"万物皆备于我",只需"反身而诚",回到自我那里去,找到本心,就可以认识物性,把握天道。孟子的这一思想显然受到了《中庸》"天命之谓性"说的影响。天命就是天地万物的原理和法则,下贯到人身上就是"性",因此认识了人性物理,也就认识了物质世界的原理和法则。

孟子存养本心、尽心知性知天的心性修养论和神秘认识论,同子思有着密切的联系,但在天道与人道的内在关联上他没有作深入分析和论证,所以,朱熹批评他"不曾推原原头,不曾说上面一截"(《朱子语类》卷四)。

第三节 孟子的"仁政"说和民本思想

孟子从他的性善论出发,推扩出具有道德理想主义的政治哲学。孟子理想的社会图景是上古三代,他之所以"言必称尧舜",不仅因其性善论意义上的"尧舜与人同耳",还有政治理想上的当行尧舜之道,他常以"尧舜"的仁政来批判现实政治。孟子的政治理想集中表现在"仁政"学说上。他说:"人皆有不忍人之心。先王有不忍人之心,斯有不忍人之政矣。以不忍人之心,行不忍人之政,治天下可运之掌上。"(《公孙丑上》)孟子由"不忍人之心"而推到"不忍人之政",把道德从个人修持直接推扩到政治领域,可能是出于策略的考虑,目的在于说服齐宣王行仁政。当齐宣王先后以"好勇"、"好货"、"好色"等为借口应对搪塞时,孟子也以其"推扩"的论说,认为"好勇"推扩而"好大勇","好货"、"好色"推扩而"与百姓同之",认为由此亦可以行仁政。(见《梁惠王下》)这种仁政学说特别强调为政者的道德,为政者有德是其施政合乎道德的前提。对于理想的社会状态,孟子的具体描述是:

> 五亩之宅,树之以桑,五十者可以衣帛矣;鸡豚狗彘之畜,无失其时,七十者可以食肉矣。百亩之田,勿夺其时,数口之家,可以无饥矣。谨庠序之教,申之以孝悌之义,颁白者不负戴于道路矣。七十者衣帛食肉,黎民不饥不寒。(《梁惠王上》)

即是说,为民众提供基本的温饱和必要教养,是仁政的基本原则。围绕其仁政学说，孟子有义利之辨，以及对民本思想的阐述。

一、重义轻利

《孟子》的开篇，是梁惠王问孟子"何以利吾国"，孟子的回答是：

> 王何必曰利！亦有仁义而已矣。王曰"何以利吾国？"大夫曰"何以利吾家？"士庶人曰"何以利吾身？"上下交征利而国危矣。万乘之国弑其君者，必千乘之家；千乘之国弑其君者，必百乘之家。万取千焉，千取百焉，不为不多矣。苟为后义而先利，不夺不餍。未有仁而遗其亲者也，未有义而后其君者也。王亦曰仁义而已矣，何必曰利？（《梁惠王上》）

孟子反对功利政治，强调以仁义为政。其意思是，如果每个当权者均以自身利益为出发点，国家将陷于"上下交征利"的危险局面。只有提倡仁义的观念并用以治国，政治才能安定，君位也才能稳固。

"义利之辨"中的"何必曰利"主要是针对为政者和"无恒产而有恒心"的士人阶层而言的，对于普通民众的生活来说，孟子十分强调为政者应当"制民之产"以利民和惠民，这表明孟子的"义利之辨"并非不讲利，只不过这种利是博施济众的利，是推而扩之的公利，而非一己一姓的私利。如前所述，在游说齐宣王时所采用的一种策略性论说中，孟子曾以扩大的"利"当作为政者所当行之"义"。孟子认为需要时刻提防的是"上下交征利而国危矣"的局面。各为一己之私利而互相倾轧、攀比，终将导致赤裸裸的利益争夺战，而这正是孟子身处的战国之世的惨然现实。

与"义利之辨"相关，孟子还有"王霸之辨"：

> 以力假仁者霸，霸必有大国；以德行仁者王，王不待大。汤以七十里，文王以百里。以力服人者，非心服也，力不赡也；以德服人者，中心悦而诚服也，如七十子之服孔子也。（《公孙丑上》）

"义利之辨"针对国内政治，"王霸之辨"则涉及处理诸侯国之间的关系。大致上可以说，在孟子心目中，德治主义的政治是"王道"，而功利主义的政治是"霸道"。虽然"霸必有大国"，也体现了历史发展的某种必然趋势，但孟子更崇尚一种道德理想主义的政治，对“霸道”予以严厉抨击，声称“仲尼之徒无道桓、文之事”（《梁惠王上》），因为霸道本质上是对仁政原则的背叛。

二、民贵君轻

孟子仁政思想是对孔子“德治”、“重民”思想的发展。他提出了“民贵君轻”的著名论断。究其渊源，“民本”思想发源甚早，如《尚书》、《左传》中都有丰富的记载，最初是基于对一些历史经验的感悟而得出的，孟子可能也不例外。

民本的根基在民生问题。在先儒养民、富民、惠民的理论基础上，孟子首次明确提出“为民制产”的思想，认为只有在丰衣足食的基础上才有可能振民育德，化育天下。孟子发展了孔子“庶、富、教”和“富而后教”的思想，提出教育是“行仁政”、“得民心”的重要手段。同时，孟子反对暴政，反对滥杀无辜，主张轻刑薄赋。

孟子很看重民心向背，认为民心向背是政治成功与否的决定因素。他认为：

> 桀纣之失天下也，失其民也；失其民者，失其心也。得天下有道：得其民，斯得天下矣；得其民有道：得其心，斯得民矣；得其心有道：所欲与之聚之，所恶勿施尔也。（《离娄上》）

“得民心者得天下”成为中国政治文化中的一个最基本的信条。即是说，政权的得失，在于人君是否有德，是否能以德行仁政；而人君是否有德，在民心向背上会有反映。有德者贵民爱民，无德者贱民害民，这与《尚书》、《左传》等的说法是完全一致的。

孟子在“民心”论的基础上论述了他的德治主张。例如，在谈到国君的选贤与刑戮等政治行为时，他说：

> 左右皆曰贤，未可也；诸大夫皆曰贤，未可也；国人皆曰贤，然后察之，见贤焉，然后用之。……左右皆曰可杀，勿听；诸大夫皆曰可杀，勿听；国人皆曰可杀，然后察之，见可杀焉，然后杀之。故曰：国人杀之也。（《梁惠王下》）

孟子提出的"国人皆曰贤"、"国人皆曰可杀",就是以民心之向背作为选贤的标准和刑法的依据。除了这个标准外,孟子在一定程度上还看到了统治者在选贤和执法过程中的调查与实践的重要作用,所以他特别强调要"察之"。

与孟子注重"民心"的思想紧密联系在一起的,就是他的"民贵君轻"论。孟子说:

> 民为贵,社稷次之,君为轻。(《尽心下》)

在治理国家、统一天下的问题上,老百姓是最重要的,国家政权是次要的,国君是更次要的。孟子有"不召之臣"的说法(见《公孙丑下》),甚至还说"闻诛一夫纣矣,未闻弑君也"(《梁惠王下》),"君之视臣如手足,则臣视君如腹心;君之视臣如犬马,则臣视君如国人;君之视臣如土芥,则臣视君如寇雠"(《离娄下》)。这是说,君有过错,臣可规劝,规劝多次不听就可以推翻他。残暴的君主是独夫民贼,人民可以起来诛杀他。这些都是孟子民本思想中的精华。

第四节　孟子的"圣人"说和精英史观

内圣外王是儒家思想的重要特征。圣是儒家思想的核心观念。孔子明确说过,"圣"是高于"仁"的一种人生境界。在他看来,"仁"是人之为人的根本规定性,作为一个人首先要懂得爱别人,"仁者爱人","己欲立而立人,己欲达而达人"(《论语·雍也》)。但是,"圣"就不同了,只有匡济天下、普惠民生,"博施于民而能济众"(同上),才能称作"圣"。

一、"圣人"说

孟子继承并发展了孔子及其门人关于"圣人"的基本观念,指出"充实而有光辉之谓大,大而化之之谓圣"(《尽心下》)。"规矩,方圆之至也。圣人,人伦之至也。"(《离娄上》)圣人都是建立了非凡的文治武功者,如尧、舜、禹、汤、文、武、周公等。孟子认为,圣人有不同的类型,孔子是圣人的集大成者。他说:"伯夷,圣之清者也。伊尹,圣之任者也。柳下惠,圣之和者也。

孔子，圣之时者也。孔子之谓集大成。"(《万章下》)

孟子认为，每个人只要努力修为，都有可能成为圣人。因为"圣人与我同类"(《告子上》)，所以，圣人能做到的，我们也能做到。他引用颜渊的话说："舜何人也？予何人也？有为者亦若是。"(《滕文公上》)"有为"就是自觉地进行道德修养，不断提升和扩充自己的善性，最后就可以成为圣人。有趣的是，孔子从来不自称圣人，《论语·述而》记载孔子的话说："若圣与仁，则吾岂敢？抑为之不厌，诲人不倦，则可谓云尔已矣。"孔子被称为圣人，缘于他的弟子子贡等人的拥戴。"仲尼，日月也，无得而逾焉。""夫子之不可及也，犹天之不可阶而升也。"(《论语·子张》)但是，自称"乃所愿，则学孔子也"(《公孙丑上》)的孟子，不但自比于舜，并且认为任何人只要积极有为，尽心养性，就都有可能成为圣人，为此他提出了"人皆可以为尧舜"(《告子下》)的著名论断。这是孟子圣人观的一个重要贡献。他的这一思想被荀子和王阳明等人继承，对宋明理学中心学一系的发展产生了深远的影响。

二、精英史观

孟子的圣人观同他的精英史观是联系在一起的。这首先体现在，他认为圣人是上天的选择，"天将降大任于斯人也，必先苦其心志，劳其筋骨，饿其体肤，空乏其身，行拂乱其所为，所以动心忍性，曾益其所不能"(同上)。就是说，一个人学业和事业的成功都需要付出辛勤的劳作和艰苦的努力。但是，孟子认为圣人的担当和使命却是上天赋予的，他引用伊尹的话"天之生斯民也，使先知觉后知，使先觉觉后觉"(《万章下》)，来说明圣人在社会历史发展中的决定性作用，这却是精英史观。

孟子的精英史观还体现在他的社会分工理论上。《滕文公上》记载，当时农家学派的重要代表人物许行的弟子陈相来见孟子，并向他宣传农家的学说，主张"贤者与民并耕而食，饔飧而治"，统治者应当和老百姓一样依靠耕种和劳作而获食，这种观点反映了小生产者反对等级和剥削的愿望。分工是社会发展的必然，但是，孟子在主张社会分工、诘责和批评农家学派的思想纰漏之同时，也走向了精英史观。他说：

百工之事，固不可耕且为也。

　　　　然则治天下，独可耕且为与？有大人之事，有小人之事。且一人之身
　　而百工之所为备，如必自为而后用之，是率天下而路也。故曰：或劳心，
　　或劳力，劳心者治人，劳力者治于人；治于人者食人，治人者食于人，天
　　下之通义也。(《滕文公上》)

　　在阶级社会中，劳心者是脑力劳动者，也是统治者；劳力者是体力劳动者，也
是被统治者。被统治者自食其力，在养活自己的同时，还要供养统治者。但孟
子把分工和由分工引起的阶级看作是"天下之通义"，就有把分工和阶级永恒
化的倾向。至于他把"劳心者"视为"大人之事"，把"劳力者"视为"小人
之事"，则是其阶级和历史的局限性使然。
　　最后，孟子的精英史观还体现在他的历史循环论思想中。他说："五百年
必有王者兴，其间必有名世者。"(《公孙丑下》)意思是说，每经历五百年就
一定会有圣王出现，匡世安邦，造福黎民。他说：

　　　　由尧舜至于汤，五百有余岁。……由汤至于文王，五百有余岁。……
　　由文王至于孔子，五百有余岁。(《尽心下》)

　　从尧舜到商汤，从商汤到文王，从文王到孔子，的确都是五百年左右。但是，
在每一个五百年的循环中，历史是停留在原来的高度和水平上，还是向前推进
和发展了？由于时代的局限，孟子未能作出正确的回答。更为重要的是，他对
决定社会治乱的根本原因也未能予以应有的关注，不懂得社会治乱的根本原因
在于社会基本矛盾的运动，而不在于有无王者和命世之才的出现。所以，当他
看到"由周而来，七百有余岁矣。以其数，则过矣；以其时考之，则可矣"
时，就十分自负地宣称："夫天未欲平治天下也，如欲平治天下，舍我其谁
也？"(《公孙丑下》)至此，我们可以看到孟子的社会历史观既是以圣人观为
核心的精英史观，也是以圣人观为核心的循环史观。
　　孟子是孔子之后儒家影响最大的人物。孔子顺应春秋末年从尊天敬神到重
人敬德的思想发展趋势，在礼乐文明的秩序背景中，努力赋予日常行为以道德
意义。孟子承继孔子并汲取子思学派的某些思想成果，从多方面扩展了其思想
内容。从日常感情中的道德含义，推断人性本身拥有道德的普遍根据，以论辩
的方式提出性善论。在"仲尼没而微言绝，七十子丧而大义乖"(《汉书·艺文

志》）的情境下，奋而起之，以"正人心，息邪说，距诐行，放淫辞，以承三圣者"（《滕文公下》）为己任，对道家、墨家、农家、法家、兵家等学说进行猛烈抨击，承续了孔子之道，发展了儒家思想。

孟子哲学思想的精华部分在现代社会亦应继承和发扬。例如其先义后利的价值取向，反抗暴政的批判精神，"民贵君轻"的仁政学说，"反求诸己"的修养工夫，以及刚毅挺拔的大丈夫精神等等，都是孟子思想中积极进步的内容，充分展现出人的主观能动性，参与塑造了中华文化的主体性格和中华民族的优良品质。

思考题：

1. 试述《中庸》的基本思想。
2. 孟子是怎样论证人性善的？
3. 应该怎样评价孟子的心性修养论？
4. 阐析孟子的"仁政"学说和民本思想。

第六章　庄子的哲学

庄子（约前369—前286年），名周，宋国蒙（今河南商丘东北）人。与齐宣王、梁惠王同时，与惠施为友。他曾经做过蒙地的漆园小吏。据《史记·老子韩非列传》记载，楚威王慕庄子之贤，曾以千金厚礼聘他做相，但他认为卿相尊位就如同祭祀用的牛一样，被畜养的时候很风光，可是，当牵进太庙做祭品时，想做个自由的猪都不可能了。所以，他回避政治，终身不仕。庄子哲学就是他在形上层面对其生活态度的一种表达。

庄子之学"无所不窥，然其要本归于老子之言"（《史记·老子韩非列传》）。他与老子一并成为先秦时期道家学派的重要代表人物。庄子思想体现在《庄子》一书中。今本《庄子》33篇，分为内篇、外篇、杂篇，全书不足7万字。其中，内篇共7篇，属于同一思想体系，为庄子所作或代表其思想观点；外篇、杂篇则由庄子后学所作，是对前者的复述、模仿或发挥，因而也可视为庄子学派的思想成分。①

第一节　道论与天论

庄子的道论承老子的道论而来，然又有新的发展。如果说老子的道论更倾向于一种宇宙论形态的话，庄子的道论则更呈现出一种境界论形态。庄子的天论与其道论相通，表现为一种与人为相对应的自然而然的状态。

一、"生生者不生"

老子《道德经》的核心范畴是"道"。"道"是万物创生的源泉和动力，

① 关于《庄子》的版本篇次及各篇的真伪问题，学界历来多有争论。司马迁《史记》称庄子"著书十余万言"，《汉书·艺文志》著录"《庄子》五十二篇"。到西晋时期，郭象认为《庄子》一书存在"一曲之士，不能畅其弘旨，而妄窜奇说"的现象，故而将其删定为33篇，即为今本《庄子》的母本。北宋以后，对《庄子》的怀疑之风愈演愈烈，其初怀疑外篇、杂篇中有部分篇章非庄子所作，后发展为怀疑几乎整个外篇、杂篇作者的真实性。但由于司马迁列举的《庄子》篇目只是外篇、杂篇的《渔夫》、《盗跖》等，1988年在湖北江陵又出土了汉简《盗跖》，故又有现代学者认为，外篇、杂篇才是庄子自著。尽管如此，但多数学者仍认为，内篇才是最能体现庄子思想的篇章，外篇、杂篇是庄子后学所作。

也是事物运动的规律。"道"既超越于万物之上，又内在于万物之中。因此，它是一个具有形上意蕴的本原和本体范畴。庄子承袭了老子对于"道"的基本理解，并有所发展。他说：

> 夫道，有情有信，无为无形；可传而不可受，可得而不可见；自本自根，未有天地，自古以固存；神鬼神帝，生天生地；在太极之先而不为高，在六极之下而不为深，先天地生而不为久，长于上古而不为老。（《庄子·大宗师》，以下本章凡引《庄子》只注篇名）

庄子的"道"是一种本原的存在。它无作为、无形象，却"有情有信"而真实不妄，"自本自根"、"自古以固存"。"道"是独立的，它不依赖于外物，自己为自己的根据，具有逻辑先在性与超越性；它同时又是"生天生地"之源，是万物的本根。"道"不在时空之内，超越六极而无所谓"高"与"深"，通贯古今而无所谓"久"与"老"。这是庄子道论超越性的一面。《知北游》对此作了发挥："夫昭昭生于冥冥，有伦生于无形，精神生于道"，明显的东西产生于幽暗，有形迹的来自于无形迹，人物的精气元神源于道。世间所有都根源于"道"，由"道"而成为自身，"道"便是天地万物的根与本。

"道"生天生地，却不虚悬在外，而是无所不在的。蝼蚁、稊稗甚至非生物的瓦甓乃至屎溺，都有道在，故道"无乎逃物"，物之所在即道之所在。庄子说："杀生者不死，生生者不生。"（《大宗师》）"生生者"即道，它不是具体的某物，而是生物者。际者，边界也。作为"生物者"的道与物没有界限而是内在于物。因此，道无所不在。"道"超越时空而又遍在万物，是从不同的方面揭示道的特性。"道"超越时空，是指道的无限性；"道"遍在万物，是指道的普遍性。"道"在庄子那里是一个基础性的概念，可以从多种视角加以解读。

二、"物物而不物于物"

就道论而言，老子更多地指涉道与物的关系，庄子则进一步扩展至"道"与"心"的关系。"心"是进入道、理解道的重要途径。所谓"心斋"、"洒心"、"刳心"等，都是修心之工夫，"灵府"、"灵台"等，则是心灵达道的境地。此"心"是理想的，也是超验的，它是超越普通人心的道之"心"。

在庄子看来，具体的人心有世俗性和经验性，往往具有负面的意义，他称之为"成心"、"师心"、"机心"等。这种心常常表现为对外物的追逐。

> 有机械者必有机事，有机事者必有机心。机心存于胸中，则纯白不备；纯白不备，则神生不定；神生不定者，道之所不载也。（《天地》）

被物（机械）牵引的心态，由逐物（所谓"机事"）而起，而终为物所制，因而是"道之所不载也"。而心若"与物相刃相靡"（《齐物论》），便会在逐物中疲于奔命而不得止息，并终将"丧己于物，失性于俗"（《缮性》）。也就是说，沉溺在物欲追逐之中的人，将丧失自己的自主性和独立性。

澄清心与物的关系，是理解心与道的关系的重要环节。心要主宰物而不是受制于物，所谓"物物而不物于物"（《山木》），这是得道的状态。

> 夫有土者，有大物也。有大物者，不可以物；物而不物，故能物物。明乎物物者之非物也，岂独治天下百姓而已哉！（《在宥》）

拥有天下的土地，可谓是有"大物"了。有大物而不执着于物，就不会受制于物，这样就能主宰万物。追逐外物之"人心"受制于物，与道相通之"道心"则"能物物"，即能够自主地把握外物，因此能够"不物于物"，从而超越由"人心"而导致的生存困境。

三、"不以人助天"

与道论有承于老子不同，将"天"独立作为一种价值理念或哲学观念，在道家系统中，是庄子的思想贡献。"天"的观念自古有之，具有宗教意义的神格之天、日常意义的自然之天等不同含义。相较而言，庄子之"天"较少神格的意味，比如《逍遥游》"天之苍苍，其正色邪"、"背负青天而莫之夭阏者"，《齐物论》"南郭子綦隐几而坐，仰天而嘘"等语，"天"都是指自然之天。

但"天"的自然义在庄子那里不仅指一种对象，更是指事物的一种状态，即自然而然的意思。《大宗师》载："知天之所为者，天而生也"。郭象注曰：

"天者，自然之谓也。"郭象所谓自然，乃指自己本来的样子，也即天然之意。在这一层面上，庄子常以"天"与"人"对举，而其深意，在于标示天（然）与人（为）相分乃至对立。《大宗师》里的"不以人助天"，与《秋水》中的"无以人灭天"，其思想是一致的。

> （河伯）曰："何谓天？何谓人？"北海若曰："牛马四足，是谓天；络马首，穿牛鼻，是谓人。故曰：无以人灭天，无以故灭命。"（《秋水》）

牛马天生有四脚，而无关人事，故谓之天；而羁勒马头、绳穿牛鼻，则是出于人意，故谓之人。前者出于自然，保持了物的内在本性，而后者则是外在人为强加上去的。所谓"天在内，人在外，德在乎天"（同上）。庄子认为，天机藏于内，人事著于外，而德与天相合，任何外在的或人为的做法，都是对内在天然之性的破坏。所以，不要用人事去毁坏天然，不要有心造作去损害性命。

"无以人灭天"是出于对人的有限性的洞察，故庄子主张离人而入天，达致"人与天一"的境界。就此而言，庄子的"天"是理想的，而"人"却包含本然和实然两个方面。"古之人，天而不人"（《列御寇》），与天同一的古之人表征着人的本然状态（同时也是人的当然即理想状态），而现实的人往往未能"与天为一"（《达生》），反而表现出"以人灭天"的倾向。庄子呼吁"不以心捐道，不以人助天"（《大宗师》），希望人们能够"无为复朴"（《天地》），"求复其初"（《缮性》），不断地从人的实然状态向本然状态回归，也就是不断突破现实的局限，向理想迈进。

第二节 齐"物论"与"齐物"论

《齐物论》是《庄子》中最有哲学意味的篇章之一。关于"齐物论"的含义，前人有齐"物论"与"齐物"论两种理解。齐"物论"着重的是对各种思想学说的批判，意图不是分辨争论是非的标准，而是对是非争论本身正当性的质疑；"齐物"论则意在表明对待事物无分别、一视同仁的态度。这两种解读都有文本根据，且在思想上并无抵牾之处，因而可视为"齐物论"的两个层次：前者关注的是"论"之是非，属于认识论的进路；后者则与其天道观相连，属于价值观的进路。这二者归根到底是心的问题，故"齐物"不仅是知识，同时也是一种生活方式以及由此开启的精神境界。

一、齐是非

齐物基于齐论的需要，这是因为庄子所处的时代百家争鸣、是非纷争，"有儒墨之是非，以是其所非而非其所是"（《齐物论》）。而所谓齐论，即齐是非。齐是非不是改变是非的标准，而是取消有是非不同的观念。在庄子看来，问题的关键是，是非之争缺乏判断的客观标准：

> 既使我与若辩矣，若胜我，我不若胜，若果是也？我果非也邪？我胜若，若不吾胜，我果是也？而果非也邪？其或是也？其或非也邪？其俱是也？其俱非也邪？我与若不能相知也。则人固受其黮暗，吾谁使正之？使同乎若者正之，既与若同矣，恶能正之？使同乎我者正之，既同乎我矣，恶能正之？使异乎我与若者正之，既异乎我与若矣，恶能正之？使同乎我与若者正之，既同乎我与若矣，恶能正之？然则我与若与人俱不能相知也，而待彼也邪？（同上）

任何争辩的双方，都各执其是，以己之是非若（你）之是，故依从其中任何一方都有偏颇。即使第三者出来评判（"正之"）也不能解决问题，因为第三者同样也自以为是，其介入只会徒增是非，所谓"彼亦一是非，此亦一是非"（同上）。

是非的标准难以确定，从更深层面来说，则在于不同的主体具有不同的存在状态，因而具有不同的价值立场。

人久居潮湿之处便容易腰痛，泥鳅却不会；人爬到树上会惊惧不安，猴子却不会。试问，"三者孰知正处"？同理，对于食物，"孰知正味"？对于美丑，"孰知天下之正色哉"？庄子用隐喻的方式提示我们：身份不同，会导致立场的不同，从而导致选择的不同。每个主体都有选择自己立场的权利，谁也不能取代他人或公众，宣称自己知道价值的标准所在。

不唯如此，庄子甚至认为，就连每个人对自己所愿乃至所是的把握都是很可疑的。对每个独立的主体，不论对自我还是对外物的把握都存在不确定性，并没有恒定的价值立场。因此，齐论就是要齐是非。庄子的这种观点，不仅片面夸大了认识的相对性，而且对人的认识能力以及知识的可靠性也表示怀疑，从而在认识论上走向了相对主义。

二、齐万物

从根本上讲，取消是非（即齐论），有赖于齐物。庄子认为，物论（是非）之争，来自"成心"。"夫随其成心而师之，谁独且无师乎?"（《齐物论》）以自己的成见做标准，谁没有标准? 若囿于己见，便只知有己，而不知有彼。从更深层次来说，是非的问题就是"彼此"的问题。

> 物无非彼，物无非是。自彼则不见，自知则知之。故曰：彼出于是，是亦因彼。（同上）

万物从自己的角度来看，都是此（是），而以他者为彼；反之，从他者的角度来看，也是这样。《逍遥游》提到的"小大之辨"和"有用无用之辨"以及本节的"是非之辨"，均基于自我中心的世界观。正是这种世界观，人对物采取区分对待的态度，以衡量其利用价值。问题的解决，在于超越这种彼此对待，实现一种世界观的转换，即"以道观之"。

> 物固有所然，物固有所可。无物不然，无物不可。故为是举莛与楹，厉与西施，恢恑憰怪，道通为一。其分也，成也；其成也，毁也。凡物无成与毁，复通为一。唯达者知通为一，为是不用而寓诸庸。（同上）

庄子认为，从"道"的角度来看，世间的事物都有其存在的原因，具有自身的合理性与价值。尽管每一个个体的禀性和命运千差万别，或成或毁，但在"道"的层面，却并无亏欠，万物在价值上是齐一的。明乎此，则"举莛与楹，厉与西施，恢恑憰怪"，皆"通为一"。然而只有通达的人才知道这一点。于是"齐物"便与"知"的方式相关：

> 古之人，其知有所至矣。恶乎至? 有以为未始有物者，至矣尽矣，不

可以加矣。其次，以为有物矣，而未始有封也。其次，以为有封焉，而未
始有是非也。是非之彰也，道之所以亏也。(《齐物论》)

知的四个等级层次很分明：其一，至知的层次，是知"未始有物"，即知无；
其二，是知有物存在，但没有具体的区分，叫"未始有封"；其三，有具体物
的区分意识，但不对物的优劣得失予以评估，也即"未始有是非也"；其四，
不仅知物、知分别，甚至有是非的选择，这是对道的整体性的损害。反过来
说，至知的"未始有物"，即是知"道"。物隐则道现，它不必是事物的实际状
态，而是得道者至知的结果。至于"道"本身是否果真有"有无"的分别，他
说："俄而有无矣，而未知有无之果孰有孰无也。今我则已有谓矣，而未知吾
所谓之其果有谓乎？其果无谓乎？"（同上）这同"庸讵知吾所谓天之非人乎？
所谓人之非天乎"（《大宗师》）的另一种诘问一样，其吊诡的说法，同《齐物
论》有异曲同工之处。

　　究极而言，要"齐物"，不仅是齐"万物"，更要齐"物我"。只有无我，
即把我融于物中，才能摆脱对物的利用的心态，才有无物的态度。唯此，才可
真正称得上是齐物论，才能真正体验"天地与我并生，而万物与我为一"的境
界。就此而言，庄子的齐物论与逍遥论亦"复通为一"。

　　庄子的齐物论是其道论在价值领域和认识论上的反映与延伸。庄子的
"道"既超越于物，又内在于物。以"道"观物，则"恢恑憰怪，道通为一"，
万事万物都可通为一体。故以道观物，则事物的性质和差异都是相对的（齐
物），在这个基础上，人对事物的认识和知识也是相对的（齐论）。这种观点带
来两方面的后果：一方面，在认识论上，庄子容易走向相对主义、怀疑论和不
可知论；另一方面，在价值领域和精神境界上，它具有防止独断论和支持思想
自由的意义，这在《逍遥游》中充分体现出来。

第三节　"逍遥游"与"无待"境界

　　庄子的道论和天论究其极都是落在境界上的，而"逍遥游"便是庄子对
这种境界的一种重要展示。《逍遥游》说："今子有大树，患其无用，何不树
之于无何有之乡，广莫之野，彷徨乎无为其侧，逍遥乎寝卧其下。不夭斤斧，

物无害者，无所可用，安所困苦哉!"这表明，"逍遥"是两歧的。它一方面与"无为"相关联，是庄子要追求的境界;另一方面又与"困苦"相关联——所谓"逍遥"，恰恰意味着摆脱"困苦"。就前者而言，它是追求的目标，因而是超越的一端;就后者而言，它是要摆脱的负累，因而是现实的一端。

一、小大之辨

《逍遥游》首揭"小大之辨"，它以寓言的形式，通过鲲鹏同蜩、学鸠和斥鴳的对比而展现大小眼界的差别。

> 小知不及大知，小年不及大年。奚以知其然也? 朝菌不知晦朔，蟪蛄不知春秋，此小年也。楚之南有冥灵者，以五百岁为春，五百岁为秋;上古有大椿者，以八千岁为春，八千岁为秋。而彭祖乃今以久特闻，众人匹之，不亦悲乎!

小知不及大知，正如蜩、学鸠和斥鴳不及鲲鹏;小年不及大年，正如众人不及彭祖。以小者的身份去攀比大者的作为，自然是很可笑的。但大小总是相对的，"以差观之，因其所大而大之，则万物莫不大;因其所小而小之，则万物莫不小。知天地之为稊米也，知毫末之为丘山也，则差数睹矣"(《秋水》)。执着于蜩、学鸠及斥鴳一类，固然没有理由自鸣得意，但倘若执着于鲲鹏与彭祖之"大"，也不见得高明。《在宥》直揭其弊:"夫以出乎众为心者，曷常出乎众哉?"

因此，"小大之辨"揭示的是主体对待外物时应有的态度。世俗所谓大小的区分，是用势利的眼光打量事物的结果，其实质是把万物工具化。于是，便有了"有用"、"无用"的区别。世俗之人总是以"有用"作为价值衡量的标准，结果必然是自我的工具化，终不免于"中于机辟，死于罔罟"(《逍遥游》)。而庄子则在人们通常会舍弃的"无用"中看到积极的价值，正是无用之用才显现了真正的大用。庄子说，人们行走只踩踏足掌大的土地，但是，如果没有足掌之外那些没有用上的广大土地，人是无法行走的。《逍遥游》中的那棵大树，主干臃肿不中绳墨，分枝弯曲不中规矩，惠施认为它"大而无用"。但在庄子看来，正因为它不满足于任何外在功利目的，所以不会遭到砍伐而成就了自身的大。这样的大树使人们可以惬意地乘凉、游戏、寝卧其下，谁能说这样的"无所可用"不是一种用呢？并且，一棵树顺其本性自然生长，本身就是一种价值的实现，就是一种"大用"。任何个体都有其内在的价值，世俗的标准无关乎生命本身的自足存在。小大之辨，揭示了庄子"各适己性"的自由观。

二、心斋坐忘

庄子认为，人之所以会有争辩，归根结底在于人心中有成心、机心。人心不是道心，人心的闭塞导致人与物的分离乃至对立，而成为一切纷争之源。因此，要达到道的境界，必须从"心"的修养上下工夫。《人间世》中庄子借孔子之口说：

> 若一志，无听之以耳而听之以心，无听之以心而听之以气。听止于耳，心止于符。气也者，虚而待物者也。唯道集虚。虚者，心斋也。

它表明，心斋的关键是学会听。听分以耳听、以心听和以气听三个不同的层次，根本的是"听之以气"。这是心灵修炼达至极致后的虚灵明觉的状态。所谓"心斋"，就是教人"虚而待物"。《大宗师》中女偊自述"见道"的层次，也是对类似的修养经验的一种形容。

> 夫卜梁倚有圣人之才而无圣人之道，我有圣人之道而无圣人之才。吾欲以教之，庶几其果为圣人乎？不然，以圣人之道告圣人之才，亦易矣。吾犹守而告之，参日而后能外天下；已外天下矣，吾又守之，七日而后能外物；已外物矣，吾又守之，九日而后能外生；已外生矣，而后能朝彻；朝彻，而后能见独；见独，而后能无古今；无古今，而后能入于不死不生。

外天下即忘却世故，外物即前面所说"不物于物"，外生即"达生"，对生死顺其自然。所谓"外"，不是企图消灭对方，而是摆脱对它们的执着，开启一个更高的境界，如长夜后晨曦初启，此即"朝彻"。如此始能"见独"，即见道，也就是心灵超越一切界限和对立，与道合一，也与天地万物融为一体。《大宗师》还讲到"坐忘":"堕肢体,黜聪明,离形去知,同于大通,此谓坐忘。""堕肢体"即"离形","黜聪明"即"去知",这也就是《齐物论》中那个南郭子"丧我","形若槁木,心如死灰"的状态,以臻至"同于大通"的境界,亦即得道的境界。

三、与道同体

无论《齐物论》中的"丧我",《大宗师》中的"坐忘",还是《人间世》中的"心斋",都是精神修炼或解脱的手段,其目的是为了达至"至人无己,神人无功,圣人无名"(《逍遥游》)的理想人格,从而实现"逍遥"的人生境界。

庄子认为,逍遥的境界是"无所待",即不依赖外在条件与他在的力量。大鹏神鸟虽可以击水三千,背云气,负苍天,飘然远行,翱翔九万里之高,然而却仍有所待,仍要依凭扶摇(飙风)、羊角(旋风)而后始可飞腾。有的人才智足以胜任一方官吏,行为足以称誉一乡一地,德行足以使一君一国信服,按儒家、墨家的观点,可称得上是德才兼备的人,但庄子认为他们的效一官、比一乡、合一君、征一国,皆对外有所期待。虽说比能做到"举世而誉之而不加劝,举世而非之而不加沮,定乎内外之分,辩乎荣辱之境"(同上)的宋荣子略胜一筹,然而他能"存我"而未能"忘我",更未能物我兼忘,仍不是最高境界。列子日行八百,御风而行,飘飘然有出尘之概,但他仍有所待,如果没有风,他就无能为力了,所以仍不能谓为逍遥之游。"若夫乘天地之正,而御六气之辩,以游无穷者,彼且恶乎待哉!"(同上)就是说,有比列子境界更高的人,他们顺从万物本性,使物物各遂其性,没有丝毫的造作,随大自然的变化而变化,物来顺应,与大化为一,即与道为一。如此,随健行不息的大道而游,还有什么可待的呢?因其"无所待"才能达到至人、神人、圣人的逍遥极境。这种境界就是庄子的"道体",至人、神人、圣人、真人都是道体的化身。

庄子的人生最高境界,正是期盼"与道同体"而逍遥自在。这种境界中的人,超越了普通人的欲望,从而也解除了人的日常烦恼,得以忘乎所以,与天合一,逍遥无累。逍遥的主体是得道之人,即超凡脱俗者,其所游之处则是"无何有之乡",均是常人无法经验甚至无法想象的事物。庄子所作似"谬悠之说,荒唐之言,无端崖之辞"(《天下》),但正因其"荒唐",因其距离现实之远，才促使我们重新审视那些习以为常的观念，庄子哲学的积极价值也正是在这里。

思考题：

1. 述评庄子"道"论。

2. 谈谈你对"齐物"与"逍遥"关系的理解。

3. 如何理解庄子的"心斋"和"坐忘"？

第七章 《易传》的哲学

《汉书·艺文志》说《周易》"人更三圣，世历三古"，意思是说，《周易》由上古的伏羲"始作八卦"，经中古的周文王将八卦演为六十四卦并作卦爻辞（一说周公作爻辞），再由近古的孔子作了《彖传》上下、《象传》上下、《文言》、《系辞》上下、《说卦》、《序卦》、《杂卦》等"十翼"，而最终成就了《周易》经传的文本规模。孔子以前的六十四卦和卦爻辞称为《易经》，孔子所作的"十翼"称为《易传》。经现代学者研究，一般认为《易经》成书于西周初期，而《易传》虽然与孔子晚年的解《易》有一定关系，但并非一人一时所作，而是在战国中期至晚期由多人陆续撰著的。

《史记·孔子世家》说"孔子晚而喜《易》……读《易》，韦编三绝"。《论语·述而》记载孔子说："加我数年，五十以学《易》，可以无大过矣。"《论语·子路》也记载孔子用《周易》之《恒》卦的九三爻辞"不恒其德，或承之羞"，评论"南人有言曰：人而无恒，不可以作巫医"，然后说"不占而已矣"。"不占"就是不再把《周易》用于占筮，而重在领悟其中的道德修养意义。马王堆出土的帛书《要》篇记载孔子说："《易》，我后其祝卜矣，我观其德义耳也。……史巫之筮，乡之而未也，好之而非也。……吾求其德而已，吾与史巫同涂而殊归者也。"这些都说明孔子研究《周易》不同于"史巫之筮"，他力图把《周易》转化为讲"德义"之书。在郭店竹简的《语丛一》中有儒家六经的排列，其中说"《易》，所以会天道人道也"，即把《周易》看作是讲天人哲理的书。秉承孔子的解《易》思想，又受到老子自然哲学的影响，《易传》遂成为战国时期重要的哲学著作。而且，由于相传《易传》为孔子所作，所以它在中国历史上也具有"经"的地位，从而对中国文化的发展产生了重要而持久的影响。

第一节 "生生之谓易"的宇宙观

西周末年，伯阳父以"天地之气"的"阳伏而不能出，阴迫而不能蒸"来说明地震发生的原因，此后"阴阳"观念逐渐流行，用"阴阳二气"来解释

《周易》的卦爻象及吉凶之间的变化消长也十分普遍。《老子》说："道生一，一生二，二生三，三生万物。万物负阴而抱阳，冲气以为和。"（四十二章）这一宇宙生成论思想，对于《易传》阐发儒家的"天道"自然观亦有重要影响。此后，中国哲学的宇宙—本体论大多是在《老子》和《易传》的影响下继续发展的。

一、"一阴一阳之谓道"

《易经》中具有丰富的运动变化思想。"易"字本身就有变易之义。《易传》发挥了《易经》的思想，明确提出"生生之谓易"、"通变之谓事"（《系辞上》）等论说，认为运动变化是物质世界的固有本性，运动变化的原因在于阴阳的对立和统一，运动变化的过程则遵循"穷则变"、"极则反"这一从量变到质变的基本规律。《易传》认为：

> 在天成象，在地成形，变化见矣。（《系辞下》）
>
> 日往则月来，月往则日来，日月相推而明生焉；寒往则暑来，暑往则寒来，寒暑相推而岁成焉；往者屈也，来者信也，屈信相感而利生焉。（同上）
>
> 《易》之为书也不可远，为道也屡迁，变动不居，周流六虚，上下无常，刚柔相易，不可为典要，唯变所适。（同上）
>
> 日中则昃，月盈则食。天地盈虚，与时消息。（《彖传》）

《易传》把"生生"（运动）看作是天地万物的固有属性，宣称"天地之大德曰生"（《系辞下》），"天地变化，圣人效之"（《系辞上》）。人们在生活和实践中也应该像圣人那样按照世界固有的"生生"本性来认识和把握世界。但是，物质世界为什么会有生生不已的变化本性呢？《易传》提出了自己的解释：

> 一阴一阳之谓道。（同上）
>
> 刚柔相推而生变化。（同上）
>
> 一阖一辟谓之变。（同上）
>
> 刚柔相推，变在其中矣。（《系辞下》）

《易传》从阴阳的对立统一来认识世界运动变化的根源和规律，认为物质世界生生不已的变化过程就是"一阴一阳"的此消彼长、相互推移、相互转化、物极必反、周而复始（见《系辞下》），即所谓"穷则变，变则通，通则久"而形成的，因此，阴与阳的对立和统一是宇宙间一切运动变化的根本动力。这种对立统一关系一般人难以把握，故称之为"神"（《系辞上》："阴阳不测之谓神"）。但是，《易传》所说的"神"主要是指阴阳之气的变化，所以，《系辞上》又说："知变化之道者，其知神之所为乎？"《易传》认为，圣人作《易》的目的就是"通神明之德，类万物之情"（《系辞上》），也就是通达天地阴阳的德理，模拟天地万物的情状。

阴阳对立和统一所引起的事物的运动变化是一个从量变到质变的过程，如"泰"与"否"、"损"与"益"等。"泰者，通也。物不可以终通，故受之以《否》。""损而不已必益，故受之以《益》。益而不已必决，故受之以《夬》。"（《序卦传》）就是说，泰可以转化为否，损也可以转化为益。但是，转化需要经历一个量的积累过程。《易传》作者说：

> 积善之家，必有余庆；积不善之家，必有余殃。臣弑其君，子弑其父，非一朝一夕之故，其所由来者渐矣。（《文言》）
>
> 善不积，不足以成名；恶不积，不足以灭身。小人以小善为无益而弗为也，以小恶为无伤而弗去也，故恶积而不可掩，罪大而不可解。（《系辞下》）

经过量的"积"累，经历一个"渐"变过程，到达了"穷"和"极"的程度，就会发生根本性的变化。所以，积善的人家到达一定程度就会有"余庆"；积不善的人家到达一定程度，则会有"余殃"。个人和家庭的发展是这样，社会的发展也是如此。统治阶级如果不懂得从小处着眼，积善去恶，日复一日，年复一年，至大祸养成时，一切就都无可挽回了。

战国中后期，地主阶级的统治日趋稳固。形成于这一时期的《易传》辩证法思想尽管已经达到了先秦哲学的最高峰，但它仍然无法超越时代的局限性。这主要体现在，作者一方面希望处于上升阶段的统治阶级懂得权变的道理，居安思危，防微杜渐；另一方面又不希望社会秩序发生根本性的变化。因此，《易传》所讲的运动和变化都是具体事物的运动、变化，而天地之道和人伦之理则是恒久不变的。也就是说，"事"和"器"可以变，"理"和"道"不能变。所以，《易传》作者又说：

> 天地之道，恒久而不已也。（《彖传》）
> 妇人贞吉，从一而终也。（《象传》）
> 天尊地卑，乾坤定矣；卑高以陈，贵贱位矣。（《系辞上》）

不仅如此，《易传》还认为宇宙间的一切运动变化都涵盖在封闭的易道体系之中。所谓"《易》与天地准，故能弥纶天地之道……范围天地之化而不过，曲成万物而不遗"（同上），说的就是这个道理。如此一来，《周易》的六十四卦符号系统经过《易传》作者的阐释，就成为一个与天地变化、万物生成及其根本规则相"准"（符合）的封闭体系。可见，《易传》作者由于时代和阶级的局限性，并没有把自己的运动变化观坚持到底，而终究悖离了辩证法，走向了形而上学。

二、"太极"与形上之道

在老子哲学之前，"天"是最高范畴，当《老子》提出"有物混成，先天地生"（二十五章）时，"天"就不再是最高范畴了。《易传》受老子哲学的影响，虽然以天地为万物的"父母"，但天地也不是自本自根就有的，此即《系辞上》所说的：

> 易有太极，是生两仪，两仪生四象，四象生八卦，八卦定吉凶，吉凶生大业。是故法象莫大乎天地，变通莫大乎四时，县象著明莫大乎日月……

这段话从筮法上讲，是对"大衍之数五十，其用四十有九，分而为二以象两，挂一以象三，揲之以四以象四时……"即《周易》揲蓍（算卦）程序的缩写。既然是缩写，其意就不是简单地重复揲蓍程序，而是也包含着宇宙生成论的哲理意义。《易传》以"太极"为最高范畴，这是没有疑义的。但后人对"太极"的解释有所不同：一是解为"淳和未分之气"或"元气"（汉郑玄、唐孔颖达等）；二是解为"无"（魏晋的王弼、韩康伯等）；三是解为"理"（宋代的朱熹等）。对"太极"的不同解释，形成了中国哲学史上宇宙—本体论的不同学说或学派，这也可见《易传》的重大影响。

就《系辞上》这段话进行文本分析，"两仪"是指"法象莫大乎天地"，"四象"是指"四时"，而"八卦"在后面是以"日月"代之（《说卦》："离为日，坎为月"）。在宋代的邵雍以"画卦"说解释"两仪"之前，历代易学家皆以"天地"释"两仪"。① 如果明确"两仪"是指"天地"，那么"两仪"之前的"太极"只能是指包含着"阴阳"在内的"淳和未分之气"（"未分"是指天地未分，而"太极之中，不昧阴阳之象"，此即宋代张载所说的"一物两体者，气也"，"一物而两体，其太极之谓与"，见《横渠易说》和《正蒙》），而不能以"太极"为"无"或"理"，在"太极"与"两仪"之间另加上先生"气"再生"两仪"（天地）的环节。"淳和未分之气"应是《易传》所谓"太极"的本义，其他的解释只可视为对《易传》的创造性诠释。

与对"太极"的不同解释相关，《系辞上》说："形而上者谓之道，形而下者谓之器。"这里的"器"是指具体的有形的器物，而对"道"也有不同的解释。如果以"太极"为无形之"气"②，那么"形而上"就是指气聚成形以前，而"形而下"则是指气聚成形以后，如张载所释："形而上是无形体者也，故形以上者谓之道也；形而下是有形体者，故形以下者谓之器。"（《横渠易说·系辞上》）但如果以"理"为最高范畴，那么"形而上者"就是"理"，"阴阳"则属于"形而下"，如宋代的程、朱所说："道非阴阳也；所以一阴一阳，道也"（《二程遗书》卷三）；"太极，形而上之道也；阴阳，形而下之器也。"（《太极图说解》）这是在《易传》的影响下，宋代的道学（又称理学）形成的气本论和理本论两种不同的哲学体系。

---

① 如《易纬·乾凿度》说"易始于太极，太极分而为二，故生天地"，郑玄对"易始于太极"一句注释说："气象未分之时，天地之始也。"李鼎祚《周易集解》引虞翻说："太极，太一也，分为天地，故生两仪也。"孔颖达《周易正义》疏："太极谓天地未分之前元气混而为一……混元既分即有天地，故日太极生两仪。"即便在邵雍的《观物吟》中也有："一气才分，两仪已备。圆者为天，方者为地。"

② 在中国古人看来，"气"之本然状态是无形的。如《庄子·则阳》说："天地者，形之大者也；阴阳者，气之大者也。"《庄子·至乐》说："气变而有形，形变而有生。"

第二节 天道人事合一的系统观

一、"天地变化，圣人效之"

《易传》把"天地变化"或"天之道"作为"人事"应该效法的准则或楷模，这在《象传》对六十四卦卦辞的解释中表现得最为明显。如《象传》对《乾》卦辞的解释："天行健，君子以自强不息。"对《坤》卦辞的解释："地势坤，君子以厚德载物。"对《屯》卦辞的解释："云雷，屯，君子以经纶。"对《蒙》卦辞的解释："山下出泉，蒙，君子以果行育德。"对《泰》卦辞的解释："天地交，泰，后以财（裁）成天地之道，辅相天地之宜，以左右民。"对《否》卦辞的解释："天地不交，否，君子以俭德辟难，不可荣以禄。"总之，《象传》都是先解释卦象，然后提出君子应该如何做。这也就是《文言》所说的"夫大人者，与天地合其德，与日月合其明，与四时合其序，与鬼神①合其吉凶，先天而天弗违，后天而奉天时"。

《老子》说："人法地，地法天，天法道，道法自然。"（二十五章）《易传》所讲的"天地变化，圣人效之"，也是《老子》的人应效法"自然"之意，只不过儒道两家对"自然"的理解有所不同，从而推出的"人事"之价值取向也有所不同。如《老子》的"自然"是"归根曰静"（十六章），"柔弱胜刚强"（三十六章），"道常无为而无不为"（三十七章），其价值主张也是如此；而《易传》则说"生生之谓易"，"天地之大德曰生"，"天行健"，"地势坤"等，其价值主张便是"君子以自强不息"，"厚德载物"，"财（裁）成天地之道，辅相天地之宜"，"先天而天弗违，后天而奉天时"，以及"知微知彰，知柔知刚，万夫之望"（《系辞下》），等等。

二、"三才之道"

《易传》认为，在《周易》的六十四卦系统中，组成每一卦的六爻都表征了天道、地道和人道，此即《周易》的"三才之道"。《系辞上》说："六爻之动，三极之道也。"韩康伯注："三极，三材也。"孔颖达疏则将"三极之道"解释为"天、地、人三才至极之道"（《周易正义》卷七）。《系辞下》有对

---

① 《系辞上》说："原始反终，故知死生之说。精气为物，游魂为变，是故知鬼神之情状。"《易传》把人的始生终死视为一气之聚散，所谓"鬼神"不过是人死气散后的"游魂"或游气。《易传》也有"圣人以神道设教"（《象传》）的思想。

"三才之道"的明确表述：

> 《易》之为书也，广大悉备，有天道焉，有人道焉，有地道焉。兼三
> 才而两之，故六；六者非它也，三才之道也。

"兼三才而两之，故六"，意谓"三画已具三才，重之故六"（朱熹：《周易本
义·系辞下》）。此处先言"天道"，次言"人道"，后言"地道"，依此顺序，
朱熹认为"上二爻为天，中二爻为人，下二爻为地"（同上）。因为《周易》
的每一卦都涵括了天、地、人的最根本的道理，所以这部书的确可以说是"广
大悉备"，它是一个"天地设位"而人为之"中处"的世界观，亦即将自然界
与人的生活世界合而为一的哲学系统。

《说卦》更明确地阐述了《周易》这部书的根本目的和"三才之道"的重
要内涵：

> 昔者圣人之作《易》也，将以顺性命之理。是以立天之道，曰阴与
> 阳；立地之道，曰柔与刚；立人之道，曰仁与义。

圣人作《易》的根本目的就是要人们"顺性命之理"。"顺"，遵循。"性命之
理"也就是"人道"，包括人性的本然和人事的应然乃至必然等根本道理。这
些根本道理本源于天地之道，人道的最高范畴是"仁与义"，即效法于天地之
道的"阴与阳"、"柔与刚"而确立。《说卦》又指出：

> 昔者圣人之作《易》也，幽赞于神明而生蓍，参天两地而倚数，观变
> 于阴阳而立卦，发挥于刚柔而生爻，和顺于道德而理于义，穷理尽性以至
> 于命。

蓍草是算卦的工具，"立卦"、"生爻"属于《周易》的象数，在此象数中就蕴
含着"阴阳"、"刚柔"和"道德"的义理，故其象数与义理是统一的。圣人
作《易》的根本目的是要人们"穷理尽性以至于命"，宋儒张载所说"为天地
立心，为生民立命"，可谓深得《周易》之要旨。

第三节 人性论和社会观

儒家对人性论的探讨源自孔子说的"性相近也，习相远也"（《论语·阳货》），至子思、孟子确立了性善论。《易传》的主体部分当写成于孟子所处的战国中期，此时性善论已是儒家思想的主流。如果说孟子的性善论与其"仁政"的社会主张相联系，那么《易传》也在"继善成性"论的基础上高扬了"崇德广业"的社会理想。

一、"继善成性"的人性论

《中庸》说"天命之谓性"，孟子也说人的心性之善是"天之所与我者"（《孟子·告子上》）。子思、孟子所讲的"天"，主要是"义理之天"，他们没有展开对宇宙论的深入探讨。与子思、孟子不同，《易传》通过对《易经》的解释，建构了一个"广大悉备"的宇宙论体系，其"顺性命之理"的宗旨是通过"立"天、地、人"三才之道"来表达和完成的。因此，《易传》的人性论是其宇宙论体系中的一部分。《易传》说：

> 一阴一阳之谓道，继之者善也，成之者性也。仁者见之谓之仁，知者见之谓之知，百姓日用而不知，故君子之道鲜矣！显诸仁，藏诸用，鼓万物而不与圣人同忧，盛德大业，至矣哉！富有之谓大业，日新之谓盛德。（《系辞上》）

整个宇宙是一个生生不已的大过程，其根本规律、法则就是"一阴一阳"的此消彼长、相互推移和转化。继此而有宇宙之"善"，此"善"就是由天地相感而生育人和万物，如《易传》所说："大哉乾元，万物资始，乃统天。云行雨施，品物流形"（《彖传》）；"乾始能以美利利天下，不言所利，大矣哉"（《文言》）；"至哉坤元，万物资生，乃顺承天。坤厚载物，德合无疆。含弘光大，品物咸亨"（《彖传》）。天地如同父母而生育人和万物，"天地之大德曰生"，此"大德"即是继一阴一阳之道而有的"善"，亦即"天地仁德之显露"。

"成之者性"，就是《彖传》所说的"乾道变化，各正性命"。万物由天地所生，亦从天地禀受了各自的性命。"保合太和乃利贞"，则是说万物依其本性而生长，就能处于最佳的和谐状态。人是天地所生万物中的优秀者①，与天地并称为"三才"，所以人继天地之"善"所生成之性也一定是"善"的。因为不同人对人性的认识有所不同，所以《易传》说"仁者见之谓之仁，知者见之谓之知，百姓日用而不知，故君子之道鲜矣"。圣人作《易》的目的就是要使人"穷理尽性"，"顺性命之理"，而人的"性命之理"就是"仁与义"。故《系辞上》又说："成性存存，道义之门。"就是说，对人之善性要存而又存（如孟子所说的"存其心，养其性"），道义即由人之善性开出。

"显诸仁，藏诸用，鼓万物而不与圣人同忧，盛德大业，至矣哉！"（《系辞上》）这是就"继之者善"的"天地之大德"而言。"不与圣人同忧"，即天地虽有"大德"但没有道德意识。"天地变化"自然而然地成就了日新、富有的"盛德大业"。正因为如此，"天地变化"是圣人应该效法的。朱熹《周易本义》引程颐说："天地无心而成化，圣人有心而无为"，可谓深得《易传》的本义。

孟子主性善，认为善性来自人类意识深处的"善端"，但是，"善端"又是从哪里来的呢？人为什么会有"善端"？孟子并没有解决。《易传》"继善成性"的人性论恰恰弥补了孟子心性论的这一缺憾。

二、"崇德广业"的社会观

从"继善成性"的人性论发展出来的是"崇德广业"的社会观。儒家的"圣人有心而无为"，即是对人类社会有一种忧患意识，故《系辞下》说："《易》之兴也，其于中古乎？作《易》者，其有忧患乎？"其"无为"就是不掺杂私己之见，要效法天地而实践人道。《系辞下》说："天地设位，圣人成能，人谋鬼谋，百姓与能。"虽然"天地变化"成就了一个"盛德大业"，但这个世界仍有使圣人忧患的事情，所以圣人还要发挥主体的能动性，"裁成天地之道，辅相天地之宜"，"先天而天弗违，后天而奉天时"，"知微知彰，知柔知刚"，以为"万夫之望"，并且听取"人谋"和"鬼谋"②，率领百姓，使百姓能够参与其间，共同建设一个理想的世界。因为"圣人成能"不是违反自然，而是"裁成"、"辅相"（"裁成"即使其更加规范，"辅相"即补其不足），

---

① 《孝经》所谓"天地之性人为贵"，《礼记·礼运》所谓"人者，其天地之德，阴阳之交，鬼神之会，五行之秀气也"。
② 此处"鬼谋"指占筮，《易传》也有"以筮设教"的思想。

所以圣人的事业是"天地变化"的继续和完善，或者说，这是宇宙间"三才至极之道"一个本有的、统一的过程。

《系辞上》说："夫《易》，圣人所以崇德而广业也。"圣人之作《易》，是要使人"穷理尽性"，"顺性命之理"，这就是崇尚道德。而所"穷"之"理"包括天、地、人"三才之道"，能够对此"穷神知化"，乃是"德之盛也"（《系辞下》）。在此"德之盛"中就已包含了"自强不息"、"厚德载物"的精神，也包含了可以"裁成"、"辅相"的能力。因此，《周易》不仅可以"崇德"，而且可以"广业"。此即《系辞上》所说的：

> 夫《易》，开物成务，冒天下之道。……是故圣人以通天下之志，以定天下之业，以断天下之疑。

"冒"是统括，也是"弥纶"（天下之道）的意思。"开物成务"就是"崇德而广业"。《易传》所说的"广业"，范围极其广泛，既包括关于社会生产和生活的"备物致用，立成器以为天下利"（《系辞上》），"耒耨之利，以教天下"，"日中为市，致天下之民，聚天下之货，交易而退，各得其所"，"舟楫之利，以济不通，致远以利天下"，"服牛乘马，引重致远，以利天下"（《系辞下》）等，也包括关于社会伦理、法制和管理的"正家而天下定矣"，"刑罚清而民服"，"节以制度，不伤财，不害民"，"损上益下，民说（悦）无疆"（《象传》），"哀多益寡，称物平施"（《象传》）等广泛的社会事业。总之，"广业"包括民生日用的所有重大事项，这是孔子"因民之所利而利之"（《论语·尧曰》）思想的具体展开和体现。《系辞下》说：

> 精义入神，以致用也；利用安身，以崇德也。过此以往，未之或知也。

这段话集中表达了儒家文化的核心价值。它与《左传·文公七年》所载的"正德、利用、厚生谓之三事"正相符合。"精义入神"就是达到了"穷神知化，德之盛"的境界，如此而可"备物致用，立成器以为天下利"。"利用安身"也就是"利用、厚生"（便利器用，丰厚生活），而"利用安身，以崇德也"，说明崇尚道德毕竟是儒家文化的最高价值（所谓"太上有立德"），"利用安身"不仅是为了"饱食暖衣"而已,而是要使整个社会乃至整个世界达到一个理想的、道德的、和谐的境界,这个境界也就是"保合太和"的境界。"过此以往,未之或知也",也说明这是儒家文化的最高境界。

《易传》对《易经》的哲理阐释包含着许多精湛的思想,对以后中国哲学的发展具有重要的、持久的影响。由于《易经》本为"卜筮之书",而《易传》中也保留了"以神道设教"和"以筮设教"的成分,所以《周易》经、传都不免有其历史的局限性。《易传》所谓"天尊地卑,乾坤定矣;卑高以陈,贵贱位矣"(《系辞上》),是把当时社会的等级尊卑秩序移用到自然界,反过来又以此为社会等级尊卑秩序的合理性做论证,这显然表现了儒家伦理的阶级局限性。《周易》的辩证思维和象数模式促进了中国古代科学技术的发展,但认为"易道广大,无所不包",把一切复杂的自然和社会现象都纳入《周易》的象数模式,就难免牵强附会而不符合科学精神了。

思考题:

1. 《易传》的宇宙生成论有何特点?对后世有何影响?

2. 试述《易传》"三才之道"的主要内容。

3. 为什么说"继善成性"说是对孟子性善论的发展和理论深化?

第八章　名家和后期墨家的哲学

先秦诸子的"百家争鸣"至战国中期进入高潮，而先秦名辩思潮遂应之而起。名辩思潮的根源在于春秋战国时期的历史大变动，随着新兴地主阶级经济、政治和文化的发展，出现了许多新事物（"实"）、新概念（"名"）、新学说，这就使得反映旧事物和旧制度的"名"和反映新事物新制度的"实"之间，反映新事物和新制度的"名"和反映旧事物旧制度的"实"之间，出现了不相符合的情况，"奇辞起，名实乱"（《荀子·正名》），"名实之相怨久矣"（《管子·宙合》），于是就有了"名实之争"、"是非之辨"。老子主张"道隐无名"，但他不得已而著书，对于"道"也不得不"强为之名"（《老子》二十五章）。孔子主张"为政"必先"正名"，进而提出："君子名之必可言也，言之必可行也。君子于其言，无所苟而已矣。"（《论语·子路》）墨子"非儒"，主张"以实定名"、"取实予名"。孟子"距杨、墨"，声言"予岂好辩哉！予不得已也"（《孟子·滕文公下》）。《易传》论证《周易》"弥纶天地之道"，也说"其称名也，杂而不越……开而当名辩物，正言断辞则备矣"（《系辞下》）。至战国中期，无论是儒墨"显学"，还是老庄的自然哲学，都已达到博大精深的程度，从而为名辩思潮的兴起提供了强大的学术动力和丰厚的思想资源。

《庄子·骈拇》说："骈于辩者……游心于坚白、同异之间……而杨、墨是已！"所谓"坚白、同异"，即是惠施、公孙龙的辩辞。而杨朱主张"全生为己"，可能没有名辩的兴趣。真正"好辩"的是墨子，先秦时期的"辩者"或"辩士"（即名家），确实都与墨家有着较密切的关联。虽然先秦名辩思潮是以"百家争鸣"为背景，但其主要代表是惠施、公孙龙和后期墨家。

第一节　惠施的"历物之意"

惠施（约前370—前310年），宋国人，出身"布衣"之士，曾任魏相多年。他在当政期间立新法，"示诸民人，民人皆善之"，但受到翟翦等旧臣的反对，喻其为"郑卫之音"（《吕氏春秋·淫辞》）。他主张"去尊"（《吕氏春秋·爱类》）、"偃兵"（《韩非子·内储说上七术》），曾促成魏、齐二君会于徐州，互尊为王，以抗强秦。当张仪的"连横"说得势时，惠施被魏逐至楚，楚王为了讨好张仪而又"奉惠子而纳之宋"（《战国策·楚三》）。惠施晚年仍参与魏国的一些政治活动，但终慨叹"势不便，非所以逞能也"（《韩非子·说林下》）。在学术上，惠施与庄子交友，《庄子》书中有许多二人的辩难，惠施死后，庄子遗憾地说："吾无以为质矣，吾无与言之矣。"（《庄子·徐无鬼》）

《庄子·天下》篇说：

> 惠施之口谈，自以为最贤。……弱于德，强于物……散于万物而不厌，卒以善辩为名。

有个叫黄缭的南方倚人问："天地所以不坠不陷，风雨雷霆之故"，惠施乃"不辞而应，不虑而对，遍为万物说"（《庄子·天下》）。从《庄子·天下》篇的记载看，惠施是当时很有学问的人[①]，他的"善辩"是以"强于物……散于万物而不厌"、"遍为万物说"为特点的。惠施的著作后来全部失传了，现比较集中记载惠施学说的只剩下《庄子·天下》篇所载惠施"历物之意"的十个命题。这十个命题只是结论，而其推导过程或具体含义为何，后人只能推测，几乎言人人殊。

"历物之意"，《尔雅·释诂》云："历，数也。"梁启超说："历，盖含分析量度之意。""历物之意者，谓析数物理之大概。"（《〈庄子·天下篇〉释义》）章太炎说："历物之意者，陈数万物之大凡也。"（《庄子解故》）此两说大致是一个意思。"历物"实即"辩物"，"历物之意"可以说是对世界万物作数理和哲理的分析。

一、"至大无外"和"至小无内"

"至大无外"即无限大，谓之"大一"；"至小无内"即无限小，谓之"小一"。《庄子·秋水》说：

> 世之议者皆曰："至精无形，至大不可围。"……无形者，数之所不能

[①]　郭沫若曾说："在先秦诸子中最有科学素质的人恐怕就要数他（惠施）。"（郭沫若：《十批判书》，科学出版社 1956 年版，第 235 页。）

分也；不可围者，数之所不能穷也。

所谓"至精无形"，就是"至小无内"的"小一"；所谓"至大不可围"，就是"至大无外"的"大一"。除此之外，先秦著作中还有一些与"大一"和"小一"相关的论述。如《管子·内业》说："灵气在心，一来一逝，其细无内，其大无外。"《管子·心术上》说："道在天地之间也，其大无外，其小无内。"惠施的"大一"和"小一"之说就是对"气"或"精气"的宏观和微观存在状态的分析。《吕氏春秋·大乐》说："太一出两仪……万物所出，造于太一，化于阴阳。"此"太一"就是"太极"，亦是"大一"。《礼记·礼运》说："夫礼必本于大一，分而为天地，转而为阴阳"。孔颖达疏："极大曰大，未分曰一，其气既极大而未分，故曰大一也。"宋代的张载说："天大无外，其为感者，絪缊二端而已。"（《正蒙·太和》）所谓"天大无外"就是"大一"。王夫之《张子正蒙注·太和》说："气弥纶无涯而希微不形。"所谓"弥纶无涯"就是"大一"，而"希微不形"就是"小一"。

《庄子·知北游》说"通天下一气耳，圣人故贵一"，这也是讲"大一"。"大一"虽然是无限大的连续之"一气"，但其聚散又产生天地万物，因而它又必是由极小的部分组成的，此极小的部分就是惠施所谓"小一"。与惠施相应，先秦辩者提出的命题中有："一尺之棰，日取其半，万世不竭。"（《庄子·天下》）将"一尺之棰"无限地分割下去，就是趋近于零的无限小，此无限小就是"小一"。如果是"实无限小"，那就会陷入逻辑"矛盾"。实际上，在中国的气论哲学中一直存在着这样的逻辑"矛盾"。如庄子所说"至精无形"，王夫之所说"希微不形"，"至精"或"希微"应该是指最精细的"颗粒"。既然是"颗粒"，它就应该是"有形"的，但它的"至精"已经到了"无形"或"不形"的程度，这里就存在着"点积性与连续性"的矛盾。①

惠施为什么要对"大一"和"小一"作出无限大和无限小的规定？这可以从《庄子·知北游》的一段话得到解释：

---

① 在西方哲学史上，莱布尼茨曾把这个"矛盾"视为人类理性常常陷入的"两个迷宫"之一。黑格尔说："事实上物质兼有两种特性"，"但这两者理智却认为是不相容的，它以为'物质不是连续的，就是点积成的'"。（[德]黑格尔：《哲学史讲演录》第1卷，商务印书馆1996年版，第30页。）

今彼神明至精，与彼百化……六合为巨，未离其内；秋豪为小，待之成体。

惠施提出"至大无外，谓之大一"，就是要在理论上解决宏观的"六合为巨，未离其内"的问题；提出"至小无内，谓之小一"，就是要在理论上解决微观的"秋豪为小，待之成体"的问题。

惠施所讲的"大一"和"小一"的对立统一，实际上涉及空间有限和无限的辩证关系。至大无外，讲的是空间的无限大；至小无内，讲的是空间的无限小。它们分别代表了空间大小的两个极端。这一命题的合理性就在于看到了大与小、有限与无限的对立统一；其失则在于虽然看到了"大一"与"小一"的区别，但是，把"大一"和"小一"都称作"一"，就为诡辩主义打开了方便之门。

二、"无厚不可积也，其大千里"

古代学者一般从无（形）生有（形）解释这一命题。现代学者大多从几何学的"面"没有厚度而有面积来解释这一命题。如果依后一种解释，那么此命题就带有置换概念（"无厚不可积"是指厚度，而"其大千里"是指面积）的诡辩性质，这可能不符惠施"历物"的原意。如果把此命题与前一个命题相联系，那么"无厚"当是指"至小无内"的"小一"。《墨子·经上》说："厚，有所大也。""无厚"就是无所大，即无限小。《荀子·修身》篇提到辩者的"有厚无厚之察"，可能是指"有厚"与"无厚"的区别与相互转化。"无厚不可积"，是说在逻辑上无限小加无限小仍然是无限小，但在事实上，无限小的"小一"却积（"聚"）成了"其大千里"。实际上不止千里（《经典释文》引司马彪云："有因无积，则其可积，因不可积者，苟其可积，何但千里乎"），世间万物从"秋豪为小"到"六合为巨"可以说都是由"小一"积成的。这里当然也包含着逻辑矛盾，这个矛盾就是古希腊埃利亚学派的芝诺在对伊奥尼亚哲学的逻辑批判中所说的："（一个既无大小又无厚度和体积的东西）如果把它加到另一个有大小的东西上，是不会使那个东西变大的"；"如果将一个大小等于零的东西加在另一个东西上，是不能使那个东西大小上有所增加的"。[1]

---

[1]　北京大学哲学系外国哲学史教研室编译：《古希腊罗马哲学》，生活·读书·新知三联书店1957年版，第60页。

《荀子·儒效》还提到辩者的"充虚之相施易"命题，这是指充满或充实与清虚的相互转化，充满即连续，清虚即"可入"。充满与清虚的矛盾也就是埃利亚学派的麦里梭（或译梅里索斯）所揭示的"浓厚"与"稀薄"的矛盾，他认为："稀薄不能与浓厚同样充实，而由于稀薄便已经产生出一种比浓厚要空虚一些的东西。""如果一个东西能接受某物或采纳某物到自己之内，它就不是充实的；如果不能接受或采纳任何东西，它就是充实的。"① 麦里梭对"充实"的规定就是"不可入"，因而只要"充实"就没有物质运动所需要的空间。正是因为埃利亚学派提出了无限小（"无厚"）不可积，"充实"不可有运动，所以古希腊原子论的创始人留基伯才提出了由不可分的（有微小体积的）"原子"和供原子运动的"虚空"共同组成世界的原子论学说。②

埃利亚学派揭示了矛盾，同时否认矛盾的客观存在；惠施的"历物之意"也揭示了矛盾，但他承认矛盾的客观存在。这表现了中西哲学在如何处理矛盾问题上的不同态度。但中国哲学并非完全没有形式逻辑的矛盾律（如《墨子·经说上》说："是不俱当，不俱当，必或不当。"此即矛盾命题不可同真的矛盾律），如果惠施的思想受到重视并得到发展，它所揭示的矛盾在适当的学术环境中受到形式逻辑的批判，那么中国哲学产生原子论不是不可能的。③ 然而，惠施的思想在他的诤友庄子看来是"存雄而无术……由天地之道观惠施之能，其犹一蚉一虻之劳者也，其于物也何庸"（《庄子·天下》）。荀子更将其看作是"不如相鸡狗"（《荀子·儒效》）、必须"弃而不治"的"无用之辩，不急之察"（《荀子·天论》）。秦以后，名家和墨家的学说中道失传，这是中国哲学发展中的一个损失。

三、"小同异"、"大同异"及其他命题

"天与地卑，山与泽平。"黄缭问惠施"天地所以不坠不陷"，如果惠施认

---

① 北京大学哲学系外国哲学史教研室编译：《古希腊罗马哲学》，生活·读书·新知三联书店1957年版，第63页。
② 参见［英］罗素：《西方的智慧》，世界知识出版社1992年版，第51—54页。
③ 中国古代有无原子论（从印度传来的"极微"观念除外），学术界尚有不同看法。有的学者认为后期墨家提出的"端"即原子，还有的学者认为"端"只是几何学的"点"。实际上，"端，体之无序（厚）而最前者也"（《墨子·经上》），"端"相当于惠施所说的"小一"。如果"端"不是微小的"有厚"，且其没有和"虚空"概念形成二元关系，那它就不是真正的"原子"概念。

为天和地都是有限的存在（中国古代的"浑天说"即认为天的外围有一层壳，《管子·宙合》说："天地，万物之橐，宙合有橐天地"），在天地之外还有无限大的"大一"，那么，天与地、山与泽之间的差距比起无限大的"大一"就趋近于零了。"趋近于零"是现代数学从"极限"概念定义"无限小"，而惠施当时只能用"无内"、"无厚"、天与地同"卑"、山与泽同"平"来表述。"天与地卑"是惠施对《易传》所谓"天尊地卑"提出的反命题，是为他的"去尊"之说提供一个自然哲学的根据。

"日方中方睨，物方生方死。"太阳正中的时候也就是它开始偏斜的时候，万物生长的时候也就是它孕育死亡的时候（吐故纳新）。这一命题揭示了事物静止的相对性和运动的连续性，说明了万事万物无时无刻不处在运动变化之中。正如《庄子·秋水》所说："物之生也，若骤若驰，无动而不变，无时而不移。"惠施和庄子的这些说法都强调了运动是物质的固有属性，因而包含着辩证法的合理因素。但是，他们离开现实条件讲事物的运动变化，否定事物发展过程中的相对稳定性，如他看到了生中包含着死，却忽视了生与死的质的区别，则是其理论上的失足之处。

"大同而与小同异，此之谓小同异；万物毕同毕异，此之谓大同异。""大同"即较大的"类"（共相），"小同"即较小的"类"（共相）。如"人"是较大的类，"楚人"是较小的类，"人"与"楚人"的概念区别就是"小同异"。而"万物毕同"，意谓万物都是由"一气"所化生，即所谓"通天下一气耳"；但万物又是由不同的"小一"积聚而成，此即万物"毕异"。万物"毕同"与"毕异"的辩证关系就是"大同异"。惠施既承认万物的"毕异"，又承认万物的"毕同"；既承认概念（名）的差别（"大同"不是"小同"），又承认概念的统一（"大同"、"小同"都是同）。这一理论既看到了物质世界的统一性（万物"毕同"），又看到了物质世界的差异性（万物"毕异"），包含着辩证思维的合理内容。但是，这一理论从概念的转化论证事物的统一，甚至否定事物和概念在一定条件下的确定性和稳定性，忽视了事物和概念转化的条件性，很容易走向相对主义。后人把惠施的这一理论称为"合同异"。

"南方无穷而有穷。"《庄子·则阳》载惠施向魏王引荐了一个叫戴晋人的人，戴问魏王："四方上下有穷乎？"魏王答："无穷。"戴又说："通达之中有魏，于魏中有梁，于梁中有王"，王与"有国于蜗之右角"的"蛮氏"没有什么区别。这实际上表达了惠施的思想。四方上下无穷（即"至大无外"），当然包含"南方无穷"。但南方的某一国家（如楚国）、城邑、人又是有穷的，在有穷之物中又包含着无数个"至小无内"的"小一"。这就是无穷由有穷构成，有穷中又包含着无穷。这是中国哲学史上对有限与无限辩证关系的最早思考。

"今日适越而昔来。"这一命题讲的是时间的相对性。今日相对于明日来说，就是昔日。所以，站在明日的时间维度上看今日，就会把今日称为昔日。我们说的今昔，都是相对于一个特定的过程、范围和条件来说的。如果超越了特定的过程、范围和条件，今可能成为昔，昔也可能成为今。因此，惠施这一命题虽然包含着强调时间的相对性的合理因素，但由于他离开了过程、范围和条件来讨论时间问题，就不可避免地陷入了相对主义。对这一命题的理解，也有学者从太阳与地球的相对运动的角度作出解读，认为不同的地区在时间上具有差异性。

"连环可解也。"其意不明。惠施的命题中可能存在着"辩者，辩其所不能辩"（《庄子·庚桑楚》）的因素。这一命题，旧说只从字面看，有说两个连环之间保持一定的距离，就算是解开了；也有人说，齐国王后用锤砸断了玉连环，就解开了。但是，也有学者从名家注重概念辨析的视角作出解说，认为连环讲的是昔日、今日、明日三环或过去、现在、未来三环。这三环总是连接的，但是，当我们确定了今日或现在的界限时，三环便由互相连续在一起的整体变成了各自独立的三个环节。因此，"连环可解"实际上讲的是事物连续性与间断性的统一。

"我知天下之中央，燕之北，越之南是也。"如果说"今日适越而昔来"讲的是时间的相对性，那么，这个命题讨论的则是空间的相对性问题，它与"天与地卑，山与泽平"和《荀子·不苟》提到的"齐秦袭"意思基本相同。《经典释文》引司马彪云："燕之去越有数，而南北之远无穷，由无穷观有数，则燕越之间未始有分也。天下无方，故所在为中；循环无端，故所行为始也。"这个解释是正确的。燕在北，越在南，齐在东，秦在西，天在上，地在下，它们之间的距离不可谓不大，但如果和"四方上下无穷"的"大一"比起来，它们之间的距离就"未始有分"，趋近于零了。在这个意义上，燕、越、齐、秦、天、地都是相"袭"（连）的。因为四方上下无穷，所以天下没有真正的中央。从先秦时期人们主要活动的地区看，中原地区是天下的中央；但从"至大无外"的"大一"看，燕之北、越之南、齐之东、秦之西，又何尝不是中央呢？

"泛爱万物，天地一体也。"从"万物毕同"的观点看，天地万物可谓

"一体"（"通天下一气耳"），所以人应该"泛爱万物"。惠施的"泛爱"，扩大了墨子"兼爱"的范围。但人与物之间仍有差别（"异"），所以当匡章诘难惠施"公之学去尊，今又王齐王，何其到也"时，惠施回答："今有人于此，欲必击其爱子之头，石可以代之。"匡章又问："公取之代乎？其不与？"惠施答："施取代之。子头，所重也；石，所轻也。击其所轻，以免其所重，岂不可哉？……今可以王齐王，而寿黔首之命，免民之死，是以石代爱子头也，何为不为！"（《吕氏春秋·爱类》）因为人（子）与物（石）之间有着重轻不同的价值区别，所以既要"泛爱万物"，又要承认在人与物之间有轻重之别，惠施在这一点上与儒家的爱有差等思想是有共同之处的。对惠施的这一命题，我们既要看到他强调万物有差别和统一的辩证思维的合理内容，又要看到他在讨论事物的转化和统一时，始终没有找到转化和统一的条件，因而总是徘徊在相对主义门前的局限性。荀子批评他"好治怪说，玩琦辞，甚察而不惠"（《荀子·非十二子》），"蔽于辞而不知实"（《荀子·解蔽》），"惑于用实以乱名"（《荀子·正名》），虽未全尽惠施之意，但却是有一定道理的。

第二节　公孙龙的名辩理论

名实论问题是先秦哲学的重要问题，先秦的认识论主要是围绕名实问题展开的。公孙龙第一次从哲学上对名实概念予以阐释和总结，并由此形成了系统的名辩理论。

公孙龙（约前320—前250年），字子秉，赵国人，"少学先王之道，长而明仁义之行"（《庄子·秋水》）。《公孙龙子·迹府》篇称其为"六国时辩士也"。他长期在赵国平原君门下做门客，受到赵国君臣的器重，曾任赵惠文王、孝成王的相国。曾出使燕国，"说燕昭王以偃兵"（《吕氏春秋·听言》）。受墨子思想影响，主张统治者应有"偃兵之意，兼爱天下之心也"（《吕氏春秋·审应》）。现存《公孙龙子》一书六篇，除《迹府》篇介绍他的生平外，其余五篇都是对他的名辩理论的记载。其中，名实论和指物论是他名辩理论的主要内容，白马论和坚白论则是他名辩理论中的两个具体辩题。

一、名实论

《庄子·逍遥游》说："名者，实之宾也。""宾"即从属、派生。"实"是第一性的,"名"是后起、从属于"实"的。与庄子不同,公孙龙对名实之间的辩证关系作了系统、详尽的梳理、探讨和论证。《公孙龙子·名实论》说:

> 夫名,实谓也。知此之非此也,知此之不在此也,则不谓也;知彼之非彼也,知彼之不在彼也,则不谓也。

"谓"即称谓、指称。"名"是对"实"的指称,某一物的"名"必须与某一物的"实"相符合,否则就不能以此"名"指称此物。这本来是常识中的合理观点。但常识中隐含着普遍与特殊、一般与个别的矛盾,公孙龙揭示了这一矛盾,而没有正确地解决这一矛盾。

《公孙龙子·名实论》说:

> 其名正,则唯乎其彼此焉。谓彼,而彼不唯乎彼,则彼谓不行;谓此,而此不唯乎此,则此谓不行。

公孙龙认为,一个正当的"名"必须专限于某一"彼"或某一"此"。如果称某一东西为某名,但此名不是专限于这一东西,那么此名就不能成立。然而实际上,"名"除了某某个人或个体的私名之外,其余都是不同层次的"类"名。如果按照"唯乎其彼此"的要求,那么除了称某某人为某某私名之外,也就只能称某一此为"这个"、某一彼为"那个",名实际上被取消了。从公孙龙的《白马论》来分析,他认为"马"是某一种"形"的名("马者,所以命形也"),但不是"白马"以及"黄、黑马"的名,如果既是白马的名,又是黄、黑马的名,那么此名就不"唯"了。从这个意义上说,不仅"白马非马",而且"黄、黑马也非马"。"白马者,有去取于色……固唯白马独可以应耳",按此说,"白马"可以是"马形加白色"这一类马的名,这样似乎可以"唯乎"白马了。但实际上,"白马"仍不是某一匹白马的私名,而是各个白马的共名。看来,公孙龙所谓"唯乎其彼此"的"彼此"是指"白马"、"黑马"这样的特殊之"类",而不是指具体的、个别的白马或黑马。

二、指物论

公孙龙的"指物论"是其"名实论"的一个理论延伸。他在讨论指与物的关系时，有了主观与客观、主体与客体的区分，这是他对先秦认识论和逻辑学的重要贡献。《公孙龙子·指物论》说：

> 物莫非指，而指非指。天下无指，物无可以谓物。非指者，天下无物，可谓指乎？

这是说，凡物都是可以被"指"的，而"指"本身不是被"指"的。如果天下没有"指"，那么物也就不可以称为"物"了。如果没有被"指"的东西，天下无物，那么"指"还可以称为"指"吗？古代汉语字词的多义性和语法的灵活性，使公孙龙的思辨及其表述很难理解，而其大意就是不仅肯定"物"的存在，而且肯定"指"（概念或概念的内涵）本身的存在。

按照常识的观点，"指也者，天下之所无也。物也者，天下之所有也。以天下之所有，为天下之所无，未可"（《公孙龙子·指物论》）。就是说，"指"本身是天下所没有的（它只是"生于物之各有名"），而"物"是天下所实有的。如果说"物莫非指"，那就是"以天下之所有，为天下之所无"，这是不可以的。这种常识的观点，否认"指称"本身的存在，接近于西方哲学史上的"唯名论"，即认为共相只是一个人为的名称而已，真正存在的是具体的物。

公孙龙不同意这种常识性的观点，他说：

> 天下无指，而物不可谓指也。不可谓指者，非指也。非指者，物莫非指也。天下无指，而物不可谓指者，非有非指也。非有非指者，物莫非指也。物莫非指者，而指非指也。（同上）

意思是，如果天下没有"指"，那么物也就不能被"指"称了（物本身不能称为"指"）。物不能被"指"称，就是"非指"。然而实际上，"非有非指"，就是说物都是可以被"指"称的，因此，从"非指"之说，就可以反证"物莫非指"。既然物都是可以被"指"称的，那就说明不是"天下无指"，而是"天下有指"；而"指"本身不是被"指"的，那就说明天下还有一种不同于物的"指"存在着。其结论就是：天下有两种存在，一为"物"，一为"指"，"且夫指固自为非指，奚待于物而乃与为指？"就是说，"指"自身本来就不是被"指"的，它不依赖于物而其自身就作为"指"存在着。

实际上，某"指"就是某一"类"名（概念）的内涵，亦即属于这一"类"的具体之物的同一性（共相）。此内涵的名称是人为的、主观的，故而某一"类"概念可以有不同的名称（如"犬"亦可称为"狗"），但此种同一性又是属于这一"类"的具体之物所固有的、客观存在的，此即一般存在于个别之中。"唯名论"的错误就是只承认了"个别"，而否认了在个别中还存在着"一般"。公孙龙的"指物论"将"指"区别于"名"，即认为"名"是"实"的称谓（亦即"实之宾"），但"指"是客观存在的，这可以理解为是针对着"唯名论"的错误而发；但他把"指"（概念或概念的内涵）说成是可以不依赖于物而存在，这就陷入了西方哲学史上所谓"唯实论"即把概念、共相视为实在或实体的错误观点。

三、白马论

公孙龙的"名实论"和"指物论"对先秦哲学和名辩理论的发展作出了很大贡献，但也有很大缺陷，这就是他在讨论名与实、指与物关系时只看到了二者的差异性，而忽视了二者的统一性。这一缺陷在他的"白马非马"和"离坚白"两个辩题中得到了充分的体现。

"白马论"即为人们所熟知的"白马非马"论。《公孙龙子·迹府》篇记载：公孙龙"疾名实之散乱，因资材之所长，为'守白'之论。假物取譬，以'守白'辩，谓白马为非马也"。"守白"即其执守"白马非马"之说。公孙龙在平原君家与孔子六世孙孔穿相会，孔穿请他放弃"白马非马"之说，然后拜其为师。而公孙龙坚守之，认为舍此说则无以教，又指出孔穿让他放弃此说然后师之，这是先教老师，以为自己的"智与学"超过了老师，然后做老师的弟子，这是"悖"，即前后矛盾。公孙龙又用以下一段话来说明其"白马非马"论的合理性：

> 且白马非马，乃仲尼之所取。龙闻楚王张繁弱之弓，载忘归之矢，以射蛟、兕于云梦之圃，而丧其弓。左右请求之。王曰："止。楚人遗弓，楚人得之，又何求乎？"仲尼闻之曰："楚王仁义而未遂也。亦曰'人亡弓，人得之'而已，何必楚？"若此，仲尼异"楚人"于所谓"人"。夫是仲尼异"楚人"于所谓"人"，而非龙异"白马"于所谓"马"，悖。（《公孙龙子·迹府》）

公孙龙所述孔子评论"楚人遗弓"的话，又见《吕氏春秋·贵公》，文稍异。这段记载包含着两个"类"名，一是"楚人"，二是"人"。孔子所说，意谓"楚人"与"人"在概念上有区别。如果肯定了孔子认为"楚人"（概念）与"人"（概念）有区别，而否认公孙龙将"白马"（概念）与"马"（概念）相区别，那就是自相矛盾。

《公孙龙子·白马论》对于"白马非马"有具体的论证。从概念的内涵方面说：

> 马者，所以命形也；白者，所以命色也。命色者非命形也，故曰白马非马。
>
> 白马者，马与白也。马与白马也，故曰白马非马也。

"马"的内涵是指一种形体，"白"的内涵是指一种颜色。"白"与"马"有区别。"白马"是"马"加上"白"，它不同于"马"，所以说"白马非马"。从概念的外延方面说：

> 求马，黄、黑马皆可致。求白马，黄、黑马不可致。使白马乃马也，是所求一也。所求一者，白者不异马也。所求不异，如黄、黑马有可、有不可，何也？可与不可，其相非明。如黄、黑马一也，而可以应有马，而不可以应有白马，是白马之非马，审矣！（《公孙龙子·白马论》）

当需求马时，黄马和黑马都可以应此需求，因为"马"在外延上包含黄马和黑马。如果只需求白马，那么黄马和黑马就不行了，因为"白马"在外延上不包含黄马和黑马。如果说"白马是马"，那么所需求的"马"和所需求的"白马"就是相同的；但如所需求的相同，而黄马和黑马却有"可"应与"不可"应的不同，这是为什么呢？"可"与"不可"显然有区别。同样是黄马和黑马，其可以应"马"之需求，却不可以应"白马"之需求，这正说明"白马非马"。

实际上，所谓"白马非马"，就是说"白马"这个类名（概念）区别于"马"这个类名（概念）。其意同于"楚人"这个类名区别于"人"这个类名。如果说类名是共相，同类的事物有其同一性，那么"马"这个类名就是"大同","白马"这个类名就是"小同"。所谓"白马非马",可以是惠施所谓"大同而与小同异"的一个例子。问题是在"白马非马"的命题中,"非"既有"区别于"的意思,也有"不是"的意思,"马"既可以是类名,也可以指"马"的外延所包含的一切的马(白马也在其内)。如果说"白马"概念区别于"马"概念,当然是正确的,公孙龙把这一概念上的区别以逻辑论证的方式揭示出来,这在中国逻辑史上是有贡献的。但如果说"白马不是马",那么就有混淆"马"之"名"与"马"所指之"实"的诡辩性质。

四、坚白论

公孙龙的另一个著名命题是"离坚白"。"白马"和"马"等是万物中不同的"类",而"坚"和"白"等则是万物中不同的属性,如"白"是白马的一种属性,"坚"和"白"是石头的两种属性。按照常识,"坚"和"白"是寓于石头之中的,世界上没有单独的"坚"和单独的"白",这就叫作"坚、白相盈"或"坚、白、石不相外"。公孙龙对此常识进行逻辑分析,却得出了与此不同的结论。《公孙龙子·坚白论》说:

> "坚、白、石三,可乎?"曰:"不可。"曰:"二,可乎?"曰:"可。"曰:"何哉?"曰:"无坚得白,其举也二;无白得坚,其举也二。"……"视不得其所坚,而得其所白者,无坚也;拊不得其所白,而得其所坚者,无白也。"……"得其白,得其坚,见与不见离。一二不相盈,故离。离也者,藏也。"

公孙龙否认"坚、白、石"是三个独立存在的东西,但认为它们可以是两个独立存在的东西。之所以不能是"三",因为"天下无白,不可以视石;天下无坚,不可以谓石"。就是说,如果天下没有"坚"和"白",那就没有独立的(即失去一切属性的)"石头"。但可以是"二",因为"坚"和"白"可以分离,当看石头的时候只看见"白"而没有"坚",当摸石头的时候只摸到"坚"而没有"白",这说明它们可以分离,所谓"离"就是它们"藏"起来了。

如果说"坚"和"白"仍然"藏"在石头之中,那就是"坚、白域(寓)于石",还没有"离"。公孙龙认为"藏"是"自藏",就是说"坚"和"白"

可以离开石头而自己"藏"起来。《公孙龙子·坚白论》说：

> 物白焉，不定其所白；物坚焉，不定其所坚。不定者兼，恶乎其石也……坚未与石为坚，而物兼；未与为坚，而坚必坚。其不坚石、物而坚，天下未有若坚，而坚藏。白固不能自白，恶能白石、物乎？若白者必白，则不白物而白焉。黄、黑与之然。

某物是白的，但"白"并不限定在某物上（如"白"既可以是白马之白，又可以是白石之白）；某物是坚的，但"坚"也并不限定在某物上（如"坚"既可以是石之坚，又可以是铁之坚）。"坚"和"白"是许多物所"兼"有，并不是仅寓于石头中。如果说"坚"不是只有石之坚，那么它就是被许多物所"兼"有；如果说"坚"也不只是物之坚，那么"坚"本身就必然"坚"。那种不是使石之坚、物之坚的"坚"，天下似乎没有这样的"坚"，而"坚"自己"藏"起来了。如果"白"本身不能自己就是"白"，那它怎能使石、物成为白的呢？如果"白"本身必然"白"，那么它不必使物成为白而其本身就已"白"了。"黄"与"黑"也和"白"一样。

公孙龙的"离坚白"，质言之，就是认为"坚"和"白"等物的属性可以离开物而自己"藏"起来。属性离开了物，就成为纯粹抽象的共相、形式或"理念"（ideas）；它们自己"藏"起来，就成为现象世界背后的"本质"世界。公孙龙并不否认具体之物的实在性，而又认为"坚"和"白"等共相也是实在的。在公孙龙的思想中，有着一种向近似于西方哲学家柏拉图的"理念论"发展的趋向。这种趋向后来也随着名辩思潮的衰落而中止了。

第三节　后期墨家的名实观

《墨子》书中的《经上》、《经下》、《经说上》、《经说下》、《大取》和《小取》六篇，合称为《墨辩》，是后期墨家主要讨论认识论、逻辑学和科学的作品。本节主要论述其认识论与逻辑学的思想，这些思想是先秦名辩思潮发展至高峰时期所产生的重要成果。

一、名实相耦

后期墨家的认识论并非纯为知识思辨，而有其实践目的。《墨辩》的作者就是墨家队伍中的一批"辩慧之人"，他们提出："夫辩者，将以明是非之分，审治乱之纪，明同异之处，察名实之理，处利害，决嫌疑焉。摹略万物之然，论求群言之比。"（《墨子·小取》，以下本章凡引《墨子》只注篇名）这里的"明是非之分"，"察名实之理"，涉及认识论与逻辑学的探讨。

就认识论而言，《墨辩》认为要区分认识的主体与认识的客体。《经上》说："知，材也。""知，接也。"《经说上》的解释是："知材，知也者，所以知也，而〔不〕必知，若明。""知〔接〕，知也者，以其知遇物，而能貌之，若见。""材"是指认识的才能、能力，是"所以知"，即认识的主体。"接"是所以知与所知的对象相接触。主体若不与客体相接触，则主体只有知之"材"，而没有知识，故云"知材……而不必知"，这就像人的眼睛（"明"）还没有"遇"到物。当主体与客体相接触，则主体就有了反映客体的知识，这就像眼睛看见了物。显然，后期墨家对认识持反映论的观点。

关于认识的方法，墨子重视"众人耳目"的"见闻"，后期墨家仍强调认识以感觉经验为基础，明确提出"惟以五路智（知）"（《经说下》）。"五路"指人的五种感觉器官。后期墨家又把知识的来源归为三类，即"知：闻，说，亲"（《经上》）。"闻"和"亲"相当于"见闻"（《经说上》："传受之，闻也"，"身观焉，亲也"），"说"则不受空间的限制（《经说上》："方不障，说也"），是从理性思维的推论中得到知识（《经下》："在诸其所然未然者，说在于是推之"）。可见，与墨子相比，后期墨家认识到了感性认识与理性认识的关系，肯定了理性认识的重要性。在坚持以"见闻"为认识基础的同时，后期墨家还重视"思虑"。《经上》说："虑，求也。"《经说上》的解释是："虑也者，以其知有求也，而不必得之，若睨。"思虑不是被动的反映，而是主动地有意识地求索，但主观的求索不一定能获得正确的认识，如果思虑不当，就会像斜着眼睛（"睨"）看事物一样，得到错误的认识。因此，正确的认识不仅要"正视听"，而且要"正思维"。后者就需要思维合乎逻辑。

《经上》在"知：闻，说，亲"的后面紧接着说："名，实，合，为。"《经说上》解释说："所以谓，名也。所谓，实也。名实耦，合也。志行，为也。"就"名"是用来称谓"实"，"名"与"实"应该相符（"耦"）来讲，后期墨家与公孙龙所说的意思相同。而其重要的不同在于，后期墨家认为"名实耦"的正确认识还要付诸实际行动（"志行"即自觉的有明确目的的行动），并且要接受实际行动的检验。《经下》说："知其所以不知，说在以名、取。""取"在墨子的思想中就是指实际行动，后期墨家认为判断认识的是非，不仅要"察名实之理"，而且要以实际行动来检验。

二、"以说出故"

在逻辑学方面，后期墨家系统地提出了关于概念、命题和论说推理的一套理论，此即"以名举实，以辞抒意，以说出故"（《小取》）。

"名"是概念、名称，即"所以谓"；"实"即所称谓的对象；"举"有二意，一是摹略、反映（《经上》："举，拟实也"），二是标举、指称（《经说上》："举，告以之名，举彼实也"）。"以名举实"，在"名"之中包括了概念的内涵和指称两种含义，这样就把公孙龙的"名"和"指"合而为一。因为概念的内涵（"指"）也是"名"之中所反映的"实"的内容（共相或本质），所以"名"不仅是主观的名称而已；又因为"指"在"名"及其所反映的"物"之中，所以"指"不能是独立存在的实体。

关于"名"的层次划分，《经上》提出："名：达，类，私。"《经说上》解释说："名：物，达也，有实，必待文多也；命之马，类也，若实也者必以是名也；命之臧，私也，是名也止于是实也。""达"即通达、普遍。以"物"为达名，就是说，"物"是最普遍、最高层次的概念，凡客观存在的"实"都可被称为"物"。"马"是一类具体事物的类名，凡客观存在的"实"都分属于某一类，因而它们都有其所归属的类名。"臧"是某一个叫"臧"的人的私名，此名专指此人，而不能移称其他的人或物。显然，后期墨家明确界定了名称概念的普遍、特殊与个别三个层次，这是对公孙龙的"名"必须"唯乎其彼此"的一个重要发展和修正。因为"名"有不同的层次，"白马"概念固然不同于"马"概念（在此意义上可以说"白马非马"），但"白马"（小类）是"马"（大类）中的一部分，在此意义上说"白马非马"是错误的，正确的命题应该是"白马，马也"（同上）。

"以辞抒意"，就是以命题的形式作出判断。如"白马，马也"这个命题，就是一个"白马是马"或"白马可以谓之马"的判断。一个命题需要表达一个有意义的判断，其意义应该符合事实，故而《经说下》说："有文实也，而后谓之；无文实也，则无谓也。""无谓"就是没有意义，是个虚假的命题。在

《墨经》中，判断的类型包括肯定判断（如"谓之牛"）和否定判断（如"谓之非牛"），全称判断（《经上》："尽，莫不然也"）和特称判断及选言判断（《小取》："或也者，不尽也"），假言判断（《小取》："假者，今不然也"）和必然判断（《经上》："必，不已也"），等等。凡属正确的判断，谓之"是"或"当"；凡属错误的判断，谓之"非"或"不当"。

"以说出故"，就是论说推理要讲明原因、理由、根据。墨子在论证"攻"与"诛"的区别时提出了"察类明故"，后期墨家也非常重视论说推理中的"察类"，故而强调"辞以类行"（《大取》），"以类取，以类予"（《小取》），"异类不比"（《经下》），这就是要保证论说推理中概念的确定性，如果混淆或偷换概念那就是"狂举"、诡辩。推理要讲明前提、条件、原因，此即"故"。后期墨家还区分了"小故"和"大故"，《经说上》说："小故，有之不必然，无之必不然"，此即推理中的必要条件；又说："大故，有之必然，无之必不然"，此即推理中的充分而又必要条件。后期墨家把推理的规则称为"效"，而推理的方式或格式就是"法"，"效者为之法也"，凡符合规则的推理就是"中效"，不符合规则的推理就是"不中效"（《小取》）。在推理的方式中，后期墨家列出了"辟"、"侔"、"援"、"推"等。"辟（譬）也者，举他物而以明之也"（同上），这相当于类比推理。"侔也者，比辞而俱行也"（同上），这是从一个判断推出另一个和它齐等（"侔"）的判断，例如从"白马，马也"可以推出"乘白马，乘马也"。"援也者，曰：子然，我奚独不可以然也"（同上），这是援引对方所肯定的命题，以证明自己的命题是正确的，例如公孙龙援引孔子所说"楚人"与"人"有区别，以证明"白马"与"马"也有区别。"推也者，以其所不取之，同于其所取者，予之也"（同上），这是用对方所不能接受的命题，来论证对方所肯定的命题是错误的，如墨子在与公孟辩论时，用"无客而学客礼"、"无鱼而为鱼罟"来反驳公孟所说的"无鬼神"、"必学祭礼"。显然，后期墨家的逻辑学不仅是一般的形式逻辑，而且具有先秦时期注重论辩、反驳的特点。

后期墨家还指出，诸子的争辩只有遵循基本的逻辑思维规律，才有可能判明是非。《墨辩》提出："辩，争彼也。辩胜，当也。"（《经上》）"辩"就是争辩哪家的认识"是"，哪家的认识"非"。"辩胜"不是强词夺理，更不是以势压人，而是以认识所"当"者胜。因此，《经说上》解释说："辩，或谓之'牛'，或谓之'非牛'，是争彼也。是不俱当，不俱当，必或不当。"对于同一头是"牛"的动物，正确的命题只能说"这是一头牛"，而不能说"这不是一头牛"，此即形式逻辑的"同一律"。争辩就是要确定两个相互矛盾的命题哪一个是正确的。"是不俱当"，就是不能说"这既是一头牛又不是一头牛"，此即形式逻辑的"排中律"。因为两个相互矛盾的命题不可同真（"不俱当"），所以其中必有一个是不正确的（"必或不当"），此即形式逻辑的"矛盾律"。明确这些思维的基本规律，就是要保证认识的确定性，只有如此才能"明是非之分"。

《墨辩》逻辑与古希腊的逻辑学、古印度的因明学，并称为世界形式逻辑的三大体系。秦以后《墨辩》逻辑失传，除了西晋时期鲁胜著有《墨辩注》（现仅存其《墨辩注序》）外，几乎不再被人提及。这是中国哲学和逻辑学发展中的一大损失。

思考题：

1. 试析惠施的"历物十事"。
2. 公孙龙为什么说"白马非马"？
3. 试论后期墨家对中国古代逻辑学发展的贡献。

第九章　荀子的哲学

荀子（约前313—前238年），名况，时人尊号为卿，又称孙卿，赵国人，是继孟子之后先秦儒家的又一个重要代表人物。与孟子所处的战国中期不同，荀子所处的战国后期，各诸侯国经过变法，封建地主阶级的统治日趋稳固，物质生产呈现出了向前发展的勃勃生机，结束诸侯割据和常年战争、实现"四海之内若一家"（《荀子·儒效》，以下本章凡引《荀子》只注篇名）的要求日趋强烈。与经济、政治上要求统一的趋势相适应，学术上也出现了总结、概括这一时期思想的趋势。在这种情况下，荀子对先秦时期的天人关系、人性善恶、礼法关系、名实之辨等问题进行了系统的梳理和总结，实现了朴素唯物主义和辩证法的有机结合。

荀子对法、道、墨、名等家思想都有所吸收，但其思想仍是以儒家思想为主。他曾西游入秦，对其山川形势、百姓风俗、士人之"明通而公"、政事之"听决不留"（"留"谓拖延）给予了肯定，但批评其短处在于"无儒"（《强国》）。如果说孟子的思想主要表达了先秦儒家的道德理想主义，那么荀子的思想则表达了先秦儒家的道德现实主义。荀子既是先秦儒学的殿军，又开启了秦以后儒学与秦汉"大一统"政治制度相整合的新趋势。《荀子》一书，大部分是荀子本人的著述，少部分是门人的记录，是研究荀子思想的主要资料。

第一节　"明于天人之分"的天人观

中国古代的天道观以"天人合一"的思想为主流，但也有"天人有分"的观念，到荀子则进一步提出了"明于天人之分"和"制天命而用之"的思想。他的这一思想抛弃了墨家"天志"的观念，虽然吸收了道家"天道自然"的观念，却放弃了道家"推天道以明人事"的思路。因此，他没有从"天道自然"推出"自然无为"的处世态度，而是在人事领域坚持儒家积极有为的立场，把天道和人事分置于各自的领域。荀子的天道观开启了中国古代天道观的一个新思路，具有浓厚的唯物主义色彩，对后世产生了很大的影响。

一、"明于天人之分"

"明于天人之分"是荀子思想中的一个重要观点,他在《天论》开篇就对这一思想进行了阐述:

> 天行有常,不为尧存,不为桀亡。应之以治则吉,应之以乱则凶……
> 故明于天人之分,则可谓至人矣。(《天论》)
>
> 天有常道矣,地有常数矣。(同上)
>
> 天不为人之恶寒也辍冬,地不为人之恶辽远也辍广。(同上)

自然界的运动变化有其客观的规律,它不依赖于人而存在,不因人世的治乱吉凶而改变,也不干预人世的治乱吉凶。人虽然生活在自然界之中,但人世的治乱吉凶不是取决于自然界,而是取决于人如何采取相"应"的行动;其吉不是出于天之赏,其凶也不是出于天之罚,而完全是被或治或乱的社会行为所决定的。

天和人有不同的"职分",所以,才会有天道和人道的分别。往下,荀子从自然界的客观规律性出发,进一步对自然界的性质、特点和作用("天职"),作出了阐述:

> 不为而成,不求而得,夫是之谓天职。(同上)
>
> 列星随旋,日月递炤,四时代御,阴阳大化,风雨博施,万物各得其和以生,各得其养以成。不见其事,而见其功,夫是之谓神。皆知其所以成,莫知其无形,夫是之谓天。(同上)

世界上一切事物和现象都是阴阳变化、自然而然地生成的,所谓"天地合而万物生,阴阳接而变化起"(《礼论》),毫无神秘性可言。从此出发,他对一些怪异现象作出了说明:

> 星队(坠)、木鸣,国人皆恐。曰:是何也?曰:无何也,是天地之变,阴阳之化,物之罕至者也。怪之,可也;而畏之,非也。(《天论》)

当自然界发生一些怪异现象时,往往被认为是上天对人的惩罚,故"国人皆恐"。而荀子认为，这些现象虽然罕见，但仍是属于"天地之变，阴阳之化"的自然现象，它们与人世的治乱吉凶无关。

荀子并不反对举行一些祭祀、卜筮的仪式，但他对此作了儒家精英文化与世俗文化的明确区分。他说：

> 雩而雨，何也？曰：无何也，犹不雩而雨也。日月食而救之，天旱而雩，卜筮然后决大事，非以为得求也，以文之也。故君子以为文，而百姓以为神。以为文则吉，以为神则凶也。（《天论》）

当天旱时祭天以求雨（"雩"），发生了日食月食祭天以免灾，有了疑难的大事卜筮以测吉凶，这些在荀子看来都没有实际的意义，而只是一种文饰教化的仪式。"君子以为文，而百姓以为神"，就是说，儒家的精英文化认为"无鬼神"，而从"以神道设教"考虑，还要举行祭祀、卜筮等活动，世俗百姓遂以为真有鬼神存在。荀子以这样一种划分文化层次的方式，消解了墨子对儒家所谓"执无鬼而学祭礼"这种矛盾做法的批评。"以为文则吉，以为神则凶"，在荀子看来，作为社会主导的精英文化虽然可以有一些文饰教化的宗教仪式，但如果以为真有鬼神，使整个社会陷入宗教的迷狂，那么就会有凶灾发生。显然，就荀子对儒家精英文化的认识而言，他的思想是唯物论和无神论的。

二、"制天命而用之"

天有天的职分，人也有人的职分。人不同于一般的动物，就在于人具有社会属性，即"能群"，所以"最为天下贵也"。荀子说：

> 水火有气而无生，草木有生而无知，禽兽有知而无义，人有气、有生、有知，亦且有义，故最为天下贵也。力不若牛，走不若马，而牛马为用，何也？曰：人能群，彼不能群也。人何以能群？曰：分。分何以能行？曰：义。故义以分则和，和则一，一则多力，多力则强，强则胜物。（《王制》）

"气"是万物的本原，"水火"是无机物，"草木"是植物，"禽兽"是动物，人不仅"有气、有生、有知"而且"有义"，故人居于自然界的最高层次。人之所以"最为天下贵",是因为人比水火、草木、禽兽多出了"义"(礼义),这是人的最高价值之所在,也是人的卓越能力之所在。人之所以能够役使牛马,裁制万物,就是因为人能够结成社会("群");而人之所以能够结成社会,就是因为人有等级分工;而等级分工之所以能够协调,就是因为人有礼义。反过来说,用礼义来确定等级分工则能协调,能协调则能结成统一的社会,能统一则有强大的力量,有了强大的力量就可以胜过万物。

他进一步论证说:

> 天有其时,地有其财,人有其治,夫是之谓能参。舍其所以参,而愿其所参,则惑矣。(《天论》)

"参"有天、地、人"三才"的意思,也有参与、配合的意思。在由天、地、人组成的统一世界中,人的职分就是与天地相配合,遵守天的时令,从地获取资源,从事社会治理和生产活动,这就是"能参"。如果舍弃人的职分,只是祈望于天地,那就是"惑"而不明智。所以,他说:

> 大天而思之,孰与物畜而制之?从天而颂之,孰与制天命而用之?望时而待之,孰与应时而使之?因物而多之,孰与骋能而化之?思物而物之,孰与理物而勿失之也?愿于物之所以生,孰与有(佑)物之所以成?故错人而思天,则失万物之情。(同上)

"大天"、"从天"、"望时"、"因物"、"思物"、"愿于物"等,讲的都是尊重事物的客观规律,"制之"、"用之"、"使之"、"化之"、"理物"、"有(佑)物"等,讲的都是发挥人的主观能动性。把尊重客观规律和发挥人的主观能动性放到一起来谈,把二者统一起来,这是荀子哲学的一个重要贡献。荀子把人道"有为"置于天道"无为"、"有常"的基础上,把儒家主要在道德领域内讲的人道"有为"扩展到社会生活的各个领域,又把道家的"无为"限制在自然的领域,在社会历史领域则讲"有为",所以,他批评"老子有见于诎,无见于信"(同上),批评"庄子蔽于天而不知人"(《解蔽》),这就很好地实现了"无为"与"有为"的结合,尊重客观规律性与发挥主观能动性的统一,标志着先秦哲学达到了前所未有的新水平。

第二节　“化性起伪”的人性论

荀子关于“明于天人之分”的思想，贯彻到人性论的领域，就是讲“性伪之分”。既然“天”是自然无为的，那么人所得于“天”的本性就不是道德的根源，道德之善只能是后天人为（“伪”）[1]的产物。

一、性恶论

荀子的“化性起伪”思想建基于他的天人观和性恶论。在荀子看来，人产生于自然界，是“天职”所成就的“天功”的一部分。他说：

> 天职既立，天功既成，形具而神生，好恶、喜怒、哀乐臧焉，夫是之谓天情。耳目鼻口形能，各有接而不相能也，夫是之谓天官。心居中虚以治五官，夫是之谓天君。（《天论》）

依此说，当人产生于自然界，具有了人的形体之后，也随之获得了人的精神活动。人天生就具有情感（“天情”）、感性（“天官”）和理性（“天君”）的认识能力。荀子的“化性起伪”思想就是建立在人的这三种“本能”之上。只不过，他把人的情感和感性作为“人之性恶”的根源，而把人的理性作为人之能够“化性起伪”的条件。荀子说：

> 人之性恶，其善者伪也。今人之性，生而有好利焉，顺是，故争夺生而辞让亡焉；生而有疾恶焉，顺是，故残贼生而忠信亡焉；生而有耳目之欲，有好声色焉，顺是，故淫乱生而礼义文理亡焉。然则从人之性，顺人之情，必出于争夺，合于犯分乱理而归于暴。故必将有师法之化、礼义之道，然后出于辞让、合于文理而归于治。（《性恶》）

在这里，“生而有好利焉”、“生而有疾恶焉”、“生而有耳目之欲，有好声色焉”，都是出于人的情感和感性，统而言之，是指人的感性欲望。荀子所谓

---

[1] 荀子对“性”与“伪”有一明确的界定，即“生之所以然者谓之性……心虑而能为之动谓之伪。”（《正名》）

"性恶",是指人的感性欲望及其所引起的社会后果,如"饥而欲饱,寒而欲暖,劳而欲休", "目好色,耳好声,口好味,心好利,骨体肤理好愉佚"(《性恶》),等等。如果顺其发展,则必然出现争夺、残害、淫乱等种种恶行,违反等级名分,破坏社会秩序,从而导致暴乱。荀子认为,人之性恶必须有待君师、礼法的教化才能够合于道德规范,从而使社会得到治理。

在荀子看来,人之性恶是普遍的,"尧、舜之与桀、跖","君子之与小人","其性一也"。但尧、舜等古代圣王"能化性,能起伪,伪起而生礼义"(同上)。礼义法度是圣人"积思虑,习伪故"(同上),为了避免社会的纷争、混乱和穷困,从而调节人们的物质欲望而创制的。在这里,"积思虑"是诉诸人的理性,而"习伪故"则是以理性来适应社会生活的需要。他说:

> 人生而有欲,欲而不得,则不能无求;求而无度量分界,则不能不争。争则乱,乱则穷。先王恶其乱也,故制礼义以分之,以养人之欲,给人之求。使欲必不穷乎物,物必不屈于欲,两者相持而长,是礼之所起也。(《礼论》)

荀子在这里说的就是后来儒家一直讲的"以理节欲","理"既是理性,又是道德规范(礼义)。在荀子看来,先有古代圣王能够"积思虑"的理性,然后有理性指导下的"恶其乱"的情感(即后来所谓"以理节情"),于是创制了礼义。礼义的社会作用就是使人"分"而不争,调节欲望与物质的关系使之得到平衡,如此方能使社会由乱而治。

二、"化性起伪"

要使礼义发挥社会作用,就必须使其被多数人所接受。于是,荀子提出"涂之人可以为禹"(《性恶》)之说,确认普通的人经过圣王的教化,也都可以"化性起伪",成为与圣王同样的人。荀子论证说:

> 凡禹之所以为禹者,以其为仁义法正也。然则仁义法正有可知可能之理。然而涂之人也,皆有可以知仁义法正之质,皆有可以能仁义法正之具,然则其可以为禹明矣。……涂之人者,皆内可以知父子之义,外可以知君臣

之正，然则其可以知之质，可以能之具，其在涂之人明矣。（《性恶》）

由圣王创制的道德规范有"可知可能之理"，而普通的人都有"可以知"此道德规范的材质，也都有"可以能（行）"此道德规范的条件。因此，普通的人都可以成为与圣王同样的人。在这里，所谓"可以知之质"就是人的理性认识能力，有了这种能力就可以认识"可知之理"，有了这样的认识也就有了"可以能之具"。荀子称之为"材性知能"或"知虑材性"。他说：

> 材性知能，君子小人一也。……小人莫不延颈举踵而愿曰："知虑材性，固有以贤人矣。"夫不知其与己无以异也……故孰察小人之知能，足以知其有余，可以为君子之所为也。（《荣辱》）

无论君子（贤人）还是小人，都具有同样的"材性知能"或"知虑材性"。他们或成为君子，或成为小人，不是因为他们先天的"知虑材性"不同，而是取决于他们后天能否"伏（服）术为学，专心一志，思索孰（熟）察，加日县（悬）久，积善而不息"（《性恶》）。这样，荀子就由"化性起伪"，经由"知虑材性"，回归到儒家一贯主张的"劝学"、"修身"上了。这里的理论矛盾是，既然"知虑材性"也是人所本有的一种"性"（《解蔽》："凡以知，人之性也"），又何必片面地把人性归于"恶"呢？如果说"知虑材性"是道德中性的（没有善恶之分），那么人的"天情"和"天官"在其"本始材朴"的状态中也应是道德中性的，而不应将其归于"恶"。

荀子批评孟子的性善论是"不察乎人之性伪之分者也"（同上）。按荀子的区分："性者，本始材朴也；伪者，文理隆盛也。"（《礼论》）实际上，在孟子的思想中也并非不察乎"性伪之分"，而是对"性伪"有不同于荀子的理解。孟子说："凡有四端于我者，知皆扩而充之矣。……苟能充之，足以保四海；苟不充之，不足以事父母。"（《孟子·公孙丑上》）此"四端"就是"天之所与我"的"良知"、"良能"，人的后天之功就是"存其心，养其性"，将"四端"扩而充之。孟子又说："耳目之官不思而蔽于物，物交物则引之而已矣。心之官则思，思则得之，不思则不得也。"（《孟子·告子上》）孟子和荀子都看到了人的感性欲望可能遮蔽道德，都重视心之理性思维的发挥。他们的不同在于，孟子把人之"本心"的善良情感与人的理性思维统一在一起，由此开辟价值之源，论证了道德的先天合理性和主体自律性，启发人们的道德自觉；荀子则认为"人情甚不美"（《性恶》），"情者，性之质也；欲者，情之应也"（《正名》），把"情"归并于感性欲望，而又用人的理性思维（"知虑材性"）作为人能够"化性起伪"的条件，从而诉诸圣王的"积思虑，习伪故"，论证了君师教化的后天必要性及其可知可行性，强调人们要认同和服从于君师的道德教化。

荀子说："性善则去圣王，息礼义矣；性恶则与圣王，贵礼义矣。故檃栝之生，为枸木也；绳墨之起，为不直也；立君上，明礼义，为性恶也。"（《性恶》）与孟子的仁义内在、"非由外铄"思想相比，荀子的性恶论强调礼义的"与圣王"、"立君上"、"待师法然后正"，更多地反映了战国后期君主集权制的权威对儒家人性理论的影响。这种影响在汉初董仲舒的思想中也有突出表现，如董仲舒说："性者，天质之朴也；善者，王教之化也。"（《春秋繁露·实性》）"无王之世，不教之民，莫能当善。"（《春秋繁露·深察名号》）此说即本于荀子。但荀子的性恶论有使道德失去先天合理性的弊端，因而不被后儒所采纳，在董仲舒的思想中就已将其修正为"天生民，性有善质而未能善，于是为之立王以善之，此天意也"（同上）。所谓"性有善质而未能善"，实际上兼取了孟子和荀子的人性论。

第三节 "隆礼重法"的社会政治主张

在先秦诸儒中，荀子最自觉地表达了天下统一的历史要求，他多次论及"一天下"（《王制》）。在政治思想上，他崇尚王道，但不放弃霸道，提出了"隆礼重法"的政治主张，即一方面继承了儒家崇尚礼治的传统，另一方面也吸收了法家重视法度的观念。同时，荀子还对"修身"以治国的思想作出了阐发。

一、"隆礼重法"

《荀子》中多次重复的一段话是：

> 人之命在天，国之命在礼。君人者，隆礼尊贤而王，重法爱民而霸，

好利多诈而危，权谋倾覆幽险而尽亡矣。(《天论》)

所谓"人之命在天"，是说人类只有在自然界中才能生存；所谓"国之命在礼"，是说国家只有靠礼义或礼制①才能得到治理。在礼义或礼制中，君主居于最高之位，如荀子所说："人君者，所以管分之枢要也。"(《富国》)"君者，善群也。"(《王制》)人之所以能"群"而胜物，有赖于君主处于"管分之枢要"的位置，善于把人结合为"群"。因此，礼制也就是荀子所理想的"王制"。他所谓"隆礼尊贤而王，重法爱民而霸"等，都是在讲君主制下的社会政治。

孟子说："以力假仁者霸，霸必有大国，以德行仁者王。"(《孟子·公孙丑上》)。与孟子的"王霸之辨"相比，荀子的"隆礼尊贤而王"虽然仍是以道德为先，但更突出了"礼"的政治制度的含义，而"尊贤"则与孟子的思想相同（孟子也很重视"贤者在位，能者在职"）。对于"以力假仁者霸"，孟子是持排斥态度的，荀子却将之改为"重法爱民而霸"。"爱民"当然是儒家的政治原则，在孟子思想中属于"王道"，而荀子将其与"重法"相联系，一方面表明了他对法家之"霸道"的有条件地吸收，另一方面也表明了他要改造法家的"霸道"，为之输入"爱民"思想的政治原则。

荀子认为，"国之命在礼"，君主实行"王道"首先就是"隆礼"。他说：

礼者，人道之极也。(《礼论》)
礼之于正国家也，如权衡之于轻重也，如绳墨之于曲直也。故人无礼不生，事无礼不成，国家无礼不宁。(《大略》)

"人道之极"就是人道的最高准则。荀子之所以如此推崇"礼"，是因为在他看来，"礼"确定了人群之有"分"的等级秩序，有此秩序便能"和则一"，"强则胜物"。如果没有"礼"，人就不能生存（单个的人"力不若牛，走不若马"，不能"胜物"），政事不能成功，国家不得安宁。

荀子不仅"隆礼"，而且也重视"乐"。他说："乐也者，和之不可变者

---

① 在荀子的思想中"礼义"和"礼制"可以等价，礼义是制度中的道德原则，礼制是依此原则建立的制度。

也；礼也者，理之不可易者也。乐合同，礼别异。礼乐之统，管乎人心矣。"
(《乐论》）乐对于礼之"别异"起着一种强化"合同"的作用。有了"礼乐之
统"，道德教化才能深入人心，遵守礼制也才能有道德的自觉，这是儒家一贯
的主张。

在荀子看来，礼乐的道德教化也有其局限性。他说："由士以上则必以礼
乐节之，众庶百姓则必以法数制之。"（《富国》）虽然"士以上"与"众庶百
姓"有同样的"知虑材性"，但广大百姓（"工匠农贾"）在现实生活中毕竟受
到种种限制，不能"伏（服）术为学，专心一志……积善而不息"，此即"涂
之人能为禹，未必然也"（《性恶》）。也就是说，普通的人虽然有先天"可以
能"的条件，但在现实中未必真能。因此，对于"众庶百姓"来说，"以法数
制之"仍是必要的。所谓"法数"就是国家的政法制度（"法度"）及其具体的
律令条文。

荀子认为"礼义生而制法度"（同上），"礼者，法之大分，类之纲纪也"
(《劝学》）。这就是说，法度是依据礼义而建制的，礼是法度的总原则，也是其
具体律令条文的"纲纪"。显然，荀子的"重法"是要以"隆礼"为前提，他
要把"法"置于"礼"的统率之下。在"隆礼"的原则下，他主张礼法并用，
即所谓："治之经，礼与刑，君子以修百姓宁。明德慎罚，国家既治四海平。"
(《成相》）这里的"明德慎罚"是儒家一贯的主张，但把"礼与刑"都放在
"治之经"的位置，则是荀子在儒家的治道中增加了"重法"的分量。他基于
性恶论提出的"故为之立君上之势以临之，明礼义以化之，起法正以治之，重
刑罚以禁之"（《性恶》），更明显吸收了法家的思想因素。

荀子把"礼"和"法"都理解为封建社会的等级秩序和人伦规范，认为君
臣父子等上下秩序是"礼法之枢要"（《王霸》），并以法释礼，融合儒家与法
家，打通了儒家与法家之间的森然壁垒。韩非和李斯都是荀子的学生，他们后
来成了法家的著名代表，从这里看也就不难理解了。

二、修身以治国

礼义、法度固然重要，但关键是要有君主处于"管分之枢要"的位置，还
要有"君子"、"治人"来贯彻执行。因此，荀子说：

> 有乱君，无乱国；有治人，无治法。……故法不能独立，类不能自

行；得其人则存，失其人则亡。法者，治之端也；君子者，法之原也。……故明主急得其人，而暗主急得其势。（《君道》）

"君子"、"治人"是指有儒家的道德修养而从事治国的人。有了这样的"治人"，才能够贯彻"隆礼"的原则，从而实现礼法之治。"法不能独立，类不能自行"，"暗主急得其势"，这是针对法家的单纯"任法"和依靠权势而提出的批评；"君子者，法之原也"，"明主急得其人"，这是希望君主任用儒家之士，以实现"隆礼尊贤"的王道。

荀子对居于最高权位的君主提出了"修身"的道德要求。《君道》篇设问："请问为国？"答曰："闻修身，未尝闻为国也。君者仪也，民者景也，仪正而景正。君者槃也，民者水也，槃圆而水圆。"这与孔子所说"政者，正也"（《论语·颜渊》）、孟子所说"君正莫不正，一正君而国定"（《孟子·离娄上》）是一个意思，即要求君主以身作则，成为德行的表率。荀子说："天下归之之谓王，天下去之之谓亡。故桀纣无天下，而汤武不弑君，由此效之也。"（《正论》）君王的合法性源于能够得民心，使天下归之。如果像桀纣那样暴虐，众叛亲离，天下去之，那就不是"王"，而是亡天下的"独夫"。因此，荀子和孟子一样，肯定汤武征伐的合法性，认为这不是"弑君"，而是"诛独夫"（同上）。

在荀子的君主制和"重法爱民"思想中，仍坚持了儒家一贯的民本思想。他说：

> 天之生民，非为君也；天之立君，以为民也。故古者列地建国，非以贵诸侯而已；列官职，差爵禄，非以尊大夫而已。（《大略》）

君主虽然居于最高的权位，但天下百姓不是为君而生；相反，君主是为民而立。诸侯、大夫等虽然尊贵，但也是为民而设置的。"为民"即以人民为国家社会的价值主体，此同于孟子的"民为贵"之说。荀子也同孔子、孟子一样主张"富民"，他说："王者富民，霸者富士。"（《王制》）"富民"的具体措施包括"轻田野之税，平关市之征，省商贾之数，罕兴力役，无夺农时"等，"如是则国富矣，夫是之谓以政裕民"（《富国》）。"国富"首先是"富民"，这也是儒家与法家只讲"富国强兵"的一个重要不同。

荀子说:"君人者,爱民而安,好士而荣,两者无一焉而亡。"(《君道》)由"爱民而安"而有君主与庶人的舟水之喻:

> 庶人安政,然后君子安位。传曰:"君者,舟也;庶人者,水也。水则载舟,水则覆舟。"此之谓也。故君人者欲安,则莫若平政爱民矣。(《王制》)

舟水之喻体现了儒家一贯主张的"民惟邦本,本固邦宁"的思想。这是儒家对秦以前政治经验教训的一个深刻总结,而秦以后的儒家也一直以这样的思想来警诫统治者。

第四节 "解蔽"和"正名"的认识论

荀子主张"总方略,齐言行,壹统类"(《非十二子》),即统一人们的思想和言行,改变"诸侯异政,百家异说"(《解蔽》)的局面,以实现四海一家的圣王之制。由此,荀子在认识论上提出"解蔽"和"正名"之说。"解蔽"的方法是"虚壹而静","正名"的原则是"制名以指实"。

一、"虚壹而静"

荀子指出:"凡人之患,蔽于一曲,而暗于大理。"(同上)所谓"蔽于一曲"就是被主观的、片面的认识所蒙蔽,而"大理"就是"道","解蔽"的目的在于"知道",即获得正确的、统全的认识。荀子说:"夫道者体常而尽变,一隅不足以举之。曲知之人,观于道之一隅,而未之能识也。"(同上)在荀子看来,"百家异说"就是因为"观于道之一隅","蔽于一曲",如墨子"蔽于用而不知文",宋钘"蔽于欲而不知得",慎到"蔽于法而不知贤",申不害"蔽于势而不知知(智)",惠施"蔽于辞而不知实",庄子"蔽于天而不知人",等等。荀子要解百家之蔽,他认为"天下无二道,圣人无两心"(同上),通过"解蔽"而"知道",能够"知道"也就消除了百家之分歧,从而获得了宇宙间正确的、统全的认识。

那么,人何以"解蔽"?何以认识"大理"?荀子说:

人何以知道？曰：心。心何以知？曰：虚壹而静。心未尝不臧也，然而有所谓虚；心未尝不两也，然而有所谓壹；心未尝不动也，然而有所谓静。……不以所已臧害所将受谓之虚……不以夫一害此一谓之壹……不以梦剧乱知谓之静。(《解蔽》)

"虚"就是虚心，不以已有的知识妨碍接受新的知识；"壹"就是专一，不以对彼一事物的认识而妨碍专心地认识此一事物；"静"就是静心，不以梦幻错觉来扰乱认识。荀子认为，能够做到"虚壹而静"，也就达到了无蔽的"大清明"境界，有此境界便能够"知道"。

荀子区分了认识的主体和客体。他说：

凡以知，人之性也；可以知，物之理也。(同上)
所以知之在人者谓之知，知有所合谓之智。(《正名》)

"凡以知"即是"所以知之在人者"，亦即后期墨家所说的"知，材也"，"知也者，所以知也"，此指认识主体。"可以知"是说可以被主体所认识，此即客观事物之理。"知有所合谓之智"，就是主体与客体相接触、相符合，这样才能有知识或智慧。荀子不仅重视心（"天君"）的理性思维，而且提出：

缘天官……心有征知。征知，则缘耳而知声可也，缘目而知形可也，然而征知必将待天官之当簿其类然后可也。(同上)

"缘天官"就是由耳目等感官而获得感性认识。在此基础上，"心有征知"，即上升到理性思维。"征知必将待天官之当簿其类然后可也"，"簿"通"薄"，意为接触，此即认为理性思维必以感觉经验为基础。

荀子又强调："心者，形之君也，而神明之主也，出令而无所受令。""心不使焉，则白黑在前而目不见，雷鼓在侧而耳不闻，况于使（蔽）者乎？"(《解蔽》) 在感性认识与理性思维之间，荀子毕竟强调了"天君"对于"天官"的指导或指令。因为感官的认识往往是片面的、主观的，而只有心的"虚壹而静"才能够"知道"，即获得正确的、统全的认识。

荀子说："治之要在于知道。"(同上) 与儒家的治道相联系，荀子主张学止于"圣王"。"圣也者,尽伦者也;王也者,尽制者也;两尽者,足以为天下极矣。"(《解蔽》)"极"者,标准。以圣王为"天下极",也就确立了判断认识之是非的标准,即所谓"天下有二:非察是,是察非,谓合王制与不合王制也"(同上)。荀子的"解蔽"而"知道",最终目的是要实现他所理想的圣王之制。

二、"制名以指实"

荀子也是一个善辩的思想家,又生活在名辩思潮高涨的时代,他提出"君子必辩",主张通过辩论和正名,达到"名定而实辨,道行而志通,则慎率民而一焉"、"其民莫敢托为奇辞以乱正名,故壹于道法而谨于循令矣"(《正名》)的目的,实现人们思想的统一和行动的协调一致。就此而言,荀子的正名说是对孔子正名思想的继承,但在具体阐发的过程中,他从名辩思潮中汲取了丰富的理论营养,从认识论和逻辑学的角度发展了孔子的正名学说,将先秦名辩思潮推向了高峰。他说:

> 王者之制名,名定而实辨,道行而志通,则慎率民而一焉。故析辞擅作名以乱正名,使民疑惑,人多辨讼,则谓之大奸,其罪犹为符节、度量之罪也。故其民莫敢托为奇辞以乱正名。故其民悫,悫则易使,易使则公。……故壹于道法而谨于循令矣。(同上)

王者的制名,是为了"名定而实辨,道行而志通",其政治目的是要谨慎地率领人民达到思想和言行的一致,即"壹于道法而谨于循令",荀子认为这是"治之极也"。与此相反的则是"析辞擅作名以乱正名",它的社会后果是"使民疑惑,人多辨讼",故其为"大奸",其罪如同伪造符契文书和度量衡。对于这样的人,荀子说:"圣王起,所以先诛也,然后盗贼次之。"(《非相》)如果没有了这样的人,人民就不敢凭借那些奇谈怪论而扰乱正名,于是诚实谨慎,公而易使,达到思想和言行的一致。显然,荀子的"正名"学说带有为君主集权实现思想专制的政治目的,而他把矛头指向"析辞擅作名"者,就使先秦名辩思潮成为"王者之制名"的牺牲品。

荀子说:"今圣王没,名守慢,奇辞起,名实乱,是非之形不明,则虽守法之吏,诵数之儒,亦皆乱也。"(《正名》)这是指当时诸侯争战,百家争鸣,国家在政治上和思想上未能达到统一的状况。于是，荀子呼吁：

> 若有王者起，必将有循于旧名，有作于新名。然则所为有名，与所缘以同异，与制名之枢要，不可不察也。（《正名》）

在春秋战国的历史大变动中，其事因革损益，其学百家蜂起，确实是"有循于旧名，有作于新名"。荀子呼吁即将统一天下的王者要避免"奇辞起，名实乱"，而主张把"有循于旧名，有作于新名"统一在他所理想的"王制"之中。

荀子所说的"所为有名"，就是王者为什么要有名，这包括制名的认识功能及其社会政治功能，亦即上述"王者之制名，名定而实辨，道行而志通，则慎率民而一焉"；或"制名以指实，上以明贵贱，下以辨同异。贵贱明，同异别，如是则志无不喻之患，事无困废之祸，此所为有名也"（同上）。

荀子说"所缘以同异"，就是制名要以辨别同异为目的。他说："然则何缘而以同异？曰：缘天官……征知必将待天官之当簿其类然后可也。"（同上）所谓"天官之当簿其类"，就是感官与不同"类"的事物相接触，由此而"心有征知"，产生了对于事物之同类与异类的认识，此即"所缘以同异"。

此外，荀子还提到"制名之枢要"，即如何以概念、语词的形式把对事物之同类与异类的认识恰当地表达出来。

首先，"同则同之，异则异之"（《正名》）。同类的事物要以同一的概念来标举，异类的事物要以相异的概念来标举，如此就是"名定而实辨"，名实相符，"不可乱也"。

其次，关于不同层次的"类"与"类"之间的关系，荀子说：

> 万物虽众，有时而欲遍举之，故谓之物。物也者，大共名也。推而共之，共则有共，至于无共然后止。有时而欲偏举之，故谓之鸟兽。鸟兽也者，大别名也。推而别之，别则有别，至于无别然后止。（同上）

"大共名"就是后期墨家所谓"达名"，亦即最普遍、最高层次的概念（"物"）。"大别名"就是大的"类"名。荀子将万物分为气（万物之本原）、水火（无机物）、草木（植物）、禽兽（动物）和人五个大类，故鸟（禽）兽是"大别名"之一。大类中有小类，小类中还有更小的类，从更小的类往大类推，就是"推而共之，共则有共"；到了"无共然后止"，也就到了统万物而遍举之的"大共名"。从"大别名"往小别名乃至更小的别名往下推，就是"推而别之，别则有别"；到了"无别然后止"，也就到了后期墨家所谓"私名"（具体的个体之名，如某一个人的名称）。荀子在这里指出了普遍（"共名"）与特殊（"别名"）的相对性，即普遍概念相对于其上属概念而言就是特殊，而特殊概念相对于其下属概念而言就是普遍。这比后期墨家把"名"分为"达、类、私"更进了一步。实际上，在后期墨家所谓"白马，马也"的命题中已经包含着大类与小类的关系问题（惠施所谓"大同而与小同异"也是讲这一问题），但是荀子的表述更加明确。

关于概念之名称的"约定俗成"问题，荀子说：

> 名无固宜，约之以命，约定俗成谓之宜，异于约则谓之不宜。名无固实，约之以命实，约定俗成谓之实名。名有固善，径易而不拂，谓之善名。（《正名》）

中国古代所谓"名"，既是语词、称谓，又是概念、共相。从语词、称谓的意义上说，它是在社会交往对话中"约定俗成"的，其相对性就是"名无固宜"、"名无固实"。"约"是"名"之所以产生的社会性因素。而"约之以命实"就是"名"作为概念、共相，其内涵反映事物之本质的客观性，此即"实名"。那种反映了事物之本质而在交往对话中通俗易晓、不致引起歧义的"名"，就是"善名"。

依据"所为有名，与所缘以同异，与制名之枢要"三条标准，荀子对先秦辩者以及后期墨家的一些命题进行了批评，认为这些命题有的是"惑于用名以乱名"（不符合"所为有名"），有的是"惑于用实以乱名"（不符合"所缘以同异"），还有的是"惑于用名以乱实"（不符合"制名之枢要"），凡"析辞擅作名以乱正名"的邪说谬论都不出此"三惑"。荀子说："故明君知其分而不与辨也。"（同上）明君知道这"三惑"与"正名"的区别，就要"临之以势，道之以道，申之以命，章之以论，禁之以刑"（同上），而不与其争辩。在荀子的"正名"学说中，不乏逻辑学和认识论的正确观点，但也有一些偏颇的独断，他主张用王权来制止学术争辩显然是错误的。

荀子在"诸侯异政"、"百家异说"的时代，对先秦诸子的思想进行了系统批判和总结，弃诸子之蔽，取百家之长，建立了集大成的唯物主义哲学体系。他对天人关系的辩证阐释，对人性和人的本质问题的探究和追问，对王霸、礼法关系的梳理和思考，对名实关系的解析和论辩，都对后来中国哲学的发展产生了重大影响。同时，荀子哲学的庞大体系也为不同哲学从他的思想体系中各取所需留下了广阔的空间。在两千多年的历史发展中，不同的哲学和思想流派或从荀子思想中汲取营养发展自己，或从荀子思想中摘章寻句片面扩展了其思想中的消极因素。对荀子的思想，必须取客观的历史的态度，才能作出正确的评价。

思考题：

　　1. 怎样评析荀子天人观？

　　2. 试比较荀子的"性恶论"与孟子的"性善论"。

　　3. 怎样评价荀子的"礼"论？

　　4. 概述荀子认识论的主要内容。

第十章 韩非的哲学

　　法家是春秋后期随着各诸侯国的变法运动而兴起的一个学派，至战国中期就已与儒墨并立。战国末期，新兴地主阶级作为新的政治力量崛起，他们革故鼎新、变法图强所依凭的重要思想武器之一就是法家理论。由此，法家逐渐成为政治舞台上的主角。法家的先驱有齐国的管仲、郑国的子产和邓析、晋国的郭偃和范宣子等。前期法家的代表人物主要有李悝、吴起、商鞅、申不害、慎到等。当时，李悝在魏，吴起在楚，商鞅在秦，申不害在韩，先后"变法"，取得了重大成绩。

　　韩非（约前280—前233年），后期法家最著名的代表，出身于韩国贵族，曾与李斯同师事荀卿，才华出众，但讷于辞令，长于著述，"喜刑名法术之学，而其归本于黄老"（《史记·老子韩非列传》）。曾数次上书规谏韩王以法治国，均未被采纳，但他的思想和主张受到秦王嬴政的赏识。韩非于韩王安五年（前234年）入秦，后遭到李斯和姚贾的妒忌与陷害，于次年死于狱中。

　　韩非的思想是新兴地主阶级变革实践在理论上的反映。面对"一天下"的时代大势，他秉持了荀子"四海之内若一家"的政治理想，坚持倡导"立法术，设度数"、"利民萌，便众庶之道"（《韩非子·问田》，以下本章凡引《韩非子》只注篇名），克服了商鞅重"法"、申不害重"术"、慎到重"势"的思想局限，强调法、术、势三者的有机结合与相辅相成，成为先秦法家思想的集大成者，为秦最终统一天下和建立封建帝国做了理论准备。他的著作被后人编为《韩非子》。①

第一节　法、术、势统一的法治观

　　置身于"大争之世"和"多事之时"，韩非在认真分析社会现实、总结历

---

① 《韩非子》应多为韩非所著，也不排除有后人增益的内容。《史记·老子韩非列传》所载韩
　　非著《孤愤》、《五蠹》、《内外储》、《说林》、《说难》诸篇，皆见于今本《韩非子》五十五
　　篇中，当属可靠。

史经验的基础上，创立了以"法"为本，"法"、"术"、"势"相结合的法治理论体系。

一、法、术、势各有其用

韩非认为，"法"、"术"、"势"三者各有其特殊的职能。法用以裁抑社会的全体成员，术专用以控制驾驭群臣，势则保障法、术二者的正常运作，维护君、国之利而不被侵害。

韩非认为，"法"是臣民所必须共同遵守的行为规范和准则，它具有如下特点：强制性与权威性（"宪令著于官府"）；普遍性与客观性（"设之于官府，而布之于百姓"）；稳定性与公开性（"编著之图籍"，"布之于百姓"）。他说：

> 法者，宪令著于官府，刑罚必于民心，赏存乎慎法，而罚加乎奸令者也。（《定法》）
> 法者，编著之图籍，设之于官府，而布之于百姓者也。（《难三》）

在韩非看来，申不害的局限就在于片面强调"术"的作用，"不擅其法，不一其宪令"，从而导致了"奸多"（《定法》）。有鉴于此，他继承并发展了商鞅关于法治的思想，提出"以法为教"、"以吏为师"（《五蠹》），将"法"作为社会行为的最高规范和标准，从而与儒（以文乱法）、墨（以武犯禁）相异。他循着商鞅"法之不行，自上犯之"（《史记·商君列传》），"居官而守法"（《商君书·更法》）的思路，提出"刑过不避大臣，赏善不遗匹夫"（《有度》）的司法平等思想。为了君主的长久利益，他甚至认为，即使君主亦"不得背法而专制"（《南面》），而应该"明于公私之分，明法制，去私恩"（《饰邪》）。

"术"是君主所掌握的驾驭群臣百官的秘术、权术。他说：

> 术者，藏之于胸中，以偶众端，而潜御群臣者也。（《难三》）
> 术者，因任而授官，循名而责实，操杀生之柄，课群臣之能者也，此人主之所执也。（《定法》）

"术"是君人南面之术，故不宜示人，应藏于君主心中，以驾驭群臣。"术"的作用在于察督群臣之是非功过，审合形名，杜绝失职擅权行为。韩非认为，商鞅重"法"的不足正在"无术以知奸"（《定法》）。君无术，便不能率百官，不能察奸臣。由于人各自利，君臣的利益也是相互冲突的，"臣利立"则不免"主利灭"。"明主之行制也天，其用人也鬼，天则不非，鬼则不困。"（《八经》）君主要善于利用群臣各自不同的利益来控制他们，"使人不得不为我之道"，不得不为君国尽力。

"势"是指君主所处之势位，或君主所掌握的统治权力。与慎到只谈"于物无择，与之俱往"（《庄子·天下》）的"自然之势"不同，韩非更强调"人之所得"的人为之"势"。他认为，君主治国不能仅凭德与贤，必须有权力、有势位。圣人虽德若尧舜，行若伯夷，若不处于君主之位，也不能禁众抑下。君主不能将其权力和势位牢牢控制在自己手里，就是"势乱"。君主权力的主要内容在赏罚二柄和生杀大权，此两者君主既不可以"示人"，也不可以"借人"，"夫赏罚之为道，利器也。君固握之，不可以示人"（《内储说上》）。"权势不可以借人，上失其一，臣以为百。"（《内储说下》）

二、法、术、势相互为用

韩非认为，"法"、"术"、"势"三者功能虽异，但相互促进、相互为用。他说：

> 抱法处势则治，背法去势则乱。（《难势》）
> 君无术则弊于上，臣无法则乱于下。此不可一无，皆帝王之具也。（《定法》）

有术有法，则无弊乱；有势有法，则天下治。君主无法，就会滥用权力，失去规范，最终会失去君势；君主无术，势必大权旁落，奸臣当道，君势之威权亦将不固，法亦难以运作；君主无势，就无以行法治国，不能禁奸止非。"抱法"是"行术"、"处势"的依据，"行术"是"抱法"、"处势"的方法，"处势"是"抱法"、"行术"的前提。故"法"、"术"、"势"相互为用，缺一不可。

> 人主虽使人，必以度量准之，以刑名参之，以事遇于法则行，不遇于

> 法则止；功当其言则赏，不当则诛。以刑名收臣，以度量准下，此不可释
> 也。（《难二》）

韩非认为，君主权术的操持运用，如"因任授官"、"循名责实"之类，并非出于私心自度，而应以法为准绳。"圣人之治也，审于法禁。"（《六反》）"不别亲疏，不殊贵贱，一断于法。"（《史记·太史公自序》）因此，"法"、"术"、"势"三者之中，"法"是核心和关键，"术"和"势"是推行法治的两条基本轨道，二者的使用都要以"法"为其最高规范。只有如此，君主才能做到知人善任，"赏不加于无功，而诛必行于有罪"（《奸劫弑臣》）。

韩非法治思想的理论根据是性恶论。荀子曾提出人性恶，认为人之为善是后天的，主张"化性起伪"。韩非继承了老师的这一思想，并把它推向极致，认为人心性俱恶，不论先天和后天皆具有自私自利的本性，因此，仁义道德根本无用，只能以法治国，"有道之主，远仁义，去智能，服之以法"（《说疑》）。他还举例说："严家无悍虏，而慈母有败子，吾以此知威势之可以禁暴，而德厚之不足以止乱也。"（《显学》）这样一来，荀子的后天德化之路也就被他完全堵死了。

韩非的法治思想是战国后期诸侯割据向封建集权过渡的思想反映，因而具有进步合理的意义。但是，也必须看到这一理论的严重局限。一方面，韩非所谓法治，与当代社会的法治有本质的区别，他强调严刑峻法，目的是确保封建君主的统治；另一方面，韩非的法治理论以强调君主的威势为前提，主张"法出于君"，认为君主无条件地代表着法的理想与国家公利。在这种情况下，君主任势、术而独裁，视臣民为其工具，就不可避免了。韩非法治思想的局限性必然导致这一理论在实行的过程中加剧和激化社会矛盾，危害封建秩序的巩固和稳定。秦王朝统一天下后二世而亡，同韩非法治思想的局限性有着密切的关联。

第二节 "世异则事异"的历史观

韩非继承和发展了前期法家的历史进化观点，认为历史是不断变化的，肯定历史发展的阶段性。

一、"世异则事异"

韩非描述历史的演变过程，认为历史经历了上古（有巢氏、燧人氏）、中古（尧、舜、鲧、禹）、近古（夏、商、西周三代）以至于当今之世（战国）几个阶段。他说：

> 上古之世，人民少而禽兽众，人民不胜禽兽虫蛇；有圣人作，构木为巢，以避群害，而民说之，使王天下，号之曰"有巢氏"。民食果蓏蚌蛤，腥臊恶臭，而伤害腹胃，民多疾病；有圣人作，钻燧取火，以化腥臊，而民说之，使王天下，号之曰"燧人氏"。中古之世，天下大水，而鲧、禹决渎。近古之世，桀、纣暴乱，而汤、武征伐。今有构木钻燧于夏后氏之世者，必为鲧、禹笑矣；有决渎于殷、周之世者，必为汤、武笑矣。然则今有美尧、舜、禹、汤、武之道于当今之世者，必为新圣笑矣。是以圣人不期修古，不法常可，论世之事，因为之备。（《五蠹》）

时代是变化的，人们面临的物质生活环境各不相同，这就是所谓"世异则事异"。物质生活条件的变化使人们解决问题的方式也不同，这就是"事异则备变"。韩非认为，物质条件古今不同，故君主治国并无古律可循，亦无常法可遵。因此，他反对把社会历史看作是一成不变的，讽刺儒家赞美尧、舜、禹、汤、武的政治，认为"欲以先王之政，治当世之民，皆守株之类也"（同上）。在他看来，在不同的物质生活条件下，人们面对的主要问题是不同的，问题不同，解决的方法也就不同，如果用旧方法去解决新问题，就像"守株待兔"一样可笑。

二、"当今争于气力"

韩非还对社会历史发展的原因进行了探讨，认为社会历史变化的方向最终是由经济的原因引起的。"上古竞于道德，中世逐于智谋，当今争于气力"（同上），这是历史演变和发展的过程。但是，人类历史为什么会有这样的过程呢？韩非认为，这是由人口的增殖与物质生活资料相对缺乏的矛盾而引起的。古代人口少，生活资料多，"人民少而财有余，故民不争"，"丈夫不耕，草木之实足食也；妇人不织，禽兽之皮足衣也"。时至今日，情况已经不同了，"人民众而货财寡，事力劳而供养薄，故民争"。（同上）他说：

> 古之易财，非仁也，财多也。（《五蠹》）
>
> 古者人寡而相亲，物多而轻利易让，故有揖让而传天下者……当大争之世，而循揖让之轨，非圣人之治也。（《八说》）

韩非认为，古时尧舜禅让，不是因为他们的觉悟有多高，而是因为帝王的生活很苦，禅让帝位，实际上是解除了自己的痛苦和负担。当今之世，一个小小的县令也不肯轻易辞职，因为县令的生活比古代的帝王还要优裕得多。韩非试图从社会经济的发展、物质生活的条件来解释道德现象，说明社会变化发展的原因具有合理的思想因素。但是，他把社会进步和治乱的原因归结为财富的多寡和人口的多少，而没有看到不同利益集团之间争取利益的斗争即阶级斗争是推动社会前进的直接动力，则是其历史局限性。

第三节　"道理相应"的自然观

韩非通过诠释《老子》，论述了"道"与"理"的关系。在他看来，"道"是万物的所以然，是根据，而"理"是具体事物的性质、条理。

一、道乃万理之所稽

韩非在天人之辨上继承了《管子》和荀子的朴素唯物主义路线。他说："若地若天，孰疏孰亲；能象天地，是谓圣人。"（《扬权》）但他过分强调"随自然"、"因自然"、"因事之理则不劳而成"（《外储说右下》）等，比起荀子来，辩证法思想要少了一些。

韩非在《解老》中说："缘道理以从事者，无不能成。"他对"道"与"理"及其关系的诠释，接近于我们今天所谓普遍规律与特殊规律及其关系的理解。

> 道者，万物之所然也，万理之所稽也。理者，成物之文也；道者，万物之所以成也。故曰："道，理之者也。"物有理，不可以相薄；物有理不可以相薄，故理之为物之制，万物各异理；万物各异理而道尽稽万物之理，故不得不化。不得不化，故无常操。无常操，是以死生气禀焉，万智

斟酌焉，万事废兴焉。(《解老》)

如果说万物根据的"道"接近于普遍规律的话，那么，物中之"理"则接近于特殊规律。首先是"物有理"，不是"理有物"或"先理后物"；其次是物与理，此物与彼理，不可错杂地相互侵入（"不可以相薄"）；再次是有条不紊的理是物的法度（"理之为物之制"）；复次是重申不同的物有不同的理（"万物各异理"）；最后是"道"总合（"尽稽"）万物之理，无时不在变化之中。"道"统摄天地万物所有的变化。在韩非这里，"道"有老子所说的无往不在的形而上的超越性，也有形而下的具体表现。"道无常操"，指"道"不是僵硬的，它反映和总揽人、自然、社会历史永远不断的运动变化，随时间、条件的推移，总是与具体事物的规律相适应的。所以，"道"是自然界万物生死变化的总原因、社会中万事所由兴废的总原则，也是人类汲取智慧的总源泉。

韩非指出：道"以为近乎，游于四极；以为远乎，常在吾侧；以为暗乎，其光昭昭；以为明乎，其物冥冥；而功成天地，和化雷霆，宇内之物，恃之以成"（同上）。显然，"道"仍是世界的本原、根据，无所不在，生成万物，高于"理"。"理"是个别的或一类的事物存在的理由，是特殊的属性和规律，它使此物与彼物、此类物与彼类物相互区别开来。"理"是通过对事物属性的比较而归纳出来的。

> 凡物之有形者，易裁也，易割也。何以论之？有形则有短长，有短长则有小大，有小大则有方圆，有方圆则有坚脆，有坚脆则有轻重，有轻重则有白黑。短长、大小、方圆、坚脆、轻重、白黑之谓理。(同上)

这里，虽然前一半文字的推理不够周延，但最后一句无疑是正确的，"理"是对事物规定性的抽绎。他又指出："欲成方圆而随其规矩，则万事之功形矣。而万物莫不有规矩。"（同上）要办好事，一定要把握事与物的规矩和标准，也就是"理"。

二、理定而物可得道

韩非的认识论是由物（事）到理，由理至道。他说："凡理者，方圆、短长、粗靡、坚脆之分也。故理定而后物可得道也。"（同上）一方面，方圆、短长、粗靡、坚脆等是分别性的"理"，通过这些分别性的"理"，人们可以逐渐接近、认识、理解整一的"道"；另一方面，"道"就在分别性的"理"之中。韩非指出，"道"所以能被认识，是通过对事物性质、规律等"定理"的抽绎而实现的。

> 故定理有存亡，有死生，有盛衰。夫物之一存一亡，乍死乍生，初盛而后衰者，不可谓常。唯夫与天地之剖判也俱生，至天地之消散也不死不衰者谓常。而常者，无攸易，无定理。无定理，非在于常，是以不可道也。圣人观其玄虚，用其周行，强字之曰"道"，然而可论。故曰："道之可道，非常道也。"（《解老》）
>
> 道不同于万物，德不同于阴阳，衡不同于轻重，绳不同于出入，和不同于燥湿，君不同于群臣……道无双，故曰一。（《扬权》）

每一事物所具有的确定性，如方圆、短长、粗靡、坚脆、阴阳、轻重等，是事物的具体规定，即"定理"。事物有发生、发展的过程，处在生灭变化之中，"定理"反映这一过程。韩非讲"定理"，不仅注意到对立面的区分，还注意到对立面的转化，他肯定存亡、生死、盛衰、张弛、冬日之闭冻与春夏之繁茂等对立面的联系与转化。"道"超越于"定理"，表现了这些"定理"的统一性。事物永恒的变化就是不变的"常道"，这是确定无疑的。"与天地之剖判也俱生，至天地之消散也不死不衰者"，当然是"道"，这是存在于宇宙、万事万物及其变化之中的普遍规律。在一定意义上，理与道，即变与常的关系。韩非认为，这个"常道"又有无定理、不可言说的一面。

尽管《管子》、慎到、商鞅、荀子都讨论过"道"与"理"的关系问题，但只有到了韩非，才从哲学层面上较全面地揭明了二者的关系，尤其是重点阐释了"理"这一范畴，这是其在中国哲学史上的独特贡献。

第四节　"参验"论与"矛盾"说

在认识论上韩非主要继承了荀子的思想，以此为基础，他进一步在认识的主体与客体、检验认识的标准、认识过程中的矛盾等方面推进和发展了先秦哲学。

一、"托于天智以思虑"

韩非认为，认识产生于人的感觉器官（"天明"、"天聪"）和思维器官（"天智"）与客观事物相接触、相作用的过程，是人们依靠和运用天生的感觉器官和思维器官反映客观事物的过程。在这一过程中，感觉器官和思维器官是人们认识和把握世界的主体要素。他说：

> 聪明睿智，天也；动静思虑，人也。人也者，乘于天明以视，寄于天聪以听，托于天智以思虑。故视强，则目不明；听甚，则耳不聪；思虑过度，则智识乱。目不明，则不能决黑白之分；耳不聪，则不能别清浊之声；智识乱，则不能审得失之地。目不能决黑白之色则谓之盲，耳不能别清浊之声则谓之聋，心不能审得失之地则谓之狂。盲则不能避昼日之险，聋则不能知雷霆之害，狂则不能免人间法令之祸。（《解老》）

韩非区别了人类认识过程的两个阶段：依靠感觉器官产生的感性认识和依靠思维器官产生的理性认识。在认识过程中，人既可以用耳（"天聪"）、目（"天明"）来视听，也可以用心智（"天智"）来思维和"审别"，即所谓"决黑白之分"、"别清浊之声"、"审得失之地"。同时他认为，认识的任务是"得事理"，认识的目的则是求"成功"。物有可知之理，人有耳聪目明和心知之能，因此，万事万物是可以被认识的。只要认识了客观事物，人类就会在认识和改造世界的活动中取得成功，"得事理则必成功"（同上）。这是他对先秦认识理论的贡献。

韩非认为，人类在认识客观事物的过程中，需要尊重事物的规律，"随于万物之理"，不能夸大和膨胀人的认识能力。他说：

> 夫缘道理以从事者无不能成。（同上）
> 夫能自全也而尽随于万物之理者，必且有天生。天生也者，生心也。故天下之道尽之生也。（同上）
> 守成理，因自然……视规矩，举绳墨。（《大体》）
> 因天之道，反形之理，督参鞠之，终则有始，虚以静后，未尝用己。（《扬权》）

遵循物质世界的规律和事物的固有之理，考察事物运动的终始过程，"去喜去恶"，克服主观的意图和成见，"虚心以为道舍"（《扬权》），尽量以客观的态度去认识和把握事物。在"治人"上，宜"适动静之节，省思虑之费"；在"事天"上，要"不极聪明之力，不尽智识之任。苟极尽，则费神多；费神多，则盲聋悖狂之祸至，是以啬之。啬之者，爱其精神，啬其智识也"。（《解老》）即是说，人不能夸大感官与理性思维的作用，否则就会有"盲聋悖狂"之祸。为此，韩非重申了老子的思想，主张"爱精神而贵处静"（同上）。这在人与自然、人与社会的关系调节上都具有积极意义。

但是，韩非不同意老子所说的"不出户，知天下；不窥牖，见天道"（《老子》四十七章）的先验主义认识论，明确反对"前识"，认为"先物行、先理动"的"前识"是"无缘而妄意度也"（《解老》）。这反映了他在认识论上主张从物到感觉的唯物主义路线。

二、"因参验而审言辞"

韩非的认识论还触及了检验认识的标准问题。他说：

> 夫视锻锡而察青黄，区冶不能以必剑；水击鹄雁，陆断驹马，则臧获不疑钝利。发齿吻形容，伯乐不能以必马；授车就驾而观其末涂，则臧获不疑驽良。观容服，听辞言，仲尼不能以必士；试之官职，课其功伐，则庸人不疑于愚智。故明主之吏，宰相必起于州部，猛将必发于卒伍。（《显学》）

这是说，仅凭剑的成分、颜色，名匠欧冶子也不能判断此剑是否锋利；通过水击鹄雁、陆断驹马，智力低下的人也能判断其利钝。仅从马的毛、齿、形状，伯乐也未必能判断马的驽良；而套车就驾、实地考察，任何人都可以作出准确判断。同样，仅从外貌和言辞，孔子也未必能看出一个人是否为智士；但是，通过参验，考察其实绩、功效，庸人也能判断其愚智。

"参验"就是遵循名实相符的原则，以参考验证来判断是非真伪的方法。其所谓"参"，乃"众端以参观"，即将不同的事象放在一起加以分类、比较、鉴别，以避免片面性。其所谓"验"，则是要看一种思想是否有实际的效用，"听其言必责其用，观其行必求其功"（《六反》）。基于此，他把检验

认识是否正确的方法概括为："循名实而定是非，因参验而审言辞。"(《奸劫弑臣》)

三、"不相容之事不两立"

韩非首次使用"矛盾"这一名词，他讲了一个有名的寓言：

> 楚人有鬻盾与矛者，誉之曰："吾盾之坚，物莫能陷也。"又誉其矛曰："吾矛之利，于物无不陷也。"或曰："以子之矛陷子之盾，何如？"其人弗能应也。夫不可陷之盾与无不陷之矛，不可同世而立，今尧舜之不可两誉，矛盾之说也。(《难一》)

韩非所理解的"矛盾"，主要关涉形式逻辑问题。形式逻辑认为，在同一思维过程中，两个互相反对或者相互矛盾的判断是不相容的，它们不能同时为真，其中至少有一个是假的。这是形式逻辑的矛盾律所确认的。韩非正确地指出了卖盾与矛者的两个判断互不相容的性质，对形式逻辑作了确切的表述。

但是，韩非讲"矛盾"并不是目的，他的"矛盾"论也不是基于形式逻辑提出来的。他讲"矛盾"的真正用意是反对"对立"，主张"统一"。他认为，诸侯割据、天下混乱的原因在于"兼听杂学缪行同异之辞"(《显学》)。他所讲的楚人"鬻盾与矛"的故事，意在说明"不相容之事不两立"(《五蠹》)，"言无二贵，法不两适"(《问辩》)，"凡物不并盛，阴阳是也"(《解老》)，"冰炭不同器而久，寒暑不兼时而至，杂反之学不两立而治"(《显学》)，以此为实现法家的思想统治、结束百家争鸣和诸侯割据的状态、建立统一的封建帝国做理论准备。就此而言，韩非的"矛盾"思想包含着合理的思想因素。但是，他以法治排斥德治，以法家拒斥百家，只看到了对立面的不可调和性，没有看到对立双方的统一和融合，认为儒墨诸家之学皆为"愚诬之学、杂反之辞"(同上)，应"破其群以散其党"，"禁其欲，灭其迹"(《诡使》)。这就不仅仅是形而上学的问题，而是带有文化专制主义的色彩。

韩非的思想既是战国后期在战乱和割据状态下人心思同的思想反映，也是法家思想发展的逻辑必然。他虽然对诸子之学进行了猛烈抨击，但他在总结法家思想与实践时，还是对道、儒、墨、名诸家思想有所采撷，从这个意义上说，韩非思想也是对"诸子百家"的一种补充和纠偏。他在总结先辈法家人物的法治思想与政治实践的基础上，建构了以"法"为中心，"法"、"术"、"势"三者相结合的法治理论，论述了"世异则事异"、"事异则备变"的变动与进化的历史观，并在前人的基础上深化了"道论"和"理观"，阐释了"道"与"理"的关系，提出了"定理"说与"参验"论。这些都是他的理论贡献。但他过分强调了事物对立和差异的一面，根本摒弃了对立面的统一，把对立面之间的相互排斥看成是绝对分明的和固定不变的，这就陷入了独断论。

韩非虽被秦所害，但其学说却为秦所用。秦国应用商鞅、韩非等人的理论统一了中国，并建立起中国历史上第一个强大的中央集权的君主专制国家。但由于严刑峻法，秦帝国仅二世而亡。自汉代以来，韩非就不断遭到人们的批评。司马迁认为，韩非法家之学"严而少恩"，"可以行一时之计，而不可长用"（《史记·太史公自序》）。班固谓其"无教化，去仁爱，专任刑法，而欲以致治，至于残害至亲，伤恩薄厚"（《汉书·艺文志》）。《淮南子》的作者批评其本末倒置，"重法而弃义"，王充则批评了韩非禁儒而专任暴力的思想。韩非法治思想中的某些内容，如尊君卑臣、大权独揽、执柄处势、严刑峻法、以法为教、以吏为师等，片面强调法治，完全否定德教，认为暴力可以决定一切，君主仅凭权势操生杀之柄就可以统治人民，这些思想的历史局限性是不可否认的，但他毕竟是战国晚期代表历史前进方向、作出了诸多理论贡献的一位重要哲学家。

思考题：

1. 韩非"法"、"术"、"势"关系论述评。
2. 韩非的历史观有什么特点？
3. 韩非是怎样论述"道"与"理"的关系的？

第十一章　先秦时期其他学派的哲学

春秋战国时期，除了儒、道、墨、名、法家等学派，其他影响较大的思想派别，还有以孙武和孙膑为代表的兵家学派，以《黄帝四经》和《管子》相关篇目作者为代表的黄老学派，及以邹衍为代表的阴阳学派。

第一节　兵家的哲学

春秋战国时期诸侯割据，争霸战争的需要造就了兵家思想的兴盛。《汉书·艺文志》中，"兵书略"与"六艺略"、"诸子略"等并举，足见当时兵书之多和地位之高。

兵家在先秦的主要代表人物有孙武、司马穰苴、孙膑、吴起、尉缭、庞涓等，汉初有张良、韩信等。今存兵书，有北宋神宗元丰年间编定的《武经七书》中的《孙子兵法》、《吴子兵法》、《六韬》、《黄石公三略》、《尉缭子》、《司马法》，以及1972年山东临沂银雀山汉墓出土的《孙膑兵法》等。限于篇幅，这里只介绍孙武和孙膑的兵学思想。

一、孙武的军事辩证法

孙武（约前545—约前470年），字长卿，春秋末期兵家代表人物，约与孔子同时。孙武是陈国公子完的后裔。孙武的祖父田书为齐国大夫，因伐莒有功，齐景公赐姓孙氏，并封地乐安（今山东惠民）。孙武因田家族人谋反作乱，不得不逃往吴国。据《吴越春秋》记载，孙武奔吴后，避隐深居，后为伍员（子胥）推荐，见到吴王阖闾。据《史记·孙子吴起列传》记载，孙武"以兵法见于吴王阖闾"，辅佐吴王阖闾"西破强楚"，"北威齐晋，显名诸侯"。《汉书·艺文志》著录"吴孙子兵法八十二篇"，今本《孙子兵法》仅十三篇。1972年，山东临沂银雀山汉墓出土的简本《孙子兵法》除十三篇之外，还有《吴问》、《四变》等五篇。传世本最好的注本为《孙子十一家注》（又名《十一家注孙子》或《孙子集注》），宋代吉天保辑成。

《孙子兵法》把战争置于自然和社会的大环境下来讨论，从战争的角度论述了天道、人道等一般性问题，具有丰富的哲学思想。

孙武认为，战争是国家大事，关系到生死存亡，因此，必须把握战争的规律，了解决定战争胜负的各种主客观条件。他说：

> 兵者，国之大事，死生之地，存亡之道，不可不察也。故经之以五事，校之以计而索其情：一曰道，二曰天，三曰地，四曰将，五曰法。道者，令民与上同意也，故可以与之死，可以与之生，而不畏危。天者，阴阳、寒暑、时制也。地者，远近、险易、广狭、死生也。将者，智、信、仁、勇、严也。法者，曲制、官道、主用也。凡此五者，将莫不闻，知之者胜，不知者不胜。故校之以计而索其情，曰：主孰有道？将孰有能？天地孰得？法令孰行？兵众孰强？士卒孰练？赏罚孰明？吾以此知胜负矣。（《孙子兵法·计》，以下本章凡引《孙子兵法》只注篇名）

孙武提出了军事上最重要的五个方面：道——战争的正义性，关注人心的向背，百姓民众支持与否，将士是否与君上同心并有牺牲精神等；天——自然气候条件，关涉昼夜、晴雨、寒热、四时的变化；地——自然地理条件，关涉路程、地形、地势、地貌等；将——将帅及其指挥才能，涵括智慧谋略、信义、慈爱、果敢、严明等品质；法——涵括组织编制、管理、职责、军需供应等规章制度和军纪。只有真正把握并具备这五个方面的条件，才算是奠定了打胜仗的基础。同时，还要进一步分析、比较以下七个因素，这样才可以判断战争的胜负：主上是否贤明，将帅是否有才，是否占有天时地利，纪律是否严明、法令能否贯彻，军队实力强否，士卒训练如何，赏罚是否分明等。

孙武认为，善用兵的取胜之道，首先是审慎分析客观条件，包括兵力的众寡强弱，是否立足于容易取胜的条件下，做十分周密、万无一失的部署，使己方立于不败之地。胜利的军队，总是充分利用并准备了胜利的各方面条件，然后再求决战的。

孙武又提出了"知胜之道"、"安国全军之道"。他指出：

> 知胜有五：知可以战与不可以战者胜，识众寡之用者胜，上下同欲者胜，以虞待不虞者胜，将能而君不御者胜。此五者，知胜之道也。（《谋攻》）

有判断能力，能判明敌我情况，知道能打胜就打，不能打胜就不打的可以胜；懂得指挥小部队，也懂得指挥大兵团的可以胜；国中、军中上下利益一致的可以胜；随时备战，以有准备的军队等待无准备的军队的可以胜；将有指挥才能，国君不强加干预的可以胜。对于战争，明智的君主和优秀的将帅必须慎而又慎，不是十分有利，没有必胜的把握，不轻易用兵；不是迫不得已，不作战。国君和将帅切不可意气用事，一定要对国家有利才行动，对国家不利就停止。国亡了不能复存，人死了不能复生。因此，对于战争一定要持负责、审慎、警惕的态度，这是安定国家和保全军队的根本。

综上可知，孙武善于从战略上、全局上思考战争问题，综合考虑各个方面和各种因素。在战术上，他认为，要克敌制胜，必须根据敌我双方兵力众寡强弱的不同，采取不同的方针。

> 故用兵之法，十则围之，五则攻之，倍则分之，敌则能战之，少则能逃之，不若则能避之。故小敌之坚，大敌之擒也。（《谋攻》）

我方在兵力上占绝对优势，甚至十倍于敌才可以包围敌人，五倍于敌才可以进攻敌人。我方兵力只多于敌方一倍，应设法使敌人兵力再分散一些。敌我兵力相当，不期遭遇，就应果断、勇猛地打击敌之薄弱部。我兵力少于敌方，则应迅速避开。敌强我弱，要避免决战。能打就打，不能打就走。弱小的军队如果固执坚守，就会被强敌所房。

《孙子兵法》把这些灵活的战略战术都上升到"道"和"法"的高度。他强调"知己知彼"，即对敌我双方的情况有全面深入的了解，是用兵最重要的规律和法则。

> 知彼知己，百战不殆；不知彼而知己，一胜一负；不知彼，不知己，每战必殆。（同上）

孙武指出用兵之道的奇妙、灵活、辩证性，把战争看作是不停的运动变化过程。因此，《孙子兵法》所说的"道"，包含着对战争运动变化规律的辩证认识。

> 兵者，诡道也。故能而示之不能，用而示之不用，近而示之远，远而示之近。利而诱之，乱而取之，实而备之，强而避之，怒而挠之，卑而骄之，佚而劳之，亲而离之。攻其无备，出其不意。此兵家之胜，不可先传也。（《计》）

用兵是神奇的行动，必须善于伪装，欺骗、麻痹敌人，声东击西，诱敌骄敌，以逸待劳，随机应变，攻其无备，出其不意。他主张避实就虚，奇正相生。

《孙子兵法》强调"五行无常胜，四时无常位"，并指出："夫兵形象水，水之形避高而趋下，兵之形避实而击虚，水因地而制流，兵因敌而制胜。故兵无常势，水无常形，能因敌变化而取胜者，谓之神。"（《虚实》）战争的机动性很强，必须随时依据敌情的变化而变化，因敌制胜。作战要善于避开敌人的精锐坚实部分，避开敌人的锋芒，巧妙地迫使或诱使敌人分散兵力，造成他们的弱点，我方则集中兵力，乘虚而攻之。

"出其所不趋，趋其所不意。行千里而不劳者，行于无人之地也。攻而必取者，攻其所不守也；守而必固者，守其所不攻也。故善攻者，敌不知其所守；善守者，敌不知其所攻。"（同上）孙武主张在进退、攻守的问题上采取灵活的方式，出其不意，攻其所不守，突然袭击敌方弱点；同时又巩固所守，守住的是敌方所不攻或无力攻下的地方。我进攻时，敌防御不住；我退却时，敌始料不及。此外，还可以采取围点打援的方式，在运动中歼灭敌人，破坏敌人的防御，或迷惑、干扰敌方的进军路线，使之不能进攻我方。他说：

> 凡战者，以正合，以奇胜。故善出奇者，无穷如天地，不竭如江河。（《势》）

这就是说，敌情千变万化，战术也应千变万化。在千变万化中，主要是正奇交变。"正"是正面对阵的常规战术，"奇"是旁出奇袭的灵活战术。"正"是常规常道，"奇"是非常规非常道。孙武指出，正奇之间相互转变，不可胜穷。

《孙子兵法》闪烁着军事辩证法的光辉。孙子学派对于战争中的己彼、主客、虚实、奇正、利害、进退、攻守、勇怯、治乱、安动、久速、迂直、劳逸、众寡、强弱、胜败等一系列矛盾运动都有精到的动态分析。

孙武以全面的、联系的观点看待战争，特别是考虑到政治、外交、财政、粮秣、物资、运输、道路，天时、地利、人和，君主贤明与否、将帅才能素质、士兵训练情况和士气等诸多因素，因此能明察战争之胜负。《孙子兵法》又特别突出地分析了战争中各种矛盾运动的变化，反对墨守成规，主张灵活机动的作战方针。同时，孙子在批评军事指挥员轻率、冒进、随意、主观等病症时，又强调了将帅的主观能动性，特别是他们的计谋策划和战争经验，认为将帅必须多谋善断，甚至制造假象，陷敌方于错误，才能始终把握战争的主动权。总之，《孙子兵法》从多方面探讨了军事规律，尤其善于以整体、综合和动态变化的方式把握战争全局，显现了灵活机动的战略战术和谋略权变，充满了辩证的智慧。

二、孙膑的军事辩证法

孙膑（？—前316年），战国中期杰出的军事家，齐国人，孙武的后代，约与商鞅、孟子同时。孙膑因被庞涓施以膑刑（去掉膝盖骨）而称孙膑。在齐国使者的帮助下，孙膑秘密回到齐国，为齐将田忌所礼重，并推荐给齐威王，齐威王奉以为师。孙膑任军师期间，辅助齐将田忌，数破魏军，"名显天下，世传其兵法"（《史记·孙子吴起列传》）。《孙膑兵法》在战国至汉代颇为流行，后失传。1972年，在山东临沂发掘银雀山汉墓时，发现《孙膑兵法》竹简。该竹简经专家整理、修订，1975年由文物出版社出版，分上下编，各15篇。

与孙武一样，孙膑也很重视"道"，强调必须尊重、遵循战争的规律。同时他也重视"势"，写有《势备》篇，强调"阵"、"势"、"变"、"权"四事之重要，指出："凡兵之道四：曰阵，曰势，曰变，曰权。察此四者，所以破强敌，取猛将也。"

孙膑也有丰富的军事辩证法思想。他善于根据敌我双方的兵力对比，根据不同的敌情和地理条件，提出不同的作战方案。他善于排兵布阵、分析敌情、畅己塞敌、五恭五暴、奇正互用。他指出，善于用兵的人，面对敌兵实力的优势，却有能力调动他们，使之分散间隔而不能互相照应。敌兵深沟高垒，不把他们看成牢不可破的；敌人战车精良，也不被他们所吓倒；敌军士卒勇猛，却能使他们无法逞强。因为善于用兵的人，能利用地势的险易，作战时进退自如。"敌人众能使寡，积粮盈军能使饥，安处不动能使劳，得天下能使离，三军和能使柴（訾）。"（《孙膑兵法·善者》以下本章凡引《孙膑兵法》只注篇名），孙膑在《五名五恭》中指出，要用五种方法对付五种不同的敌军。对耀武扬威者，则示弱；对高傲蛮横者，则谨慎而持久；对刚愎自用者，则诱之深入；对贪婪狡猾者，则迫进其正面，袭扰其两翼，切断其粮道；对于迟疑软弱者，则巧用恐吓威慑，它出来就打击，不出来就围困。至于我军进入敌境，则要交叉使用五次宽柔、五次强制，才能避免陷入困境并掌握主动权。

孙膑发挥了孙武"奇正相生"的思想，指出：世界有常有变，有正有奇。用兵也是这样，必须了解敌我双方的长处、短处、有利、不利等各个方面的情况。以有利的形势去对付不利的形势，是正或常道；没有有利的形势而创造有利的形势，是奇或变通；常与变、正与奇相辅相成，没有穷尽之所。世间没有千篇一律的攻守模式：

> 以一形之胜万形，不可。(《奇正》)
> 同不足以相胜也，故以异为奇。是以静为动奇，佚为劳奇，饱为饥奇，治为乱奇，众为寡奇。发而为正，其未发者奇也。奇发而不报，则胜矣。有余奇者，过胜者也。(同上)

用单一的战法，不能取胜，交叉采用不同的战法才能出奇制胜。动静、劳佚、饥饱、治乱、众寡等，互为常变，互为奇正。面对面的交锋，是正是常；背对背的交锋，是奇是变。表现出来的、被敌方觉察的，是正是常；未表现出来的、未被敌方觉察的，是奇是变。出敌不意，方法多样，就能取胜。

《孙膑兵法》善于主动打破平衡，避免双方僵持，如以集中胜分散、充实胜薄弱、捷径胜大道、迅速胜迟缓、兵多胜兵少、安逸胜疲劳，也可以相互为胜、相互为变。

> [积] 胜疏，盈胜虚，径胜行，疾胜徐，众胜寡，佚胜劳。(《积疏》)
> 毋以积当积，毋以疏当疏，毋以盈当盈，毋以虚当虚，毋以疾当疾，毋以徐当徐，毋以众当众，毋以寡当寡，毋以佚当佚，毋以劳当劳。(同上)

必须从绝对中看到相对，从相对中看到绝对，把握敌我间的相对性与相关性，以促成转化。不能以集中对集中，以兵多对兵多，以快对快，以慢对慢。要学会避免"以盈当盈"，要善于在"以盈当虚"和"以虚当盈"中，以小局的牺牲来换取全局的胜利。孙膑及其学派不仅看到了这些转化的规律和特点，指出"至则反"、"盈则败"的道理，还主张因将、因兵、因人制宜，因敌、因地、因阵制宜，以灵巧的战术和主动的精神，创造战争史上的奇观。他还提出了"必攻不守"的原则；在"敌众我寡、敌强我弱"时，主动"让威"，即先后退一步，后发制人；在势均力敌时，则"营而离之，我并卒而击之"（《威王问》）；对于固守险阻之敌，则"攻其所必救，使离其固"（《十问》）。

《孙子兵法》和《孙膑兵法》是我国古代兵学的奠基性著作，对春秋、战国时期的战争经验作了哲学层面的总结，有着极其丰富、精辟、深刻的军事思想，是我国军事科学和军事辩证法极其宝贵的资源，在我国和世界军事思想史上都有重要地位。

第二节　阴阳家的哲学

阴阳家也称阴阳五行家。阴阳观念和五行思想皆由来已久，但把阴阳和五行思想统一在一起，则始于《管子》的《幼官》、《四时》、《五行》、《轻重己》等篇。阴阳五行家同战国时齐国之稷下学宫有着极为密切的关联。战国中期保存阴阳五行家思想较为系统和完整的两部书《黄帝四经》和《管子》皆为稷下著述，阴阳五行家的集大成者邹衍和重要代表人物邹奭皆为稷下先生。遗憾的是，邹衍等人的著作，并没有完整地保留下来，只是在《吕氏春秋》、《淮南子》、《春秋繁露》、《白虎通义》中保留了一些资料，清人马国翰有辑佚本。

一、"大小九州"说

邹衍（约前305—前240年），战国末齐国人。邹衍曾讲学于齐稷下学宫。邹衍之术，迂大而闳辩，所谈都是天地广大、五德终始之事，齐人称他为"谈天衍"。邹衍在齐国很有声望，后来游历魏、赵、燕等国，也受到各国当政者的礼遇。

《汉志》著录《邹子》四十九篇、《邹子终始》五十六篇，惜皆不传。但是，《史记》和《吕氏春秋》中记载了他的"大小九州"说。

儒者所谓中国者，于天下乃八十一分居其一分耳。中国名曰赤县神州。赤县神州内自有九州，禹之序九州是也，不得为州数。中国外如赤县神州者九，乃所谓九州也。于是有裨海环之，人民禽兽莫能相通者，如一区中者，乃为一州。如此者九，乃有大瀛海环其外，天地之际焉。（《史记·孟子荀卿列传》）

邹衍认为，儒家所谓"中国"，只是天下八十一分之一。中国叫赤县神州，内中又有九州，这是大禹所划分的九州，为"小九州"。像赤县神州这样大的地方有九个，被"裨海"包围着，州与州之间，人民禽兽不能相通。这叫"大九州"。像"大九州"这样的地方还有九个，这才是"天地之际焉"。

邹衍的"大小九州"说一出现，就引起了轰动，"王公大人初见其术，惧然顾化"（同上），以为"此言诡异，闻者惊骇"（《论衡·谈天》）。但是，这一理论也包含着对物质世界无限性的许多合理的认识和推测，他所说的"裨海"和"大瀛海"可以看作是对四大洋的猜测，他所说的"大九州"，实际上是对宇宙无限性的推想。就认识方法来说，这一理论也有合理的思想因素。正如司马迁所说，他在阐述大小九州理论时，"先列中国名山大川、通谷禽兽、水土所殖、物类所珍，因而推之及海外，人之所不能睹"，"其语闳大不经，必先验小物，推而大之，至于无垠"。（《史记·孟子荀卿列传》）从经验开始，由内推到外，由小推到大，由有限推到无限。这就打破了传统的"中国即天下"的狭隘认识，为当时的人们展现了一个无限广阔的世界。

二、"五德终始"说

邹衍对于历史的看法，同样是采取类比推理的方法，由近推到远，由今推到古。"先序今以上至黄帝，学者所共术，大并世盛衰，因载其禨祥度制，推而远之，至天地未生，窈冥不可考而原也。"（同上）由当今推至黄帝，再由黄帝推至自然界和人类社会的前史，以此考察历代之盛衰、国家之治乱，力图揭示社会变化和发展的规律。在这一过程中，他使用的基本理论就是以阴阳五行为核心的"五德终始"（或称"五德转移"）说。

在阴阳五行家那里，阴阳是存在于宇宙万物中的互斥互补、相反相成的两个方面。"五行"（水、火、木、金、土）是五种性质不同的动态的相互作用的力量、法则或动因。"五德终始"说认为，每一朝代都有一德主运，历史是按照五行（或五德）相胜的规律更替的。《吕氏春秋》保留了"五德终始"说的一段相对完整的资料，虽然没有明说是邹衍所论，但大体上反映了阴阳五行家的思想。

> 凡帝王者之将兴也，天必先见祥乎下民。黄帝之时，天先见大螾大蝼。黄帝曰："土气胜。"土气胜，故其色尚黄，其事则土。及禹之时，天先见草木秋冬不杀。禹曰："木气胜。"木气胜，故其色尚青，其事则木。及汤之时，天先见金刃生于水。汤曰："金气胜。"金气胜，故其色尚白，其事则金。及文王之时，天先见火赤乌衔丹书，集于周社。文王曰："火气胜。"火气胜，故其色尚赤，其事则火。代火者必将水，天且先见水气胜。水气胜，故其色尚黑，其事则水。（《吕氏春秋·应同》）

有学者认为，这段话可以看作是《史记·孟子荀卿列传》"称引天地剖判以来，五德转移，治各有宜，而符应若兹"思想的具体展开。就是说，社会的变化和朝代的更替，都是五德转移的自然法则在社会历史领域中的具体体现。黄帝时，土盛，其德为土。至大禹时，木气旺，木克土、胜土，故大禹之子启建立的夏朝为木德。以此相推，金克木，故商为金德；火克金，故周为火德；水又克火，故代周者必为水德。这里的五德转移，是以五行相生相克的理论为基础的。土木金火水，后一德克制前一德，如此循环往复，以至于无穷。历史上每一个王朝的出现都体现一种势力或能力。后者克前者，而又为继。这就是五德的转移。五德各以所胜为行，相互转用。祥瑞等征兆，预示着兴废的递嬗。阴阳五行家的说法，为王朝更替寻找合法性的依据并在秦汉得以实践。秦始皇事水尚黑，将黄河改名"德水"，行事刻削少恩，事决于法。汉朝皇帝也自认为是奉天承五德转移之运而王天下。虽然关于残暴、短促的秦朝算不算合法王朝，究竟以水德还是以土德标志汉朝，有着不同意见的争论，且双方都有祥瑞印证，但最终由汉武帝判定汉朝以土德王。至若祥瑞之类，后来愈来愈被趋炎附势之徒作为取悦于执政当局而制造的把戏，有很大的负面效应。

　　邹衍的"五德终始"说受到了当时的自然科学，特别是天文历法学的影响。正如《史记·天官书》所说："天则有日月，地则有阴阳。天有五星，地有五行。"天文学对星象的观察，历法学对建正、立闰的设置，都同五行生胜、周而复始的规律紧密联系在一起。邹衍把这种说明自然界运动变化的理论运用于解释社会现象，认为历史的变化也与自然界一样受到土木金火水五种原则和力量的支配。此外，儒家思想对邹衍也产生了很大的影响。邹衍目睹各诸侯国当政者日益淫侈，不能尚德，不能"整之于身，施及黎庶"，于是"深观阴阳消息"（即自然人事的各种力量正反消长的变化），"而作怪迂之变，终始大圣之篇"，"然要其归，必止乎仁义节俭，君臣上下六亲之施始也滥（滥觞）耳"（《史记·孟子荀卿列传》）。即是说，"五德终始"理论依据的是阴阳四时的变化和五行万物的相生相克，其思想旨归则是仁、义、礼等儒家思想。"五德终始"之说同儒家的道德五行学说亦有渊源关系。

邹衍以阴阳消长说明四时的更替，以"機祥度制"发挥天瑞、天谴之说，以五行相生相克解释朝代的兴衰，以"五德"相互转移解释历史变化，带有很强的主观臆测的因素。因为这一理论从一个侧面揭示了客观世界变化发展的过程和顺序，适应了中国走向统一的历史大势。同时，也揭明了任一历史朝代都不具恒久的意义，朝代的更替如同阴阳五行的交替变迁都有一种客观必然性。因而，阴阳五行学派在战国后期相当活跃，并对汉代儒家、道家、医学、天文学等思想的发展产生了较大的影响。但是，阴阳五行家思想中的许多禁忌、比附和虚构，则"使人拘而多所畏"（《史记·太史公自序》），甚至会使人们走上舍人事而任鬼神的歧路，并为神仙方数和迷信思想打开方便之门。

第三节　黄老学派的哲学

黄老学派是战国中后期从道家中分化出来的一个学派。代表人物有郑国的申不害、赵国的慎到、齐国的田骈、楚国的环渊等。黄老学派有两个显著特点：一是宗于老子和假托黄帝；二是"采儒墨之善，撮名法之要"（同上）。宗于老子是其学派的基本性质和旨归。假托黄帝是为了改造道家，把儒家积极有为、治国安民的内容引入道家，同时也是为了借助黄帝的声望提升道家的地位。从思想内容上看，黄老学派最重要的特点是以道论法，道法结合，道儒结合，兼综百家。黄老学派因为适应了时代统一的要求，结束了道法对立和道儒对立的状态，逐渐成为战国中后期的显学。这一学派的文献大多亡佚，目前能够找到的主要是《黄帝四经》和《管子》书中的相关篇目。

一、《黄帝四经》与黄老之学的兴起

《黄帝四经》见载于《汉书·艺文志》，但久已失传。1973 年，在湖南长

沙马王堆汉墓出土的一批帛书中，有《经法》、《十大经》、《称》和《道原》四篇文字，约 11000 余字。据唐兰先生考证，这四篇文字就是《汉书·艺文志》所著录的《黄帝四经》。这一说法得到了多数学者的认同。

《黄帝四经》继承了老子道论，把老子"道生一，一生二，二生三"的思想改造为"道"是"一"，主张"一"和"道"直接统一。

> （道）无刑（形）无名，先天地生。（《十大经·行守》）
>
> 一者，道其本也。（《十大经·成法》）
>
> 恒无之初，迥同大虚。虚同为一，恒一而止，湿湿梦梦，未有明晦。神微周盈，精静不熙。故未有以，万物莫以。故无有形，大迥无名。天弗能覆，地弗能载……万物得之以生，百事得之以成。人皆以之，莫知其名；人皆用之，莫见其形。一者其号也，虚其舍也，无为其素也，和其用也。（《道原》）

"道"为"虚"为"一"，无形无名，万物"得之以生"，万事"得之以成"，它是宇宙世界的终极本原。《黄帝四经》中的这类说法，均来自于老子。

从道家思想出发，《黄帝四经》"撮名法之要"，融合道家和法家。《经法·道法》称：

> 虚无有，秋毫成之，必有形名。形名立，则黑白之分已。故执道者之观于天下也，无执也，无处也，无为也，无私也。是故天下有事，无不自为形名声号矣。形名已立，声号已建，则无所逃迹匿正矣。

"道"是"虚"，得"道"者也应"虚无有"，即没有任何主观执着，一切行事均依从于"形名"。所谓"形名"，即是法家所讲的"循名责实"：每个人接受什么职位（名），就应该承担什么责任（实、形）；上级官员或国君只依其职位（名）与业绩（实、形）是否相符，审核属下的是非优劣，不加任何主观的喜好。《经法》这里所说的"形名立，则黑白之分已"，就是指这种"循名责实"的审核方式。

"形"与"名"、"职位"与"责任"，是以法令条文的形式公布于众的，是故以"道"治国实即以"法"治国。

　　道生法。法者，引得失以绳，而明曲直者也。故执道者，生法而弗敢
犯也，法立而弗敢废也。(《经法·道法》)

　　法度者，正之至也。而以法度治者，不可乱也。……精公无私而赏罚
信，所以治也。(《经法·君正》)

这些说法都明确认定，要以"法"作为唯一准绳治理国家。"道生法"者，即
谓法有普遍而客观的依据，不是来自个人的好恶，因此"执导者"只能依法行
事，不能添加任何个人的好恶。这里，以道家融摄法家的思想特征非常明显。
这种融摄一方面取道家清静无为的思想作为基本理念，另一方面使法家的某些
措施作为治国的必要手段得以实行。

　　《黄帝四经》不仅以道论法，把道家作为自己政治理论的哲学依据，而且
还援儒入道，初步呈现了儒道融合、儒法融合的趋势和端倪。这主要体现在
《黄帝四经》对道德教化的关注上。《经法·君正》说："德者，爱之勉也。"
《十大经·顺道》说："体正信以仁，慈惠以爱人。"《经法·名理》还提倡
"诺必信"，主张言与心符、与行合。《十大经·立命》提出"亲亲而兴贤"，
"畏天爱地亲民"，《经法·君正》提出"顺民心"，"毋苛事，节赋敛，毋夺民
时"。这些都是儒家的基本主张。《十大经·姓争》还提出了"德刑相养"的
思想，认为"天德皇皇，非刑不行。缪(穆)缪(穆)天刑，非德必顷
(倾)。刑德相养，逆顺若成。刑晦而德明，刑阴而德阳，刑微而德章
(彰)"，主张刑德互补，相辅相成，也与儒家思想相合。

　　总之，《黄帝四经》托名黄帝，以道家思想为基础，以道论法，援法入道，
将"道之无为"与"法之有为"紧密结合起来。同时，汲取了儒家的道德仁爱
思想，援儒入道，兼采百家，打破了儒、道、法三家互相对立和排斥的局面，
形成了既与老庄道家不同，又与三秦法家和孔孟儒家有别的黄老学派，对中国
哲学的发展作出了新贡献。

二、《管子》与黄老之学的发展

　　战国中叶，齐国耗巨资在都城临淄的稷门之外筑高堂大屋，"立稷下之宫，
设大夫之号，招致贤人而尊宠之"(徐干：《中论·亡国》)，让他们著述讲
学，参议政治，史称"稷下学宫"。稷下学宫原本是田齐政权的一个政治咨
询机构，来自各国的贤能之士，如邹衍、邹奭、淳于髡、田骈、慎到、接子、

季真、兒说、环渊、田巴、鲁仲连、颜斶、王斗、宋钘、尹文、孟轲、荀卿等，先后聚集在这里，朝夕而游，"不治而议论"（《史记·田敬仲完世家》），客观上促进了思想发展和学术繁荣，为当时的学者创造了争鸣的条件，提供了争鸣的舞台。经许多学者考证，由汉代刘向编定的《管子》七十六篇虽然保存了管仲①本人的思想与活动，但大多数篇章是战国时期稷下学宫佚名学者的作品。

《汉书·艺文志》著录《管子》八十六篇，入道家。《史记·管晏列传》张守节《正义》引刘歆《七略》："《管子》十八篇，在法家。"这十八篇可能是刘向校定前的传本。今本《管子》目录仍存八十六篇，其中十篇有目无文，实存七十六篇。从思想内容上看，《心术》上下、《白心》、《内业》等四篇和《枢言》、《宙合》、《九守》、《法法》、《任法》、《明法》、《明法解》、《君臣》上下等篇，以道家哲学论说法家政治理论，同时注重吸收别家的长处，因而在《管子》书中格外引人瞩目，通常被视为《管子》中的黄老学派的作品，是战国中期黄老之学成熟时期的主要代表作。《管子》书中黄老学派的主要贡献是在丰富发展《黄帝四经》道法结合、儒法结合思想的基础上，提出了著名的精气理论。

早期道家对法治持排斥态度，早期法家则对法治的形上依据和理论支撑不感兴趣。黄老之学则融合道法，以道论法，形成了自己鲜明的理论特色。《管子》提出："宪律制度必法道"，"明王在上，道法行于国"（《法法》）。"百姓辑睦，听令道法以从其事。"（《任法》）"明君之重道法而轻其国。"（《君臣上》）"事督乎法，法出乎权，权出乎道。"（《心术上》）"道"是宇宙人生的普遍本质和一般规律，"法"是人类社会生活与实践必须恪守的基本准则，是"道"在社会生活与实践领域中的落实和具体化。可见，《管子》道法结合的思想为法治确立了形上依据。

同样，《管子》也吸收了儒家的思想，坚持礼法并用。法家的特点是"无教化，去仁爱，专任刑法而欲以致治"（《汉书·艺文志》），"不别亲疏，不殊贵贱，一断于法，则亲亲尊尊之恩绝矣"（《史记·太史公自序》）。《管子》则不同，它重视"礼"在治理国家中的重要作用，提出"国之四维"，"一曰礼，

① 管仲（约前723或前716—前645年），名夷吾，谥曰"敬仲"，颍上（今安徽）人，史称"管子"。春秋时期齐国著名政治家、军事家，周穆王的后代。他辅佐齐桓公成为春秋时期的第一位霸主。

二曰义，三曰廉，四曰耻"（《牧民》），主张"上下有义，贵贱有分，长幼有等，贫富有度"，并明确指出"凡此八者，礼之经也"（《五辅》）。特别有意思的是，《任法》提出"仁义礼乐，皆出于法"，希望为仁义礼乐找到法理的依据。但是，在《枢言》篇又有"法出于礼"之说，则是把"礼"视为"天地之序也"（《礼记·乐记》），从而为"法"的合理性找到理论上的根据。这样一种礼法互证、礼法结合的思想体现出了儒家学派的基本特征，是对《黄帝四经》思想的丰富和发展。

《管子》书中黄老学派的精气理论主要见于《心术》上下、《白心》、《内业》等四篇之中。老子的道论中虽然包含着"精"和"气"的思想，但是，他对"道"与"精"、"气"关系的阐释并不明确。《管子》四篇的作者明确提出"道"即"精气"，认为"精也者，气之精者也"（《内业》），从物质性的精气出发解释世界，丰富和发展了老子思想。

> 凡物之精，此则为生。下生五谷，上为列星；流于天地之间，谓之鬼神；藏于胸中，谓之圣人。是故民气果乎如登于天，杳乎如入于渊，淖乎如在于海，卒乎如在于己（当作"山"）。是故此气也，不可止以力，而可安以德；不可呼以声，而可迎以意。（同上）

万物因精气而生成，五谷、星辰都是精气的产物。"鬼神"在这里形容精气流行变化的鬼斧神工。精气怀藏于胸中，就能成为圣人。精气运行不息，充盈于天地山川之间。对于每个人来说，这种气，不能以力来阻止，倒可以用德来安定；不能以声音来召唤，倒可以用心意来领会。

四篇的作者认为，"气"与"道"都是"至大"和"至小"的统一。《心术上》篇说："道在天地之间也，其大无外，其小无内。"《内业》篇也说，"灵气"是"其细无内，其大无外"的。这就是说，精气是万物最细微的单位，又充塞于天地之间，形成宇宙、世界。"道满天下，普在民所"（《内业》），无处不在，无时不有。"道""虚其无形"，"遍流万物而不变"，"万物皆以得，然莫知其极"（《心术上》）。这是作者对宇宙的统一性所作的猜测。作者还进一步以气与精气来解释生命、意识的起源和人们的精神活动，指出："凡人之生也，天出其精，地出其形，合此以为人。""气道（通）乃生，生乃思，思乃知，知乃止矣。"（《内业》）人类生成于精气，是天地精气相合的产物。人的思想、智慧也是精气运动的结果。

四篇的作者把"道"分成天道与地道，并认为"天之道虚，地之道静"（《心术上》），主张人应当法天地之道而虚静其心，以求得对万物的正确认识，提出"静因之道"的认识论。

> 无为之道，因也。因也者，无益无损也。（同上）
> 因也者，舍己而以物为法者也。感而后应，非所设也；缘理而动，非所取也。（同上）

这里强调的是如实地了解客观事物，不给认识对象增添或减少任何东西，尽量排除主观设想和盲动。四篇的作者认为，认识主体应加强修养，使内心虚静、专一。

> 天之道虚，地之道静。虚则不屈，静则不变，不变则无过，故曰不伐。洁其宫，开其门。宫者，谓心也，心也者，智之舍也，故曰宫……门者，谓耳目也。耳目者，所以闻见也。（同上）

"心"居君位。人们修养好心灵，去掉杂念，保证心总是处于君位，才能制耳目之官以接万物，使认识的门户不被阻塞，即所谓"洁其宫，开其门"。"道"是虚的，"心"也应该是虚的。"虚者，无藏也。"（同上）这是说，认识主体对于所知没有主观成见与情感好恶。虚而后能静。所谓"静"，就是"毋先物动，以观其则，动则失位，静乃自得"（同上）；"静则得之，躁则失之"（《内业》）。有了冷静的态度，才能获得有关事物及其规律的正确认识，急躁妄动则不能达到目的。作者指出："血气既静，一意抟心，耳目不淫，虽远若近。"（《内业》）"专于意，一于心，耳目端，知远之证。"（《心术下》）虚静使得内心平静、专一，注意力集中，聚精会神。

《管子》四篇作者的上述认识论思想，特别是关于"心"之虚静、专一的思想，很可能影响了荀子。

总之，《管子》大大丰富了黄老学派的理论，将黄老之学发展到了较为成熟的阶段。

思考题：

1. 孙武的军事辩证法思想有何重要意义和价值？

2. 试述黄老学派哲学的基本特点。

3. 邹衍"五德终始"说评析。

小　结

　　以老子、孔子为界限，先秦哲学可以划分为两个大的阶段，即中国哲学的酝酿期和奠基期。前者主要反映在中国文化的早期经典如《易》、《书》、《诗》以及《左传》、《国语》等文献所叙时代的思想成果中，后者则体现为春秋晚期至战国时代的诸子百家争鸣。酝酿期产生了一些哲学观念，如天、命、德、象、类、道、阴阳、五行等概念。这类概念被用来概括或解释范围广泛的事物，包括自然现象、人类行为或者社会问题，其通过归类思考或理解问题的方法，既是理性也是哲学思考方式的起点。同时，由于其指涉的内容也包括非感觉经验中的对象，即蕴含着形而上问题的起源，所以我们称它们为哲学观念。但是，从《老子》、《论语》开始的思想文献，不仅有各种各样的哲学观念，而且对这些观念进行了初步的论说，如围绕着"道"、"仁"的一系列说法。论说的形式是多种多样的，或从概念界定开始，对内涵作出规定；或说明事物的原因，提供论断或行为态度的理由；等等。哲学论说本身也有一个从单一向多样、从简单到复杂的发展过程。百家争鸣的思想成就之所以不同于此前的时代，就在于它不仅有丰富的哲学观念，而且有丰富的哲学论说。它是真正的"哲学的突破"，所以被称为中国哲学的奠基期。

　　这个时代不同思想流派的出现和形成，既与各自的社会、政治立场有关，也与不同的思想或论说方式有关。司马谈《论六家之要指》将其概括为六家，《汉书·艺文志》则将其划分为十家。本书侧重关注与哲学相关的学派，论述了儒、道、墨、名、法、兵、阴阳诸家。表面上看，这些学派头绪纷繁，难以条贯。但概括而言，各家关怀也有共同的焦点，那就是天人关系问题。它源于西周宗天与敬德的思想，前者与早期宗教神学的形成相关，后者则提出了对人的道德要求。对人的重视与"天"的观念发生了变化有关，但天人关系究竟如何，莫衷一是。各家的分歧正是依对这个主题的不同看法而形成的，或者由此而派生出的不同思考。天人之辨问题，在先秦哲学中，统称的概念是"道"。依侧重点不同，也就有天道、人道的不同表述。

　　儒、道、墨三家的天人观各具特色且自成系统，各自也经历了变化完善的过程。以儒家为例，首先是孔子，他承继春秋以来的人文思潮，敬鬼神而远之，其天命观把"天"理解为贯通且超越于历史的一种推动人文发展的精神力量。其思想重点与成就在于阐述并通过教化推广了以"仁"的观念为核心的人伦价值。孟子则把人的问题发展成为人性论，其性善说对情与性进行区分并建立为对应关系，为道德人格的发展提供了本体意义的根据，是以论辩的方式提出的道德哲学论说。《易传》则通过对《易经》的诠释，建立了自己的天道观。它统合道与阴阳概念，提出一个宇宙发展模式以模拟普遍变化的规则，不但明确赋予天道形而上的特性，同时表达了一种与道家贵柔守弱不同的刚健有为的精神取向。荀子作为战国儒家的殿军，明天人之分，用自然的观点看待天，同时提出与孟子不同的人性论——性恶论，以更有经验性格的眼光探讨人与社会制度（礼）的关系。道家是"道"的哲学的自觉论说者，《老子》把道当作创生万物且作用于万物的根源和本体，在天人两个领域寻求共同的活动规则，并以自然无为的原则衡量、评价人的政治和社会生活，倡导贵柔守弱的生活态度。《老子》对道的特征的刻画，以及对语言的局限性的认识，表明它对哲学论说有高度的自觉。其思想不仅影响了庄子，也在一定程度上影响了《易传》和荀子对天道的看法。庄子承继了老子天道自然无为的观念和注重形上思考的取向，更致力于对人的生活方式的反思，其逍遥游的人生理想和齐物论的价值观念，均为与之相关的哲学构建。墨家的天人观也与儒家形成了鲜明对比，其"天志"、"明鬼"和"非命"的观点，与"兼相爱，交相利"的社会道德论，明显同孔子"与命与仁"的思想划清了界限。不过，墨家并没有像儒道两家那样有持续的发展和贡献。除上述三家外，对天的观念有独特看法的还有阴阳家，而对人的问题进一步具体化的，则有法家、兵家、纵横家等。法家如韩非引申荀子的性恶论并结合老子的术，发展出了一套关于专制的政治见解；而兵家、纵横家则把道的某些侧面发展为术，并运用到政治实践中。

从哲学的角度看，与天人之辨相关联的名辩思潮，也是值得关注的重要思想史现象。名家如惠施、公孙龙固然是其中之翘楚，但名家只是在思想的技术层面钻研得更精而已，这股思潮渗透在整个百家争鸣的进程之中。无论是早期《老子》的"无名"，或孔子的"正名"，中期孟子的心性之辨，或庄子的齐是非之论，还是后期荀子、《墨辩》等对名相即概念关系的自觉辨析，都显示了一个事实，即从论说的标准看，先秦时代不只有哲学的种子，而且还有丰硕的哲学果实。名学的兴起与发展，本身就是对思想方式进行反思的产物，而反思就是思维哲学化的表现。

　　恩格斯曾经说过："在希腊哲学的多种多样的形式中，几乎可以发现以后的所有看法的胚胎、萌芽。"① 中国哲学也有类似的情况，在先秦时期诸子蜂起、百家争鸣的哲学大论辩中，差不多可以找到以后各种思想学说的胚胎和萌芽。所以，学好先秦哲学是学好整个中国哲学史的基础。

① 《马克思恩格斯选集》第 3 卷，人民出版社 2012 年版，第 877 页。

第二编 | 秦 汉 至 隋唐哲学

引　言

公元前 221 年，秦王嬴政统一中国。从秦朝（前 221—前 206 年）至五代（907—960 年）的 1100 多年间，历经了西汉、东汉、三国、两晋、南北朝及隋、唐等多个朝代的变迁。从总体上看，这个时期是中国封建社会的上升期。与此相应，中国哲学从汉初的黄老之学到两汉经学、魏晋玄学，直至南北朝隋唐佛学，在儒、释、道三家交相融合的过程中也异彩纷呈，把先秦时期奠基的认知方式和价值理念作了进一步的拓展，并为宋代理学的综合创新提供了坚实基础。

为了适应秦国统一各诸侯国、建立大一统国家的需要，秦相国吕不韦曾集合宾客撰成《吕氏春秋》一书，试图以道家思想为基础统合百家，建构治国理念。但秦始皇更推重法家。他统一中国后进一步取消分封制，推行郡县制，奠定了大一统政治体制的基本格局。在李斯的倡议下，秦王朝又统一了度量衡、货币和文字。这些举措，对中国作为统一国家的建立与巩固有重大意义。秦始皇在巡视各地的时候，经常刻石称颂其成功秘诀就在于能够"建定法度，显箸纲纪"（《史记·秦始皇本纪》）。为了把思想一统于法制之下，他还采纳李斯的建议，禁绝私学，规定凡私家所藏《诗》、《书》、百家语及各国史记均予烧毁；又派人查得咸阳诸生"或为訞言以乱黔首"者 460 人，全部予以坑杀。这就是历史上有名的"焚书坑儒"事件。秦始皇的这些举措，无疑都表现出法家的思想特色。

然而，秦王朝过分专制的政治统治、过分沉重的徭役和过分严酷的刑罚，很快激起了尖锐的社会矛盾和阶级冲突。秦朝立国仅 15 年，就被推翻。公元前 206 年，刘邦集团在与项羽集团争夺全国政权的战争中取得胜利，建立了汉王朝，史称西汉。西汉初年，有鉴于秦亡的教训，加之长期战乱对社会经济的严重破坏，朝廷实行"与民休息"的社会发展政策，奉行黄老学派"无为而治"的治国方略，汉初 70 年间大体上持守了这一治世理念。其"无为而治"是指依法行事，治国者不过多地把自己的主观好恶掺夹进去，不随意变更既定的规则。《黄帝四经》等著作在汉初的流播，体现了黄老思想的主导地位；淮南王刘安及其宾客撰写的《淮南子》，在吸纳黄老学的同时整合了先秦各家思想，对道家"无为而治"的理念作了更全面的发挥。

汉初社会经济历经数十年的恢复与发展，至文帝、景帝之世出现了史家盛赞的"文景之治"。继后的汉武帝以此为基础而更有所作为。他听从董仲舒等人的建议，放弃"无为而治"的理念，"罢黜百家，表彰六经"，选择儒家作为治国的指导思想，并设置"五经博士"，以经术为培养人才与选拔官吏的依据。儒学由此得以复兴，成为整个社会的统治思想；以研治儒家经典为内容的经学，成为当时社会的主导学术形态。及东汉章帝，又召集儒生于白虎观勘定儒学的基本观念，编撰为《白虎通义》一书，以御定的方式颁布全国。这进一步确立了儒学作为官方统治思想的地位，推动了儒家经学的发展。但是，两汉以《春秋繁露》和《白虎通义》等为代表的著述，其所倡导的儒学已大不同于先秦孔孟原创的儒学。董仲舒等汉儒吸纳了先秦时期的阴阳五行学说，为儒家构筑起天人感应的宇宙论。这一方面适应了大一统的需要，对先秦百家之学进行了整合，另一方面又为孔孟建立的价值信念提供了宇宙论的支撑。汉代经学所强调的儒家纲常名教，对于当时的社会稳定具有显著的促进作用。

但是，作为封建帝国，汉政权不可能从根本上解决社会矛盾和阶级冲突。随着社会经济的发展，阶级分化愈趋严重，统治阶级内部为争夺财富与权力所引发的冲突也更趋激烈。西汉末年，王莽建立新朝取代刘汉政权。公元25年，刘秀重建汉王朝（东汉）。到了东汉后期，豪强势力愈加膨胀，逐渐形成世代相继，占有大量田产奴仆，拥有自己的部曲、宾客以至坞堡的门阀士族阶层。当时，不同的社会集团存在着不同的利益诉求，在经学占主导地位的情况下，基于天人感应、神仙方术等思想发展而来的谶纬神学，作为表达利益诉求合法性的手段，也获得了巨大的生存空间。

降及曹魏，朝廷颁布"九品中正"法，试图对门阀士族阶层有所限制，其后果却更加巩固了这个阶层的特殊权力和地位。门阀士族成为自东汉末年起至南北朝近400多年社会变乱的根源之一。至581年，隋朝重新统一了中国。但由于隋炀帝的暴虐统治，隋朝立国仅三十多年即败亡。618年，李唐王朝再度统一中国。历经农民起义的反复扫荡和政权的不断更替，至唐朝初年，门阀士族的势力渐趋解体。玄学的繁荣以及道教的产生和佛教的传播，都与这个变乱时代的精神需要息息相关。

在这个中国历史上分裂时间最长、战争最为频繁的时代，魏晋玄学应运而生，其代表人物有何晏、王弼、嵇康、阮籍、郭象等一批名士。这一思潮就其理论起点而言，实出于对儒学烦琐化、工具化乃至虚假化趋势的批判和反省。

而作为哲学形上学的建构，则表现为通过对《老子》、《庄子》、《周易》的重新解释，把宇宙论转化为本体论，与此同时，也通过对《论语》等典籍的重新解释，使儒学与道家相通。作为经学的"反动"，玄学名士们重新思考名教与自然的关系；而作为境界追求，他们以玄学为理论支撑，在精神境界上取向于个性的张扬、个体的自由，乃至现世性的物质享受。这种理论建构及其生命情调，主导了南朝整个历史时期。入唐以后，得以与流行于北朝讲求厚重的儒学整合，构成了唐初及其中期既崇尚礼教但又活跃开放的社会风尚。

道教作为有组织的一大宗教，形成于东汉末年。当时"太平道"、"五斗米道"相继产生。后来，"五斗米道"教主张鲁率徒众降归曹魏，其部分徒众被安置于江西，道教由是在江南获得了迅速传播，被称为"天师道"。天师道至唐代更获李唐王朝近似于"国教"的地位。道教以得道成仙为基本信仰，不免夹带有巫术的色彩，但它的理论基础却是宇宙论。这种宇宙论认为，天地万物的发生和发展，经历过一个由统一的本原不断分化的过程。作为宇宙统一本原的元气，它自身是永恒的，具有无限的生命力；它不断地分化和演生万物的过程，也就是下落为有限的具体物类的过程。道教神仙论的意图，就是要"盗取"宇宙演化的天机，还原物类演生的过程。炼丹术则体现了他们的想象力和实验精神。汉唐道教重视"外丹道"，唐以后"内丹道"逐渐取得道教哲学的主导地位。如果说汉唐时期的儒家引入宇宙论，是为了从天地宇宙的高度证成价值信念，那么汉唐时期的道教引入宇宙论，尽管也有许多荒诞和迷误成分，却透显出古人对天地宇宙变迁的节律及其如何内化为人体结构的探索精神。

汉唐时期，在社会上产生重大影响的思潮，还有从印度传来的佛教。佛教立足于对人生苦难的深切体察，其思想对于汉唐时期，尤其是魏晋南北朝时期的中国社会具有特别的吸引力。佛教传入中国，约在两汉之际。魏晋时期，中国人在理解大乘空宗思想的时候，借取魏晋玄学的一些名词概念和思想观念进行"格义"，形成了"六家七宗"。公元401年，龟兹僧人鸠摩罗什被迎请到长安主持译事，佛教空宗的真义才得以确切厘定。稍后，大乘有宗之如来藏学、唯识学亦得到广泛传播。道安、慧远、僧肇、道生等人的佛教哲学相继产生。南朝时期，作为对佛教神不灭论的回应，范缜等人建构的神灭论，则深化了中国传统的无神论思想，提升了中国哲学的思辨深度。南朝至隋唐时期，随着信众的增加和官方的支持，佛教寺院经济得以形成与扩张，佛教各宗派如三论宗、天台宗、唯识宗、华严宗、禅宗等相继形成。如来藏思想虽源于印度，但经天台宗、华严宗、禅宗的重新解释与架构，已具有浓厚的中国色彩。特别是禅宗，它的心性论实已融会了儒家的观念，因而更容易为中国人所接受。禅宗于唐宋后发展为中国化佛教的主流，而且还影响了儒学，推动了宋明儒学的心性学建构。

唐王朝建立之初，太宗李世民善于吸取历朝成败的经验教训，在经济上实行轻徭薄赋政策和租庸调制；在政治上以三省六部的分权架构使体制的设置日益完善；在人才选拔方面，承接隋朝以科举制改变以往凭身份地位任用官员的做法，为出身庶族的士人跻身上层社会打开了通道，门阀士族势力趋于解体。这些举措都为唐初国力恢复与发展奠定了基础，开创了"贞观之治"的盛世。在新的社会历史条件下，社会的稳定需要儒学纲常名教的支撑，因而儒学受到了一定的重视。在唐太宗的支持下，原来散佚或纷乱的儒家经典得到重新整理与勘定。孔颖达主持编纂的《五经正义》，体现了唐初儒学研究的基本成果。这样就形成了儒、道、释三足鼎立的局面。及至唐代中叶，韩愈、李翱、柳宗元、刘禹锡等人面对佛、道二教的强势影响，力图恢复儒学的主导地位，他们在理论上的破和立，为宋明儒学的复兴打开了通道。

在中国历史上，唐代是一个社会经济和文化大发展、大繁荣的时期。唐代实行的民族和解与民族融合政策，对中华民族的凝聚有极其重要的意义。唐代对外采取高度开放的政策，使中国成为当时世界的政治、经济和文化中心。在这个时代里，儒家经学、道教、佛教竞相争辉，都获得了空前的发展。佛教作为外来宗教，由于理路和价值信念与中国流行的儒道二教（学）均有不同，在中土传播过程中，不免时有颉颃。然而，儒、道、佛三教（学）始终在不断地相互吸收与相互融合。佛教传入早期有取于魏晋玄学，唐宋天台宗、华严宗、禅宗的心性论有取于儒家的良知说；儒家吸收佛教的如来藏学，则在宋明时期构建起心性论；道教吸收佛教的如来藏学和儒家的道德观念，于宋以后有内丹学的转向与性命双修的新开展；如此等等。这都表现了从三教鼎立走向三教融会的趋势。

第十二章　秦与汉初的哲学及儒学复兴

公元前 221 年，秦灭六国，建立了中国历史上第一个统一的、多民族的中央集权制国家，进入我国封建社会的前期发展阶段。与此相应，百家争鸣的状况开始改变，通过综合、融贯百家的方式寻找思想大一统的趋势逐渐形成。撰写于秦统一中国前夕的《吕氏春秋》，首先体现了这种趋势。

秦朝统一未久，就在农民起义大潮中被推翻，起而代之的是刘邦建立的汉朝。汉朝接受秦朝速亡于暴政的教训，推行休养生息政策，崇尚无为而治的黄老思想。汇集于汉景帝时期的《淮南子》等著作，整合先秦各家思想，吸纳黄老之学，对道家思想作了更系统的阐发。

西汉开国数十年间，以黄老学"无为而治"的思想作为主导，实行"与民休息"的治国方略，经济获得迅速恢复与发展。但是，"无为而治"、"与民休息"对社会管治比较放任，在汉初诸侯王与中央政权的矛盾中，非常不利于礼与法"大一统"整体与长远的建构。因而对内加强制度建设的需要日渐增强。同时，随着经济实力的增强和国力的提升，以往对匈奴所采取的较为软弱的政策也需要作出调整。在这一社会背景下，关注制度的正面建构，主张入世承担、积极有为的儒家思想越来越受到重视。汉高祖刘邦立国之初，虽然黄老之学居于主导地位，但也请儒生叔孙通设置了君臣礼仪之制和太学教育。在汉初儒学复兴的过程中，陆贾、贾谊两人的努力具有开拓性的意义。

第一节　《吕氏春秋》的哲学

《吕氏春秋》由吕不韦的宾客撰写和编纂而成。吕不韦（？—前 235 年）原为富商，因帮助秦国公子子楚继位为庄襄王，受到庄襄王重用，封文信侯。庄襄王死，太子嬴政即位，吕不韦更被尊为相国，称作"仲父"。吕不韦借权重一时，聚合食客三千人，让"人人著所闻"，集为《吕氏春秋》，目的是集各家之精华，成一家之思想，为秦国统一天下进行理论论证。

《吕氏春秋》分十二纪、八览、六论，共 26 卷 160 篇。其中"十二纪"是全书的要旨所在。所谓"纪"，是记述一年四季十二个月天象、物候的变化和相应的农事与政令的施设。每"纪"有纪首一篇和依纪首主题开展的论作五篇，共有 60 篇。"览"主要记述人事，每"览"又分八篇，共有 64 篇，其中一篇已佚。"论"则主要记述地理，每"论"再分为六篇，共有 36 篇。全书内容驳杂，广泛涉及政治、经济、军事以至思想文化中的哲学、道德、音乐等领域，但始终不离君主应取的治国之道和国士应有的仪态操守这一中心话题。它既是秦王朝实现思想统一的前期探索，反映了中国社会结束纷争、走向天下一统的时代要求，又在思想上与汉初的黄老之学有着很强的一致性，在一定意义上是秦汉哲学的先导。

一、"用众"说

《吕氏春秋》广泛涉猎先秦各家各派的思想，兼及各类文献所记之行事。它对诸子百家的理论特点，都有中肯的点评。如《不二》篇称：

> 老耽贵柔，孔子贵仁，墨翟贵廉（兼），关尹贵清，子列子贵虚，陈骈贵齐，阳生贵己，孙膑贵势，王廖贵先，兒良贵后。此十人者，皆天下之豪士也。

这里以"贵柔"、"贵仁"、"贵兼"等说法分别点评老子、孔子、墨子等各家，可谓十分得当。作者称赞这些人物"皆天下之豪士也"，明显有别于以往各家相互排斥、相互指摘的做法，而表现出对各家各派兼收并蓄、融会贯通的态度。

在《吕氏春秋》"十二纪"的《用众》篇里，作者称述，治国不可纯用一家，更不可杂用多家，而必须"齐万不同"，把各家之长集合为一，方可成功。《用众》篇称：

> 天下无粹白之狐，而有粹白之裘，取之众白也。夫取于众，此三皇五帝之所以大立功名也。……夫以众者，此君人之大宝也。

"天下无粹白之狐"，意指不可能有哪一家学说是纯粹圆足的；"而有粹白之裘"，则指如把各家学说的长处与优点集合起来就可以获得圆足。因此，《吕氏春秋》认为"夫以众者，此君人之大宝也"。

在"用众"思想的指导下，《吕氏春秋》于儒、法、道、阴阳诸家均有所摄取。如《适威》篇称："古之君民者，仁义以治之，爱利以安之，忠信以导之，务除其灾，思致其福。"这是取于儒家的。《察今》篇称："治国无法则乱，守法而弗变则悖，悖乱不可以持国。世易时移，变法宜矣。"这是取于法家的。但《吕氏春秋》力图从道家的立场来统合各家。它称赞老子说："故老聃则至公矣。天地大矣，生而弗子，成而弗有，万物皆被其泽、得其利而莫知其所由始，此三皇五帝之德也。"（《吕氏春秋·贵公》，以下本章凡引《吕氏春秋》只注篇名）又说："圣人听于无声，视于无形，詹何、田子方、老耼是也。"（《重言》）这表明，《吕氏春秋》更推重老子式或经过改铸的老子的治国理念。这一点集中表现在《吕氏春秋》的"贵因"论与"十二纪"的"论衡"中。

二、"贵因"论

老子曾提出"道法自然"的著名命题。"法"显然就是"因顺"之意；"自然"则是指"自然而然"。老子的这一命题，意在反对过分的人为做作、过多的人工改变。因此，"道法自然"偏重的是"无为"。

老子之后，法家和具有法家色彩的黄老学派，都有取于老子而强调"因"、"因顺"，如韩非就讲"因可势，求易道"（《韩非子·观行》）。韩非所谓"势"，实指不同的力量对比而形成的格局和趋向；"因顺"这种"势"而求取的易行之"道"，便是一种并无原则立场而只具操作意义的"术数"。韩非把这种"道"看作"君人南面之术"，其间透显着一种权谋的色彩。

《吕氏春秋》也有得于韩非。《任数》篇称："古之王者，其所为少，其所因多。因者，君术也；为者，臣道也。为则扰矣，因则静矣。"这里也把"因"视为"君术"。但《吕氏春秋》并没有把"术"解释为无原则的"术数"、"权谋"。《贵因》篇称：

> 三代所宝莫如因，因则无敌。禹通三江五湖，决伊阙，沟回陆，注之东海，因水之力也。舜一徙成邑，再徙成都，三徙成国，而尧授之禅位，因人之心也。汤武以千乘制夏商，因民之欲也。如秦者立而至，有车也；适越者坐而至，有舟也。秦越远涂也，竫立安坐而至者，因其械也。

《贵因》篇所说的"因",一方面显然是指要"因顺"客观世界存在的状况与规则,这表明它不再是一种"术数"或"权谋",以此与韩非有别;另一方面,它又强调在"因顺"客观世界的状况与规则的前提下人的努力是可以成功的,这表明它不仅不一般地反对"有为",而且认为在一定条件下人可以大有作为,强调人的能动作用对于改造自然和社会的意义,包含了把发挥主观能动性与尊重客观规律结合起来的思想,这就超越了老子。

尤其是当《吕氏春秋》把"因顺"的原则进一步展开为依"十二纪"论"政"治"世"时,更表现出从战国末年思想家强调的"天人相分",向两汉思想家关切的"天人相与"的这一大转向中的独特贡献。

所谓依"十二纪"论"政"治"世",就是从一年四季十二个月天地宇宙变迁的节律来说明世间生活和政治体制、政治运作所应遵循的规则。

《吕氏春秋》是如何架构天地宇宙生化变迁的节律的呢?《大乐》篇称:

> 太一出两仪,两仪出阴阳。阴阳变化,一上一下,合而成章。浑浑沌沌,离则复合,合则复离,是谓天常。天地车轮,终则复始,极则复反,莫不成当。日月星辰,或疾或徐,日月不同,以尽其行。四时代兴,或暑或寒,或短或长,或柔或刚。万物所出,造于太一,化于阴阳。

这段话本意是讨论音乐的。但古代圣贤以为音乐源于天地宇宙变迁的节律和规则,因而这段话实即表述了《吕氏春秋》宇宙论的基本观念。这里的"太一",也就是老子所说的"道"、《易传》所说的"太极"。"太一出两仪","两仪"为天地。《吕氏春秋》认为,宇宙的变迁就显示为由"太一出两仪,两仪出阴阳",再经"阴阳变化"、"四时代兴",而化生万物的一个过程。《吕氏春秋》这样一种宇宙论,由于把"四时"带入生化过程中,较之于老子"道生一,一生二,二生三,三生万物"的抽象说法,无疑更贴近大自然的生态情景和农业生产的实际过程。

把"阴阳变化"、"四时代兴"作进一步的区分,便有十二个月,是谓"十二纪"。依《吕氏春秋》的看法,人世间的生活秩序、政治建制,都必须建立在"法天地"的基础上。天地宇宙在化生万物的过程中,每一个月所显示的状况是不同的,因此,人世间的生活秩序、政治的运作规则,也应该是不同的。如"孟春月",在天象方面,太阳运行到了营室,黄昏时参星出现在南方天空的正中，拂晓时尾星出现在南方天空的正中；在大地上，东风化解着冰霜，冬眠的虫类开始活动，鱼儿跃出薄冰，獭兽入水捕食，大雁从南方飞归；等等。显然，这个月份是万物开始生育的时节。依据天地宇宙的这种变化状况，社会生活和国家政治运作也应该以有利于万物的生育为准则：国君要亲率群臣斋戒迎春，对下民布德施惠；要禁止杀伐，保护幼小物类，以利于动植物的繁衍。总之，人世间的一切行事，都要"无变天之道，无绝地之理，无乱人之纪"（《孟春》）。

《吕氏春秋》把人间生活和政治建制、政治运作的正当性诉诸宇宙论，以一年四季十二个月万物生养收藏的变化节律来规范人类的行事法则，显示出"因顺自然"的思想路向。这种思想路向源于道家的"因顺"观，在西汉初年被融摄于黄老学，一度被确认为官方统治思想。

第二节　《淮南子》的哲学

西汉初期，通过进一步整合先秦各家而发展道家思想的重要著作是《淮南子》。《淮南子》又名《淮南鸿烈》，由淮南王刘安聚集一批宾客撰写而成。刘安（前179—前122年），乃刘邦之孙，史载其"为人好读书鼓琴"，有文才。刘安编著此书的主要目的，是为汉王朝治国理政提供方案。

《汉书·艺文志》将《淮南子》列为杂家类。然而通览全书，该书尽管思想驳杂，融贯儒、法、阴阳诸家，但主要内容仍属黄老道家。《淮南子·要略》（以下本章凡引《淮南子》只注篇名）篇称："若刘氏之书，观天地之象，通古今之事，权事而立制，度形而施宜。"这就是说，本书的宗旨就是要面向现实、应合事变。《要略》在介绍《原道训》时则称："欲一言而寤，则尊天而保真；欲再言而通，则贱物而贵身；欲参言而究，则外物而反情。"这都是说，本书著作的目的是要让人们回归道家所主张的"保真"、"贵身"、"反情"的精神追求上。显然，《淮南子》的哲学思想仍归属于黄老学。

一、"道始于虚霩"的宇宙论

《淮南子》承接与发展道家思想，更完整地建构起一套宇宙论体系。它依然以"道"为终极本原。《原道训》写道：

> 夫道者，覆天载地，廓四方，析八极，高不可际，深不可测，包裹天地，禀授无形。

这是对"道"作为本原在时空与功能上的无限性的描述。本原的"道"是如何演化出天地万物的呢？《天文训》中作了较为详细的说明：

> 天地未形，冯冯翼翼，洞洞灟灟，故曰太昭。道始于虚霩，虚霩生宇宙，宇宙生气。气有涯垠，清阳者薄靡而为天，重浊者凝滞而为地。清妙之合专易，重浊之凝竭难。故天先成而地后定。天地之袭精为阴阳，阴阳之专精为四时，四时之散精为万物。

"道"作为本原（"太昭"），其本始状态是无边无尽的虚空；从虚空首先产生出宇宙，宇宙为有；进而由宇宙生气，由气而有质；而后元气经分化生阴生阳，阴阳各自聚合而成天成地；阴阳之出入生四时，阴阳之散落为万物。人类亦是天地阴阳交合变化的产物。依《精神训》所说："烦气为虫，精气为人。是故精神天之有也，而骨骸者地之有也。"即是指人的精神由精气凝练而成，人的形骸由阴气集合而生。这一论断继承了先秦具有唯物论色彩的形神关系学说，认为精神活动也是由气产生的，其中精致的气构成精神，粗糙的气构成身体。但把人的精神活动简单地归之于气的聚散，却又显得有些机械。

《天文训》一文进而引入"五行"和方位的观念，论说天地阴阳交合变化与"空间"的关联；《时则训》又发挥《吕氏春秋》"十二纪"的观念，从一年四季十二个月的流转，展现天地阴阳交合变化与"时间"的关联。把天地宇宙万物的发生发展，与时间、空间关联起来，从时间、空间的联系与差别，说明物类在性质和功能上的联系与差别，构成为中国宇宙论的基本框架。必须指出的是，《淮南子》关于宇宙万物形成的学说，如"清阳者薄靡而为天，重浊者凝滞而为地"，阳为日，阴为月，阴阳化分为四时等，在近代科学出现以前，几乎成为我国古代公认的理论，也几乎与古代自然科学浑然不分，它对古代哲学和自然科学，一直有着重要影响。

二、"依道废智"的无为论

从这种宇宙论出发，国家社会的管治应如何进行呢？《淮南子》提出的基本原则是"依道废智"。《原道训》称：

> 是故至人之治也，掩其聪明，灭其文章，依道废智，与民同出于公。约其所守，寡其所求，去其诱慕，除其嗜欲，损其思虑。……是故圣人一度循轨，不变其宜，不易其常。放准循绳，曲因其当。

"道"衍生天地万物的过程，是自然而然的，因此，依"道"为治，亦必须顺其自然，不可用"智"。"道"以虚无为体，因而，用"道"牧民亦必须"约其所守，寡其所求"。《主术训》又称：

> 人主之术，处无为之事，而行不言之教，清静而不动，一度而不摇，因循而任下，责成而不劳。……进退应时，动静循理，不为丑美好憎，不为赏罚喜怒。名各自名，类各自类。事犹自然，莫出于己。

这里更从"人主之术"的角度论"治"，以为人主应无为无事，"动静循理"。那么，所循之"理"是什么呢？《淮南子》认为那就是"法"。《主术训》谓：

> 法者，天下之度量，而人主之准绳也。县法者，法不法也；设赏者，赏当赏也。法定之后，中程者赏，缺绳者诛。尊贵者不轻其罚，而卑贱者不重其刑。犯法者虽贤必诛，中度者虽不肖必无罪。是故公道通而私道塞矣。……无为者，非谓其凝滞而不动也，以其言莫从己出也。

所谓"无为"，亦即是国君不执定什么，不加任何一己之见，而一律以法为准绳，强调以一种相对客观的社会规范为基础的有为。应当说，《淮南子》主张的这种"无为"，不是真正意义上的无所作为，而是在法的度量下的一种因势利导的积极行为，它补充发展了老子的无为思想并赋予了其新的含义。《淮南子》中蕴含的治国主张与黄老学如出一辙，体现了汉初社会生活的现实需要和政治思想的基本特点。

三、"体本抱神"的修真论

《淮南子》与汉初黄老学亦有不同之处，就是它从道家宇宙论引出了一套炼养身心的理论。依据道家以"道"为终极本原的宇宙论，人在身心的炼养上，自应当以"体道"为终极追求。那么如何才能"体道"呢？《精神训》称：

> 所谓真人者，性合于道也。故有而若无，实而若虚。处其一，不知其二。治其内，不识其外。明白太素，无为复朴。体本抱神，以游于天地之樊。芒然仿佯于尘垢之外，而消摇于无事之业。浩浩荡荡乎，机械知巧弗载于心。……出入无间，役使鬼神；沦于不测，入于无间，以不同形相嬗也；终始若环，莫得其伦，此精神之所以能登假于道也，是故真人之所游。

《淮南子》把得道之人称为"真人"。其达至的最高境界，是不处于矛盾对待之中，不落入生死变化之域，不为机心巧智所困扰，不受世间俗事所拘限，是一种"无为复朴"、"体本抱神"的境界。这与庄子的追求相近。

但《淮南子》并没有把境界追求局限于精神的层面上。它已经顾及形、神、气的关联性。如《原道训》称：

> 夫形者，生之舍也；气者，生之充也；神者，生之制也。一失位则三者伤矣。是故圣人使人各处其位，守其职，而不得相干也。故夫形者非其所安也而处之则废，气不当其所充而用之则泄，神非其所宜而行之则昧。此三者，不可不慎守也。

就有生命的个体而言，形、气、神三者缺一不可，三者都要"慎守之"。这是对形神关系较为确切的表述，反映了朴素唯物主义认识论的思想要求。显然，《淮南子》的作者们已不同于庄子，不再视形骸为精神追求的累赘。如何"慎守"呢？《原道训》称：

> 夫精神气志者，静而日充者以壮，躁而日耗者以老。是故圣人将养其神，和弱其气，平夷其形，而与道沉浮俯仰。

这是主张以"静"的方法"将养其神"。唯"静"才可以和平其气息，安定其形躯，而与道为一体。在神、气、形三者的修炼中，《淮南子》仍以养神为主，有别于东汉之后发展起来的以"炼形"为目的的外丹道教神仙论。

总的来说，《淮南子》在融合各家思想的基础上，突出道家思想的理论价值和对现实生活的指导意义，反映了汉初意识形态的基本倾向和黄老学思想理论的基本特点，在继承和改造先秦道家思想的基础上，有了较大的面向现实的理论转向。

第三节　汉初儒学的复兴

陆贾、贾谊两人的思想是在汉初意识形态领域论争的背景下形成的，与黄老学一样具有综合各家学说，尤其是综合儒、道、法三家的倾向。但与黄老之学不同的是，陆贾、贾谊表现出比较明显的儒家倾向。

一、陆贾的"道基"说

陆贾（约前240—前170年），西汉初期著名的政论家、思想家，有辩才，曾奉刘邦之命著书论秦亡汉兴的经验教训，得十二篇，"每奏一篇，高帝未尝不称善"（《史记·郦生陆贾列传》）。可见，他在汉初甚受重视。所作集为《新语》。

从《新语》一书看，陆贾也推重黄老之道。如《无为》篇称：

> 道莫大于无为，行莫大于谨敬。何以言之？昔舜治天下也，弹五弦之琴，歌《南风》之诗，寂若无治国之意，漠若无忧天下之心，然而天下大治。

陆贾认为，政治的最高理想是"无为而治"。他指斥秦代的过分有为说：

> 秦始皇设刑罚为车裂之诛以敛奸邪，筑长城于戎境以备胡越，征大吞小威震天下，将帅横行以服外国。蒙恬讨乱于外，李斯治法于内。事逾烦天下逾乱，法逾滋而天下逾炽，兵马益设而敌人逾多。秦非不欲治也，然失之者，乃举措太众、刑罚太极故也。（《无为》）

在他看来，秦代统治之所以迅速崩溃，就是由于违背了无为原则，对人民压榨太甚。因此，陆贾批评过分有为，赞扬"无为而治"。但同时，他也在道家思想里融入了儒家学说。如《道基》篇写道：

> 是以君子握道而治，据德而行，席仁而坐，杖义而强。……夫谋事不并仁义者后必败，殖不固本而立高基者后必崩。
>
> ……
>
> 仁者道之纪，义者圣之学。学之者明，失之者昏，背之者亡。

这些提法又表明，陆贾在宣扬无为而治的同时，把仁义看作是"道"的核心内容（"道之纪"），认为只有以仁义治国，才可以立于不败之地。这是他与道家学说的不同之处，显示了兼综儒道的思想特点。

值得注意的是，陆贾开始引入天地阴阳等观念来支撑仁义等价值信念。如在《道基》篇中他称上古圣人"行合天地，德配阴阳"，又称"阳气以仁生，阴节以义降"。这些提法实际开启了汉儒把天地宇宙与德性伦理相贯通的先河。

二、贾谊的"过秦"论

贾谊（前200—前168年），西汉初期著名的政论家、文学家、思想家。汉文帝时，弱冠即被举荐为博士，后被超擢为太中大夫。但他才傲心高，与群臣政见不合，遭受忌恨，受到排斥，终生郁郁不得志，逝时年仅33岁。其论作经刘向整理辑为《新书》。

贾谊所处的时代，中央集权的专制统治还不十分巩固，新分封的诸侯王国形成地方割据势力，对中央政府的安全构成威胁；经过几十年的安定局面，社会出现贫富分化加剧的趋势；西汉中央王朝对匈奴侵犯北方边境的问题也无力解决。贾谊没有回避这些现实问题，在其著述中有针对性地作了集中阐述，其中以总结秦亡教训的"过秦三论"最为人们看重。《过秦上》称：

> 始皇既没，余威震于殊俗。然而陈涉，瓮牖绳枢之子，氓隶之人，而迁徙之徒也。才能不及中人，非有仲尼、墨翟之贤，陶朱、猗顿之富。蹑足行伍之间，而俯起阡陌之中，率疲弊之卒，将数百之众，转而攻秦。斩

木为兵，揭竿为旗，天下云合而响应，赢粮而景从，山东豪俊遂并起而亡秦族矣。……何也？仁义不施，而攻守之势异也。

他认为，陈涉出身鄙贱（氓隶之人），所率徒众亦不过是一帮疲敝不堪的役夫，然而其义举竟至"天下云合而响应"，而终使秦王朝大厦倾覆。这是为什么？贾谊得出了与陆贾相同的结论，那是因为秦王"仁义不施"，不懂得"攻守之势异"的道理。

由是，贾谊主张，治国之术必须以儒家的价值理念为主导。他说：

> 人主仁而境内和矣，故其士民莫弗亲也；人主义而境内理矣，故其士民莫弗顺也；人主有礼而境内肃矣，故其士民莫弗敬也；人主有信而境内贞矣，故其士民莫弗信也；人主公而境内服矣，故其士民莫弗戴也；人主法而境内轨矣，故其士民莫弗辅也。（《新书·道术》）

以"仁"使士民"亲"，以"义"使士民"顺"，以"礼"使士民"敬"，以"信"使士民"贞"，以"公"使士民拥戴，以"法"获士民支持。前五术无疑都是儒家所推重的基本价值信念。五术中贾谊特别重视"礼"，称"礼者，所以固国家，定社稷，使君无失其民者也"（《新书·礼》）。"礼"之重要即在"使君无失其民者"，可见"民本"是贾谊思想的核心。他说：

> 夫民者，万世之本也，不可欺。（《新书·大政上》）
> 闻之于政也，民无不为本也。国以为本，君以为本，吏以为本。故国以民为安危，君以民为威侮，吏以民为贵贱。此之谓民无不为本也。（同上）

在贾谊看来，国家的安全和危险、君主的尊严和屈辱、管理的尊贵和卑贱，都要以人民是否服从为转移。他的这种朴素的民本思想，显然是在总结秦亡经验教训的基础上提出来的。

当时一些思想家适应经济社会发展变化的需要，感到有必要改变黄老无为的指导思想，重新制定一套指导治国的思想体系。贾谊的上述思想，正是时代需要的反映，但他很少触及形上学问题。真正从宇宙论的角度为新的指导思想奠定根基，建构以儒家思想为核心内容的一整套哲学体系，并对后世产生了深远影响的思想家，是汉武帝时期的董仲舒。

思考题：

1.《吕氏春秋》是如何综合百家的？其目的是什么？

2.《淮南子》中"道"的内涵是什么？与先秦道家的道论有何异同？

3. 陆贾是怎样融合儒家和道家思想的？

4. 贾谊是如何推崇儒家思想的？

第十三章　董仲舒的哲学

董仲舒（前179—前104年），广川（今河北枣强）人，汉景帝时因善治《春秋》公羊之学而被推举为博士，是西汉时期著名的今文经学大师、唯心主义思想家。在儒家思想成为维护封建大一统帝国的主导意识形态的过程中，他起到了至关重要的作用。

汉武帝时期，社会经济迅速发展，大一统的政治格局基本形成，中央集权的封建制度初步确立，这些都为儒家思想的意识形态化奠定了社会基础。董仲舒吸纳战国以来逐渐流行的阴阳五行学说，乃至民间信仰，重新予以解释，建立起神学化的儒学体系。汉武帝即位之初，曾策问博士，董仲舒三次对策，广泛讨论以天人关系为中心的各种问题。他从"天人相与"的观点出发，论证"大一统"是"天地之常经，古今之通谊"，系统回答了汉武帝关于政权正当性与合法性问题，进而提出"罢黜百家，表彰六经"的主张，深受致力于推行"更化"以强化中央集权的汉武帝赏识。董仲舒的著作，除《汉书》本传收录的"天人三策"之外，还有由后人辑录而成的《春秋繁露》。

第一节　"天道至尊"的宇宙论

一、"天者群物之祖也"

世界的本原和宇宙的秩序自古以来就是人类探索的重要问题之一。在上古时代，"天生万物"、"神主万事"成了人们对世界万物的根本认识。董仲舒建构的宇宙论，最高概念是"天"，与这一传统有一定的传承关系。他说：

> 天者，群物之祖也，故遍覆包函而无所殊，建日月风雨以和之，经阴阳寒暑以成之。（《汉书·董仲舒传》）
>
> 天地者，万物之本，先祖之所出也。广大无极，其德昭明，历年众多，永永无疆。（《春秋繁露·观德》，以下本章凡引《春秋繁露》只注篇名）

这些说法都在强调，"天"（天地）是万物化生的本原和依据。"天"具有无限的伟力与功能，拥有至高无上的地位，故董仲舒又称：

> 天者，百神之大君也。事天不备，虽百神犹无益也。（《郊语》）

显然，"天"在这里被神化了，被视为至高无上的神灵。董仲舒虽然把"天"神化了，但他并没有赋予"天"以一种"创世"的意义，他的著作中也没有出现"先知"一类的人物。在他引入《易传》、《吕氏春秋》的许多观念，把"天"的化生功能与规则即"天之道"视为阴阳、四时、五行的交变规则时，我们可以看到，他的"天道"观是紧紧依托于大自然变迁的节律建立起来且具有某种经验性的。这是董仲舒的信仰体系与古代西方和古代印度创设的神学体系的一个重要区别。

二、"天道之大者在阴阳"

以阴阳、四时论"天道"，《易传》已开其端。董仲舒进而把"五行"的观念纳入到他的"天道"生化体系中。他说：

> 天地之气，合而为一，分为阴阳，判为四时，列为五行。（《五行相生》）

就是说，宇宙生化经历着天地之气—阴阳—四时—五行—万物这样一个过程。

在这个过程中，最重要的是阴阳。《易传》有"一阴一阳之谓道"的说法。董仲舒同样称："天道之大者在阴阳。"（《汉书·董仲舒传》）"天地之常，一阴一阳。"（《阴阳义》）阴阳是宇宙生化的起始和基源。

阴阳之出入起伏而有"四时"。董仲舒称：

> 阳气始出东北而南行，就其位也；西转而北入，藏其休也。阴气始出东南而北行，亦就其位也；西转而南入，屏其伏也。是故阳以南方为位，以北方为休；阴以北方为位，以南方为伏。阳至其位而大暑热，阴至其位而大寒冻。（《阴阳位》）

这是说，冬夏（春秋）之季节变迁，是由阴阳之出入起伏而引起的。冬夏春秋为"时间"。显然，以"四时"为化生的重要过程和环节，即体现着对大自然变迁之客观状况的描述。

"四时"又是与"四方"（五方）相关联的。"春"居于东方，"夏"居于南方，"秋"居于西方，"冬"居于北方。"时间"观念与方位、方向之"空间"观念由此连接起来。主宰"空间"的，则是"五行"。董仲舒说：

> 天有五行：一曰木，二曰火，三曰土，四曰金，五曰水。木，五行之始也；水，五行之终也；土，五行之中也。此其天次之序也。（《五行之义》）
>
> 木居东方而主春气，火居南方而主夏气，金居西方而主秋气，水居北方而主冬气。是故木主生而金主杀，火主暑而水主寒。使人必以其序，官人必以其能，天之数也。（同上）

这里，董仲舒又以五行与五方进而与四时相配搭，且以五行相生相克的规则为"天次之序"。

在董仲舒看来，天道的运行规则，就是由阴阳、四时、五行交变而形成的：

> 如金木水火，各奉其所主以从阴阳，相与一力而并功，其实非独阴阳也。然而阴阳因之以起，助其所主。故少阳因木而起，助春之生也；太阳因火而起，助夏之养也；少阴因金而起，助秋之成也；太阴因水而起，助冬之藏也。（《天辨在人》）

宇宙万物种类的形成及其生养收藏的变迁，都是阴阳、四时、五行交相作用的结果。因此，董仲舒认为宇宙万物的发生、发展及其联系与差别，是在时间和空间上的关联与差别造成的。董仲舒的这种宇宙论，典型地表现了在农业文明处境下人的知识与信仰。

三、"同类相动"

宇宙万物的联系与差别，它们的生养收藏的变迁，既然都依从于时间、空间，即都与阴阳、四时、五行的交合变化状况密切相关，那么宇宙万物自亦可以依阴阳、四时、五行的交变状况作"类"的同异判分。所以，董仲舒非常重视"类"，认为把捉事物必须经历一个"推物之类，以易见难"（《天地阴阳》）的过程，才可以实现。

但是，在董仲舒那里，既然"类"的分判取决于阴阳、四时、五行的交变状况，则事物在"类"上的关联，主要不是指在构成和属性上一种共相与殊相的关联，而是指在时间和空间上的一种生存处境的关联。因此，董仲舒不强调认知，也没有建立系统的知识论。他讲究事物在"类"上的通感性。他在《同类相动》一文中写道：

> 今平地注水，去燥就湿；均薪施火，去湿就燥。百物去其所与异，而从其所与同。故气同则会，声比则应，其验皦然也。试调琴瑟而错之，鼓其宫则他宫应之，鼓其商而他商应之，五音比而自鸣，非有神，其数然也。美事召美类，恶事召恶类，类之相应而起也。

董仲舒受到《吕氏春秋》和《淮南子》的影响，认为同类事物之间具有一种相互感应性，这种感应不是神使之然，而是"其数然也"。在这里，先贤们依然把他们的看法诉诸对大自然特有的观察与经验：在相同的时空处境下事物自当有某种被看作是"类"的相关性。但是，当董仲舒将自然界的这种感应关系作过分的应用，特别是用之于讨论社会物事而主"天人感应"说时，就将自然现象与社会现象相混同，把自然规律与伦理法则相比附，不可避免地要走向神秘主义和唯心主义了。

第二节 "天人一也"的人道观

宇宙论探讨宇宙世界发生、发展与变化的规则，仁、义、礼、智则是儒家认可的价值信念。如何从宇宙论转出价值论，使宇宙论得以成为孔孟提倡的价值理念的客观依据呢？董仲舒以"天人一也"（《阴阳义》）即天人相合作为解决这个问题的基本立场。

一、"人副天数"

天既然是万物的创造者和主宰者，人当然也不在其外。董仲舒认为，天不仅创造了万物，也创造了人。他认为天是有意志的，和人一样"有喜怒之气，哀乐之心"（《阴阳义》），人作为天创作的万物中最优秀的一类，禀受了天地之精粹，故最为可贵。这种"天人合一"的思想，继承了思孟学派和阴阳家邹衍的学说，并将它发展得十分精致。他说：

> 为生不能为人，为人者天也。人之［为］人本于天，天亦人之曾祖父也。此人之所以上类天也。人之形体化天数而成，人之血气化天志而仁，人之德行化天理而义，人之好恶化天之暖清，人之喜怒化天之寒暑，人之受命化天之四时。……天之副在乎人。（《为人者天》）

"人副天数"之说，既是"为人者天"论的必然结果，也是"天人相与"、"天人感应"论的理论依据。董仲舒又说：

> 天地之符，阴阳之副，常设于身，身犹天也。数与之相参，故命与之相连也。天以终岁之数，成人之身，故小节三百六十六，副日数也。大节十二分，副月数也。内有五藏，副五行数也。外有四肢，副四时数也。……心有计虑，副度数也。行有伦理，副天地也。（《人副天数》）

在这里，董仲舒把人身的骨节、五脏、四肢等，比附为一年的日数、月数，以至五行、四时之数，从而得出"为人者天也"的结论。人体的独特结构无疑是在大自然长期演化过程中形成的，但把人体的每一部分都与自然界的节律完全对应起来，那就是牵强附会了。而这也恰恰是"天人感应"思想得以展开的重要理论依据。按照董仲舒"同类相动"的原理，因为天人之间具有相同节律和同类关系，自然能够相互感应。他以此为世俗王权的权威和社会等级的神圣提供重要论证。

二、性有三品

董仲舒把人体的结构看作是天地宇宙依其节律创造的，不是其理论建构的主要目的。他要进一步论证的，是人的性情也由天地宇宙所赋予，为天地宇宙所决定。

关于"情"，董仲舒明确认定："夫喜怒哀乐之发，与清暖寒暑，其实一贯也。"（《王道通三》）就是说，"情"受之于"天"而与四时相副。论及"性"，董仲舒称：

> 人之诚有贪有仁。仁贪之气，两在于身。身之名取诸天。天两有阴阳之施，身亦两有贪仁之性。（《深察名号》）

"贪仁"问题属价值问题，董仲舒以为贪仁之性来自于天的"阴阳之施"，这无疑就把价值信念存在化，把应然实然化了。

既然贪仁之性来自于"阴阳之施"，而每个人禀得的阴阳之气又有差别，所以贪仁之性亦有区别。董仲舒写道：

> 圣人之性，不可以名性；斗筲之性，又不可以名性。名性者，中民之性。中民之性如茧如卵。卵待覆二十日而后能为雏，茧待缲以涫汤而后能为丝，性待渐于教训而后能为善。善，教训之所然也，非质朴之所能至也，故不谓性。（《实性》）

董仲舒的人性论，既不同于孟子的性善论，也异于荀子的性恶论，而是主张把"性"区分为三品，即圣人之性、中民之性和斗筲之性。他认为性是由天定的，是天使人有善有恶。"圣人之性"善，"斗筲之性"恶，这两者是不可改变的。因此，他更强调，看人性问题应从"中民"（大多数人）着眼。就"中民"而言，其性是有善有恶，或可善可恶的。这种人性论表现了董仲舒从现实状况出发的一种眼光。在这点上，他显然更接近于荀子。

从自然禀赋的意义上说，人性有贪与仁、善与恶，那么，为什么只有向善向仁的追求才具正当性呢？这又要回到"天"、"天道"上说。董仲舒称：

> 仁之美者在于天。天，仁也。天覆育万物，既化而生之，有养而成之，事功无已，终而复始，凡举归之以奉人。察于天之意，无穷极之仁也。人之受命于天也，取仁于天而仁也。是故人之受命天之尊，有父兄子弟之亲，有忠信慈惠之心，有礼义廉让之行，有是非逆顺之治，文理灿然而厚，知广大有而博，惟人道为可以参天。（《王道通三》）

就是说,价值上"仁"的追求,尊尊、亲亲、忠信慈惠等"善"的追求,其正当性都来自于"天"。"天"即是"仁"的体现、"仁"的化身。何以见得"天"是"仁"的呢?因为"天"不仅把人类创造为最优秀的一类,而且终而复始地覆育万物、化生万物,都是为了人类("凡举归之以奉人")。这一点表明在董仲舒那里,对天地宇宙生成长养的敬畏和感恩,是由宇宙论得以转出价值论的基点。对天地宇宙的敬畏和感恩,不是单一的认知问题,它来自农业社会人对自然极大依赖的生存处境。从认知的角度看,归"仁"于"天",那是荒诞不经的;从生存处境看,却是可以理解的。

为孔孟建构起来的价值信念提供宇宙论的支撑,在儒学发展史上,无疑有其独特的意义,那就是它通过把价值信念客观化,来确保价值信念对生存处境的贴近并从而获得普遍性。但是,由于价值信念客观化,亦必使宇宙世界灵性化、目的化以至走向神秘主义。董仲舒的宇宙论思想后来成为谶纬神学的源头,正说明了这一点。

人应当追求"仁"与"善",而人的本性却是贪与仁、恶与善兼具的,那么,如何才能去贪成仁、去恶从善呢?董仲舒强调"教化"的作用。他称:

> 天生民性有善质,而未能善,于是为之立王以善之,此天意也。民受未能善之性于天,而退受成性之教于王。王承天意,以成民之性为任者也。今案其真质,而谓民性已善者,是失天意而去王任也。(《深察名号》)
> 性者,天质之朴也;善者,王教之化也。无其质,则王教不能化;无其王教,则质朴不能善。(《实性》)

在董仲舒看来,性(中民之性)是天生质朴的,虽可以为善,但并非就是善,只有"待外教然后能善"(《深察名号》)。即人性善是通过教育求取的,这点显然有得于荀子。但这种主张弱化了道德价值的主体性,甚为后世所非议。又,董仲舒虽然与荀子都主张修善成仁有待于教化,不过二人也还有区别:荀子的"教化"观凸显的是圣人,圣人是道德的典范;董仲舒的"教化"观凸显的却是君王,君王是权力的主宰者。很显然,董仲舒的主张更符合维护封建统治的需要。

在人性问题上,董仲舒并没有把他的性有善恶论坚持到底,而是将之分为三品,从而使圣人和斗筲之人游离于人性之外了。同时,董仲舒的"性三品"

说的目的，是为他的天赋王权说和王道教化论提供理论依据，这就使其人性思想和教化学说不仅带上了浓厚的神学色彩，而且成为辅翼现实国家政治和等级秩序的理论工具。

第三节　"天人感应"的社会政治思想

从价值论转入社会政治领域，董仲舒一方面仍然把政治统治的正当性诉诸"天"、"天道"，另一方面亦诉诸由"天"、"天道"预定的道德信念。他强调"大一统"，推行"更化"，并把宗教哲学与政治思想结合起来，维护君主绝对权威，为巩固封建王朝的中央集权提供理论依据。

一、"以人随君，以君随天"

在古代，一种政治统治的正当性，首要问题是君王拥有的权力之正当性问题。就西汉而言，开国之君刘邦出身布衣，既没有强大的宗族背景，也缺少道德的感召力，何以能够取代秦朝而开创汉朝呢？刘邦把这种幸遇归之于"天命"。到了董仲舒，更直接确认"天子受命于天"，并把论证"君权至上"作为他的政治思想的核心。他称道：

> 唯天子受命于天，天下受命于天子，一国则受命于君。(《为人者天》)
> 《春秋》之法，以人随君，以君随天。……故屈民而伸君，屈君而伸天，《春秋》之大义也。(《玉杯》)

在董仲舒看来，天不但是宇宙万物的最高本原，也是社会等级秩序和伦理准则的唯一来源。"天子受命于天"，这是把天子（君王）统治权力的正当性归之于"天"；"屈民而伸君"，尤其强调天子（君王）统治权力的至上性。在这里，董仲舒显然是为中央集权的政治统治和"大一统"的统治格局立论的。此后，"大一统"的观念深入人心。在中央集权的统治下，士君子难以有独立人格。通过选拔入仕成为人们寻求自身价值实现的主要通道，儒家的人文追求与批判意识难免被消削。只是在董仲舒赋予"天"以道德守护者的形象并确认"屈君而伸天"的理论预设下，儒家以伦理提升政治的大方向才得以保存。

二、"仁义制度之数尽取之天"

天子（君王）如何治理国家，治理国家的主导观念与制度施设的正当性又从何而来呢？董仲舒认为，这一切亦都出自于"天"、"天道"。他说：

> 凡物必有合。……阴者阳之合，妻者夫之合，子者父之合，臣者君之合。物莫无合，而合各有阴阳。阳兼于阴，阴兼于阳；夫兼于妻，妻兼于夫；父兼于子，子兼于父；君兼于臣，臣兼于君。君臣、父子、夫妇之义，皆取诸阴阳之道。（《基义》）

君与臣、父与子、夫与妇的关系，取诸阴阳关系，二者不可或缺。在天地宇宙中"阴者阳之合"，在人间社会中则亦必须使臣兼功于君、子兼功于父、妻兼功于夫。这就是制度施设上的所谓"三纲"。董仲舒称："王道之三纲，可求于天。"（同上）"天"于是成了封建等级秩序和伦理准则的唯一来源。又称"君臣、父子、夫妇之义，皆取诸阴阳之道"（同上），而"天数右阳而不右阴"、"贵阳而贱阴"（《阳尊阴卑》）。在这里，董仲舒阐发了阳尊阴卑的理论，理由是自然界中属于阳的事物总是主导力量，属于阴的事物只起配合作用。他以此比附人事，论证君为臣纲、父为子纲、夫为妻纲具有天然的正当性。由此封建等级秩序和伦理准则的合理性和神圣性得以确立。

董仲舒又认定：

> 阴阳二物，终岁各壹出。壹其出，远近同度而不同意。阳之出也，常县于前而任事；阴之出也，常县于后而守空处。此见天之亲阳而疏阴，任德而不任刑也。是故仁义制度之数，尽取之天。……故圣人多其爱而少其严，厚其德而简其刑，以此配天。（《基义》）

董仲舒作为儒家学者，在治国理念上坚守仁义等基本价值观。而仁义等价值观的正当性，同样被视为来自阴阳的运化。他认为，阳气主导着万物的春生、夏养、秋成，这对于人类的生存和繁衍是最重要的，故体现着天的仁与爱；阴气仅流布于冬藏之季节且是不起作用的，可见"天之亲阳而疏阴，任德而不任刑也"。由此出发，他主张贤明之君应顺天之意，厚德简刑。

董仲舒不仅把仁义诉诸"天"、"天道"，而且把政治的运作规则也诉诸

"天"、"天道"。他在《五行逆顺》一文中写道：

> 木者春，生之性，农之本也。劝农事，无夺民时，使民，岁不过三日，行什一之税，进经术之士……
>
> 火者夏，成长，本朝也。举贤良，进茂才，官得其能，任得其力，赏有功，封有德，出货财，振困乏……
>
> 土者夏中，成熟百种，君之官。循宫室之制，谨夫妇之别，加亲戚之恩。恩及于土，则五谷成，而嘉禾兴……
>
> 金者秋，杀气之始也。建立旗鼓，杖把旄钺，以诛贼残，禁暴虐，安集，故动众兴师，必应义理……
>
> 水者冬，藏至阴也。宗庙祭祀之始，敬四时之祭，禘祫昭穆之序……

董仲舒依天道之四时轮替、五行生克论证政治运作的施设规则，显然受到《吕氏春秋》、《礼记·月令》的影响。只是《吕氏春秋》"十二纪"注重的主要是时令变迁与政治运作和生活节律的关系，董仲舒则进一步把仁义等价值信念与时令相挂搭，为儒家的追求提供了更坚实的宇宙论基础。

三、"天人感应"与"天谴"说

董仲舒不仅强调国家的政治施设与运作规则必须信守天道，遵循阴阳、四时、五行交变的秩序，而且认定君王如果不遵循这些规则，为政出现过失，天就会发出各种灾异来给予警示乃至谴责。这意味着不仅宇宙中的自然物事之间有感通关系，"天"与"人"亦有感通关系。董仲舒称：

> 臣谨案《春秋》之中，视前世已行之事，以观天人相与之际，甚可畏也。国家将有失道之败，而天乃先出灾害以谴告之；不知自省，又出怪异以警惧之；尚不知变，而伤败乃至。以此见天心之仁爱人君而欲止其乱也。（《汉书·董仲舒传》）

这段文字是对汉武帝策问的回应。董仲舒顺应中央集权的政治体制的需要，一方面从"天"、"天命"的高度承诺君王以至上的地位，另一方面又依"天"、"天道"的变迁规则确认儒家的仁义等价值信念的正当性，借以规限君王的政治行为，并且赋予"天"、"天道"目的论色彩以制约君王的政治权力，是"天谴"说的典型表达。然而，董仲舒企图在不损害君主绝对权威的前提下约束君权，并不能改变或阻止君主独断专行的事实。他的天人感应论，是将自然人格化的唯心主义思想的一种表现形式，对汉代的神秘主义思潮有很大影响。如果说自然物事之间具有某种通感性，是可以从一定的观察和经验中得到说明的，那么认为在国家政治行为方面，人与"天"也具有感应关系，则是把自然现象与社会现象混同起来了。以社会现象理解自然现象，以自然现象说明社会现象，这比之荀况"天人相分"的观念是一大倒退。

四、"天不变道亦不变"

董仲舒的政治哲学还涉及社会历史变迁的问题。先秦时期邹衍曾以"五德终始"之说，为朝代更替提供理论依据。董仲舒另创立了一套"三统三正"的历史循环论以取代之。

所谓"三统三正"，是指夏朝以寅月（正月）为岁首，代表"正黑统"；商朝以丑月（十二月）为岁首，代表"正白统"；周朝以子月（十一月）为岁首，代表"正赤统"。董仲舒认为，社会历史是依三统循环往复而变迁的。在变迁中，每一个新王朝的建立，都必须"徙居处，更称号，改正朔，易服色"（《楚庄王》），以示"奉天承运"。但是，"三统三正"之变并不是王道之变，而是新王朝重新承受天命的表现。所以董仲舒说：

> 若夫大纲、人伦、道理、政治、教化、习俗、文义，尽如故，亦何改哉？故王者有改制之名，无易道之实。（同上）

这就是说，朝代虽可以更替，但维护封建统治秩序的基本的政治制度、纲常伦理与风俗习惯，是不能够也永远不可以改变的。故董仲舒又说：

> 道之大原出于天。天不变，道亦不变。（《汉书·董仲舒传》）
> 《春秋》之于世事也，善复古，讥易常，欲其法先王也。（《楚庄王》）

在董仲舒看来，自然界的最高原则"天"是不变的，因而出于"天"的社会最高原则"道"也是不变的。这意味着"三纲五常"、"大一统"等维护统治秩序的"道"是永恒的。所以，董仲舒认为必须"奉天而法古"。这种循环历史观无疑属于形而上学的不变论，其理论主旨就是要论证封建制度的神圣与恒常，与其天人感应目的论体系是紧密相连的。后来，毛泽东在论及形而上学的错误观点时曾指出："在中国，则有所谓'天不变，道亦不变'的形而上学的思想，曾经长期地为腐朽了的封建统治阶级所拥护。"①

总之，董仲舒作为汉代著名经学家，在当时就享有"群儒之首"的声誉，后世甚至把他视为"汉代的孔子"。他在儒学乃至整个中国古代思想史上占有重要地位，有着深远影响。这主要表现在以下两个方面：

其一，董仲舒吸纳、整合先秦阴阳、五行学说，吸收当时天文、历数、物候等自然科学的新成果，进一步拓展与建构起以天人感应目的论为中心的儒家式的形上学哲学体系，为孔子、孟子开出的价值信念提供了宇宙论的有力支撑，为历时久远的封建统治思想奠定了理论基石。同时，其哲学体系中表现出来的主观附会、独断倾向，也使本具理性色彩的儒家学说走向神秘主义，在一定程度上导致西汉后期至东汉"谶纬"迷信的盛兴。

其二，董仲舒主张以"大一统"思想来维护封建国家的政治统一，以论证"君权神授"来巩固中央集权的政治权威，以主张"罢黜百家，表彰六经"和强调"礼乐教化"实现全面"更化"，使儒家思想迅速上升为官方的统治思想。这在当时的历史条件下，无疑促进了儒家价值理念的广泛传播，对于统一社会思想、巩固封建政权、促进经济文化发展具有积极意义。但董仲舒的哲学思想特别是"三纲"与神权的结合，又使儒家学说在一定程度上被工具化、功利化了。到了封建社会后期，特别是明清时期，这种思想逐步成为禁锢人们精神的枷锁，给社会发展带来很大的消极影响。

第四节　儒学的经学化与谶纬神学

从儒学史上看，董仲舒的贡献不仅是在理论上为孔孟建构的价值体系提供了宇宙论的支撑，而且在他的倡议和影响下，经学的地位也日益得到上升与巩固。

---

① 《毛泽东选集》第一卷，人民出版社 1991 年版，第 301 页。

一、经学地位的确立

在董仲舒之前，把《诗》、《书》、《礼》、《乐》、《易》、《春秋》等儒家推重的六种典籍专称为"六经"的，最早见于《庄子·天运》篇。到秦朝时，遭秦始皇焚书坑儒及秦末之乱，"六经"和诸子典籍多有散佚，儒家典籍大多只能靠齐鲁等地一些民间儒生的口耳相传而得以保留。汉初出现的社会安定、政策宽松的局面，为儒学提供了逐渐复苏的机会，"诸儒始得修其经艺，讲习大射乡饮之礼"（《史记·儒林列传》）。叔孙通、陆贾等儒生受到了朝廷的重用。申公、伏生、高堂生、田何、胡毋生等流落民间的儒生在儒学遭劫、典籍遗阙之际，已将儒家经典娴记于心、私相传授，其全部努力就在于传授和诠释自己所独传的儒家经典。他们通过考证辨析儒家经典来建立自己的学术，通过讲解阐释儒家经典来阐发自己的思想，因此，他们的学术被称作"经学"。又由于儒家经典多是他们凭自己的内心记忆或屋匿壁藏而传世的，是他们的"独门知识"和"独家珍藏"，所以，他们的弟子传人只得谨守师傅所传，谨记师门讲解，这就形成了谨守"家法"的学术传统。这种学术传统，被后世儒者所继承，成为整个汉代儒学的学术范式，并对后世产生了重要影响。

汉初尽管有儒生的努力，但是，由于当时的统治者多崇尚黄老之学，而不太推崇儒学，所以儒学在汉代早期只是得到了喘息复苏的机会，并未获得全面复兴。直到武帝建元五年（前136年），朝廷才下令立《诗》、《书》、《礼》（《仪礼》）、《易》、《春秋》五经博士，并以通经作为选择人才的重要途径。至此，经学的独尊地位才得以确立。

在西汉前期，儒生们所研治的儒家经典，主要是由汉初经生所传。他们在录写这些经典时都将其转写为汉代通行的文字即隶书。由于这种文字有别于秦以前的古文，故这些经典被称为"今文经"。其后，汉景帝时的河间献王刘德爱好古书，从民间搜集了一些用先秦"古文"写成的书籍，其中便有《周官》、《尚书》、《礼记》等。汉武帝时，封于山东的鲁恭王刘余为了修建宫室而拆孔子住宅的墙壁，也从中发现了《逸礼》、《古文尚书》、《左传》、《论语》、《孝经》等一批"古文"经典。这些用"古文"书写的经典，被称为"古文经"。于是，在经学承传上，便有了今文经学与古文经学的不同。由于两汉时期今文经学作为官学，长期占据主导地位，古文经学只有民间学问的意义，便不时发生今古文经学之论争。应该说，这种论争只是经学发展过程中的内部论争。在儒学独尊地位确立之后，汉代经学的发展与政治生活又有着密切的联系，今古文经学之争便关涉到统治集团内部的权力之争，但这种论争也使经学得以自我完善，东汉末年今古文经学渐趋融合的趋势正说明了这一点。

二、谶纬思潮与神秘主义的泛滥

今文经学既已被确定为官学，今文经学家又以开显五经的微言大义为宗旨，这使今文经学不可避免地流于神秘主义乃至神学迷信。

依《四库全书总目提要·易类》的提法："谶者，诡为隐语，预决吉凶。《史记·秦本纪》称卢生奏录图书之语，是其始也。纬者，经之支流，衍及旁义……如伏生《尚书大传》、董仲舒《春秋阴阳》，核其文体，即是纬书。"这就是说，"谶"是一种带有神秘色彩的预言，在秦始皇时期已发其端。"纬"则是用各种神秘方式解释儒家经典的文字，伏生、董仲舒的著述风格已属纬书。显然，无论是"谶"还是"纬"，都具有神秘主义色彩。整个思潮实际上由董仲舒引发，而流行于两汉之间。董仲舒的"天人感应"学说，无疑就是谶纬神学的理论基础。其著作中屡屡出现天降符瑞、天降灾异的说法，实际已具图谶色彩。所以，后来论及谶纬的起源时，人们往往把董仲舒当作先师。

谶纬神学的广泛流行，则在西汉末年。汉成帝之后，社会矛盾尖锐，政治斗争激烈，尤其是在王莽篡汉与"光武中兴"的时期，谶纬成了政治斗争的工具，谶语纬书纷纷出笼，二者亦日益合流。王莽有意取代汉朝，一位名叫哀章的方士献上铜柜所装的"谶语"，称"赤帝行玺某传予黄帝金策书"（《汉书·王莽传》），意谓汉高祖（赤帝）已诏告把汉家天下让给黄帝后裔王莽。王莽由是受禅建立新朝。不久，刘秀也得符谶称："刘秀发兵捕不道，卯金修德为天子。""卯金"为"劉"这一繁体字的一部分。谶语预示着刘姓将重新夺回政权。于是刘秀以此为号召，发动起义推翻王莽新朝。刘秀重建汉朝（东汉）后，更"宣布图谶于天下"（《后汉书·光武帝纪》），正式把谶纬神学定位为官方哲学。谶纬迷信于是大肆泛滥。

"纬书"广泛地吸纳了两汉各家的宇宙论观点，对《易》、《书》、《诗》、《礼》、《春秋》、《孝经》等"经"作神秘解说。如《易纬·乾凿度》写道：

> 昔者圣人因阴阳定消息，立乾坤以统天地也。夫有形生于无形，乾坤安从生？故曰：有太易，有太初，有太始，有太素也。太易者，未见气也。太初者，气之始也。太始者，形之始也。太素者，质之始也。……物

有始，有壮，有究，故三画而成乾。乾坤相并俱生。物有阴阳，因而重之，故六画而成卦。

这里关于天地宇宙演化过程的提法，与《淮南子》等著作相近。但"纬书"显然把宇宙的演化过程，更明确地赋予了神学的色彩。如《春秋纬·文耀钩》称：

中宫大帝，其精北极星，含元出气，流精生一也。
中宫大帝，其北极星，下一明者，为太一之先，合元气以斗布。

《春秋纬·合诚图》称：

天皇大帝，北辰星也。含元秉阳，舒精吐光，居紫宫中，制御四方，冠有五采。

这些提法都视天地宇宙的最高存在者为人格神式的"大帝"，元气、阴阳之气是从它那里流出而后化生万物的。宇宙的演化过程完全被神秘化了。与此同时，尧、舜、孔子等圣人也同样被神化了。如《春秋纬·演孔图》称孔子生下来胸前就书有"制作定世符运"六字，注定是要为五百年后的汉家立法的。儒家推崇的经书则被视为圣人代天立言的产物。

儒学向信仰方向的流变，至谶纬思潮而被推到了极点。

三、《白虎通义》与思想统治的强化

谶纬的盛行反映了汉代经学神学化、神学经学化的发展趋势。东汉建初四年（79年），由章帝亲自主持，于白虎观召开了一次大型的经学讨论会，命班固将会议记录整理成书，这就是《白虎通义》，并由皇帝钦定颁行全国。《白虎通义》不仅有取于今文经学和古文经学，而且对谶纬之学多所吸纳。

《白虎通义》涉及的范围非常广泛，涵盖了政治、思想、礼俗等多个方面。与董仲舒的学说比较，它带有更强烈的政治神学色彩。《天地》篇称：

天者，何也？天之为言镇也。居高理下，为人镇也。地者，元气之所

生，万物之祖也。

这里强调天的至高无上地位，是为了凸显君王作为"天之子"的神圣性和权威性，"王者父天母地，为天之子也"（《白虎通义·爵》）。《白虎通义》热衷于宣传三纲、六纪等封建伦理教条，如《三纲六纪》篇称：

> 三纲者，何谓也？谓君臣、父子、夫妇也。六纪者，谓诸父、兄弟、族人、诸舅、师长、朋友也。故《含文嘉》曰："君为臣纲，父为子纲，夫为妻纲。"又曰："敬诸父兄，六纪道行，诸舅有义，族人有序，昆弟有亲，师长有尊，朋友有旧。"

这是凭借宇宙论的观念进一步规范人伦关系的基本准则。这些准则依"阳得阴而成，阴得阳而序"的解说，虽然也顾及双方的互补性，但总体上是更凸显君、父、夫一方的宰制性。

《白虎通义》又论及"性情"。《性情》篇称：

> 性情者，何谓也？性者阳之施，情者阴之化也。人禀阴阳气而生，故内怀五性六情。
> 五性者何谓？仁义礼智信也。仁者，不忍也，施生爱人也；义者，宜也，断决得中也；礼者，履也，履道成文也；智者，知也，独见前闻，不惑于事，见微知著也；信者，诚也，专一不移也。故人生而应八卦之体，得五气以为常，仁义礼智信也。六情者，何谓也？喜怒哀乐爱恶，谓六情，所以扶成五性。

这些提法亦近于董仲舒，以为性与情、仁与贪由阳与阴二气给定。但董仲舒以"中民"论"性"，意在强调教化的作用。《白虎通义》的性情给定说，则凸显了等级统治的既定性。

总之，《白虎通义》融合今古文经学与谶纬迷信于一体，用阴阳五行来普遍地解释世界的一切事物，把阴阳五行说当作认识和解释世界的"万能钥匙"，成为一种思维定式，产生了深远的影响。它所阐发的以"三纲"、"六纪"为基础的伦理价值，也使得汉代经学所蕴含的礼学思想及其制度规范得到进一步落实。《白虎通义》把经学神学化、神学经学化的做法，对学术的更新、思想的解放无疑是一种致命的桎梏。

思考题：

    1. 董仲舒天道哲学的内容有哪些？

    2. 董仲舒是如何论述人性问题的？

    3.《白虎通义》是如何说明"三纲"、"六纪"的？

第十四章　王充的哲学

两汉之际，谶纬思潮大盛。在统治者的支持和倡导下，各种神秘的预言、虚妄的吉凶禁忌、光怪陆离的神鬼传说，在社会上广泛流播。这种情况引起了一些清醒的、理智的人们的深刻反省，产生了一批具有批判精神的哲学家、思想家，王充就是东汉时期批判谶纬思潮和神学迷信的一个杰出代表。

王充（27—约97年），字仲任，会稽上虞（今浙江上虞）人。年轻时曾到京师洛阳入太学，师事班彪，于是"博通众流百家之言"（《后汉书·王充传》）。后来做过几任小官，多受排斥，遂闭门家居，潜思著述，写下《论衡》、《政务》、《讥俗》、《养性》等书。今除《论衡》一书外，余皆不存。关于《论衡》的题名，王充自称："《论衡》者，论之平也。"（《论衡·自纪》，以下本章凡引《论衡》只注篇名）"《论衡》者，所以铨轻重之言，立真伪之平。"（《对作》）意思是说，他要以客观的态度对古往今来的学说和言论铨其轻重，评其是非，总括为一句话就是"疾虚妄"，即批判流行的谶纬神学。因为董仲舒的"天人感应"理论是谶纬神学的基础，所以王充哲学实际上也是对董仲舒唯心主义和神秘主义思想的批判。

第一节　"元气自然"的宇宙论

王充批判谶纬神学的思想资源和理论依据是什么呢？他自称："黄老之家，论说天道，得其实矣。"（《谴告》）显然，他是以黄老道家宇宙论所体现的自然主义倾向为出发点的。所不同的是，黄老道家的"自然"主要是指主体顺适外界的一种行为意识和价值观念，王充的"自然"则已拓展为对客观世界自然本性的直接肯定。

一、"天地合气，万物自生"

王充与黄老道家一样，以元气作为宇宙的终极本原。他反复称道：

元气，天地之精微也。（《四讳》）

> 天地,含气之自然也。(《谈天》)
>
> 万物之生,皆禀元气。(《言毒》)
>
> 天地不生,故不死;阴阳不生,故不死。死者生之效,生者死之验也。夫有始者必有终,有终者必有始,唯无终始者乃长生不死。(《道虚》)

在这里,王充把元气看作是充塞于天地自然之间的细微物质。它无始无终,为终极性的、物质的存在物。

王充较黄老道家有所推进的是,明确认定元气还是一种无意识、无目的的存在物。他在《自然》篇中写道:

> 谓天自然无为者何?气也,恬澹无欲,无为无事者也。

在王充看来,不仅作为天地宇宙统一本原的元气是无意识、无目的的自然性存在物,而且元气化生万物的过程,也是自然而然的过程。《自然》篇继续写道:

> 天地合气,万物自生。
>
> 夫天覆于上,地偃于下;下气烝上,上气降下,万物自生其中间矣。
>
> 天之动行也,施气也……天动不欲以生物而物自生,此则自然也。施气不欲为物而物自为,此则无为也。

这些说法都强调了天地元气及其生化过程的自然性,否定了两汉流行的"天地故生物"的神学目的论。

在王充看来,人虽然是万物之灵,但依然是自然界的一部分,人和万物一样也都是禀受天地之气自然而然地化生的。王充指出:

> 然则人生于天地也,犹鱼之于渊,虮虱之于人也。(《物势》)
>
> 人,物也,万物之中有智慧者也。其受命于天,禀气于元,与物无异。(《辨祟》)

董仲舒建构的神学体系的特点是把自然世界灵性化,自然世界灵性化必然同时被目的化,故其又称"天地故生人"。王充指出,即使是最具灵性的人,其生成过程也纯属自然过程。对于宇宙世界的自然本性，王充在此给予了明确的认定。

二、"疾虚妄"、破谶纬

王充既已确认宇宙的终极本原——元气为一自然性的存在物，元气化生万物为一自然的过程，那么，两汉之际流播的天人感应神学目的论和种种谶纬迷信之说，毫无疑问是虚妄的。王充的"疾虚妄"就是对此举起了批判的旗帜。

首先，他致力于祛除"天"的神秘色彩。他批评当时儒者认为天有意志的说法：

> 儒者论曰："天地故生人。"此言妄也。夫天地合气，人偶自生也；犹夫妇合气，子则自生也。(《物势》)

为什么说天不能"故生人"，即不具意志性、目的性呢？王充依据的是经验类比的方法：从地没有感觉器官来推知天也没有感觉器官，又从天没有感觉器官来断定天没有观念欲望。他说：

> 地体无口目，亦知天无口目也。使天体乎？宜与地同。使天气乎？气若云烟，云烟之属，安得口目？(《自然》)

这种推论虽然是朴素直观的，但针对天地有灵论，这种批判还是有力的。

由于天是否"故生人"与天是否"故生物"这两个问题是联系在一起的，因此，王充的批判锋芒亦及于"天地故生物"。他说："或说以为天生五谷以食人，生丝麻以衣人。此谓天为人作农夫桑女之徒也，不合自然。"（同上）由此，他排除了天"故生物"的可能，而称："天者，普施气万物之中，谷愈饥而丝麻救寒，故人食谷、衣丝麻也。"（同上）这都是"自然之道，非或为之也"（同上）。

其次，他对于汉代极为流行的"天人感应"论和帝王受命说提出反驳。例如，纬书说尧之母与赤龙相感而生尧，刘邦之母梦与龙相通而生刘邦，所以尧与刘邦都成为"真龙天子"。王充根据"同类相产"的理论反驳异类交接的说法。他说：

含血之类，相与为牝牡。牝牡之会，皆见同类之物，精感欲动，乃能授施。……今龙与人异类，何能感于人而施气？（《怪奇》）

"天人感应"论者又认为人君的喜怒、赏罚可以直接引起天象的变化。王充则指出："人不能以行感天，天亦不随行而应人。"（《明雩》）"寒温之气，系于天地，而统于阴阳，人事国政安能动之？"（《变动》）对所谓天降"符瑞"与天能"谴告"的说法，王充也给予有力的驳斥："天能谴告人君，则亦能故命圣君……今则不然，生庸庸之君，失道废德，随谴告之，何天不惮劳也？"（《自然》）至于符瑞，他认为只是一种自然现象，与社会政治无关。他指出："夫太平以治定为效，百姓以安乐为符……圣主治世，期于平安，不须符瑞。"（《宣汉》）这些批判都是极有见地的。

再次，王充不但对有神论的种种迷失进行了揭露，还致力于探寻谶纬神学作为一种迷信的认识根源和社会根源。《辨祟》篇称：

凡人在世，不能不作事；作事之后，不能不有吉凶。见吉则指以为前时择日之福，见凶则刺以为往者触忌之祸。多或择日而得祸，触忌而获福。工伎射事者，欲遂其术，见祸忌而不言，闻福匿而不达，积祸以惊不慎，列福以勉畏时。故世人无愚智、贤不肖，人君布衣，皆畏惧信向，不敢抵犯。

祸福报应之说，实际上是迷信职业者利用人们求福避祸的心理期待，把无法把握的偶发事件编排为神鬼的有意安排而建立起来的。这就揭露了迷信在认知心理上的根源。在《自然》篇中，王充又指出：太古之时，人心淳朴，遂无谴告之说。"末世衰微，上下相非，灾异时至，则造谴告之言矣。……由此言之，谴告之言，衰乱之语也。"这又触及了迷信流行的社会根源。

王充批判神学、揭露神学愚昧性的斗争，推动了哲学唯物主义的发展，对后来的无神论者范缜产生了重要影响。

第二节　注重"效验"的认识论

王充曾经自称，他写《论衡》是"考之以心，效之以事，浮虚之事，辄立

证验"（《对作》）。以心考物，以事证验，这一说法正表现了王充哲学的一个
基本特点，即以经验知识为依托建构自然宇宙论，同时以经验知识为依据抨击
有神论。可见，经验主义认识论在王充哲学中占有重要地位。

一、"知物由学，学之乃知"

在认识问题上，孔子曾经说过有"生而知之"者的话，但孔子说他自己不
是生而知之者。汉代俗儒为了神化圣人，却宣称孔子等圣人能"前知千岁，后
知万世，有独见之明，独听之聪，事来则名，不学自知，不问自晓"（《实
知》）。王充坚决反对这种无稽之谈，为此他专门写了《实知》一文，列举 16
个事例，证明即使像周公、孔子那样的圣人也不能"生知"。他说，如果让一
个人立于墙东说话，使圣人在墙西听讲，圣人能知墙东之人的高矮、黑白、乡
里、姓氏吗？显然不能。由此可见，所谓"生而知之"、"神而先知"，"此皆
虚也"。

那么，圣人与常人在才智方面有没有差别呢？如果有的话，这种差别表现
在哪里？对这些问题，王充的回答是：

> 齐部世刺绣，恒女无不能；襄邑俗织锦，钝妇无不巧。日见之，日为
> 之，手狎也。……从农论田，田夫胜；从商讲贾，贾人贤。（《程材》）
>
> 人才有高下，知物由学。学之乃知，不问不识。……所谓圣者，须学
> 以圣。……天地之间，含血之类，无性（生）知者。（《实知》）
>
> 实者，圣贤不能性知，须任耳目以定情实。其任耳目也，可知之事，
> 思之辄决；不可知之事，待问乃解。天下之事，世间之物，可思而知，愚
> 夫能开精；不可思而知，上圣不能省。（同上）

从这些论述可以看到，首先，王充承认人才有高下、才智有差别的客观事实，
但他认为这种差别是相对的。譬如，耕田则圣人不如农夫，经商则贤人不如商
贾。其次，王充指出学习与实践才是认识事物的根本途径，是认识的基本前
提。"日见之，日为之"，通过努力学习与实践，则钝妇变巧女；反之，即使是
智能之士，"不学不成，不问不知"（同上）。再次，王充还认为认识离不开感
官的作用，求知者"须任耳目以定情实"。因为"如无闻见，则无所状"（同
上）。而"无所状"则谈不上认识事物，即使是圣人也不例外，所以他又说：

"非圣人无知，其知无以知也。"（《实知》）王充不以"先知"视圣人，这正表明了他的经验论的思维途径。但他力图摆脱墨家的狭隘经验论，注意到了"揆端推类，原始见终"的推理作用。

二、"不徒耳目，必开心意"

王充承认认识"须任耳目以定情实"，但也看到了感官的局限性。他说："盖人目之所见，不过十里；过此不见，非所明察，远也。"（《书虚》）而且他还指出，即使是在耳目能够闻见的范围内，如果使认识只是停留在感官经验的阶段，也是远远不够的：

> 夫论不留精澄意，苟以外效立事是非，信闻见于外，不诠订于内，是用耳目论，不以心意议也。夫以耳目论，则以虚象为言；虚象效，则以实事为非。是故是非者，不徒耳目，必开心意。墨议不以心而原物，苟信闻见，则虽效验章明，犹为失实。（《薄葬》）

这是说，因为感觉常常给人以虚幻之象，并不完全可靠；应当把"闻见于外"和"诠订于内"结合起来，经过内心的"意议"、"诠订"和加工整理，才能形成正确的认识。王充把认识过程分为"耳目闻见"与"以心原物"两个阶段，认为前者只是认识的初步阶段，后者才是认识的完成阶段，已在一定程度上意识到了人的认识是一个从感性到理性的过程。

更难得的是，王充还意识到"以心原物"、"开心意"的认识阶段是一个复杂的思维过程，提出了类似于归纳、概括、演绎、推理等认识方法。他说：

> 圣人据象兆，原物类，意而得之；其见变名物，博学而识之，巧商而善意，广见而多记，由微见较。（《知实》）
>
> 先知之见，方来之事，无达视洞听之聪明，皆案兆察迹，推原事类。（《实知》）
>
> 揆端推类，原始见终，从闾巷论朝堂，由昭昭察冥冥。（同上）

这里所说的"先知之见，方来之事"，不是指超乎常人的未卜先知，也不是指耳目有达视洞听的特异功能，而是指建立在闻见基础上的"巧商善意"。从

"原物类"到"意而得之",从"博学而识"、"广见多记"到"由微见较",这就是一个概括与归纳的过程;从"案兆察迹"、"揆端推类"到"原始见终"、"由昭昭察冥冥",则是一个分析与推理的过程。借分析与推理人们可以触类旁通,"知一通二,达左见右"(《实知》)。由此,人的认识便可以由表及里,由现象深入本质,由现状推测未来,推动认识的深化。王充把"达物气之理"(《变动》)看作认识的任务之一。所谓"物气之理"就是自然界变化的规律,例如,"天且风,巢居之虫动;且雨,穴处之物扰",这是"风雨之气感虫物也"。他认为把这种现象说成是"灾异",即是"不达物气之理也"(同上)。正是依恃于坚实的经验主义认识论,王充揭露了谶纬迷信的虚妄性。

三、"明于有效"、"定于有证"

王充在认识论上提出了"方比物类"、"案兆察迹"、"原始见终"等一系列认识方法,目的是为了获得正确的认识结果。然而,认识是否具有真理性,涉及检验真理的标准问题。为此他提出了以"效验"定是非的主张:

> 凡论事者,违实不引效验,则虽甘义繁说,众不见信。(《知实》)
>
> 事莫明于有效,论莫定于有证。空言虚语,虽得道心,人犹不信。(《薄葬》)
>
> 凡天下之事,不可增损,考察前后,效验自列,自列,则是非之实有所定矣。(《语增》)

这就是说,仅有"甘义繁说"、"空言虚语"是不行的,问题在于如何使众人见信,这就需要用事实说话,用效验定是非。在东汉鬼神迷信盛行的社会氛围中,王充经常以效验为武器,批驳种种谬说。例如,他用农民以马粪浸种可以防虫的经验来说明虫害并不是神的报应,又用透镜向日取火的经验来说明天上的太阳是物质性的火气,而非神的作用。针对当时的俗儒"以为圣贤所言无非"的权威崇拜,王充亦以"效验"之说加以回应。他说:"凡学问之法,不为(畏)无才,难于距师,核道实义,证定是非也。"(《问孔》)而要"证定是非",就要有"距师"的勇气。为此,他专门写了《问孔》、《刺孟》等篇,对孔孟等圣贤提出质难,并理直气壮地说:"苟有不晓解之问,迢(追)难孔子,何伤于义?"(同上)这种敢于坚持真理、挑战权威的精神,在当时的社会环境中是难能可贵的。

更重要的是，王充不但主张用"效验"来检验认识，而且强调知以致用。他说："入山见木，长短无所不知；入野见草，大小无所不识。然而不能伐木以作室屋，采草以和方药，此知草木所不能用也。"（《超奇》）就是说，仅能分辨草木种类而不知其功用，不是真知。他认为求知贵通贵用："凡贵通者，贵其能用之也。即徒诵读，读诗讽术，虽千篇以上，鹦鹉能言之类也。"（同上）这种"致用"主张可以说是他重"效验"理论的重要表现，也是对当时空疏虚浮学风的间接批判。

第三节　偶成说与命定论

王充的自然哲学以道家的天道自然无为说立论，反对神学目的论所谓天"故生人"、"故生物"的观点，强调"物自生"、"气自变"、"地固将自动"、"星固将自徙"的"自然"观。从对"自然"的强调中，他触及了必然与偶然这对矛盾，但由于他并没有真正理解必然性与偶然性的辩证关系，于是不自觉地走向两个极端：在不能解释必然的情况下，把必然归为偶然；在无法解释偶然的情况下，又把偶然归为必然，这就形成了他的偶成说与命定论。

一、"物事相遭"、"偶适相遇"

王充在用"天道自然"解释万物的产生与变化时，首先看到的是"必然"的一面。他说：

> 夫变异自有占候，阴阳物气自有终始。履霜以知坚冰必至，天之道也。（《谴告》）
> 天且雨，蝼蚁徙，丘（蚯）蚓出，琴弦缓，固疾发，此物为天所动之验也。（《变动》）

霜先降而坚冰将至、天且雨而蝼蚁先徙等，王充并不把这种必然性看作"天人感应"，而只认为是物气相感使然。他称道："风从虎，云从龙，同类通气，性相感动。"（《偶会》）即是说，自然现象之间有一种因果联系，这种因果联系是有其内在依据的，那就是"同类通气"。

然而，现实中发生的事并不是全都具有必然性的，那些与"同类通气"无关的事如何解释呢？王充认为那是"偶适相遇"。他说：

> 若夫物事相遭，吉凶同时，偶适相遇，非气感也。（《偶会》）
>
> 春种谷生，秋刈谷收，求物得物，作事事成，不名为遇；不求自至，不作自成，是名为遇，犹拾遗于涂，掇弃于野……（《逢遇》）

这是说，春种秋收，是自然规律使然，按照这个规律去行事就会成功，这不叫作"遇"。而行人拾遗于道，却是"不求自至"，与规律无关，那是碰巧的，这叫作"遇"。

必然与偶然是揭示事物联系和发展的两种不同趋势的范畴。必然是客观事物联系和发展中合乎规律的、确定不移的趋势；偶然则是由事物的外部因素或事物内部非本质原因引起的非规律性的、不确定的趋势。王充显然已看到了必然与偶然的这种区别。他不但指出事物"遇"与"非遇"的不同，而且试图进一步解释造成必然与偶然不同的内在原因。他用"物气相感"来揭示事物的联系，认为那是由物气的本性所决定的，因而是合乎规律的必然的联系；又用"非气感"来说明两个事物（或现象）的"偶适相遇"，以为那是外部偶然的联系。在认知层面上，这无疑有深刻之处。但是，由于王充过分强调必然与偶然在各类现象中的决定作用，反倒使他对"人为"的作用未能给予正确的估计。他说：

> 然虽自然，亦须有为辅助。耒耜耕耘，因春播种者，人为之也。及谷入地，日夜长大，人不能为也。或为之者，败之道也。（《自然》）
>
> 今夫陶冶者，初埏埴作器，必模范为形，故作之也……夫耕耘播种，故为之也。及其成与不熟，偶自然也。（《物势》）

这里王充虽然看到了人为的"辅助"作用，但却认为成与不成完全取决于天道自然，人对此是无能为力的。这就从荀子的"制天命而用之"的立场上倒退了。从理论思维的教训来看，王充混淆了社会现象与自然现象的本质区别，把必然（"命"）、偶然（"偶"）和自然直接等同，搞不清三者的辩证关系，暴露了其思想中的形而上学缺陷，而这正是其走向宿命论的桥梁。

二、"命则不可勉，时则不可力"

王充对必然与偶然所作的分割性的理解，预示着他的哲学最后必然滑向无可奈何的命定论。尤其是在社会领域，由于时代的局限，他无法正确理解社会上种种不合理现象产生的社会根源，只好把这些不合理现象归之于偶然。他说：

> 操行有常贤，仕宦无常遇。贤不贤，才也；遇不遇，时也。……或高才洁行，不遇，退在下流；薄能浊操，遇，在众上。……处尊居显，未必贤，遇也；位卑在下，未必愚，不遇也。故遇，或抱污行，尊于桀之朝；不遇，或持洁节，卑于尧之廷。（《逢遇》）

贤者不遇、不肖者遇这种现象确实是存在的，这里面当然有偶然的因素，但在偶然的背后却包含着当时的制度不合理所决定的必然性。王充有时也试图从这方面寻找原因，他说："得非己力，故谓之福；来不由我，故谓之祸。不由我者，谓之何由？由乡里与朝廷也。"（《累害》）他指出乡里有"三累"（指乡里选举中的排挤、嫉妒、诽谤），朝廷有"三害"（指官僚政治中的贿赂、争夺、谗害）。"古今才洪行淑之人，遇此多矣。"（同上）这似乎触及了社会问题，但他仍然停留在现象的揭露上。由于王充无法科学地分析偶然与必然的关系，揭示社会生活的本质，最终他只能以"命定"论来摆脱理论上和现实生活中的困境。他说：

> 自王公逮庶人，圣贤及下愚，凡有首目之类，含血之属，莫不有命。命当贫贱，虽富贵之，犹涉祸患矣……故夫富贵若有神助，贫贱若有鬼祸。（《命禄》）

在他看来，不但个人的命运是注定的，连国家的命运、王朝的兴衰也是"时数"决定的，他把这叫作"期数自至，人行偶合"（《偶会》）。汉高祖刘邦当王与张良、韩信当助兴汉就是如此："夫高祖命当自王，信、良之辈时当自兴。"（同上）即是说，"贤君之立，偶在当治之世"；"无道之君，偶生于当乱之时"（《治期》），如此而已。按照这种理论，"偶"已变成"命"的一种表现形式，社会的治乱与贤君或暴君没有任何关系，而只受一种神秘力量的支配："世之治乱，在时不在政；国之安危，在数不在教。贤不贤之君，明不明之政，无能损益。"（同上）结论是："命则不可勉，时则不可力，知者归之于天。"（《命禄》）至此，以批判天命神学为职志的王充哲学，最终仍然不得不"归之于天"而陷入命定论。

在谶纬神学盛行的时代，王充的哲学不仅在一定程度上廓清了当时思想界弥漫着的神秘主义气氛，而且在很多问题上提出了颇具价值的独特见解，并直接启发了以后的学者。由于王充所处时代的认识水平与他所处阶级地位的原因，其哲学的局限性也很明显，但不能因此而否定他"疾虚妄"的无神论思想的重要价值。

思考题：

1. 王充"元气自然"论的主要内容是什么？

2. 王充"疾虚妄"针对的是什么？有何重要意义？

3. 王充认识论有些什么内容？其局限性何在？

第十五章　魏晋玄学

相对于两汉经学而言，魏晋学术的主流是"玄学"。哲学思潮由"经学"向"玄学"的过渡与转变，有其深刻的社会历史背景。至东汉末年，政治日趋腐败，社会矛盾激化，爆发了黄巾大起义。封建统治阶级镇压起义后，各军事集团长期混战，先后出现了魏、蜀、吴三国鼎立以及西晋王朝短暂统一的政治局面。与此同时，世家大族兼并土地，逐渐在经济、政治和社会各方面掌握了实权，在魏晋时代形成门阀士族。西晋王朝统一未久，便爆发了"八王之乱"，政权频繁更迭，随后陷入了南北朝的分裂混战。国家大一统的相对稳定局面被打破，中国社会又一次进入了长期分裂割据的时期。动荡使得统治阶层的权力斗争日益惨烈，同时伴随着血腥杀戮，史称"魏晋之际，天下多故，名士少有全者"（《晋书·阮籍传》），就是当时社会现实的真实写照。

政治经济形势的剧烈动荡和变化，严重影响了魏晋文人士大夫的政治态度和意识形态。在政治上，他们从过问政治、砥砺名教和积极面对现实的态度，转变为不问政治、逃避现实，以求明哲保身。在思想上，他们对越来越流于烦琐、荒诞并沦为政治斗争工具的儒家正统思想产生了怀疑，开始"非汤武而薄周孔"（《嵇康集·与山巨源绝交书》），倾心玩味"三玄"（《老子》、《庄子》与《周易》），逐渐接受了消极避世但又反对思想束缚的老、庄思想。在理论上，他们大都围绕着"名教"与"自然"之间的关系①开展讨论。何晏、王弼以"自然"为本、"名教"为末而包容"名教"；嵇康、阮籍因对司马氏集团标榜名教而实际篡权的行为不满，强调名教与自然的对立，主张"越名教而任自然"；到了郭象，则极力纠正"越名教而任自然"所引发的士人的放纵行为，对名教与自然的统一进行了详细论证，为现存统治秩序寻找理论依据。在这一过程中，他们提出了一系列新的哲学范畴，如有无、体用、本末、言意等，并在此基础上构建了各自的本体论。这种学问因推崇"三玄"而被称为"玄学"。

---

① 所谓"名教"，一般指以正名分、定尊卑为主要内容的封建礼教和道德规范；所谓"自然"，主要指天道自然，认为天是自然之天，天地的运转、万物的生化，都是自然而然、自己如此的。名教和自然观念产生于先秦，孔子就主张正名而强调礼治，老子则主张自然而提倡无为。到了魏晋时期，名教的工具化、经学化乃至神学化，使得儒家提倡的纲常名教逐渐丧失了绝对的、内在的吸引力，但名教自身毕竟具有社会治理的功能，因此，如何调和名教与自然之间的矛盾，就成了魏晋玄学思想家的主要论题。

第一节　何晏、王弼的哲学

何晏（193—249 年），字平叔，南阳郡宛县（今河南南阳）人。魏正始年间，何晏附和秉政的曹爽，在正始十年（249 年）司马懿发动的政变中，曹、何均被杀。何晏的著作有《论语集解》。王弼（226—249 年），字辅嗣，魏山阳郡（今河南焦作）人。王弼出身世家，少年即富盛名，通辩能言，善谈名理。可惜 24 岁患病早逝。王弼的著述主要有《老子注》、《老子指略》、《周易注》、《周易略例》等。今有《王弼集校释》行也。

王弼与何晏都生活并活跃于魏明帝正始年间，由他们带动起来的玄学思潮被称为"正始玄风"。《晋书·王衍传》称："魏正始中，何晏、王弼等祖述老庄，立论以为：'天地万物皆以无为本。无也者，开物成务，无往不存者也。阴阳恃以化生，万物恃以成形，贤者恃以成德，不肖恃以免身，故无之为用，无爵而贵矣。'"这就是说，何晏、王弼的思想是在承传老庄道家学说的基础上发展起来的。其中，何晏凭借自己的学术声望和政治地位，成为正始玄学的实际领袖人物；王弼不仅在思想深度上超过了何晏，成为正始玄学的主要代表，而且在一定意义上为整个玄学奠定了理论基石。下面主要以王弼为代表，揭示"正始玄学"的特质和价值。

一、"以无为本"的本体论

正始玄学的主调是"贵无"论。何晏、王弼提出"以无为本"的中心思想，为整个玄学的发展确立了基本的思维框架。在《老子》哲学中，"无"是宇宙万物本根的"道"的重要存在状态。对于《老子》中"天下万物生于有，有生于无"（四十章）和"道生一，一生二，二生三，三生万物"（四十二章）这两段话，汉代哲学家一般都是作生成论的解释，何晏、王弼对此则作出了本体论的说明。何晏认为：

> 有之为有，恃无以生；事而为事，由无以成。夫道之而无语，名之而无名，视之而无形，听之而无声，则道之全焉。故能昭音响而出气物，包形神而章光影；玄以之黑，素以之白，矩以之方，规以之员（圆）。员（圆）方得形而此无形，白黑得名而此无名也。（《列子·天瑞》注引《道论》）

王弼注释《老子》，完全认同《老子》"道"无形无名的形上特征。对《老子》第一章"道可道，非常道；名可名，非常名"句，王弼注云：

> 可道之道，可名之名，指事造形，非其常也。故不可道，不可名也。（《老子》一章注。以下本章凡引《老子》王弼注，只注章目）

对该章下句"无名天地之始，有名万物之母"，王弼也表达了与何晏相同的思想：

> 凡有皆始于无，故未形无名之时，则为万物之始。及其有形有名之时，则长之、育之、亭之、毒之，为其母也。言道以无形无名始成万物，以始以成而不知其所以，玄之又玄也。（一章注）

这里，王弼以"未形无名"论"道"，以有形有名指"物"。他与老子一样，区分出"道"为形上者，"物"为形下者。但是，在老子那里，"天下万物生于有，有生于无"（《老子》四十章），形上的"道"与形下的"物"是"本原"与"化生物"的关系。而王弼却将这种关系阐释成"本体"与"末用"的关系。如果将二者看成是"本原"与"化生物"的关系，那就是宇宙论的思路；如果认为二者是"本体"与"末用"的关系，便是本体论的思路。宇宙论和本体论所用的方法不同，要解决的问题也不同。宇宙论的方法是探究宇宙万物是如何发生、发展的，本体论的方法是要追问现象之所以然的根据。王弼虽然注释《老子》，但在思路上却有一大转换。在注释"天下万物生于有，有生于无"时，他说：

> 天下之物，皆以有为生。有之所始，以无为本。将欲全有，必反于无也。（四十章注）

王弼在这里只把"生"看作"有"（物）与"有"（物）之间的关系。而"无"对于"有"则不是一种"生"的关系，而是使全体的"有"得以存在的根据。"有之所始，以无为本"，"有"依恃于"无"才得以成其为"有"，因此"无"之于"有"，便具有了"本"的意义。王弼又说：

> 用夫无名，故名以笃焉；用夫无形，故形以成焉。守母以存其子，崇本以举其末，则形名俱有而邪不生，大美配天而华不作。故母不可远，本不可失。仁义，母之所生，非可以为母。形器，匠之所成，非可以为匠也。舍其母而用其子，弃其本而适其末，名则有所分，形则有所止。虽极其大，必有不周；虽盛其美，必有患忧。功在为之，岂足处也。（三十八章注）

这里，王弼同样把"有"（有形有名）与"无"（无形无名）的区分，看作"末"与"本"的区分。"母"与"子"的比喻虽然隐含着子由母生的意味，但王弼在这里强调的是"守母以存其子，崇本以举其末"。"母"在文中具有"根本"的意思。

那么，为什么王弼要把具有"根本"、"本体"意义的东西认作"无"呢？

根据老子"天下万物生于有，有生于无"之说，终极的本原是"无"。一般理解上老子的"无"更强调终极本原尚未分化的存在状态，由终极本原演生万物的过程则表现为一个不断分化的过程。这一过程具有实在性，并且是在时间中进行的。老子说："道生一，一生二，二生三，三生万物。"这句话即是对本原不断分化、宇宙不断由单一走向多样的实在过程的客观描述。

然而，到王弼这里，"无"的提出以及"无"与"有"的关系问题，凸显了现象与本体的问题。王弼说："若温也则不能凉矣，宫也则不能商矣。形必有所分，声必有所属。故象而形者，非大象也；音而声者，非大音也。"（《老子指略》）这是说，具体的东西总有其规定性，而规定就是限定，是方的就不能同时是圆的，是温的就不能同时是凉的。顺此逻辑推演下去，能成为万物根据的本体必须无形、无象、无任何具体属性特征。也就是说，它只能是"无"。"无"在这里纯粹是逻辑上的一个设定。王弼在注释"道生一"时特别明显地表现了他以"无"为本体的逻辑设定性：

> 万物万形，其归一也。何由致一？由于无也。由无乃一，一可谓无？已谓之一，岂得无言乎？有言有一，非二如何？有一有二，遂生乎三。从无之有，数尽乎斯，过此以往，非道之流。（四十二章注）

在这段注解中，"道生一"的生成问题，已经被转变为万物万形何以有统一性

（"归一"）的问题。万物万形是个别的存在，而个别的、殊散的存在又何以能够"归一"，即获得同一性？这必须舍弃它们既有的一切具体属性才能获得。舍弃了一切具体属性，便是"无"，这就是"由无乃一，一可谓无"。显然，"无"是逻辑抽象的产物。

那么，又如何由"无"而"有"？在王弼这里也不是一个生成问题，而是一个认识问题。因为把个别的、殊散的存在归为"一"，要通过认识才得以成立，并且通过语言词谓才得以指称。然而，有通过认识活动抽象出来的"一"，又有通过语言词谓的指称作用表征出来的"一"，不就有"二"吗？既然有"一"，就可有"二"，然则，"有一有二，遂生乎三"，便是可以推知之事了。显然，王弼把老子所说的"一"、"二"、"三"的生生关系，都解释成了一种概念上的逻辑推演关系。"本体"被规定为"无"，这是在认知活动中通过逻辑抽象给出的；"万物"作为认知的对象，则具有经验事物和经验知识的意义。当然，借逻辑抽象给出的"本体"，其实并不一定是要归之于"无"的。"本体"之被归之于"无"，一方面表现了王弼对经验世界和经验知识的轻忽，更有取于哲学的先验论；另一方面又体现出王弼所代表的一批魏晋士人对当时的社会政治文化的鄙弃，而透显出了若干批判精神。

二、"得意忘象"的认识论

为什么说王弼以"无"指称本体，表现出了他对经验世界和经验知识的轻忽呢？因为，在认识的范围内，借逻辑的方法对个别的、殊散的事物的共同性进行抽取时，不管人们对事物的具体属性与特征如何予以舍弃，最后还有一个共同特征是可以保留而且是绝对不变的，那就是它们必然是存在的，即"有"。

但是，王弼为什么不把万物的共同特征归结为"有"，而要舍"有"归"无"呢？这就涉及经验知识的局限性问题。在王弼看来，经验性认知活动的一个基本特征，就是要有确定的对象，而且常常是只抽取对象中的某一个特征或某一种联系予以判认，加以指谓。王弼说：

> 凡名生于形，未有形生于名者也。故有此名必有此形，有此形必有其分。仁不得谓之圣，智不得谓之仁，则各有其实矣。（《老子指略》）

王弼这里说的即是经验知识、概念指谓的对象性与确定性问题。"有此形必有其分",是指因形制名时必须把此一形与彼一形,或此一形中的某一主要特征与次要特征区分开来。王弼这段话确实揭示了经验性认知方式的基本特点。经验知识的成立以对象的确定性与可分性为前提。

然而,依王弼的看法,这样一来,在经验知识的层面上或范围内就不可能真正给出"本体"(本真)了。他指出:

> 名必有所分,称必有所由。有分则有不兼,有由则有不尽;不兼则大殊其真,不尽则不可以名,此可演而明也。(《老子指略》)

就是说,在经验知识的范围内,凡可以命名、可以用概念指称的,一定都有确定的对象,一定都是以这一确定对象与其他对象,或这一确定对象的某一特征与别的特征的区分为前提的。然而,有区分、有选择则必定是受限定的,因而不具有整全的意义。这表明借经验知识不可能给出事物的全体与本真。而"本体"所捕捉的却正是事物的绝对无限性,即事物的全体与本真。

王弼在《周易略例·明象》一文中,通过分析"意"、"象"、"言"三者的关系,进一步辨明经验知识、语言词汇的局限性,借以确认"本体"的不可指称性。他说:

> 夫象者,出意者也。言者,明象者也。尽意莫若象,尽象莫若言。言生于象,故可寻言以观象;象生于意,故可寻象以观意。意以象尽,象以言著。故言者所以明象,得象而忘言;象者所以存意,得意而忘象。犹蹄者所以在兔,得兔而忘蹄;筌者所以在鱼,得鱼而忘筌也。……象生于意而存象焉,则所存者乃非其象也;言生于象而存言焉,则所存者乃非其言也。

在《周易》中,"意"指卦意,"象"指卦象,"言"指卦爻辞。依《周易》所示,每一卦都蕴含一定的意义,如《乾》卦所蕴含的意义为"刚健";每一卦所蕴含的意义是通过该卦的卦象显示出来的,如《乾》卦以天为象,又或以"龙"为象;每一卦的卦象又是借卦爻辞来表现的,如《乾》卦之以"元、亨、利、贞"为言。《周易·系辞上》说:"圣人立象以尽意,设卦以尽情伪,系辞焉以尽其言。"上引王弼文字的前一部分称:"尽意莫若象"、"尽象莫若言"，所表述的就是《周易》关于"意"、"象"、"言"三者关系的基本见解。

然而，王弼在此段话的后一部分，却援入庄子的观点从而对三者的关系作出新的解释。《庄子·外物》篇说：

> 荃者，所以在鱼，得鱼而忘荃；蹄者，所以在兔，得兔而忘蹄；言者，所以在意，得意而忘言。

"荃"为捕鱼的工具，"蹄"为捕兔的工具。庄子以得鱼忘荃、得兔忘蹄来比喻"得意而忘言"。通过"得意而忘言"，庄子试图揭示语言词谓表述本意的局限性。王弼引庄子的观点，并重新解释《周易》中"意"、"象"、"言"三者的关系，将三者关系拓展为一个认识论问题：经验对象大于概念词谓，概念词谓不能包含经验对象的全部内容；而内在本意（本体）则又深于（超越于）经验对象，在经验对象范围内或层面上不能给出本意（本体）。因此，王弼主张"得象而忘言"、"得意而忘象"。

王弼通过揭露经验知识的局限性，从而否认在经验层面上给出"本体"的可能性，这在学理上有一定根据。我们知道，在认知的过程中，通过概括、归纳的手段以寻找事物的共相，确实表现为一个不断舍弃的过程，舍弃的最终结果是万物剩下了唯一的共同特征，此即"存在"或"有"。但是由于这个"存在"、"有"排除了任何具体内容，实际上是最空洞的，所以它与"无"是等同的。问题在于，以"有"言之，可以回到经验世界中去，容纳经验世界的全部丰富性，因为经验世界的一切都是"有"；而以"无"言之，所体现的则是对经验世界的否定性取向。

王弼看到了语言、物象和义理三者的差别，看到了经验知识的局限性，是有其合理性的。但是，他把这种差别夸大了，割裂了三者的内在联系，其结果是抛弃现象去认识本质，这就不可避免地要导致先验论。

三、"崇本息末"的名教观

王弼为什么对经验世界、经验事物采取否定性的态度呢？这与他对"名教"的看法有关。

所谓"名教"，就是以官长君臣之义为"教"。官长君臣的关系，是一种名分等级关系。所以，以此为"教"，明显是要维护现存社会等级体制所具有的规范功能。汉代儒学十分崇尚"名教"及其规范功能。汉儒甚至借助带有人格神色彩的"天"的权威性来确认"名教"的合理性。"名教"所维护的社会等级规范体制，是一个具体的、可操作的体制，从哲学上看，它属于经验事物的范畴。

王弼对经验事物以及对"名教"的规范功能，采取了明确的批判乃至否弃的态度。他在注释《老子》三十二章"始制有名，名亦既有，夫亦将知止，知止可以不殆"一句时说：

> 始制，谓朴散始为官长之时也。始制官长，不可不立名分以定尊卑，故始制有名也。过此以往，将争锥刀之末，故曰"名亦既有，夫亦将知止"也。遂任名以号物，则失治之母也，故"知止所以不殆"也。

这就是说，官长之礼制、尊卑之名分，是在"朴散"即"道"丧失后不得已而为之的，因此人们不可以对其过分地执着与强调。如果过分地执着与强调，企图以之驾驭一切（"遂任名以号物"），则失却平治天下的根本（"则失治之母也"）。王弼在注释《老子》二十八章"朴散则为器，圣人用之则为官长"一句时又说：

> 朴，真也。真散则百行出，殊类生，若器也。圣人因其分散，故为之立官长。以善为师，不善为资，移风易俗，复使归于一也。

王弼以"朴"为"真"，认为在形上本体即道的层面上才有"真"的意义。"真散则百行出，殊类生"，"百行"、"殊类"都是器用之物，并没有"真"的意义。"圣人因其分散，故为之立官长。""官长"之立、"名教"之设，不过是一种管理散殊世界的方便操作，也不具有"真"的意义。

显而易见，王弼把"名教"归于经验世界中的一种操作性工具，这就使"名教"失去了神圣性和权威性。"名教"由此被贬落了。王弼甚至还称：

> 圣人不立形名以检于物，不造进向以殊弃不肖。辅万物之自然而不为始。（二十七章注）
>
> 《老子》之书，其几乎可一言而蔽之。噫！崇本息末而已矣。……故

竭圣智以治巧伪，未若见质素以静民欲；兴仁义以敦薄俗，未若抱朴以全笃实；多巧利以兴事用，未若寡私欲以息华竞。故绝司察，潜聪明，去劝进，翦华誉，弃巧用，贱宝货。唯在使民爱欲不生，不在攻其为邪也。故见素朴以绝圣智，寡私欲以弃巧利，皆崇本以息末之谓也。（《老子指略》）

所谓"不立形名以检于物"，是指不要人为地制定一套规范（名分礼教、刑名法术等）来束缚、框定人和物。所谓"不造进向以殊弃不肖"，则是指不要人为地树立一些圣贤榜样以区分和离弃不肖者。所谓"辅万物之自然而不为始"，即是说应该顺任人和物无拘无束、自然而然地生存与发展。很明显，在王弼哲学中，"自然"、"无为"是从本体层面提出的要求，"名教"、"礼法"则只具有"末用"的意义。王弼以"崇本息末"为治国要旨，表明他在社会政治文化思想上更多的是认同道家，而并非儒学。

第二节　阮籍和嵇康的哲学

阮籍（210—263年），字嗣宗，陈留尉氏（今河南开封）人，三国时魏国著名文学家和思想家。阮籍为人"任性不羁"，却又"口不臧否人物"（《晋书·阮籍传》），因此在魏晋的乱世中得以全身而终。他曾任步兵校尉，世称阮步兵。阮籍著有《达庄论》、《大人先生传》等文章，今收入《阮籍集》。

嵇康（223—262年），字叔夜，谯国铚县（今安徽宿州）人，三国时魏国著名文学家、音乐家和思想家。青年时即"抗心希古，任其所尚。托好老庄，贱物贵身。志在守朴，养素全真"（《幽愤诗》）。曾任中散大夫，世称嵇中散，后为司马昭所杀。嵇康主要作品有《难自然好学论》、《养生论》、《释私论》等，今收入《嵇康集校注》。

阮籍和嵇康都是当时"竹林七贤"人物。"竹林七贤"将魏晋玄学推向了第二个发展阶段，即"竹林玄学"阶段。如果说王弼"正始玄学"是以"崇本息末"思想对现存社会体制采取含蓄和间接批评的话，那么以阮籍、嵇康为代表的"竹林玄学"则将这种批评变得更为直接和激烈了。

一、"万物为一"的宇宙观
与何晏、王弼的"本体"论路向不同，阮籍、嵇康仍然秉持以元气为本原的宇宙生成论。如阮籍说："太初真人，惟天之根，专气一志，万物以存"（《大人先生传》）；嵇康说："夫元气陶铄，众生禀焉。赋受有多少，故才性有昏明。唯至人特钟纯美，兼周外内，无不毕备。降此已往，盖阙如也。"（《明胆论》）可见，阮、嵇都以元气为宇宙的终极本原，并以元气禀生的差异来说明人和物的种类区分与个性差异。

然而，阮籍、嵇康引入宇宙生成论，其目的主要不在于为万物的现存状况和发展规则提供一种合理解释，而在于揭示万物由本原衍生而成的过程，即不断被抛离绝对无限而坠落为相对有限的过程。阮籍说：

> 一气盛衰，变化而不伤。是以重阴雷电，非异出也；天地日月，非殊物也。故曰：自其异者视之，则肝胆楚越也；自其同者视之，则万物一体也。（《达庄论》）

阮籍以万物均由一气化生，来说明万物的存在与差别是相对的。嵇康作诗称："流俗难悟，逐物不还。至人远鉴，归之自然。万物为一，四海同宅。"（《兄秀才公穆入军赠诗十九首》）嵇康同样确认驻留于"物"的不可取性，而以"万物为一"为归宗。

由此可见，阮籍、嵇康认取元气宇宙论，用意在于揭示万物存在的相对性、有限性，从而引出"万物一体"、"万物为一"的结论。这种宇宙论显然与汉代具有儒家色彩的宇宙论不同，它更有取于老庄道家。汉代儒家宇宙论的建构目的在于通过展示元气之生生化化，为万物乃至社会人事的存在与变化提供正面的说明。而老庄道家的宇宙论则将宇宙世界区分为两层：一层是形而上的本原世界，这是尚未分化的整全、绝对、本真的世界；另一层是形而下的万物（事相）世界，这是已经分化、坠落了的杂多世界，是只具有操作意义的器用世界。阮籍、嵇康无疑均认同老庄道家的宇宙论及其形上追求。《晋书·阮籍传》说他"博览群籍，尤好《庄》、《老》。嗜酒能啸，善弹琴。当其得意，忽忘形骸，时人多谓之痴"。活脱脱一副庄子形象。嵇康则直言自己"每非汤武而薄周孔"，坚称"老子庄周，吾之师也"（《与山巨源绝交书》），同样是以老庄为旨归。不过，从总体上看，阮籍、嵇康虽有取于老庄道家的宇宙论，但他们对这一理论的建树却着力不多，倒是他们以这一理论为基础而转出对器用世界特别是社会政治和文化的批评，较此前的王弼要激烈得多。

二、"越名教而任自然"的名教观

王弼把名教、礼法归属于器物末用世界，还是给这重世界安置了一个位置。但阮籍、嵇康则对这重世界的弊端给予了无情的揭露。

阮籍的批评是从世俗社会中一切事物存在与意义的相对性、不确定性切入的。他在《大人先生传》一文中以对答的形式展开了批评。有客"遗大人先生书"称，"君子"为"天下之贵"，身为君子，就应该"服有常色，貌有常则，言有常度，行有常式"，即一切依规矩去做；君子应该"心若怀冰，战战慄慄，束身修行，日慎一日，择地而行，唯恐遗失"，即凡事取谨慎态度；君子还应该"奉事君上，牧养百姓，退营私家，育长妻子，卜吉而宅，虑乃亿祉，远祸近福，永坚固已"，即全心以建功立业、光宗耀祖、封妻荫子为计。"遗大人先生书"的作者显然代表着儒家人物的追求。这种追求的可行性以世俗社会、经验事物的确定性与稳定性为前提。而阮籍以"大人先生"的身份答书称：

> 往者，天尝在下，地尝在上，反覆颠倒，未之安固，焉得不失度式而常之？……且汝独不见乎虱之处乎裈中！逃乎深缝，匿夫坏絮，自以为吉宅也。行不敢离缝际，动不敢出裈裆，自以为得绳墨也。饥则啮人，自以为无穷食也。然炎丘火流，焦邑灭都，群虱死于裈中而不能出。汝君子之处区之内，亦何异夫虱之处裈中乎？

这是说天地上下、物事小大，乃至价值上的得失荣辱，总之在经验范围内的世间一切，都是变动不居的，人们如何能把捉到有确定意义的东西呢？谁要是抓到一点东西就自以为把握到了完全绝对，那就像"虱之处乎裈中"而自以为求得"吉宅"一样可笑。

阮籍对世俗社会、经验事物存在的相对性、不确定性及无意义性的批评是以宇宙论作支撑的。宇宙在本原层面上的浑然未分、运化过程中的自然状态，寄寓着他对理想社会的追求。他从这一理想社会的追求出发审视现存社会，并对现存社会的世俗礼法乃至君臣制度提出激烈的批评。在《大人先生传》中他进而写道：

> 昔者天地开辟，万物并生。大者恬其性，细者静其形。阴藏其气，阳发其精。害无所避，利无所争。放之不失，收之不盈。亡不为夭，存不为

寿。福无所得，祸无所咎。各从其命，以度相守。明者不以智胜，暗者不以愚败，弱者不以迫畏，强者不以力尽。盖无君而庶物定，无臣而万事理。保身修性，不违其纪。惟兹若然，故能长久。今汝造音以乱声，作色以诡形，外易其貌，内隐其情。怀欲以求多，诈伪以要名。君立而虐兴，臣设而贼生。坐制礼法，束缚下民。欺愚诳拙，藏智自神。强者睽眠而凌暴，弱者憔悴而事人。假廉而成贪，内险而外仁。罪至不悔过，幸遇则自矜。……此非汝君子之为乎？汝君子之礼法，诚天下残贼、乱危、死亡之术耳！而乃目以为美行不易之道，不亦过乎！

这段话的前半部分即借宇宙论开出理想社会。这一理想社会的基本特点是无君臣上下之分，每个人"各从其命，以度相守"，生活于一种自然、自由的状态中。然而，现存社会的问题是"君立而虐兴，臣设而贼生"，世间的各种凶残、祸乱、诈骗的罪过都来源于这种维护君臣官长关系的礼法设施。阮籍的批判不限于名教的道德规范功能而直指现实的君主政治体制，体现出一种强烈的反叛精神。

稽康的反叛精神较阮籍尤甚。他将批判的笔锋指向了为礼法设施提供理论基础的儒家六经。稽康《难自然好学论》云：

> 故吾子（指张邈，即《自然好学论》的作者——引者注）谓六经为太阳，不学为长夜耳。今若以明堂为丙舍，以诵讽为鬼语，以六经为芜秽，以仁义为臭腐，睹文籍则目瞧，修揖让则变伛，袭章服则转筋，谭礼典则齿龋。于是兼而弃之，与万物为更始，则吾子虽好学不倦，犹将阙焉。则向之不学，未必为长夜，六经未必为太阳也。

稽康公然宣称儒家的六经为"芜秽"，六经倡导的仁义为"臭腐"，要把儒家推崇的所有礼法制度"兼而弃之"。自汉代以来，儒家的六经已成为"官学"，六经所崇尚的礼法制度已经成为现实社会的基本架构。因此，稽康对"六经"的批评，其实是对现实社会政治文化体制的尖锐批判。

稽康对现存现实社会体制的批评也涉及"人性论"问题。他说：

> 推其原也，六经以抑引为主，人性以从欲为欢。抑引则违其愿，从欲

则得自然。然则自然之得，不由抑引之六经；全性之本，不须犯情之礼律。故仁义务于理伪，非养真之要术；廉让生于争夺，非自然之所出也。由是言之：则鸟不毁以求驯，兽不群而求畜，则人之真性，无为正当自然耽此礼学矣。（《难自然好学论》）

"六经以抑引为主"，是指六经倡导的仁义之行、礼法之施是以限制、压抑、改变人的本然性情为目标的，因此它是反人性的。"人性以从欲为欢"，这里的"欲"指自然欲求和本然性情。嵇康将经过仁义、礼法改变过的状况称为"理伪"，也即以"名教"为"理伪"；而把未被仁义"理伪"改变过、装饰过的人的自然欲求和本然性情视为人的"真性"。自然欲求、本然性情作为未被"名教"改变过、装饰过的人的"真性"，便具有"本原"的超越意义。可以说，阮籍、嵇康承借老庄道家的宇宙论，对"名教"及其所维护的现实社会制度展开了激烈的批判。

三、"触情而行"的价值取向

阮籍、嵇康承接先秦道家的宇宙论，一方面构筑了他们对现实社会体制进行批判的理论基础，另一方面也寄寓了他们对个体独立人格追求的价值取向。

就儒家的传统而言，儒者倡导的仁义之德、礼法之教，落实于现实社会层面的规范与制约，不可避免地带有等级压迫的色彩。这就不能不导致人性的扭曲和变形。两汉时期假"孝廉"事件不断发生，魏晋两朝皇室一方面宣称以"孝治天下"，另一方面却以阴谋篡政为能事，这些伪善行为的接踵而来，都暴露出"名教"的虚伪一面。因此，阮籍、嵇康以"理伪"斥"名教"，他们把自己的批判从形上学"宇宙论"的高度予以展开，将"名教"带来的问题提升成为人生存的基本问题，也即社会性的生存方式与个人自由的关系问题。

阮籍、嵇康强烈地批判"名教"，主张"越名教而任自然"（《释私论》）。这里的"自然"，指个体自然、自由的生存状态，也即未进入社会关系、未受社会礼法规限的一种生存状态。阮籍塑造的"大人先生"那种"与造物同体，天地并生，逍遥浮世，与道俱成，变化散聚，不常其形"的境界追求，就体现出他对个人"自然"与"自由"的向往和追求。嵇康对"名教"、对社会公共礼法持强烈批评态度，无疑也是出于精神生命的自由追求。"竹林七贤"之一的山涛（字巨源）曾举荐嵇康为官，嵇康不仅未许，而且撰写《与山巨源绝交书》申述其志，说自己做官"有必不堪者七，甚不可者二"。"七不堪"主要指世俗社会的公共礼法对个人身心自由的严重束缚使人无法忍受。这其中包括"卧喜晚起，而当关呼之不置，一不堪也；抱琴行吟，弋钓草野，而吏卒守之，不得妄动，二不堪也；危坐一时，痹不得摇，性复多虱，把搔无已，而当裹以章服，揖拜上官，三不堪也"等。"甚不可者二"，其一为"每非汤武而薄周孔，在人间不止，此事会显"，其二为"刚肠疾恶，轻肆直言，遇事便发"，斥逐圣王圣人之言辞必为"世教所不容"。借批评社会公共礼法，嵇康表达了个人的向往："又闻道士遗言：饵术、黄精，令人久寿，意甚信之。游山泽，观鱼鸟，心甚乐之。"这种向往，即属个体自我与个体自由。

儒家倡导的"名教"及其所维护的社会公共礼法的特点，是把个人放置于一定的社会关系中予以定位，作出评价，就必然要求每个人在为人处世上有一种较为理智和现实的态度。阮籍、嵇康鄙弃名教，指斥公共礼法，追求个体自我与个体自由，则必以理智为狡诈，以现实态度为圆滑，而更推崇率性而行，纵情直往。《晋书·阮籍传》说阮籍"时率意独驾，不由径路，车迹所穷，辄恸哭而反"。这里的"率意独驾"也就是率性而行；"不由径路"指超越任何功利计算；"车迹所穷，辄恸哭而反"，即以真情面对自然、社会和人生，该笑则笑、该哭则哭，毫不矫情。阮籍显然是如此性情中人。嵇康则称：

> 君子之行贤也，不察于有度而后行也；任心无邪，不议于善而后正也；显情无措，不论于是而后为也。（《释私论》）
>
> 值心而言，则言无不是；触情而行，则事无不吉。（同上）

所谓"察于有度而后行"，"议于善而后正"，"论于是而后为"，是指将个人的言行置于理性计度之下。而"任心无邪"、"值心而言"的"心"也就是"情"，因而也就是"显情无措"、"触情而行"，以真性情面对世人、社会与人生。

与儒家理智主义、现实主义的为人处世态度与做法比较，阮籍、嵇康面对社会与人生所取的态度，具有情感主义、浪漫主义的色彩。

从"正始玄学"开始，中经阮籍、嵇康为首的"竹林七贤"诸名士的推动，这种具有情感主义、浪漫主义色彩的思潮与行事风格，在魏晋年间备受推崇，形成历史上有名的"魏晋风度"。"魏晋风度"从对现实礼法制度的反叛开始，以追求精神生命中的个体自我与个体自由为基调，无疑给当时的思想文化带来了一股具有解放意味的新气象。当然，在后来的走势中，在情感主义被引申为"情欲"至上，在个体自我与个体自由的过分追求导致责任心与使命感完全消解的时候，这一思潮也会带来巨大危害。裴頠等人感到不安的，正是这一点。

第三节　裴頠和欧阳建的哲学

裴頠（267—300 年），字逸民，河东闻喜（今山西闻喜县）人。其父为著名学者裴秀。裴頠是晋朝的政治家、玄学家和医学家，后为赵王司马伦所杀，年仅 34 岁。其著作流传下来的仅有《崇有论》一篇，保留在《晋书·裴頠传》中。

欧阳建（？—300 年），字坚石，渤海南皮（今河北南皮县）人。《晋书·欧阳建传》称他"雅有理思，才藻美瞻，擅名北州"，后为赵王司马伦所害，留存下来的著作只有《言尽意论》，收在《艺文类聚》中。如果说裴頠的"崇有"论批判了王弼"贵无"论所带来的流弊，欧阳建则以"言尽意"论挑战了王弼的"得意忘言"论，他们表现出了魏晋玄学内部的另一种倾向。

一、裴頠的"崇有"论

裴頠生活的时代，玄学历经"正始玄学"和"竹林玄学"的发展之后，热衷"贵无"、追求"自然"、非毁"名教"成为时尚。裴頠对此非常不满，于是撰《崇有论》为名教礼制作辩护。《晋书·裴頠传》说：

> 深患时俗放荡，不尊儒术，何晏、阮籍素有高名于世，口谈浮虚，不遵礼法，尸禄耽宠，仕不事事。至王衍之徒，声誉太盛，位高势重，不以物务自婴，遂相放效，风教陵迟，乃著《崇有》之论以释其蔽。

裴頠以为何晏、阮籍等"口谈浮虚"、"仕不事事"，王衍等"位高势重"、"不以物务自婴"，都是极不负责的人生态度。他目睹了礼制凌夷、风俗放佚的现状，借建立"崇有"之论，从形上学的高度来维护名教以挽救时风。

在《崇有论》中，裴𬱲表达出"有"是世界本原的观点。他说：

> 夫总混群本，宗极之道也。方以族异，庶类之品也。形象著分，有生之体也；化感错综，理迹之原也。……是以生而可寻，所谓理也。理之所体，所谓有也。

裴𬱲认为，"宗极之道"统括混融万有。而万有则可以区分为众多的物类，这些物类有形有象、相互区别，共同构成为天地生化的实体。万有错综感应、生生化化，但其感应生化有形迹脉络可寻，这就是"理"，"理"所依存的仍然是"有"。在裴𬱲看来，作为世界根本的"道"就是万有自身，"道"无非是指万有的总和，离开万有也就没有"道"。这就在世界统一性问题上否定了王弼"以无为本"的观点。

王弼"以无为本"的本体论有一个重要观点，即万有都有具体规定性、有限性，因而能使万物成为万物的必然是没有任何具体规定性的"无"。裴𬱲也清楚地认识到："夫品而为族，则所禀者偏。"（《崇有论》）就是说，众多具体的物类都是有限的、难以自足的。但是，他并没有把万有的本体推至"无"，而是认为具体物类虽然"偏无自足"，需要"凭乎外资"，但所借资的条件也还是"有"。恰恰是互相借资的具体物类的总体组合，满足了"道"作为本体的无限性要求。他又说：

> 有之所须，所谓资也。资有攸合，所谓宜也。择乎厥宜，所谓情也。（同上）

这是说，自然万物与人类社会的生存都需要凭借各种条件。各种条件合适，就叫作"宜"。人们选择合适、合宜的条件以成就自身和社会，这叫作"情"。由此，他确认理性作为选择手段的正当性。"贵无"、"贱有"之论由于忽视"有"、"资"、"宜"、"情"，所以流弊甚大。他从维护名教礼法的角度批判"贱有"的观念，说：

> 贱有则必外形，外形则必遗制，遗制则必忽防，忽防则必忘礼。礼制弗存，则无以为政矣。（同上）

就是说，由王弼开启的贬落"名教"、舍弃经验世界与经验事物的玄学取向，必导致现实社会严重失序，裴頠的"崇有"哲学可以说是对王弼"贵无"哲学的一种理论反拨和纠正。

裴頠"崇有"哲学主张宇宙世界以"有"为本体，那么如何解释"有"的来源和发展呢？他提出了"自生"说：

> 夫至无者无以能生，故始生者自生也。自生而必体有，则有遗而生亏矣。生以有为已分，则虚无是有之所谓遗者也。故养既化之，有非无用之所能全也；理既有之，众非无为之所能循也。……由此而观，济有者皆有也，虚无奚益于已有之群生哉！（《崇有论》）

在裴頠看来，王弼等人所说的"至无"没有任何具体的内容、属性、规定性，这个毫无规定性的"至无"是不可能产生出具体万有的。万有、万物之所以能够"产生"，是因为在起始处便是自我生成的。自我生成自当是以"有"生"有"，以"有"为本体。万物的生成既以"有"作为自己的本体，则虚无就是"有"的缺失。这样，裴頠就从万物"自生"的立场封杀了王弼"有生于无"的观点，强调"无"也是依赖于"有"才成为"无"的，"虚无"对于群生有何意义呢！

总的来说，裴頠以"崇有"论为当时名教礼制和社会等级体制作出辩护，并试图从玄学内部批判王弼"贵无"论的流弊，这无疑丰富了玄学的内容和义涵。但是有关他的思想资料多已散佚，而且他的思想在理论上也未能充分展开，所以其在玄学思潮中的影响力远不及王弼、郭象二人。

二、欧阳建的"言尽意论"

欧阳建《言尽意论》的基本内容，可以从以下几方面予以介说。

首先，该论确认自然万物是客观存在的。欧阳建说：

> 天不言而四时行焉，圣人不言而鉴识存焉。形不待名，而方圆已著；色不俟称，而黑白以彰。然则名之于物，无施者也；言之于理，无为者也。（《言尽意论》）

就是说，客观事物及其规律并不依赖名言概念而存在。名言概念对于客观事物无所施予。换言之，客观事物的存在并不以人的认识为转移，这是一种朴素的唯物主义的观点。

其次，虽然客观事物及其规律并不依赖于名言概念，但名言概念对于人们来说却是有意义的。欧阳建指出：

> 理得于心，非言不畅；物定于彼，非名不辨。言不畅志，则无以相接；名不辨物，则鉴识不显。鉴识显而名品殊，言称接而情志畅。（《言尽意论》）

欧阳建认为，名言对于人而言具有某种功能。这种功能在于，人的思想需要通过名言才能得到系统化的表达和展现（"理得于心，非言不畅"），同时客观事物也需要通过名言而加以辨别（"物定于彼，非名不辨"）。换言之，名言概念是人们表达思想、辨别事物的重要媒介。如果没有名言概念的参与，客观事物及其规律就得不到彰显和辨别。

再次，作为"畅志"、"辨物"的名言概念是从哪里来的呢？对于这个问题，欧阳建基本上采取了约定俗成的观点。他说："原其所以，本其所由，非物有自然之名，理有必定之称也。欲辨其实，则殊其名；欲宣其志，则立其称。"（同上）从根源上说，物没有自然之名，理没有必然之称，只是人们在现实生活中要辨别事物、表达思想，才为各种事物立下了不同的名言概念。这与荀子的观点颇为接近。

最后，言可以尽意。欧阳建称道：

> 名逐物而迁，言因理而变。此犹声发音应，形存影附，不得相与为二矣。苟其不二，则言无不尽。吾故以为尽矣。（同上）

这就是说，名言概念是随着客观事物的不同、思想情志的变化而提出来的，就好像音随声、影附形一样，因此也可以说名言概念与事物及其规律的本身（"意"）是一一对应的。一个言对应一个意，意变则言亦与之俱变，所以说言是"尽意"的。

欧阳建的"言尽意论"具有两方面的意义。就其积极性而言，他把"言意之辨"放到思维与存在这个哲学基本问题上来思考，并且明确肯定和论证了言意之间的统一性。这为言意关系的开展提供了正确的前提。没有这个前提，就有可能走向主观主义和相对主义。就消极意义来说，欧阳建的"言尽意"论虽然构成了对王弼"得意忘言"论的某种挑战，但是它在理论上远没有后者丰富、精密，同时也没有充分注意到王弼"得意忘言"论所揭露的是经验对象和经验知识的局限性问题。他的言意——对应的观点也显得比较粗疏，只是一种朴素的唯物主义反映论。实际上，言意关系并不是简单的——对应关系。只有把"言不尽意"与"言尽意"二者结合起来，才能正确把握二者的关系。

第四节　郭象的哲学

郭象（252—312 年），字子玄，河南（今河南洛阳）人。《晋书·郭象传》称他"少有才理，好老庄，能清言"。后被东海王司马越任命为太傅主簿。郭象是重要的玄学家，时人称他为"王弼之亚"（《世说新语注·文学》），但其思想偏重于"崇有"说的"独化"论。郭象的主要著作为《庄子注》。

一、"独化于玄冥之境"的本体论

郭象哲学的核心思想，集中体现在他的"万物无不独化于玄冥之境"的"独化"论中。而"独化"论主要由"自生"、"自尔"、"自然"、"独化"、"玄冥"等一组概念所表现。

郭象既不同意"万物生于无"的观点，也不同意"万物生于有"的观点。他认为万物各自都"块然而自生"。他说：

> 无既无矣，则不能生有；有之未生，又不能为生。然则生生者谁哉？块然而自生耳。自生耳，非我生也。我既不能生物，物亦不能生我，则我自然矣。自己而然，则谓之天然。（《庄子·齐物论注》，以下本章凡引《庄子》郭象注，只注篇名）

这是说，万物自己是什么样子就是什么样子，是什么状态就是什么状态。既然万物"自生"、"自然"，那么每一事物既不以其他事物为原因，也不能成为其他事物的原因。万物各不相为，自己就是自己。他有时又用"自尔"来表达这一观点：

> 天不运而自行也，地不处而自止也，日月不争所而自代谢也。皆自尔。无则无所能推，有则各自有事。然则无事而推行是者谁乎哉？各自行耳。自尔，故不可知也。二者俱不能相为，各自尔也。（《天运注》）

在郭象的思想中，"自生"与"自尔"就是"自然"，即自然而然的意思。他说：

> 天地者，万物之总名也。天地以万物为体，而万物必以自然为正。自然者，不为而自然者也。（《逍遥游注》）

不过，郭象所强调的还不仅是万物的自然而然，"自然"还有"自己而然"的意味。他以物各"自生"、"自尔"讲物之"独化"，反对造物主，指出"造物者无主"、"未有不独化于玄冥者"，所凸显的正是万物的"自己而然"。他说：

> 世或谓罔两待景，景待形，形待造物者。请问：夫造物者有耶，无耶？无也，则胡能造物哉？有也，则不足以物众形。故明众形之自物，而后始可与言造物耳。是以涉有物之域，虽复罔两，未有不独化于玄冥者也。故造物者无主，而物各自造。物各自造而无所待焉，此天地之正也。故彼我相因，形景俱生，既复玄合，而非待也。（《齐物论注》）

郭象在这里看到了"贵无"论的理论困境：如果有本体（"造物者"）存在，而这一本体就是"无"的话，那么"无也，则胡能造物哉"。"无"没有任何属性或规定性，怎么可以造物，赋予万有以规定性呢？反过来，如果本体是"有"，即有具体属性、具体规定性的话，那么"有也，则不足以物众形"，具有自己特定属性或规定性的"有"，它只能成为特定的某物，又怎么可以产生和支配具有不同属性或规定性的一切事物呢？因此，"无"与"有"都不能恰切地透显出天地万物的真实意蕴。由此，郭象指出，真实的意蕴应该是"造物者无主，而物各自造"，天地中每一事物都具有天然的自足性与无待性。本着它天然的自足性与无待性，每一事物都自生自造、自得自成，"独化于玄冥之境"（《庄子序》）。这就是说，每一事物都以自己为自己的本体。郭象也看到了万物之间的相互依存，但他并不认为这种依存具因果联系，其"既复玄合，而非待也"。"待"就是指依赖其他条件，"无待"就是不依赖其他条件。这就是郭象偏重于"崇有"说的"独化"论的真义。

郭象"独化"论的哲学，是继王弼"贵无"论之后又一重要的玄学本体论主张。这种本体论着力于纠正王弼以来"贵无"、"贱有"说所引致的流弊，同时也丰富了魏晋玄学的思想内涵，体现出魏晋玄学的逻辑发展。但是，"独化"论虽确认了万物生成长养的自足性，却否认了事物的联系及其统一的物质基础。统一的物质世界被化为无限多元的单个的"绝对"，事物间的因果联系被抹杀了，事物的生成变化也就成了绝对的偶然。

二、"性分自足"的价值观

郭象由万物"自生"、"独化"而引申出了他的"性分"说。郭象认为，每一事物、每个人都有其天然自足，不同于他物、他人的禀赋，是谓"性分"。郭象称："天性所受，各有本分，不可逃，亦不可加。"（《养生主注》）就是说，每一个体都是在各自所禀得的范围内和情形下各各自足、各任其性分的。

人与物各任其性分、安其性分，实际上即是每一个体自我各"独化于玄冥之境"。因为每一个体都"性分自足"，所以天地间任何一个个体都有其自身存在方式的正当性，且大小各均适其性，这就是郭象所理解的自由、逍遥之境。他说：

> 夫小大虽殊，而放于自得之场，则物任其性，事称其能，各当其分，逍遥一也。（《逍遥游注》）
> 苟足于其性，则虽大鹏无以自贵于小鸟，小鸟无羡于天地，而荣愿有余矣。故小大虽殊，逍遥一也。（同上）

每一个体的禀赋所得是有所差别和限定的，但由于每一个体各各自足，因此只要能够各任"性分"于"自得之场"，即能够在各自的范围内与场域中（"小"、"大"、"大鹏"、"小鸟"）顺任其禀赋之所得，即获得自由，是所谓"小大虽殊，逍遥一也"。"逍遥"在这里就是"尽己之性"。也就是说，每个人在其"性分"范围内都是一"绝对的自我",这一"绝对的自我"能够在各自有所差别与限定的场域中"自尔"、"自行"、"自是",从而达致逍遥之境。可以看到,郭象这种"自我"的价值观念虽然是在注解庄子哲学的基础上展示出来的,但它与庄子的自我观并不相同。庄子所讲的是不受任何限定的自我,而郭象讲的则是"性分"的自我。

在人类社会领域,不同的自我因为各有性分之别,所以他们的自我实现就自然地呈现为有所差别与限定的社会关系,即"名分"。郭象说:

> 臣能亲事,主能用臣。斧能刻木,而工能用斧。各当其能,则天理自然,非有为也。(《天道注》)
>
> 臣妾之才,而不安臣妾之任,则失矣。故知君臣上下,手足外内,乃天理自然,岂直人之所为哉。……凡得真性,用其自为者,虽复皂隶,犹不顾毁誉而自安其业;故知与不知,皆自若也。(《齐物论注》)

郭象以"性分"的观念解释人与人之间的社会公共关系,认为君臣上下的等级关系根源于人们各自禀得的"性分"。因此,现实中等级上下的区分就是自然而合理的,人人都需要"自安其业"、"各安其分"(《秋水注》)。这样一来,郭象便为当时纲常名教的合理性寻找到了一个哲学上的根据。

三、"内外相冥"的名教自然统一论

因为"性分"是"名分"的基础,郭象在名教与自然的关系上,主张二者相统一。与阮籍、嵇康"越名教而任自然"的强烈批判精神不同,他为君臣上下的等级差别提供了合理性论证。因为根据"物各任其性分"而承认等级关系,所以现实的纲常名教不仅不是对"性分"的戕害,而且是"性分"的实现。这就是所谓的"名教即自然"。既然"自然"容纳"名教",那么现实的等级秩序与礼法规范便是自然而合理的。人们如果能够任其性分而各安其位,就能实现社会的和谐。能够依此做到极致的,则是"圣人"。郭象说:

> 若夫任自然而居当,则贤愚袭情而贵贱履位,君臣上下,莫匪尔极,而天下无患矣。(《在宥注》)
>
> 夫理有至极,外内相冥,未有极游外之致而不冥于内者也,未有能冥

于内而不游于外者也。故圣人常游外以（弘）［冥］内，无心以顺有，故虽终日（挥）［见］形而神气无变，俯仰万机而淡然自若。(《大宗师注》)

所谓"游外"即是遵行名教的施设而不相违背，所谓"冥内"即内心不为名教所限而顺任自然。圣人能够做到"游外以冥内"、"无心以顺有"，则虽然"戴黄屋、佩玉玺"、"历山川、同民事"(《逍遥游注》)，但是他自身却"淡然自若"。此即所谓"虽在庙堂之上，然其心无异于山林之中"（同上），实现了自然与名教的完全统一。

郭象以"自然"容纳"名教"、使"自然"与"名教"统一的观点，在理论上表现为魏晋玄学中"越名教而任自然"的反命题。他宣扬人们各安其"性分"，顺应名教的规范，其实是为当时社会的等级秩序作理论论证。与王弼的"贵无"论和裴頠的"崇有"论相比，"独化"论更能维护魏晋时期的门阀士族政权，这表现了郭象思想鲜明的阶级倾向性。

思考题：

1. 如何评价王弼的"贵无"论思想？它与道家、儒家有什么关系？
2. 郭象"独化"论的主要内容是什么？如何评价？
3. 魏晋玄学关于"名教"与"自然"的关系，都有哪些主要观点？
4. 魏晋玄学关于言意之辨都有哪些看法？如何评价？

第十六章　佛教的传入及其与儒道的交涉

产生于公元前 6 世纪左右的佛教，在恒河中上游地区迅速兴盛。公元前 3 世纪，在孔雀王朝的全盛时期，佛教开始向印度半岛周边地区，特别是向印度西北方向的中亚各国传播。随着汉武帝锐意开辟西域，与乌孙、大宛、大夏建立联系，"佛法必因是而益得东侵之便利。中印文化之结合即系于此"①。佛教传入中国以后，无论是在汉地、藏地还是其他少数民族地区，大都经历过初传、调适、融合等阶段，最终在中国落地生根，形成了颇具民族特色的中国佛教。在汉唐时期，汉地佛教得到了快速发展。随着隋唐时期诸多佛教宗派开始创立与发展，佛教思想逐渐成为中国哲学的重要部分。这一不同文化的交流融合过程，是世界文化交流的一个典范。就这个时期佛教在中国快速传播的原因来看，既有佛教特有的思维填补经学、道教空白的内在根据，也有长期战乱所导致的人们渴望摆脱现实苦难的社会根源。

第一节　佛教的传入与"六家七宗"的形成

两汉之际佛教传入中国后，佛经的译介是佛教传播必不可少的重要手段。依据比较可信的文字资料，中国最早的翻译家有二：一是安世高；二是支娄迦谶。安、支来华前，佛教说一切有部和大乘佛教较为兴盛。故安世高主要传译小乘阿毗昙学和禅学经典，支娄迦谶主要传译大乘般若学经典。后来，支娄迦谶的译经，经由弟子支亮、再传弟子支谦，在江南吴国获得了较大的发展。由此形成安译和支译两种不同特色的翻译体系。

初传时期的佛教，译经多系直译，译者主要是外来僧人。翻译的佛经包括大、小乘学说，在思想上则趋附当时占据主导地位的黄老之学、魏晋玄学。特别是大乘般若空宗思想的早期传入，在译经不明与玄风酣畅的背景下，引发了当时的人们对于"空"义的不同理解。概括地说，魏晋玄学理论上由何晏、王弼的"贵无"论到裴頠的"崇有"论再到郭象的"独化"论，表现为由有无

---

① 汤用彤：《汉魏两晋南北朝佛教史》，中华书局 1983 年版，第 33 页。

二分到合有无为一的认识过程。佛教般若学与之呼应，在理论上也表现为由色空分离、色心分离到色空为一、即体即用的逻辑演变。

佛教般若思想至龙树时代才开始有系统的阐发与总结。般若学理论的特点是，讲世间万物无不凭借各种条件的组合而成（缘起），没有独立的自性，是"性空"。世人对于存在物的认识，只是一种"假名"（假设的名词概念）而已。大乘空宗的主旨是通过体认世间诸法的虚幻不实，来引导世人摆脱俗世种种假象的诱惑，出假入真，亲证实相。但早期与此相关的经典翻译中，对于这个"性空"之意，大多含义晦涩，用词不定。当时的名僧名士大多依据老庄玄学之义，对般若性空思想的理解产生了种种分歧。这就是"六家七宗"产生的思想背景。

"六家七宗"一词，初见于刘宋昙济《六家七宗论》（已佚）。其后，梁朝释宝唱在《续法论》中称引此论，并具体列举出"本无"、"即色"、"识含"、"幻化"、"心无"、"缘会"等六家名称。又在"本无"中分出"本无异"而成为七宗。但僧肇在其《不真空论》中重点评述了"本无"、"心无"、"即色"三家，且由于该文的历史影响较大，后人也只对这三宗进行了比较详细的介绍。所以七宗之中，一般以本无宗、心无宗、即色宗三家为当时般若学说的主流。

一、"本无"义

"本无"宗是"六家七宗"中影响最大的一家，一般认为其代表人物是东晋的道安（314—385年）。但关于道安的"本无"思想，现缺乏原始资料。后人所根据的，主要是吉藏的《中观论疏》和宝唱的《名僧传抄》"昙济传"中所引用的相关内容，以及僧肇在《不真空论》中对"本无"宗评述的内容。

《中观论疏》中说：

> 释道安明本无义，谓无在万化之前，空为众形之始。夫人之所滞，滞在末（末）有。若诧（宅）心本无，则异想便息。（《中观论疏》卷二）

《名僧传抄》"昙济传"中的引文是：

> 如来兴世，以本无弘教，故方等深经皆备明五阴本无，本无之论由来

尚矣。何者？夫冥造之前，廓然而已。至于元气陶化，则群像禀形。形虽资化，权化之本则出于自然。自然自尔，岂有造之者哉？由此而言，无在元化之先，空为众形之始，故称本无。非谓虚豁之中，能生万有也。夫人之所滞，滞在未（似是"末"字之讹）有。苟宅心本无，则斯累豁矣。夫崇本可以息末者，盖此之谓也。

僧肇在《不真空论》中也说：

> 本无者，情尚于无多，触言以宾无。故非有，有即无；非无，无即无。寻夫立文之本旨者，直以非有非真有，非无非真无耳。何必非有无此有，非无无彼无？此直好无之谈，岂谓顺通事实，即物之情哉？

可见，道安的"本无"义以静寂说真际，把万物的本原归结为"无"，突出"无在元化之先，空为众形之始"，与《老子》"无"的概念同为一理，都是把"无"看成宇宙万物的来源。本来，般若学说的"空"、"无"，讲的是事物的存在状态。事物"如是"（如其本然）地存在着，既不是某种"绝对真"的具体存在物，也不是某种能够生起宇宙万物的根源。世间的存在，都是因缘聚合的假象；实相无相，其本体了不可得。所以，如果以"无"为"本"，则又成一种执着。执着于"无"，就是把"无"视为一种特殊的存在物，违背了佛教的缘起思想。

然而根据吉藏《中观论疏》的记载，道安的"本无"义还有一层含义：

> 安公明本无者，一切诸法，本性空寂，故云本无。（《中观论疏》卷二）

这是从存在的形式和特性上对"本无"的说明，更符合典型的般若思辨方式。吉藏也在接下来的文字中认为："此与方等经论、什肇山门义无异也。"由此可见，道安的般若思想，可能存在着一个发展变化的过程。他后期对般若思想的认识比较成熟。

二、"心无"义

心无，吉藏谓为温法师（竺法温）义，实际由支愍度（生卒年不详）倡导。根据萧梁时期刘义庆《世说新语》、慧皎《高僧传》、僧祐《出三藏记集》等记载，支愍度成名很早，在西晋惠帝时（290—306 年）已有相当的影响，当时他主要活动在北方。东晋成帝时（325—342 年），与康僧渊、康法畅共游江南，曾慨叹诸家所译经论不够精详，遂合糅异译，有《合首楞严经》、《合维摩诘经》等。关于支愍度的"心无"义，现有文献中主要有两种记载：一见于刘义庆撰、刘孝标注的《世说新语》，一见于僧肇的《不真空论》等。

《世说新语·假谲》中说：

> 愍度道人始欲过江，与一伧道人为侣，谋曰："用旧义在江东，恐不办得食。"便共立"心无"义。

此说"心无"义的创立，并非支愍度一人所为，其创立新说的动机，主要是为了适应江南人的心性追求，以方便传教。

《世说新语注》中更进一步指出：

> 旧义者曰："种智有是，而能圆照。然则万累斯尽，谓之空无；常住不变，谓之妙有。"而无义者曰："种智之体，豁如太虚；虚而能知，无而能应。居宗至极，其唯无乎？"

"旧义"认为，"种智"不仅恒常不变，而且能够圆照一切，因而是"妙有"；支愍度新立的"心无"义则主张，心体（种智之体）犹如太虚，唯其虚无，故能应接万物、照知一切。此种理解与《老子》、《易传》中的有关思想颇为相同，比如《老子》说："天地之间，其犹橐籥乎！虚而不屈，动而愈出。"（《老子》五章）《易传》说："《易》，无思也，无为也，寂然不动，感而遂通天下之故，非天下之至神，其孰能与于此。"（《系辞上》）可见，支愍度的"心无"义，属于"格义佛教"。陈寅恪对此的评价是：

> 然详绎"种智"及"有"、"无"诸义，但可推见旧义者犹略能依据西来原意，以解释般若"色空"之旨。新义者则采用《周易》、老庄之义，以助成其说而已。（《金明馆丛稿初编·支愍度学说考》）

僧肇在《不真空论》中破"心无"义时，也具有类似的含义：

> 心无者，无心于万物，万物未尝无。此得在于神静，失在于物虚。

吉藏《中观论疏》引申说：

> 心无者，无心于万物，万物未尝无。此释意云：经中说诸法空者，欲
> 令心体虚妄不执，故言无耳，不空外物，即万物之境不空。肇师详云：此
> 得在于神静，而失在于物虚。破意云：乃知心空，而犹存物有，此计有得
> 有失也。（《中观论疏》卷二）

这是说，"心无"义主张只是在物上不起计执之心，以此说空、说无。这是只
在内心止歇执着系缚，令不想外色，并不是将外色化为乌有。这是空"心"不
空"色"。

"心无"义将"有"与"无"绝对分离，以心外之色为有，色外之心是
无。"心"本身无形无象，因而也就是空，但有感应外物的能力。"心"如对外
物没有执着，就能静趋空灵。但按照般若学的观点，只有认识到事物"假有"
才是真正意义上的空。所以，僧肇评之曰："无心于万物，万物未尝无。"这个
学说"得"在心能够不在物上起执着系缚，所以心神宁静；"失"在还没有通
达外界的万物也都缘生性空。

"心无"义显然借鉴了玄学思辨的内容。郭象在《庄子序》中说："夫庄
子者，可谓知本矣。"何谓知本？他指出："夫心无为，则随感而应，应随其
时，言唯谨尔。故与化为体，流万代而冥物，岂曾设对独遘，而游谈乎方外
哉！"知本就要"无心"，就是心无所措，不牵挂外物，不为外物所缚，做到
"随感而应，应随其时"，顺应"自然"，由是才能达到"至人"的境界。如此
强调"无心以顺有"，目的在于自"有"中见"无"，终至于"有"就是
"无"。"心无"义固然说"心无故物无"，与郭象"心无物有"说不尽相同，
但以心涵盖万象，实现心物统一的追求则是大同小异的。

"心无"义表面上看起来与般若性空说相近，但般若学强调因缘生法，
空性源于缘生，而非本生。在这个意义上，"心无"义显然不及道安"本无"
义对佛教本体哲学的诠释。不过，以"心无"谈本体性空，更接近佛教心性

哲学的旨趣。

三、"即色"义

　　即色宗的代表人物是支道林（314—366 年），即支遁。他是当时江南一带最具有名士风度的高僧，与江左名流谢安、王羲之、郗超等交游密切，《道贤论》中把他比作"竹林七贤"之向秀。他的作品现存有《大小品对比要抄序》，所作《即色游玄论》、《释即色本无义》均已失传。现存"即色"义的直接材料，是刘孝标在注释《世说新语·文学》时所引的支道林《妙观章》里的一句话，以及安澄《中论疏记》中录《即色游玄论》中的一句话。僧肇《不真空论》中对于即色宗的评述以及隋唐学僧的注疏中也保留了一些相关资料。

　　《世说新语·文学》注引支道林所集《妙观章》：

> 夫色之性也，不自有色。色不自有，虽色而空。故曰：色即为空，色复异空。

支道林认为，物质现象（色）没有独立的本质特性，没有自体，其性是空，所以说"虽色而空"、"色即为空"。这是就色法本身去认识空；或者说，"空"也就存在于"色"自身之中，空就是色自身所具有的性质。僧肇在《不真空论》中也说：

> 即色者，明色不自色，故虽色而非色也。夫言色者，但当色即色，岂待色色而后为色哉？此直语色不自色，未领色之非色也。

此处所破斥的"即色"义，主要是"析色明空"。"色"无自性，所以"色即是空"，但作为现象的"色"毕竟不是"空"。呈现在现象世界上的"色"，必须通过主观的分析，层层剥去其因缘聚合的表象，才能认识它是没有自性的"假有"，达到去色存空，但这与作为本体存在的"空"毕竟有所区别。这样的理解，与龙树的般若性空思想有明显的距离。

　　根据般若性空的理论，一切事物都是因缘和合而成，任何事物的生灭都依其他事物为缘起，又是其他事物产生和存在的原因与条件。因此，任何事物都没有独立的绝对的本性，也就是"无自性"，"无自性"就是"空"。性空之体存在于无有自性的现象之中，无有自性的现象其本体即是性空，二者相含相摄，色空不二，应该当体而论。"即色"义一方面强调从万物本身来认识空，认识到所谓空是就万物的本质而非现象而言的；另一方面又强调了"色色而后为色"的逻辑理解。这样诉诸逻辑思维的"析色明空"，即落于二元对待，违背了般若思想的基本精神。由于还缺乏对色空的深刻理解，疏于对色不是色（"色之非色"）的认识，因而同样受到僧肇的批判。

"六家七宗"余下的其他几家分别是：法深、法汰"偏于虚豁"的本无异宗，"以三界为大梦"的识含宗，"谓世谛诸法皆空"的幻化宗，以及主张"缘会故有缘散故无"的缘会宗。这几家在学术上建树不多，相对来说影响较小。总而言之，"六家七宗"限于时代、经典翻译的局限性，在哲学上还没有完全跳出玄学的思维方式。这种情况，一直到鸠摩罗什、僧肇以后，才得到根本改变。

第二节　僧肇的哲学

僧肇（384—414 年），俗姓张，京兆（今陕西西安）人，东晋时代著名的佛学理论家，也是中国佛教史上公认的得大乘空宗思想精髓的般若学大家。他少年时期家境贫寒，以为人抄书为业，因而"历观经史，备尽坟籍，爱好玄微，每以庄老为心要"（《高僧传·释僧肇》），后读旧译《维摩诘经》，遂皈依佛教。弘始三年（401 年）岁末鸠摩罗什至长安，僧肇协助其译经弘法，"在什公门下十有余年"（同上），成为"什门四圣"之一，被鸠摩罗什赞誉为"秦人解空第一者"（吉藏：《百论序疏》）。以僧肇为标志，中国般若学开始摆脱玄学的影响，走上了独立发展的道路。僧肇的佛学理论主要保存在南朝时汇编的《肇论》（内含《般若无知论》、《不真空论》、《物不迁论》、《涅槃无名论》）一书中，"并注《维摩》，及制诸经论序，并传于世"（《高僧传·释僧肇》）。

一、"不真空"的缘生论

"六家七宗"的理论，是东晋初期佛教界对于般若性空思想的理解。它们对于般若空义的理解与阐发，不是存"有"，就是执"空"。究其原因，是把般若学局限于世俗学问，凭借已有的知识探究佛教的真谛，因而难以准确把握般若学缘起性空、中道实相的思想。随着鸠摩罗什对大乘空宗思想的系统传译，人们对于般若性空的理解更加确切。在这种情况下，僧肇撰写了《不真空论》，试图通过对旧般若学各种思想进行批判、总结，改变当时佛教理论界错杂混乱的局面，使人们对佛教般若思想有一个正确、统一的认识。

僧肇在《不真空论》中说：

夫至虚无生者，盖是般若玄鉴之妙趣，有物之宗极者也。自非圣明特达，何能契神于有无之间哉？是以至人通神心于无穷，穷所不能滞；极耳目于视听，声色所不能制者，岂不以其即万物之自虚，故物不能累其神明者也。是以圣人乘真心而理顺，则无滞而不通；审一气以观化，故所遇而顺适。无滞而不通，故能混杂致淳；所遇而顺适，故则触物而一。如此，则万象虽殊，而不能自异。不能自异，故知象非真象。象非真象故，则虽象而非象。

用僧肇的话说，"至虚无生"，是"般若"观照的对象，也是宇宙万法的"宗极"——本质。这个"宗极"究竟是有还是无呢？依般若之说，如果"圣明特达"，自然能够超越有无的限制，"契神于有无之间"、"通神心于无穷"。万象虽殊而本质实无差异；本质既无差异，则可知千差万别之象并非真象；象非真象，也就是虽然有象，实际无象。僧肇正是如此以玄学家的有无之辨，导引出"象非真象"、"虽象而非象"的不真空论的。归根到底，人生的超越与自由（"物不能累其神明"），正在于"即万物之自虚"：即色而谈空，即色而显空；即色即空，色空不二。般若学所强调的，正是空有双遣，不落两边，当下而论。僧肇"即万物之自虚"一语，比较准确地概括了般若思想的精髓，也显示出了他的思想与以往旧般若学之间的根本差异。汤用彤认为，僧肇"于体用问题有深切之证知"，"肇公之学说，一言以蔽之曰：即体即用"①，可谓一语中的。

僧肇解空，依据的是佛教缘生之理，采用的是双遣的遮诠法，突出的是本体之相超二元对立的性质，说明"非有"并非无，"非无"更非无；非有非无

---

① 汤用彤：《汉魏两晋南北朝佛教史》，中华书局1983年版，第236页。

是有无的超越，或者说是假有假无。用僧肇的话说就是"不真故空"，即"不真空"。

僧肇继续说明：

> 《道行》云：心亦不有亦不无。《中观》云：物从因缘故不有，缘起故不无。寻理即其然矣。所以然者，夫有若真有，有自常有，岂待缘而后有哉？譬彼真无，无自常无，岂待缘而后无也？若有不能自有，待缘而后有者，故知有非真有。（《不真空论》）
>
> 《摩诃衍论》云：一切诸法，一切因缘，故应有；一切诸法，一切因缘，故不应有。一切无法，一切因缘，故应有；一切有法，一切因缘，故不应有。……言有，是为假有，以明非无，借无以辨非有。此事一称二，其文有似不同，苟领其所同，则无异而不同。（同上）

万物"非有非无"，皆以缘生。如果是有，则无须缘起而后有；若是无，更无须缘灭而后无。非有是因为缘起，非无也是由于缘起，一切事物的生灭皆赖于因缘，所以事物的存在既不是有，也不是无。僧肇的结论是：

> 欲言其有，有非真生；欲言其无，事象既形。象形不既无，非真非实有。然则不真空义显于兹矣。（同上）

显而易见，僧肇"不真空"义包含两层意思：一是事物皆非真生，非真生故非有，故谓之"空"；二是有形象故非无，但形非实有，所以说是"不真"，因此名之曰"不真空"。他形象地比喻说："譬如幻化人，非无幻化人，幻化人非真人也。"（同上）与"白马非马"的名辩不同，这里不是概念指称的逻辑问题，而是真假的实际问题——幻化人非无虽有，但幻化人并非真人。世间万物莫不如此。

当然，从本体论上考究，僧肇解空，强调"触事而真"、"体之即神"（同上），明显具有汤用彤所说的"即体即用"的特征。不离诸法（现象）而谈"真"，与儒家的"道者不可须臾离也"、道家的道无处不在等思想亦有相似之处。此后天台宗主张的"三谛圆融"、禅宗标榜的"当下即道"等思想，在一定程度上都可以说是对僧肇这一思想的发挥。就此而言，僧肇的"不真空"

论，对具有典型思辨色彩的中国佛教哲学的建立，具有奠基性的意义。

二、"物不迁"的动静观

"即体即用"的思想本身，就内在地包含着动静问题。无论事物的性质如何，其生灭都在变化之间，如川之逝水，日月升沉，寒来暑往。换句话说，宇宙万物都是在生、住、异、灭的流转中变化并实现其发展的。佛家认为，因缘和合，诸法无常，突出的是变，而非不变。不过，变和不变，也就是动和静，也处在变动不居之中，无所谓动，也无所谓静。"如来者，无所从来，亦无所去"。僧肇的《物不迁论》详尽地论述了法无来去、动静一如的思想。

首先，僧肇在破斥"人之常情"的同时，提出了他的命题：

> 夫生死交谢，寒暑迭迁，有物流动，人之常情。余则谓之不然。何者？《放光》云：法无去来，无动转者。寻夫不动之作，岂释动以求静，必求静于诸动。必求静于诸动，故虽动而常静。不释动以求静，故虽静而不离动。……试论之曰：《道行》云，诸法本无所从来，去亦无所至。（《物不迁论》）

事物有生有死，四季寒来暑往，世间万物都在不停地迁流变动，如此触目皆是的现象，无人存有异议。但是僧肇认为，这是习而不察的错误。根据佛教"法无来去"的思想，他提出"动而常静"、"静不离动"的观念。对此，僧肇进行了详细论证。

从空间上看，物质位置的变换谓之"动"，设若物体脱离了空间，也就无所谓动。僧肇说："《中观》云：观方知彼去，去者不至方。斯皆即动而求静以知物不迁，明矣。"所谓"即动而求静"，看似动，其实静，因此也可以说是静，即所谓"物不迁"。

从时间上说，亦具有类似的情况。僧肇指出：

> 夫人之所谓动者，以昔物不至今，故曰动而非静；我之所谓静者，亦以昔物不至今，故曰静而非动。动而非静，以其不来；静而非动，以其不去。然则所造未尝异，所见未尝同。逆之所谓塞，顺之所谓通。苟得其

道，复何滞哉！伤夫人情之惑久矣，目对真而莫觉。（《物不迁论》）

面对同一种现象，"人"与"我"的立场不同，虽然认识的出发点相同，但结论迥异。认识的混乱，归根结底都是由于迷惑于常人的情欲，没有看清楚事物的真正本质。那么，如何才能真正把握事物的本质呢？僧肇认为：

> 人则求古于今，谓其不住；吾则求今于古，知其不去。今若至古，古应有今；古若至今，今应有古。今而无古，以知不来；古而无今，以知不去。若古不至今，今亦不至古。事各性住于一世，有何物而可去来？（同上）

如果把握住了"事各性住于一世"的本质特征，还用得着讲什么事物的"去来"？世人所谓的动静，从佛法上看并无不同。僧肇正是如此强调这一悖论的：旋岚偃岳，日月历天，江河竞注，野马飘鼓，都可以说是"不迁"。僧肇因此反复强调"动静未始异"。需要说明的是，僧肇非动非静、即动即静的辩证思维，为中国佛学尤其是禅宗哲学奠定了思辨的理论基础，但"物不迁"的结论却是形而上学的。

三、有名无名、有知无知的涅槃论

僧肇对涅槃的诠释，尽见于《般若无知论》和《涅槃无名论》之中。首先他指出："夫般若虚玄者，盖是三乘之宗极也。""有天竺沙门鸠摩罗什者，少践大方，研几斯趣，独拔于言象之表，妙契于希夷之境。"（《般若无知论》）佛教所谓涅槃，在僧肇的诠释下也就是超越言象之表、契神于希夷之境的虚玄、宗极。他说：

> 《放光》云：般若无所有相，无生灭相。《道行》云：般若无所知无所见。……故经云：圣心无所知无所不知。信矣！是以圣人虚其心而实其照，终日知而未尝知也。（同上）

般若无相，涅槃亦无相；般若无知，涅槃亦无知。当然，无相并非无，乃非有非无；无知非不知，乃无知而知，知一切知。这显然有老子"无为而无不为"思想的影响，甚至其中的措辞，如"圣人虚其心而实其照"，也是对《老子》

的活用。① 请再看：

> 既曰涅槃，复何容有名于其间哉？斯乃穷微言之美，极象外之谈者
> 也。（《涅槃无名论》）
> 夫涅槃之为道也，寂寥虚旷，不可以形名得；微妙无相，不可以有心
> 知。（同上）

涅槃无名，也就是说道体无名，即"道可道，非常道"的意思。既然作为道的涅槃，非有非无，"离于言数"，"不可以形名得"，"不可以有心知"，自然是"不可名"，也就是无名。然而，说是无名，毕竟有名。就名而言，僧肇的解释是：

> 有名曰：夫名号不虚生，称谓不自起。经称有余涅槃、无余涅槃者，
> 盖是返本之真名，神道之妙称者也。（同上）

简单地说，涅槃，或者说道，虽不可名，却又有名，名不是没有依据的虚构，而是直指道体的"真"名，是符契终极的妙称，也就是名副其实的称谓。当然，符"真"之名也是假名。

毫无疑问，涅槃在有无之外，非有异于有，却不是无；非无异于无，却不是有。它不可名，却又有名。僧肇的诠释，如同《老子》"无名，天地之始；有名，万物之母"的有无之辨，当然更接近玄学的言、象、意之辨，表现出更多的辩证思维色彩。

僧肇的佛教哲学，是中国佛教哲学开始走向独立发展道路的标志性成果。他的贡献大致有三个方面：一是他比较准确地掌握并运用中观学的思辨方法，对中印两地的思想进行了会通，形成了一个独具特色的比较完整的哲学体系；二是对当时佛教界中一些比较模糊的思想进行了澄清的工作，使般若学摆脱了对玄学的依附，把中国佛学引向了独立发展的道路；三是僧肇的佛教哲学思想直接或间接地影响了以后中国化佛教宗派的产生。总而言之，僧肇是佛教中国化的重要奠基人之一。

---

① 《老子》第三章"是以圣人之治，虚其心，实其腹"。

第三节　慧远的哲学

慧远（334—416 年），俗姓贾，雁门楼烦（今山西宁武附近）人，是继道安之后的东晋佛教领袖。中年之后住庐山数十年，其间"影不出山，迹不入俗，每送客游履，常以虎溪为界焉"（《高僧传·释慧远》），但社会影响很大。在佛学理论上，慧远继承并发展了道安的般若思想，提出了"法性"本体论和神不灭论，并在此基础上进一步阐发了因果报应说，会通了佛教与名教之间的关系，是佛教中国化的积极推动者。其佛学思想主要保存在《沙门不敬王者论》、《三报论》、《明报应论》（皆载于僧祐《弘明集》）等著作中。

一、"法性"本体论

慧远的佛教哲学著作，最重要的是已佚的《法性论》。《高僧传》引其文曰："至极以不变为性；得性以体极为宗。"（同上）汤用彤解释说："体极者，在于冥符不变之性。不变至极之体，即为泥洹。"[①] 可见，慧远之法性即至极不变之性，亦即涅槃。法性本体便是涅槃本体。如此以法性说般若，是试图融会贯通般若性空和涅槃实相的重要尝试。印度佛教的缘起性空，则由法性、涅槃，直通佛性、心性本体。"得性"便是后世禅宗的"见性"，慧远的法性论实在是"体极论"。慧远对法性的界定称：

> 生涂兆于无始之境，变化构于倚伏之场。咸生于未有而有，灭于既有而无。……有而在有者，有于有者也；无而在无者，无于无者也。有有则非有，无无则非无。何以知其然？无性之性，谓之法性。法性无性，因缘以之生。生缘无自相，虽有而常无。常无非绝有，犹火传而不息。夫然则法无异趣，始末沦虚，毕竟同争，有无交归矣。故游其樊者，心不待虑，智无所缘，不灭相而寂，不修定而闲，非神遇以期通，焉识空空之为玄。斯其至也，斯其极也。（《大智论抄序》）

万物生于无始，变化成于运动，生生为有，灭有为无，有无皆源于"法"之生灭或生灭之法，实乃相对而非本原。他认为，世间万物有无、生灭的转化，

[①]　汤用彤：《汉魏两晋南北朝佛教史》，中华书局 1983 年版，第 257 页。

植根于永恒的"法性"——空性，也就是缘生之性，故对"有"、"无"都不能执着。因为"法性"即"无性"，唯其无性，才能称其为主宰万物有无、生灭转化的本体。"法性"本体并非实体，恒常的"法性"本体在万物变化的始终和根柢上是虚净的，是万物有无融合的终极归宿。这里沿袭了老子关于有无和道的关系的论述，只不过把有无看作现象，把因缘视为"一化"的本原罢了。他特别强调事物"非有非无"之性，所谓"有有则非有，无无则非无"，同僧肇不真空说有相通之处。在这里，般若之理与玄学家的思辨，尽在其中。

法性非有非无，至极不变，如此法性则是法身，也就是涅槃实相了。法性无性，法身无形，二者名异而实同，都是超越有无、至极不变的终极或本体。所以他又说：

> 是故反本求宗者，不以生累其神。超落尘封者，不以情累其生。不以情累其生，则生可灭。不以生累其神，则神可冥。冥神绝境，故谓之泥洹。泥洹之名，岂虚称也哉！（《沙门不敬王者论》）

显而易见，无性之法性，无形之法身，既是空无之本，那么，反本就是体认法性，就是合道，就是情归虚无。用慧远的话说就是"体极"，就是所谓的"得性以体极为宗"。如此生可灭、神可冥，冥神绝境，便是佛家的终极追求——涅槃之境。慧远就是这样借助无性之性的法性本体、无形之形的法身本体之诠释，转化成了涅槃本体，并转向心性本体论，进而成为"体极论"的。简单地说就是：缘起性空—法性性空—法身无形—法性本体—涅槃实相—心性本体。这不仅反映了佛教缘生论向心性本体论转化的哲学历程，而且体现了佛教对终极的追求：由"体极"趋向"见性"。

"法性"本体论是慧远佛教哲学的基本纲领，是缘起性空的般若学和涅槃实相思想综合的重要表现，是缘生论转向心性论的一个环节，也是慧远兼综玄、释的理性创获。

二、无尽因果的报应论

慧远对中国佛教哲学的突出贡献，还在于他对无尽因果的报应论的说明。这是对中国古代"承负"说的批判吸收，是对佛教果报思想的丰富和细化。他把普遍的因果转换为人生的因果，由是而成为扬善弃恶的伦理依据。正因为如此，它对中国社会的影响极其深远。

慧远在论述"法性"的时候所标举的"法身"概念，就已经在为其果报之说确定轮回的载体了。诚如汤用彤所言："法身者，圣人成道之神明耳。实则神明不灭，愚智同禀，神之传于形，犹火之传于薪。"[①] 慧远在《沙门不敬王者论》中还指出：

> 神也者，圆应无生，妙尽无名，感物而动，假数而行。感物而非物，故物化而不灭。假数而非数，故数尽而不穷。有情则可以物感，有识则可以数求。数有精粗，故其性各异。智有明暗，故其照不同。推此而论，则知化以情感、神以化传。情为化之母，神为情之根。情有会物之道，神有冥移之功。但悟彻者反本，惑理者逐物耳。

显然，这个"神"，或谓之涅槃，或奉为净土，尽管可以化为现实的"情"、"识"，但实际上就是超越有无、超越生死的缘生之性。同时，由于这个"神"具有"物化而不灭"、"数尽而不穷"的特点，因而亦具有了无尽的轮回报应的功能。这正是慧远建立其无尽因果报应论的理论基础。

因果报应是佛教的基本理论之一，用来说明生命存在的现象和规律。佛教认为，由生命活动所造成的因，称之为"业"，因为能生；由因所导致的果，叫作"报应"，果为所生。万事万物之间，有因必有果，有果也必有因，生命的延续和流转，自然也不例外。慧远据此指出：

> 无明为惑网之渊，贪爱为众累之府。（《明报应论》）

"无明"是佛教的专有名词，意为愚痴无知，特指对佛教道理的无知。"贪爱"就是无尽的欲望。佛教认为"无明为父，贪爱为母"，说的就是贪爱而又无知，正是人生所有烦恼、痛苦的根源，也是生死轮回的根本原因。理论上说，行善应受福，作恶要遭殃。但在现实社会中，善恶并非如影随形、报应不爽。为了有效解决这个矛盾，慧远提出了他的"三报"说：

---

① 汤用彤：《汉魏两晋南北朝佛教史》，中华书局 1983 年版，第 259 页。

现报者，善恶始于此身，即此身受；生报者，来生便受；后报者，或经二生三生，百生千生，然后乃受。(《三报论》)

"三报"是因果报应的三种表现形式。慧远认为，因果报应的发生因"业力"的强弱大小不等，在时间上会产生先后迟速的不同。为善为恶，并非一定要在此生受报应，也有可能在下世或者几世乃至千百世以后受报应。同样，现世生命中所遇到的不公平现象，诸如"祯祥遇祸，妖孽见福"，也是因为"现业未就，而前行始应"（同上）。过去种下的种子已经开始结果，今生的业因还没有成熟，因而尚未发生明显的作用，但因果报应不爽，最终还是会应验的。

慧远的"三报"说，目的固然在于强化因果的必然关系，但它的隔世，乃至百世、千世的无尽之果，实际上借时间否定了现世因果的必然性。生报者，便是对现世因果的否定；后报者，则是对两世因果乃至千百世因果的否定。必然的因果关系，须借不确定的条件，即时间的无限延续而实现。这里所说明的，恰恰在于条件的偶然性，而非因果的必然性，因果的必然还是寓于条件的偶然之中。佛学表面上的因果论，显然是在条件论的架构中运作的，也是慧远无性之性的法性本体向心性本体转化的逻辑根据。

人有三世，业有三报，自作自受。如是而论，势必存在三生或多世轮回的主体，即果报的载体。然而，主体论即有我论，与佛说"诸法无我"构成相互冲突的悖论。这是佛教哲学，也是慧远"法性本体"、"三报"说必须解决的理论问题。如前所言，慧远的"法性本体"，不仅沟通了般若性空和涅槃实相，也沟通了无我和主体，并且引入神、心和感、应的儒家传统范畴解释"报有迟速"的"三报"说，还借鉴庄子的薪火之说①指出："火之传于薪，犹神之传于形；火之传异薪，犹神之传异形。前薪非后薪，则知指穷之术妙。前形非后形，则悟情数之感深。惑者见形朽于一生，便以为神情俱丧，犹睹火穷于一木，谓终期都尽耳。"(《沙门不敬王者论》)慧远以此对他的"神不灭论"作综合佛道的阐述。当然，慧远的法性本体是法性无性，作为本体而言，也是超越有无、超越生灭的。所以，其作为果报的承载者，不是我，也不是非我；不是生，也不是灭。尽管慧远也说神不灭者乃"业"因不灭，即因缘不灭，但本质上还是"灵魂"不灭的翻版。落实在终极追求上，慧远特别强调

————————————

① 《庄子·养生主》云："指穷于为薪，火传也，不知其尽也。"

西方极乐世界的殊胜，极力倡导弥陀净土信仰，并被后世追认为中国净土宗的初祖。

第四节　道生的哲学

道生（355—434 年），俗姓魏，原籍钜鹿（今河北巨鹿），寓居彭城，幼从竺法汰出家，从师姓竺。中年以后到各地游学参访，积累学识。学成后自创理论，成为一代宗师。道生集般若性空与涅槃实相于一体，以实相无相、佛性本有之说，开启了中国佛教心性本体论之先河。道生著作很多，但大多散佚，现存有《妙法莲华经疏》及其他经解残篇，集中阐述了他对佛性、顿悟问题的看法。

一、"法为佛性"的佛性论

《大般涅槃经·师子吼菩萨品》曾提出佛性说："佛者即是佛性，何以故？一切诸佛以此为性。"道生接受这一观点，并作出自己的解释，他说：

> 夫体法者，冥合自然，一切诸佛，莫不皆然。所以法为佛性也。（《大般涅槃经集解》卷五十四）

一切诸佛以佛为性，所以说佛即佛性。这是从信行上说的，无须逻辑印证。但就学理上讲，以佛为性，也有视佛性为成佛之果，而非成佛之因，即有"当果佛性"之歧义。此前，法护就以"自然"译"真如"，即以自然为佛性，而凸显佛性本有。道生显然注意到上述缺乏逻辑推证的问题，因此转借道家"道法自然"的观念，引入"法"和"自然"的概念，提出"法为佛性"的佛性论——法冥合自然，佛亦冥合自然，故法即佛；自然本在，法亦本在，故佛性本有。

诸法因缘生，是佛教哲学的基点，故佛说诸法无我。然而，若说无我，佛性何在？若言佛性实有，则成有我。所以，佛经中提出"佛性我"的概念，以及大我、真我、真如、大涅槃、如来藏种种，强调还有一个超越"个体我"的"佛性我"的存在，以此调和我与无我的矛盾。道生是这样论述的：

> 无我本无生死中我，非不有佛性我也。（《注维摩诘经》卷三）

事实上，自佛教传入中土，华夏人士往往以神灵不灭为佛法根本。至般若学流布，僧人则转向无我性空之说，而怀疑存神之论。这是佛学一大变化。继而涅槃学昌盛，标举佛性常住实有，同无我性空之义又成悖论。这是佛学又一大变化。面对这样的悖论，道生反复论证：实相无相，故超乎象外；佛性本有，直指含生之真性。无相曰无，万象曰有。有生于惑，无生于解。佛性我与般若无我不仅无抵牾，实则相辅相成。佛性、法性、真理、自然，名殊实同。佛性虽有，有非实相；佛性本有，实相非相。道生就是这样以道释佛，而成就其佛性论的。

二、顿悟与"一阐提"有佛性

佛性本有，意思是说，众生皆有成佛之因，即成佛的内在依据，那么，反观自性，识得本心，便是觉悟，自然成佛，而无须向外追索；一阐提人既然属于众生，故也当有佛性，而能成佛。前者说的是方法，后者指的是根据。

（一）顿悟

据南齐刘虬《无量义经序》顿悟之说，"寻得旨之匠，起自支、安"。支乃支遁，安即道安。就是说，顿悟之说始于支道林，此被称为"小顿悟"。然而，此说虽有经典的依据，但绝非究竟圆满之义，亦与中国即体即用的传统思维大不相合。觉悟真如，就是觉悟道或理，道、理不可说，亦不可分。于是，道生提出"顿者明理不可分，悟语极照，以不二之悟，符不分之理"（慧达：《肇论疏》卷上）的顿悟义，融会贯通真如和道、理本体，从方法论上重塑了中国佛教哲学。一般认为，道生之说属于"大顿悟"。

道生论顿悟之文久已佚失，但与此相关的文字尚可在其他文献中找到蛛丝马迹。《大般涅槃经集解》卷一引道生序曰：

> 夫真理自然，悟亦冥符。真则无差，悟岂容易？（故悟须顿）不易之体，为湛然常照，但从迷乖之，事未在我耳。（故悟系自悟）①

文中所谓"真理"、"真"、"体"，实际上都是指超越的本体，或者说真如的别名，是佛教终极追求的对象，即成佛的最高境界。它们自然遍在，无为无造，

---

①　汤用彤：《汉魏两晋南北朝佛教史》，中华书局 1983 年版，第 471 页。

湛然常照。"无为则无伪妄，常照则不可宰割。"因此是一而非异——不可分，故悟此不分之理，自然要以不二之悟。如此豁然贯通，涣然冰释，也就是顿悟了。但是，芸芸众生不明此理，因无明而生分别乖异。所以说，悟只能是自悟。据此，汤用彤认为"道生主大顿悟"[1]。

不仅如此，道生顿悟说兼取儒佛，而以折中自许。谢灵运《辨宗论》借道生之言，表述其折中孔释二家的倾向：

> 释氏之论，圣道虽远，积学能至，累尽鉴生，不应渐悟。孔氏之论，圣道既妙，虽颜殆庶，体无鉴周，理归一极。有新论道士以为"寂鉴微妙，不容阶级。积学无限，何为自绝"。今去释氏之渐悟，而取其能至；去孔氏之殆庶，而取其一极。一极异渐悟，能至非殆庶。

"一极"乃道生用语，所谓"极不可二，故谓之一也"。谢氏不仅借道生语讲述"理不可分"的"顿悟"说，而且认为道生合取儒佛"能至"、"一极"而成顿悟之义。从其"得意之说，敢以折中自许"中，同样可以看出道生的佛性论、"顿悟"说，还是和中国传统哲学融合的结果。

总而言之，顿悟是当下之悟、整体之悟，是不分阶段、不借言语之悟，当然也是自悟。如是，"《般若》无相义，经生公之精思，与《涅槃》心性之理契合，而成为一有名之学说"[2]。以后中国化的佛教，尤其是禅宗的成佛论更为盛行，因为禅宗"识得本心，便能成佛"的主张，远比道生的"顿悟"说更为简易直接。

（二）"一阐提"有佛性与应有缘义

既然佛性本有，而且众生皆有佛性，那么一阐提人也当有佛性，也可以成佛。这是道生的佛性论中最具挑战性的命题，也是曾经备受责难的观点。

"一阐提"，梵文 Icchantika 之音译，意为不具信、断善根或以贪欲为唯一鹄的之人。佛经谓其"如世死尸，医不能治"，也就是无可救药的人。早期传入的六卷本《泥洹》中没有一阐提有性并成佛之说："如一阐提懈怠懒惰，尸卧终日，言当成佛。若成佛者，无有是处。"（《大般泥洹经》卷三）但道生孤

---

[1]　汤用彤：《汉魏两晋南北朝佛教史》，中华书局 1983 年版，第 470 页。
[2]　汤用彤：《汉魏两晋南北朝佛教史》，中华书局 1983 年版，第 475 页。

明先发，依义不依文，从逻辑上说明众生皆有佛性，一阐提若为众生，一阐提亦固有佛性；并且大胆断言《泥洹》未必尽善。他说："夫禀质二仪，皆有涅槃。正因阐提含生之类，何得独无佛性？盖此经度未尽耳。"（《一乘佛性慧日抄》引《名僧传》卷十文）"一阐提者，不具信根，虽断善犹有佛性事。"（《名僧传抄·说处》）后北凉昙无谶所译四十卷本《涅槃经》（北本）中果有"阐提成佛"之语，从而印证了道生的悟解。

显而易见，所谓"此经度未尽"在当时只是一种委婉的说法。实际上，道生如此解经自然有其传统文化的背景，不仅对扩大佛教的影响起了积极的作用，而且为佛教文化在中国更为广泛地传布，或者说适应性的自我调适，提供了理论基础。

然而，从另一方面讲，既然一阐提也有佛性，那么按照逻辑推论，包括一阐提在内的一切众生皆能成佛，如此何用修道？原来，"众生成佛，必须藉缘"①。换句话说，众生虽有佛性为成佛之因，但仍须有缘，即有条件方能成佛。这就是道生的"应有缘论"，实际上是有条件的成佛论。为了说明成佛的条件性，道生又提出了"心"和"智"两个概念，强调成佛必须借助"心"、"智"。

《大乘四论玄义》卷六中说："生法师云，照缘而应，应必在智。此言应必在智，此即是作心而应也。"慧达《肇论疏》中也有记载："生法师云，感应有缘，或因生苦处共与悲愍，或因爱欲共于结缚，或因善法还于开道，故有心而应也。"

在这里，心、智仅仅是作为"缘"（条件）而同佛性相互呼应的。众生成佛，必借因缘。一阐提若得佛智之应化，自然能够成就无上正觉。如此不仅弥合了一阐提有无佛性的冲突，同时也以佛教"缘生"的基本理论，消除了涅槃实相、佛性实有和般若性空的悖论。显而易见，心、智之辨还是对佛学的中国化诠释，而忘彼此、应一切则又见老庄思想的痕迹，这里的"心"无疑是"应无所住而生其心"之心了。总之，佛性论同缘生论相互印证，应当说也是道生思辨哲学的特点。他一方面用老庄解佛，另一方面又试图摆脱佛教对玄学的依附，以此全面推动佛教哲学走上了中国化的道路，对于中国佛教心性哲学的建设作出了显著贡献。

---

① 汤用彤：《汉魏两晋南北朝佛教史》，中华书局 1983 年版，第 465 页。

在佛教中国化的道路上，《大乘起信论》后来进一步发挥了极为重要的作用。《大乘起信论》本是大乘佛教的概论之作，相传为古印度马鸣著，南朝梁真谛首译，唐代实叉难陀重译，以真谛译本较流行。后人对此论颇多存疑，近代有些学者认为此书是中国南北朝时期托名之作。此书结构严整，文义通顺，解行兼重，古今学人盛行传诵，被视为大乘佛教入门之书。全书把大乘如来藏思想和唯识说结合在一起，阐明"一心"、"二门"、"三大"的佛教理论和"四信"、"五行"的修持方法。一心，即如来藏心，万法源出于此，包摄一切世间法和出世间法。二门，指心真如门（清净）和心生灭门（污染）。三大，谓体大、相大、用大。"体"即本体，又名真如，于中一切法平等，不增不减；"相"即形相，指如来藏具有无量善性功德；"用"即功用，谓由此产生一切善因善果，是修证菩提妙觉的具体表现。四信，指相信根本真如和佛、法、僧三宝。五行，即修持布施、持戒、忍辱、精进、止观五种德行。中心思想为论证"如来藏"（真如）与世界万物的关系，以为世界万有都是"如来藏"的显现，目的是劝人信奉大乘佛教，修持五行以获解脱。可以说，《大乘起信论》的出现与盛行，代表着南北朝时期佛学发展的趋势，体现了佛教与儒家性善说的融合，对隋唐时代的佛学思潮产生了深远的影响。

第五节　范缜的哲学

佛教在南北朝时期的快速普及，使得神不灭论思想在社会上产生了巨大的影响，神灭神不灭之争一再发生。如无神论思想家何承天曾借用"薪尽火灭"主张神灭论，但著名山水画家、曾参与慧远白莲结社的宗炳针对何承天的观点撰写了《明佛论》予以强烈反击。他从五个方面论证了神妙形粗、神不随形毁而灭的论点：（1）群生之神，本已有之；（2）形神并非同步不离，病极而德行无变就是很好的说明；（3）圣贤与愚人形体无异，而其特异之处正在于其精神超越，故神不应与形体同生灭；（4）儒家本就承认神灵不灭；（5）不忆前生并不能否认精神本有。这场关于神灭与神不灭的争论，至齐梁时期，特别是梁武帝于天监三年（504年）宣布佛教为"国教"而达到高潮。争论双方最重要的代表人物是范缜与萧子良。

范缜（约450—约510年），祖籍南乡舞阴（今河南泌阳）。少孤贫，弱冠拜名儒刘瓛为师，勤奋好学，卓尔不群。"既长，博通经术，尤精《三礼》，性质直，好危言高论"（《梁书·范缜传》），是南北朝时期著名的无神论者。范缜与萧子良二人从讨论贫富贵贱产生原因的现实问题开始，进而讨论因果报应之有无，最终以神灭神不灭为争论的焦点。范缜以"无神"说立论，以偶然论批判佛教的因果报应说，激起了朝野的普遍反对，"子良集僧难之而不能屈"（同上），表现出了极大的理论勇气和理论创新能力。范缜的著作现存有《神灭论》、《答曹思文〈难神灭论〉》（载《弘明集》卷九）。

一、"形神相即"与"形质神用"

"形神相即"是范缜《神灭论》的基础命题：

> 神即形也，形即神也。是以形存则神存，形谢则神灭也。

在范缜看来，形、神既有区别又有联系，两者密不可分，"名殊而体一"，或曰"形神不二"。所以，范缜认为形在神在，形亡神灭。

在"形神相即"的基础上，范缜进一步提出了"形质神用"的著名论点：

> 形者神之质，神者形之用，是则形称其质，神言其用，形之与神，不得相异也。（同上）

鉴于"薪火之喻"为神不灭论所用，范缜舍弃薪火之喻，改用"刀利之喻"，将形与神比作刀刃和锋利，进一步明确精神是人体的功能，即"形质神用"的论点，论证形神相即不二，灵魂不能离开肉体独立存在。他以刀刃为喻：

> 神之于质，犹利之于刃；形之于用，犹刃之于利。利之名非刃也，刃之名非利也；然而舍利无刃，舍刃无利，未闻刃没而利存，岂容形亡而神在？（同上）

就是说，精神与肉体，不仅相即不离，而且相即为用。形是质，神是形质之用，就如刀刃和刀刃之利钝，刀是形质，利钝是刃之用。利不是刃，刃也不是利，但是，无刃也就无所谓利钝。所以，作为形的肉体死亡后，作为形之用的神，如何能独立于形之外而永存呢？

范缜的这种论证，是从玄学体用思辨出发，进一步明确了形体与精神是本体与作用的关系，肯定了精神对形体的依赖性。特别是"刃利"之喻，更是突破了传统无神论"薪火"之喻把精神实体化的局限性，明确揭示出了精神（意识）是人的形体（人脑是其一部分）的机能和属性，这无疑具有重要的哲学价值，是对佛教神不灭论的有力驳斥。

二、质用之辨

为进一步说明精神对形体的依赖性，范缜对"质"与"用"两个范畴也作了深入的辩证思考。他说：

> 今人之质，质有知也；木之质，质无知也。人之质非木质也；木之质非人质也。安在有如木之质而复有异木之知哉？
> 死者有如木之质，而无异木之知；生者有异木之知，而无如木之质也。（《神灭论》）

质的不同，决定了人的"有知"和木的"无知"，不同的质有不同的作用，人非木，人质自然非木质，二者没有比较的基础和前提。范缜实际上是借此驳斥神不灭论"薪尽火传"之喻，以此强调木质非人质，所以佛教徒用"薪尽火传"的比喻并不能真正说明人的"形尽神不灭"。

范缜还将"神"分为互相连接的两个层次：一是"痛痒之知"（感觉），二是"是非之虑"（思维）。他认为，"浅则为知，深则为虑"。"知"与"虑"是人的精神功能的两个不同层次，二者统一为人的精神。他指出，"是非痛痒，虽复有异，亦总为一神"，强调"人体惟一，神何得二"。（同上）范缜认为，这两种思维活动都是由"心器所主"，是不能离开人的形体而独立存在的。在这里，范缜深入到思维领域的深处，对佛教神不灭论给予了深刻的批判。

神灭神不灭的争论，是中国哲学史上有神论与无神论、唯心论与唯物论相冲突的一个集中表现。范缜以坚定的无神论立场、犀利的理论锋芒、严谨的逻辑分析和毫不妥协的战斗精神，在中国无神论思想史上树立了一座丰碑，成为中国古代杰出的无神论思想家。他克服了以往许多具有无神论倾向的思想家在形神问题上存在着的二元论倾向，在中国哲学史上为无神论确立了较为科学、合理的形神一元观，从而为反对有神论奠定了坚实的理论基础。但我们也应该看到范缜批判神不灭论的局限性。在回答萧子良人生"何得有富贵贫贱"的问题时，范缜以"树花同发，随风而堕"的偶然性作答。过分强调偶然性的作用，就有可能对命定论作出让步，这无疑反映了范缜无神论思想的时代局限性。

思考题：

    1. 僧肇是如何分析"空"的？

    2. 道生是如何论证"顿悟"的？

    3. 范缜是如何论证神灭论的？怎样给予正确评价？

第十七章　隋唐时期的佛教哲学

两晋南北朝时期，是佛教迅速发展的时期。对佛教经论的不同解读，形成了不同的学风、学统。南方重义理，与玄学结合；北方重践行，以信实为尚。隋唐时期，国家由分裂走向统一，封建王朝实行三教并用的文化开放政策。佛教也在同儒道的抗争中与之并驾齐驱，不仅形成了各有特色的解释系统，同时也有更加稳定的传法系统。于是制度化的中国佛教宗派开始诞生。天台、三论、唯识、华严、禅、密、净、律等各宗派的相继成立，标志着佛教和佛教哲学的中国化进入一个新的阶段。本章选择上述宗派中在哲学上最有代表性的略作介绍。

第一节　智顗与天台宗

天台宗是中国佛教史上最早创立的佛教宗派，尊龙树为初祖，慧文为二祖，慧思为三祖。因其实际创始人智顗住天台山弘法创教而名之天台宗，又因其依据的主要经典是《法华经》，故又称法华宗。

北齐天保五年（554年）慧思结庵光州大苏山，以《法华经》为理论基础著《法华经安乐行义》、《立誓愿文》等，主张"一心三观"，奠定了天台宗圆融实相的理论基础。智顗（538—597年），俗姓陈，祖籍颍川（今河南许昌市）。575年南下浙江天台山修习止观法门，成就圆融实相之学。尝为隋炀帝杨广授菩萨戒，杨广以"智者"称誉智顗，故后世称"智者大师"。晚年住荆州玉泉寺。一生著述颇丰，主要有"天台三大部"——《法华玄义》、《摩诃止观》、《法华文句》。此外还有《观音义疏》、《金光明经玄义》、《金光明经文句》，加上作者尚有争议的《观音玄义》、《观无量寿佛经疏》等，世称"天台小五部"。智顗的天台宗宗旨，追求的是大乘圆顿境界，基本思想包括"三谛圆融"的核心观念、"一念三千"的现象分析、"性具善恶"的人性论、止观双修的方法论，以及推尊"圆融"的"五时八教"的判教思想。

一、"一心三观"与"三谛圆融"

智颛依据《法华经》义，将"一心三观"（观空、观假、观中）发展提炼为"三谛圆融"。所谓"三谛"，即空谛、假谛和中谛。"一心三观"，意谓于一心中同时观照空、假、中三种实相，即"三谛"。不过，无论是观空、观假或者观中，任何一观，实际上都包含了其余二观，而且亦无次第可言，三即一，一即三，圆融无碍。如此"一心三观"，圆融无碍，带有浓厚的玄学气息。如此假、空、中"三谛"无碍自在，并为一体，即空、即假、即中，三者皆依心而生。心生万法，万法故空；因缘生法，依于因缘，缘生缘灭，万法故假；不着假，不执空，也就是超于有无，便是中道。中道者，不落空、假，亦不离空、假；如此空、假、中"三谛圆融"，就是天台宗"圆融"观的核心。智颛说：

> 空非断无，故言空有。有即是空，空即是有，故言"不二"。非离空有外别有中道，故言"不异"。遍一切处，故言"不尽"。此亦与龙树意同。《中论》云：因缘所生法，即空即假即中。因缘所生法即空者，此非断无也；即假者，不二也；即中者，不异也。因缘所生法者，即遍一切处也。（《法华玄义》卷一上）

他就是以这样玄奥的思辨，表述事物"不二"、"不异"、"不尽"，因缘所生法，圆融无碍，而遍一切处。

在此基础上，智颛又以"十如是"论述"三谛圆融"。他把"相"、"性"等十类分为空、假、中三种，即如是相、如是性、如是体、如是力、如是作、如是因、如是缘、如是果、如是报、如是本末究竟等。通俗地讲，"十如是"就是事物存在的十种必要条件，或者说宇宙万物的十种真理和规则。在智颛看来，空、假、中是同一事物的三个方面，表现了事物不同的存在状态。就实相而言，说空、说假、说中都只是教化众生的方便法门，因为任何事物都是即空、即假、即中的。也就是说，空含摄假、中；假含摄空、中；中含摄空、假。说空，则假、中亦空，一空一切空；说假，则空、中亦假，一假一切假；说中，则空、假亦中，一中一切中。三者不可分离，无有次第，相互包容，圆融无碍，故"三谛圆融"。智颛还联系《中论》中的"三是偈"，进一步发挥了"三谛圆融"思想，认为龙树的"三是偈"是从空、假、中三个方面对诸法实相的表述，三者不是三个不同的实相，而是对同一实相不同形式的表述，因此三者是平等、圆融互具的关系。

在"三谛圆融"思想的基础上，智𫖮进而又提出了"一念三千"的主张。他认为在一念之间，即具有十界三千诸法。所谓"一念"是指日常生活的"一念心"。此"一念心"即圆具三千诸法。所谓"三千"，指的是三千性相，与"三千大千世界"的含义不同。智𫖮认为，包括六凡法界（地狱道、畜生道、鬼道、阿修罗道、人道、天道）和四圣法界（佛、菩萨、辟支佛、阿罗汉）的十种法界中，每一种法界在生死流转的因果链条中，都存在着向其他九种发展的可能性，因为"起一念必落一界"。这样，六凡四圣等十界互具，就演化成了百界，每一界中又各具"十如是"而成"千如"，此"千如"和三种世间配合，即圆具三千诸法。智𫖮说："夫一心具十法界。……一界具三十种世间，百法界即具三千世间。此三千在一念心。若无心而已，介尔有心，即具三千。"（《摩诃止观》卷五上）一念即三千，三千即一念。此"即"乃当体全是之意。三千无尽的诸法，全在一念，即空、即假、即中。心、佛、众生，并无差别。可以说，"一念三千"的思想，是天台宗圆融观在现象世界中的具体应用。

二、"性具善恶"与"三因佛性"

"诸法实相"、"实相无相"应当说是佛教哲学思辨的基本内容。智𫖮的"性具实相"说则是圆融观的发展，并以此表现了天台宗哲学的特色。既然一心具万象，一切事物又具足实相，所以也可说是"心具一切法"，或者说"性具实相"。据此，智𫖮创造性地提出了"性具善恶"的人性论命题，说明一切有情众生，本性兼具善恶。兼具善恶，本质上便是"三谛圆融"，是"一念三千"。他说：

> 阐提既不达性善，以不达故，还为善所染，所以修善得起，广治诸恶。佛虽不断性恶，而能达于恶，以达恶故，于恶自在，故不为恶所染，修恶不得起，故佛永无复恶。（《观音玄义》卷上）

智𫖮认为，一阐提人既不断善性，也不通达性善，而为恶所染，但他们也可受善的影响而修善治恶、离恶向善。佛与一阐提的差异在于"达"或"染"。佛虽不断性恶，但能充分认知恶、把控恶，即"达恶"，故不染于恶。所谓"自在"，即不会受恶的影响而生恶（无修恶），永远不会回复恶。也就是说，阐提不断性善，只是缺乏修善；诸佛也不断性恶，但已断尽修恶。因此，在智颛看来，世间万物，无论恶、善，从本质上说都是实相，亦即无相，故善恶俱在心性之中，是对立的统一，包括"六凡四圣"在内的一切有情，乃至诸佛菩萨都具善恶之性。如此则众生与佛平等，二者的区别仅仅在于修行的不同。智颛的"性具善恶"说，也是对道生"一阐提人皆有佛性"说的继承和发展。它一改佛教界"佛性纯善"的传统观念，对佛性理论和中国心性哲学的发展具有深远的意义。

与此相关的便是"三因佛性"说。魏晋南北朝时期，道生公开倡导一阐提人皆有佛性，以"正因"佛性作为成佛的根据。但佛性到底是成佛之因，还是成佛之果，争论不断。智颛根据《大般涅槃经》"三因佛性"说，大力阐扬成佛三因。他强调，佛性有三种：除了"正因"佛性外，还有"了因"和"缘因"佛性。正因佛性是众生本具之中道实相，是成佛的依据，在凡不增、在圣不减；了因佛性是能观照显发正因佛性之般若智慧；缘因佛性则是资助了因、开显正因佛性的一切善行。《观音玄义》卷下中说："了是显发，缘是资助。"可见，有了正因佛性，只是具备了成佛的可能性，而非必然性。只有借助了因的显发，缘因的资助，才能成佛而通向圆满的觉悟之境。对佛性的如此诠释，不仅同佛教缘生哲学遥相呼应，而且在客观上也为"性具善恶"的思想提供了哲学依据。

三、"止观双修"

在修行实践上，智颛强调"止观双修"、"定慧等持"。止观即定慧。南北朝时期，南方佛教偏重智慧，北方修行侧重禅定。慧思倡导定慧双修，因定发慧。智颛在此基础上，将止观双修升华为涅槃之法，为中国佛教哲学的发展作出了积极贡献。

智颛关于止观学说的著作甚众。其中，他明确界说：

> 止乃伏结之初门，观是断惑之正要；止则爱养心识之善资，观则策发神解之妙术；止是禅定之胜因，观是智慧之由藉。（《童蒙止观》）

"止"与"观"，虽然都是修行解脱的方法，但"止"偏于"禅定"，"观"偏于"智慧"。如此止观之说，对禅宗和其他宗派的哲学都具有启导的作用。这是通向圆融之境的方法和道路，是依于"三谛圆融"之理的修证之学。

"五时八教"的判教学说，是智顗在批判继承南北朝诸种判教基础上提出的。"五时"，是将全部佛典按照佛说的时间先后所作的判释，依次是华严时、鹿苑时（亦称"阿含时"）、方等时、般若时、法华涅槃时。"八教"，是就教化众生的形式和内容而作的划分，又分"化仪四教"和"化法四教"。前者将佛的说法形式分为顿、渐、秘密、不定四种；后者根据说法内容的深浅将其分为藏、通、别、圆四种。如此判教，显然是以《法华经》为全体佛经中最圆满究竟的经典，是最高的圆融之境。它标志着中国佛教判教理论的成熟，对促进佛教的中国化和宗派佛教的形成具有重要的推动作用。

智顗之后，荆溪大师湛然（711—782 年）融《大乘起信论》思想入天台教义，用"真如随缘"解释"一念三千"，主张"诸法真如随缘而现，当体即是实相"，把《大乘起信论》的"真如随缘"义引入"性具"理论之中，提出"随缘不变故为性，不变随缘故为心"的观点，认为观察随缘而起的一切事物就是观察不变的法性、实相。在观心实践上，湛然把观心方法划分为"理观"和"事观"。"理观"直接观照实相，"事观"间接证悟法理。湛然发挥《摩诃止观》中"能观心性，名为上定"的思想，推演出"无情有性"的观念，他认为佛性是永恒的精神实体，世界上一切事物，包括没有情识的山河大地等，其存在与变化都是佛性的具体表现。湛然的"无情有性"说，对中国佛教的佛性论和中国传统的心性论都有深刻的影响，当然也把唯心主义推向了普遍与极致。

会昌法难（845 年）之后，天台宗总体上转趋式微。宋以后天台宗在思想上多与禅、净合流，自身特点却相形失色。

第二节　玄奘与唯识宗

在中观派之后发展起来的瑜伽行派，逐渐成为印度佛教的主流。在瑜伽行派发展的成熟时期，特别强调阿赖耶识的主导作用。玄奘在传译此派思想的基础上，创立了唯识宗。因其辨析一切事物（法）的相对真实（相）和绝对真实（性），又称"法相宗"；又因其创始者玄奘及其弟子窥基常住大慈恩寺，亦称"慈恩宗"。

玄奘（602—664年），洛州缑氏（今河南偃师）人。俗姓陈，名祎，世业儒学。西行赴印求法后，翻译了大量佛教典籍，是我国历史上著名的佛经翻译家，并培育了一批唯识学者。及门弟子甚众，有"百部疏主"之誉的窥基（632—682年），继玄奘之后，推动了唯识宗和唯识学的发扬光大。玄奘本人没有专门的佛学论著传世，其佛学思想体现在他的佛教活动之中。关于唯识宗的教观体系，主要是窥基在玄奘所传唯识学的基础上组织起来的。这个思想体系包含有唯识无境、八识、三自性、转识成智、五重唯识观等学说。

一、"唯识无境"

唯识宗亦属大乘佛教，但非空宗，而为有宗，特点是以"有"解空。其基本观念是"唯识无境"或"万法唯识"，意谓内在的心识居于支配地位，能变现出一切相境。这就是说，"识"是唯一真实的存在，是"有"而非"空"。呈现在我们面前的一切事物和现象，即认识对象，纯粹是心识虚妄执着的结果，是心识的变现，而不是独立的实际存在。

《成唯识论》卷七中说：

> 云何应知依识所变，假说我法，非别实有，由斯一切唯有识耶？颂曰：是诸识转变，分别所分别，由此彼皆无，故一切唯识。论曰：是诸识者，谓前所说三能变识及彼心所，皆能变似见相二分，立转变名。所变见分，说名分别，能取相故。所变相分，名所分别，见所取故。由此正理，彼实我法，离识所变，皆定非有。离能所取，无别物故，非有实物离二相故。是故一切有为无为，若实若假，皆不离识。

八识之中，各个识自身均有"变现出"相境的能力，显现为不同的"见分"与"相分"，此即所谓的"能取"和"所取"。离此诸识所变之能取、所取，则无任何实我实法。故可说一切有为无为诸法，皆不离识。显然，在唯识学看来，事物的变化与发展，不是存在决定意识，而是意识决定存在。《成唯识论》卷一中有句名言：

> 外境随情而施设，故非有如识；内识必依因缘生故，非无如境。

外境因情识虚妄执着而"施设"起现，所以不像"识"是有，而是无；心识自然依因缘生成，所以与外境不同，是有而非无。这里不仅说"识有境无"，而且强调"识"也是因缘生成，把唯识的辩证思维发挥到了极致。在唯识哲学的理念中，根、尘（境）结合所产生的凡夫之识，都属于对外境不同程度的执着，都是虚妄。只有破除妄见，转识成智，才能超凡入圣，获得解脱。

二、"八识"

瑜伽行派把众生的心识归结为八类，即眼、耳、鼻、舌、身、意、末那、阿赖耶，称为"八识"。这是唯识学分析名相、破斥名相的思维依据。

八识中，眼、耳、鼻、舌、身等五个感觉器官，各能感知与了别色、声、香、味、触等五境，由此产生了眼、耳、鼻、舌、身等五识。此五识只是依单纯的感觉作用，直觉地感知事物的某一个方面的属性。第六识意识能对内外之境进行比较、推测，具有知觉的整合作用，范围上也不分有形、无形，过去、现在、未来三世，呈现出"广缘一切境"的特点，故称"广缘识"。同时，因其攀援的对象与前五识比较接近，故前六识常常被归结为"了别境识"。《成唯识论述记》卷二中指出："以前六识同了粗境，异七、八故，合为一名。问：此前六识亦缘细境，如佛六识等，何故但名粗？答：一多分故，二易知故，三诸有情共可悉故，四内外道皆许有故，五大小乘所极成故，六不共义故，七、八二识不粗了故。"但在前六识中，意识之力最强。

在瑜伽行派看来，七、八二识行相极微细。第七识是末那识，又名"思量识"。该识恒常以第八识为对境，执第八识为"自内我"，进而生起"实我"、"实法"的执着，永无休止。设若末那识变为清净，则能断灭烦恼恶业，彻悟人法二空的真理。因此，末那识又被称为"染净识"。

第八识是阿赖耶识，又称为"藏识"、"种子识"、"异熟识"。藏，为含藏的意思，宇宙万有的种子尽纳入此识，因此得名。宇宙万相，皆是该识随缘"变现"的结果。在这个过程中，由于"业因"有善有恶，"果"则具非善非恶之"无记性"的特征，是与"业因"异类而成熟者，故又被称为"异熟识"。《俱舍论》卷二云："彼所得果与因别类，而是所熟，故名异熟。"八识中只有阿赖耶识具有最终的决定力量，故又被称为"根本识"。

三、"三自性"

如果说"万法唯识"和"唯识无境"的命题是对宇宙本体的概括，那么，三自性说则是其对世界诸法相状的分析和价值判断。"三自性"，又称"三性"、"三相"、"三性相"，具体说就是"遍计所执性"（简称"遍计执性"，又名"遍计自性"）、"依他起性"和"圆成实性"。《显扬圣教论》卷十六中说：

> 颂曰：三自性应知，初遍计所执，次依他起性，最后圆成实。论曰：当知无性不离自性，是故先说三自性义。……遍计所执者，所谓诸法依因言说所计自体。依他起者，所谓诸法依诸因缘所生自体。圆成实者，所谓诸法真如自体。

诸法本由众因缘和合而成，非有实体，仅为假有之法，但凡夫等妄执有实我、实法。其所计执之实我、实法的自性与差别，总名为"遍计所执性"。《成唯识论》卷八释"由彼彼遍计，遍计种种物，此遍计所执，自性无所有"之颂时说："周遍计度，故名遍计；品类众多，说为彼彼。谓能遍计虚妄分别。即由彼彼虚妄分别，遍计种种所遍计物，谓所妄执蕴、处、界等，若法若我自性差别。此所妄执自性差别，总名遍计所执自性。如是自性都无所有。"可见，物物之相以及物物之间的差别相，都是凡夫计量执着的结果。

六根、六尘等诸法皆从因缘而生，非本来自在；六识复因六根六尘而现，依他而起，故名之为"依他起性"。由于依他力而生灭，故有而非有、无而非无。

至于诸法所依之真如体性，自身具有圆满、成就、真实等三种性质，故名"圆成实性"。所谓"圆满"，是说真如妙理周遍四处，不同于诸法之相仅局限于其自身；所谓"成就"，是说真如之实体常住，无生灭作用，不同于诸法之无常、无我等共相；所谓"真实"，是说真如之性常住遍通，不同于诸法之体的虚妄不真。

至于"三自性"之间的关系，《成唯识论》卷九中说：

> 依谓所依，即依他起与染净法为所依故。染谓虚妄遍计所执，净谓真实圆成实性，转谓二分：转舍、转得。由数修习无分别智断本识中二障粗重。故能转舍依他起上遍计所执，及能转得依他起中圆成实性。由转烦恼得大涅槃，转所知障证无上觉。

从三性的角度看，染和净都是依他起性。染就是依他起性的杂染分，即遍计所执性；净就是依他起性的清净分，即圆成实性。只要不懈修行，转舍遍计所执性，而转得圆成实性，就是解脱。解脱成佛，本质上是内自我的转舍转得。这就是"转识成智"的学说。

四、"转识成智"

瑜伽行派分智为四，即成所作智、妙观察智、平等性智和大圆镜智。此四智分别与前五识、第六识、第七识和第八识相对应。"转识成智"就是转舍有漏之八识而得无漏之四智：转前五识为成所作智，转第六识为妙观察智，转第七识为平等性智，转第八识为大圆镜智。只有转八识得四智，才能断除烦恼障和所知障，解脱成佛，而获得最高的智慧。

虽然如此，但实现转识成智必须具备两个条件：一是具有生成"智"的种子，即无漏种子；二是需有正法熏习，即听闻正法。因此，不是所有人都可以转识成智。如果先天不具有无漏种子，则永远不能成就佛果；即使具有先天的无漏种子，还需要后天的正法熏习，这也不是每个人都能如愿以偿的。据此，法相宗又将众生分为五种，这就是其独特的"五种姓"说，即声闻乘种姓、缘觉乘种姓、如来乘种姓、不定种姓和无种姓，还将无种姓分为两种，坚持"断尽善根"的一阐提人没有佛性，永远不能成佛。

与其他佛教宗派不同，唯识宗"五种姓"说显然将一部分人排斥在成佛之外，而且同当时流行的法华、涅槃思想及主张人人皆可为尧舜的中国传统观念不符。这可能也是其在中国本土难以普及和发展的一个原因。唯识宗在经历了玄奘、窥基的辉煌之后，三传而绝。

第三节   法藏与华严宗

华严宗发源于陕西终南山。北周末至唐初，终南山多有研习《华严经》的佛教学者。随着此风的盛行，专弘华严教观的华严宗也渐次形成。初期的代表人物有杜顺、智正、智俨。智俨最杰出的弟子法藏（643—712年）全面继承并大大发展了智俨的华严学说，系统阐述了华严宗的教观理论。因华严宗以《华严经》为根本典籍，故名；又因实际创始人法藏号贤首，也称"贤首宗"；以"法界缘起"为核心内容，表现"圆融无碍"的无尽缘起观，亦称"法界宗"。

华严宗的实际建立者法藏，祖籍康居（今乌兹别克斯坦撒马尔罕一带）。670 年武则天舍住宅为太原寺，法藏奉旨剃发，赐名贤首。毕生讲新旧《华严经》三十余遍，现存著作主要有《华严经探玄记》、《华严一乘教义分齐章》（略称《华严五教章》）、《华严金师子章》、《华严游心法界记》、《大乘起信论义记》等。华严宗建立于天台宗和唯识宗之后，在教、观两方面对于二宗都有不少的资取和借鉴，但立场迥异。经过法藏的努力弘扬，华严宗风行各地，成为唐代的一大宗派。华严宗的哲学思想主要是"法界缘起"说。

一、法界缘起

华严宗认为，宇宙万法、有为无为，色心缘起时，互相依持，相即相入，圆融无碍，如因陀罗网，重重无尽。对于这种你中有我、我中有你的无尽缘起的世界，华严宗用"四法界"、"六相"、"十玄"等法门给予了详尽的阐明。

关于四法界，华严宗各位祖师说法不一，按照华严宗四祖澄观的说法：

> 一等理法界故。经云：如法界一性如法界自性清净，善根回向亦复如是。其文非一。二等事法界。经云：欲见等法界无量诸佛，调伏等法界无量众生，或愿起等法界无量行，或愿成等法界无量德，或愿得等法界无量果，皆即理之事也。三等理事无碍法界。经云：愿一切众生，作修行无相道法师，以诸妙相而自庄严，则相无相无碍，皆其类也。四等事事无碍法界故。经云：一佛刹中现一切佛刹等。然其四事全等四种法界，融而无二故，此能等即是所等，非有二物。（《大方广佛华严经疏》卷三十）

这就是说，"四法界"包括理、事、理事无碍、事事无碍四种。其中，理法界是指诸法彼此之间存在着的平等的理性，即真如；事法界是指宇宙万法，彼此差别，各有分齐；理事无碍法界是说有差别的事法与平等的理性之间互相溶融无碍，亦即事物本质与现象的统一；事事无碍法界是指彼此差别的事法之间由于理性同一，故能一一称性融通，一即多，多即一，一多相即而重重无尽。在这里，普遍性寓于特殊性之中，特殊性也离不开普遍性。

尽管四法界学说包含着显著的辩证法思想，但其本质还是宗教信仰，立足于唯心主义。宗密在注解杜顺《华严法界观门》时说："统唯一真法界，谓总该（赅）万有，即是一心；然心融万有，便成四种法界。"意思就是，世界一切事物统一于一心，心又统摄万物而成四法界。"一月普现一切水，一切水月一月摄"（《永嘉证道歌》），便是这一思想的生动譬喻。四法界归结为"一真法界"，所强调的就是如来藏清净心的本体性和根源性。法藏在《华严经旨归》中就说："一切法皆唯心现，无别自体。"法界缘起的本质，仍然是心性缘起，即心性本体。

二、"六相"、"十玄门"

为系统说明法界缘起的思想，华严宗又提出了"六相"、"十玄门"的观点。

"六相"包括：一总相，二别相，三同相，四异相，五成相，六坏相。华严宗依据《华严经》"十地品"所说，依六相而谈法界缘起事事无碍之义。在华严宗看来，一切缘起之法，必具此六相。就凡夫所见之事相而言，事相各各隔碍，不具六相；就圣眼所见之诸法体性而言，则于一一事相中见此六相圆融。所谓一真法界无尽的境界，乃是依此六相圆融而亲证所得。此种思想出于《华严经》，后经华严宗第二祖智俨系统阐发而成为华严宗的重要思想。唐译《华严经》卷三十四中说："愿一切菩萨行，广大无量，不坏不杂，摄诸波罗蜜，净治诸地。总相别相，同相异相，成相坏相，所有菩萨行，皆如实说。"隋慧远《大乘义章》卷三中认为："阴界入等，彼此相望，事别隔碍，不具斯六，所以除之。若摄事相以从体义，阴界入等一一之中，皆具无量六相门也。……此六乃是大乘之渊纲，圆通之妙门。"

具体来说，总相是指一切缘起中具足各种成分，类似所谓事物的全体，说的是事物的整体性；别相是指事物有差别的部分，说的是事物组成部分的个别性；同相是指各部分互相依持，而为一体，即事物的同一性、普遍性；异相是指事物的差别性，即事物的特殊性；成相是指缘起生法，即事物的生成；坏相意为事物的坏灭。此六相两两相顺相成，同时具足，圆融无碍。法藏尝以金狮子为喻为武则天说明六相圆融的道理。狮子是总相；眼、耳等差别是别相；眼、耳等同为黄金制成且共同构成狮子之像，此为同相；但眼、耳等各个部分具有不同的表现形式，是为异相；眼、耳等诸根和合而成狮子，是为成相；但金狮子的各个组成部分如眼、耳等各自独立，并不成为金狮子之像，因而对整个金狮子而言，是坏相。总相、同相、成相无差别，别相、异相、坏相则有差别。无差别与差别相即相入，圆融无碍，离总无别，离同无异，离成无坏。总即别，别即总；同即异，异即同；成即坏，坏即成。一切事物相对待而存在。这种思想中包含着矛盾对立统一的辩证思维。

在华严宗看来，凡是要明白任一事理，必须达到六相融和不离的意境才可以算是究竟。但是，六相还只算是"顿门"中的理论，要想达到"圆门"中的境界，还必须依据"十玄"。关于十玄门，华严四祖澄观给予了系统的说明：

> 一同时具足相应门，二广狭自在无碍门，三一多相容不同门，四诸法相即自在门，五秘密隐显俱成门，六微细相容安立门，七因陀罗网境界门，八托事显法生解门，九十世隔法异成门，十主伴圆明具德门。此之十门，同一缘起，无碍圆融，随其一门，即具一切。……如天帝殿珠网覆上，一明珠内万像俱现，珠珠皆尔。此珠明彻，互相现影，影复现影，而无穷尽。下云如因陀罗网世界等，亦如镜灯重重交光，佛佛无尽。（《大方广佛华严经疏》卷二）

所谓"玄门"，即玄妙之门，由《老子》处借鉴而来。十玄门以一切事物"相即相入"为核心，阐发存有界的统一性、包容性和延续性，带有神秘的唯心论倾向，但其强调世界统一性的观念，仍然有其合理的价值。具体阐述十玄门思想的著作有智俨的《华严一乘十玄门》，法藏的《华严一乘教义分齐章》、《华严金师子章》等。

十玄无碍之说是在六相说的基础上发展起来的。六相说就具体的事物而言，十玄门则是就整个世界万事万物及其相互关系而论。由十玄门的圆融无碍而及于现实世界一切事物的圆融无碍，因此，无论从哪个方面来讲，事事物物，圆融无碍而又有差别，不坏本相。法界缘起于是而得以成立。

三、法界观

圆融无碍的思想，是华严宗最为重要的理论创新，也是指导修行的理论依据。法界观就是华严宗的基本修行方法，它包含三重内容：（1）真空观。依理法界而立，观察一切诸法的本性即空。（2）理事无碍观。依理事无碍法界而立，观察诸事法与真如理互相交融。（3）周遍含容观。依事事无碍法界而立，观察以同一真如理为本性的每一件事物，遍摄无碍。

华严宗的修行阶位，主要有两种：一是次第修行，依据十信、十住、十行、十回向、十地、等觉、妙觉等次第由浅至深；二是圆融相摄，指得到一位前后诸位就能相即相入，圆融无碍。

毫无疑问，观法是佛教信徒的修证方法，看起来玄奥难解，但其思想无非是要说明世间一切事物均由法界缘起，一生万法，万法归一，事事无碍，周遍含容，充分表现了冀求和谐统一的整体观念。

四、五教十宗

基于圆融无碍的思想，华严宗对整个佛教还进行了独特的判教——五教十宗。"五教"包括小乘教、大乘始教、大乘终教、大乘顿教、大乘圆教。其中，小乘教是为声闻乘人所说的教法，传授四谛、十二因缘的《阿含经》和《四分律》、《发智论》等；大乘始教为开始由小乘转入大乘者所说的教法，传授大乘空宗的《般若经》、《中论》以及有宗的《解深密经》、《唯识论》等；大乘终教为大乘终极的教门，传授真如缘起、一切众生皆能成佛的《楞伽经》和《大乘起信论》等；顿教是顿修顿悟的教门，传授不依言辞、不设位次而顿悟教理的《维摩诘经》等；圆教为圆融无碍的教门，完全说一乘教理的《华严经》。

"十宗"分别是：我法俱有宗、法有我无宗、法无去来宗、现通假实宗、俗妄真实宗、诸法但名宗、一切皆空宗、真德不空宗、相想俱绝宗、圆明俱德宗。前面的六宗，相当于五教中的小乘教，亦即部派佛教时期的各种宗派；后面的四宗则对应于五教中的始、终、顿、圆。

华严宗的判教思想，是在吸收天台宗判教说的基础上重新加以组织而成的。它是对整个佛教教法的系统安排，并认为《华严经》教理是超过天台宗和唯识宗的最为圆满的理论。

总之，法藏力图调和融通天台、唯识学说，他继承、发挥智𫖮的法界缘起思想，认为世界上的一切事物就其关系而言是"无尽圆融"的，世界上的一切现象是一种范围无限广大而又互相包容、互相贯通而无分别的统一体。万事万物相即相入，犹镜灯互映、月映万川。这一思想不仅论证了佛法的内在统一，而且也间接论证了中唐社会和谐统一的必要性和现实性。可以说，华严宗哲学是中国佛教哲学家在吸收、消化印度佛教哲学思想的基础上所进行的理论再创造，不仅是中国高僧对整个佛教理论所作的重要贡献，而且也是对中国哲学发展的一大贡献。华严宗的思想对后来宋代新儒家特别是其"理一分殊"的理论具有深刻的启迪意义。

第四节　慧能与禅宗

禅随佛教一起传入中土，经不断与儒道哲学交融渗透，禅的哲学内涵逐渐丰富。至唐，禅宗弟子突出以心传心、见性成佛的心性哲学，并以离相、离念之说，与老庄思想遥相呼应。《坛经》是唯一被称为"经"的中国佛教典籍，它记述了后来被尊为六祖慧能的传教事迹，慧能即是禅宗的实际创始人。

慧能（638—713 年），亦称惠能，俗姓卢，祖籍范阳（今河北涿州）。幼家贫，后投黄梅弘忍禅师。南归后隐于岭南 16 年。后至广州法性寺、曹溪宝林寺、韶关大梵寺说法。其讲经论述，经门人法海整理编录而成《坛经》。《坛经》现存有四种版本，被视为禅宗的"圣经"。其离念、离相、超二元对立的思维方式与识心见性的心性学说，成为后世佛教哲学的主流。慧能一系的禅宗，主张顿悟，后世称为"南宗"；与慧能同出弘忍门下的神秀（606—706年）主要在当时的长安、洛阳地区弘传渐修的禅法，故被称为"北宗"。但慧能弟子遍布各地，经过数代发展，著名禅师不断涌现，支派繁盛，沩仰宗、临济宗、曹洞宗、云门宗、法眼宗等五大宗派相继建立。到北宋，临济宗又分化出黄龙、杨岐二派，合称为"五家七宗"。自晚唐以后，禅宗事实上已经成为中国佛教中最大的宗派，也是中国化佛教的典型代表，对中国思想文化影响之深远，是其他各宗所不能比拟的。"见性成佛"、"自心三皈依"等说法，构成禅宗的基本信仰。

一、"见性成佛"

"见性成佛"的理论基础是"自性清净"的心性学说。"自性清净"表明人之自性中佛性本来具足，如此也就决定佛性只需"自证"，也只能依靠"自证"。

《坛经》中记载慧能对应神秀"无相偈"而"呈自本心"，以为"不识本心，学法无益，识心见性，即悟大意"。其偈曰：

菩提本无树，明镜亦非台，本来无一物，何处惹尘埃？[①]

[①]　其他不同版本的《坛经》中有不同的记载，不过内容大致相似。如"菩提本无树，明镜亦非台，佛性常清净，何处有尘埃"或"心是菩提树，身为明镜台，明镜本清净，何处染尘埃"。

这里表述的正是"自性清净"、一尘不染的意思。既然自性清净、自性本觉，自然也就可以反观自心，反求诸己，识心见性，"即得见性，直了成佛"，而不必向外苦苦求索。

慧能门下虽然枝繁叶茂，"五家七宗"异说纷呈，然而"万变不离其宗"，在"自性清净"、"见性成佛"的心性问题上，始终一脉相承。

慧能的弟子神会（668 或 686—760 年）在此基础上进一步提出"佛性体常故，非是生灭法"和"佛性本有今无"（《南阳和尚问答杂征义》）的灵知说，认为灵知是人本有的真性，是众生解脱的根据。此灵知无疑就是"自性清净"的心性。故宗密将神会禅法概括为"妄念本寂，尘境本空；空寂之心，灵知不昧。即此空寂之知，是汝真性。任迷任悟，心本自知；不藉缘生，不因境起。知之一字，众妙之门"（《禅源诸诠集都序》卷上之二）。"灵知不昧"就是"佛性本有"，这与儒家的良知概念，辞异而义同。

马祖道一（709—788 年）在"自性清净"的基础上又提出了"平常心是道"的命题，展开他那超越与回归的辩证思维。在他看来，平常之心即清净之心，故平常心是佛性的显现，是众生成佛的根据，强调要在日常行事中见性成佛。他说："平常心无造作，无是非，无取舍，无断常，无凡无圣。经云：非凡夫行，非贤圣行，是菩萨行。只如今行住坐卧，应机接物，尽是道。"（《马祖道一禅师语录》）以此说明他的平常心就是无须造作，超越取舍、断常、凡圣一切二元对立的清净本心。马祖再传弟子黄檗希运（？—855 年）倡导"无心是道"，无心即平常心，也就是清净本心。总之，此门无不以"平常心是道"和"无心是道"为"见性成佛"的基础。

"自性清净"、"见性成佛"显然缩短了众生与佛的距离，人们也就把向外觉悟大千世界的外在超越，变成了向内反求诸心的内在超越，完成了佛教哲学缘起性空向真常唯心的转化。与此同时，既然是"自性清净"，就应当"即心即佛"。无须造作，无须取舍，只要识得本心，豁然贯通，就能顿现真如本性。而且，既然确信"自性清净"，那么解脱就不再是"向外求玄"，而是"自修自作自性法身，自行佛行，自作自成佛道"，也就是自证。众生与佛的差别仅仅在于自心（性）迷悟的不同："自性迷，佛即众生；自性悟，众生即是佛。"（《坛经·付嘱第十》）也就是说，"自心"觉悟是成佛的必由之路。

二、"自心三皈依"

信仰由外在佛一变而为心内佛，《坛经》"自心三皈依"说（也作"无相三皈依")充分表现了中国佛教哲学的心性论转向。

佛教原本有三皈依之说,即皈依佛、法、僧三宝,这是规范佛教徒的制度和原则。《坛经》不拘成法,提出"佛者,觉也;法者,正也;僧者,净也"。用觉、正、净三个无形无相的心性范畴,取代佛、法、僧三个有形有相的存在,由之皈依的对象也就不再是外在的律仪规制,而是内在的心性自律道德。换句话说,就是皈依"本自觉悟"、"本自清净"的"自心"或本性。所谓"自悟自修即名归依","自性不归,无所依处",公开主张破斥外相——外在的佛、法、僧,而以"自性清净"的本心、本性取而代之。

与此相应,禅宗与净土信仰不同,提出了"唯心净土"的理论。"自性清净"、"佛性本有"、"见性成佛"之说,不仅把心外佛变成了心内佛,表现了对自心的关怀和认同,而且将外在的净土打造成"唯心净土",理想的社会不在彼岸和来世,而在自心与现在。针对彼岸净土,《坛经》明确强调"直心是净土",反对对外在净土的执着。慧能常说:"迷人念佛生彼,悟者自净其心","东方人但净心无罪,西方人心不净有愆","心但无不净,西方去此不远;心起不净之心,念佛往生难到。除十恶,即行十万,无八邪,即过八千。但行直心,到如弹指";"但行十善,何须更愿往生;不断十恶之心,何佛即来迎请";等等。都是说,净土不在西方而在自心。自心清净,即得净土,自心不净,即便是日夜、终生念佛,也无济于事。于是,"无有众苦,但受诸乐"的极乐世界,也就从超现实的缥缈彼岸,回归自心,向外的终极追求一变而为对自我的内在超越。当然,这样的净土,靠的也只能是自力而非他力。这鲜明地表现出中国禅宗哲学的主体意识和创新精神。诚如侯外庐所言:"从自我意识到独立的主体,从独立的主体到绝对的本体,这是隋唐佛学的一般的思辨结构。通过自我意识的反观来证悟本体……这一本体即是自我意识的'心源',这条道路在早期禅宗中就已开辟出来。"[①] 后世禅净合一,实际上就是以心性为本体的心性哲学。

三、离相离念

"见性成佛",既是禅宗的超越追求,更是佛教的终极关怀。如何才能见性?用什么样的方法才能成佛?禅宗以离相、离念超二元对立的否定性思维来

---

① 侯外庐主编:《中国思想通史》第四卷(上册),人民出版社 2011 年版,第 146 页。

显示其工夫论特色。

《坛经》要求，若要见性成佛，必须"离两边"、"离四相"（有、无、非有非无、亦有亦无），"于相离相，于空离空"，并"举三科法门（五蕴、十二入、十八界），动用三十六对"①，充分展现其"于一切法上无住"，"于一切境上不染"，离言相、破对待，以超越有限，实现终极关怀。

离相是必由之途，见性是最终目的。只有在现实世界和现实生活中离相、离念，破除对包括坐卧之相乃至空的执着，才能够自识本心、自见本性，才能够进至"佛"，即觉悟的超越之境。《坛经》中大胆地糅进了老庄哲学，对佛教缘起性空、般若佛性给予大众化的适应性改造，不仅奠定了禅宗哲学理性思辨的基础，而且也为佛教文化在中国社会的广泛渗透拓宽了道路。

概而言之，《坛经》以"见性成佛"为终极关怀，高扬"性本清净"、"反求诸己"的心性学说，强调定慧合一，尤其吸取老庄哲学，以超二元对立的否定性思维方式，充分表现其超越有限的无限观念，即离念、离相、不落言筌的超越途径。"佛是自性作，莫向身外求"、"离世觅菩提，恰如求兔角"等说法，说的就是人心本净，自性是佛，若识本心，人人皆可成佛。这种思想打通了与儒家"良知"说之间的隔阂，张扬了人的主体性精神，真正实现了佛教的中国化。同时，禅宗的这种思想解放作用，对于北宋时期儒学的复兴也具有重要的启发意义。

隋唐两代，总体上说经济繁荣，国力强盛，在思想文化领域也进一步突破了封闭的地理格局，展现了兼收并蓄的风采。魏晋南北朝时期的学派佛教，一变而为具有中国特色的宗派佛教，实现了佛教的本土化。隋唐的各个宗派，尤其是禅宗哲学，以其简易透彻，最受欢迎，甚至盛极一时，乃至有"儒门淡薄，收拾不住，皆归释氏"（《佛祖统纪》卷四十五）之说。在这个过程中，佛教已经成为中国文化的重要组成部分。一方面，它在思想上实现了由缘起性空向真常唯心的转化，给予了如来藏本体性的地位，为宋明理学心性论提供了

---

① 不同的《坛经》版本，有不同的说法。通行本的说法是："外境无情五对：天与地对，日与月对，明与暗对，阴与阳对，水与火对，此是五对也。法相语言十二对：语与法对，有与无对，有色与无色对，有相与无相对，有漏与无漏对，色与空对，动与静对，清与浊对，凡与圣对，僧与俗对，老与少对，大与小对，此是十二对也。自性起用十九对：长与短对，邪与正对，痴与慧对，愚与智对，乱与定对，慈与毒对，戒与非对，直与曲对，实与虚对，险与平对，烦恼与菩提对，常与无常对，悲与害对，喜与嗔对，舍与悭对，进与退对，生与灭对，法身与色身对，化身与报身对，此是十九对也。"

思想资源和方法；另一方面，它作为制度化的宗教，为了自身的生存和发展，积极参与社会政治和经济活动，展现出类似儒家那样的重视伦理的价值取向。佛教在融入到中国的过程中，提升了中国哲学的思辨水平。

思考题：

    1. 如何理解天台宗的"一心三观"和"三谛圆融"？

    2. 如何理解"唯识无境"？

    3. 华严宗"四法界"的内涵是什么？

    4. 为什么说禅宗是中国化佛教的典型代表？

第十八章　道教的传播与丹道理论

先秦道家创始人老子的思想，经韩非法家和黄老学派的重新解释，得以向治国方略的方向延伸，在政治操作上展示其意义；经魏晋之际王弼、郭象等人会通《周易》、《庄子》，得以在名教与自然关系上凸显其价值，向精神自由方向发展。而在魏晋玄学之前，汉人严遵、河上公、张陵等人依凭老子的宇宙论吸纳两汉之际流行于民间的各种信仰，建构起中国本土的一大宗教道教。道教在思想信仰上，区分为符箓道教与丹鼎道教。丹鼎道教又可区分为外丹道与内丹道。丹鼎道教不仅属于宗教信仰，而且有自己的宗教哲学。

第一节　道教的形成与早期外丹道

道教信仰的核心思想是得道成仙论，而得道成仙论的理论基础，则是以道——元气为本原的宇宙论。那么，道教是怎样发生发展，又是如何从宇宙论引申出长生不老的神仙追求的呢？

一、道教的发生与发展

在中国古代，关于长生不老、得道成仙的传说，先秦时期齐燕之士即已有之。及至秦汉，秦始皇、汉武帝曾先后派人到海外寻觅长生之药。但是，道教作为一个有组织的宗教，则形成于东汉末年。

东汉末年，张角兄弟三人发动推翻汉朝政权的黄巾起义，其组织形式即是"太平道"。"太平道"以带有巫术色彩的符水咒语为人治病，凝聚信徒，扩大影响。发动起义后，张角兄弟分别称"天公将军"、"地公将军"、"人公将军"，显然是想借宗教的力量实现"公"的平等观念。黄巾起义不久就被朝廷镇压，"太平道"作为一大教派就此不传。

在"太平道"兴起于华北中原地带的同时，在陕南川北出现了一个叫"五斗米道"的教派。这一教派由张陵于四川的鹤鸣山始创，传至其孙张鲁，乘汉末动乱之机，在当地建立起政权，实行政教合一的统治方式。"五斗米道"要求教徒们都读《老子》一书。每个入教者奉献五斗米，并于行人往来路途上

"设义米"、"置义舍"，免费食宿；对有过失者"三原而后罚"，待人宽厚，颇受拥戴。该教为曹魏政权所征服，其部分信徒被迫迁往江西龙虎山，后传教于东南沿海，被称为"天师道"。

至东晋南朝，"天师道"经过葛洪、陆修静、陶弘景等著名道士在理论上与组织上的建构，颇具规模，史称"南天师道"。流入北朝的道教经过道士寇谦之的"清整"，并得到北魏太武帝等统治者的支持，也广为传播，史称"北天师道"。自此，道教作为中国本土产生的宗教，在政治上，特别是在思想信仰、思维方式和生活方式上产生了深远影响。

二、早期道教的丹道理论

道教作为一种以长生不老为追求的宗教信仰，其理论基础是形成于先秦、广泛流行于两汉的宇宙论。道教在推崇宇宙论的基础上，力图"盗取"宇宙本原演生万物与人类的"天机"，探测宇宙生命力在时间、空间中演化的规则，以图确保个体生命的恒久性。

最早在"太平道"里流传的道教经典《太平经》（又称《太平清领书》），就是从宇宙论的角度来阐述老子"道生一，一生二，二生三"命题的：

> 元气恍惚自然，共凝成一，名为天也；分而生阴而成地，名为二也；因为上天下地，阴阳相合施生人，名为三也。三统共生，长养凡物，名为财。

《太平经》比老子更明确地指"气"为"道"，认为天、地、人、物（财）都是"气"所化生的。那么，由元气宇宙论如何开出道教的神仙论呢？《太平经》称：

> 人气亦轮身上下，神精乘之出入。神精有气，如鱼有水。气绝神精散，水绝鱼亡。故起养生之道，安身养气，不欲数怒喜也。

"人气"概指由气聚合而成的身形，"神精"即精神。《太平经》认为身形与精神是不可分离的。养生之道，关键在"安身"；而"安身"的关键又在"养气"。"安身养气"构成从宇宙论引申为神仙论的基本信念。

东汉末年魏伯阳（生卒年不详）撰写的《周易参同契》，更从天地阴阳化生人的个体生命的基本过程，论述了如何"安身养气"的问题：

> 将欲养性，延命却期，审思后末，当虑其先。人所秉躯，体本一无，元精流布，因气托初。阴阳为度，魂魄所居，阳神日魂，阴神日魄，魂之与魄，互为室宅。性主处内，立置鄞鄂，情主营外，筑垣城郭。城郭完全，人物乃安。爰斯之时，情合乾坤。乾动而直，气布精流，坤静而翕，为道舍庐。刚施而退，柔化以滋，九还七返，八归六居。男白女赤，金火相拘，则水定火，五行之初……纵广一寸，形为始初，四肢五脏，筋骨乃俱。弥历十月，脱出其胞。

这是说，人类从无到有，均为"因气托初"所生。气分阴阳，阳聚为魂，阴聚为魄，互相依存，"互为室宅"。阳魂而成"性"，阴魄而为"情"。性情完全，始得为人。这是从整个人类的生命构成来说的。就个体生命而言，则发端于男女的交合。男施女受，男白女赤，如金（白）火（赤）相合，归藏于母胎（水）。胎儿于母胎中发育，经历十月，方能脱胎而出。此中所谓"九还七返，八归六居"，为五行方位之数。金数九，属西方；火数七，属南方；木数八，属东方；水数六，属北方。生命的产生与发展，都与时间、空间密切相关。《周易参同契》取五行之数描述生命的长成，无疑具有神秘性。但该书致力于揭示生命形成过程与时间（四时、十二月、二十四节气、日夜）和空间（五行所体现的五方）的关联，并有意于设置鼎炉模拟天地造物的过程炼取金丹，通过服用金丹以期盼生命个体得到长生不老，其思想隐含着天人和谐的探索精神。

东晋著名道教理论家葛洪（283—363年）所撰的《抱朴子内篇》更为道教神仙论建构了完整的理论体系。

和《太平经》、《周易参同契》一样，葛洪的《抱朴子内篇》也以宇宙论为哲学基础，该书开篇即称：

> 玄者，自然之始祖，而万殊之大宗也。眇昧乎其深也，故称微焉；绵邈乎其远也，故称妙焉。……乾以之高，坤以之卑，云以之行，雨以之施。胞胎元一，范铸两仪，吐纳大始，鼓冶亿类。（《抱朴子内篇·畅玄》）

这里的"玄"即是"道"，亦即是混沌未分的"气"。"气"是宇宙的终极本原，天地由它化生（"范铸两仪"），万物由它化成（"鼓冶亿类"）。

既然天地万物都由混一之"气"化生化成，则天地万物都有"类"的相关性和由相关性所引发的变化的多样性与奇异性。由是，葛洪对"变化"的观念予以极力肯定，对执持"生而不变"的种种守成观点则予以坚决驳斥。葛洪说：

> 夫存亡终始，诚是大体。其异同参差，或然或否，变化万品，奇怪无方，物是事非，本钧末乖，未可一也。夫言始者必有终者多矣，混而齐之，非通理矣。谓夏必长而荠麦枯焉，谓冬必凋而竹柏茂焉，谓始必终而天地无穷焉，谓生必死而龟鹤长存焉。……万殊之类，不可以一概断之，正如此也久矣。（《抱朴子内篇·论仙》）

葛洪认为，有生必有死、有始必有终等观念，只是常识提供的看法。但是大千世界中超出常规的现象层出不穷，岂可"一概断之"。葛洪这里肯定宇宙变化的多样性与超常性，就为道教神仙论追求生命期限的改变提供了理论基础。既然万物的特性和生命的状况是可以改变的，则人的努力就是有意义的。因此，葛洪大胆地宣称："我命在我不在天。"（《抱朴子内篇·黄白》）

不仅如此，葛洪还力图把生命改变的追求诉诸实践经验。他写道：

> 越人救虢太子于既殒，胡医活绝气之苏武，淳于能解颅以理脑，元化能刳腹以澣胃，文挚愆期以瘳危困，仲景穿胸以纳赤饼，此医家之薄技，犹能若是。岂况神仙之道，何所不为？（《抱朴子内篇·至理》）

葛洪这里列述在历史上（或传说中）通过治疗可以起死回生的经验事例，说明人在生命的延年益寿上是可以有所作为的。在葛洪看来，人的生命来自"气"的先天禀受与后天保养。"养生以不伤为本，此要言也。"（《抱朴子内篇·极言》）这就把养生归结到养气上来。如何才能够保气养生呢？葛洪认为，最上乘的方法是服食金丹：

> 夫金丹之为物，烧之愈久，变化愈妙。黄金入火，百炼不消；埋之，

毕天不朽。服此二物，炼人身体，故能令人不老不死。(《抱朴子内篇·
金丹》)

这是说，在宇宙万物中，金丹最为坚固，显见金丹最得元气之精粹，仙家因此
而致力于炼丹。他们付诸实验，力图以丹炉模拟天地运化造作金丹的过程炼取
金丹，想借服食金丹炼形固体，求取长生之道。葛洪所取的长生之道的方法，
是"假求于外物以自坚固"(同上)，即求取身体之外的物类(金丹)来确保
身形的不坏不死。这种方法，后来也被称为"外丹道"。

可见，道教的信仰与修炼方式充满着神秘的色彩，但从认知起源看，却极
富实验精神。外丹道的理论与实践，对中国古代化学等科学技术发展的贡献是
不容忽视的。

第二节　唐朝道教的重玄学和性命论

进入唐朝，道教备受尊崇。唐高祖、唐太宗均颁布"先老后释"的诏令，
唐高宗追封老子为"太上玄元皇帝"，唐玄宗更追封老子为"大圣祖玄元皇
帝"，又把道士、女冠隶属于宗正寺，并于各地修建玄元皇帝庙，改《庄子》
为《南华真经》，《列子》为《冲虚真经》，《文子》为《通玄真经》，《庚桑
子》为《洞灵真经》，以道经开科取士。由于得到朝廷的大力支持，道教的发
展进入鼎盛期。

随着道教社会地位的极大提升，道教哲学也获得了进一步的丰富与发展。
唐朝初期，著名道士成玄英、李荣、王玄览等吸纳佛教理论，建构了道教的重
玄学，把道教往心性修炼方向推进了一步；唐朝中期，司马承祯、吴筠等道教
学者，一方面承接重玄学的心性观，另一方面又执守着早期道教的炼形固体理
念，开出了"性形双修"的新路向。沿着这一路向发展，宋代道教的神仙论，
也由外丹道转向了"性命双修"的内丹道。

一、唐初的重玄学

重玄学之"玄"，原出《老子》"玄之又玄"的说法。"玄"，依王弼注释，
乃指"不可得而名"。"玄之又玄"，用意在进而强调"道"不可得而名的神妙

性。因此，"又玄"对前一个"玄"不是否定性的，而是叠加性的。重玄学的主要建构者成玄英（生卒年不详）、李荣（生卒年不详）、王玄览（626—697年）等，均活跃于唐太宗、高宗年间。他们对"玄之又玄"的解释，具有了崭新的内涵。成玄英说：

> 有欲之人唯滞于有，无欲之士又滞于无，故说一玄，以遣双执。又恐行者滞于此玄，今说又玄，更祛后病。既而非但不滞于滞，亦乃不滞于不滞，此则遣之又遣，故曰玄之又玄。（强思齐：《道德真经玄德纂疏》卷一引）

成玄英把"玄"释为对"有"、"无"的双遣，"玄之又玄"释为对"遣"之再"遣"，这种通过两面否定以至于不滞着任何一边的说法，显然取自佛教空宗的遮诠法。

李荣注解老子"玄之又玄"时亦称：

> 道德杳冥，理超于言象；真宗虚湛，事绝于有无。寄言象之外，托有无之表，以通幽路，故曰"玄之"。犹恐迷者胶柱，失理者守株，即滞此"玄"以为真道，故极言之非有无之表，定名曰"玄"。借玄以遣有无，有无既遣，"玄"亦自丧，故曰"又玄"。（《道德真经注》卷一）

这也是把前一"玄"解释为既遣"有"也遣"无"，后一"玄"（又玄）解释为对"遣"之本身也要遣去。其方法是彻底否定的。

成玄英、李荣等人借取佛教空宗的遮诠法重新释读"玄之又玄"而建构起来的道教哲学体系，被称为"重玄学"。以往道教神仙论的形上学为宇宙论，宇宙论肯定从本原到万物的存有性。重玄学实际上把道教的形上学改变为本体论，在其主张通过双遣的方式给出本体时，宇宙万物的存有性已被消解了。因此，重玄学有背离道教本旨的嫌疑。从成玄英、李荣对人"身形"的轻忽，更可以说明重玄学在理论上的这种偏向。成玄英称：

> 水火金木，异物相假，众诸寄托，共成一身。是知形体由来虚伪。
> 既知形质虚假，无可欣爱，故能内则忘于脏腑，外则忘其根窍故也。
> （《庄子·大宗师疏》）

佛教以为人身与万物由四大（地、水、风、火）集合而成，四大离散即灭，自身没有主宰自我的能力，依此说"性空"。成玄英虽不取四大而取五行（水、火、金、木、土）为说，但亦以为五行"共成一身"之形体为虚假，这就消解了人的存有性。

王玄览也同样受佛教"空"观的影响。他认为，不仅人之现世今世为"空"，且"三世皆空"。他说：

> 当知三世之中，三世皆空。三世者，一半已去，一半未来，中间无余方，故皆空也。知三世空，喻如于灯。当欲灭灯时，灭时见灯不？灭时若见灯，此时灭未来；灭时不见灯，此灯已过去；灭不灭中间，于何而住立？过去未来之中间，但有名而无体，故知三世空矣。（《玄珠录》卷上）

这里，王玄览不仅吸纳佛教空宗的观点消解人的存有性，而且其辩说方式亦取自《中论》。《中论·观去来品》说："已去无有去，未去亦无去，离已去未去，去时亦无去。"其意谓"已去"为"去"之完成，不可再称"去"；"未去"为"去"之未始，亦不可称"去"。"已去"、"未去"、"去时"是相与对待的一组概念，"已去"、"未去"既不能成立，"去时"自亦不为"去"。因此，"去"的概念根本不能成立。王玄览以灯作比喻颇仿此说："不灭时若见灯"，意味着"灭"还没有来到；"灭时不见灯"，意味着"灭"已过去。要么"已灭"，要么"未灭"，"灭不灭中间，于何而住立"？"灭不灭中间"相当于"今世"，但如"今世"不能"住立"，何来"过去"、"未来"之三世？所以"三世皆空"。

既然万物与身形皆"空"，那么在炼养上便无须讲求"炼形"而只须"炼心"。李荣说：

> 夫以生为有而厚养过其分，遂致伤生，此未能重生也。达至道者，视身非有，悟理无生，不见虚假之形，自祛染爱之累，与虚净而合德，共至道而同根，虽不养生而生自养，此所谓能重生也。（强思齐：《道德真经玄德纂疏》卷十九引）

"厚养过其分，遂致伤生"，这是早期道教提出的主张。然而"视身非有，悟理无生"，却是佛家的观点。以"不见虚假之形"、"与虚净而合德"为养生方法，所达至之"道"，只能是一精神境界的"道"。

由此可见，重玄学偏离了道教的本旨。但其借取佛教的"空"观以净化心灵的路向，却为此后道教向"性命双修"的转向和内丹道的发展开辟了道路。

二、盛唐的"性形双修"说

进入盛唐，由于唐玄宗的支持，道教有进一步的发展，道教理论也从重玄学只强调"炼心"过渡到讲求"心（性）"与"形"双炼双修。这个时期的道教代表人物是司马承祯（647 或 655—735 年）与吴筠（?—778 年）。

司马承祯所撰写的《服气精义论》显然又回归到元气宇宙论。他写道：

> 夫气者，道之几微也。几而动之，微而用之，乃生一焉，故混元全乎太易。夫一者，道之冲凝也。冲而化之，凝而造之，乃生二焉，故天地分乎太极。是以形体立焉，万物与之同禀；精神著焉，万物与之齐受。在物之形，唯人为贞；在象之精，唯人为灵。并乾坤，居三才之位；合阴阳，当五行之秀。故能通玄降圣，炼质登仙，隐景入虚。

司马承祯在这里重新肯定了宇宙由气演生天地万物过程的存有性。作为万物中的一个族类，人因为最得气中灵秀的部分，因而最有可能"炼质登仙"。但人如何修炼才可以证成仙道呢？司马承祯进一步指出：

> 夫气者胎之元也，形之本也。胎既诞矣，而元精已散；形既动矣，而本质渐弊。是故须纳气以凝精，保气以炼形，精满而神全，形休而命延。元本既实，可以固存耳。观夫万物，未有有气而无形者，未有有形而无气者。摄生之子，可不专气而致柔乎？（《服气精义论》）

"纳气以凝精"、"精满而神全"，是为"炼神"而修"性"；"保气以炼形"、"形休而命延"，是为"炼形"而修"命"。司马承祯实已开启了宋朝道教"性命双修"的新风。

吴筠在其著作《玄纲论·以有契无章》中更明确地对只讲"修性"不讲

"炼形"的偏向提出批评。他写道：

> 或问曰："道本无象，仙贵有形，以有契无，理难长久，曷若得性遗形者之妙乎？"
>
> 愚应之曰："夫道至虚极也，而含神运气，自无而生有。故空洞杳冥者，大道无形之形也；天地日月者，大道有形之形也。以无系有，以有合无，故乾坤永存而仙圣不灭。故生者天地之大德也。所以见六合之广、三光之明者，为吾有形也。若一从沦化，而天地万物尽非吾有，即死者，人伦之荼毒也。是以炼凡至于仙，炼仙至于真，炼真合乎妙，合妙同乎神。神与道合，即道为我身，所以升玉京，游金阙，能有能无，不终不殁，何为理难长久乎？若独以得性为妙，不知炼形为要者，所谓清灵善爽之鬼，何可与高仙为比哉！"

吴筠认为，所谓"道"是"虚无"的，是指其"无形"的一种存在状况。这"虚无"之"道"因"含神运气"，而为实有。"生者天地之大德也"，生命诚然可贵。生者必有形。有形之我，才得以见天地之广袤，日月之璀璨，才成为真我。形体一旦化去，我以何感受天地万物生生不息，又依何得以炼凡入仙？所以，"若独以得性为妙，不知炼形为要者"，不能证入仙道。

沿着"性（心）"与"形"双炼双修的方向继续开展的，还有唐末著名道教学者杜光庭（850—933年）。杜光庭学识渊博，著述甚丰，其《道德真经广圣义》确认万物与人类生化的实有性。在修炼的途径上，杜光庭更涉及宋明道教所看重的精、气、神的炼养问题。他说：

> 所生我身，大约有三：一曰精，二曰神，三曰气。受生之始，道付之以气，天付之以神，地付之以精。三者相合而生其形，人当受精养气存神，则能长生。（《道德真经广圣义》卷四十六）
>
> 其人有形有气有神，三者周备，虽变化不测，坐在立亡，隐显自由，神通无碍，须待炼形为气，方出三界之外，然无年寿之数尔。其炼形成气，已为真人。炼气成神，即为圣人。其真人圣人永超数运，无复变迁，以亿劫为斯须，以万天为指掌。道果所极，皆起于炼心。（《道德真经广圣义》卷四十九）

杜光庭认为人的生命由精、气、神三者构成，不可失缺；修仙的工夫要从"炼心"开始，这是"性修"；在步骤上要经过炼形为气、炼气为神的层级。这样一种修仙观念与方法，显然已经超越了外丹道，也超越了重玄学，为宋元内丹道的兴盛奠定了理论基础。

第三节　内丹道的兴起与三教的会通

所谓"内丹道"，是与外丹道相对而言的。外丹道的特点，依葛洪所说，是"假求于外物以自坚固"，即讲求通过炼丹与服食金丹来炼形固体、证成仙道。但是，外丹道的长期探索与实验，无不以失败告终。于是，道教丹家通过反省意识到：人其实是天地宇宙最优化的创造物，人自身的禀赋已经是圆满自足的。因此，人无需假求于外物，而只需要调动、激发起体内本有的因素、成分，使之协合起来、提升起来，就可以得道成仙。于是，道教的神仙论，由探求宇宙世界生化的奥秘，转向探索人身作为一个完整的生命体的奥秘及炼养途径上来。这就形成了内丹道。

一、内丹道的兴起

内丹道何时出现，难有定说。有学者认为《周易参同契》所隐含的就是内丹道，但更多学者认为是源自隋末的苏元朗。据《古今图书集成》所引《罗浮山志》记载，苏元朗曾著《旨道篇》，告诉道徒们灵丹妙药不在身外，应向身内求取。不过，对内丹道予以系统表述的，当为北宋时期的张伯端。

张伯端（984—1082年）通过重新解释《周易参同契》而建构起内丹道，其代表作是《悟真篇》。他说：

> 人人本有长生药，自是迷徒枉摆抛。甘露降时天地合，黄芽生处坎离交。井蛙应谓无龙窟，篱鹦争知有凤巢。丹熟自然金满屋，何须寻草学烧茅。（《悟真篇》卷上）

认为每个个体生命都是阴阳交合的产物，具有先天自足性（黄芽）。所谓炼丹无非是使体内阴阳水（坎）火（离）通过一种内修的工夫使其得到结合、升华，由是便可求得长生。张伯端批评外丹道往外求丹药其实是"迷徒枉摆抛"。那么，如何通过内修的工夫炼取金丹呢？张伯端说：

> 先把乾坤为鼎器，次将乌兔药来烹，既驱二物归黄道，争得金丹不解生。（《悟真篇》卷中）

张伯端用隐喻的方式说明内丹的修炼方法：鼎器，不再是外在的施设，而是指人头顶的泥丸宫与下腹的下丹田；乌兔，喻日月，日为阳，为元神，月为阴，为元精；修炼方法，就是导引元神元精依一定秩序运行通关，而最后归于黄道（中宫真土）。这一过程叫作"炼精化气"，继而再经历"炼气化神"、"炼神还虚"的工夫，便可证入仙道。

金元时期的全真教因为承接了由张伯端系统化的内丹道，获得了进一步的发展。据传为全真教创始人王重阳弟子丘处机所撰的《大丹直指序》，更明确地回到生命的本原来研讨生命的固守问题。

> 天地升降，日月运行，不失其时，万物生化，无有穷已。盖人与天地禀受一同，始因父母二气交感，混合成珠，内藏一点元阳真气，外包精血，与母命蒂相连。母受胎之后，自觉有物，一呼一吸皆到彼处，与所受胎元之气相通……混混沌沌，纯一不杂，是为先天之气……一出母腹，双手自开，其气散于九窍，呼吸从口鼻出入，是为后天也……呼吸之气止到气海往来。（气海在上膈肺府也）既不曾得到中宫、命府，与元气真气相接，金木相间隔，如何得龙虎交媾化生纯粹？又不知运动之机（《阴符》云天发杀机是也），如何是气液流转以炼神形？盖心属火，中藏正阳之精，名曰汞、木、龙；肾属水，中藏元阳真气，名曰铅、金、虎。先使水火二气，上下相交，升降相接，用意勾引，脱出真精真气，混合于中宫，用神火烹炼，使气周流于一身。气满神壮，结成大丹。非特长生益寿，若功行兼修，可跻圣位。

这段文字概述了内丹道的大旨：人与万物都是由阴阳二气交感化生的；胎儿在母体中自然地禀得先天真气，但离开母体后真气不免耗散。丹道的修炼就是用意念勾引，让后天之气与先天真气结合，混合于中宫，再用神火烹炼，结成大丹。服用大丹，自可"长生益寿"。

这里我们再次看到，道教在信仰上虽有怪诞之说，在修炼上也有玄想成分，但它认定生命体是与天地宇宙长期协和的正常的乃至优化的产物，因此，它极其珍惜天地宇宙的恩赐，致力于生命的守护，并力图揭示大自然缔造生命的奥秘，以期突破生命的界限。这一份执着和努力的背后，蕴含着对生命的高度重视。

二、道教与儒释的会通

内丹道的兴起，无疑与道、儒、释三教的会通趋势相关联。

早期道教虽然主要关切养气炼形，但其宇宙论讲求对作为生命本原的天地阴阳的敬畏，其炼养工夫讲求清心寡欲，这些已融摄了儒家的价值观。如葛洪曾说："欲求仙者，要当以忠孝和顺仁信为本。若德行不修，而但务方术，皆不得长生也。"（《抱朴子内篇·对俗》）可见道教与儒学从一开始就是相通的。

及至唐宋，道教以"性命双修"讲的内丹道为主导，因"性修"甚至将"性修"置于"命修"之前的需要，自亦必当吸纳儒释两家的思想观念和炼养方法。因此道教较之儒释二教，更主动地推动三教的会通。如重玄学以"双遣"为证道的入路，司马承祯所谓"学道之初，要须安坐，收心离境，住无所有；因住无所有，不著一物，自入虚无，心乃合道"（《坐忘论·收心》）等关涉如何"收心"的说法，都有得于佛教。三教会通在唐代已渐成趋向。

到了宋明时期，这一趋向对道教来说更成为共识。张伯端在《悟真篇·自序》中写道：

> 释氏以空寂为宗，若顿悟圆通，则直超彼岸；如其习漏未尽，则尚徇于有生。老氏以炼养为真，若得其要枢，则立跻圣位；如其未明本性，则犹滞于幻形。其次，《周易》有"穷理尽性至命"之辞，《鲁语》有"毋意、必、固、我"之说，此又仲尼极臻乎性命之奥也。

认为佛教"以空寂为宗"，讲求出离生死轮回之苦难；道教（老氏）"以炼养为真"，追求摆脱世间利欲之困迫；儒家以"穷理尽性至命"为说，贬斥个体意念之私执。可见，三教宗旨其实是相通的。"奈何后世黄缁之流，各自专门，互相非是，致使三家宗要，迷没邪歧，不能混一而同归矣！"（《悟真篇·自序》）张伯端自己就出入于儒、释、道之间，致力于这种"混一而同归"的工作。

张伯端之后，全真教更着意于推动三教的融合。全真教创始人王重阳（1113—1170 年）传道授徒，必先使读《道德经》、《清净经》、《般若心经》、《孝经》；他在各地所建的教会，亦多以"三教"命名（如"三教七宝会"、"三教金莲会"、"三教三光会"、"三教玉华会"、"三教平等会"等）。王重阳撰诗称道：

> 儒门释户道相通，三教从来一祖风。悟彻便令知出入，晓明应许觉宽洪。精神炁候谁能比，日月星辰自可同。达理识文清净得，晴空上面观虚空。（《重阳全真集·孙公问三教》）

王重阳认为，三教是同源而相通的。它们都有使人"悟彻"与超脱凡俗世间是非得失的功效，而得以进入"晴空上面观虚空"的境界。

道教借三教会通而得到发展，但是它归根到底是偏重于个体性的身体炼养，而缺少强烈关怀现实社会的维度。因此，它的消极影响是不言而喻的，其有神论信仰使人迷失于虚幻世界中，更有碍于现实社会的正面建构与创造。研究道教，对此应该有清醒的认识。

思考题：

1. 什么是"重玄学"？它与先秦道家、魏晋玄学有什么不同？
2. 如何理解盛唐道教的"性形双修"思想？
3. 内丹道是如何兴起的？它与儒家、佛教有什么关系？

第十九章　经学的重整与中唐儒学

　　公元 581 年，隋文帝杨坚结束了南北朝对峙的局面，重新建立了大一统的封建帝国。由于隋炀帝的残暴统治，隋末爆发了以李密、窦建德为首的农民起义，隋朝立国仅 37 年就被推翻。以李渊为首的封建贵族集团在镇压农民起义的基础上，建立了唐王朝。唐朝统治者吸取隋亡教训，在政治上完善官制，推行科举制度选拔人才；经济上轻徭薄赋，推进均田制和租庸调制，减轻农民负担，缓和社会矛盾。由是社会经济迅速发展起来，出现了"贞观之治"、"开元盛世"的兴盛局面，中国封建社会进入了巩固、发展、富强阶段。政治的强大、经济的繁荣、社会的稳定，为文化的发展奠定了深厚基础。为了进一步巩固统治，唐朝统治者在思想文化领域实行三教并用政策。三教并用的文化开放政策推动了佛教与道教的发展，出于现实社会治理的需要，儒家及其推崇的经学依然受到统治阶层的关切和重视，这就形成了儒、道、释三教鼎立的局面。唐代儒学的发展，主要表现为初唐时期以《五经正义》为代表的经学重振和中唐时期由韩愈、李翱、柳宗元、刘禹锡推动的儒学复兴运动。前者是对汉代以来经学发展成就的厘定与总结，是唐代社会大一统的政治经济状况在意识形态领域的反映；后者则是对儒家思想的重新诠释与发掘，是中国哲学走向新阶段的先导。它们共同体现了唐代儒学在中国哲学史上承前启后的作用。

第一节　经学的变迁与《五经正义》

　　唐代经学的重振，是当时学者总结经学变迁历程的结果。

　　经学自汉代起便成为儒学的基本学术形态，在汉代学术中占有主导地位，然而进入魏晋南北朝时期，却经历了复杂曲折的历史变迁。魏晋之际，以阐发老庄思想为主的玄学成为当时社会的主导思想。玄学家虽也注释《周易》、《论语》，但多以道家思想阐发之。东晋虽重新恢复汉代经学博士设置之制，然在经学的发展上少有贡献。到南北朝时期，对经典的解释由传注转向义疏，经学有所推进，但南北学风差异很大。南方受玄学影响，不拘家法，多有创意；北方仍严守旧制，注重章句与训诂，于学问传承亦有裨益。然而由于朝代更替频繁，那时编撰的大量著作多已不存。留存下来的代表性著作至今有南朝皇侃的《论语义疏》和北朝熊安生的《礼记义疏》。魏晋南北朝的经学变迁，留给隋唐经学的是一个儒学玄学化、经典散乱化、解释歧义化的局面。

隋唐大一统封建国家的重新确立，为总结以往的经学成果、实现经学文本与义理的统一提供了良好的社会条件，同时也有迫切的现实需求。一方面，统一的中央政权亟须通经之士参与国家治理，这就需要实现经学的重整；另一方面，政治制度建设和科举选士的推行，也要求朝廷提供统一、标准的儒家经典和注疏。由是，唐政权稳固以后，便展开了统一经学文本的工作，《五经正义》就是其代表性成果。

《五经正义》的编纂有一个循序渐进的过程。其初，唐太宗曾因"经籍去圣久远，文字讹谬"而令颜师古考定五经，并"颁其所定之书于天下，令学者习焉"（《旧唐书·颜师古传》）。颜师古所定之书即为《五经定本》。《五经定本》的审定，实现了经学元典的版本统一。随后，唐太宗"又以儒学多门，章句繁杂，诏国子祭酒孔颖达与诸儒撰定五经义疏，凡一百七十卷，名曰《五经正义》，令天下传习"（《旧唐书·儒学传》）。《五经正义》以颜师古《五经定本》为经典底本，采用传统经学的训诂注释方法，将汉魏以来经学家的各家成果加以总结整理、厘定筛选而编纂成书。其中，《周易正义》采用魏王弼、晋韩康伯注，《尚书正义》采用汉孔安国传，《毛诗正义》采用汉毛亨传、郑玄笺，《礼记正义》采用汉郑玄注，《春秋左传正义》采用晋杜预注。《五经正义》则是在这些传注的基础上对五经原文及其传注作出了进一步注释。

《五经正义》撰成于贞观十六年（642 年），后又经马嘉运校定，长孙无忌、于志宁等再加增损，于唐高宗永徽四年（653 年）颁行。它的颁行不仅为唐代的科举考试提供了规范的文献基础，成为维护唐代封建社会意识形态的重要举措，而且实现了汉魏以来经学思想的统一，成为总结汉唐经学的学术盛举，与汉武帝"罢黜百家，表彰六经"的举措具有同等重要的意义。

但是，因当时统一经学的直接目的是为科举选士提供统一的文本与标准答案，故于深层的经学学术和思想探索不可能有更多的展开。所实现的统一仅是"疏不驳注"原则下的"择善而从"，缺乏哲学思想的创造发挥。由于有了官方定下的统一文本和统一解释，儒生仅用之应试，其思想与信仰的兴趣反倒转向了诗词歌赋的创作或佛道二家的玄思。直到中唐以后，儒家哲学思想及其人文精神的阐发经韩愈、李翱、柳宗元、刘禹锡等人的努力才得以推动。

第二节　韩愈和李翱的哲学

韩愈（768—824 年），字退之，河阳（今河南孟州市）人，自谓"郡望昌黎"，故又称"韩昌黎"。曾任刑部侍郎，两年后因上疏皇帝谏迎佛骨，触怒宪宗，被贬为潮州刺史。晚年官至吏部侍郎。韩愈是唐代古文运动和儒学复兴的倡导者，为唐宋八大家之首。其著作被编为《韩昌黎集》，其中《原道》、《原人》、《原性》、《原鬼》、《原毁》、《与孟尚书书》、《谏迎佛骨表》等，比较集中地反映了他的哲学思想。

李翱（772—841 年），字习之，陇西（今甘肃静宁西南）人。李翱出身寒门，中进士后，历任国子博士、中书舍人、山南东道节度使等职，与韩愈是亦师亦友的关系。他的著作被收为《李文公集》，其中《复性书》是主要的哲学著作。

一、韩愈的"道统"论和人性论

中唐以后，中央王朝由盛转衰，社会危机日益加重，韩愈认为只有强化儒学在封建社会中的正统地位，拒斥魏晋以来流播广泛的佛道思潮，才有可能继续巩固中央集权的封建统治。因此，韩愈以重振儒家道统、重新确立儒家思想在社会生活中的主导地位为己任。

受佛教法统论和传法世系的影响，韩愈构造了一个儒家之道的传授系统，即"道统"；又批评道家以虚无言道，认为道具有仁义的内涵。这样，在韩愈那里，道的展开就表现为践行仁义之道，道的传承就表现为传递仁义之道。他在《原道》篇中写道：

> 博爱之谓仁，行而宜之之谓义，由是而之焉之谓道，足乎己而无待于外之谓德。仁与义为定名，道与德为虚位。

以"博爱"释"仁"始于《孝经》，韩愈承接，称"仁"就是普遍地"爱人"，

"义"就是行为处事合适而得当，二者都具有确定的伦理内容。所谓"道"就是依着仁义的要求去做，所谓"德"就是仁义具足于人的本性之中。"仁义"与"道德"是合一的。一旦离开了仁义讲道德，就会变成佛老邪说而陷入虚无。故韩愈称"仁与义为定名，道与德为虚位"。经过韩愈的解释，仁义成为道德的实际内容，而道德成为仁义的形上建构。这为此后的宋明理学揭示了发展的方向。

韩愈强调不能离开仁义讲道德，而仁义无非是世间之伦理和生活之秩序。因此，道德亦必不离于百姓日常事用。《原道》说：

> 其文，《诗》、《书》、《易》、《春秋》；其法，礼、乐、刑、政；其民，士、农、工、贾；其位，君臣、父子、师友、宾主、昆弟、夫妇；其服，麻、丝；其居，宫、室；其食，粟米、蔬果、鱼肉。其为道易明，而其为教易行也。……曰：斯道也。何道也？曰：斯吾所谓道也，非向所谓老与佛之道也。

韩愈把"道"安放于世间的日用之中，尤其凸显了一个儒家学者有志于入世担当的价值追求。

韩愈不仅以"仁"与"义"重新诠释了"道"与"德"，而且为了对抗佛教的法统论，还构造了一个儒家的道统传授系统。他在《原道》中称：

> 尧以是传之舜，舜以是传之禹，禹以是传之汤，汤以是传之文、武、周公，文、武、周公传之孔子，孔子传之孟轲。轲之死，不得其传焉。

于此，韩愈首先确认儒家先王之道从尧开其端，在时间上早于释迦牟尼创始的佛教法统，因而较之佛教更加源远流长。其次，韩愈强调儒家道统植根于本国国土之中，比外来的佛教更具正统性。再次，韩愈又认为儒家道统经过历代圣贤相传，已浸润到社会各个领域，比佛教更具权威性。然而，令韩愈遗憾的是，这个可贵的"道统"在孟子以后就不得其传了，荀子和汉代扬雄这些人都没有能够继承"道统"，以至于佛老思想趁机泛滥。韩愈以儒家正统的继承者自居，称道："天不欲使兹人有知乎，则吾之命不可期；如使兹人有知乎，非我其谁哉！"（《重答张籍书》）"道统"说体现了韩愈在儒家文化传承上强烈的担当意识，这也为宋明理学接续传统、复兴儒学的努力打开了通道。

此外，韩愈又承接与发展了西汉董仲舒的"性三品"说，构筑起自己的人性论。

韩愈首先明确指出了"性"与"情"的关系："性也者，与生俱生也。情也者，接于物而生也。"（《原性》）这就是说，"性"是生来就有的、本然的与先天的，而"情"则是后天接触外物后受到刺激而引发的。那么，人与生俱来的"性"是怎样的呢？韩愈与董仲舒一样把人性区别为上、中、下三等，性的内涵则为五德：仁、义、礼、智、信。上品之性是善的，生来就具有这五种品德，而且能以一德为主，通于其他四德。中品之性可善可恶，于五德之中某一德有所不足或违背，其他四德也都杂驳不纯。下品之性是恶的，严重违背一德，其他四德也都有悖。至于"情"，韩愈认为可列为七种：喜、怒、哀、惧、爱、恶、欲。"性"与"情"的关系是：上品之性必发上品之情，即七情之发皆合乎中道，没有过分的与缺失的；中品之性则发中品之情，即七情之发有的过分有的缺失；下品之性必发下品之情，即七情之发或者都过分或者都缺失，这种"性"只管直情而行，一由情欲所支配。

韩愈认为上品和下品的人性是不能改变的。"上之性，就学而愈明；下之性，畏威而寡罪。是故上者可教，而下者可制也。"（同上）上品之性本善，通过后天学习可以进一步发扬光大；下品之性本恶且不堪教化，只能以刑法惩处。韩愈还从自己的立论出发，评论孟子的"性善论"、荀子的"性恶论"和扬雄的"性善恶混论"，认为三人皆"举其中而遗其上下者也，得其一而失其二者也"（同上）。即是说，他们都只看到了人性的现实表现的一个方面，而未能概括出人性的全部表现。在韩愈看来，人性分为三品，不仅完整地说明了人性的种种表现，而且也说明了统治教化的必要性。这是韩愈人性论思想的实质。

二、李翱的"复性"说

李翱和韩愈一样，在思想上也是尊崇儒家反对佛老的。李翱认为，佛教有一套成佛的理论，儒家也有一套成圣的理论。李翱的全部努力就是要为儒家建构一套如何成圣的理论体系。

他首先提出了与韩愈"性三品"说不同的性情观。他在《复性书上》写道：

> 人之所以为圣人者，性也；人之所以惑其性者，情也。喜、怒、哀、
> 惧、爱、恶、欲，七者皆情之所为也。情既昏，性斯匿矣，非性之过也。
> 七者循环而交来，故性不能充也。水之浑也，其流不清；火之烟也，其光
> 不明；非水火清明之过。沙不浑，流斯清矣；烟不郁，光斯明矣。情不
> 作，性斯充矣。

这就是说，"性"本来是善的，正如水本来是清的、火本来是明的，只因"浑
沙"才使水变浑浊，"郁烟"才使火变不明。人之为不善，其罪过不在"性"，
而在"情"的干扰。此即"性善情恶"说。

李翱一面讲性善情恶，有时又讲情有善有不善，称"情不自情，因性而
情；性不自性，由情以明"（《复性书上》）。这当中就涉及圣人与凡人的区别。
李翱说：

> 性者天之命也，圣人得之而不惑者也；情者性之动也，百姓溺之而不
> 能知其本者也。圣人者岂其无情邪？圣人者，寂然不动，不往而到，不言
> 而神，不耀而光，制作参乎天地，变化合乎阴阳，虽有情也，未尝有情
> 也。然则百姓者，岂其无性耶？百姓之性与圣人之性弗差也，虽然，情之
> 所昏，交相攻伐，未始有穷，故虽终身而不自睹其性焉。……故圣人者，
> 人之先觉者也。觉则明，否则惑，惑则昏。（同上）

在李翱看来，圣人与凡人不仅在本性上是同一的，而且也都有"情"。所不同
者，在于如何用"情"。圣人用"情"而不溺于"情"，故有"情"亦似无
"情"；百姓之用"情"，却为"情"所昏，以至于终身不见其善之性。显然，
李翱不是以"性"而是以"情"来区分圣凡的。这是他与韩愈"性三品"思
想的不同之处。李翱此论意义在于：在确信善为性、恶起于情的情况下，善是
先验绝对的，恶是由外物引发的、经验的和相对的，所以恶必然是可以克服
的。这对后来宋明理学的"变化气质"说有所启迪。

依性善情恶说，想要由凡入圣最重要的方法就是"复性"。"复"有回复、
恢复之意。李翱在《复性书中》说：

> 或问曰：人之昏也久矣，将复其性者，必有渐也。敢问其方？曰：弗

虑弗思，情则不生。情既不生，乃为正思。正思者，无虑无思也。……此斋戒其心者也，犹未离于静焉。有静必有动，有动必有静，动静不息，是乃情也。……知本无有思，动静皆离，寂然不动者，是至诚也。

依此所言，复性之方法当分为两步。第一步是斋戒其心，不思不虑。就是说，让心进入一种虚静的状态。但李翱认为，这种"静"的状态是相对"动"而言的，有静必有动，仍然没有摆脱"情"的影响。因此，接下来有第二步："知本无有思，动静皆离。"就是连动静与否都不要想，超越动静的相对性，让心进入到一种绝对静止的状态，这才是真正的静。那么，这种状态是否意味着绝对的不见不闻，不同外物接触呢？李翱说：

不睹不闻，是非人也。视听昭昭而不起于见闻者，斯可矣。无不知也，无弗为也。其心寂然，光照天地，是诚之明也。（《复性书中》）

就是说，人不可能不见不闻，只是不可以为见闻所蔽。人只要不为见闻所蔽，不为情欲所困，则其本然之心便是诚明的，达到"诚明"之境，也就是复归于善的本性，得以成为圣人了。

李翱这里所说的复性工夫，显然有取于佛家，尤其是受到禅宗"无念为宗"说的影响。李翱援释入儒而又坚持儒家基本立场的做法，后来也为宋代理学家所继承。

李翱和韩愈回归儒家经典，从《礼记》中的《大学》、《中庸》等文献吸取思想资源，为"四书"在宋代以后成为儒家核心经典奠定了基础。他们吸纳佛老的形上学建构和修身养性的工夫论，借以提升和发展儒学的主张，对宋明儒学的发展也具有先导意义。

第三节 柳宗元和刘禹锡的哲学

柳宗元（773—819年），字子厚，河东（今山西运城）人，人称柳河东先生。唐顺宗永贞元年（805年）为礼部员外郎，参与"永贞革新"，失败后被贬为邵州刺史，再贬为永州司马。之后调回京师，不久又迁为柳州刺史，宪宗元和十四年（819 年）卒于任所。其著述汇编为《柳河东集》，哲学著作主要有《天说》、《天对》、《非〈国语〉》、《答刘禹锡天论书》、《封建论》等。

刘禹锡（772—842 年），字梦得，自述为中山无极（今属河北）人，晚年定居洛阳。曾任监察御史并参与"永贞革新"。革新失败后，贬朗州司马，迁连州刺史，后迁太子宾客，加检校礼部尚书。与柳宗元交厚，人称"刘柳"。二人都围绕天人之辨展开自己的哲学思想，延续了元气自然和天人相分的唯物主义传统，对汉代以来的"天人感应"思想进行了总结性批判，使古代朴素唯物主义天人观发展到了一个新的水平。刘禹锡的著作被汇编为《刘宾客集》，其中《天论》上、中、下三篇是其哲学代表作。

一、柳宗元的宇宙论和历史观

柳宗元哲学最大的特色是在继承和发展王充朴素唯物主义元气自然观的基础上，恢复了宇宙论中的自然主义路向。他在《天对》中明确指出："本始之茫……惟元气存。"天道的运行变化无非是元气自动引发的。又称："阴阳三合，何本何化"，"合焉者三，一以统同。吁炎吹冷，交错而功"。即是说天地宇宙是没有目的、没有意识的自然世界。在《天说》中他又写道：

> 彼上而玄者，世谓之天；下而黄者，世谓之地；浑然而中处者，世谓之元气；寒而暑者，世谓之阴阳。是虽大，无异果蓏、痈痔、草木也。假而有能去其攻穴者，是物也，其能有报乎？蕃而息之者，其能有怒乎？天地，大果蓏也；元气，大痈痔也；阴阳，大草木也；其乌能赏功而罚祸乎？功者自功，祸者自祸，欲望其赏罚者大谬。呼而怨，欲望其哀且仁者，愈大谬矣。子而信子之仁义以游其内，生而死尔，乌置存亡得丧于果蓏、痈痔、草木邪？

依柳宗元的说法，天地阴阳虽大，其性质却无异于瓜果草木乃至痈痔毒疮，都是无意识、无目的的自然存在物。人们的行为"功者自功，祸者自祸"，天地宇宙并不赏善罚恶。人只应该对自己负责，其生死祸福亦像瓜果一样，与天地阴阳互不相关。

依此"自然"观，柳宗元极力反对自西汉以来的"天人相感"之说。他在《非〈国语〉》一文中批评西周末年伯阳父把地震看作是亡国之兆的说法，宣称人事的祸福、国家的兴亡同自然现象的发生和变化没有任何关系。他说："山川者，特天地之物也。阴与阳者，气而游乎其间者也，自动自休，自峙自流，是恶乎与我谋？自斗自竭，自崩自缺，是恶乎为我设？"这里用多个"自"字，用意都在强调元气的自然运化而不假外力，更不会干预社会人事。柳宗元对天人关系的论述，是对荀子"明于天人之分"思想和王充元气自然论的继承与发展。他借助于"天"、"气"等物质性范畴，把外部世界客观化、对象化，并以此为基础，强调人在认知和改造自然方面的主体价值，丰富了古代朴素唯物主义世界观。

柳宗元又以自然客观的发展与变化观念分析社会历史的发展变化，对汉代以来的"天人感应"、符命祥瑞、君权神授等神学史观进行了深刻批判。他在《封建论》一文中提出了著名的"封建非圣人意也，势也"的命题。他写道：

> 彼封建者，更古圣王尧、舜、禹、汤、文、武而莫能去之。盖非不欲去之也，势不可也。势之来，其生人之初乎？……彼其初与万物皆生，草木榛榛，鹿豕狉狉，人不能搏噬，而且无毛羽，莫克自奉自卫。荀卿有言：必将假物以为用者也。夫假物者必争，争而不已，必就其能断曲直者而听命焉。其智而明者，所伏必众，告之以直而不改，必痛之而后畏，由是君长刑政生焉。故近者聚而为群，群之分，其争必大，大而后有兵有德……是故有里胥而后有县大夫，有县大夫而后有诸侯，有诸侯而后有方伯、连帅，有方伯、连帅而后有天子。自天子至于里胥，其德在人者，死必求其嗣而奉之。故封建非圣人意也，势也。

在柳宗元看来，社会历史的发展和制度的变迁，既不是"天命"、"神意"使然，也不为"帝王"、"圣人"所决定，而是出于一种具有客观必然意义的"势"。"生人之初"，人不敌外界，不得不如荀子所说"假物以为用"。"假物者必争，争而不已"，为了平息纷争，不得不拥立能裁断是非曲直的首领，"由是君长刑政生焉"。里胥、大夫、诸侯以至于天子，就这样渐次产生了。可见，这种封建式的制度，源于"生人之初"之"势"所必然。由是得出结论："封建非圣人意也，势也。"

依柳宗元的看法，不仅"封建"之产生是历史变迁的必然趋势，而且随着历史的进一步发展，以郡县制代替"封建"制同样也是"势"所必然。周朝的封邦建国制度到秦汉时已不得不加以改变。"列侯骄盈，黩货事戎，大凡乱国多，理国寡，侯伯不得变其政，天子不得变其君，私土于人者，百不有一。失在于制，不在于政，周事然也。"（《封建论》）就是说封建制至此不得不让位于郡县制。"秦有天下，裂都会而为之郡邑，废侯卫而为之守宰，据天下之雄图，都六合之上游，摄制四海，运于掌握之内，此其所以为得也。"（同上）至于秦之速亡不在于制度，而在于其主政者政策运用之失当。这正好说明，所谓"圣人"、"帝王"的主观意愿也必须符合历史发展的客观之"势"，才能得到实现。

柳宗元重"势"的社会历史观，虽然仍以抽象人性论解释社会发展的动因，并不能科学地说明人类社会发展的真正动力，但他毕竟强调了社会历史发展的客观性，否认了"神意"或"圣人之意"对社会历史的主宰作用。

二、刘禹锡的天人观

柳宗元作《天对》、《天说》，确认"天人相分"，刘禹锡则作《天论》予以呼应，对柳宗元的唯物主义自然观作了补充和发挥，进而提出"天与人交相胜"之说。

首先，刘禹锡与柳宗元一样，认为天地宇宙是由气化生的，没有任何神秘的主宰。他在《天论下》中写道："乘气而生，群分汇从。植类曰生，动类曰虫。倮虫之长，为智最大，能执人理，与天交胜。"就是说从植物到动物再到人，由低到高的种种物类，均由气所化成。他与柳宗元一样，还认为，天地宇宙本身有其客观的规定性和规律性，那就是"数"和"势"。他说："天形恒圆而色恒青，周回可以度得，昼夜可以表候，非数之存乎？恒高而不卑，恒动而不已，非势之乘乎？"（《天论中》）刘禹锡从对天的基本稳定的存在样态的经验观察中，认识到了天的存在与运动的客观性质。

其次，刘禹锡还认为，天地与人虽然都是自然的存在物，但是天与人各有其特点与功用，天人是相分的。他说：

> 天之道在生植，其用在强弱；人之道在法制，其用在是非。阳而阜生，阴而肃杀；水火伤物，木坚金利；壮而武健，老而耗眊，气雄相君，力雄相长：天之能也。阳而艺树，阴而擎敛；防害用濡，禁焚用洒（有版本作"光"）；斩材毇坚，液矿硎锃；义制强讦，礼分长幼；右贤尚功，建

极闲邪：人之能也。(《天论上》)

这是说，天之道在生物，而人之道在治物。春夏时节万物萌发生长，秋冬时节草木枯萎凋零，这是天之能；而春种夏耘秋收冬藏，则是人之能。在动物界，强者为王，这是天之能；在人类社会，通过建立礼法制度、人伦秩序，鼓励贤德，惩治强梁，则是人之能。无疑，刘禹锡对"天人相分"的具体内涵比荀子有了更清楚的界说。

既然天与人各有其能：天有所能，有所不能；人亦有所能，有所不能。天所能者，人未必能；人所能者，天未必能。因此，天与人的关系便是"交相胜"的关系。刘禹锡称：

> 大凡入形器者，皆有能有不能。天，有形之大者也；人，动物之尤者也。天之能，人固不能也；人之能，天亦有所不能也。故余曰：天与人交相胜耳。(同上)

人与天作为两种自然存在物，是"交相胜"的。就人自身而言，也存在着自在存在（天）与自为存在（人）、自然存在与社会存在间的"交相胜"问题。"夫旅者，群适乎莽苍，求休乎茂木，饮乎水泉，必强有力者先焉，否则，虽圣且贤莫能竞也。斯非天胜乎？群次乎邑郛，求荫于华榱，饱于饩牢，必圣且贤者先焉，否则强有力莫能竞也。斯非人胜乎？"(《天论中》)就是说，当人们处于自然状态下求生息时，往往身体强壮者胜，这是"天胜"；但是，进入人文社会环境中谋求发展时，那必定是圣贤更具优势，这就是"人胜"。

在天人"交相胜"的关系中，刘禹锡显然更看重"人胜天"。他说："人能胜乎天者，法也。法大行，则是为公是，非为公非，天下之人蹈道必赏，违之必罚。"(《天论上》)在一个法治清明、秩序井然的社会里便没有人信天命，没有人企望上天来行赏罚以维护公平。相反，如果法治败坏，人们得不到公平的对待时，就会相信"天人感应"的目的论。但实际上"天恒执其所能以临乎下，非有预乎治乱云尔；人恒执其所能以仰乎天，非有预乎寒暑云尔；生乎治者，人道明，咸知其所自，故德与怨不归乎天；生乎乱者，人道昧，不可知，故由人者举归乎天，非天预乎人尔"(同上)。这是说，社会治乱是天所不能干预的，天之寒暑是人所不能干预的。相信上天能干预社会治乱，那是由于人道不明造成的。刘禹锡于此触及了神学信仰的社会根源问题。

思考题：

　　1. 如何评价韩愈的道统论？

　　2. 李翱性情观的主要内容是什么？如何评价他的"复性"说？

　　3. 柳宗元思想中的"势"是什么意思？如何评价？

　　4. 如何理解刘禹锡的天人"交相胜"学说？

小　结

如果说，先秦时期是中国古典哲学的奠基期，那么，秦汉至隋唐则是中国古典哲学的多元会通并因而获得较大发展的时期。

先秦时期，各家各派是围绕着天与人（天道与人道）的关系开展其论说的。降及战国末年，虽然兼并战争仍在进行，但秦国统一中国的趋势已成定局。中国历史由秦入汉，伴随着社会—国家由分裂走向统一，各部落—部族由分隔走向融合，中国古典哲学走向了互相整合与会通的新阶段。

较早体现这种整合趋势的，是编撰于秦始皇统一中国前夕的《吕氏春秋》和汉朝前期的《淮南子》。两部著作是取道家立场所做的整合。随后是董仲舒撰著的《春秋繁露》，这是以儒家价值信念为主导的整合。入于魏晋，王弼、郭象等思想家通过重注《老子》、《庄子》、《周易》、《论语》等文献，再以道家的境界追求为底蕴，推动道家与儒家的会通。降及隋唐，一方面有南方追求放任的道家风骨与北方讲求礼教的儒家师法的会通，另一方面有中国本土的道教与从印度传来的佛教在论争过程中的互相借鉴和会通，更有儒、道、佛三教在形上建构与工夫践行上的相互借鉴和会通。可以说，不同哲学派别、不同思想信仰在传播过程中，从互相争辩到互相借鉴融合，不仅构成了秦汉至隋唐时期哲学与文化发展的基本路向，同时也体现了中国传统精神文化所具有的巨大包容性和开放性。

汉唐时期居于主导地位的哲学思潮，尽管经历了两汉经学、魏晋玄学、南北朝隋唐佛学等发展阶段，但贯穿于其中的核心哲学问题，仍然围绕着"天人之辨"展开。天人关系问题，是哲学基本问题在中国古代的主要表现形式之一，在先秦诸子百家争鸣中已经凸显出来。汉唐时期的重新提出，无疑具有新的时代内容和新的表达方式。秦及汉初几种哲学思潮的相互激荡，乃是新兴统治阶级为了巩固中央集权政治，试图营造新的上层建筑而做的理论准备。《吕氏春秋》、《淮南子》等，哲学上显然不够成熟，可以说是承先启后的思想过渡。当董仲舒感叹"天人相与之际，甚可畏也"，并进一步提出"天人感应"的神学目的论而被汉武帝接受的时候，就意味着封建统治阶级已经找到了能够满足自己需要的统治思想。从汉至唐，封建统治思想的理论表现形式虽几经变换，由汉代的神学目的论一变而为魏晋的玄学本体论，再变而为南北朝隋唐时期的佛教因果论，但思想实质可谓一脉相承。汉唐时期的核心哲学论题，无论是汉代经学所总结的"三纲可求于天"，魏晋玄学所鼓吹的"名教本之自然"，或是稍后佛教所宣扬的"贵贱来自因果"，本质上都是一种服务于封建特权统治的公开或隐蔽的神权理论。它们虚构一个超世间的异己力量（"天"、"自然"、"因果"）支配世间的一切，实质上是把自然压迫力量和社会压迫力量神秘化或神圣化。与此同时，批判神权至上、对社会苦难表示抗议的思想也不时涌现。王充的"元气"论、范缜的"神灭"论、刘禹锡的"天与人交相胜，还相用"理论，都在反神权斗争中作出了重要的理论贡献。这些力图对"天人关系"问题作出的唯物主义思考，明显地削弱了当时神学解释的权威性，彰显了人文理性的重要价值，为宋初儒家哲学的转向奠定了基础。可以说，以"天人关系"为中心所展开的辩护神权与批判神权的思想论争，以及由此派生的一系列哲学问题的探索，构成了汉唐哲学发展的基本线索和主要内容。

在"究天人之际"的哲学思考中，汉唐时期近千年的哲学发展，始终体现着历史与逻辑的辩证统一。这一时期，依存于社会经济与政治条件，在"不忘本来，吸收外来"的会通过程中，儒、道、佛都表现出特定历史阶段哲学认识的深化，体现着中国哲学螺旋式前进的规律性。儒家在董仲舒神学目的论的逻辑框架下，虽然衍化出谶纬神学，但在王充的批判和玄学、佛学的刺激下，柳宗元"元气自动"、刘禹锡"天与人交相胜"的元气论论证，与韩愈"道统"说、李翱"复性"说的心性论思考，透显出具有浓厚的批判神学特征的儒家哲学复兴的曙光。道家哲学在汉初吸纳黄老、整合诸子思想之后，东汉末年开始被张陵、张角等人掺入民间流行的各种信仰，已转向道教。汉末魏伯阳、东晋葛洪等人，借由"安身养气"，进一步发展出颇具特色的"外丹道"等养生神仙论，建构起极具神秘色彩的道教信仰和修炼方式。与此同时，王弼、郭象等思想家在深刻反思"名教"与"自然"关系的基础上，提出了有无、体用、本末等一系列新的哲学范畴，并在此基础上构建了各自的本体论。玄学的繁盛发展，在一定程度上约束了道教的神秘化。到唐朝初期，道士成玄英、李荣、王玄览等人吸纳佛教空无、遮诠等理论和思辨方法，在"重玄学"的思维架构内又把道教往心性修炼的方向推进了一步。唐朝中期，司马承祯、吴筠等道教学者结合"重玄学"的心性论与早期道教的炼形固体理论，开出了"性命双修"的新路向。这实际上是宋代道教在三教融合基础上注重心性修养的"内丹道"之先声。佛教在传入中国后，因果报应的思想得到广泛传播。对因果报应主体的哲学说明，在"六家七宗"对"法性"的诠释、南北朝佛教对"佛性"的探究，以及隋唐佛教宗派对"心性"的发扬光大方面，不仅体现着汉地文化对印度佛教思想与精神的选择性接受，而且也标志着中国化了的佛教具有显著的人文理性特征。隋唐时期诸佛教宗派的心性论，在把唯心主义发展得更加精致的同时，无疑也为宋代理学的心性论提供了思维资料和方法，进一步提升了中国哲学的思辨水平。

汉唐时期，由儒、道、佛三教（学）在互相借鉴、互相整合与会通中建构起来的思想文化体系，在总体上无疑带有浓重的宗教信仰特征。过分浓重的宗教信仰，不仅会导致理性的麻木与迷失，而且也偏离了由孔子、老子所奠基的人文主义思想传统。唐代中后期的韩愈、李翱、柳宗元、刘禹锡，虽然理论取向各有不同，但都以重振儒学为己任，他们的努力成为宋明儒学复兴的先兆。及北宋思想家程颢、程颐兄弟称"吾学虽有所受，天理二字却是自家体贴出来"（《二程外书》卷第十二），以"理"的本体论取代汉唐宇宙论，正好标志着思想文化由信仰向理性的转向，同时也是哲学追求由关切外在（寻问天地宇宙）向关切内在（讲求心性修养）的一大转向。

中国哲学史

（第二版）下册

《中国哲学史》编写组

人民出版社

高等教育出版社

目 录

第三编 宋至清代中叶哲学

第四编 近 代 哲 学

第三编 | 宋至清代 中叶哲学

引　言

　　一般认为，北宋建国到清代中叶以前，是中国封建社会的后期阶段。在这近900年的历史发展过程中，封建专制制度进一步强化，民族矛盾、阶级矛盾错综复杂，科学、艺术发展水平更高，中国传统哲学的理论形态更加成熟，理论思维水平也达到了新高度。

　　宋至清代中叶以前的社会历史变迁，在经济、政治、社会和思想文化等方面，都呈现出与汉唐迥异的新特点。

　　从经济发展来看，一方面，唐宋之际，贵族庄园经济逐步被平民地主经济所取代，由此导致了土地制度的变革和经济关系的变化。自北宋开始实行的"不抑兼并"、"田制不立"的土地政策，取代了唐以前旨在限制土地兼并的均田制，土地商品化程度大大提高。与此相应，租佃制逐渐取代荫户制，农民对国家和地主的人身依附关系相对减弱，为农民个体经济的发展创造了有利条件。另一方面，随着社会生产的发展和国家对轻商、抑商政策的修正，工商业在宋代以后有了较大发展。北宋时期已经出现了便于商业交易的纸币——交子。到明代中后期，在商品经济快速发展的江南地区，已经出现了具有资本主义萌芽性质的工场手工业。

　　从政治发展来看，这一历史时期，封建政治体制逐渐成熟，君主专制统治日益稳固，权力进一步由地方向中央集中，中央和地方各级政府的权力进一步向皇帝个人集中。北宋王朝初期通过加强中央集权，一方面避免了唐代藩镇割据和五代十国混乱动荡的局面，为当时的经济发展和文化繁荣提供了相对稳定的社会秩序；另一方面，也埋下了"冗官冗兵"、"积贫积弱"的隐患。北宋中后期，社会内部矛盾日趋激化，外部又受到西夏、辽、金的不断侵扰，朝廷陷入了内外交困的局面。到明清时期，中央集权和君主专制日益强化，明代设立庞大特务机构，清代大兴"文字狱"，加强了对社会的控制和思想的钳制，君主专制独裁恶性膨胀，封建政治体制日渐成为社会发展的阻碍力量。

　　经济、政治格局的变迁引起了社会阶级结构的变化。这种变化突出表现在两个阶段：一是宋代以后，门阀士族已经式微，庶族地主经由科举入仕成为统治阶层。二是随着手工业和商业的发展，到明代中叶以后，市民阶层在江南一些工商业发达的地区兴起，他们有新的思想观念和利益诉求。同时，明朝统治所暴露的社会问题及其最终灭亡，促使明清之际思想家反思封建政治体制及其意识形态的弊病，兴起了总结、批判宋明理学乃至整个封建文化的学术思潮。

马克思在《德意志意识形态》中指出："思想、观念、意识的生产最初是直接与人们的物质活动，与人们的物质交往，与现实生活的语言交织在一起的。人们的想象、思维、精神交往在这里还是人们物质行动的直接产物。"① 宋元明清时期的哲学思想本质上也是后期封建社会人们物质关系的直接产物，是中央集权制的封建政治、经济和阶级矛盾、民族矛盾在哲学理论上的反映，同时也是中国哲学在经历了先秦哲学、汉唐哲学之后逻辑发展的必然结果，是中华文化在新的历史时期理论思维创造的结晶。这一时期的哲学，有其特有的主流存在样态，即理学②。理学的产生发展脉络与过程有着深刻的时代背景和特点，具体来说主要有以下几个方面：

第一，理学的产生有其深刻的文化背景和理论渊源。理学是儒家学说在新的历史时期的新形态，是儒家吸收佛道思想、应对佛道挑战的产物。一方面，北宋建国以后，新的统治阶级为改变唐末五代时期混乱的社会局面，亟须恢复社会秩序、重振纲常名教，而汉唐儒学因其理论论证粗疏、经学体例僵化，已无法适应时代的需要。另一方面，自东汉至隋唐，佛道二教的广泛传播使许多人"去君臣之礼，绝父子之戚，灭夫妇之义"（孙复：《儒辱》，《宋元学案》卷二），其玄妙的理论体系赢得大批社会精英的青睐，这对儒家伦理纲常的推行及其生存发展形成了严峻挑战。由此，理学的产生负有双重任务：一是解决儒学内部的问题，超越汉唐时期的儒学形态；二是回应外来挑战，批判佛道二教的玄虚理论及其"出世"价值观。就前者而言，是要超越汉唐儒学粗疏的"天人感应"理论形态，打破经传注疏的经学体例，从儒家原典中发掘新的思想资源，并以之为出发点整合佛道学说中的有用成分，建立能为伦理纲常提供更为有力论证的儒家哲学。就后者而言，是要树立儒家"道统"，排斥佛道二教，站在哲学的高度论证儒家伦理纲常存在的合理性，建立一个取代佛道特别是佛教的儒家哲学新形态，使儒家思想重新成为中国人的精神归宿，进而指导

---

① 《马克思恩格斯文集》第1卷，人民出版社2009年版，第524页。
② "理学"特指儒学发展到北宋以后所形成的思辨化、重义理的学术形态。由于这一学术形态在长期的发展中形成了不同的思想体系，对它的称谓也因时代和立场的不同而有差别，"道学"、"理学"、"宋学"、"新儒学"（Neo Confucianism）都是使用较多的称谓。以"理学"指称这一学术形态，是当前中国哲学史界的通行做法。

人们的社会生活。因此，理学具有延续传统、融合三教的特点，是以儒学为主干、融摄佛道两家智慧而综合创造的新哲学。

第二，理学为儒家构建了精深的思辨理论体系。汉唐儒学之所以受到佛道二教的严峻挑战，其中一个重要原因在于，它在发展过程中沦为单纯的经传注疏、文字训诂之学，缺少与佛道二教相抗衡的思辨理论体系。这使得它在与佛道二教的竞争中，难以为儒家的伦理纲常提供有效的系统论证，缺少足以感召大众的超越追求。理学要回应佛道二教的挑战，就必须弥补传统儒学的这一缺陷。为此，理学家一方面借鉴了佛道二教的思辨化理论成果，另一方面回归儒家原典，从儒家文本中寻找阐发"形上之道"的经典依据。他们从《周易》、《论语》、《孟子》、《大学》、《中庸》等典籍中提炼哲学概念和哲学问题，并对它们所蕴含的内在义理进行创造性阐发。理学所探讨的概念和问题，在不同阶段、不同流派中有所不同。从大的方面来看，主要有"理气"、"心性"、"道器"、"格物致知"、"道心人心"、"天理人欲"、"主敬主静"、"知行"等。这些概念、命题本身又引申出一系列问题。通过对这些概念或命题的阐释辨析，理学家们不仅讨论了宇宙自然的发生发展，而且讨论了天地万物的根据、本原和普遍规律，以及人的终极关怀等问题，为儒家建立了一个包含宇宙社会人生、贯通形上形下的庞大哲学体系。这使得理学具有思辨化、重义理的鲜明特性，大大提升了中国哲学的理论思辨化程度。

第三，理学的发展过程具有特定的衍化逻辑和历史线索。理学是中唐韩愈、李翱等人所发起的儒学复兴运动的延续和发展。它初创于北宋庆历（1041—1048 年）之际，当时范仲淹、欧阳修、胡瑗、孙复、石介等人主张学以致用，力图复兴儒学、重振纲常，并为此教书授徒，扶植后学，为理学的兴起廓清了道路，培养了人才。至神宗熙宁（1068—1077 年）前后，便出现了理学学派林立、思想活跃的局面，涌现了周敦颐、邵雍、司马光、张载、二程（程颢、程颐）、三苏（苏洵、苏轼、苏辙）等一大批思想家。在这一时期，理学框架基本成型，理、气、心、性等成为理学的核心范畴。与此同时，也出现了不同于理学的王安石的"荆公新学"。

到南宋时期，二程哲学思想影响扩大，朱熹、陆九渊、吕祖谦、张栻等均不同程度地受其影响。其中，朱熹以二程的思想为基础，融合了周敦颐、邵雍、张载等北宋理学家的思想，构建了一个完整而精致的理学思想体系，成为宋代理学的集大成者。由于二程和朱熹存在密切的学术传承关系且思想相近，都以"理"为本体，故被统称为"程朱理学"。陆九渊则以"心"为本体，开创"心学"一系。明代王阳明将陆九渊的思想发展为"致良知"和"知行合一"相统一的心学体系，成为宋明心学的集大成者。陆、王之学被统称为"陆王心学"。以陈亮、叶适为代表的事功学派，对程朱理学提出批评，表现出思想发展的多元性。

元朝建立以后，改变了南宋时期北方理学衰微的局面，实现了南北学术交流，使理学得以传播北方，流布全国。后来，元朝统治者将程朱理学定为科举取士的唯一标准，使其正式成为官学。元代主要理学家许衡、吴澄等，都延续了程朱理学的基本话题，以理为本体。但在心性修养方面，他们借鉴了陆九渊"发明本心"的思想，强调内心体认，这使得元代理学表现出"和会朱陆"的倾向。

明朝立国后，通过编修《五经大全》、《四书大全》、《性理大全》等书和实行八股取士等措施，进一步加强了程朱理学的统治思想地位。这固然提升了程朱理学的社会影响力，但也造成了陈陈相因、思想僵化的弊病。明代心学的兴起是对这种僵化局面的突破。陈献章的"静坐中养出个端倪来"、湛若水的"随处体认天理"，都强调了个体的本心修养，具有明显的心学倾向。王阳明为了纠正程朱理学的学术流弊，赞成陆九渊的心本论思想，并将其发展为致良知说，否定了程朱理学"格物穷理"、向外求索的方法，开创了理学发展的新气象，创建了影响很大的阳明学。明代中后期，罗钦顺、王廷相继承发展了北宋张载以"气"为本体的"气本论"，对程朱理学和陆王心学都有所批判。明代后期，随着阳明学的传播和风靡，阳明后学空谈心性的危害日益暴露。这在明清鼎革的社会动荡中引起了有识之士的深刻反思。黄宗羲、顾炎武、王夫之等明确反对"明心见性之空言"，主张"修己治人之实学"（顾炎武：《夫子之言性与天道》，《日知录》卷七）。尔后，哲学的发展进入了以颜元、戴震为代表的强调经世致用、实学实用的时期。这与理学初创时期为反对佛道空虚之学而标榜明体达用、修齐治平的做法，形成了历史的呼应。

在宋元明清哲学发展过程中，出现了许多颇具影响的思想家，形成了众多内容丰富的思想体系和学术派别。北宋时期主要有周敦颐的"濂学"、邵雍的"象数学"、张载的"关学"、二程的"洛学"、三苏的"蜀学"等，南宋时期主要有朱熹的"闽学"（又称"朱子学"）、陆九渊的"象山学"、胡宏与张栻的"湖湘学"、吕祖谦的"婺学"等。此外，王安石的"新学"和以陈亮、叶适为代表的浙东"事功学派",也是两宋时期与理学关系密切的重要学派。元代主要有许衡、吴澄等理学家,他们的理学思想基本上是朱子学的延续。明代出现了陈献章、湛若水、王阳明、罗钦顺、王廷相等理学大家,其中王阳明的"阳明学"创见最丰、影响最大。明末至清中叶,还出现了黄宗羲、方以智、王夫之、颜元、戴震等批判总结宋明理学的重要思想家。上述各思想学说互有异同,影响大小不一。总体来看,程朱理学、陆王心学和张载、王夫之的气学一脉,在整个宋元明清哲学史上影响最大。从思想性质上来看,以二程、朱熹为代表的理学家以属于客观精神的"天理"为本体,具有客观唯心主义性质;以陆九渊、王阳明为代表的理学家以属于主观精神的"本心"为本体,具有主观唯心主义特质;而王安石、张载、罗钦顺、王廷相、王夫之等都以物质性的"气"为本体,具有朴素唯物主义的意义。这些性质不同的哲学理论,分别代表了中国古代唯物主义和唯心主义哲学发展的成熟形态。

整个宋元明清时期哲学绵延八百余年,理学尤其是程朱理学作为封建统治阶级的官方意识形态,影响了中国社会的各个领域,并远播域外,在整个东亚地区产生了重大影响。但是,理学中维护封建社会制度、强化封建纲常伦理的功能被统治阶级所利用,成为维护专制主义等级秩序、压制人的本性的精神武器,甚至沦为"以理杀人"的礼教枷锁,阻碍了社会的进步。黄宗羲、顾炎武、王夫之、颜元、戴震等人对程朱理学、陆王心学特别是"存天理,灭人欲"的伦理思想的批判,是后期封建社会孕育的早期资本主义萌芽在哲学上的表现,预示着中国古代哲学的终结和新时期哲学的到来。

第二十章　宋初思潮与理学初兴

理学真正登上历史舞台是在北宋中期。在此之前，社会上出现了一股复兴儒学的思潮，其目的是通过借鉴佛道的超越追求以再塑儒学。这一思潮展开的过程，同时也是儒学复兴、理学形成的过程。

第一节　宋初儒学复兴与"庆历新政"

作为社会思潮的理学发端于北宋庆历之际，它与当时的现实政治有着密切关联，范仲淹等领导的"庆历新政"，是理学登上历史舞台的契机。

为根除自唐"安史之乱"以来藩镇割据的政治乱象，确保甫建的赵宋王朝能长治久安，宋初的最高统治者采取了"内外相制"、"上下相维"等种种措施，一方面使权力高度集中到皇帝个人手中，另一方面则形成了以文官为核心、名实分离、叠床架屋的庞大官僚新体制。

到了宋仁宗时期，宋初确立的那一套制度和措施，开始弊病丛生。各种社会矛盾显现，外患内忧接踵而至。窘迫的时势把以范仲淹、欧阳修为代表的一批要求改革的"名士"推到了政治前台。庆历三年（1043 年），"新政"拉开帷幕。

范仲淹等倡导的"新政"，尽管不触及最高统治者忌讳的问题（如兵权、武备等），但其改革措施因触犯了既得利益阶层而遭到阻挠和攻击，这使得"新政"步履维艰。不久，内外局势稍趋缓和，宋仁宗对更张政治也失去了兴趣。于是，历时不到一年的"新政"，就在严防"朋党"的喧嚣声中宣告失败。

"庆历新政"昙花一现，但它引起了士林风气的变化。从这时开始，尚名节、重廉耻、尊儒学的新风气逐渐形成了。北宋中期士风的转变，引起了士人学术兴趣乃至知识结构的转变，这对理学的兴起至关重要。

范仲淹等以行政手段"复古劝学"、大兴学校，把当时一批著名的儒者如胡瑗、孙复、石介、李觏等团结在自己的周围，在思想学术上掀起了复兴儒学的热潮。正如南宋黄震所说："师道之废、正学之不明久矣！宋兴八十年，安定胡先生，泰山孙先生，徂徕石先生，始以其学教授，而安定之徒最盛，继而伊洛之学兴矣。故本朝理学虽至伊洛而精，实自三先生而始。"（《黄氏日抄·读诸儒书》）随着儒学教育的兴起，新型的儒学群体开始涌现。

由此而兴起的儒学，不是自汉迄唐所延续下来的章句训诂之学。相反，这种传统儒生所传习的学问，成了这个时期儒生集中批判的对象之一。当时的儒家学者一方面对儒学的衰微感到愤慨，强调要"通经学古"；另一方面把批判的锋芒对准了汉唐以来的儒家经学。于是，"世之儒者，以异于注疏为学"（《李觏集·寄周礼致太平论上诸公启》）。如范仲淹对《春秋》三传不满，对汉唐注疏亦多否定；欧阳修抨击唐人《五经正义》征引谶纬之书，撰《易童子问》怀疑《易传》的作者，著《毛诗本义》攻汉儒毛苌、郑玄之失，在《进士策问》中对《周礼》的真伪及能否施行提出质疑；胡瑗著《周易口义》取代王弼注和孔颖达疏，撰《洪范口义》批评"伪孔传"；孙复著《春秋尊王发微》，抛弃"三传"而全凭主观畅抒胸臆，又痛斥汉唐各家注疏，进而提出要广召天下鸿儒硕学重注"六经"。当时的学者如石介、李觏、周尧卿、刘颜、士建中、陈襄等一批人，无不具有反传统经学的学术取向。

在庆历之际的儒学复兴思潮中，学者之所以要批评汉唐经学，是因为它们被视为回归孔孟、重返三代的内在障碍。与此相关的另一方面，则是要批判造成儒学每况愈下的外在对手，即佛道二教的"异端邪说"和士子必习的科举"时文"。于是，学坛上出现了以排佛为主的批判思潮，以及抨击形式华美、内容空洞的骈体文，倡言以散体取代骈体的古文运动。范仲淹、欧阳修、孙复、石介、胡瑗、李觏、苏舜钦、尹洙、蔡襄、章望之、黄晞、陈襄等人，都是当时排佛道、斥时文的积极参与者。

总之，伴随着求变呼声的高涨及"新政"的施行，庆历之际的新学风在学坛上形成了一种社会思潮。它从三个层面展开，即怀疑和批判汉唐经学、排斥佛道二教和抨击四六骈文。这三个层面都与当时的社会问题有着千丝万缕的联系，当时的儒家学者试图复兴中衰已久的儒学，以期对社会问题有一个完整的解决。这为呼之欲出的理学形态开辟了道路。

第二节　周敦颐的宇宙论和境界论

周敦颐（1017—1073 年），字茂叔，道州营道（今湖南道县）人，曾历任州县地方官吏。在他任南安军司理参军时，程颢、程颐兄弟曾向其问学，晚年在庐山莲花峰下濂溪书堂讲学，世称"濂溪先生"。周敦颐在理学理论体系的建构过程中，有"阐发心性义理之精微"的"破暗"之功（见《宋元学案·濂溪学案上》），被称作"理学开山"。周敦颐著作不多，存世更少，现在能够见到的主要有《通书》、《太极图说》和《爱莲说》等。今有《周敦颐集》行世。

一、"无极而太极"

周敦颐最先为理学建立宇宙论架构。他仿照道士陈抟的《无极图》而作《太极图》（见下图），并依据《周易》整合道家和道教思想作《太极图说》，提出了"无极而太极"的宇宙论。

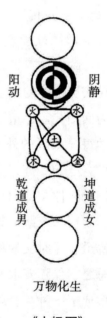

无极而太极。太极动而生阳，动极而静；静而生阴，静极复动。一动一静，互为其根，分阴分阳，两仪立焉。阳变阴合，而生水、火、木、金、土。五气顺布，四时行焉。五行，一阴阳也；阴阳，一太极也；太极，本无极也。五行之生也，各一其性。无极之真，二五之精，妙合而凝。"乾道成男，坤道成女"。二气交感，化生万物，万物生生，而变化无穷焉。

《太极图说》   《太极图》

按照周敦颐的说法，宇宙原初是太极元气；经分化后成为阴阳二气；二气变化交合形成五行，五行各有特性；五行的进一步化合凝聚就产生了万物。也就是说，世界是从某种混沌中产生而逐渐发展起来的；而发展变化是一种运动过程，即"动"、"静"两个对立面的交替与转换。

提出"无极而太极"的命题，是周敦颐宇宙论的重要新见解。

关于"无极而太极"这一命题，周敦颐本人并未做过具体的论述。按朱熹的解释，"太极"、"无极"两者本一，"无极即是无形，太极即是有理"（《朱文公文集·答陆子美》）；但分解地说，"无极"是有中说无，"太极"是无中说有："不言无极，则太极同于一物，而不足为万化之根；不言太极，则无极沦于空寂，而不能为万化之根。"（同上）朱熹又强调："周子所以谓之'无极'，正以其无方所、无形状，以为在无物之前，而未尝不立于有物之后；以为在阴阳之外，而未尝不行乎阴阳之中；以为通贯全体，无乎不在，则又初无声臭影响之可言也。"（《朱文公文集·答陆子静》）即"无极"是无形无状却实有此理之意。它也是存在，只是无形、无状、无名、无限罢了，但它却是"太极"之所以为"太极"的存在依据。

实际上，周敦颐把"无极"和"太极"两个范畴统一起来，重新对作为本原的实体进行加工，把本原的实体规定为"实有而非物"、"本无而不空"的绝对体，显示了他"合老庄于儒"、融合儒道的新动向。这样的融合使得周敦颐的宇宙论有了新的理论意义。在理学思潮出现之前，中国本土哲学在探讨世界的本原时，多从生成论的角度，即从顺的思路直贯下来，如《周易》中的"易有太极，是生两仪，两仪生四象，四象生八卦"；又如《老子》中的"道生一，一生二，二生三，三生万物"等。周敦颐"无极而太极"的命题，试图从横的层面来探讨本原问题，具有了形上本体的意味。

二、太极与动静

以"太极"作为世界的本原，那么，"太极"与世界万物的关系是怎样的呢？周敦颐用"太极"与动静的论述来回答这个问题。他说：

> 动而无静，静而无动，物也。动而无动，静而无静，神也。动而无动，静而无静，非不动不静也。物则不通，神妙万物。（《通书·动静》）

意思是，"物"仅仅执"动"或"静"的一端，非此即彼，故为"不通"。只有"神"是"动而无动，静而无静"，却又"非不动不静"，跳出了生成流变的过程，消解了时间因子，成为动和静之所以能够动静的原因。"神"虽无形无状，却又是实有的存在，它可以"妙万物"；这个"神"，实质上也就是"无极"。"无极"和"太极"本是二而一、一而二的，实无先后上下之分，因为它们只是逻辑在先，而不是时间在先或空间在先。毋庸讳言，周敦颐太极生阴阳的动静观，在一定程度上反对了那种把运动与静止加以割裂、加以绝对化的形而上学观点，强调了动中有静、静中有动，动静相互依存转化的辩证关系。但同时在他看来，物质世界是没有动静自我转化的可能的，在物质世界的背后主宰动静之几而能"妙万物"的神，才是能够使万物产生微妙变化的精神动力。

概而言之，周敦颐的宇宙本体论在中国哲学发展史上具有重大意义。因为在魏晋南北朝到隋唐时期，作为外来文化的佛教，以其特有的一套精致的思辨风靡于中国的思想界，并向传统的儒家和道家及道教思想提出了严峻挑战。当时，佛教徒认为，中国传统文化的哲学基础即宇宙论过于浅薄，根本不足以与佛教相抗衡。如唐代的华严宗大师宗密，在其《原人论》中，就攻击儒道二家共同的宇宙论——"太极"元气论，认为这种宇宙论仅仅相当于小乘佛教中所说的"空劫"阶段："不知空界以前，早经千千万万遍成住坏空、终而复始。故知佛教法中小乘浅浅之教，已超外典（儒道二家之学）深深之说。"（《原人论·斥偏浅》）依佛教大乘的教义，宇宙本是人心生灭妄想所变之境，是虚幻不实的，因此称之为"假有"。而中国传统的元气论就是一种"迷执"，即执迷于"假有"。因此，必须破除"迷执"，返照心源，终归于涅槃静寂。佛教的这种宇宙论，显然是以儒道两家为代表的中国传统思想文化所不能接受的。在中国传统思想中，一向把宇宙看成是一个生生不息、大化流行的整体，不曾怀疑过它的客观实在性和存在的合理性。体现这一思想的最重要典籍就是《周易》。所以，《周易》成为儒道两家共同重视的经典。周敦颐的贡献在于：他以《周易》阴阳哲学立论，肯定宇宙本原为"实有而非物"、"本无而不空"，力图克服佛学空无本体论，从而否定佛教的宇宙论，为理学在本体论上开辟了新的途径。

周敦颐的理论还只是一个粗略的架构，混杂着不少传统的生成论成分，尤其是以"有无"来论宇宙本体，很容易与道家思想混在一起，所以后来的张载、二程兄弟和朱熹等理学家对此不断加以修正。另外，周敦颐对太极与万物关系的讨论涉及一般与个别、抽象与具体的问题，这在以后理学的发展过程中得到了展开。

三、"诚者，圣人之本"

周敦颐讲"无极"、"太极"的目的是要"主静立人极"。按他的解释，人同万物一样是由阴阳二气交感而生的，但人之所禀是宇宙间最灵秀的气，人一旦有了形体后就同时具备了知觉和思维能力，由此也就产生了对善与恶的辨别；而圣人则"定之以中正仁义（自注：圣人之道，仁义正中而已矣）而主静（自注：无欲则静）立人极焉"（《太极图说》），即确立做人的最高准则和修养方法。

在《通书》开首二章中，周敦颐突出强调了传统儒学中的"诚"这个概念：

> 诚者，圣人之本。"大哉乾元，万物资始"，诚之源也。"乾道变化，各正性命"，诚斯立焉。纯粹至善者也。故曰："一阴一阳之谓道，继之者善也，成之者性也。""元、亨"，诚之通；"利、贞"，诚之复。大哉《易》也，性命之源乎！（《通书·诚上》）

> 圣，诚而已矣。诚，五常之本，百行之源也。静无而动有，至正而明达也。五常百行，非诚非也；邪暗塞也。故诚则无事矣。至易而行难。果而确，无难焉。故曰："一日克己复礼，天下归仁焉。"（《通书·诚下》）

这里，他把"乾元"规定为"诚"之"源"，而"乾元"就是《易》之"太极"，"太极"既为宇宙本体，那么"源"之于"太极"的"诚"也就具有了宇宙本体的意义。当然这需要有一个转化，因为"太极"是就天地自然说的，它必须转化为性，于是就有了"'乾道变化，各正性命'，诚斯立焉"。《周易》以"一阴一阳之谓道"为"性命之理"。这个性命之理统摄天、地、人。天地莫不有阴阳，莫不受此性命之理支配，人作为天地万物中的一个组成部分，也不例外。"诚"就自然之道而言是真实无妄、自然无为，即"纯粹至善"。但人不能像自然那样直接体现出这个"纯粹至善"的"诚"，而必须通过修养工夫以"复"之。所以，关键就在于"继"和"成"。所谓"继之者善也，成之者性也"，前者是就本原意义而言，强调人若不继承天道，就没有本原的善；后者是就人的主体而言，强调人若不主动实现此本原意义的善，也就不能成就其性，即不能成就人之为人的本质。"乾"之四德"元、亨、利、贞"，前二者为"诚之通"，即继善；后二者为"诚之复"，即成性。"乾"之四德因此就具有了伦理的属性，表现了人性本质生成的全过程。但真正能完整实现人性的只有"圣人"，因为"圣人"以"诚"为本。而"圣人之道，仁义中正而已矣"，圣人即以"诚"为本，所以"诚"又是作为伦理范畴的"五常"、"百行"之本、之源。"诚"与"太极"相通，因此也具有"静无而动有，至正而明达"的本体意义。"静无"与"无极"通，其表现为"至正"；"动有"与"太极"通，其表现为"明达"。至于"五常"、"百行"，人类社会中的一切道德规范和道德行为，如不以"诚"为本，那是被"邪暗"所塞，"邪"即不正，"暗"即不明，所以"非诚非也"，即完全错误的。

周敦颐以《周易》与《中庸》互训的方法，论证"诚"这一传统的儒学范畴具有天道的本质属性，试图重新沟通天道与性命的关系，进而为儒家的道德本体论建立一个天道自然的哲学基础。通过他的论证，宇宙本体开始向心性论层面落实，人与宇宙被贯通起来，儒家核心思想即"性与天道"的一致性由此得到确定。这一理论不仅表明了儒家的心性论与佛教心性论有本质的不同，也与道家和道教的思想区别开来，因此可以说是在新的历史条件和思想背景下，发展了先秦儒家的"天人合一"思想。以后的理学家正是在此基础上进一步拓展和深化，建立起一个新型的世界观。

四、孔颜乐处

在构建理学的过程中，周敦颐还提出了寻求"孔颜乐处"、实现理想人格的重要命题。

二程兄弟在青少年时代，曾经有过短暂问学于周敦颐的经历。程颢后来回忆道："昔受学于周茂叔，每令寻颜子、仲尼乐处，所乐何事。"（《二程遗书》卷二上）周敦颐所说的孔颜乐处，讲的是一种境界，一种人生理想。他提出：

圣希天，贤希圣，士希贤。（《通书·志学》）

"希"就是以之为榜样。周敦颐认为，成圣成贤应是读书人的理想，而"圣人"与"天"合德，是一种"天人合一"的境界。周敦颐又提出"志伊尹之所志，学颜子之所学"（同上）。伊尹是儒家入世辅君济民的典范，颜渊则是儒家讲求自我修养的榜样，这就是一种"内圣外王"的境界。这一点也体现在他那篇传世名作《爱莲说》中。他以莲花自况，认为莲花象征着儒家入世做事的"出淤泥而不染"的君子品格。

周敦颐特别强调了颜渊追求"圣人"精神境界的"乐"。他说：

> 颜子一箪食，一瓢饮，在陋巷，人不堪其忧，而不改其乐。夫富贵，人所爱也。颜子不爱不求，而乐乎贫者，独何心哉？天地间有至贵至富可爱可求而异乎彼者，见其大而忘其小焉尔。见其大则心泰，心泰则无不足，无不足则富贵贫贱处之一也，处之一则能化而齐。故颜子亚圣。（《通书·颜子》）

这是一种超越功利的人生境界。富贵是常人追求的对象，而对于君子来说，世界上有比富贵更值得追求的东西，那就是心之所性的"仁"。相较之下，前者是"小"，后者是"大"；富贵只是一种外在的境遇，只有内心所具有的东西才是"至贵至富可爱可求"者。这种"乐"，是内在的自足之乐，即追求至善与至美统一的精神境界。但是，周敦颐把学做"圣人"归结为"无欲"："圣可学乎？曰：可。曰：有要乎？曰：有。请闻焉。曰：一为要。一者，无欲也。"（《通书·圣学》）这样的无欲学圣具有宗教禁欲主义的色彩。

第三节　邵雍的象数学

邵雍（1011—1077年），字尧夫，谥康节，北宋著名易学家。先世河北范阳人，幼随父迁共城，后长期定居于洛阳。他青年时代刻苦好学，不愿仕宦，在政治上反对王安石变法，晚年隐居洛阳。邵雍的人生理想在于追求"安乐逍遥"，虽然立场基于儒家，但汲取了道教的"图书先天象数之学"、佛教的止观之说，建立了一套"包括宇宙，始终今古"（《宋元学案·百源学案上》）的庞大象数学体系，在北宋理学中自成一家，开创了先天图书易学。其代表著作有《皇极经世》、《伊川击壤集》等。今有《邵雍集》行世。

一、先天之学

邵雍认为，汉《易》象数学中以《坎》、《离》、《震》、《兑》为"四正卦"的图式，是"文王之《易》"，那只是对伏羲《易》的推演，因此是"后天图"；而伏羲《易》则以《乾》、《坤》、《坎》、《离》为"四正卦"的图式，因此是"先天图"。两种图式在次序和方位的排列上都是不同的（见下图）。由上述两种图式的不同，进而引出了"后天学"和"先天学"。

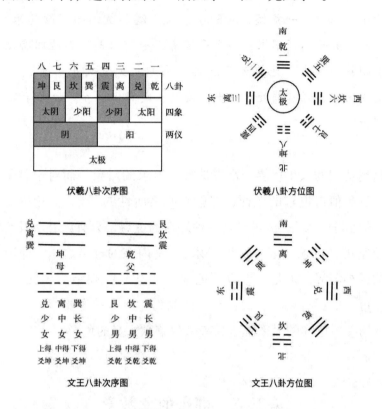

邵雍对"先天图"和"后天图"都有解说，但推重的是前者。因为在他看来："先天学，心法也。故图皆自中起，万化万事生乎心也。"（《邵雍集·观物外篇》下之中）"图虽无文，吾终日言未尝离乎是，盖天地万物之理尽在其中矣。"（同上）而"'后天'乃效法耳"（《邵雍集·观物外篇》下之上）。邵雍通过对这些图以及这些图的解释，建构了一种独特的思想体系。

邵雍的"先天图"源于道教，但其思路却来自《易传》关于"八卦"的生成次序论述："易有太极，是生两仪，两仪生四象，四象生八卦。"其"先天学"正是按照这一思路来推演其所谓"画前之易"的。他的方法是"一分为二，二分为四，四分为八，八分为十六，十六分为三十二，三十二分为六十四"（《邵雍集·观物外篇》中之上）的"加一倍法"（程颢语）。以这样的方法推演下去，"犹根之有干，干之有枝，枝之有叶"（同上），可推至于无穷，所以是"合之斯为一，衍之斯为万"（同上）。"加一倍法"表面上是数的简单等比推演，实质上是阴阳的有序展开。

邵雍曾反复强调其"先天学"是心学或"心法"。在《观物外篇》中，他曾明确说"心为太极"，又说"道为太极"。（《邵雍集·观物外篇》下之中）在他那里，"心"是与"太极"和"道"相通的，也就是说，在某种意义上它们是同一的。"先天学"中所讲的"心"、"心法"，主要是指"天地之心"。天地固然无"心"，但却有客观自在之理，它所呈现出来的就是所谓的"消息"、"本然"。而"人心"则能把握这些"消息"和"本然"，能把握天地"消息"和"本然"者唯有"圣人"和那些承续了"圣人"之"统"者。

宋代象数学趋于哲理化，邵雍的"先天学"是其重要代表。他不同意把象数归入"术数"的观点，指出："天下之数出于理，违乎理则入于术。世人以数而入于术，故失于理也。"（《邵雍集·观物外篇》下之上）只是这个"理"所呈现出来的就是"数"，天地间的一切事物正是依"理数"生成变易的；而其生成变易的规律或法则，就是"心法"。"心法"所表现的就是一套以"数"为形式的"理"，只有按照这个"理数"推演，才可以获得有序的宇宙图式，进而能够整体地把握世界。不可否认，邵雍的先天之学有神秘的先验形式和唯心的倾向。尽管二程对邵雍的象数学不以为然且颇多微词，但承认"至尧夫推数方及理"（《二程遗书》卷十八）。也就是说，从邵雍开始，象数学紧密地与"理"联系起来，发展出了理学的象数学。

二、元会运世

邵雍为了说明"先天图"如何产生天地万物、"先天学"如何解释世界的问题，提出了一系列概念范畴。其中有的是继承前人而赋予己意，如"太极"、"道"、"心"、"阴阳"、"刚柔"、"体"、"性"等；也有不少是他独创的，如"月窟"、"天根"之类。在这些概念范畴中，最具特色的是为满足其"以四起数"的"先天学"逻辑结构，而提出的四个一组的概念，如"元会运世"、"日日之物"、"日月之物"、"日星之物"、"日辰之物"，"飞飞"、"飞走"、"飞木"、"飞草"，"走飞"、"走走"、"走木"、"走草"之类。正是借助于这些概念范畴，邵雍建构起了"元会运世"的宇宙观。

"元会运世"是邵雍为探讨宇宙演化和历史变迁而提出的一种历法。在他看来，自然的历史是以"元会运世"来计算时间的，他用 12 与 30 交替进位的计算方法，提出：30 年为 1 世，12 世为 1 运；30 运为 1 会，12 会为 1 元。如果用数学式来表示就是：

1 元

1×12 = 12 会

1×12×30 = 360 运

1×12×30×12 = 4320 世

1×12×30×12×30 = 129600 年

邵雍以"天干"重复三次来记属于 30 这一项的具体名称，以"地支"来记属于 12 这一项的具体名称，就如同一般用干支来记年、月、日、辰之名一样。他提出："一元"代表自然史的一次生灭。在这一生灭过程中，"天开于子"，于第一会（子会）中形成天；"地辟于丑"，于第二会（丑会）中形成地；然后"人生于寅"，于第三会（寅会）中产生了人。自然界自从有了人类后，发展到第六会（巳会）为唐尧盛世，第七会（午会）开始由盛向衰演化，满十二会（即一元）则天地归于毁灭，这样共计为 129600 年。然后下一个周期开始。就是说，一元的结束并不是宇宙终结（同样，他认为"辰"也不是最小的时间单位，但他更强调往上讲的无限性）。如果一个"元"满了，旧天地毁灭，新天地诞生，这是一种循环，可至于无限。而统计方法也以 12、30 这样类推，因此可以有"元之世"、"元之运"、"元之会"和"元之元"，以至于无穷。

很明显，这个宇宙的"年表"是邵雍推算出来的。他的真正用意并不在于讲历法，而在于提出一个哲学解释的视角：宇宙既有限又无限，而宇宙的无限过程是由以 129600 年为周期的单元不断地重复循环所构成的。宇宙的发展、变化，乃至宇宙万物的品类，都是由"数"所规定的，所以"数"就是宇宙演化的最高法则。邵雍的"元会运世"论实质上是一种形而上学的宿命论和宇宙循环论。他虽然畅谈自然历史的"始终消长"，但这只是"象数"的排列和增减，是把臆造的"象数"系列强加于自然和人类，毫无科学意义。诚如明清之际黄宗羲在《易学象数论》中所批评的："其意总括古今之历学，尽归于《易》，奈《易》之于历本不相通，硬相牵合，所以其说愈烦，其法愈巧，终成一部鹘突历书而不可用也"（《易学象数论·皇极一》）。

第四节 王安石的新学

王安石（1021—1086 年），字介甫，抚州临川（今江西抚州）人，因其曾受封"荆国公"，又有"荆公"之称。王安石出身于下层官吏家庭，科举登第，历任地方官。熙宁二年（1069 年）拜参知政事，实行改革，推出农田水利、青苗、均输、保甲、免役、市易、保马、方田均税诸法，号称"新法"。与此相应，王安石创立"新学"，为推动改革制造舆论并提供理论依据。王安石的哲学思想主要见于《临川先生文集》、《周官新义》、《老子注》（该书已佚，今有容肇祖辑《王安石老子注辑本》）等著作中。今有《王安石全集》行世。

一、道德性命之学

"新学"是北宋中期颇有影响的学派，其影响力一直持续到南宋初。所谓"新学"，一般是指由王安石主持编定的《三经新义》（《诗经新义》、《书经新义》、《周官新义》）及其为释经而作的《字说》。《三经新义》的撰修，体现了王安石"以经术造士"的思想。按其观点，经术造士是"盛王"之事，诠释经义，教育士子，符合"盛王"的做法。在衰世中，伪说诬民，私学乱治。孔孟经学的精义自"秦火"后散佚，章句传注陷溺了人心，也湮灭了经义中的"妙道"，遂使"异端"横行。因此，他的"新学"要重新训释经籍，使义理昌明，从而能够以经学来化民成俗。《三经新义》成书后，由官方在全国正式颁行，"一时学者，无敢不传习，主司纯用以取士，士莫得自名一说，先儒传注，一切废不用"（《宋史·王安石传》）。

"新学"重视现实治道，也重视治道如何可能的问题，试图为儒家所强调的治道奠定理论基础。王安石的学生蔡卞曾这样评价其师："初著《杂说》数万言，世谓其言与孟轲相上下。于是天下之士，始原道德之意，窥性命之端。"（晁公武：《郡斋读书记·后志二》引）其政敌也认为"新学"派所参与订立的"国是"，"皆出性命之理"（邵博：《邵氏闻见后录》卷二十三）。王安石在《虔州学记》中提出："先王所谓道德者，性命之理而已。其度数在乎俎豆、钟鼓、管弦之间，而常患乎难知"；又说："先王之道德，出于性命之理，而性命之理，出于人心。"（《临川文集·虔州学记》，以下本章凡引《临川文集》只注篇名）这说明他试图论证"先王"的"治道"出于"道德性命"之理，而归本于"人心"。就关注道德性命之学而言，王安石与理学家有共同之处，但他的具体观点与理学家颇为不同。

性与情的关系问题，为道德性命之学所关注。唐代李翱作为理学的先导，提出了"性善情恶"说，对此，王安石的看法是：

> 性情一也。世有论者曰：性善情恶，是徒识性情之名，而不知性情之
> 实也。喜、怒、哀、乐、好、恶、欲，未发于外而存于心，性也；喜、
> 怒、哀、乐、好、恶、欲，发于外而见于行，情也。性者，情之本；情
> 者，性之用。故吾曰：性情一也。（《性情》）

王安石明确反对"性善情恶"，认为"性"是存于内心的喜、怒、哀、乐、爱、
恶、欲的感性心理机能，是人之所以有"情"的内在心理根源；"情"是这一
心理机能的外在表现，两者是统一的，而"性不可以善恶言也"（《原性》）。
因此，性与情并非存在着善恶的对立。二程的"性即理"以为"性"具本然之
善，情欲与之完全对立，两者"难一"（《二程遗书》卷三），即不可两存。王
安石的"性情一也"与其"难一"说正相反，否认了"性"具有先天的道德
属性，反对理（性）欲（情）对立论。

性与习的关系也是道德性命之学的题中之义。二程认为通过"识仁"、"主
敬"的涵养工夫，可以去除人欲而回复至善之性。与这种复性说不同，王安石
主张"成性"说，强调德性是后天习行成就的。他对孔子"惟上智与下愚不
移"作了新的解释：

> 习于善而已矣，所谓上智者；习于恶而已矣，所谓下愚者。一习于
> 善，一习于恶，所谓中人者。上智也，下愚也，中人也，其卒也命之而已
> 矣。有人于此，未始不为善也，谓之上智可也；其卒也去而为不善，然后
> 谓之中人可也。有人于此，未始为善也，谓之下愚可也；其卒也去而为
> 善，然后谓之中人可也。惟其不移，然后谓之上智；惟其不移，然后谓之
> 下愚。皆于其卒也命之，非生而不可移也。（《性说》）

认为上智、下愚并非天生不可移易，而是后天习行的结果。一贯地习行于善，
最后就成为上智者；一贯地习行于恶，最后就成为下愚者。上智、下愚与中人
通过习行可以互相转化。因此，他强调在实际工作中考察人才，"且人之有材
能者，其形何以异于人哉？惟其遇事而事治，画策而利害得，治国而国安利，
此其所以异于人者也"（《材论》）。人才只有在治事、谋划、治国的实际活动
中才能涌现出来。

道德性命之学的另一重要问题是义与利的关系。与理欲"难一"相联系，

二程把义与利也看作是对立的，认为"大凡出义则入利，出利则入义"（《二程遗书》卷十一）。还说："义利云者，公与私之异也。"（《二程粹言·论道篇》）把义利的对立归结为公私的对立。王安石的义利观与二程不同。他说："政事所以理财，理财乃所谓义也。"（《答曾公立书》）认为治国离不开理财，理财兴利完全具有道德的正当性。这是以利释义，在功利原则上来统一义和利。他还以"为己"和"为人"的统一来解释"仁义之道"。他说：如杨朱那样只是"为己"即利己，是"不义"；如墨子那样只是"为人"即利他，是"不仁"；两者都不是"圣人仁义之道"（《杨墨》）。因此，"仁义之道"应该是"为己"和"为人"的统一：

> 是以学者之事必先为己，其为己有余而天下之势可以为人矣，则不可以不为人。（同上）

认为首先是"为己"，而当具备可以为人的条件时，则必须为人。就是说，只有先为己，最终才能为人，为己是为人的前提条件，为人是为己的必然要求。这就赋予了"仁义之道"以功利的含义，反对二程以义（公）贬抑利（私）的价值取向。

王安石"新学"与当时二程"洛学"、张载"关学"等理学家的观点有很大不同。对此，二程感受最深，他们把王安石"新学"视为"大患"，认为其所谓的"道德性命"之学表面上与他们所讲的内容颇为相似，实质上却是"对塔说相轮"①（《二程遗书》卷一）。二程对王安石新学的否定与批判，说明了新学与当时理学主流在宗旨和精神上的差异。

二、"万物一气"与"道立于两"

在宇宙论方面，王安石受老子思想的影响较深。他经常用"道"、"天"这些概念来指称世界本原，如说：

---

① "对塔说相轮"是二程批评王安石学问之语。"相轮"为贯穿在塔刹上的圆环，为塔的表象。"对塔说相轮"，即站在塔外谈论塔上的相轮，纵然谈得清楚明白，却终究身在塔外，不能与之合一。二程以此喻指王安石的"道德性命"之学虽然谈论得很多，却不能真正践行正道，终与正道歧途。

> 道者，天也，万物之所由生，故为天下母。（《王安石老子注辑本》）

> 天与道合而为一。（《王安石老子注辑本》）

王安石讲的"道"，并不是独立存在物，而是以"气"为本的。他说：

> 道无体也，无方也，以冲和之气鼓动于天地之间，而生养万物。（同上）

又说：

> 道有体有用。体者，元气之不动；用者，冲气运行于天地之间。其冲气至虚而一，在天则为天五，在地则为地六。盖冲气为元气之所生，既至虚而一，则或如不盈。（同上）

以上表述看似矛盾，其实是对"道"之性质的巧妙规定。前者"道无体"，是说"道"本身没有形体，流动于天地之间，不是独立存在的实体；后者"道有体"，指"道"必须附着在实体上，必须有实在的东西作为其存在的依据。这个负载"道"的实体，王安石规定为"元气"。所以，他一方面说"冲气为元气之所生"，另一方面又说"冲气生于道"：

> 一阴一阳之谓道，而阴阳之中有冲气，冲气生于道。（同上）

"冲气"是他从老子那里借用来的概念，指阴阳交合之"气"。"气"可以说是王安石哲学的最高范畴，他反复申论：

> 生物者气也。（《洪范传》）
> 万物一气也。（《周官新义》卷十）
> 万物同一气。（《今日非昨日》）

通过对"气"的论述，王安石建立了他的宇宙生成理论，即：

道立于两，成于三，变于五，而天地之数具。（《洪范传》）

认为"道"是"元气"，"两"是"阴阳"。"道立于两"，是说事物都有对立的两个方面。"三"是"阴阳和"即"冲气"，"成于三"是说两个对立面相配合形成某一事物。"五"是"五行"，"变于五"是说五行各有对立面，彼此互相配合而生出事物的种种变化。阴阳、冲气、五行都是"道"所固有的，也就是"气"所固有的。王安石的宇宙生成论可以概括为：元气—阴阳—冲气—五行—万物。这是一种具有朴素唯物主义因素的宇宙生成模式。同时，王安石还提出五行"皆各有耦"、"耦之中又有耦"（同上）等观点，认为事物对立面的每一方面又都包含有对立面，正是由于多种多样对立面的相互作用，"万物之变遂至于无穷"（同上）。这种关于事物变化的看法，具有朴素辩证法的思想倾向。

王安石的宇宙生成论把万事万物的性质和变化都纳入五行之中，企图用五种物质的属性和运动的形式说明一切事物现象，势必会导致机械论和循环论，从而忽视物质世界从低级到高级的发展过程。

王安石曾对宋朝百年积弊作了哲学的概括："一切因任自然之理势，而精神之运，有所不加；名实之间，有所不察。"（《本朝百年无事札子》）他认为主要弊端在于两个方面：一是因循常规，没有发挥积极主动的精神；二是没有通过行动来考察名实是否相符。他的"新学"试图克服这样的弊端而成为推动变法改革的精神力量，具有强烈的服务现实的理论品格。

思考题：

1. 什么是理学？理学形成的历史背景和条件是什么？
2. 宋明理学的特点是什么？宋明理学的主要问题是什么？
3. 周敦颐、邵雍、王安石的哲学思想各有什么特点？

第二十一章　张载的气学

张载（1020—1077 年），字子厚，祖籍大梁（今河南开封），后移居陕西郿县横渠镇，后人称其为"横渠先生"。嘉祐二年（1057 年），张载进士及第，先后任祁州司法参军、云岩县令、著作佐郎、签书渭州军事判官、崇文院校书郎等职，因与王安石政见不合，告病返乡。张载是北宋理学的"关学"创始人。在北宋的儒学复兴思潮中，张载深入批判佛老，坚持、发展了具有朴素唯物主义因素的宇宙本体论和具有朴素辩证法因素的宇宙发展观。主要著作有《正蒙》、《横渠易说》、《经学理窟》等。今有《张载集》行世。

第一节　"太虚即气"的本体论

从张载开始，中国哲学史上的朴素唯物主义发展到一个新的阶段。针对老氏之学的"以无为本"、"有生于无"和佛学的"缘起性空"、"色即是空"等唯心主义思想，他提出了"太虚即气"、"虚空即气"的唯物主义命题，以气本气化思想来解释世界的统一性和运动变化，建构了气一元论的宇宙本体论哲学体系。

一、"太虚无形，气之本体"

"太虚即气"是张载宇宙本体论的核心命题。在张载之前，周敦颐、邵雍等曾就虚与气的关系加以辨析，认为虚在气先，是宇宙的本原；佛老也以"心识"或虚无为天地万物的存在依据。张载在探索世界本原问题的过程中指出："凡可状，皆有也；凡有，皆象也；凡象，皆气也。"（《正蒙·乾称》）认为一切有形有象的事物都是由气构成的。气与虚或"太虚"的关系是：

> 太虚无形，气之本体，其聚其散，变化之客形尔。（《正蒙·太和》）

认为无论是"气"聚合为物，还是物消散为"气"，都只是气化流行过程中暂时的存在状态，即"客形"；无形无象的"太虚"才是"气"的本来存在状态,即"气之本体"。但太虚和气又不是两种存在,而是同一存在的两种不同属性。张载说:"气之聚散于太虚,犹冰凝释于水,知太虚即气,则无无。"(《正蒙·太和》)在他看来,"太虚"和"气"就如同水和冰的关系,水结成冰,冰又化为水,而太虚聚则为气,气散则为太虚。可见,无形无象的"太虚"并非空空如也的虚空,而是充满一种清稀细微之气,只是人们无法直接感知到而已。因此,张载得出了"知太虚即气,则无无"的结论。这就是说,没有离开气而存在的虚空,虚空只是气存在的一种状态,无形无象的太虚就是气,并无所谓的"无"。

这样,张载就在气本、气化的基础上解释了宇宙本体及其生化的根源和动力。所谓气本,主要体现在"太虚无形,气之本体";所谓气化,是指阴阳二气的"相感之性",是一切生化现象的根源和动力。就是说,大到天地宇宙,小到草木鱼虫,都是气化生生的产物,是太虚之气中的两种不同因素相互作用的结果。从"气之本体"的太虚到气化生生的"客感客形",是一种不可分割的存在,是有形与无形的统一。气本论和气化论的统一,体现了体用不二的双向肯定,从唯物主义的角度解释了世界的统一性和发展变化问题。

二、批判佛老的"体用殊绝"

在气本气化论的基础上,张载系统地展开了对佛老以及受佛老影响的各种世俗说法的批评。他指出:

> 知虚空即气,则有无、隐显、神化、性命通一无二,顾聚散、出入、形不形,能推本所从来,则深于《易》者也。若谓虚能生气,则虚无穷,气有限,体用殊绝,入老氏"有生于无"自然之论,不识所谓有无混一之常;若谓万象为太虚中所见(现)之物,则物与虚不相资,形自形,性自性,形性、天人不相待而有,陷于浮屠以山河大地为见病之说。此道不明,正由懵者略知体虚空为性,不知本天道为用,反以人见之小因缘天地。明有不尽,则诬世界乾坤为幻化……语天道性命者,不罔于恍惚梦幻,则定以"有生于无",为穷高极微之论。入德之途,不知择术而求,多见其蔽于诐而陷于淫矣。(同上)

这里的"有"是指事物的有形，"无"或"虚"是指事物的无形，即事物不以有形的状态存在。也就是说，有形的物与无形的虚都是气的不同存在状态。如果懂得"虚空即气"的道理，那么"有无、隐显、神化、性命"皆通一无二。所以，宇宙间只有"幽明之分"，而无"有无之别"。张载由此对佛老的学说进行了深刻的批评。

对于"虚能生气"说，张载认为，这种看法实际上是将"虚"视为无穷的、绝对的，而把"气"看成是有限的、相对的，这就把"体"与"用"割裂了，从而陷入了老氏之学那种"有生于无"的错误。对于"万象为太虚中所见（现）之物"说，张载认为，这种看法实际上是视"虚无"为真实的本体，而视"万物"为虚幻的现象，否认太虚与万物之间的相互联系、相互依存，这就陷入了佛教"以山河大地为见病"的谬论。在张载看来，老氏之学"有生于无"的观点和佛教"以山河大地为见病"的看法，之所以将"有"与"无"、"体"与"用"割裂开来，在于其未能认识到"太虚即气"、"有无混一"之道，不懂得"有"与"无"、"体"与"用"相统一的原则。

至于道教的"徇生执有"说，被张载批评为"物而不化"式的"体用殊绝"论，而儒家的大中至正之道既要"兼体"，又要"存神"；"聚亦吾体，散亦吾体"，明确表现了儒家气本气化基础上的体用不二精神。相对于佛教的"往而不返"与道家的"有生于无"，儒学所强调的是"兼体而不累者，存神其至矣"（《正蒙·太和》）；而对于道教的长生期待，儒学则回应以"知死之不亡者，可与言性矣"（同上）。这就是说，对于佛、老的"体用殊绝"，儒学所突出的是"体用不二"，而对于道教的"物而不化"，儒学同时又突出了"死之不亡"的关怀，这显然是就其超越的形上追求而言的。

这样一来，张载就从体用不二为特征的气本、气化相统一的方向出发，以气一元论贯通体用、有无、隐显，对佛、老以及各种陷于"略知体虚空为性，不知本天道为用"的世俗流行观点——进行了批评，从而将中国传统的朴素唯物主义推向了一个新的高度。

第二节　天、道、神、化的宇宙观

张载气本气化的宇宙本体论，在他对"天"、"道"、"神"、"化"等范畴的阐释中得到了系统展开。

一、"天"与"道"

关于张载哲学体系的展现逻辑，他本人曾做过明确的表达：

> 由太虚，有天之名；由气化，有道之名；合虚与气，有性之名；合性与知觉，有心之名。（《正蒙·太和》）

这种从"天"、"道"到"性"、"心"的展现逻辑，体现了儒家天人合一的一贯立场。

这里首先需要辨析"由太虚，有天之名"一说。张载指出："天地之气，虽聚散、攻取百涂，然其为理也，顺而不妄。气之为物，散入无形，适得吾体；聚为有象，不失吾常。太虚不能无气，气不能不聚而为万物，万物不能不散而为太虚。"（同上）这就是说，"太虚"与"气"并不是有无相生的关系，不能像道家那样将太虚与气理解为"虚能生气"，更不能像佛教那样将宇宙万象理解为凭空起见的产物。在张载看来，既然"太虚不能无气"，而气的聚散流变和万物的生死成毁都是气化流行的表现，那么所谓"太虚无形"，实际上就是指"气之本体"而言；而"天地之气，虽聚散、攻取百涂"，则主要是指气之生化流行而言。这两个方面的一致，就是气本与气化的统一。因而所谓"由太虚，有天之名"一说，就是天以太虚之气为内涵之意。也可以说，所谓天，即太虚之气而已。

由此出发，所谓"由气化，有道之名"，则是就气化生生的过程而言，道是物质性的气流行变化的过程，道不离气，没有气的流行变化，就没有道。而气化流行的过程，既是万物生成演化以至于走向灭亡的过程，同时也是太虚之气展现其生化作用的过程。所以，所谓气化，一方面表现为"反清为浊"的过程，同时，太虚又内在于气化流行本身，始终作为其内在的主宰发挥作用。

> 太虚为清，清则无碍，无碍故神；反清为浊，浊则碍，碍则形。（同上）
>
> 鬼神者，二气之良能也。圣者，至诚得天之谓；神者，太虚妙应之目。凡天地法象，皆神化之糟粕尔。（同上）

> 游气纷扰，合而成质者，生人物之万殊；其阴阳两端循环不已者，立
> 天地之大义。(《正蒙·太和》)

在这一过程中，一方面是"反清为浊"的形化、物化的过程，即所谓"游气纷扰，合而成质者，生人物之万殊"的过程；另一方面，"凡天地法象，皆神化之糟粕尔"。即使如此，在张载看来，"其阴阳两端循环不已者"，仍然存在着"天地之大义"。这样一来，虽然气化本身就包含着"反清为浊"的形化、物化的过程；但在这一过程中，太虚连同阴阳二气又是共同发挥作用的，这就导致了"神"与"化"两种不同的作用。

二、"一故神，两故化"

"神"与"化"固然内在于气，并且也都是由气化所引发的，但却代表着气化过程中两种不同的方向。"神"主要就其"阴阳不测"而言，"化"则是指阴阳二气的统一及其相互作用而言。张载说：

> 一物两体，气也。一故神(自注：两在故不测)，两故化(自注：推行于一)，此天之所以参也。(《正蒙·参两》)
> 神，天德；化，天道。德，其体；道，其用。一于气而已。(《正蒙·神化》)
> 气有阴阳，推行有渐为化，合一不测为神。其在人也，智义利用，则神化之事备矣。德胜者穷神则智不足道，知化则义不足云。天之化也运诸气，人之化也顺夫时；非气非时，则化之名何有？化之实何施？(《正蒙·太和》)
> 神化者，天之良能，非人能，故大而位天德，然后能穷神知化。(同上)

按照张载的看法，没有对立面也就不可能形成统一体，没有统一体，对立的两方面将无法相互作用，故"一"中含"两"，"两"在"一"中，此即谓之"一物两体"，气就是包含着阴阳对立两端的统一体。正因为"气"自身内部阴阳两方面的相互对立、相互作用，使"气"处于不断的生化流行过程中。"神"与"化"正是对二气合一以及阴阳生物的描述，这就是所谓"推行有渐为化，合一不测为神"。不过，从天道本体而言，则"神"与"化"又存在着体与用

以及天德与天道的区别："神"主要是从天道本体的角度而言，所以说是"太虚妙应之目"；"化"则是从阴阳二气及其具体统一的过程性而言，所以说是"推行有渐为化"。就人的认知来说，则既要"大而位天德"——站在天道本体的高度来把握神化问题，同时又要"运诸气"、"顺夫时"——在气化流行的过程中来把握天道的神化作用。所以说，"神化"就是对天道流行特征的正面揭示，而"穷神知化"又代表着人对天道本体及其流行过程的认知和把握。

这种建立在气本气化基础上的"天"、"道"与"神"、"化"论说，既坚持了唯物主义的基本立场，又展现了宇宙万物的辩证发展过程。所谓"一故神，两故化"，正是张载对宇宙辩证发展规律的正面揭示。至于"穷神知化"，则代表着人对宇宙万物及其发展规律的正确认识。

第三节 "德性所知" 的修养论

"见闻之知"与"德性所知"是一对具有认知意义的范畴，不过在张载那里，却并不纯粹是一个认知问题，毋宁说首先是一个道德修养问题，是道德修养在认知中的表现。通过这对范畴，张载强调的是道德修养在认知过程中的作用。

一、"见闻之知" 与 "德性所知"

关于认知，张载总体上是以"见闻之知"与"德性所知"来把握的。他指出：

> 大其心则能体天下之物，物有未体，则心为有外。世人之心，止于闻见之狭。圣人尽性，不以见闻梏其心，其视天下无一物非我，孟子谓尽心则知性知天以此。天大无外，故有外之心不足以合天心。见闻之知，乃物交而知，非德性所知；德性所知，不萌于见闻。(《正蒙·大心》)

在张载对认知现象的分析中，最重要的是提出了"大其心则能体天下之物"的观点，明确地将"大其心"规定为"体天下之物"的前提基础；而"见闻之知"与"德性所知"是"大其心"的两种不同的认知表现。张载之所以认为

"德性所知，不萌于见闻"，关键在于"德性"与"见闻"具有不同的基础和不同的发展方向；他之所以把认知归结为一个"大其心"、"不以见闻梏其心"以及如何"合天心"的问题，主要在于他要坚持认知的道德修养基础。所谓"圣人尽性，不以见闻梏其心，其视天下无一物非我，孟子谓尽心则知性知天以此"，就是说，圣人之所以能够"不以见闻梏其心"，关键在于圣人之知是建立在"尽性"的基础之上，而不是"见闻"之上的。在这一基础上讨论"见闻之知"与"德性所知"的关系，其结论自然也就是"德性所知，不萌于见闻"了。这样讨论认知，表达的是道德修养优先的认知立场。

二、"德性所知，不萌于见闻"

张载的见闻之知是建立在感官基础上的"物交而知"，这对人来说，虽然必不可少，而且也是认知活动的初始入手，但如果拘泥于此，就会陷于"以闻见为心"。对此，张载分析说：

> 耳目虽为性累，然合内外之德，知其为启之之要也。（《正蒙·大心》）
> 但恐以闻见为心则不足以尽心。人本无心，因物为心，若只以闻见为心，但恐小却心。今盈天地之间者皆物也，若只据己之闻见，所接几何，安能尽天下之物？所以欲尽其心也。（《张子语录》下）
> 以有限之心，止可求有限之事；欲以致博大之事，则当以博大求之，知周乎万物而道济天下也。（《经学理窟·义理》）

从这些论述来看，张载不否认见闻之知对于"合内外之德"的"启之之要"作用，他所担心的是人们仅仅"以闻见为心"，即局限于所见所闻的层面，所以他要求必须以尽心的方式来追求"博大之事"。在张载看来，所谓"知周乎万物而道济天下"，根本就不是见闻之知所能完成的任务。因此，建立在尽心知性基础上的德性所知才成为他追求的方向。

德性所知又称"天德良知"，是人们关于内在德性的认识。在张载看来，这种认识"合内外于耳目之外"，不仅"不萌于见闻"，而且也不是依靠见闻之知的积累而能获得的。因为所有的见闻之知都建立在感官与"物交"的基础上，不管其所知如何大、如何远，总是一种有限之知。而德性所知的特点则在于：其一，它并不是建立在感官基础上的"物交之知"；其二，相对于见闻之知的有限性，德性所知则是一种超越了人的感官局限性的无限之知。对于二者的关系，张载比较说："天之明莫大于日，故有目接之，不知其几万里之高也；天之声莫大于雷霆，故有耳属之，莫知其几万里之远也；天之不御莫大于太虚，故心知廓之，莫究其极也。人病其以耳目见闻累其心而不务尽其心，故思尽其心者，必知心所从来而后能。"（《正蒙·大心》）显然，仅仅见闻不仅"不知其几万里之高也"、"莫知其几万里之远也"，而且也只能导致"以耳目见闻累其心"，从而无法做到真正的尽心。在这种条件下，要获得超越于见闻的无限之大知，就只能通过尽心知性即内心修养的方式来实现；而在这一基础上所获得的知，就是德性所知。

三、"气质之性"与"天地之性"

既然德性所知要通过尽心的方式来实现，而尽心又必须以知性为前提，即所谓"必知心所从来而后能"，这就必然涉及人性问题。关于人性，张载总体上持一种双重人性的观点。他指出：

> 性于人无不善，系其善反不善反而已，过天地之化，不善反者也；命于人无不正，系其顺与不顺而已，行险以侥幸，不顺命者也。形而后有气质之性，善反之则天地之性存焉。故气质之性，君子有弗性者焉。（《正蒙·诚明》）

在这种双重人性中，决定人之为人的是"于人无不善"的天地之性，而决定着人之刚柔、缓急、有才与不才及其种种性相表现的则是气质之性。人生的现实出发点固然是"形而后有"的气质之性，但决定人之为人并作为人生最高追求指向的则应当是人的天地之性，因为天地之性代表着天地之德的人生落实。关于天地之性必然内在于人的特点，张载指出："天性在人，正犹水性之在冰，凝释虽异，为物一也；受光有小大、昏明，其照纳不二也。"（同上）就是说，天地之性内在于人，"正犹水性之在冰"一样。至于人与人之间的差别，张载又比喻说："万顷之波与污泥之水，皆足受天之光，但放来平易，心便神也。"（《经学理窟·诗书》）显然，这都是就天地之性对人的内在性和普遍性而言的。

那么，为什么又说"善反之则天地之性存焉"，并且还认为"气质之性，君子有弗性者焉"呢？在张载看来，"人之刚柔、缓急、有才与不才，气之偏也。天本参和不偏，养其气，反之本而不偏，则尽性而天矣"（《正蒙·诚明》）。这就是说，气质之性就是人"形而后有"的生理禀赋之性，它是天地之气落实于人生的表现，所以就会有"刚柔、缓急、有才与不才"等种种表现。由于它只是一种人与动物所共有的特征，并不决定人之为人，因而人生的道德修养就必须从这种"形而后有"的生理禀赋之性出发，以追求、复归并彰显"于人无不善"的天地之性。正因为如此，所以张载始终将"变化气质"作为为学的基本入手，他说："人之气质美恶与贵贱夭寿之理，皆是所受定分。如气质恶者学即能移，今人所以多为气所使而不得为贤者，盖为不知学。"（《经学理窟·气质》）而在《横渠先生行状》中，吕大临等也回忆说："学者有问，多告以知礼成性变化气质之道，学必如圣人而后已。"

从区分德性所知与见闻之知的不同基础出发，经过对世人"以闻见为心"与"圣人尽性，不以见闻梏其心"的比较，然后再分别归结为人的气质之性与天地之性，并坚持在"于人无不善"的天地之性的主导下变化气质，这就是"知礼成性变化气质之道"，也就构成了张载致知修养论的基本指向。不过，如果我们以感性认识与理性认识的关系来理解张载的"见闻之知"与"德性所知"，那就必须看到，张载确实存在着割裂感性与理性关系的倾向，因为既然"德性所知，不萌于见闻"，那么见闻之知虽然对"合内外之德"具有"启之之要"的作用，但由于它并不能发展成为"德性所知"，因而是一种没有发展前途的认知。这就是张载始终坚持"德性所知，不萌于见闻"的原因，宋明理学崇尚德性而贬低见闻的倾向，由此可见一斑。

第四节　"民胞物与"的境界论

作为宋明理学的开创者之一，张载以"为天地立心，为生民立命，为往圣继绝学，为万世开太平"（《近思录拾遗》）的精神，对先秦儒学进行了创造性的诠释和发挥。这主要表现在两个方面：一是将先秦儒学从为学进路方面加以拓展；二是将儒学进一步落实于现实的人生，凸显其人生理想和人生境界的意义。

一、"自诚明"与"自明诚"

关于张载对先秦儒学基本精神的继承和发展，《宋史》将其基本原则概括为："以《易》为宗，以《中庸》为体，以孔孟为法。"（《宋史·张载传》）所谓"以《易》为宗"，主要表现为其宇宙本体论体系的建构，至于"以《中庸》为体"，则主要表现在他对为学进路的拓展。《中庸》对于修养致知之道，提出了"自诚明"与"自明诚"两种方向，认为"自诚明，谓之性。自明诚，谓之教。诚则明矣，明则诚矣"。又说："唯天下之至诚，为能尽其性；能尽其性，则能尽人之性；能尽人之性，则能尽物之性；能尽物之性，则可以赞天地之化育；可以赞天地之化育，则可以与天地参矣。"在这里，虽然《中庸》提出了"自诚明"与"自明诚"两种方向，但从"至诚"、"尽性"到"尽人性"、"尽物性"，则明确显示出《中庸》实际上坚持了一条"自诚而明"的进路。而在张载的诠释中，他便将《易传》与《中庸》有机地结合起来，并将《中庸》的诚明两进拓展为两种不同的为学进路：

> 须知自诚明与自明诚者有异。自诚明者，先尽性以至于穷理也，谓先自其性理会来，以至穷理；自明诚者，先穷理以至于尽性也，谓先从学问理会，以推达于天性也。（《张子语录》下）

很明显，《中庸》的"自诚明"与"自明诚"已经被张载诠释为"先尽性以至于穷理"和"先穷理以至于尽性"两种不同的为学方向，并落实为"先自其性理会来，以至穷理"和"先从学问理会，以推达于天性"两种不同的为学进路。所谓"先尽性以至于穷理"，就是以尽性为入手，以德性为基础，从而指向"知周乎万物而道济天下"；所谓"先穷理以至于尽性也"，则是从认知的进路入手，通过见闻之知的"启之之要"，从而超越感官的局限——"不以见闻梏其心"，最后达到"尽性"——德性圆融的目的。这两种进路的共同指向，就是诚明一致、天人合一。如果对应于理学的发展，那么这两种不同的为学进路，实际上也就构成了以后程朱理学与陆王心学分化的基础。张载对宋明理学的开创和奠基作用，亦表现在这一点上。

二、"民吾同胞，物吾与也"

张载《正蒙》有"民吾同胞，物吾与也"之说，意思是民众都是我的同胞，万物都是我的朋友。这被后世学者概括为"民胞物与"。它代表着张载人生理想的最高指向。《正蒙》最后一篇的首章说道：

> 乾称父，坤称母；予兹藐焉，乃混然中处。故天地之塞，吾其体；天地之帅，吾其性。民吾同胞，物吾与也。大君者，吾父母宗子；其大臣，宗子之家相也。尊高年，所以长其长；慈孤弱，所以幼吾幼。圣其合德，贤其秀也。凡天下之疲癃残疾、茕独鳏寡，皆吾兄弟之颠连而无告者也……富贵福泽，将厚吾之生也；贫贱忧戚，庸玉汝于成也。存，吾顺事；没，吾宁也。（《正蒙·乾称》）

在这里，张载从天人一气、万物一体的宇宙情怀出发，全面勾画了人与人、人与物以至于人和天地万物的关系：所谓"乾称父，坤称母"，就是以天地为"我"的父母，因而天下所有的人，都是"我"的同胞；天地间的万事万物，也都是"我"的同伴，与"我"息息相关。正因为如此，所谓圣贤，就是德之秀者；而所谓"疲癃残疾、茕独鳏寡"，也都是"我"的"颠连而无告"的兄弟。在这一基础上，所谓"富贵福泽"，自然是命运对"我"的眷顾与垂青；至于"贫贱忧戚"，则是老天对"我"的考验和"玉成"。如此一来，所谓"生也从容，死也坦然"就成为"我"之人生的一种写照；而"存顺"与"没宁"，也就成为"我"之人生的一种最高归趣。这是对儒家万物一体之仁的最好表达。这种建立在道德理想基础上的天下一家、万物一体的情怀，表达了宋明理学家共同努力追求的人生境界。

在以"北宋五子"为代表的第一代理学家群体中，张载不仅以其辟佛排老的精神开宋明理学之先河，而且也以其气本、气化相统一的哲学思想独树一帜，这就为宋明哲学确立了一条朴素唯物主义的思想路线。后世王廷相、王夫之、戴震等学者都是沿着此一方向而发展。在道德修养与认知之间，张载立足于儒家传统的道德修养，提出了"知周乎万物而道济天下"的超越指向，生动地表现了宋明理学"稽天穷地"的探索精神；在此基础上，他所提出的"知礼成性变化气质之道"，又表现其对人之现实生命及其局限的深入反省。张载阐发的"诚明两进"和"民胞物与"思想，不仅规定了宋明理学以后数百年的为学规模和发展进路，而且也高扬了儒家道德理想主义的精神境界追求。就此而言，张载不仅是宋明理学的奠基人，也是其方向和为学进路的开辟者。

张载的哲学存在着思想上的局限性。在世界统一性的问题上，他既强调"气"又强调"神"，在一定程度上混淆了物质现象与精神现象的区别。在认识论问题上，他对见闻之知与德性所知的区分，表现出割裂感性与理性、以德性修养贬低"物交"见闻的倾向。

思考题：

1. 张载的"气本"和"气化"思想的基本内容是什么？其重要意义何在？
2. 张载是怎样说明"见闻之知"与"德性所知"及其相互关系的？
3. "民胞物与"的理论意义是什么？

第二十二章 程颢和程颐的理学

程颢（1032—1085 年），字伯淳，祖籍中山博野（今河北博野），后定居河南洛阳，世称"明道先生"，与其弟程颐合称"二程"。程颢嘉祐二年（1057年）中进士，曾任多地地方官，熙宁初入京为监察御史里行，因反对王安石变法，被贬外放。与其弟程颐长期在洛阳聚徒讲学，创建了"洛学"。

程颐（1033—1107 年），字正叔，所受教育及少时经历与其兄相似，世称"伊川先生"。程颐青年时游学太学，得到胡瑗青睐，科举落第后，与程颢在洛阳聚徒讲学。程颢卒后，程颐因司马光等推荐，任崇政殿说书、西京国子监教授；后来因卷入新旧党争而被打入"奸党"，受到迫害；晚年获赦返乡，聚徒讲学。

二程"洛学"是北宋理学中以"理"为本的学派。二程对自己的学说颇为自信，认为自己承接了孟子之后中断了一千四百年之久的儒家"道统"，所以其学在当时又有"道学"之名。在确立理本论方面，二程的主张一致，但在境界、工夫层面，二人思想又有所不同。二程著作曾编为《二程遗书》、《明道文集》、《伊川文集》等。今有《二程集》行世。

第一节 "天理"与"性"的本体论

"理"是二程思想的基石。二程的"理"，有时也称作"道"，有时又与"天"连用而称"天理"、"天道"。在中国哲学史上，把"理"、"天理"提升为最高哲学范畴，是从二程开始的。程颢尝言："吾学虽有所受，'天理'二字，却是自家体贴出来。"（《二程外书》卷十二）所谓"自家体贴出来"，是说他们最先体悟到这个概念深刻的哲学意义，把它确立为宇宙本体和道德本体。

一、"天下只有一个理"

"理"是宇宙的本体，"天下只有一个理"（《二程遗书》卷十八）。但是本体之理将在经验世界中呈明。就理的呈明而言，二程的"理"又主要有两层意思：一是指物之所以然的"物理"；二是指事之所当然的"人理"。"人理"又可细分为"义理"和"性理"，前者是指社会的规范或道德原则，后者是指人的本性或道德本质。"物理"、"人理"都是具体的、在经验世界中可感知的"理"，属于殊别之理，而所有"殊别之理"都是"本体之理"的呈明或呈现。

二程指出，宇宙间的一切事物各有其"理"，"有物必有则，一物须有一理"（《二程遗书》卷十八）；"物物皆有理，如火之所以热，水之所以寒，至于君臣父子间皆是理"（《二程遗书》卷十九）。但这些"理"只能分管某一类事物，还不足以统辖万事万物，在众理之上还有一个统辖一切的共同形上之原理。他们反复强调："天下只有一个理"（《二程遗书》卷十八）；"理者，实也，本也"（《二程遗书》卷十一）；"理则天下只是一个理，故推至四海而准"（《二程遗书》卷二上）。这个推至四海而皆准的普遍之"理"，实际上是二程对具体事物之"理"进行理论抽象的结果，他们力图以此来揭示天地万物存在的根本依据和普遍本质。

二程认为，这个"理"是最实在、没有时空限制、永恒存在的本体：

> 天理云者，这一个道理，更有甚穷已？不为尧存，不为桀亡。人得之者，故大行不加，穷居不损。这上头来，更怎生说得存亡加减？是佗元无少欠，百理具备。（同上）

"不为尧存，不为桀亡"本是荀子《天论》中的话，二程借用来说明本体的"理"是客观的永久存在。比较而言，荀子说"天行有常"是指自然界的运动规律，二程说的"天理"则是指客观的精神实体，两者有着本质区别。同时，二程以为这个精神实体所具备的"百理"，最主要的是君臣、父子等纲常之理。

作为最高存在的共同之"理"与万物殊别之"理"的关系，二程叫作"理一而分殊"。（《二程文集·答杨时论西铭书》）意为万物之理是一个，而表现于具体事物又彼此不同、互有分别。但他特别强调万物一理，认为这个统一的理也就是物质世界的所以然、伦理世界的所当然。抛开其具体内容不论，就这一命题的理论实质而言，是指个别与一般之间的关系。按程颐的观点，不同的具体规范中含有共同的原则，而共同的原则可以表现为不同的具体规范。"理一而分殊"的提出，对后世理学影响很大，后来朱熹等人都继承并发挥了这一观点。

二程之所以强调以"理"为本，与他们重视形上、形下之区分的思维方式是分不开的。形上、形下之分源于《周易·系辞》，历代学者对此有不同的理解，二程的理解自成一格。

二程强调形而上与形而下的区别，认为形而下的"器"与"物"，即物质世界并不是根本的，只有形而上的"道"和"理"，才是根本的。如程颢认为，唯《周易·系辞》"形而上者谓之道，形而下者谓之器"才"截得上下最分明"（《二程遗书》卷十一），因为它强调了区分普遍与特殊、道与器、理与物的重要性。在二程哲学中，凡具体的东西都属形下之"器"；凡抽象的东西都属形上之"道"。如天地、万物、阴阳等都只是形下之"器"；只有事物的规律、本质才是形上之"道"。明白了这一本质区别，才能把感性的具体与抽象的一般真正分开。而"道"（"理"）不是感性的存在，不能通过感官直接认识，只能通过理性的思维来把握，"要在人默而识之也"（同上）。程颢不仅强调要区分形上与形下，同时又认为这种区分不是空间和时间上的区分，而只是思维逻辑上的区分。从思维对对象的把握上"须著如此说"（《二程遗书》卷一）。"形上"、"形下"两分而不可混，但就实际存在来说，则"器亦道，道亦器"（同上），道器相即不离。因为道是抽象的，所以它"不系今与后，己与人"（同上），既与时间空间无关，却又不能离器而独立存在。

程颐认为："'一阴一阳之谓道'，道非阴阳也，所以一阴一阳，道也。"（《二程遗书》卷三）"一阴一阳之谓道"，原是《易传》里的话，但程颐认为它并没有把一般与特殊、抽象与具体"截得分明"。在他看来，"一阴一阳"只是指"气"不间断的运动过程，而之所以会有这种运动过程，关键在于"道"这个内在根据。"阴阳"是"气"不是"道"，"所以一阴一阳"才是"道"。"道"即是"气"的内在规律或"理"。他与其兄一样，也坚持了"道"不离"阴阳"的观点，强调"离了阴阳更无道"（《二程遗书》卷十五）。

此外，程颐还用"体"与"用"这对范畴来解释抽象与具体、一般与特殊的关系。他说："至微者理也，至著者象也。体用一源，显微无间。"（《二程文集·易传序》）又说："事理一致，微显一源。"（《二程遗书》卷二十五）这里"象"泛指一切现象，"事"泛指一切具体事物，而"理"则是指现象或事物内部的规律和根源。它们的关系，前者是"用"，后者是"体"。"理"这个"体"无形无象，所以"微"；"象"和"事"具体分明，所以"显"、"著"。两者之间不是截然分离对立的关系，而是相互统一的，"体"决定"用"，"用"体现"体"，所以它们是"一源"而"无间"的。在中国哲学史中，

"体"表示第一性、根本性，"用"表示第二性、从属性。二程"体用一源，显微无间"的理论反对了佛教"体用殊绝"的观点，其理体事用的观点具有唯理论的倾向。

正因为二程强调形上与形下的区分，所以他们不能同意张载的气本论思想。张载从气一元论的角度肯定气是最根本的实在，物质是永恒的、不灭的，认为气只有聚散，永远存在。二程则从理一元论的观点认定"气是形而下者"，批评把"气"作为世界万物的本原和"气之聚散"的观点。程颐说："凡物之散，其气遂尽，无复归本原之理。"（《二程遗书》卷十五）又说："天地之化，自然生生不穷，更何复资于既毙之形，既返之气，以为造化？……往来屈伸，只是理也。"（同上）这就是认为，气不断地产生，不断地消灭，而"理"则是永恒的，气被产生出来是由于理的作用。从近代科学特别是物质不灭定律和能量守恒定律来看，张载的观点更接近于真理，也更接近于辩证唯物主义。

二程认为，"天理"就是自然而然，它既没有意志，也没有谁去为它安排什么，而天地万物的产生及其生生不息的作用，则都以"天理"（"道"）为其内在根据，"道则自然生万物"（同上），"天理鼓动万物如此"（《二程遗书》卷五）。这就除去了"天"所附着的神性含义。

总体而言，二程通过其思辨的论证，以体用关系阐释儒理，把仁、义、礼、智、信、忠、恕、孝、悌等传统儒家所服膺的应然的、当然的价值，与天道的自然、所以然相沟通，从理论上为天道与人道、自然之理与人文价值的二元对峙关系，提供了一种解决的思路。根据他们的观点，天道中本就蕴含了人道的内容，自然之理就是人文价值之所本，应然的价值就源于宇宙生生不息的运行之本然。这是他们对中国古代哲学发展的重大推进。但是，"天理"学说把人道提高到天道的意义上来论证其普遍必然性，把人类社会的某些原则规范夸大为具有本体意义的宇宙法则，则是一种唯心主义。

二、"性即理也"

"天下只有一个理"，但"理一而分殊"，"本体之理"体现于人，就是人性，所以二程说"性即理也，所谓理性是也"（《二程遗书》卷二十二上）。二程从"性即理"的根本立场出发，对传统儒学心性论中"理"、"命"、"性"、"心"、"情"等范畴的区别和关联进行了深入论述。

二程心性论的主要观点是："命"是天所赋予人者，是外在的、客观的、限制的；"命"作为造化是一个自然过程，所以它与"天"相连。"性"是人所受于天者，是内在的、自主的。"命"与"性"二者在主体（人）身上得到了统一，也就是说，当人生成以后，"命"即转化为"性"。"性"又与"心"相关联，"性"必须通过"心"来实现，而"心"又是纯粹主体的范畴。这里所谓"心"并不是一般所指的人的意识主体及意识活动，而是指具有道德理性之本体意义的道德之心，因而可以与"理"为"一"，"心"之体即"性"之理。"心"之本体为"性"，而"心"之作用是"情"。

在处理人性善恶这个传统儒家所重视的问题上，二程与张载一样主张人性分不同的层次。按二程的观点，"性即理也"，性即是道德理性。而道德理性又是纯粹抽象的，离开了感性存在就无法真正说清楚。为了解决这一问题，二程引入了"气"的概念。不过，在这个问题上，二人的观点略有不同。

程颢认为，传统的性善论把恶归之于外在的后天环境的影响，并没有从根本上说明问题。为了揭示恶的真正根源，他在肯定"生之谓性"的基础上引入"气"的概念，提出了"性、气相即不离"的观点。他说："生之谓性。性即气，气即性，生之谓也。人生气禀，理有善恶，然不是性中元有此两物相对而生也。有自幼而善，有自幼而恶，是气禀有然也。"（《二程遗书》卷一）就是说，人性的善恶，是由于"禀气"的不同，禀得"清气"就善，禀得"浊气"就恶。善恶是气禀所表现出来的必然趋势，善固然是性，但恶也不能说不是性。换言之，恶并不完全是由后天决定的，正如清水是水，浊水也是水一样。但是，这里所谓的"性即气"之"性"与"性即理"之"性"并非一回事。"性即理"之"性"是物之所以然和人之所当然，是本然之性，它纯善无恶。"性即气"之"性"则是指人的现实属性，是从实存的角度而言，就人的现实属性而言，"性"已是"理"与"气"相混合之产物，因而善恶皆有，其"性"虽生而具有，但已不是本然之性了，因而"才说性时，便已不是性也"。由此看来，孟子所说的"人性本善"，只是本然之性，而不是"气禀"之性。程颢首先肯定了性之本原只善不恶，但是本善的性在发用流行的过程中，由于"气禀"而出现恶。这并不是说凡"气禀"都是恶，而只是把"气禀"视为可能恶的根源。这样，他在坚持孟子性善论的同时，也修正了孟子的观点。

程颐也承认"生之谓性"有合理处，可用来解释"所禀受"，而"天命之谓性"则是指"性之理"（《二程遗书》卷二十四）。但他不承认性有恶，因为从逻辑上说与性善论相矛盾。所以他从孟子那里引进了"才"这个概念，提出："性无不善，而有不善者，才也。性即是理，理则自尧、舜至于涂人，一也。才禀于气，气有清浊。禀其清者为贤，禀其浊者为愚。"（《二程遗书》卷十八）"性出于天，才出于气，气清则才清，气浊则才浊。……才则有善与不善，性则无不善。"（《二程遗书》卷十九）他强调，性只是理，理既是宇宙本体，又是道德本体，所以只是善。性虽不能离气，但两者之间形上与形下的差别不容混淆。在他看来，就本原上说，性是普遍的、超越的理性原则，人人皆有；就具体而言，则不能人人皆善，而必有恶，但恶不是来源于性，而是来源于"才"。那么什么是才？他说："如材植是也。譬如木，曲直者性也；可以为轮辕，可以为梁栋，可以为榱桷者，才也。今人说有才，乃是言才之美者也。才乃人之资质，循性修之，虽至恶可胜而为善。"（《二程遗书》卷二十二上）程颐所谓"才"，只是指人的资质、气禀。严格地说，程颐只承认形而上的本然之性才是性，认为"言性当推其元本，推其元本，无伤其性也"（《二程遗书》卷二十四）。这个"元本"之性，就是孟子讲的性，而包括孔子在内的其他儒者所言的性，都只是才。

在二程看来，"论性不论气，不备；论气不论性，不明"（《二程遗书》卷六）。孟子是"论性不论气"，其不足在于"不备"，即不完整；其他儒者则是"论气不论性"，其不足在于"不明"，即认识不清。显然，后者的问题更大。而他们关于人性的理论，则两者兼备，既通过突出"性之本"或曰"天命之性"而坚持了性善论，又通过"气禀"或者"才"从理论上回答了长期没能解决的人性善恶问题。这样，二程从唯心论的角度，在综合继承前人思想成果的基础上，提出了比前人更为完整的先验论人性学说。后来，朱熹又对此作了进一步的阐发。

第二节　程颢的工夫论和境界论

心性论从本体论的层面说明人的本质，同时也在经验论的层面指出人的现实存在的局限性。因此，现实的人要实现自己的本质，还必须经过一系列自我修养的过程。这个过程就是"工夫"。二程的"工夫"理论各具特色。

一、"定性"和"识仁"

"识仁"是程颢的工夫主旨。嘉祐四年（1059 年），张载致信程颢提出如何定性的问题，表示"定性未能不动，犹累于外物"。程颢回信指出："定"并非是指"不动"，"所谓定者，动亦定，静亦定，无迎将，无内外"（《二程粹言》卷下）。如果认为自己被外物牵引而不能定，就是把动与静、内与外对立起来了。性无内外，"普万物而无心"，"顺万物而无情"。如果以为性有内外，就是"以内外为二本"，如此则定性无从谈起。"定"在程颢的哲学体系里是指心合于理，所以圣人的境界是"廓然而大公，物来而顺应"（《二程文集·答横渠张子厚先生书》），即只有具备"公心"，而不是从自己躯壳上起念，才会顺应物之本性而应物。人们之所以感到心性难定，问题出在"自私"和"用智"上，"自私"就使内外有"隔"，它造成人不能对事物作出自然的反应，由此引出了内外、人我、动静、出入之分等问题。所以要做到定，必须"内外两忘"（同上），即超越"小我"而以公心统摄万有。程颢的这一思想，既继承了孟子的"不动心"思想，也明显汲取了道家和佛教的思想。

程颢的"定性"说主张"合内外之道"，那么如何合呢？他提出了"识仁"的工夫论：

> 学者须先识仁。仁者，浑然与物同体。义、礼、智、信皆仁也。识得此理，以诚、敬存之而已，不须防检，不须穷索。若心懈则有防，心苟不懈，何防之有？理有未得，故须穷索。存久自明，安待穷索？（《二程遗书》卷二上）

程颢认为"学者须先识仁"，仁就是与万物同体。"浑然与物同体"就是把自己和宇宙万物看成是息息相关的一个整体，把宇宙的每一部分看作与自己有直接联系，甚至就是自己的一部分。识得仁，"我"已不再是限于自己躯壳的那个"小我"，而是万物都成了"我"的一部分。万物都是"我"的一部分，便不再有人物之分、内外之别了，这就是所谓"合内外之道"。这是对孟子"万物皆备于我"的新发展，丰富了"仁"的内涵。

在程颢看来，懂得"识仁"的道理，以诚和敬存养就行了。如果说"识仁"是"合内外之道"的工夫，那么"诚"、"敬"便是"存仁"的工夫，葆有内在仁心之不失，需以诚、敬存之，诚是真实不妄，敬是专心于一。诚与敬结合，就可以识仁、体仁，而"与物同体"了。

二、"以天地万物为一体"

程颢的"识仁"工夫主要就是"合内外之道",融客观于主观。这是一种哲学境界,与知识性的认知有别。前者重在生命体验,而后者是一般所说的学习;前者是一种体证、一种呈现,而后者是在知识上认识、知道有这个道理。如果仅仅从知识上去认识,就算明白了这个道理,结果还是主观是主观、客观是客观,我是我、万物是万物。即使自己主观上努力去取消这种界限,也只能是"以己合彼,终未有之"(《二程遗书》卷二上),不能"定",总是要防检、要穷索。也就是说,"仁者以天地万物为一体"(同上),不是仅仅把自己"看成"与万物为一体,而是把自己与万物切实地感受为一体,即"实有诸己"。所以,他主张"识仁",主张"廓然大公,物来顺应","顺"就是率性循理。这种修养过程不矫揉造作,不勉强,也不操之过急,通过自己的生命去体验,超越主客对立,体验到宇宙本来就是一个整体。有了这种体会,再用"诚敬"的方法存养,人就有了完成道德行为的自觉,由此就能体会到真正的快乐。所以,"识仁"不仅是工夫论,同时也是境界论。

在程颢看来,对于儒学的核心——"仁",自古以来还没有人作出过正确的解释。以往的儒者一般都把儒家的"孝"、"恻隐之心"、"博爱"或"博施济众"等视为仁,这实际上仅仅涉及仁之"用"(表现),还没有触及仁之"体"(根本)。在程颢哲学中,仁之"体"是一种境界,即"浑然与物同体"的境界。这种境界是从以"仁"为公心生发出来的,能"公"才能遣去人己之隔,而能"人己等视"、"人物等视"。这是他从天下一"理"的哲学立场出发得出的结论。程颢的这个思想与周敦颐提出的寻孔颜乐处一样,都是要突出儒家思想对于最高精神境界的追求。

二程反复强调"天人不二"。他们认为,"天人合一"的命题实际上隐含着天(理、道)人相分的逻辑前提,它仅仅是为了让不明此理的人了解而采用的方便说法。其实"天人本无二,不必言合"(《二程遗书》卷六);"合天人已是为不知者引而致之,天人无间"(《二程遗书》卷二上)。正因为万物一理、天人不二,所以仁也就是与万物为一体,即仁的境界是体悟到自己与宇宙万物是一个整体,宇宙的每一个部分都与自己息息相通。二程从宇宙本体论的高度提出"生生"之谓"仁",而仁之体即"生生"之理。人和万物都源于生生之理,而生生之理遍在于天地万物。天地万物的发育流行,即是生生之理的体现。

第三节　程颐的修养论和认识论

除了"定性"、"识仁"的工夫论之外，二程还主张主"敬"和"格物致知"。这方面程颐尤为突出。

一、"敬是闲邪之道"

主"敬"是程颐修养工夫的主旨。程颐也同意"诚"的工夫有本体义，他说："至诚者，天之道也。"（《周易程氏传》卷二）但对"敬"的理解与其兄偏重于诚有所不同：程颢主张敬须有限度，不能过分着力把持，程颐则强调须内心敬畏和外表严肃；程颢主敬偏重直觉和体验，程颐主敬偏重外在修持和学习，这包含着认识论的内容。

在讲修养工夫时，程颐常用《周易·乾·文言》中的"闲邪"这个词。闲邪的意思是约束或防范邪恶、消除妄念。程颐认为，闲邪就是诚、就是敬。"敬是闲邪之道"（《二程遗书》卷十八）；"闲邪则诚自存"（《二程遗书》卷十五）。"闲邪"是什么工夫？他说："闲邪更著甚工夫？但惟是动容貌、整思虑，则自然生敬。"（同上）"如何是闲邪？非礼而勿视、听、言、动，邪斯闲矣。"（《二程遗书》卷二上）即在外则举止严肃，在内则思虑端正，在行为上则以"礼"来约束自己，这样就自然能生出敬，自然就可以消除妄念了。

程颐论"敬"强调"主一"，"敬只是主一也。主一，则既不之东，又不之西"（《二程遗书》卷十五）。"主一"是敬的一种表现，其意是指人用心于一处，不能三心二意。这个用心于一处，更主要的是指意念集中在自己的内心，使心思不四处走作，这样就可以避免思虑纷乱。如同一个器皿，里面盛满了水，再放到江河湖海中，江河湖海的水再多也不能注入器皿内；反之，如是空的器皿，则自然就会有水注入。

程颐强调主敬工夫，还有一个目的，就是与佛道二教"静"的工夫划清界限。二程对静的工夫并不排斥，但都明确表示不以"静"为工夫。在他们看来，敬可生静，而静却不能生敬；静的归宿是忘，而敬则导向齐家治国平天下的儒家入世的价值理想。所以，程颐提出，主敬只是"直内"的工夫，进一步还需要"方外"的"集义"工夫，即付诸实践，落实到具体的事上。只有"敬、义夹持"，才能"上达天德"（《二程遗书》卷五）。

二、格物穷理而致知

除了主敬之外，人还应该明理，即在理性上提高自觉性，然后才可以行义。程颐有句名言："涵养须用敬，进学则在致知。"（《二程遗书》卷十八）由此引出了二程对"格物致知"的讨论。

"格物致知"语出《礼记·大学》。二程对《大学》特别重视，认为"《大学》乃孔氏遗书，须从此学则不差"（《二程遗书》卷二上）。程颢所说的"知"，主要不是指一般的知觉或知识的知，而是指人的道德意识。如他说："人心莫不有知，惟蔽于人欲，则亡天德也。"（同上）这里"知"即是人心中固有的道德意识。由于"知"蔽于"人欲"而不明，因此需要"格物"，"格物"就是"致知"的工夫，也就是在学习和修养过程中启发人固有的道德意识。

在"格物致知"问题上，程颐的论说更详尽。在他看来，"格物致知"是修养工夫的基础，是为学之本。他把"格物"训释为"穷理"："格犹穷也，物犹理也，犹曰穷其理而已也。穷其理，然后足以致之，不穷则不能致也。"（《二程遗书》卷二十五）把"格物"训释为"穷理"，对后来的朱熹影响很大。朱熹顺此思路而论述，更为细密。

在对知的理解上，程颐与其兄不同，而与张载类似，区分了"闻见之知"和"德性之知"："闻见之知，非德性之知，物交物则知之，非内也，今之所谓博物多能者是也。德性之知，不假闻见。"（同上）他认为"格物"对这两种知都应予以重视：

> 问："观物察己，还因见物，反求诸身否？"曰："不必如此说。物我一理，才明彼即晓此，合内外之道也。语其大，至天地之高厚；语其小，至一物之所以然，学者皆当理会。"又问："致知，先求之四端如何？"曰："求之性情，固是切于身，然一草一木皆有理，须是察。"（《二程遗书》卷十八）

以程颢的看法，理在人心，只要反身而诚，则理自明；程颐则认为，理在人心也在事物，"格物"对两者都应求索，这样才能穷理。不过，在两种知中，程颐还是更重视"德性之知"。他虽然不排斥穷"物理"，但最终是要落实到"明善"，落实到向内反思的自我认识上。程颐对"格物"的解释为后来的朱熹加以综合发展，成为宋明时代士人精神发展的基本方向。程颐认为在为学的初级阶段不能排斥追求客观知识，包含着一些合理因素，但其重伦理道德而轻客观知识的倾向还是显而易见的，本质上而言，他突出的是伦理道德而非客观知识。

二程以儒家伦理思想为基础，吸收整合佛、道的某些思想资料和方法而形成了一个比传统儒学更精致、更具思辨性的唯心主义哲学体系。首先，他们最先阐发了"天理"这个概念的哲学意义，把它确立为宇宙本体和道德本体。同时，他们认为"天理"自然而然，既没有意志，也没有谁去为它安排什么，这就除去了以往"天"的神性含义。其次，程颢指出"仁"就是与万物同体，把儒家的"仁"从人伦的意义扩展到了宇宙论和本体论意义的层面，丰富了"仁"这一哲学范畴的理论内涵。再次，二程主张主敬和格物穷理，对于道德知识和外在客观知识都加以重视，在中国古代哲学心物关系的认识论发展史上产生了多方面的影响。二程的理论体系从多方面奠定了宋明理学的基本架构。南宋以后，无论是朱熹的"性即理"还是陆王的"心即理"，都是围绕着二程的"理"而展开的，都是对这个基本架构的发展或完善。

思考题：

　　1. 二程是怎样论说"天下只有一个理"的？

　　2. 二程是如何说明"性"、"气"关系的？有何意义？

　　3. 程颢的"定性"说主张"合内外之道"，其方法和途径是什么？

　　4. 二程对"格物致知"的理解有什么不同？

第二十三章　朱熹的理学

朱熹（1130—1200 年），字元晦，号晦庵，祖籍徽州婺源（今属江西），出生于南剑州尤溪（今福建尤溪县），是南宋以后影响最为深远的唯心主义哲学家，后人称其学派为"闽学"。宋高宗绍兴十八年（1148 年）中进士。24 岁后从李侗受学。曾多次因朝廷召，提出一些变革主张，后主要以讲学为业，与吕祖谦、张栻合称为"东南三贤"。其学上承二程，突出强调以"理"为宇宙万物本体，故有"程朱理学"之称。

朱熹曾与陆九渊兄弟在江西上饶"鹅湖之会"上争辩为学之方；为南康知军时主持修复白鹿洞书院，与事功学派陈亮展开王霸义利之辨，与陆九渊兄弟展开"无极太极"等问题的争论。朱熹晚年曾卷入朝廷政争，被定为"伪学首魁"，去世时"罪名"仍未除。后"党禁"解除，朱熹声名得以恢复。从南宋末起，其学地位不断上升，最终成为元明清时代正统的官方哲学，影响远及东亚诸国。朱熹著作等身，比较集中阐述哲学思想的主要有《四书章句集注》、《周易本义》、《太极图说解》、《通书解》、《西铭解》等，后人编有《朱子语类》、《晦庵集》等。今有《朱子全书》行世。

第一节　理本气末的理气论

"理"与"气"是理学中的两个重要范畴。在朱熹之前，二程多讲"理"也谈及"气"，但没有充分讨论理与气的关系问题；张载把"气"提到主要地位，但在他的宇宙论中很少讲到"理"。朱熹继承和发展了二程哲学中的"天理"范畴，并将其与"气"范畴贯穿起来，建构了"不离不杂"、"理一分殊"的理气论。

一、理气不离不杂

朱熹在构建本体论时，把周敦颐的《太极图说》纳入到其理学体系中，提出：

> 太极，形而上之道也；阴阳，形而下之器也。是以自其著者而观之，
> 则动静不同时，阴阳不同位，而太极无不在焉。自其微者而观之，则冲漠
> 无朕，而动静阴阳之理已悉具于其中矣。(《太极图说解》)

周敦颐的《太极图说》原是从宇宙论角度立论，朱熹则以理释太极，予以本体论的阐释。他指出："太极只是一个'理'字"；"太极只是天地万物之理"（《朱子语类》卷一，以下本章凡引《朱子语类》，均简称《语类》）。太极就是理，是形而上之道；与之相对的是气（阴阳），是形而下之器。在他看来，"凡有形有象者，皆器也，其所以为是器之理者，则道也"（《朱文公文集·答陆子静》，以下本章凡引《朱文公文集》，均简称《文集》）。理或道是使有形有象的存在物成为存在物的根本依据。

在系统总结前人思想成果的基础上，朱熹提出了他的理气论：

> 天地之间，有理有气。理也者，形而上之道也，生物之本也；气也者，形而下之器也，生物之具也。是以人物之生，必禀此理然后有性，必禀此气然后有形。(《文集·答黄道夫》)

即是说，宇宙万物都由理和气所构成，理是事物的本质和规律，是气之所以聚散的根据；气是构成一切事物的材料，是事物形成形质之体的根源，形器的存亡生灭只是气的聚散。理气关系是形上与形下、道与器的关系。有理必有气，反之亦然，由此生成一个真切实际的天地和万事万物的世界。

朱熹把理气的这种关系形象地说成是"不离"、"不杂"的和合体。他说："本体不杂乎阴阳。"（《语类》卷九十四）又说："太极不离乎阴阳，而亦不杂乎阴阳。"（《语类》卷六十二）所谓"不离"，是从现象上看，理气是不能分离的，既没有无理之气，也不存在无气之理。人物之生，禀此理以成性，禀此气以成形，"然理又非别为一物，即存乎是气之中，无是气，则是理亦无挂搭处"（《语类》卷一）；"如阴阳五行错综不失条绪，便是理。若气不结聚时，理亦无所附著"（同上）。所谓"不杂"，是从本原上看，"理"为生物之"本"，即物之所以形成的道理，"气"是生物之"具"，即形成为物的材料，二者有着本质的差异。所以他说："所谓理与气，此决是二物。但在物上看，则二物浑沦，不可分开各在一处，然不害二物之各为一物也；若在理上看，则

虽未有物，而已有物之理，然亦但有其理而已，未尝实有是物也。"（《文集·答刘叔文》）"不离"是说宇宙的大化流行过程中，理亦在其中，意在说明"理"的现实性；"不杂"则是从究竟意义上说，理毕竟具有决定意义，意在说明"理"的超然性，由此得出了"万一山河大地都陷了，毕竟理却只在这里"（《语类》卷一）的唯心主义结论。

二、理先气后

"理在气先"是朱熹在理气关系问题上的又一重要论断。按照朱熹的说法，事物尚未存在之前，事物之理已预先存在："未有天地之先，毕竟也只是理。有此理，便有此天地；若无此理，便亦无天地，无人无物，都无该载了。有理，便有气流行，发育万物。"（同上）而物与气必须依理而存在。相对于气而言，理是事物的本质，它决定着事物发展的可能和方向。因此，从本原意义上说，理先于气而存在，"有此理后方有此气"（《文集·答杨志仁》）。这里所谓的先后，并不是落在对某一具体事物的分析上，而是着眼于理、气本身的重要性而言的。对此，朱熹明确强调道与器、形上与形下的分际不可混淆："其性其形虽不外乎一身，然其道器之间分际甚明，不可乱也"（《文集·答黄道夫》）；"理未尝离乎气。然理，形而上者；气，形而下者。自形而上下言，岂无先后？"（《语类》卷一）

朱熹的这种理气先后之说，主要不是时间意义上的先后，而是哲学意义上的逻辑先后，也就是本末。如他说：

> 理与气本无先后之可言，但推上去时，却如理在先，气在后相似。（同上）
> 此本无先后之可言，然必欲推其所从来，则须说先有是理。（同上）

这里所谓的"推上去"、"推其所从来"，都是逻辑推论，是"打破砂锅纹（问）到底"式的哲学追问。而所谓的先后，实质是追问理与气究竟何者更为根本。按朱熹的观点："要之，也先有理。只不可说是今日有是理，明日却有是气，也须有先后。且如万一山河大地都陷了，毕竟理却只在这里。"（同上）这表明，所谓理气先后与今日、明日这些时间概念无关，它所要说明的是，理是终极的存在，是万事万物的本原和根据，理决定气，而非气决定理。

基于理在气先的认识，朱熹认为理与事的关系是理在事先：

> 未有这事，先有这理。如未有君臣，已先有君臣之理；未有父子，已先有父子之理。不成元无此理，直待有君臣父子，却旋将道理入在里面？（《语类》卷九十五）

忠孝之理决定君臣父子关系，是处理君臣父子关系的根据。这就为儒家强调的人伦道德提供了理论论证。朱熹所讲的"理"，是从二程那里继承发展而来的，它既指自然界具体物之所以然的物理，又指人类社会具体事之所当然的人理，着力强调道德法则是宇宙普遍规律在人类社会的表现，由此深化了对儒家人伦道德的宇宙本体论论证，使其更具思辨性和理论深度。

此外，朱熹在理气先后的讨论中还涉及理气动静的关系问题。在他看来，理无形状、无动静可言。动静是阴阳二气在形下世界中的表现，但理却是动静的根据。换言之，能动静的是气，是具体的物。理虽不动不静，但现实中具体的动静却必以理为根据，气蕴含动静之理。朱熹说："理搭在阴阳上，如人跨马相似。"（《语类》卷九十四）"人"好比是理，"马"好比是阴阳，具体动静的虽是马，但其动静却为人（理）所驾驭。

与"理先气后"论关系紧密的还有"气强理弱"说。"理先气后"意在强调理是本，气是末，认为天地间万物都需依理而行，理是万事万物得以形成的根据。然朱熹在另外的地方又强调"气强理弱"，他说："气虽是理之所生；然既生出，则理管他不得。如这理寓于气了，日用间运用都由这个气。只是气强理弱。"（《语类》卷四）依朱熹所说，则"气"可以违"理"而行。换言之，有气处不必定有理实现；而说"但有此气，则理便在其中"（《语类》卷一）时，只能指有气处必有潜存之理而已。这是在理解朱熹的"理先气后"理论时必须注意的。

三、理一分殊

在明确理气、道器不同的前提下，朱熹强调理气不分、道器合一。但为了防止出现如佛道二教理论中脱离实存的空理、虚理，也为了能使高高在上的普遍之理落实下来，朱熹在主张"理一"的同时，也非常关注并着力于考察事物的差异和"分殊"。他的理一分殊所要阐明的就是理一与万物（万理）的同与异、普遍与特殊的关系。

"理一而分殊"是程颐提出的命题，朱熹继承发展了程颐的思想，认为"总天地万物之理"便是太极，太极就是一，是宇宙的本体；就每一事物来看，它都完整地禀受了理（太极）作为自己的本性，万理统一于一理，而一理通过万理来表现自己。他说：

> 天地之间，理一而已。然"乾道成男，坤道成女，二气交感，化生万物"，则其大小之分，亲疏之等，至于十百千万而不能齐也……盖以乾为父，以坤为母，有生之类，无物不然，所谓理一也。而人物之生，血脉之属，各亲其亲，各子其子，则其分亦安得而不殊哉！（《文集·西铭解》）

在另一处又说：

> 天下之理未尝不一，而语其分则未尝不殊。（《中庸或问》）

朱熹的"理一分殊"还与其对周敦颐思想的推阐相关。周敦颐讲二气五行，一实万分。朱熹认为，"自下推而上去，五行只是二气，二气又只是一理。自上推而下来，只是此一个理，万物分之以为体……如一粒粟生为苗，苗便生花，花便结实，又成粟，还复本形。一穗有百粒，每粒个个完全；又将这百粒去种，又各成百粒。生生只管不已，初间只是这一粒分去。物物各有理，总只是一个理"（《语类》卷九十四）。所谓"自上推而下来"，是由体达用，万物分有一理以为体。不过，这里的"分"并不是分割成片的"分"，而是说万物各有一定的性分而又同具整体的理一，所以朱熹说物物各有"一理"。所谓"自下推而上去"，是由用缘体，将万物归结为五行阴阳，而所以为阴阳者，又只是此理。总括地看，朱熹讲"理一分殊"，包含两个方面：其一是一理摄万理，犹如天上一月散现为江河湖海中的万月；其二是万理归于一理，犹如江河湖海中的万月归本于天上一月，故朱熹常常用"月映万川"的比喻来说明理一分殊的道理。

就性理意义上说，理一分殊即人与万物分别完整地禀受了宇宙太极之理，而这种理是无差别的，所以朱熹说"统体一太极"、"人人有一太极，物物有一太极"，但在伦理和物理的意义上，道德规范和事物的规律又各不相同、互有差别。他指出：

> 论万物之一原，则理同而气异；观万物之异体，则气犹相近而理绝不同也。气之异者，粹驳之不齐；理之异者，偏全之或异。（《文集·答黄商伯》）

万物同出于一源，但人与物在气禀上却有纯粹与驳杂之异。而从理的角度来说，人与物更有所禀上的偏全之别；同时，理表现在人与人的关系上各有不同，如君臣有君臣之理、父子有父子之理等，理表现在物与物的关系上亦是如此，如草木有草木之理、牛马有牛马之理。朱熹说：

> 理只是这一个。道理则同，其分不同。君臣有君臣之理，父子有父子之理。（《语类》卷六）
>
> 物物各具此理，而物物各异其用，然莫非一理之流行也。（《语类》卷十八）

从人伦关系上说，理一是表示普遍的道德法则，而君仁臣敬、父慈子孝是指特殊的道德规范。就两者间的关系来说，普遍的伦理法则总是要在具体的道德规范中落实，不可只认理一而不问情境中的不同规范。同样，表现在事物上，物物固然本于同一太极，但不同事物却有各不相同的规律和性质，不可只认理一而忽视具体事物的特殊性质。

可见，在朱熹看来，理是自为分殊又自为统一的。由于"理之分"，才有事物的多样性；由于"理之一"，才有事物的统一性。因而，事物的多样性及其统一性最后决定于理，理不是事物本身所固有的规律，不是"物质的一般"，而是"万物分之以为体"的"抽象的一般"。这就把本来寓于特殊，而且只能通过特殊而存在的一般从特殊中游离出来，使其成为凌驾于具体事物之上而又主宰事物变化的绝对。

第二节 理欲观和心性论

理与气作为朱熹建构其宇宙本体论的基本概念，在伦理学中则展开为理与欲，在宋明理学中常称为"天理"与"人欲"。

一、天理与人欲

天理、人欲范畴来自《礼记·乐记》："人生而静，天之性也；感于物而动，性之欲也。物至知知，然后好恶形焉。好恶无节于内，知诱于外，不能反躬，天理灭矣。夫物之感人无穷，而人之好恶无节，则是物至而人化物也。人化物也者，灭天理而穷人欲者也。"朱熹的理欲之辨基本上承此而来。

在朱熹看来，天理是人生而具有的潜在本性，人欲是人逐物而动的感性欲望。人能依天理而行则是善，反之，逆天理而逐物欲则是恶。在对善恶根源的进一步阐释中，朱熹以其理气论为基础，特别突出了天地之性与气质之性：

> "人生而静"是未发时，"以上"即是人物未生之时，不可谓性。"才谓之性"，便是人生以后，此理堕在形气之中，不全是性之本体矣。然其本体又未尝外此，要人即此而见得其不杂于此者耳。（《文集·答严时亨》）

这是说，人物之性虽是禀受天理而来，但只有当理与形气相合才能成为性，而一旦理落到形气之中，则不免受其影响，致使现实中的人性不是性的本体，而只是气质之性。因此，气质之性是理与气的相合。朱熹说："论天地之性则专指理言，论气质之性则以理与气杂而言之。"（《文集·答郑子上》）气质之性中有天地之性（理），它是天地之性在形气世界中受熏染后的一种表现形态。每个人禀有的天地之性相同，所受之气有清浊，所禀之理便有偏全，从而造成每个人的气质不同，因此就会有善恶的差别。

朱熹所说的天理人欲，又与"道心"、"人心"观念有联系。道心、人心之说，源于伪古文《尚书·大禹谟》"人心惟危，道心惟微，惟精惟一，允执厥中"，到程颐那里开始成为理学的重要范畴。程颐认为，道心即是体道之心、合道之心，而人心即是人的感性欲望，是私欲。这实质上是将道心人心、天理人欲对立起来。对此，朱熹并不赞同，"若说道心天理，人心人欲，却是有两个心，人只有一个心"，并认为把人心等同于人欲的说法"有病"（《语类》卷七十八）。按他的观点："只是这一个心，知觉从耳目之欲上去，便是人心；知觉从义理上去，便是道心。"（同上）就是说，如人心能够听命于道心，人的行为就会合乎道德。所以朱熹强调要以道德理性制约自然情感，因为"人心只见那边利害情欲之私，道心只见这边道理之公。有道心，则人心为所节制，人心皆道心也"（《语类》卷七十八）。

按照朱熹的观点，人能得气之正而实现天理，但就具体的个人来说，因其所禀之气有清浊之异，因此未必能够实现天理。另外，是否可以说气清的人天生就没有物欲？朱熹说："口之欲味，耳之欲声，人人皆然。虽是禀得气清，才不检束，便流于欲去。"（《语类》卷九十五）这一说法包含两层意思：首先，禀得气清之人同样可能流于欲而为恶，故当时时戒惧；其次，人欲出于天理，不能脱离天理来谈人欲，反之亦然。如他说："若是饥而欲食，渴而欲饮，则此欲亦岂能无？但亦是合当如此者。"（《语类》卷九十四）"合当如此"就是说正当的人欲本身即是天理的一部分。在此意义上也可以说："人欲便也是天理里面做出来。虽是人欲，人欲中自有天理。"（《语类》卷十三）对此，他曾以饮食为例加以说明："饮食者，天理也；要求美味，人欲也。"（同上）

不过，朱熹还是将天理和人欲视为对立的两端：

> 圣贤千言万语，只是教人明天理，灭人欲。（《语类》卷十二）
> 学者须是革尽人欲，复尽天理，方始是学。（《语类》卷十三）

朱熹"灭人欲"、"革尽人欲"的说法，本义是指泯灭那些不正当或不循理的人欲，而不是要人从根本上取消欲望。但朱熹确实对人追求美色、美味的本能欲望有明显的否定意味，这是不足取的。

二、心统性情

在朱熹的哲学体系中，理与气是最根本的范畴，不仅万事万物皆由理与气构成，而且事物的运行及关系也据以得到说明。对心、性、情等的解释也是如此。关于心，朱熹说道："心者，气之精爽。"（《语类》卷五）关于性，朱熹则坚持二程"性即理"的观点，认为"性只是理，万理之总名。此理亦只是天地间公共之理，禀得来便为我所有"（《语类》卷一百一十七）。此外，朱熹还突出了性与天道的贯通。他以《易传·系辞上》"继之者善也，成之者性也"之说立论，指出孟子性善论的不足是"不曾推原原头，不曾说上面一截，只是说'成之者性也'"（《语类》卷四）。所以他十分强调"继之者善"："'继之者善，成之者性'。这个理在天地间时，只是善，无有不善者。生物得来，方始名曰'性'。只是这理，在天则曰'命'，在人则曰'性'"（《语类》卷五）；"'继之者善'便是公共底，'成之者性'便是自家得底"（《语类》卷九十八）。关于情，朱熹的说法是："情者，心之动"（《语类》卷五）。

关于性与心、情的关系，朱熹有"中和"说和"心统性情"说。

"中和"说源自《中庸》"喜怒哀乐之未发谓之中，发而皆中节谓之和"。朱熹早年受胡宏影响，认为"心为已发，性为未发"（《文集·与湖南诸公论中和第一书》），即人只要活着，心便处于已发状态，而所谓未发者即是性。因此，心并没有未发前的状态，而性却只有未发。如就体用言，即是以性为体，以心为用。朱熹40岁时有"己丑之悟"，修正了以前的看法，提出未发为性、已发为情的观点，这就是他的"中和新说"：

> 思虑未萌、事物未至之时，为"喜怒哀乐之未发"。当此之时，即是心体流行、寂然不动之处，而天命之性体段具焉。以其无过不及，不偏不倚，故谓之中。然已是就心体流行处见，故直谓之性则不可。（《文集·已发未发说》）

在"中和新说"中，朱熹认为已发、未发是指心理活动的不同阶段或状态。人从生到死，心的活动从不间断，不过心的活动可分为思虑未萌与思虑已萌两种不同状态，前者是未发，后者是已发；前者心虽未止息，但处于寂然蛰伏状态，后者则指心感而遂通；中只是表示心的未发状态，不是指性。朱熹此说，用意在于为静中的涵养工夫留一个位置，因为如果说心始终处于已发状态，人的工夫就只能在已发处做，而未发时的涵养就会缺失。此外，朱熹也谈到以未发为性，以已发为情，认为："情之未发者，性也，是乃所谓中也，天下之大本也；性之已发者，情也，其皆中节，则所谓和也，天下之达道也。"（《文集·太极说》）

未发、已发问题涉及心、性、情三者关系，对此，朱熹特别强调"心统性情"之说。张载最先提出这一说法，但并未对其作具体阐发。朱熹认为，传统的心性论以性为体，可以认同，但以心为用则不能认同。在他看来，心不是用，情才是用，而心是统贯性、情的主宰。他说：

> 性，本体也；其用，情也；心则统性情，该动静而为之主宰也。（《文

集·孟子纲领》)

> 仁义礼智，性也；恻隐、羞恶、辞让、是非，情也；以仁爱，以义恶，以礼让，以智知者，心也。性者，心之理也；情者，心之用也；心者，性、情之主也。(《文集·元亨利贞说》)

根据朱熹的观点，心、性、情各有其确定的意义指向，不能混淆。性是现实意识及情感所以产生的根源；情是具体的，性则是一般原则；相对性、情而言，心是指意识活动的总体、主体。这与宋明理学内部"心学"一派将心主要作"理"解、作"善"解有明显差异。

此外，朱熹的"心统性情"还含有"心主性情"之意："性是体，情是用，性情皆出于心，故心能统之。统，如统兵之统，言有以主之也。"（同上）就心对情而言，"心主性情"是指意识主体和理性对于情感的主导、控制作用。若就心对性而言，"心主性情"则与朱熹的"主敬"工夫联系在一起。

第三节　修养论和知行观

在道德修养问题上，朱熹也主要继承并发展了程颐的思想，提出了"主敬涵养"和"格物穷理"的修养论。同时，他对儒学中的知行问题也作了深刻阐发。

一、敬为"存养之要法"

主敬与穷理作为朱熹工夫论之两翼，虽然具有不同的指向，但两者之间又互相发明、互相促进："学者工夫，唯在居敬、穷理二事。此二事互相发。能穷理，则居敬工夫日益进；能居敬，则穷理工夫日益密。"（《语类》卷九）大体说来，主敬涵养重在向内做工夫，格物穷理重在向外做工夫，两者相辅相成。

朱熹强调主敬涵养，认为敬是"圣门之纲领，存养之要法"，"乃圣门第一义"（《语类》卷十二）。他不仅发展了程颐的"涵养须用敬"思想，同时也吸收了程门弟子以及他自己的修养体验。朱熹论敬首先着力于栽培本源，如：

> 敬有甚物？只如"畏"字相似。不是块然兀坐，耳无闻，目无见，全不省事之谓。只收敛身心，整齐纯一，不恁地放纵，便是敬。(《语类》卷十二)

> 敬只是常惺惺法，所谓静中有个觉处。(《语类》卷六十二)

朱熹强调敬如"畏"字，是指出敬的工夫在于人必须将自己的注意力保持在敬畏的状态；所谓"常惺惺"，就是要人时时保持思虑的警觉。这是注重未发的工夫。即强调人在无所思虑及情感未发生时，仍须保持一种收敛、谨畏和警觉的状态，最大程度地平静思想和情绪，把注意力集中在内心，提撕此心，使之有所警省，心境清明。

另外，在朱熹看来，敬又并非只属于未发的工夫，而是动静兼顾、内外兼及：

> "敬"字通贯动静，但未发时则浑然是敬之体，非是知其未发，方下敬底工夫也。既发则随事省察，而敬之用行焉。然非其体素立，则省察之功亦无自而施也。故敬义非两截事，"必有事焉而勿正，心勿忘，勿助长"，则此心卓然，通贯动静，敬立义行，无适而非天理之正矣。(《文集·答林择之》)

对敬而言，未发时的涵养是敬之体，已发时的省察是敬之用；对内而言，主敬在于要人得其持守，以防身心散漫；对外而言，主敬则要人齐端严肃，不至于放肆怠惰。

主敬不仅是道德修养的内外工夫，还与格物穷理相贯通。

二、即物而穷其理

朱熹继承发展了二程关于"格物致知"的思想。他对"格物"诠释说："格，至也。物，犹事也"；又诠释"致知"说："致，推极也。知，犹识也"。统起来讲："穷至事物之理，欲其极处无不到也"，"推极吾之知识，欲其所知无不尽也"(《四书章句集注·大学章句》)。

朱熹认为，人与对象或心与物的主宾之分是格物致知活动可能的前提。他在与江德功的讨论中，江氏简单地以穷理训释致知，朱熹便不同意，以为"于主宾之分有所未安"。因为"知者，吾心之知；理者，事物之理。以此知彼，自有主宾之辨，不当以此字训彼字也"（《文集·答江德功》）。就是说，以此方我心的知觉能力去认知彼方的事物之理，自然就形成了此彼、主宾之辨，二者的区分不应混淆。所以，径自以"理"字训"知"字便不妥。当然，从知识求取的最终结果来说，双方又可以统一起来。

朱熹认为，古本《大学》亡阙了"格物致知"一章，他将其补上，文曰：

> 所谓"致知"在格物者，言欲致吾之知，在即物而穷其理也。盖人心之灵莫不有知，而天下之物莫不有理，惟于理有未穷，故其知有不尽也。是以《大学》始教，必使学者即凡天下之物，莫不因其已知之理而益穷之，以求至乎其极。至于用力之久，而一旦豁然贯通焉，则众物之表里精粗无不到，而吾心之全体大用无不明矣。此谓物格，此谓知之至也。（《四书章句集注·大学章句》）

在他看来，人心本来就具有认知的能力，而"致知"的工夫就是推极心之所知以达到对天下事物之理的把握。这种把握是一个由渐进积累到豁然贯通的过程，也就是说，"今日格一物，明日格一物"（《语类》卷十二）的积累是"致知"所必需的。所谓积累，并非要把天下事物之理全部"格"过，只要通过对具体事物之理的逐步认识，进而豁然贯通，达到对事物普遍之理的把握。

朱熹认为，理普遍存在于一切事物中，事物大小精粗莫不有理，所以格物的对象很广泛：

> 若其用力之方，则或考之事为之著，或察之念虑之微，或求之文字之中，或索之讲论之际，使于身心、性情之德，人伦日用之常，以至天地鬼神之变、鸟兽草木之宜，自其一物之中，莫不有以见其所当然而不容已，与其所以然而不可易者。（《四书或问·大学或问下》）

朱熹格物的内容包罗万象，凡自然事物的所以然之故，及人伦世界的所当然之则，无不在其研习探索之列。而其所用的方法除观察、类推、反省之外，又十分强调分析的重要，认为"学问须严密理会，铢分毫析"（《语类》卷八）。朱熹思想尽管表现出某种先验论倾向，但同时又表现出对经验知识的肯定，"如今人理会学，须是有见闻，岂能舍此？先是于见闻上做工夫到，然后脱然贯通"（《语类》卷九十八）。当然，就其格物致知、"脱然贯通"的终极目标而言，主要还在于明白人之性命之理及人伦之理。

朱熹的"格物致知"论，揭示的由"积累"到"贯通"的认识过程符合认识飞跃的规律，但他对这一规律的认识是不自觉的。他主张真理可以一次穷尽，达到所谓的"众物之表里精粗无不到"，则是一种形而上学的观点，而一次性穷尽真理又以"心包万理"为预设，因而又不可避免地陷入了唯心主义。

三、"致知为先"与"力行为重"

朱熹的格物穷理说还涉及知行关系。儒家的知行观主要讨论人的道德知识与道德实践之关系，也包含一般知识的实践问题。在知行关系问题上，朱熹的观点主要有知先行后、行重知轻和知行互发三说。

朱熹基本上承接了程颐"知先行后"的主张，认为："夫泛论知行之理而就一事之中以观之，则知之为先，行之为后，无可疑者。"（《文集·答吴晦叔》）认为人心具有天赋之知，这不是源于行而产生的。但就重要性而言，朱熹则认为："致知力行，论其先后，固当以致知为先。然论其轻重，则当以力行为重。"（《文集·答程正思》）

所以，朱熹又十分强调知与行是一种辩证的关系，认为二者不可偏废："致知、力行，用功不可偏"（《语类》卷九）；"知行常相须，如目无足不行，足无目不见。论先后，知为先；论轻重，行为重"（同上）；"知与行须是齐头做，方能互相发"（《语类》卷一百一十七）。这里的"互相发"，也就是知与行的互相促进。

第四节　朱熹哲学的理论贡献和局限

一、朱熹哲学的贡献

朱熹是继孔子以后中国最有影响的儒家思想家之一。他不仅集宋代理学之大成，还整合了汉晋隋唐以来儒佛道各家的思想，把孔子所开创的儒家学说发展到了一个新阶段。朱熹本人对自己的思想体系也自视颇高，尝自评曰："常谈之中自有妙理,死法之中自有活法。"(《文集·戊申封事》)确实,经过朱熹精心构造的理学,其体系之博大、内容之丰富、结构之严密,在中国古代哲学史上几乎无出其右者。全祖望评价朱熹"致广大,尽精微,综罗百代矣"(《宋元学案·晦翁学案上》),此说并不夸张。另外,朱熹也是中国古代最有影响的经学家之一。朱熹治经,既重汉唐注疏,又不一味推尊,而是努力把训诂与义理结合起来。其经学著作等身,而影响最大的当推《四书章句集注》。

作为宋代理学的集大成者,朱熹对其前辈的思想学说有充分的吸取和发展。在他的哲学体系中,以二程"天下只有一个理"的基本思想为中心,改造了周敦颐"无极而太极"的宇宙图式,吸收了张载"太虚即气"的思想,融合了邵雍的象数《易》学,综合了程门后学的工夫论说。在充分吸收前人成果的基础上,朱熹完成了理学的理本论;通过对"未发已发"等问题的深入探讨,形成了他的"心统性情"的心性论;综合"居敬穷理"、"格物致知"、"下学上达"等德性涵养的方法形成了工夫论;通过天理人欲、道心人心之辨提出了理学的历史观、政治观和价值观。宋代理学真正成为一个庞大而不失缜密的思想体系,这主要是由朱熹完成的。

二、朱熹哲学的局限

毋庸讳言,朱熹哲学也有局限性的一面,在其哲学体系内部存在一些难以解决的矛盾。比如,他一方面认为"理先于气"、"理本气末";另一方面又认为"气强理弱"、"理管不得气"。这就留下了气本身另有自动性,不必定合于理的逻辑漏洞,而且与其"理"生"气"的基本假定亦互相矛盾。另外,朱熹既认为"心"是得气中最灵、最正者,如此,"心"的超验主宰力如何保证?"心统性情"又从何谈起?同时,朱熹的理本论,把理作为"形而上之道"、"生物之本",认为它无始无终,不依赖任何事物而永恒独立地存在,理涵盖万物,是一切事物的本源和存在的依据。这样理就成为超越一切的、绝对的实体,成为宇宙万物和人类社会所必须遵循的极则。这使得他的哲学具有了明显的客观唯心主义倾向。

朱熹所讲的"天理",既成了一种外在的权威,势必隐含着压抑个性的取向,即以天理来主宰人心。如理学中"明天理,灭人欲"、"饿死事小,失节事大"等观点,强调把个人的欲望尽可能降低,以服从社会的道德要求,而当时的社会道德要求是以遵循封建等级制度为核心的,这就为后世统治者利用其思想提供了方便。明清时期的统治者，确立程朱理学为官方哲学，将其教条化，用以束缚人们的思想。这种官方化、教条化的程朱理学，一方面成为朝廷科举取士、选拔人才的规定内容，在巩固封建专制集权、维护统治秩序方面发挥了重要作用；另一方面与世俗的宗法关系和社会习俗结合起来，进一步强化了封建礼教、维护了宗法制度。

朱熹理学的缺陷还表现在偏重内求的取向上。尽管理学思潮的主题是"明体达用"之学，尽管朱熹等理学家并不缺乏对现实社会问题的关怀，但他们的基本理论倾向则是偏重于"内圣成德"。随着理学思潮的演变发展，理学之"体"固然确立起来，但其"用"的层面却逐渐弱化。正因为如此，偏重于"外王事功"的陈亮、叶适等对朱熹的理学提出质疑，也就有了其必然性和合理性。

思考题：

1. 朱熹是怎样阐发"理一分殊"的？有何理论意义？

2. 朱熹如何说明理气的动静关系？

3. 朱熹哲学中"人心"与"人欲"的区别何在？

4. 朱熹是怎样理解"格物致知"的？

第二十四章　陆九渊的心学

　　陆九渊（1139—1193 年），字子静，抚州金溪（今江西金溪）人，曾讲学于贵溪（今江西贵溪）象山，世称"象山先生"。宋孝宗乾道八年（1172 年）进士。历任靖安县主簿、国子正、知荆门军等。长期在家乡从事讲学活动，与其兄陆九韶、陆九龄并称"三陆子"。其中，陆九渊与陆九龄又被时人称为"江西二陆"，以比"河南二程"。他们相与讲学论道，创立了南宋"心学"一派，成为理学思潮的重要一脉。

　　陆九渊早慧，三四岁时"思天地何所穷际不得，至于不食"（《陆九渊集·象山先生行状》，以下本章凡引《陆九渊集》，只注篇名）；十几岁就写下了"宇宙便是吾心，吾心即是宇宙"等警句，以"心"为本是其哲学宗旨，在与朱熹的往复辩难中逐渐形成与理学并立的心学。陆九渊善于即兴演讲，主要通过讲学启发学生，其弟子大多集中在江西和浙东地区。陆九渊的语录和少量诗文曾汇编成《象山先生全集》。今有《陆九渊集》行世。

第一节　"本心"即理的本体论

　　陆九渊以阐发孟子学说为己任，他曾颇为自信地说："窃不自揆，区区之学，自谓孟子之后，至是而始一明也。"（《与路彦彬》）的确，他的主要论点都能从孟子思想中找到源头。

一、"仁义者人之本心"

　　陆九渊思想的核心概念是"本心"。他的工夫论特别注重"明本心"，认为"明本心"就是"先立乎其大者"（《与邵叔谊书》）。有人评论他只知"先立乎其大者"，陆九渊欣然接受①，明确指出这里"先立乎其大者"的"大者"，与他在别处所说"学苟知本"的"本"，都是指"本心"。

---

① 陆九渊："近有议吾者云：除了'先立乎其大者'一句，全无伎俩。吾闻之曰：诚然。"（《语录上》）

什么是"本心"？陆九渊借孟子的"四端"、"良知"、"良能"、"仁义"等说来予以阐明：

> 恻隐，仁之端也；羞恶，义之端也；辞让，礼之端也；是非，智之端也。此即是本心。(《年谱》)
>
> 仁义者，人之本心也。孟子曰："存乎人者，岂无仁义之心哉？"又曰："我固有之，非由外铄我也。"愚不肖者不及焉，则蔽于物欲而失其本心；贤者智者过之，则蔽于意见而失其本心。(《与赵监》)

按陆九渊的观点，"本心"就是人先验的道德理性或价值自觉能力，是人本来就具有的，是不假思索、不假安排的本有之知、本有之觉，所以称之为"本心"。这个"本心"提供道德准则、发动道德情感，故又称"仁义之心"。在他看来，"本心"人人具有，然"愚不肖者"常蔽于"物欲"而失之，而那些"贤者智者"则常蔽于"意见"而失之。"失"是被蒙蔽，是功能的缺失，而不是根本的丧失。他说："愚不肖者之蔽在于物欲，贤者智者之蔽在于意见，高下污洁虽不同，其为蔽理溺心而不得其正，则一也。"(《与邓文范》)所谓"蔽理溺心"，也就是指人的"本心"仍在那里，只是被"物欲"、"意见"遮蔽或陷溺，失去本有的功能和作用。

对于何谓"本心"的问题，陆九渊善于通过具体的事例让人当下体认。据《年谱》记载，杨简任富阳主簿，陆九渊过富阳，杨简问："如何是本心？"陆九渊答以孟子的"四端"。杨简称"四端"之说他幼时已知，究竟什么是"本心"？几次提问，陆九渊答之如故，杨简还是不能明白。正好此时有桩卖扇的讼案，杨简当庭断其曲直是非，完后又提"本心"问题。陆九渊说：刚才断讼，"是者知其为是，非者知其为非"，这就是你的"本心"。杨简顿时觉悟，于是正式拜陆九渊为师。还有一次，陆九渊坐着，弟子詹阜民陪坐在旁，陆九渊突然站起，詹阜民也赶忙站起，陆九渊对他说："还用安排否？"(《语录下》)这是说，詹阜民的这一行动是无须逻辑思考、没有外力强迫、发自自然的辞让（尊师）之心，而这就是人内在的道德意识——"本心"。

在陆九渊的表述中，"心"往往即是"本心"的意思。如他说："心只是一个心。某之心，吾友之心，上而千百载圣贤之心，下而千百载复有一圣贤，其心亦只如此。心之体甚大，若能尽我之心，便与天同。"（《语录下》）这里的"心"不是指人的感性知觉之心或血气之心，而是指具有普遍意义的道德本心。

二、心与理"不容有二"

在陆九渊看来，具有普遍意义和道德价值根源意义的"本心"，说到底也就是具有普遍意义的"理"。陆九渊思想的最大特点就是把心等同于理，认为"心即理"。他说：

> 盖心，一心也；理，一理也。至当归一，精义无二，此心此理，实不容有二。（《与曾宅之》）
> 天之所以与我者，即此心也。人皆有是心，心皆具是理，心即理也。（《与李宰（二）》）

所谓的"心即理也"，并不是说理是由心产生的，而是说心与理在本质上是同一的。"心即理"命题中的"心"是指"本心"，"理"则兼具二义：一是指道德法则，二是指普遍规律。虽然在他的论述中"理"主要是从道德规范的意义上讲的，但陆九渊没有否认"理"的客观性、普遍性、可知性，也不认为道德规范只是人内心的产物，抑或一种纯粹主观的东西。当陆九渊说"万物森然于方寸之间，满心而发，充塞宇宙，无非此理"（《语录上》）时，强调这样两重意义。其一是指这种"本心即理"的理具有客观性，如他一再申说：义理就在人心，这是天所赋予人而不可泯灭的；理就在宇宙间，它不以人之明白不明白、遵循不遵循而增加或减损。其二是表明人心之理即道德准则与规范，与宇宙之理具有本质的同一性。

需要指出的是，陆九渊在行文立说时往往比较随意，"心"在他的论说中往往随文起义，并不专指"本心"，这样"心"就具有了多重意义。如他说："人非木石，安得无心"，"心于五官最尊大"，"心之官则思"，"心当论邪正"（《与李宰（二）》），"人生天地间，气有清浊，心有智愚，行有贤不肖"（《与包详道》），等等。这里的"心"显然不是"本心"，而是指血气之心、情感之心、心理之心、思维之心、知觉之心，等等。陆九渊的"心即理"强调人心之理与宇宙之理的同一性，并把其工夫论主要定位在"明本心"，过分强调了"理"的内在性和人的主观能动性，具有主观唯心主义的倾向。

第二节 "发明本心"的修养论

从"心即理"这一基本前提出发，陆九渊认为人的认识目的、修养工夫就在于切己自反，"发明人之本心"（《年谱》），而不需要向外寻求，由此形成了与道德修养论紧密结合的认识理论。

一、"发明人之本心"

在陆九渊看来，既然人心之理与宇宙之理具有本质的同一性，宇宙真理和社会人生的道理不外于"吾之本心"，那么认识的对象也就是内在于我的"本心"。他说："此心此理，我固有之，所谓'万物皆备于我'。昔之圣贤，先得我心之所同然者耳。"（《与侄孙濬》）又说："汝耳自聪，目自明，事父自能孝，事兄自能弟，本无欠阙，不必他求，在自立而已。"（《语录上》）我"心"既是天赋的、固有的，也是完美无缺的，认识的目的即在于"发明本心"，直接从主体内省中实现与心、理的契合，这也就是他说的"心之体甚大，若能尽我之心，便与天同。为学只是理会此"（《语录下》）。这种"为学只是理会此"的认知理论具有明确的内向性，否定了向外探求的必要性，表现了主观唯心主义的性质。从道德哲学的角度说，陆九渊发明本心的工夫，强调道德行为的动力来自人自身，而不是外在环境，即道德行为出于人的主动和自觉。因为人人都涵具本心，一个人只要反省内求，便可体悟自己的本心。体悟后还需加以保存、加以涵养，使此心此理得到彰明。

本心自明，为何还要"发明"？陆九渊认为：人若能依其本心而视、听、言、动，则自然合于道德的要求；反之，人之所以会有种种不道德的言行，如上所述，主要是由于私欲、意见遮蔽了本心。即愚不肖者蔽于物欲，不免会陷溺本心，使本心随着私欲走，而不能显现其价值准则的功能和意义；而贤者智者又难免恃其高明，为主观意见所蒙蔽，以致迷失本心。他又说：

> 有所蒙蔽，有所移夺，有所陷溺，则此心为之不灵，此理为之不明，是谓不得其正。其见乃邪见，其说乃邪说。一溺于此，不由讲学，无自而复。故心当论邪正，不可无也。（《与李宰（二）》）

这就是说，本心与外物接触时或不免会有所放失，以至于逐物而行，这就容易被物欲和"邪见"、"邪说"所遮蔽。人放失本心是指本心遭受蒙蔽，不是说本心就此丧失。本心在特定的境遇中或明或昧，但本心不应作为在特定境遇中发生作用的经验事实来看。所以，陆九渊所谓"心当论邪正"之心并非指本心，而只是在特定境遇中的发用之心。在具体的发用过程中，人之心意或为外物所牵引而有蒙蔽、移夺与陷溺之病，因此，学问工夫的作用就在于复此本心，这就是他所谓的"发明人之本心"。

如何发明本心？按陆九渊的说法，就是通过存心、养心等反省内求，使此心之理彰明：

> 人孰无心，道不外索，患在戕贼之耳，放失之耳。古人教人，不过存心、养心、求放心。此心之良，人所固有，人惟不知保养而反戕贼放失之耳。苟知其如此，而防闲其戕贼放失之端，日夕保养灌溉，使之畅茂条达，如手足之捍头面，则岂有艰难支离之事？（《与舒西美》）

所谓"存心"、"养心"、"求放心"其实说的是同一个意思，就是要求存养自己的本心，防止其放失。换言之，就是要求挺立道德意识，使其时时觉醒，处处能知善知恶，好善恶恶。当然，具体来说，"存心"、"养心"、"求放心"又各有侧重："存心"是保持本心，使其不失主宰之义；"养心"是要对本心时时加以涵养，就像栽培树木一样，使其根干枝叶畅茂条达，充满生意；"求放心"则是强调把被遮蔽而迷失的本心重新找回来。

二、"剥落"物欲和"邪说"

发明本心的工夫除了从正面意义上讲存心、养心外，还要求克服人的欲望和解除人心之蔽，这一工夫陆九渊称之为"剥落"：

> 人心有病，须是剥落。剥落得一番，即一番清明，后随起来，又剥落，又清明。须是剥落得净尽方是。（《语录下》）

所谓"剥落"，即是去除蒙蔽本心的物欲和妄意，是一种去欲或解蔽的工夫。由于人心与外物接触时不免逐物放失，以至于迷失本心，造成心为物蔽，所以他说："夫所以害吾心者何也？欲也。欲之多，则心之存者必寡；欲之寡，则

心之存者必多。故君子不患夫心之不存，而患夫欲之不寡。欲去，则心自存矣。"（《养心莫善于寡欲》）

所以，陆九渊非常重视儒家传统的义利之辨。陆九渊弟子傅子渊、陈正己讨论老师教人以什么为先，傅说"辨志"；陈问"何辨？"傅答"义利之辨"。陆九渊得知后赞许道："若子渊之对，可谓切要。"（《语录上》）据《年谱》所记，淳熙八年（1181年），陆九渊到南康拜访朱熹，朱请陆登白鹿洞书院讲席，陆九渊为诸生讲《论语·里仁》"君子喻于义，小人喻于利"章，批评世俗士人以利禄为心，听众受到极大震动，甚至有人当场流泪。

除物欲外，邪见、邪说也会造成人心之蔽。如前所述，陆九渊认为，人一旦溺于"邪见"、"邪说"，必须通过"讲学"，才能复归本心。这意味着"剥落"的工夫不仅要靠自我的反省，而且还需靠讲学和师友之间的切磋琢磨，因为"人之精爽，负于血气，其发露于五官者安得皆正？不得明师良友剖剥，如何得去其浮伪，而归于真实？又如何得能自省、自觉、自剥落？"（《语录下》）所以，当弟子问陆九渊"学问之道何先"时，他的回答是："亲师友，去己之不美也。人资质有美恶，得师友琢磨，知己之不美而改之"（同上）。

第三节　"自作主宰" 的人格精神

陆九渊将其发明本心的工夫，称为"易简工夫"。就这一工夫的实质而言，乃是强调自我反省、自我认识、自我完善。

一、"圣贤道一个'自'字"

陆九渊强调，一个人当"自立、自重，不可随人脚跟，学人言语"（同上）。所以，他极其看重这个"自"字，曾说：

"诚者自诚也，而道自道也。""君子以自昭明德。""人之有是四端，而自谓不能者，自贼者也。"暴谓"自暴"，弃谓"自弃"，侮谓"自侮"，反谓"自反"，得谓"自得"。"福祸无不自己求之者。"圣贤道一个"自"字，煞好！（《语录上》）

这里的意思是，人的德性行为出于自身，本心的发明也出于行为者对本心的觉悟。所以，他非常重视对学生的当机指点，引导他们实现对本心的自识、自悟和自成。如他的学生李伯敏向他请教如何立志的问题，陆九渊答曰："立是你立，却问我如何立？"（《语录下》）即是说，每个人都可以不依外力而开启自己的入德之门，成之在我而不在他，成之在内而不在外。

因此，陆九渊特别强调自主、自立，主张人的道德自觉，让本心成为个人道德意识之主宰：

> 人精神在外，至死也劳攘。须收拾作主宰。收得精神在内时，当恻隐即恻隐，当羞恶即羞恶，谁欺得你？谁瞒得你？见得端的后，常涵养，是甚次第。（同上）
>
> 请尊兄即今自立，正坐拱手，收拾精神，自作主宰。万物皆备于我，有何欠阙！（同上）

由于陆九渊强调发明本心，突出"先立其大"与"自作主宰"，所以在他看来，为学的根本目的就在于提升人的道德境界。这样一来，朱熹十分重视的格物穷理和经典学习，自然就被他淡化了。

二、"六经皆我注脚"

有学生问陆九渊为何不著书，他答曰："六经注我，我注六经。"（《语录上》）他还说：

> 学苟知本，六经皆我注脚。（同上）

学的目的在于知本，"本"就是本心。所以，在陆九渊那里，学既不是指对儒家经典的学习，更不是指一般意义上的知识学习，而仅仅是指对"心即理也"的体悟，并进而推展开去成就一个人的德性。儒家经典固然可以视为运用本心的各种例证所作的叙述，但成就德性与经典学习之间并无必然的联系，尧舜之前无书可读，尧舜仍能成为圣人就是证明。所以为学就是学做一个真正的人：

> 学者所以为学，学为人而已，非有为也。（《语录下》）

这与"只理会文字"的读书不一样，更不能把工夫用于"寻行数墨"、"终日簸弄经语以自傅益"的经书考证和解说上。否则，难免是"终日营营，如无根之木，无源之水，有采摘汲引之劳，而盈涸荣枯无常"（《与曾宅之》）。因此，陆九渊十分强调堂堂正正做个人：

> 宇宙之间，如此广阔，吾身立于其中，须大做一个人。（《语录下》）
> 若某则不识一个字，亦须还我堂堂地做个人。（同上）
> 上是天，下是地，人居其间。须是做得人，方不枉。（同上）

需要指出的是，陆九渊并不反对读书。他曾说："人谓某不教人读书……何尝不读书来？只是比他人读得别些子。"（同上）他认为，"后生看经书，须着看注疏及先儒解释，不然，执己见议论，恐入自是之域，便轻视古人"（同上）。他还批评不读书的现象，认为如果"束书不观"的话，就会"游谈无根"（《语录上》）。他所谓的"读得别些子"，就是说读书的宗旨、目的要明确：

> 读书固不可不晓文义，然只以晓文义为是，只是儿童之学，须看意旨所在。（《语录下》）
> 学者须是打叠田地净洁，然后令他奋发植立。若田地不净洁，则奋发植立不得。古人为学即"读书然后为学"可见。然田地不净洁，亦读书不得。若读书，则是假寇兵，资盗粮。（同上）

而这个宗旨、目的不外乎知本，所以他说："吾之教人，大概使其本常重，不为末所累。"（《语录上》）

陆九渊认为读书与增进德性之间没有必然联系，这会忽视道德行为应当出于理性自觉，引出贬低读书、轻视知识的取向。这一点，在他的一些弟子身上确实有所反映。

陆九渊心学丰富了宋明理学的内容，促进了中国哲学的发展。他对"心"的本体地位的强调，表现了主观唯心主义的特质；对"心"的道德属性的揭示，凸显了其道德理想主义的人生追求。

第四节   朱 陆 之 争

陆九渊的学术活动时期与朱熹大体相同，在哲学上他们虽同属理学，但由于各自的思想进路和方法不同，所以存在着不小的差异。他们曾通过会面或书信往来进行争论。

一、"尊德性"与"道问学"

南宋淳熙二年（1175 年）初夏，金华学派的吕祖谦约陆九渊、陆九龄、朱熹等会于江西信州（今江西上饶）的鹅湖寺。吕祖谦本意是想和会朱陆。在此之前，朱熹初闻陆氏之学就曾有所批评，认为有佛教禅学的味道。同样，陆九渊对自己与朱熹之学的不同也不否认。

据参与者所记："鹅湖之会，论及教人。元晦之意，欲令人泛观博览，而后归之约。二陆之意，欲先发明人之本心，而后使之博览。朱以陆之教人为太简，陆以朱之教人为支离，此颇不合。"（《年谱》）朱陆之辨的焦点在为学工夫上，即究竟应该发明本心还是读书穷理？陆九渊即席赋诗曰：

> 墟墓兴哀宗庙钦，斯人千古不磨心。涓流滴到沧溟水，拳石崇成泰华岑。易简工夫终久大，支离事业竟浮沉。欲知自下升高处，真伪先须辨只今。（《语录上》）

陆九渊从其心学立场出发，认为人皆有本心，因此发明本心就是"易简工夫"，而读书穷理不能直接成就德性，只是"支离事业"。朱熹对陆九渊的观点自然不能认同，更对陆氏咄咄逼人的姿态不满，所以辩论不欢而散。三年后，朱熹也用诗的方式回应了陆氏：

> 德义风流夙所钦，别离三载更关心。偶扶藜杖出寒谷，又枉篮舆度远岑。旧学商量加邃密，新知培养转深沉。却愁说到无言处，不信人间有古今。（《朱文公文集·鹅湖寺和陆子寿》）

朱熹坚持自己的问学主张，"旧学"、"新知"正是朱熹强调的"格物"工夫，而最后两句则暗示陆氏之学将脱离学统，成为强调直觉顿悟的禅学。

朱陆之争的实质，可以用《中庸》里"尊德性"与"道问学"何者优先来概括。朱熹后来曾指出："大抵子思以来，教人之法惟以'尊德性'、'道问学'两事为用力之要。今子静所说专是'尊德性'事，而熹平日所论却是问学上多了……今当反身用力，去短集长，庶几不堕一边耳。"（《朱文公文集·答项平父》）但在陆九渊看来，尊德性是本，道问学是末，后者须服从前者，而不是在两者之间如何平均用力的问题。他说："元晦欲去两短，合两长。然吾以为不可，既不知尊德性，焉有所谓道问学？"（《语录上》）正因为陆九渊持这种观点，所以他始终认为朱熹之学有问题："朱元晦泰山乔岳，可惜学不见道，枉费精神"；"晦翁之学，自谓一贯，但其见道不明，终不足以一贯耳"（同上）。当然，朱熹也决不会认同陆氏只要"先立乎其大者"即可"全无伎俩"的说法。

二、无极太极之辨

淳熙十三年（1186年），陆九韶、陆九渊兄弟又通过书信往来与朱熹辩论周敦颐的《太极图说》首句"无极而太极"的问题。

当时，陆氏兄弟不同意朱熹的解释，认为《周易》的"太极"就是"中"，即是本原；而"无极"概念出于《老子》，在太极之上或之前再加个无极，是叠床架屋，落入了道家"有生于无"思想之窠臼，背离了儒家的传统（见《与朱元晦》）。朱熹则坚持自己的观点，认为"极"当训为"至"；"太极"是"理"，而无极是对太极的修饰。具体说无极有三义：一是针对有形、具体的器物界而言，无极即无形，它表明太极不是事物类属链条上的一物，它无形无象，不可以事物言；二是针对形上界而言，无极肯定了太极之上并没有一超然的绝对存在者，由此肯定了太极为逻辑在先的最高者，是确凿真实的，不因形象的变动而迁流，不因事物的幻现而虚无；三是从贯通形上形下两界而言，无极既是对有形的否定，同时也是太极自身内涵的否定因素，太极不是于事物之外别有一物，太极即本然之理。他对陆氏兄弟质疑"无极"出于《老子》的说法不以为然，提出：伏羲作《易》、文王演《易》，都没提到"太极"，而孔子赞《易》时就提出了"太极"；现在孔子没提到"无极"，周敦颐提出来了，有何不可？（见《朱文公文集》之《答陆子美》、《答陆子静》）

无极、太极问题牵涉到对世界本原的认识，周敦颐本人并没有明确说明过"无极"、"太极"的内涵及其关系，所以朱陆双方只是根据自己的哲学立场在进行不同的诠释。双方往返数回，颇为繁复，在征引古籍、解释义理和考释文字上费了不少力气，但都无法使对方心服口服，最后发展到互相指责，背离了理论争论的原意。

总之，陆九渊和朱熹两人在多次争辩中都坚持认为，自己是在辨是非，而不是辨异同，所以只有一是，不能两存，对于任何规劝他们求同存异、以俟后人自择的建议，一致表示了拒绝。然而，尽管朱陆双方激烈争辩，但朱熹却邀请来访的陆九渊在其主持的白鹿洞书院做演讲。陆九渊讲《论语》"君子喻于义，小人喻于利"一章。其时天气尚冷，而听者却汗出挥扇，"至有流涕者"，获得了朱熹的高度评价。朱熹并将陆九渊的讲义铭刻于石，以期师生共勉（见《年谱》）。这不但体现了朱陆在学术论争中表现出的相互尊重包容和一丝不苟的品格，而且说明了双方学术所共同维护和遵守的儒家伦理的基础。正如后来黄宗羲所指出的："二先生同植纲常，同扶名教，同宗孔孟。即使意见终于不合，亦不过仁者见仁，智者见智，所谓学焉而得其性之所近。"（《宋元学案·象山学案》）朱陆之争，实际上表现了南宋理学自身的内在矛盾，即主要是客观唯心主义与主观唯心主义的差异。

思考题：

1. 陆九渊是如何说明"心"、"理"关系的？
2. 陆九渊认为怎样才能"发明本心"？
3. 朱陆之争的主要问题及其意义是什么？

第二十五章 陈亮和叶适的事功之学

以陈亮、叶适为代表的事功学派不满意理学空言性理天命，注意研讨实际问题，重视实际功效和实际利益。陈亮、叶适的事功之学，政治上主张改革内政，北伐抗金；经济上主张发展农商，扶持商贾；思想上高举实事实功的旗帜，反对"皆谈性命而辟功利"（《宋元学案·龙川学案》），同以朱熹为代表的理学正统派展开激烈辩论，成为宋明哲学发展中的一个重要环节。

第一节 陈亮的事功思想

陈亮（1143—1194 年），字同甫（父），号龙川，浙江永康人。因曾讲学于龙川书院，世称"龙川先生"。据《宋史·陈亮传》记载，陈亮少年之时即热心国事，喜谈兵略，曾作《酌古论》、《中兴五论》，反对南北和议，力主抗金，遭到当权者嫉恨，两度被诬入狱。晚年中进士，未仕而死。其著作曾汇编为《龙川文集》。今有《陈亮集》行世。

一、事功与道、理、德

赵宋政权南渡之后，沉重的赋税导致社会不满情绪增加，同时民族矛盾激化，和战问题突出，国家形势如同危卵。严峻的社会问题引起了陈亮等事功派对盛行于世的道德性命之学的反思和批判。

在学问上，陈亮着重把批判的锋芒指向了以张栻、吕祖谦和朱熹为代表的理学家：

> 二十年之间，道德性命之说一兴，迭相唱和，不知其所从来。后生小子读书未成句读，执笔未免手颤者，已能拾其遗说，高自誉道，非议前辈，以为不足学矣。世之为高者，得其机而乘之，以圣人之道为尽在我，以天下之事无所不能……顽然以人师自命。（《陈亮集·送王仲德序》，以下本章凡引《陈亮集》，只注篇名）

在他看来，国家的怯懦和贫弱，与理学空言道德性命有直接关系。南渡二十余年来，道德性命之学一兴，文章政事几于尽废。权贵和儒生竞相唱和，不究根本，以至于执笔未稳、句读未成的后生小子也争相附和，空谈道德性命以夸耀显誉。正是在这种高谈阔论的气氛中，天下学士无所适从、相蒙相欺，"以尽废天下之实，则亦终于百事不理而已"（《送吴允成运干序》）。

陈亮又通过考察具体历史，深究古今沿革之变、皇帝王霸之道，对昧于时势的理学家进一步提出严厉批评：

> 始悟今世之儒士自以为得正心诚意之学者，皆风痹不知痛痒之人也。举一世安于君父之雠，而方低头拱手以谈性命，不知何者谓之性命乎！（《上孝宗皇帝第一书》）

陈亮从根本上并不反对孔孟的儒学传统，但认为孔孟之道必须根据现实的"人心"需要来济养"民命"。他所谓人心，一般是指现实的生命需求和理想。陈亮的事功之学主要在"道"、"理"、"德"等几个方面与程朱理学有明显分歧。

"道"是中国哲学一以贯之的最高概念。陈亮继承前人的观点，有比较、有侧重地认为：

> 道非出于形气之表，而常行于事物之间者也。（《勉强行道大有功》）
> 道之在天下，平施于日用之间。（《六经发题·诗》）
> 夫道之在天下，何物非道。千涂万辙，因事作则。（《与应仲实》）

同是讲道，理学家们强调离器言道、悬道器外，把道说成是先于事外、超出形体、主宰万物的绝对精神，即把精神性的"道"游离出来，作为事物所以运动变化的总根源。与之相对立，陈亮提出了形上之道寓于形下的事物之间，事外无道、道外无事的观点，认为作为"事物之故"的道，是事物本身固有的客观法则；主张道在物中，理在事中，不能离开事物去谈论理和道，强调事以尽道，大道流行于日用之间，体现了朴素唯物主义立场。但陈亮并未从根本上反对朱熹所谓"天理千百年间被人作坏，其本原亘古亘今不灭"的观点，亦有其时代的局限性。

陈亮同时对理学家们的一些哲学命题进行了改造。他着重从具体的功用层面对程颐的"理一而分殊"命题进行了重新阐释。他说：

> 一处有阙，岂惟失其用，而体固不完矣。是理一而分殊之说也，是推理存义之实也。（《西铭说》）
>
> 一物而有阙，岂惟不比乎义，而理固不完矣。故理一所以为分殊也，非理一而分则殊也。（同上）

认为"理一"是"所以为分殊"者，理并不是超然于物外的绝对体。万物并不由理分割而殊，理即物而在。不过他特别强调物对于理之存在的重要性，一物有阙，一处失用，那么就破坏了"理"的完美，物用完备是"推理存义之实"。这是要求由理向物、用的具体落实，要求实践、事功。所以，陈亮在宇宙论上偏重于关注一个充满"物"、"事"的世界。他说：

> 夫盈宇宙者无非物，日用之间无非事。古之帝王独明于事物之故，发言立政，顺民之心，因时之宜，处其常而不惰，遇其变而天下安之。（《六经发题·书》）

在他看来，整个世界都充满了具体的事物，值得研究的是具体事物及其规律，而不是玄虚无形的精神本体。陈亮反对朱熹"宇宙之间，一理而已"的唯心命题，并以"独明于事物之故"的求实精神，反对理学家"玩心于无形之表"的玄虚理论，显示了事功哲学在本体论上的理论特征。

此外，陈亮还对孟子"万物皆备于我"的命题提出了不同理解。他特别赞扬大禹之功、孟子之德业，称"大禹之功、孟子之德业，余平生之梦寐在焉"（《赠术者戴生序》）。他解释孟子的"万物皆备于我"说："一人之身，百工之所为具。天下岂有身外之事，而性外之物哉！"（《问答》下）因此，人们必须在功用中充分注重物质需求的多样性和丰富性，并在身体力行的事功中把它实现出来，这样才是一个真切的"万物皆备于我"。他说：

> 有一不具，则人道为有阙，是举吾身而弃之也。（同上）

由此，他批判了那种只以身心为内、以物用皆外的反本舍末的理学。针对南宋当时积贫积弱、内忧外患的形势，陈亮认为必须"勉强行道大有功"，才能富国强兵，保民雪恨。

二、王霸、义利之辨

朱熹对浙东学派尤其是陈亮的事功之学进行了批评，陈亮在与朱熹书信往来的辩论中，表达了事功学派在王霸、义利、理欲关系等问题上的观点。

陈亮批判了朱熹"王霸对立"的观点。朱熹用理欲对立观解释历史，认为三代以前是"天理流行"的"王道"盛世，三代以后是"人欲横流"的"霸道"衰世。他一方面把三代以后1500年的历史涂抹得一团漆黑，另一方面又把失传断线的王道神话作为"亘古亘今、常在不灭"的绝对道体，希望有圣人出来尊王黜霸，改变局面。对于朱熹这种王霸对立的历史观，陈亮作了批驳。他认为，三代固然有许多圣王躬行仁义、德化教众的事迹，但也不乏以武力取胜的霸道行为。三代这种"夹霸道于王道"的事实，非但不会有损于三代王道盛世的神圣与崇高，反而使得三代王道的内容更加丰富、形式更加灵活，也更具有现实价值。况且三代帝王之后，也是"天地常运而人为常不息"（《答朱元晦秘书（又乙巳春书之一）》）。在陈亮看来，"理"与社会历史是融贯一体、不可分割的；把握了历史规律，就可经由历史来洞悉"天理"。历史的兴衰治乱不再是天理流行的附属品。

陈亮进一步提出了"王霸并用"的主张，并系统论证了其合理性。

首先，陈亮借用孔子对管仲的评价，从正面肯定了霸道的价值。《论语·宪问》篇记载了孔子的话："桓公九合诸侯，不以兵车，管仲之力也。如其仁！如其仁！"又云："管仲相桓公，霸诸侯，一匡天下，民到于今受其赐。微管仲，吾其被发左衽矣。"陈亮认为，管仲辅佐齐桓公九合诸侯，一匡天下，正是霸道的杰出典范。而孔子对管仲的功业赞赏有加，并许之为"如其仁"，可见孔子并不反对霸道。只要这种霸道能达到匡扶天下、造福百姓的效果，不仅不是悖离王道，反而正是王道的需要。所以，王霸本是一体，王霸可以并用。

其次，陈亮以汉唐开国明君的功业来论证王霸并用的合理性。他针对朱熹等理学家将汉唐历史形容为"专以人欲行"、"人道息"的霸道统治的观点，极力宣扬汉高祖、唐太宗等开国明君所创下的不朽功业。他说：

> 汉唐之君本领非不洪大开廓，故能以其国与天地并立，而人物赖以生

息。(《答朱元晦秘书（又甲辰秋书）》)

高祖、太宗……禁暴戡乱、爱人利物而不可掩者，其本领宏大开廓故也。……其本领开廓，故其发处，便可以震动一世，不止如见赤子入井时微眇不易扩耳。(《答朱元晦秘书（又乙巳春书之一）》)

陈亮直接将他们开邦立国的现实霸业比作三代圣王们经天纬地的王道事业。为了进一步说明这一点，他还为高祖、太宗的"谋位"行为进行辩解，指出他们的本意不在帝位，但不得其位就无法推行仁政，所以为了天下国家，只好不得已而谋其位。在他看来，汉高祖、唐太宗以及宋太祖等人的"谋位争伐"，不是遂其私欲，而是像商汤放桀、武王伐纣一样，是王霸并用的义举。这也意味着肯定霸道、肯定现实功利事业的合理性。

再次，陈亮主张"王霸并用"并非是说"王霸合一"，也不是说"王霸平等"。陈亮虽然看重霸道的现实功业，但仍强调王道的主导地位。换言之，霸道不能是肆意妄为、逞强斗狠，而必须是"本之于王道"、受王道节制的。霸道纵使可以建立不世功业，但仍然只能用来补充、辅助王道。所以王霸虽无性质上的分歧，却仍有程度上的差异。陈亮用是否"做得尽"来形容这种程度上的差异："其大概以为三代做得尽者也，汉唐做不到尽者也。"(《答朱元晦秘书（又乙巳春书之二）》) 如此一来，陈亮以王霸之间程度的差异取代了朱熹所坚持的王霸性质上的对立，使霸道统摄于王道之下并补充、佐助王道，从而论证了"王霸并用"的合理性，也肯定了功利事业的现实价值。

朱熹、陈亮由王霸之争进而延及义利之争。陈亮不同意朱熹关于义利关系的理解。为了配合"王霸并用"之说，他提出了"义利双行"的主张。

陈亮认为，"义利双行"原本就是三代王道盛世的题中应有之义。在他看来，三代并非像朱熹所描绘的那样只有义理之心，毫无利欲之心。在《问答》篇中，他明确肯定了人的耳、目、鼻、口、四肢的生理欲求是人的性命之所定，进而提出了一个极为大胆的观点："亮以为才有人心便有许多不净洁。"(《答朱元晦秘书（又乙巳秋书）》)"不净洁"是指相对于义理之心所显示出来的复杂的利欲之心。三代也有利欲，但是三代的圣王们懂得合理地运用"利"，从而做到"义利双行"。义利并不是截然对立的，关键要看这个"利"是毫无节制的一己私欲，还是赐福众生的"生民之利"。

陈亮进一步提出，在"义利双行"之中，"利"是用来补充和辅助"义"

的，否则"利"就容易滑向私心杂念的陷阱。那么，怎样解释《诗经》、《尚书》等上古经典所记载的三代盛世只有净洁的仁义之行而无分毫功利之举的现象呢？陈亮认为，这其实反映了孔子等圣人的良苦用心。三代之世本是既有仁义，又有功利的，但这种"义利双行"的局面到了孔子的时代已经变质了，争权夺利、私欲膨胀使得仁义成为一句空言。为了规劝世人、点醒后学，孔子等圣人便将三代之世的记载清洗一番，只保留了净洁的仁义之行，却将功利之举弃而不记，目的是为了避免后人误解功利之学而趋利忘义。就三代的真实情况来说，甚至就孔子本人的言行来看，其实是利不妨义、义利双行的。所以后人读《诗经》、《尚书》，既要体会圣人的良苦用心，不要趋利忘义，又要明白圣人并非真的排斥一切功利。由此他批评了董仲舒"正其谊不谋其利，明其道不计其功"之类的超功利主义观点，提出"功到成处，便是有德；事到济处，便是有理"（陈傅良引陈亮语，《止斋集》卷三十六《答陈同父三》）的主张。

纵观朱陈二人的王霸、义利、理欲之辨，可以发现这场论辩其实是不对称的。这种不对称表现在以下两个方面。

一方面，二人以历史道德为核心的学术争论，其实并不是在同一层次上展开的。朱熹站在超越层面来看待王霸、义利关系，所关注的是王霸、义利对立背后所潜涵的一种根源性的天理与人欲的深层对立；这一对立不仅不是灭杀人性的软刀子，相反正是人性走向超越的桥梁。陈亮则站在现实的层面上看待王霸、义利关系，更关注思想在济世救亡的社会现实中的实用性和操作性。

另一方面，陈亮在与朱熹探讨学术问题时，一直试图突破理学家们对性理之学的较为严格、较为狭窄的定义范围，而努力用孔子思想中的多面性和北宋之初学术的多元性来改造理学。换言之，他不满意当时理学纯言性理天命的狭隘，认为这种理学于国于家皆无用处，所以一直努力建构一种涵摄道德性理和现实事功的学问。他在与朱熹的王霸、义利之辨中，正是以这样的立场与朱熹进行辩论的。

应该说，二人论辩的不对称性，恰好反映了正统理学与事功之学的根本差异，也体现了陈亮关注现实、以事功之学来批评和改造理学的尝试。总之，朱熹与陈亮的论争，实际体现了儒学内部道德主义和事功主义在拯世救国的思想方针上的不同。

第二节　叶适的功利之学

叶适（1150—1223 年），字正则，号水心居士，浙江永嘉人，早年师从陈傅良、薛季宣，在思想上与陈亮有相同的价值取向。叶适于淳熙五年（1178年）中进士，开始其仕宦生涯，"屡以大仇未复为言"（《宋元学案·水心学案上》），后因被诬附和韩侂胄，受到朝廷处分。晚年居永嘉城外水心村讲学，世称"水心先生"，是"永嘉学派"的重要代表。其著作有《水心先生文集》、《水心别集》、《习学记言序目》等。今有《叶适集》行世。

一、建构"皇极"与"弓矢从的"

叶适认为其功利之学本于儒家的根本原理，但强调这些原理必须在具体的政事和经济活动中贯彻下去，并在济时隆国的事功行为中发挥正人心、明天理的作用。他尽管并不反对"以心起之，推而至于穷事物之理，反而至于复性命之际"的理学路数，但是对于先王之意、孔子思想却有不同的理解。叶适试图对理物关系问题提出新见解，并进而主张在事功中构建皇极。所谓皇极，也就是儒家的中庸之道。

叶适认为，天地间有形的东西都是物，物有同有异，根据物之殊异而不失其一贯，这就是理。他说：

> 夫形于天地之间者，物也；皆一而有不同者，物之情也；因其不同而听之，不失其所以一者，物之理也。（《水心别集·诗》，以下本章凡引《水心别集》，均简称《别集》）

这实际上是对"理一而分殊"命题的又一种解释，它的特点在于强调因物见理。在叶适看来，《洪范》中所讲的"皇极"，并非是一个具体的形下之物，"夫极非有物，而所以建是极者则有物也"。所以，必须就所以建极之物而言极，从形物之有跃入道体的虚无中，才能切中真正意义上的皇极（见《别集·皇极》）。这表明叶适实际上是要求人们就具体的事物来论道，在事功之中建构皇极。他说：

> 道原于一而成于两，古之言道者必以两。凡物之形，阴阳、刚柔、逆

顺、向背、奇耦、离合、经纬、纪纲，皆两也。夫岂惟此，凡天下之可言
者皆两也，非一也。一物无不然，而况万物。(《别集·中庸》)

认为一切事物都是"两"，而"两"原于"一"，统一物分解为两个部分即是
道。如果片面地执其一端而不明"两"，则将造成种种"乘游反逆"；有的人似
乎把握了"两"，但把它们凝固化了，只见其形迹而不见其运化，那也是错误
的；真正的道是"中庸"："中庸者，所以济物之两而明道之一者也。……水至
于平而止，道至于中庸而止矣。"(同上) 对立统一的运动最终是达到平衡、调
和。中庸是儒家伦理实践的至道，格物穷理、尽性至命都必须根据中庸的原理
实行，而所以为中庸者则是"诚"。他认为，必须在"天地位、万物育"的
"致中和"工夫中显明诚道、建立诚道 (见《别集·中庸》)。因此，叶适强调
必须在切实的格物事功中去实现中庸之道，建构皇极。

在对《大学》的理解中，叶适特别强调了格物致知与心诚的关系，认为心
诚则物至，格物则知至。他说："有一不知，是吾不与物皆至也；物之至我，
其缓急不相应者，吾格之不诚也。"(《别集·大学》) 由此可见，叶适在哲学
上特别强调"我为"、"我发"的主体能动性一面。他说：

> 臣请决今日之论，时自我为之，则不可以有所待也；机自我发之，则
> 不可以有所乘也。不为则无时矣，何待？不发则无机矣，何乘？陛下姑自
> 为其时而后自待之，毋使群臣相倚相背，徒玩岁月，前者既去，后者复
> 来，不过如此而已也。(《别集·息虚论二》)

这段话是从主体能动性、创造性角度，主张人们不应消极地等待时机，而必须
"我为"、"我发"，积极主动地去创造时机、发动时机；如果不为不发，消极待
毙，时光如水，如何可乘可待？在这里，他反对保守、静因思想，主张充分发
挥主体的能动作用，在有为中革故鼎新，创建功业，振兴国家与民族。当然，
这种"我为"、"我发"并不是盲目的、莽撞的，而必须"依于道"、"顾理"，
"随世就功，因事用力"(《水心文集·寄王正言书》，以下本章凡引《水心文
集》，均简称《文集》)。在他看来，理在事中，道在物中，"我为"、"我发"
必须在接物事功的过程中真切地依循道理。"治道有二，内理也，外事也"，二
者的统一是"事著而有方"(《文集·进故事》)。然而由于多种原因的干扰，

导致人们不敢坚定信心，把自己的意志和思想贯彻到行动中去，反而从各个方面找借口，动摇实践的信心和决心。叶适把这种遇事自找借口、退却逃避的情况称为"的从弓矢"，反之则是"弓矢从的"。他说：

> 论立于此，若射之有的也。或百步之外，或五十步之外，的必先立，然后挟弓注矢以从之。故弓矢从的而的非从弓矢也。（《别集·终论七》）

叶适主张"弓矢从的"，就是要坚定信心，充分发挥人的主观能动性，从正面立论来指导行为活动，勇于行事就理。这就是从诚心"我为"、"我发"的无畏创造精神出发，向格物穷理下贯的过程，最终必然落实到"深信力行"、事功有理、讲求实际的思想路线上。

二、正谊谋利与明道计功

与陈亮一样，叶适也注重事功，注重物质利益。他认为，所谓道德，所谓正义，不能脱离功利，如果没有功利，所谓道德正义，都不过是空话罢了。他说：

> "仁人正谊不谋利，明道不计功"，此语初看极好，细看全疏阔。古人以利与人而不自居其功，故道义光明。后世儒者行仲舒之论，既无功利，则道义者乃无用之虚语尔。（《习学记言序目·汉书三》，以下本章凡引《习学记言序目》，均简称《序目》）

针对董仲舒所讲的"仁人正谊不谋利，明道不计功"，把道德原则和物质利益对立起来的观点，叶适指出，道德不能脱离功利，必须达到一定的功效，实现一定的物质利益；有道德的人谋利而利与人，有功而不居其功，这样才是真实的道德，道义与功利是相互结合、相互统一的。

正是在此基础上，叶适把"务实而不务虚，择福而不择祸"、"课功计效，一事一物皆归大原"（《历代名臣奏议》卷九十七）的原则，贯彻于思想的各个方面。

首先，在政治上，他重新追问立国之本、"立国之意"。在叶适看来，国之本乃在于"礼臣"、"恤刑"，这样就可以实现"不以刑法御臣下，而与臣下共守法"（《别集·国本中》）的统治集团内部的和平稳定，平民百姓"自爱而畏法"（《别集·国本下》）。在人才的培养、官制的建构上，叶适重视人才实际才能的培养和利用，主张"得天下之贤才而用之"（《别集·国本中》），强调人才与实际事业的有机结合，认为事要"材而后集"，材要"事而后显"（《文集·孟达甫墓志铭》）。在他看来，人才培养的目的是为了任事，而人才又须在不断"生事"的过程中得到检验和培养，以实功实效考察官员的政绩。

其次，在经济上，叶适认识到"财用"是当时最重要的事情之一。他通过对历代财赋制度的考察，并结合南宋的具体情况，认为理财与聚敛不同，真正的理财是用心于天下，用心于仁义，使财货畅通，国强民富，而不是"取诸民而供上用"（《别集·财计上》）。叶适强烈批评了那种搜刮民财以供统治集团大肆挥霍享受的"聚敛"行为。他所主张的功利主义乃是要以功利的再生产为目的，使社会财富有所增长。他虽然不同意"正其谊不谋其利，明其道不计其功"，但也不同意谋利害义、计功废道，而主张正谊谋利、明道计功，两不偏废。

再次，在哲学上，叶适试图从历史高度对"道之本统"（《序目·皇朝文鉴三》）有所澄清。叶适以继承尧、舜、周、孔之道自居。在他看来，道始于尧，然后依次传之于舜、禹、皋陶、汤、伊尹、文王、周公、孔子，但他并不认同理学主流以曾子、子思、孟子一系得道统之传的观点。他怀疑说："若孔子晚岁，独进曾子，或曾子于孔子后殁，德加尊，行加修，独任孔子之道，然无明据。又按：曾子之学，以身为本，容色辞气之外不暇问，于大道多所遗略，未可谓至。"（同上）又说："言孔子传曾子，曾子传子思，必有谬误。"（同上）叶适正是要通过对"道之本统"的怀疑与重新澄清，以发挥其对理学主流的纠偏作用。由于《孟子》是理学得以确立的经典依据之一，所以叶适对道统谱系的澄清也涉及孟子。在他看来，孟子虽得"圣贤统绪"，但却存在着"开德广，语治骤，处己过，涉世疏"（同上）等诸多毛病，如果以孟子为榜样，必然会陷于"趋新逐奇，忽亡本统，使道不完而有迹"（同上）的弊端。此外，叶适还对历史上许多流派的哲学思想进行了批判，"自孔子之外，古今百家，随其浅深，咸有遗论，无得免者"（陈振孙：《直斋书录解题》卷十）。由此可见，叶适对道统谱系的质疑，对其他学派思想的批判，其意是要建立有别于理学道统的思想谱系。

最后，在军事和外交上，叶适反对与金议和。他认为，与仇敌议和，导致国家不振，民心不畅，将使民族走向衰亡。因此，叶适主张在战事上抗击金兵，尤其是要雪耻复国，收拾旧山河；不可苟且偷生，偏安江南，遗忘家国仇恨，坐以待毙。叶适还对南宋冗赘的兵员和丧失战斗力的兵制进行了强烈的批评，表达了赤胆忠诚的爱国之心。

总之，陈亮、叶适的功利之学，是对程朱理学的一种反动。马克思、恩格斯在论及 18 世纪资产阶级功利主义时指出：功利思想的出现是当时理论上"一个大胆的公开的进步，这是一种启蒙，它揭示了披在封建剥削上面的政治、宗法、宗教和闲逸的外衣的世俗意义，这些外衣符合于当时的剥削形式，而君主专制的理论家们特别把它系统化了"①。尽管陈亮、叶适的功利思想所反映的时代背景和阶级利益与西方资产阶级功利主义不同，但从南宋时期和社会实际来看，他们把功利主义作为一面旗帜，敢于向主流理学挑战，确有一定的历史进步意义。

思考题：

1. 陈亮是如何理解"道"的？

2. 叶适功利之学的主要观点有哪些？

3. 陈亮、叶适哲学思想的异同是什么？

---

① 《马克思恩格斯全集》第 3 卷，人民出版社 1960 年版，第 480 页。

第二十六章　王阳明的心学

王守仁（1472—1529 年），字伯安，号阳明，浙江余姚人，明代著名的哲学家、文学家、政治家、军事家，因曾讲学于会稽山阳明洞，世称"阳明先生"。王阳明一生跌宕起伏，既曾因"平乱"等赫赫战功而被封为"新建伯"，也曾遭到廷杖、系狱、贬谪、诬陷等打击。王阳明平生最看重并引以为豪的是自己的心学。他作为心学的集大成者，与理学的集大成者朱熹并立。其语录、书札及论学诗文，曾被编为《王文成公全书》。今有《王阳明全集》行世。

第一节　阳明心学产生的背景

阳明心学的产生和发展，既与元明时期占据主导地位的程朱理学有着密切的关系，也与明中期复杂的社会背景直接相关。

南宋灭亡后，蒙古人入主中原，边塞游牧文化民族与中原农业文化民族进一步融合。与此同时，由于治理多民族大国的需要，儒学（主要是程朱理学）逐渐成为元代的国家哲学。在此基础上，明王朝建立以后，程朱理学进一步被"定于一尊"，成为明王朝占据主导地位的意识形态。

一、元初的儒学北传

元代儒学的发展与元统治者对儒学的认同和提倡密切相关。在金宋对立的过程中，儒学已经对金朝的社会产生了影响。元灭金后，蒙古统治者开始注意网罗儒学家。但当时得到的儒师，基本上属于章句之儒。后来，元人在进兵南宋时俘获了赵复①，将其礼送至燕京的太极书院，请他传授程朱义理之学。赵复把程朱理学系统介绍到北方，是宋元之际在北方传播理学的第一位有重大影响的人物。元初期的大儒如姚枢、窦默、郝经、许衡等，一时俱出其门下。许衡后来成了元代的官方大儒。

许衡（1209—1281 年），字仲平，河内（今河南焦作）人。许衡早年所接

---

① 赵复，德安（今湖北安陆）人，私淑程朱之学，其学术活动约在 1230—1260 年。

受的儒学是"句读训解"之学，后经姚枢得赵复所授的义理之旨，并从姚枢处抄得了《伊川易传》、朱熹的《四书章句集注》等书，大有所得，曾居苏门（今河南辉县）与姚枢、窦默相讲习，"慨然以道为己任"（《元史·许衡传》）。他应试中选后，被忽必烈先后任命为京兆提学、国子祭酒，后来甚至位列台辅。他在向元统治者建议实行"汉法"的同时，也致力于普及儒学，将朱熹的《四书章句集注》规定为科举考试的主要内容，定朱学于一尊。因此，明初程朱理学的主要代表人物薛瑄称赞许衡是"朱子之后，一人而已"（《读书录》卷一）。

在学理上，许衡私淑朱熹。据元代耶律有尚《许鲁斋考岁略》记载，许衡于34岁手抄程朱著作而深有所得后，便对学生说："昔所授受，殊孟浪也，今始闻进学之序。若必欲相从，当悉弃前日所学章句之习，从事于小学洒扫应对，以为进德之基。不然当求他师。"他彻底以程朱理学作为自己进修和教导学生的课程。从此，许衡成为程朱理学在北方最忠诚、最有力的拥护者和推行者。但他所推尊的朱学有融合陆学的趋向。如格物致知，他虽遵从朱熹的理解，但又强调反求于己，并认为人人都有良知良能的"善端"；关于心性论，他甚至认为心、性、天可以"一以贯之"，直求本心即可得到天理。这些内容，显然也有若干陆九渊心学的成分。

二、和会朱陆

在许衡等一批出身于儒学的北方官吏的努力下，朱熹的《四书章句集注》被定为元代开科取士的主要内容。随着元代儒学的发展，在程朱理学的主导下，陆九渊心学也逐渐受到士人的重视，出现了和会朱陆的趋势，其代表人物包括朱门后学吴澄和源出陆学的郑玉等人。

吴澄（1249—1333年），字幼清，号草庐，抚州崇仁（今属江西）人。他15岁开始读朱熹的《大学章句》，入元后受荐入京，但却止于师儒与文学之类的官职。吴澄和会朱陆，首先是从批判维持数十年的朱陆门户之见入手的。在他看来，所谓朱陆之争，实际上是朱陆二家的"庸劣门人"有意为之：

> 朱陆二师之为教一也，而二家庸劣之门人，各立标榜，互相诋訾，至于今，学者犹惑。呜呼甚矣，道之无传而人之易惑难晓也！（《宋元学案·

草庐学案》）

接着，他又从分析陆学入手，认为其本心之说是自古圣贤相传的道统。在他看来，以本心之说为非，恰恰是对圣学无知的表现。他说：

> 今人谈陆子之学，往往曰以本心为学。而问其所以，则莫能知陆子之所以为学者何如。是本心二字，徒习闻其名，而未究竟其实也。……然此心也，人人所同有，反求诸身，即此而是。以心而学，非特陆子为然，尧、舜、禹、汤、文、武、周、孔、颜、曾、思、孟以逮周、程、张、邵诸子，莫不皆然。故独指陆子之学为本心，学者非知圣人之道者也。（《宋元学案·草庐学案》）

在他看来，以发明"本心"为目的的陆学，恰恰是圣学之真传；而随意批评陆学，都属于"非知圣人之道"的表现。元代和会朱陆的趋势，虽然是在程朱理学主导下完成的，但却为明代心学的发展提供了必要的理论准备。

在明代儒学由理学向心学转向的过程中，陈献章（1428—1500 年）及其弟子湛若水（1466—1560 年）起了重要作用。湛若水认为"在心为性，在事为学；尊德性为行，道问学为知。知行并进，心事合一，而修德之功尽矣"（《圣学格物通》卷二十七《进德业》二），就表现出了和会朱陆的倾向。不过与王阳明"一见定交"的湛若水，已经试图在心学的基础上来统一理学了。

明代中后期，土地兼并日益严重，阶级矛盾日益尖锐，大规模的农民起义不断爆发，同时统治阶级内部皇室与藩王之间的内讧、宦官与官僚之间的派系争斗、王朝与北方蒙古政权之间的冲突也时有发生，正统十四年（1449 年）还发生了明英宗被瓦剌俘虏的事件。同时，随着当时商品经济的较快发展，以追求奢侈、崇拜金钱为主要表现的私欲膨胀成为社会风气。如此充满乱象的社会，用王阳明的话来说，社会矛盾的表现是"山中贼"盛行，私欲膨胀的标志则是"心中贼"泛滥。二者相比，"破山中贼易，破心中贼难"（《王阳明全集·与杨仕德薛尚谦（丁丑）》，以下本章凡引《王阳明全集》，只注篇名）。因此，阳明心学的根本任务，就是要解决如何破除"心中贼"这个难题，为解除封建社会的思想危机提供方案。

第二节 龙场悟道与"心即理"

王阳明的心学哲学体系主要包括"心即理"说、"知行合一"说、"致良知"说等思想命题。"龙场悟道"是王阳明心学形成的标志，所悟之道就是"心即理"。

一、龙场"始知圣人之道"

王阳明出身官宦之家，早年主要按照朱子学来规划其圣贤之路。不过，他的圣贤之路走得相当艰难。按照朱子学的教导，追求圣贤之学必须以格物致知为入手，于是他就近取材，首先进行了一番"格竹子"的实践。结果非但没有格通竹子，反而使自己大病一场。《王阳明全集·年谱一》记载：

> 一日，思先儒谓"众物必有表里精粗，一草一木，皆涵至理"，官署中多竹，即取竹格之；沉思其理不得，遂遇疾。先生自委圣贤有分，乃随世就辞章之学。

但辞章之学终非义理，并不能满足王阳明的精神追求。于是他又按照朱子的方法进行读书实践，结果再次失败：

> 自念辞章艺能不足以通至道，求师友于天下又不数遇，心持惶惑。一日读晦翁上宋光宗疏，有曰："居静持志，为读书之本，循序致精，为读书之法。"乃悔前日探讨虽博，而未尝循序以致精，宜无所得，又循其序，思得渐渍洽浃，然物理吾心终若判而为二也。沉郁既久，旧疾复作，益委圣贤有分。（《年谱一》）

通过这两番实践，王阳明隐约触及了朱子学"物理吾心终若判而为二"的问题。

35岁时，王阳明陷入了一场政治斗争的旋涡。当时，言官戴铣等以谏忤旨，遭到了"逮系诏狱"的处分。王阳明出于人臣本分，率先抗疏相救。他向武宗皇帝进《乞宥言官去权奸以章圣德疏》，请求武宗收回前旨，恢复戴铣职务，"扩大公无我之仁，明改过不吝之勇"，结果"亦下诏狱。已而廷杖四十，既绝复苏。寻谪贵州龙场驿驿丞"（《年谱一》）。在贵州龙场，王阳明虽然困难重重，但在思想上经历了一番艰苦探索：

> 自计得失荣辱皆能超脱，惟生死一念尚觉未化，乃为石墩，自誓曰："吾惟俟命而已!"日夜端居澄默，以求静一；久之，胸中洒洒。……因念"圣人处此，更有何道?"忽中夜大悟格物致知之旨，寤寐中若有人语之者……始知圣人之道，吾性自足，向之求理于事物者误也。(《年谱一》)

这就是著名的王阳明龙场悟道。"圣人之道，吾性自足，向之求理于事物者误也"，这既是对其自"格竹子"以来"求理于事物"之路的一种猛醒，也是对朱子"物理吾心终若判而为二"难题的一种自我解决。

二、心外无理、无事、无物

王阳明龙场悟道的实质，就是悟出了"心即理"说。三年后，王阳明贬谪期满。在返回浙江老家的途中，他与其弟子徐爱展开了一场关于《大学》宗旨的讨论：

> 爱问："至善只求诸心，恐于天下事理有不能尽。"
> 先生曰："心即理也。天下又有心外之事、心外之理乎?"
> 爱曰："如事父之孝，事君之忠，交友之信，治民之仁，其间有许多理在。恐亦不可不察。"
> 先生叹曰："此说之蔽久矣，岂一语所能悟! 今姑就所问者言之，且如事父，不成去父上求个孝的理? 事君，不成去君上求个忠的理? 交友治民，不成去友上、民上求个信与仁的理? 都只在此心，心即理也。此心无私欲之蔽，即是天理，不须外面添一分。以此纯乎天理之心，发之事父便是孝，发之事君便是忠，发之交友治民便是信与仁。只在此心去人欲、存天理上用功便是。"(《传习录》上)

针对徐爱"即物穷理"的思路，王阳明则以"心即理"思路加以扭转，认为作为道德法则的"理"并不在外，就在主体的心中。"心外无理"，主体与本体同一。正由于此心与此理本质上同一，因而只要保持"此心无私欲之蔽"，那么"心之所发"自然就会合乎道德。事父之孝、事君之忠等，只有在主体"心之所发"的道德实践中才能得到真正的落实和彰显。因此,"心即理"命题的意义就在于为人的道德实践确立了一个坚实的主体基础,这也就是其所谓的"圣人之道,吾性自足"的确切内涵。正是在这个意义上,龙场悟道成为王阳明心学确立的标志。王阳明从"心即理"出发,宣称:"心外无物,心外无事,心外无理"(《与王纯甫》二)。这是"心即理"说的三个方面。

一是"心外无理"。王阳明的"心",首先是指心之本体,这是在本体论的层面上说"心"。王阳明指出:"心之体,性也,性即理也。"(《传习录》上)又说:"夫心之本体,即天理也。"(《答舒国用(癸未)》)在朱陆哲学中,天理都是物理与伦理的统一,王阳明"沿周程之说求之",始终也是在伦理道德一义上运用"天理"概念的。在这个意义上,天理不仅直接就是人的至善之性,而且舍性就无所谓天理;而理与性的同一,亦即"性即理"。这是整个宋明理学所共同遵奉的理论前提。这样,当王阳明提出心之本体时,也就将他的"心即理"确立在宋明诸儒公认的理论基础上了。当然,在"性即理"的问题上,朱熹所说的性、理是客观的,而阳明讲的性、理则是主观的。

二是"心外无事"。王阳明的"心",又是指个体的发用流行之"心",这实际上是修养论上的"心"。本体意义上的"心即理",体现在每一个生命主体身上的时候,必然有其发用流行的一面。从发用流行的角度看,"此心无私欲之蔽,即是天理,不须外面添一分。以此纯乎天理之心,发之事父便是孝,发之事君便是忠,发之交友治民便是信与仁"(《传习录》上)。道德实践是本体之心的自然流露。从实践的角度看,"此心若无人欲,纯是天理,是个诚于孝亲的心,冬时自然思量父母的寒,便自要去求个温的道理;夏时自然思量父母的热,便自要去求个清的道理"(同上)。所以,当此心无私欲之蔽时,理就成为其自然的发用表现了。不仅如此,人的认识也具有同样的内涵。

三是"心外无物"。作为个体发用流行的"心",在王阳明这里,还有认识论方面的表现。心,不仅是人身的主宰,是人身道德实践的主宰,而且也是天地、鬼神、万物的主宰。《传习录》下记载:

> 先生游南镇,一友指岩中花树问曰:"天下无心外之物;如此花树,在深山中自开自落,于我心亦何相关?"先生曰:"尔未看此花时,此花与尔心同归于寂;尔来看此花时,则此花颜色一时明白起来。便知此花不在尔的心外。"

友人从经验知识的观点，从心的认知活动来理解王阳明的"心外无物"。王阳明当然不是反对心有认知的功能，但却认为心体有高一层次的"明觉感应"的作用。在明觉感应中，我与花，乃至我与万物同时呈现。有感就同时呈现，无感则一同归寂。换言之，在心的感应之中，花才成为真实存在。山中花树如此，天地、鬼神、万物，亦莫能外。他在与弟子们的问答中，反复强调心体"灵明知觉"的独特作用：

> 先生曰："尔看这个天地中间，甚么是天地的心？"对曰："尝闻人是天地的心。"曰："人又甚么教做心？"对曰："只是一个灵明。"（先生曰：）"可知充塞天地中间，只有这个灵明，人只为形体自间隔了。我的灵明，便是天地鬼神的主宰。天没有我的灵明，谁去仰他高？地没有我的灵明，谁去俯他深？鬼神没有我的灵明，谁去辩他吉凶灾祥？天地鬼神万物离却我的灵明，便没有天地鬼神万物了。我的灵明离却天地鬼神万物，亦没有我的灵明。如此便是一气流通的，如何与他间隔得！"又问："天地鬼神万物，千古见在。何没了我的灵明便俱无了？"曰："今看死的人，他这些精灵游散了，他的天地万物尚在何处？"（《传习录》下）

人作为认识主体是一切外物存在意义的参照，有了人的价值主体，外物的存在才具有意义。天地鬼神万物，无不是因为人去认识它，它才有了特性。在这里，王阳明是把人的主体认识与万事万物放在同一对关系范畴中去阐述人心的主宰作用的。在他看来，离开了人的认识、人的感觉和思维，就不可能对万事万物作出判断。就"心"对万事万物的把握来说，心就是性，就是天理，就是天地万物的本体。"身之主宰便是心，心之所发便是意，意之本体便是知，意之所在便是物。如意在于事亲，即事亲便是一物；意在于事君，即事君便是一物；意在于仁民爱物，即仁民爱物便是一物；意在于视听言动，即视听言动便是一物。所以某说无心外之理，无心外之物。"（《传习录》上）在这里，王阳明把"心"变成了精神本体、道德主体，同时也变成了宇宙的最高本体。这无疑是主观唯心论，但其中也包含了认识活动与价值意义具有内在联系的合理因素。

总起来说，王阳明"心即理"尽管没有从根本上否定客观事物的独立存在，但把外在的客观事物及其本质置于心与物"明觉感应"的前提条件下来定义天地万物，无疑具有明显的主观唯心主义的色彩。

第三节 "知行合一"论

知行关系是中国哲学史上的重要问题，也是宋明理学讨论的重点之一，王阳明对此明确提出了"知行合一"论。

一、"知是行之始，行是知之成"

王阳明在自己的切身体会中认识到，朱熹哲学的根本缺点就在于"心"与"理"的分离，并且由此导致了"知"与"行"的分离。"知而不行"和"行而不知"是产生一系列社会问题的认识论根源之一。"外心以求理，此知行之所以二也。求理于吾心，此圣门知行合一之教。"（《传习录》中）他认为只有通过知行合一、身体力行的实践活动，才可以恢复人之为人的良知本能，以破除"心中贼"，维护社会的稳定。

龙场悟道表明阳明心学之主体性立场的确立，"知行合一"则是在此基础上直接指向道德实践的命题。所以，在龙场悟道的次年，王阳明就提出了他的"知行合一"论：

> 爱曰："古人说知行做两个，亦是要人见个分晓，一行做知的工夫，一行做行的工夫，即工夫始有下落。"
>
> 先生曰："此却失了古人宗旨也。某尝说知是行的主意，行是知的工夫；知是行之始，行是知之成。若会得时，只说一个知，已自有行在，只说一个行，已自有知在。……今人却就将知行分作两件去做，以为必先知了，然后能行，我如今且去讲习讨论做知的工夫，待知得真了，方去做行的工夫，故遂终身不行，亦遂终身不知。此不是小病痛，其来已非一日矣。"（《传习录》上）

王阳明认为，分知行为二必然会导致知先行后；而知先行后又存在着知而不行的可能性。他强调在没有私欲夹杂的状态下，知与行本来就是一个不可分割的整体。"知是行的主意，行是知的工夫；知是行之始，行是知之成"，明确揭示了知与行之不可分割的一体关系。

二、"一念发动处即是行"

在《答顾东桥》和《答友人问》两书中，王阳明对知行合一关系作了进一步阐发。他认为：

> 知之真切笃实处，即是行；行之明觉精察处，即是知，知行工夫本不可离。只为后世学者分作两截用功，失却知行本体，故有合一并进之说。（《传习录》中）

> 若行而不能精察明觉，便是冥行，便是"学而不思则罔"，所以必须说个知；知而不能真切笃实，便是妄想，便是"思而不学则殆"，所以必须说个行。元来只是一个工夫。（《答友人问（丙戌）》）

这里所论，都是就道德之知与道德之行的不可分割性而言的。他还以"好好色"、"恶恶臭"为例作了论证：

> 《大学》指个真知行与人看，说"如好好色，如恶恶臭"。见好色属知，好好色属行。只见那好色时已自好了，不是见了后又立个心去好。闻恶臭属知，恶恶臭属行。只闻那恶臭时已自恶了，不是闻了后别立个心去恶。（《传习录》上）

换句话说，"一念发动处即是行"，对于一个人来说，一有感知产生，就可以视之为行为上的反应，"知痛"与"痛"、"知饥"与"饥"、"知寒"与"寒"均同"好好色"、"恶恶臭"一样，都是知行合一的。推而广之，人类一切复杂的活动和有意识的作为，都超不出"知行合一"的范围。他认为，犯上作乱的现象之所以层出不穷，乃是因为人们分知行为二，以为不善之念未付诸行而不用去克服，故往往因此放任而酿成大患。所以，必须以"一念发动处"为行，在一念虑方萌处下功夫，方能从源头禁绝祸患。

在知行合一的过程中，王阳明还认为知与行的作用虽然不同，但实际发生作用的"工夫"也是不可分离的。"知之真切笃实"必见于行，"行之明觉精察"也正在于知，这个统一的过程开始于意念，"知"与"行"须臾不可分。

正如走路，一个人有了欲行之意，那就是行的开始。至于路途是否平坦，只有亲身经历了才能知道。"哑子吃苦瓜，与你说不得。你要知此苦，还须你自吃。"（《传习录》上）他从"行"的方面规定"知"，提出真知一定要表现为"行"。很明显，所谓"知行合一"，不仅是对其"圣人之道，吾性自足"的一种实践落实，同时也是其"心即理"命题的具体表现。这些论述，阐释了知与行互相依存、互相推动的辩证关系。在现实社会中，不学无知，难以成人；而只说不做、假话骗人，更有危害。王阳明以为知行合一是治疗此疾的良药。

但是，王阳明以意念发动作为"行"，实际上就是把知（意念）当成了行，是把"行"消融于"知"。正如明清之际王夫之所明确指出的，王阳明的知行合一是"销行以归知"（王夫之：《尚书引义·说命中二》），也就是把"行"消融于先验性的良知。他看不到社会生活中人的良知、私欲产生的社会物质力量和文化积累，只能用先验的良知作为知行合一思想的天然依据，其思想的局限性十分明显。这与其"心即理"的主观唯心论相一致。但是从道德修养的角度来说，知行合一也包含着把道德认知落实于道德践履，在道德践履中进一步提高道德认知的合理因素。

第四节 "致良知"说

"致良知"是王阳明一生思想探索的结晶，也是其一生教法的总结。王阳明曾告诫儿子说："吾平生讲学，只是'致良知'三字。"（《寄正宪男手墨二卷》）"致良知"的思想，不仅体现了王阳明"心即理"的思想取向，而且是其"知行合一"命题的进一步深化。在王阳明那里，"良知"既是道德意识，也指最高本体，人人具有，个个自足，是一种不假外力的内在力量。"致良知"就是在事上磨炼，将良知推广扩充到事事物物。"致"本身即是兼知兼行的过程，是知行合一的工夫。"致良知"是王阳明心学本体论与修养论的直接统一。

一、"致良知"的提出

从具体发生的角度看，"致良知"首先脱胎于王阳明平定宸藩之乱又遭太监构陷的一段经历。《年谱二》中说："自经宸濠、忠、泰之变，益信良知真足以忘患难、出生死……乃遗书守益曰：'近来信得致良知三字，真圣门正法眼藏。往年尚疑未尽，今自多事以来，只此良知无不具足。譬之操舟得舵，平澜浅濑，无不如意，虽遇颠风逆浪，舵柄在手，可免没溺之患矣'。"

从内在结构来看，"良知"就是人的至善之性直接发用于人的是非知觉之间，并以随时知是知非的知觉表现出来；或者说也就是以是非知觉所表现出来的至善之性。王阳明说：

> 性无不善，故知无不良。良知即是未发之中，即是廓然大公、寂然不动之本体，人人之所同具者也。（《传习录》中）
>
> 是非之心，不虑而知，不学而能，所谓良知也。良知之在人心，无间于圣愚，天下古今之所同也。（同上）
>
> 尔那一点良知，是尔自家底准则。尔意念着处，他是便知是，非便知非，更瞒他一些不得。尔只不要欺他，实实落落依着他做去，善便存，恶便去。（《传习录》下）

从这些论述来看，"良知"首先表现为人的一种随时知是知非的能力。不过，"良知"虽然表现为一种是非知觉，但其根源则在于人的至善之性，是至善之性直接发用于是非知觉的表现，所以王阳明不无自豪地说："我此良知二字，实千古圣圣相传一点滴骨血也。"（《年谱二》）其弟子也赞叹说："今先生拈出良知二字，此古今人人真面目，更复奚疑？"（同上）

二、"良知"与"见闻酬酢"

良知虽然表现为一种是非知觉，但仅仅知觉却并非就是良知。二者的关系，正如良知与见闻的关系一样。王阳明说：

> 良知不由见闻而有，而见闻莫非良知之用，故良知不滞于见闻，而亦不杂于见闻。（《传习录》中）

那么，良知与见闻知觉究竟如何区别呢？就其共同性而言，应该说它们都具有知觉的形式；就其区别来看，则在于它们又具有完全不同的基础：见闻知觉的基础是人通过五官所表现出来的自然之性，而良知的主体基础则在于人的道德善性，所以说"性无不善，故知无不良"（同上）。由至善之性直接贯通是非知觉，就是良知之为良知的本质特征。此外，由于良知与见闻知觉具有共同的表现形式，且共同作用于人生，所以王阳明又说：

> 日用之间，见闻酬酢，虽千头万绪，莫非良知之发用流行，除却见闻酬酢，亦无良知可致矣。（《传习录》中）

这就是说，正由于它们具有共同的表现形式，所以良知也就流行、渗透于见闻知觉之中，从而也使所有的见闻知觉都可以成为良知发用流行的表现。如此一来，其人生自然也就可以成为良知统摄下的人生了。

三、"致良知"的落实

良知虽然知是知非，并且具有"随你如何不能泯灭"（《传习录》下）的特点，但良知又存在着一个根本缺陷，即容易受到私欲的蒙蔽。这是良知必须发用流行于是非知觉中的特点决定的，因此，对现实的人生来说，良知也就非"致"不存；只有在"致良知"的道德实践中，"良知"才能真正发挥其随时知是知非的作用。这样一来，"良知"虽然是人的"天植灵根"，但也只有在"致良知"的道德实践中，才能真正发挥其"试金石"、"指南针"的作用，所以王阳明感叹道：

> 孰无是良知乎？但不能致之耳。《易》谓："知至，至之。"知至者，知也；至之者，致知也。此知行之所以一也。（《与陆元静书其二（壬午）》）

在王阳明晚年的讲学中，他处处强调"致良知"的工夫。如说：

> 必欲此心纯乎天理，而无一毫人欲之私，非防于未萌之先，而克于方萌之际不能也。防于未萌之先，而克于方萌之际，此正《中庸》"戒慎恐惧"、《大学》"致知格物"之功，舍此之外，无别功矣。（《与陆元静书其三（甲申）》）
>
> 依此良知，忍耐做去，不管人非笑，不管人毁谤，不管人荣辱，任他工夫有进有退，我只是这致良知的主宰不息，久久自然有得力处，一切外事亦自能不动。（《传习录》下）

所谓"防于未萌之先，而克于方萌之际"，是指主体内在的慎独工夫而言；而"不管人非笑，不管人毁谤，不管人荣辱"等，则是主体对外部世界的自主态度。很明显，王阳明就是要通过良知这种内在主宰，将整个人生都统一到"致良知"的道德实践上来。正因为良知只有在致良知的道德实践中才能发挥作用，所以王阳明将"致良知"视为其一生探索的最高结论。在"致良知"三个字上，实现了"心即理"、"知行合一"的最终统一。凭借着"致良知"的工夫，王阳明心目中"破心中贼"的终极关怀，就有了切实可行的落脚点。

在道德实践中，"致良知"作为王阳明心目中的理想方法，无疑是他所倡导的克服人心私欲的最佳选择。但是，现实社会矛盾所引发的人心私欲膨胀，以及社会政治和经济矛盾进一步引发的阶级矛盾和阶级斗争，却不是"致良知"所强调的道德意识的培养和道德实践所能彻底解决的。"致良知"学说并未能挽救明王朝走向衰亡的命运，也不可能解决封建社会的根本矛盾。

总之，阳明心学的产生，不仅具有历史的必然性，而且也含有某些合理、积极的因素。心学对"良知"对人的自我意识主宰作用的强调，从某种意义上也就是重视人的价值，重视人类自身在社会发展中的作用，这是对古代人本思想的继承和发展。王阳明的"知行合一"、"致良知"等思想，也在一定程度上有助于缓和社会矛盾，维护社会秩序的稳定。但他的"致良知"说与其"心即理"、"知行合一"思想是一脉相承的，都颠倒了物质与精神、存在与意识的关系。这种世界观、认识论无疑既是先验论的表现，也是其思想的局限性之所在。

思考题：

1. 王阳明"龙场悟道"的内容是什么？

2. 王阳明是怎样论证"心外无物"的？

3. 王阳明"知行合一"说的立论宗旨及其理论意义是什么？

第二十七章　罗钦顺和王廷相的气学

明中叶以后，不仅兴起了以王阳明为代表的"心学"，而且出现了以罗钦顺、王廷相为代表的"气学"。尽管他们二人在学派认同和运思逻辑方面有所差异，但在宇宙本体论上都以物质性的"气"为最高本体，是"气学"一脉在与程朱理学、陆王心学相互交融、相互争辩之后所取得的新进展。

第一节　罗钦顺的哲学

罗钦顺（1465—1547 年），字允昇，号整庵，江西泰和人。他于弘治六年（1493 年）进士及第，授翰林院编修，后改迁南京国子监司业。正德三年（1508 年），因不附和权宦刘瑾，被削职为民。刘瑾伏诛后，以原官起复，历任南京太常寺少卿，南京吏部、礼部尚书等职。罗钦顺形成自己思想期间，正值王阳明心学影响日益壮大之时。他对王阳明心学展开批判，并修正程朱理学，提出了气本论的思想。主要著作为《困知记》，还有《整庵存稿》、《整庵续稿》。

一、"理只是气之理"

罗钦顺的气本论思想由程朱理学的理气论演化而来。程朱理学一方面为了突出"天理"本体的实在性，认为在现实事物中，理气相即不离、"本无先后"，理须"存乎气中"，"挂搭"在气上运行；另一方面为了突出"天理"本体的超越性，又强调理气"决是二物"，理才是最高本体，终究在气先。这种理论上的内在矛盾，在理学发展过程中逐渐引起一些朱学学者的重视。他们试图在保持理本论的同时突出理气之间的相即不离，完善理气关系。这种思想倾向在明初理学家曹端（1376—1434 年）、薛瑄（1389—1464 年）那里就已呈现出来。曹端曾就朱熹"理之乘气，犹人之乘马"的比喻进行检讨，认为朱熹用"人跨马"比喻理挂搭在气上流行，必然会导致"人为死人"、"理为死理"。因此，他认为必须把朱熹的"人马之喻"改为"活人乘马"，从而突出太极作为"活理"的能动性和主宰性。薛瑄则强调理气的相即不离关系，认为"天下无无气之理，亦无无理之气"（《读书续录》卷十二），"理只在气中，决不可分先后"（《读书续录》卷四），以避免天理沦为"空理"。罗钦顺正是在他们思索的基础上，沿着理气相即不离、将理内化于气中的逻辑进路继续发展，提出了"理只是气之理"的观点。

同其他朱子学者一样，罗钦顺也用"气"去说明宇宙万物的化生过程。在他看来，气是构成宇宙万物的基本质料，包括人在内的宇宙万物都受气而生，由气凝聚而成。"自形体而观，若有内外之分，其实一气之往来尔。"（《困知记》卷下）气的凝聚造成具体事物的产生，气的分散造成具体事物的消亡。有形的具体事物有生死成灭，而一气流行却永无止息，所以说："通天地，亘古今，无非一气而已。"（《困知记》卷上）

但与以往的朱子学者不同，罗钦顺不仅用气化流行去说明天地运行、万物构成，而且对程朱理学的理气论作出了气本论的新阐释，改变了程朱理学"理先气后"的观点。他说：

> 理只是气之理，当于气之转折处观之。往而来，来而往，便是转折处也。夫往而不能不来，来而不能不往，有莫知其所以然而然，若有一物主宰乎其间而使之然者，此理之所以名也。（同上）

于是，罗钦顺便在接受朱熹的理是事物"所以然之则"与"所当然之故"观点的前提下，否定了朱熹"理主宰气"的思想，将"理"由主宰气的至上本体修正为体现于"气之转折处"的必然条理。他说："气之聚便是聚之理，气之散便是散之理，惟其有聚有散，是乃所谓理也。"（《困知记》卷下）正是在气的聚散过程中，才体现了聚散之理；离开了气的聚散，便无所谓聚散之理；而并非像朱熹所说的那样"未有天地之先，毕竟先有此理"。于是，理气关系便不是朱熹的理主宰气、理先气后，而是理依存气、理在气中。

由上述可见，罗钦顺不仅颠倒了程朱理学的理气论，而且否定了天理的先在性，取消了天理的先天至上本体地位，将程朱理学的理本论修正为气学的气本论。其最高哲学范畴也由作为客观精神实体的"天理"转变为物质性的"气"，具有朴素唯物主义倾向。

由于罗钦顺颠倒了程朱理学的理气关系，所以，当他正面规定"天理"范畴时，其内涵也发生了改变。

按照程朱理学的观点，天理虽然"挂搭"在气上，但它却是与气"分际甚明"的最高实体，与气"决是二物"。然而，在罗钦顺这里，由于他把气看作最高实体，所以便否定了"天理"所具有的实体属性，而仅仅将其看作"气之条理"。他认为，正是气的动静往来、阖辟升降，造成了四时之温凉寒暑、万物之生长收藏、斯民之日用彝伦、人事之成败得失，而其中"千条万绪，纷纭胶轕，而卒不可乱，有莫知其所以然而然，是即所谓理也"。因而，理"初非别有一物"，而是"依于气而立，附于气以行也"（《困知记》卷上）。换言之，理并不是气之往来变化之外的独立实体，不过是气之往来变化过程中的"所以然"而已。

于是，在程朱理学那里作为最高实体的天理，在罗钦顺思想中便成为依附于气而存在的气化流行的必然条理。它相对于气而言，既不存在事实上的独立性，也不存在逻辑上的先在性，与气是完全统一的。正是基于这一立场，罗钦顺对朱熹"不离"、"不杂"的理气关系定位表示了不满，并对程朱理学将理气分作二物的表述展开了批判。他指出，程颐以阴阳指气、以"所以阴阳者"指道，朱熹的"理与气决是二物"、"理强气弱"等，都有将理气定为二物之嫌，都与真实的理气关系"小有未合"（同上）。他进而认为，朱熹之所以"终身认理气为二物"，源自他对周敦颐《太极图说》"无极之真，二五之精，妙合而凝"一语的解释。朱熹将"无极之真"解释为理，将"二五之精"解释为气，将"妙合而凝"解释为理气二物的结合，这虽然强调"妙合"，但已经将理气定为二物了。而实际上，理并不是独立于气之外的"主宰"，理气只是一物，必须将它们"定于一"。

罗钦顺通过对程朱理学理气论的批判诠释，最终实现了从理本论向气本论的转化。这就使得他这个"朱学后劲"的哲学思想与程朱理学在性质上出现了根本区别。事实上，用气化流行去说明宇宙万物的构成和演化，是包括唯心主义理学家在内的理学各派的普遍观点。而罗钦顺与他们的根本区别，就在于他不仅承认"气化"，而且承认"气本"。正是这一点，使其哲学继承和发展了唯物主义"气学"的传统。

二、批判佛学和心学只见心而不见性

罗钦顺之所以将程朱理学演变为气学，其目的是为了批评王阳明的心学。在他看来，所谓心学，不过是玩弄佛禅之学的"虚灵之妙"而已。所以，他以比较的方式对心学与佛禅一并进行批判。

罗钦顺批评佛禅之学，与其早年曾有习禅经历密切相关。据《困知记》记载，罗钦顺在早年为官京师时，偶遇一老僧，漫问"何由成佛"。那老僧举禅语答云："佛在庭前柏树子。"罗钦顺"意其必有所谓，为之精思达旦。揽衣将起，则恍然而悟，不觉流汗通体。既而得禅家《证道歌》一编，读之，如合符节，自以为至奇至妙，天下之理莫或加焉"。后来为官南雍，日读儒家经籍，"潜玩久之，渐觉就实。始知前所见者，乃此心虚灵之妙，而非性之理也"（《困知记》卷下）。这次出入禅学的经历，使罗钦顺对佛禅之学的弊端有了深刻认识。他发现佛禅之学所凭借的不过是一点虚灵之妙，而仅凭所谓虚灵知觉，则根本无法支撑儒家的人伦世教。这是他抛弃佛禅之学而转向儒学的原因所在，也是他后来批评佛禅之学的重要缘由。

罗钦顺对佛教提出如下批评：

> 释氏之学，大抵有见于心，无见于性。故其为教，始则欲人尽离诸相，而求其所谓空，空即虚也。既则欲其即相即空，而契其所谓觉，即知觉也。觉性既得，则空相洞彻，神用无方，神即灵也。凡释氏之言性，穷其本末，要不出此三者，然此三者皆心之妙，而岂性之谓哉！（《困知记》卷上）

罗钦顺对"心"、"性"的理解基本上延续了朱熹以"虚灵知觉"释心、以"天理"释性的观点，认为"心者，人之神明，性者，人之生理"，"虚灵知觉，心之妙也；精微纯一，性之真也"（同上）。因而他批评佛家只看到了心的作用，而没有看到性的实在性，把山河大地看作是人的心识所幻化，否定了天地万物、人伦社会的实在性，进而否定了儒家的伦理纲常。佛教所追求的"即相即空"的"觉"的境界，实际上就是心的"虚灵知觉"功能的展现。而佛教的所谓"空相洞彻"，也只是心的"神明"作用的实现。因此，尽管佛家也讲"明心见性"，看似与儒家"尽心知性"的表述相近，但其实只注重了心的"虚灵知觉"功能，而根本没有看到作为人伦事物之理的性的实在性，所以说佛家是"有见于心，无见于性"。而且它所见到的心只是具有知觉功能的"人心"，而不是作为"性"之落实的"道心"。所以说，"吾儒见得人心道心分明有别，彼则混然无别矣"（《困知记》续卷下）。这样，罗钦顺便将儒释之别归结为心性之别，将佛家的错误归结为对"心"的偏重。这为他批判同样以"心"为本的心学提供了一个重要参照。

根据上述儒佛之判的标准，罗钦顺将宋代以来所有的心学都归结为禅学。在他看来，心学与佛禅同样是"有见于心，无见于性"。由此出发，罗钦顺对陆九渊、王阳明等心学家们展开了激烈的批判。他说："佛氏有见于心，无见于性，象山亦然。其所谓至道，皆不出乎灵觉之妙，初不见其有少异也。"（《困知记·附录·答允恕弟》）他与王阳明及其弟子欧阳德等人展开辩论，反对王阳明将天理限定于心中的说法，认为这种说法忽视了对外在的事事物物之理的追求，犯了类似于禅学"局于内而遗于外"的错误。在他看来，阳明以良知为天理的观点混淆了人的内心良知与客观天理的区别。罗钦顺对王阳明"良知"的理解正如他对佛家心识觉性的理解一样，均将其界定为人心的"虚灵知觉"。正是由于他以"知觉"为良知，所以王阳明以良知为天理就是将人心的"知觉"误作外在的人伦事物的必然道理，"是道理全在人安排出，事物无复本然之则矣"（《困知记·附录·答欧阳少司成崇一》）。

罗钦顺对佛学与心学的批判被人誉为"自唐以来，排斥佛氏，未有若是其明且悉者，卫道于是乎有功矣"（《困知记·序》），但也遭到了明末刘宗周的反批评："先生不免操因咽废食之见，截得界限分明，虽足以洞彼家之弊，而实不免抛自身之藏。"（《明儒学案·师说》）又说："先生方断断以心性辨儒释，直以求心一路归之禅门，故宁舍置其心以言性，而判然二之，处理于不内不外之间，另呈一心目之象，终是泛观物理。"（同上）这是说，罗钦顺是通过心学与佛禅之学的相似性来批评心学的，实际上是将心学赶到佛禅一边，忽视了心学注重人伦道德的儒学立场，并提出了不同于程朱的新见解，所以刘宗周批评他有"因咽废食"之弊。

第二节　王廷相的哲学

王廷相（1474—1544年），字子衡，号浚川，河南仪封（今河南兰考）人。他于弘治十五年（1502年）进士及第，授庶吉士。正德年间，因得罪刘瑾遭到贬谪。后历任副都御史、兵部左右侍郎、兵部尚书等职。其思想既不同于罗钦顺，也不同于王阳明。与王阳明相比，王廷相已经自觉地立足于"气学"；与罗钦顺相比，王廷相则不再以程朱后继者自居，而是直接复归于张载，并发展了他的气学思想。王廷相著作主要有《王氏家藏集》、《慎言》、《雅述》、《内台集》等。今有《王廷相集》行世。

一、"气者造化之本"与"理载于气"

在王廷相哲学中，最重要的概念是元气，而不是天理。他说："天地之先，元气而已矣。元气之上无物，故元气为道之本。"（《雅述》上篇）又说："天内外皆气，地中亦气，物虚实皆气，通极上下，造化之实体也。是故虚受乎气，非能生气也；理载于气，非能始气也。"（《慎言·道体篇》）从这些论述来看，宇宙的本质在于气，气不仅是造化的唯一"实体"，而且也是天地万物的唯一根源。

依据其气本论思想，王廷相对周敦颐、张载的思想也作了新的诠释，并批评世儒只知气化而不知气本。他指出：

> 天地未判，元气混涵，清虚无间，造化之元机也。有虚即有气，虚不离气，气不离虚，无所始，无所终之妙也。不可知其所至，故曰太极；不可以为象，故曰太虚，非曰阴阳之外有极有虚也。（同上）
>
> 气者造化之本，有浑浑者，有生生者，皆道之体也。生则有灭，故有始有终；浑然者充塞宇宙，无迹无执，不见其始，安知其终？世儒止知气化而不知气本，皆于道远。（同上）

这里对周敦颐的"太极"、张载的"太虚"一并作出了气本论的说明。在他看来，"气"与"元气"的区别就在"形与不形"之间："有形，生气也；无形，元气也。元气无息，故道亦无息。是故无形者，道之氐也；有形者，道之显也。"（同上）由于世儒只认识到气化的层面，没有认识到气本的层面，因而就偏离了以气为本的道。

在以气为本的基础上，王廷相的天道观也就表现为一个气化生生的过程，其起始是太虚无形之元气，其指向则是天地、阴阳等万事万物。他说：

> 有太虚之气而后有天地，有天地而后有气化，有气化而后有牝牡，有

牝牡而后有夫妇，有夫妇而后有父子，有父子而后有君臣，有君臣而后名
教立焉。是故太虚者，性之本始也；天地者，性之先物也；夫妇父子君
臣，性之后物也；礼义者，性之善也，治教之中也。

阴阳在形气，其义有四：以形言之，天地、男女、牝牡之类也；以气
言之，寒暑、昼夜、呼吸之类也；总言之，凡属气者皆阳也，凡属形者皆
阴也；极言之，凡有形体以至氤氲葱苍之气可象者，皆阴也；所以变化、
运动、升降、飞扬之不可见者，皆阳也。（《慎言·道体篇》）

这里王廷相以"太虚之气"作为天地万物之本始，至于所谓"夫妇父子君臣"
包括"礼义"等，都是太虚之气演化发展的产物。这实质上是把气本与气化熔
为一炉，从而构成了一种完整的气本气化论。在王廷相看来，所有演化发展之
推动性力量皆属于阳，所有积累成形的因素都出于阴，所以说"凡属气者皆阳
也，凡属形者皆阴也"，"凡有形体以至氤氲葱苍之气可象者，皆阴也；所以变
化、运动、升降、飞扬之不可见者，皆阳也"。他主要是借助阴阳二气的不同
作用来说明天地万物的发展变化。

在气本气化的基础上，理学家所谓超越的"道"、"天理"等概念，就必须
从气或元气运动发展的角度予以说明：

气，物之原也。理，气之具也。器，气之成也。（同上）
虚受乎气，非能生气也；理载于气，非能始气也。世儒谓"理能生
气"，即老氏道生天地矣；谓理可离气而论，是形性不相待而立，即佛
氏以山河大地为病，而别有所谓真性矣，可乎？不可乎？由是，"本然
之性超乎形气之外"，"太极为理，而生动静阴阳"，谬幽诬怪之论作矣。
（同上）

王廷相认为理只是气所具有的属性，即气化的规律。这个理，以气为载体，并
不是气之外的独立实体。根据这一立场，王廷相对程朱的理本论提出了明确的
批评。在他看来，程朱把理推到气之上、气之先的观点无疑颠倒了理与气的关
系，属于"谬幽诬怪之论"。

王廷相的理气观，进一步突出了"气"的物质实在性，由此大大凸显了气
学的唯物主义因素。

二、"性与气相资"

王廷相对张载气学的发展，不仅体现在他对元气实体论的阐述中，也体现在其人性论思想中。王廷相以元气为宇宙万物的唯一实体，将理看作气化之条理和规律，因而，决定人性善恶的原因就不再是理而是气。人性之所以会有善恶，乃是因为人所禀之气有清浊粹驳之别。这样，王廷相便不再用精神性的"理"或"心"去规定人的本性，而是将其气学观点贯彻到人性论中，形成了较为彻底的气质人性论，而与程朱理学的人性论显著区别开来。

气质人性论首先涉及性与气的关系，对此，王廷相分析说：

> 人有生，斯有性可言；无生则性灭矣，恶乎取而言之？故离气言性，则性无处所，与虚同归；离性论气，则气非生动，与死同途。是性之与气，可以相有，而不可相离之道也。是故天下之性，莫不于气焉载之。今夫性之尽善者，莫有过于圣人也。然则圣人之性，非此心虚灵所具而为七情所自发耶？使果此心虚灵所具而为七情所自发，则圣人之性亦不离乎气而已。性至圣人而极。圣人之性既不出乎气质，况余人乎？所谓超然形气之外，复有所谓本然之性者，支离虚无之见与佛氏均也，可乎哉？（《王氏家藏集·性辩》）

在这一论述中，王廷相首先强调性与气不可分离，因而既不能"离气言性"，也不能"离性论气"。接着，他以圣人为例，认为圣人之性说到底不过是"此心虚灵所具而为七情所自发"，这样一来，圣人之性也就"不出乎气质"之外了。根据这一原理，他彻底否定了程朱所谓本然之性的说法，认为这种说法同佛氏一样，落入了"支离虚无之见"。

由于王廷相将人性完全归结于气质之性，因而人性说到底也就不过是人所禀之气，这也就是所谓"生理"，而这种"生理"也就是人之生命的本质。在《答薛君采论性书》中，王廷相明确地界定了人性的这一本质：

> 人有二性，此宋儒之大惑也。夫性，生之理也。……余以为人物之性无非气质所为者，离气言性，则性无处所，与虚同归；离性言气，则气非生动，与死同途；是性与气相资，而有不得相离者也。但主于气质，则性必有恶，而孟子性善之说不通矣。故又强出本然之性之论，超乎形气之外

而不杂，以傅会于性善之旨，使孔子之论反为下乘，可乎哉？不思性之善者，莫有过于圣人，而其性亦惟具于气质之中，但其气之所禀清明淳粹，与众人异，故其性之所成，纯善而无恶耳，又何有所超出也哉？

王廷相认为，宋儒以天命之性附会孟子的性善之说，而以气质之性来说明恶的根源，这实际上是将天命之性与气质之性分而为二。根据其气质人性论的观点，所有的人物之性都是气质所为，因而并没有两种人性。就人性在气质中的表现而言，圣人所禀之气"清明淳粹"，故其性纯善无恶；众人所禀之气则有清浊粹驳，故其性有善恶之杂。由此可见，王廷相是把人性完全归结到气质的层面加以说明的。正因为这一原因，他才以"气之生理"来界定人性，并由此确立其气质人性论。

三、"教与法行"

既然王廷相将人性完全归结为人所禀之气，那么他将如何说明人之善恶呢？在《答薛君采论性书》中，王廷相根据人的气禀差异，一方面说明圣人"纯善而无恶"，另一方面又以之说明众人的"善恶之杂"。这里存在的问题是：现实社会毕竟由众人构成，那么，是否众人将永远无法根除恶呢？对此，王廷相认为，虽然众人存在着为恶的气质基础，但却可以通过"教与法行"的方式使其向善。在《性辩》一文中，他以对话的方式讨论了这一问题：

日："人之为恶者，气禀之偏为之，非本性也。"
日："气之驳浊固有之，教与法行，亦可以善，非定论也。……夫善亦有所蔽者矣。且夫君臣之义，兄弟之仁，非人性之自然乎？臣弑君，弟杀兄，非恶乎？汤武之于桀纣，周公之于管蔡，皆犯仁义而为之。逆汤、武，周公之心，炭乎怛乎，所终不忍以安者，不能无也，而圣人终不以畔于仁义非之，何耶？惧夫世之狥私心而害治矣。是故以义制情，以道裁性，而求通于治焉。"

这里王廷相试图通过"以义制情，以道裁性"来解决众人之恶的问题。然而，这一点须以"教与法行"即德法兼治为前提。在他看来，施行德法兼治，就能使众人崇德向善，国家长治久安。"圣人之道为天下国家，故道德仁义、礼乐

刑法并用，是以人道清平，宇宙奠安，通万世而可行。"（《雅述》上篇）

王廷相从天地万物的生成演化到对人性的反复辨析，表现出批判王阳明心学的意向。他指出："近世好高迂腐之儒，不知国家养贤育才，将以辅治，乃倡为讲求良知，体认天理之说，使后生小子澄心白坐，聚首虚谈，终岁嚚嚚于心性之玄幽，求之兴道致治之术，达权应变之机，则暗然而不知。以是学也，用是人也，以之当天下国家之任，卒遇非常变故之来，气无素养，事未素练，心动色变，举措仓皇，其不误人家国之事者几希矣！"（《雅述》下篇）他认为王阳明心学的"致良知"空谈心性，在国家遭遇非常变故之际是无法应对的。这一点在以后明亡的历史过程中暴露无遗。

从罗钦顺到王廷相，明代气学形成了一个较为完整的转型与确立过程。如果联系到明初曹端、薛瑄的先行探索，那么这就是一个从批评、抗衡王阳明心学出发进而回归于程朱理学，又由对程朱理学的反思、批判而归宗于张载气学的过程。不过，罗钦顺虽然与阳明心学对峙而回归程朱理学，但他已经不满于程朱的"理气二物"说而要求彻底"定于一"；同样，王廷相虽然回归于张载，但他的气学也不是对张载气学的简单重复。张载不仅主张双重人性，而且还认为"德性所知，不萌于见闻"，但在王廷相的气学中，不仅双重人性已经成为批判的对象，而且追求超乎思虑见闻的"德性之知"，只能使人犹如"幽闭之孩提"（《雅述》上篇）般蒙昧无知。这说明罗钦顺和王廷相对气学有了发展，而这些发展进一步凸显了气学的朴素唯物主义倾向，是新的思想因素。这一经过与唯心主义理学论争之后的新发展，为明清之际的反省批判理学的思想转型作了前导。

思考题：

1. 罗钦顺是怎样批判诠释程朱理气论的？

2. 王廷相理气观的主要观点有哪些？

3. 王廷相是如何理解"性气"关系问题的？

第二十八章　明清之际启蒙思想

宋明理学经历了几百年的发展，形成了多层面的问题意识和多种思考路径。首先，由张载、程朱理学发展出的"民胞物与"与"一体之仁"思想对于北宋以后逐渐发达的市民文化产生了深刻影响。其次，陆九渊、陈献章的心学，特别是阳明心学的兴起及阳明后学——泰州学派的产生与发展，对于呼唤个体道德的觉醒起到了积极的作用。最后，理学内部关于理气关系长久而深入的讨论，到明中叶逐渐产生了以罗钦顺、王廷相为代表的气学派，为明末清初以气学为主流思潮的形成提供了思想铺垫。这三大思想脉络与当时中国江南地区幼弱的资本主义萌芽相互作用，加上万历年间耶稣会传教士带来的西方文化的引发，最终形成明清之际①的早期启蒙思想。

在这一时期，思想界表现出破旧立新的趋向。作为泰州学派的后学，被明朝官方称为"异端之尤"的李贽，将阳明学推向了自身的反面，提出了激进的新思想观念。明末清初的王夫之、顾炎武、黄宗羲、方以智等，总结明亡的历史教训，从不同角度展开了对宋明理学的批判和总结。清初的颜元、清中期的戴震等继承了前辈反思宋明理学的传统，或以重习行，或以重实证分析思想代替宋明的"虚玄之学"。他们的理论形成了对中国古代哲学的批判总结阶段。

明清之际哲学十分丰富、复杂，但在哲学思维方式上表现出两个显著特点：一是从不同角度把气本论作为构建自身理论的重要思想资源；二是认同"即事以穷理"（王夫之：《续春秋左氏传博议·士文伯论日食》），面向客观对象来把握事物规律。这两个特点是在批判总结中国传统哲学尤其是宋明理学中形成的。

第一节　对理学的总结与早期启蒙思想

一、理学的问题意识及其历史演变

宋明理学关注的主要问题包括四个层面：一是宇宙论和本体论，主要讨论

---

① 这里所说的"明清之际"是一个学术史概念，大体是指明嘉靖、万历至清乾隆时期，即 16 世纪 50 年代至 18 世纪末，是我国思想发展史上的一个特殊阶段。

虚与气、理与气、道与器、太极阴阳、理一分殊、神化、一两、形上与形下、体与用等问题。二是人生论和心性论，主要讨论性与命、心与性、性与情、天命之性与气质之性、未发已发、道心人心、天理人欲等问题。三是知行观和修养论，主要讨论知与行、格物与致知、德性之知与见闻之知、涵养与省察、主敬与主静等问题。四是天人观和境界论，主要讨论天人合一、心理合一、诚、仁、乐等问题。

对于上述四个层面的问题，宋明理学大致有三种思考路径：一是以张载为代表的气学路径；二是以二程和朱熹为代表的理学路径；三是以陆九渊和王阳明为代表的心学路径。他们共同面对的思想论题是：在克服佛教和道教在哲学本体论方面虚无倾向的同时，建构具有超越性的道德形上学体系，回答道德理性的来源以及在现实中如何展开的问题，以抗衡佛老哲学的出世倾向。从根本上说，明清之际的哲学与理学的上述目标是一致的。但是，他们认为要真正实现这个目标，就必须对理学的上述三种路径予以批判的总结，因而他们的哲学就表现出了早期启蒙的意义。

二、早期启蒙思想的特征

中国早期启蒙思想具有不同于欧洲启蒙思潮的三方面特征：

首先，早期启蒙思想既反映了当时中国市民阶层反封建的历史要求，也受到当时风雷激荡的农民革命的影响，表现出突破封建藩篱的早期民主意识。他们从不同的角度批判专制政治。王夫之主张"循天下之公"（《读通鉴论·叙论》），要求君主"不以天下私一人"（《黄书·宰制》）。黄宗羲批评三代以后的君主，公然断言："为天下之大害者，君而已矣。"（《明夷待访录·原君》）并提出要以"天下之法"代替君主专制的一家之法。顾炎武则提出政治"分权"思想，要求君主能够做到"用天下之私，以成一人之公"（《亭林文集·郡县论五》）。唐甄甚至认为："自秦以来，凡为帝王者皆贼也。"（《潜书·室语》）在农民起义"均田"、"免粮"、"均贫富"等政治口号的影响下，少数思想家如王夫之提出了"平天下者，均天下而已"（《诗广传·大雅》）的主张。颜元也提出了"天地间田，宜天地间人共享之"（《存治编·井田》）的理想。

其次，这一思想的产生和发展与当时中国自然科学研究的成果相关。16世纪以来，在中国兴起了一股研究自然科学的热潮。李时珍于1578年写就《本草纲目》，宋应星于1637年写成《天工开物》，徐光启于1628年完成《农政全书》初稿、于 1634 年编成《崇祯历书》，王锡阐的《晓庵新法》成书于 17 世纪中叶，方以智的《通雅》、《物理小识》约于 1640 年编成。与此同时，首批来华的传教士利玛窦、汤若望、南怀仁等人在宣传宗教的同时，也传播了一些西方的科学知识，翻译了古希腊和近代西方的一些科学著作。这股自然科学研究的热潮为当时启蒙思想家提供了科学知识基础。

最后，早期启蒙思想家在学术领域开辟了一代重实际、重实证、重实践的新学风，在哲学研究方法上有明显的创新。他们痛斥"空谈性理"、空谈良知的虚浮学风，提倡经世致用的实学，"言必征实，义必切理"和"事关民生国命者，必穷源溯本，讨论其所以然"（潘耒：《日知录序》）。顾炎武为了写《天下郡国利病书》，"足迹半天下，所至交其贤豪长者，考其山川、风俗、疾苦、利病，如指诸掌"（同上）。王夫之"自少喜从人间问四方事，至于江山险要，士马食货，典制沿革，皆极意研究。读史、读注疏，于书、志、年表，考驳同异，人之所忽，必详慎搜阅之，而更以见闻证之"（王敔：《姜斋公行述》）。方以智重视自然科学研究，开辟"质测"与"通几"关系研究的新途径。黄宗羲提倡"引古筹今"、"经天纬地"的儒学，要求"通儒必兼读史"。颜元提倡实学，重视习行，要求研究农、工、水利等切于民用的学问。戴震主张"由字通词，由词通道"，以重证据和逻辑分析方法构建哲学新形态。

总之，明清之际的早期启蒙思想，既是北宋以后新儒学的内在逻辑自我展开的结果，又是在与程朱理学和陆王心学的对话、论争中发展起来的。阳明心学孕育着自我否定的因素，经过泰州学派，产生了异端思想家李贽，提出带有近代因素的新命题，如"童心"说和"不以孔子是非为是非"等。程朱理学一方面经受着陆王心学的外部批评，另一方面通过内部的理气之争，不断地修正理气关系说，经过明中叶罗钦顺、王廷相气本论思想，再到明末清初方以智、黄宗羲综合气、理、心三系思想，最终在王夫之的气本论哲学里获得了新的综合形式。王夫之虽与方、黄二人同时，但其气本论思想主要继承了张载的思想，全面扬弃程朱、陆王学说，批判地总结了宋明理学，使中国古代朴素唯物论和辩证法达到了新的高度，成为中国传统哲学发展的逻辑终点。

第二节 李贽的"异端"思想

李贽（1527—1602 年），又名载贽，号卓吾，出生于福建泉州。当时泉州国际贸易频繁，他的祖父信奉伊斯兰教。李贽是"非复名教之所能羁络"（黄宗羲语）的异端思想家。他的主要著作有《焚书》、《续焚书》、《藏书》等。今有《李贽文集》行世。

一、是非"无定质"、"无定论"

作为晚明思想家的"异端之尤"，李贽以是非"无定质"、"无定论"的相对主义真理观打破了定于一尊的儒学意识形态。他说：

> 人之是非，初无定质；人之是非人也，亦无定论。无定质，则此是彼非并育而不相害；无定论，则是此非彼亦并行而不相悖矣。（《藏书·世纪列传总目前论》）

认为是非本身并没有固定的形态，具体的是非评价也没有一成不变的结论。正因为如此，人世间各种看似矛盾的观点可以并行不悖，不一定非要只尊崇某种学说而排斥其他思想。他又说：

> 夫是非之争也，如岁时然，昼夜更迭，不相一也。昨日是而今日非矣，今日非而后日又是矣，虽使孔夫子复生于今，又不知作如何非是也，而可遽以定本行罚赏哉！（同上）

认为是非是相对的，昨日之是在今日则谓之非，而今日之非在后日则又谓之是，所以即使孔子复生也无法确定何是何非。这是以相对主义是非观来否定以孔子为真理化身的绝对真理观。由此他提出，士人们把六经、孔孟学说奉为万世之至论是丧失个人独立思想的盲从：

> 夫六经、《语》、《孟》，非其史官过为褒崇之词，则其臣子极为赞美之语。又不然，则其迂阔门徒、懵懂弟子，记忆师说，有头无尾，得后遗前，随其所见，笔之于书。后学不察，便谓出自圣人之口也，决定目之为"经"矣。孰知其大半非圣人之言乎？纵出自圣人，要亦有为而发，不过因病发药，随时处方，以救此一等懵懂弟子、迂阔门徒云耳。药医假病，方难定执，是岂可遽以为万世之至论乎？（《焚书·童心说》）

通过对儒学教条束缚人们思想的批判，李贽高度肯定了每个人在社会生活中存在的天赋价值。他认为："夫天生一人，自有一人之用，不待取给于孔子而后足也。若必待取足于孔子，则千古以前无孔子，终不得为人乎？"（《焚书·答耿中丞》）认为个人的价值无须依附于孔子这样的圣人。

李贽是非"无定质"、"无定论"的是非观、多元的真理观，夸大了真理的相对性，否认了真理的客观性、绝对性，从而把真理看成是主观随意的东西，抹杀了是非、真理的客观标准，混淆了真理与谬误、是与非的界限，有其偏颇之处。但就其以"颠倒千万世之是非"的气概，批判了"咸以孔子之是非为是非"的盲目信仰主义，批判了意识形态化的儒家权威主义、绝对主义，呼唤一个多元的、兼容的文化局面来说，反映了破除封建教条束缚的启蒙要求。他所谓"执一便是害道"（《藏书·孟轲传》）的说法，是对当时的文化专制主义的猛烈批判，蕴含着一定程度的近代个人主义的思想因素；他主张的人的天赋价值论，也具有冲决封建等级制度、追求个性解放的近代意蕴。

二、"童心"说与"人必有私"

为了批判理学家们"存天理，灭人欲"的理欲理论，李贽提出了"人必有私"的自然人性论，充分肯定人的"私利之心"的合理性和正当性。在李贽看来，理学家们的存理灭欲论产生了扼杀人之"童心"的危害，使人"失却真心"变成了"假人"。他说："夫童心者，真心也。"又说："夫童心者，绝假纯真，最初一念之本心也。"（《焚书·童心说》）他所说的"童心"、"真心"已经不是阳明学的"良知"，而与人的"好货好色"之心和"人必有私"之心有内在联系，因为"若无私，则无心矣"（《藏书·德业儒臣·后论》）。这种"童心"与当时士大夫阶层虚伪的为人处世的"道理闻见"绝不相容。那种声称为民而意在封荫的"道理闻见"越多，"童心"就丧失得越多。人们一旦"失却童心，便失却真心"（《焚书·童心说》），因而也就是"假人"。在他看来，"其人既假，则无所不假矣"（同上）。假人非人，故其所作所为皆非人道之事。

李贽肯定人们本能的、真诚的"趋利"之心。他说："夫私者，人之心也。人必有私，而后其心乃见；若无私，则无心矣。"（《藏书·德业儒臣·后论》）他甚至认为，连孔圣人也不例外：

> 如服田者私有秋之获，而后治田必力；居家者私积仓之获，而后治家
> 必力；为学者私进取之获，而后举业之治也必力。故官人而不私以禄，则
> 虽召之必不来矣；苟无高爵，则虽劝之必不至矣。虽有孔子之圣，苟无司
> 寇之任，相事之摄，必不能一日安其身于鲁也，决矣。此自然之理，必至
> 之符，非可以架空而臆说也。然则为无私之说者，皆画饼之谈，观场之
> 见，但令隔壁好听，不管脚跟虚实，无益于事，只乱聪耳，不足采也。
> （《藏书·德业儒臣·后论》）

李贽把人的"势利之心"看作是人的自然本性，实际上也就把儒学通常视为人性之恶的情欲看作是"人之所以为人"的本质属性之一。这一观点与当时中国的资本主义经济萌芽有关，具有较为明显的启蒙性质。从这一人性论出发，李贽进一步提出了"穿衣吃饭即是人伦物理"的原则。他说：

> 穿衣吃饭即是人伦物理，除却穿衣吃饭，无伦物矣。世间种种，皆衣
> 与饭类耳。故举衣与饭，而世间种种自然在其中，非衣食之外，更有所谓
> 种种绝与百姓不相同者也。（《焚书·答邓石阳》）

这当然不是说穿衣吃饭行为本身就是人伦物理，而是说人间的道德伦理行为就蕴含在穿衣吃饭的"人欲"之中，世间所有的人伦规则都与人们的物质生产生活方式相联系，并不存在超越百姓日用之外的玄之又玄的道德伦理法则。从形式上看，这一思想与"百姓日用即道"的传统伦理思想并无多少差异，但其具体的社会历史内容，则包含着为当时社会工商业者发展个人经济提供伦理辩护的倾向。

三、"人本自治"与圣凡平等

李贽还利用古老的易学思想，为"个性"的存在寻找理论基础，为人的个性发展提供学理论证。他说：

> 一物各具一乾元，是性命之各正也，不可得而同也，万物统体一乾
> 元，是太和之保合也，不可得而异也……然则人人各正一乾之元也，各具
> 有是首出庶物之资也。（《九正易因·乾为天》）

李贽的意思是，万物都具有自己的"乾元"之性，都拥有自己的"性命之正"，不能通过化约的方式泯灭万物的自身特性，当然也不能因此否定万物在乾元的"统体"之下保持一种太和的状态。人是万物之一物，每个人都具有自己的乾元，从本性上说，每个人都具有"首出庶物"的天然资质。他又说："夫道者，路也，不止一途；性者，心所生也，亦非止一种已也。"（《焚书·论政篇》）因此，在社会生活中，不应当让天下百姓服从封建统治者制定的条理、法则。李贽说：

> 夫天下之民物众矣，若必欲其皆如吾之条理，则天地亦且不能。……是故圣人顺之，顺之则安之矣。是故贪财者与之以禄，趋势者与之以爵，强有力者与之以权，能者称事而官，懦者夹持而使。有德者隆之虚位，但取具瞻；高才者处以重任，不问出入。各从所好，各骋所长，无一人之不中用。（《焚书·答耿中丞》）

他甚至认为，"条教禁约，皆不必用"，理由是："君子以人治人，更不敢以己治人者，以人本自治。人能自治，不待禁而止之也……既说以人治人，则条教禁约，皆不必用。"（《道古录下》）显然，李贽这些"异端"思想在很大程度上突破了阳明学及泰州学派的思想框架，初步具有了近代个人主义的萌芽。

与上述思想相联系，李贽还提出了圣凡平等观。他说：

> 圣人知天下之人之身，即吾一人之身，人亦我也；知吾之身，即天下之人之身，我亦人也。是上自天子，下至庶人，通为一身矣。（《道古录上》）

在他看来，"天下无一人不生知，无一物不生知，亦无一刻不生知者。……则虽牛马驴驼等，当其深愁痛苦之时，无不可告以生知，语以佛乘也。"（《焚书·答周西岩》）所以，"勿以尊德性之人为异人也，彼其所为亦不过众人之所能为而已。人但率性而为，勿以过高视圣人之为可也。尧、舜与途人一，圣人与凡人一"（《道古录上》）。李贽还认为，贵贱、高下都是相对而言的，无贱即无贵，无下即无高，"侯王不知致一之道与庶人同等，故不免以贵自高。高者必蹶，下其基也；贵者必蹶，贱其本也。何也？致一之理，庶人非下，侯王非高，在庶人可言贵，在侯王可言贱，特未知之耳"（《老子解下》）。

李贽的平等思想还表现在他初步论证了男女平等的思想。他以《周易》的阴阳哲学为据，批评宋儒执"理"执"一"的思想，认为妇女在德行、能力上并不一定弱于男子，努力为女性争得一席社会地位。他说：

> 夫厥初生人，惟是阴阳二气，男女二命耳，初无所谓一与理也，而何太极之有？……故吾究物始，而但见夫妇之为造端也。是故但言夫妇二者而已，更不言一，亦不言理……何也？恐天下惑也。……但与天地人物共造端于夫妇之间，于焉食息，于焉言语，斯已矣。（《初潭集·夫妇篇总论》）

李贽认为，女子与男子同样有学知悟道的权利。在《答以女人学道为见短书》一文中，李贽无情地批驳了"妇人见短，不堪学道"的论调：

> 故谓人有男女则可，谓见有男女岂可乎？谓见有长短则可，谓男子之见尽长，女人之见尽短，又岂可乎？设使女人其身而男子其见，乐闻正论而知俗语之不足听，乐学出世而知浮世之不足恋，则恐当世男子视之，皆当羞愧流汗，不敢出声矣。

李贽还对"女人祸水论"、"女子无才便是德"等种种贬低女性的观点进行了驳斥，而对那些坚持自己的独立人格，不屈服于家长、官府的淫威，并以自杀来维护自己人格尊严的女子，给予了热情的歌颂。

李贽的思想虽然存在偏颇，但表现出冲击封建主义思想的锐气，具有早期启蒙的重要意义。

思考题：

1. 中国早期启蒙思想的主要特征是什么？
2. 怎样理解明清之际早期启蒙思想与宋明理学的关系？
3. 怎样评价李贽的是非"无定质"、"无定论"？

第二十九章　黄宗羲和方以智的哲学

黄宗羲和方以智是明清之际思想启蒙与哲学创新的重要代表。他们二人都是百科全书式的思想巨匠，但黄宗羲偏重于对理学史的整理总结和对传统专制政治思想的批判反思；方以智则偏重于对自然科学知识的研究、对哲学与科学关系的认识以及对辩证思维方式的探索。

第一节　黄宗羲的哲学

黄宗羲（1610—1695 年），字太冲，号南雷，别号梨洲，浙江余姚人。其父黄尊素为东林党著名领袖，因揭发魏忠贤而被害。青年时期的黄宗羲继承父志，成为"复社"领袖，同阉党余孽继续斗争。明朝灭亡后，清兵入关，他激于民族义愤，组织成立"世忠营"，开展抗清斗争。反清失败后，他曾四处漂泊流亡。1656 年退居家乡，1667 年重办证人书院，从事讲学、著述。主要著作有《明儒学案》、《宋元学案》和《明夷待访录》等。今有《黄宗羲全集》行世。

一、"盈天地间皆气"

黄宗羲在修正心学的过程中，深入讨论了心、气、理三者的关系，提出"盈天地间皆气也"（《明儒学案·忠端刘念台先生宗周》），具有以"气"为本体的哲学倾向。这与其对明代诸儒思想的整理和反思有密切关系。他在对罗钦顺理气观的评论中表达了自己的气本论思想。他说：

> 盖先生之论理气，最为精确，谓："通天地，亘古今，无非一气而已。气本一也，而一动一静，一往一来，一阖一辟，一升一降，循环无已。积微而著，由著复微，为四时之温凉寒暑，为万物之生长收藏，为斯民之日用彝伦，为人事之成败得失，千条万绪，纷纭胶辕，而卒不克乱，莫知其所以然而然，是即所谓理也。初非别有一物，依于气而立，附于气以行也。或者因《易》有太极一言，乃疑阴阳之变易，类有一物主宰乎其间

者，是不然矣。"斯言也，即朱子所谓"理与气是二物，理弱气强"诸论，可以不辩而自明矣。(《明儒学案·文庄罗整庵先生钦顺》)

这种观点在他对王廷相理气观的评论中再次得到体现：

> 先生受病之原，在理字不甚分明，但知无气外之理，以为气一则理一，气万则理万，气聚则理聚，气散则理散，毕竟视理若一物，与气相附为有无，不知天地之间，只有气，更无理。所谓理者，以气自有条理，故立此名耳。……故气有万气，理只一理，以理本无物也。宋儒言理能生气，亦只误认理为一物，先生非之，乃仍蹈其失乎。(《明儒学案·肃敏王浚川先生廷相》)

由此可见，黄宗羲主张天地古今只是一气的循环与流行。他认为天地万物统一于气，理是气的运动规律，是气具有的自然条理，而气的运动变化是永恒的。这体现了明清之际启蒙思想重新激活发展气本论的趋向。

黄宗羲一再反对"视理为一物"的观点。在《胡直学案》中，他重新解释了胡直"理在心，不在天地万物"的思想：

> 夫所谓理者，气之流行而不失其则者也，太虚中无处非气，则亦无处非理。孟子言万物皆备于我，言我与天地万物一气流通，无有碍隔。故人心之理，即天地万物之理，非二也。若有我之私未去，堕落形骸，则不能备万物矣。不能备万物，而徒向万物求理，与我了无干涉，故曰理在心，不在天地万物，非谓天地万物竟无理也。(《明儒学案·宪使胡庐山先生直》)

他认为人心中的理，其实就是天地万物之理在人心中的反映，并不是理仅在人心而不在天地万物之中。在黄宗羲看来，所有将工夫与本体分成两橛的根由都是"认理气为二"。所以，他一再强调："造化只有一气流行，流行之不失其则者，即为主宰。非有一物以主宰夫流行。"(《明儒学案·同知刘师泉先生邦采》) 也就是说，气是万物的本原，理是气的条理化的表现，理不能离开气而独立存在。显然，这种气本论的倾向是对宋明理学理本论和心本论思想的批判反省。

二、"天下之理皆非心外之物"

黄宗羲认为，理气与心性是统一的。他说：

> 夫在天为气者，在人为心；在天为理者，在人为性。理气如是，则心性亦如是，决无异也。人受天之气以生，只有一心而已。而一动一静，喜怒哀乐，循环无已。当恻隐处自恻隐，当羞恶处自羞恶，当恭敬处自恭敬，当是非处自是非。千头万绪，感应纷纭，历然不能昧者，是即所谓性也。初非别有一物立于心之先，附于心之中也。（《明儒学案·文庄罗整庵先生钦顺》）

就是说，天地之气在人身上就是人心；天地之理在人身上就是人性。气是动的，心也是动的。人心在各种不同的情境下能恰当地表现出恻隐、羞恶、恭敬、是非的道德观念，这就是人性。人性并不外在于人心的活动。黄宗羲又说："夫心只有动静而已，寂然不动，感而遂通，动静之谓也。情贯于动静，性亦贯于动静，故喜怒哀乐，不论已发未发，皆情也，其中和则性也。"（同上）他又说："凡动静者，皆心之所为也，是故性者心之性。舍明觉自然、自有条理之心，而别求所谓性，亦犹舍屈伸往来之气，而别求所谓理矣。"（同上）显然，黄宗羲主张性只是心之"历然不能昧者"，心与性的关系就是气与理的关系。在本体论上没有抽象的理，在伦理学上也没有抽象的道德理性。道德理性是人心在现实生活中恰当地表现出来的道德感情，即恻隐、羞恶、恭敬、是非的道德观念。黄宗羲的观点是，不能脱离人的具体道德感情来谈论人的抽象道德理性，从而强调人在社会生活中的道德主动性。

由于受王阳明特别是他的老师刘宗周思想的影响，黄宗羲在理气统一的观念中引申出人禀气而生且具备万理的结论。他说："泛穷天地万物之理，则反之约也甚难，散殊者无非一本，吾心是也，仰观俯察，无非使吾心体之流行，所谓反说约也。"（《孟子师说·博学章》）因而，人们眼中的万物皆出于"吾心"，"天下之理皆非心外之物"（《孟子师说·尽其心者章》）。黄宗羲将人心看作是天之气在人身的表现，突出"心"的实在性及其主动性、能动性的特征。但这毕竟混淆了作为人的主体认识之心与客观之气的能动性的不同，看不到作为认识之心的历史发展过程和人的实践性、阶级性等具体历史内容，因此，他在认识论上有唯心主义先验论的色彩。黄宗羲对气作出道德判断，认为"和气"、"善气"体现了气的道德属性，还说"志即气之精明者也"，"知者，气之灵者也"。(《孟子师说·浩然章》)对"志"、"知"等精神现象也作出物质性的规定，甚至对其作出神秘主义的解释。这方面的唯心主义观点与其气本论的唯物主义倾向交织在一起，反映了黄宗羲哲学的驳杂性质。

三、天下大公的政治理想

明清鼎革的巨大变故，对汉族知识精英产生了巨大震撼，他们认真反思明王朝灭亡的真正原因。黄宗羲天下大公的政治理想就是其中颇具代表性的观点。

黄宗羲有感于明王朝的灭亡，从政治哲学的高度深刻揭示传统封建君主专制制度的弊病，于 1661 年开始创作《明夷待访录》一书，以"托古改制"的方式表达了带有近代民主政治因素的天下大公理想，故该书有中国的"人权宣言"之称。

黄宗羲指出：君主专制制度是"以我之大私为天下之大公"(《明夷待访录·原君》)，由此提出了与君主"一人一姓"之"大私"相反的代表"兆人万姓"的"天下大公"的政治理想。这样的天下大公的政治理想贯穿于《明夷待访录》，其中的《原君》、《原臣》、《原法》三篇为政治哲学原理篇。前两篇主要探讨为君为臣的本质意义、君臣之间的原则性关系，以及君臣政治行为的目的性等问题；《原法》篇则探讨了"法"的本质以及法所要维护的对象及其利益，并将公法与一家一姓之私法对立起来，提出了朝廷与民间在"法"的面前一律平等的思想。《置相》、《学校》两篇则属于政治制度篇。《置相》篇主要讨论政治权力制衡的问题；《学校》篇总结了宋代士大夫议政和明代书院议政的经验，主要讨论政治批评的制度化建设问题，要求君主每月两次到太学听取太学祭酒的批评，地方行政首脑到地方最高学府听取博学鸿儒的批评。其他篇章分别从教育、人才制度和国家工作人员的训练与培养，从武力的控制以及经济活动的目的和税收的正当性等角度，探讨了具体的政治活动原则，全面细致地构画了天下大公的政治理想。这是以中国本土思想为资源而构建的具有近代民主启蒙意义的理想蓝图。

首先，天下大公的理想以为政治的目的在于"万民之忧乐"，而不在"一姓之兴亡"。他说："古者以天下为主，君为客，凡君之所毕世而经营者，为天下也。"（《明夷待访录·原君》）君主不能把"天下"看作是个人的私有财产，而应该看作是属于天下人共有的生存、生活的政治空间。

其次，天下大公的理想要求具有公共性质的政治权力应当保护万民的私利。这一点与历史上无君论、非君论者的思想根本不同。明末江南地区手工商业比较发达，资本主义开始萌芽。在这样的历史条件下，黄宗羲主张工商皆本，确立了以"自私"、"自利"为基础的人性论。他说："有生之初，人各自私也，人各自利也。"（同上）肯定人性自私的合理性，进而肯定万民自私的合理性，从而论定政治权力的正当性在于能够超越万民自私的本性，为民众的私利提供社会政治安全的保证，要求政治权力具有服务公共利益的性质，朦胧地表达出保护新兴工商业者私有财产与个人权利的理想。他反对将天下看作君主个人产业的家天下观念，要求后世君主明白为天下百姓谋福利的"为君职分"，从而避免人人都想争夺天下的混乱局面的出现。

再次，天下大公的理想强调法律应当"藏天下于天下"，"贵不在朝廷也，贱不在草莽也"（《明夷待访录·原法》）。他主张朝廷、民间的政治地位是平等的。政治权力不应由皇帝一人掌握，皇帝、大臣是治天下的共同伙伴，"夫治天下犹曳大木然；前者唱邪，后者唱许。君与臣，共曳木之人也"（《明夷待访录·原臣》）。由于"天子之子不皆贤"（《明夷待访录·置相》），所以，权力不能仅仅传子，而应当传贤。为此，在政权结构中，应该提高宰相的地位，使贤能的宰相辅助可能不贤的天子，必要的时候，宰相可以行使天子的职权。

最后，天下大公的理想还倡导扩大学校的职权。由于天下是所有人的天下，所以有关天下大事的是非之论不必由天子说了算。"天子之所是未必是，天子所非未必非"，而应当"公其非是于学校"（《明夷待访录·学校》）。也就是说，将学校变成议政机构，进而在议政的过程中体现对地方官吏的监督职能。

黄宗羲以托古的形式，表达了天下大公的政治理想。这是对秦汉以后君主专制政治的公开批评，表达了对未来民主政治理想的憧憬。所以，清末维新变法的时候，《明夷待访录》以抄录、印制等方式得到传播，成为倡导民主思想的重要读物。但是，黄宗羲的"天下之大公"并非要彻底推翻封建制度，其中还有不少肯定封建制度的观念。这正表现了由传统转向近代的早期启蒙思想的特点。

四、一本万殊的学术史观

在学术史观方面，黄宗羲调和心、理、气三大思想传统，从肯定心之万殊的立场出发，主张揭示每位思想家的思想独特性，提出了一本万殊的学术史观。

从具体内容和形式上看，《明儒学案》只是明代的儒学史，然而其中蕴含着一般学术史意义的思想观点。黄宗羲编纂该书的深层思想动机是要保存汉民族的精神传统，以此来应对明王朝灭亡这一巨大的政治事件。这一精神取向体现在下面这段文字中："尝谓有明文章事功，皆不及前代，独于理学，前代之所不及也。牛毛茧丝，无不辨晰，真能发先儒之所未发。程、朱之辟释氏，其说虽繁，总是只在迹上；其弥近理而乱真者，终是指他不出。明儒于毫厘之际，使无遁影。"（《明儒学案·发凡》）这里的主要意思是，明儒在文章事功方面虽然赶不上前人，但在理学方面却有独到贡献，主要表现在他们能从理论上深入、细致地批判佛教，维护儒家学说的本真精神。

如何表彰明代儒者的学术贡献呢？黄宗羲从发掘思想者的独创性入手。他说："盈天地皆心也，变化不测，不能不万殊。心无本体，工夫所至，即其本体。故穷理者，穷此心之万殊，非穷万物之万殊也。"（《明儒学案·自序》）这样的学术史观可以"一本万殊"概括。他认为就人类整体而言，人心并没有预设的本体。人心与大化流行之气是相通的。在天为气，在人则为心；在天为理，在人则为性，所以心与性是相通的。人心不仅没有预设的本体，而且就人的主体能动性而言，"心"是无限量的，关键在于每个具体的个人如何在现实的世界中将"心"的无限量发挥得更加充分。充分发挥每个个体心量的过程，就是每个个体的工夫，而每个个体工夫的极致之处也就是每个个体之心的"本体"。因此，研究气中之"理"，就是要研究把握气中之理的万殊之心，因为理并不是一个实际的存在物，而只是流行之气的主宰和条理。这一主宰和条理并不是一个现成的客观之物，自然而平放在某处，而是要靠人心——人的理性思维去把握。因此，要穷究气世界里的万殊之理，最重要的是研究现实世界中万殊的人心。

黄宗羲调和心、理、气三大思想传统，将学术史的理论目标定位为研究每个学者思想的独创性以及它的独特价值。这里面包含了肯定个体性原则的近代启蒙的思想因素。

从肯定心之万殊出发，黄宗羲进一步肯定了学者思想独创性的价值，反对封建社会意识形态"举一废百"的学术专制。他认为:"古之君子宁凿五丁之间道,不假邯郸之野马,故其途亦不得不殊。奈何今之君子,必欲出于一途,使美厥灵根者化为焦芽绝港?夫先儒之语录,人人不同,只是印我心体之变动不居。若执定成局,终是受用不得。此无他,修德而后可讲学,今讲学而不修德,又何怪其举一而废百乎!"(《明儒学案·自序》)认为统治者把某种学说钦定于一尊,废除百家争鸣,将导致思想学术的萧条窒息。

黄宗羲提倡学术研究的独创性和多样性。为此,他在编纂《明儒学案》一书时,注重分析前人同类著作的得失,提出了重视每一个思想家的学术宗旨、不以编纂者的思想阉割前代思想者之独特性的原则。他说:"大凡学有宗旨,是其人之得力处,亦是学者之入门处。天下之义理无穷,苟非定以一二字,如何约之使其在我!故讲学而无宗旨,即有嘉言,是无头绪之乱丝也。学者而不能得其人之宗旨,即读其书,亦犹张骞初至大夏,不能得月氏要领也。"(《明儒学案·发凡》)此外,他还说:"学问之道,以各人自用得著者为真。凡倚门傍户、依样葫芦者,非流俗之士,则经生之业也。此编所列,有一偏之见,有相反之论。学者于其不同处,正宜著眼理会,所谓一本而万殊也。以水济水,岂是学问!"(同上)由此可见,重视每一个思想家的学术宗旨,是黄宗羲一本万殊学术史观的核心所在。他还以胡季随追随朱熹求学之事为例,进一步论述为学之道当以"自得"为要旨的思想,体现了他重视学术独创性和学者个性的学术史观,提倡探求多元化的学术路径,具有反对封建思想专制钳制学术发展的启蒙意义。

第二节　方以智的哲学

方以智(1611—1671年),字密之,号龙眠愚者,别号曼公,安徽桐城(今属枞阳县)人。少年时代曾自诩为"狂生","往往酒酣,夜入深山;或歌市中,傍若无人"(《稽古堂二集·孙武公集序》)。青年时期,感愤于时局艰危,常常与朋友筹划报效国家的大计。30岁中进士。明亡后,终生不与清廷合作。1671年,在江西庐陵被清廷逮捕,病死于押往岭南途中。主要学术著作有《通雅》、《物理小识》、《东西均》、《易余》、《一贯问答》、《性故》、《药地炮庄》等。今有《方以智全书》行世。

一、"盈天地间皆物"

与黄宗羲、王夫之不同，方以智主要继承了程朱理学的思想并充分吸收了气学思想与佛道思想，将气本论的宇宙论与追问"所以"的本体论结合起来。"盈天地间皆物"的命题是方以智关于世界根本性质的一种判断。但他所说的"物"作为表述思维对象的存在，既指具体的物质性的东西，又指非物质性的东西，如心灵、精神之类。他说：

> 盈天地间皆物也。人受其中以生，生寓于身，身寓于世，所见所用，无非事也，事一物也。圣人制器利用以安其生，因表里以治其心。器固物也，心一物也。深而言性命，性命一物也，通观天地，天地一物也。（《物理小识·自序》）

在方以智看来，事、器、心、性命、天地等皆是"物"。"物"的构成要素是"气"，所以，"盈天地间皆物"的命题也可以转化为"盈天地间皆气"的命题。方以智说：

> 一切物，皆气所为也；空，皆气所实也。（《物理小识·天类》）
> 世惟执形以为见，而气则微矣。然冬呵出口，其气如烟；人立日中，头上蒸歊，影腾在地。考钟伐鼓，窗棂之纸皆动，则气之为质，固可见也。充一切虚，贯一切实，更何疑焉？（同上）

有学者认为，方以智是"火一元论"者，或者是"气—火一元论"者。其实，方以智曾明确地指出，火亦是气。他说："水为润气，火为燥气，木为生气，金为杀气……土为冲和之气，是曰五行。"（《物理小识·天类》）又说："火与气，一也。"（《物理小识·人身类》）因此，方以智仍然是气本论者。不过，他对气本世界的具体认识有超越前人之处。他说："气凝为形，发为光、声，犹有未凝形之空气与之摩荡、嘘吸。故形之用，止于其分；而光、声之用，常溢于其余。气无空隙，互相转应也。"（《物理小识·天类》）又说："气凝为形，蕴发为光，窍激为声，皆气也。而未凝、未发、未激之气尚多，故概举气、形、光、声为四几焉。"（同上）"气动皆火，气凝皆水，凝积而流，动不停运。"（《物理小识·人身类》）这是以气的不同状态来说明万物的具体差别，在气、形、光、声的"四几"中找到统一气的基础，同时还看到了未凝、未发、未激之气。这些论述丰富了气本论哲学的具体内涵。

二、"心"、"所以"与"太极"

正如在"盈天地间皆物"的命题中把心看作一物一样，方以智不理解人类精神现象的独特性，而将精神也看作是气，认为"精神皆气也"（《物理小识·人身类》）。中年以后，方以智以"心"、"所以"与"太极"等抽象的精神现象作为世界的终极因，从"盈天地间皆物"的气本论转向了客观唯心论。他说：

> 气生血肉而有清浊，气息心灵而有性情。本一气耳，缘气生"生"；所以为气，呼之曰"心"。……世无非物，物因心生。（《东西均·尽心》）

在此基础上，方以智进一步指出：

> 未有天地，先有此心；邈邈言之，则可曰太极，可曰太一，可曰太无，可曰妙有，可曰虚满，可曰实父，可曰时中，可曰环中，可曰神气，可曰烟煴（氤氲），可曰混成，可曰玄同。以其无所不禀，则谓之为命；以其无所不生，则谓之为心；以其无所不主，则谓之为天。（《东西均·译诸名》）

这种关于宇宙本体的表述带有神秘主义色彩。他甚至更加玄妙地说："人之有心也，有所以为心者；天地未分，有所以为天地者。……则谓未有天地，先有此'心'可也，谓先有此'所以'者也。"（《东西均·所以》）方以智的这些说法，已经偏离了其早年的气本论思想。大概他自己也意识到了这个问题，因而努力弥合"所以"与"气"的关系。他说：

> 考其实际，天地间凡有形者皆坏，惟气不坏。……由此征之，虚空之中皆气所充实也，明甚。人不之见，谓之"太虚"。虚曰生气，气贯两间之虚者实者，而贯直生之人独灵。生生者，气之几也，有所以然者主之。所以者，先天地万物，后天地万物，而与天地万物烟煴（氤氲）不分者也。既生以后，则所以者即在官骸一切中，犹一画后，太极即在七十二、

六十四中也。于是乎六相同时，世相常住，皆不坏矣；称之曰"无二"。（《东西均·所以》）

方以智在哲学根本问题上由气本论转向以"心"、"所以"、"太极"等带有客观唯心主义倾向的本体论，与其认识论思想是密切相关的。他说："形本气也，言'气'而气有清浊，恐人执之，不如言'虚'；虚无所指，不如言'理'；理求其切于人，则何如直言'心宗'乎？近而呼之，逼而醒之，便矣。然圣人且忧末师偷心自尊之弊，遁于洸洋，无所忌惮，故但以好学为教。"（同上）这一方面体现了方以智哲学思考的深刻性，通过对佛老哲学中破除名相束缚思想的合理继承，努力从主观上克服认识的偏颇；另一方面表明他还不理解人类认识是一个不断深化的辩证过程，是通过对客观世界不断深入地了解与把握而逐步获得相对真理的过程。由于存在着认识论上的根本缺陷，方以智只能以主观的方式将本来分离的各种现象统一起来，从而以主观的方式在精神上实现他对世界内在统一性的把握与认识，走向了唯心主义。他说：

气也、理也、太极也、自然也、心宗也，一也，皆不得已而立之名字也。圣人亲见天地未分前之理，而以文表之。……夫乌知名殊而实本一乎？吾从无是非之原，表公是非之衡而一之。（同上）

他又说：

天地生人，人有不以天地为征者乎？人本天地，地本乎天，以天为宗，此枢论也。天以心予人，人心即天，天以为宗即心以为宗也。（同上）

由上可知，方以智对宇宙根本特征的界定与对人性根本特征的认识，基本上还是在传统的天人合一的思维框架下展开的，缺乏突出的启蒙意义。

三、"质测即藏通几"

与明清之际其他哲学家相比，方以智最具鲜明个性，也是最具启蒙性质的，是首次明确提出了"质测即藏通几"的新命题，对科学与哲学的关系作出了超越前人和时人的论述。他将人类知识分成三大类，即"质测"、"通几"

"宰理"。"质测"相当于今天所说的自然科学；"通几"相当于今日意义的哲学；"宰理"大体上类似于今天的伦理学、政治学和行政管理学等合称。方以智轻"宰理"之学，重"质测"与"通几"之学，对"质测"与"通几"的关系进行了深入的理论论证。

方以智对"质测"作了如下界定：

> 物有其故，实考究之，大而元会，小而草木蠡蠕，类其性情，征其好恶，推其常变，是曰质测。(《物理小识·自序》)

"元会"指的是宋明以来推测天地运行变化的一种带有神秘命运论色彩的宇宙学。在方以智看来，无论是大范围的宇宙变化现象，还是具体而微的草木虫鱼的性情，皆称为"物"。而物皆有其"故"，即所以成为此物及其变化的道理。这些道理可以通过实在的、可把握的理性方式表达出来并加以研究。这种研究也就是"质测"之学。

方以智是这样界定"通几"的：

> 器固物也，心一物也。深而言性命，性命一物也。通观天地，天地一物也。推而至于不可知，转以可知者摄之，以费知隐，重玄一实，是物物神神之深几也。寂感之蕴，深究其所自来，是曰通几。(同上)

方以智认为，通过"实考究之"的"质测"之学，可以把握所有的物。但是如何把握不可知的领域呢？他认为这时应该反过来，不要在"不可知"的领域上下功夫，而应以"可知"来统摄"不可知"。"摄"含有统摄、合理推测的意思。通过可知的现象即"费"，进而推知虽不可见但实际存在并对实际存在产生某种影响的"隐"。老子哲学讲的"玄之又玄"的"道"（又称"重玄"），其实也并非虚无一物，而是实有的气或太极。用"以费知隐"、"重玄一实"这种认识与掌握实在对象的方式，就可以深究"物物"、"神神"的深奥之几（征兆）。"物物"，即把握物；"神神"，即把握神，亦即运用人的理性思维和已知的确定性知识来统摄"隐"和"重玄"等未知现象。人、物、天地最根本和最原始的寂感深义从何而来呢？他认为对此根本问题的研究、探索与思考，就是"通几"。这不同于研究具体事物之故（或称"几"）的学问。

方以智从三个方面揭示了"质测"与"通几"的关系。

其一，"质测即藏通几者也"（《物理小识·自序》）。认为具体考究物故的"质测"之学蕴含着"通几"之学。方以智认为，如果离开对具体事物的考究而笼统地阐述"通几"之学，则必然丧失对具体事物的认识，因此他说："有竟扫质测而冒举通几，以显其宥密之神者，其流遗物。"（同上）

其二，"通几护质测之穷"（《青原愚者智禅师语录·示侍子中履》）。在方以智看来，由于人类的认识能力有限，总有不可知的"重玄"世界存在于人的认识之外，因此任何"质测"之学都有其局限性。这时候，"通几"之学可以避免人们在认识具体事物的过程中流于神秘的猜想，从而保持一种"阙疑"的理性态度。因为"通几"之学告诉人们，万物皆有其所以然，世界是由气构成的，而气是生生不已的。这样就可以使人们免于被有神论或各种神秘主义所迷惑。

其三，不可以质测废通几，不可以通几废质测。"或质测，或通几，不相坏也。"（《物理小识·总论》）也就是说，"质测"之学与"通几"之学各有其相对的独立性，不能够互相否定或互相取代。两者因为各有所长，又构成了互补的关系。

方以智对"质测"与"通几"关系的基本认识，应当说大体上是正确的。哲学以整个世界和人的存在为研究对象，致力于从总体上判断事物的走势，并为其确立价值向度，这就决定了哲学不可能像具体科学那样，以某一特定事物为研究对象，对其作出确定性的结论。但是，任何具体科学都不能取代哲学的功用，都需要哲学方法论的指导。

方以智对"质测"与"通几"的探讨，既反映了当时中国自然科学认识的水平及其在传播中对人们思想影响的历史状况，也在一定程度上反映了明末清初西方科学传入后产生的影响。方以智的看法表明，当时的有识之士对自然科学研究已经具有实证的态度，突破了理学家将科技视为雕虫小技的认识，对哲学与科学之间关系的理解，表现出以实证科学作为哲学基础的近代思想萌芽。

四、"交"、"轮"、"几"与"合二而一"

方以智以儒家思想为主干，吸收佛教和道家的思想，提出了富有特色的辩证思想，"交"、"轮"、"几"的概念和"合二而一"的命题，突出地反映了这一点。

所谓"交"，主要针对虚实等对立现象而言。方以智说："一与二为三，此教父也。……可方可圆，可棱可破，可末可长，而交之轮之。"（《东西均·三征》）又说："虚实也，动静也，阴阳也，形气也，道器也，昼夜也，幽明也，生死也，尽天地古今皆二也。两间无不交，则无不二而一者，相反相因，因二以济，而实无二无一也。"（同上）在他那里，"交"是指事物的两面如虚与实等的交感和沟通。

所谓"轮"，主要针对事物变化的连续性、推移性和在不同层面的循环性而言。方以智说："轮也者，首尾相衔也。"（同上）以时间为例，"一元一轮，一岁一轮，一月一轮，一日一轮，一时一轮，刹那一轮，则一呼吸间与天地同符、前后际同符"（同上）。他还以天文学的地平环、子午环、赤道环为喻，提出了平轮、直轮、横轮等说法，以此说明"轮"的普遍性。最后，他得出结论：

> 物物皆自为轮。直者直轮，横者横轮，曲者曲轮。虚中之气，生生成轮。举有形无形，无不轮者。无所逃于往来相推，则何所逃于轮哉？（同上）

所谓"几"，本来是《易传》的重要概念，如谓"圣人极深而研几"，从《东西均·三征》来看，方以智主要从三个层面论述了"几"的内涵。

首先，从人的主观认识角度看，"通虚实前后者曰贯，贯难状而言其几。"（同上）始终存在于事物变化发展的线索就是"贯"，但这是难以具体描述的，因而要注意把握"几"，即事物变化发生时的微妙契机。

其次，"几"即在"交"、"轮"之中，统贯"交"、"轮"，是即动即静、无动无静的真常实相。他说："何谓几？曰：交也者，合二而一也；轮也者，首尾相衔也。凡有动静往来，无不交轮，则真常贯合于几，可征矣"（同上）。

最后，他还指出："几者，微也，危也，权之始也，变之端也。"（同上）参照方以智的其他著作，如《药地炮庄·养生主总炮》有"间有其几"，《易余·三冒五衍》有"惟于动静之间，明阴阳、刚柔之交"等的不同说法，我们可以看到，方以智所说的"几"，必定发生、存在于动静的时间和空间之中。因此，他所谓的"几"，既是事物变化之初始的征兆，又是人们把握事物的最好"契几"。

就"交"、"轮"、"几"三种状态而言，方以智认为，人们应当对"几"给予更多的关注。一方面，人们要领悟"於穆不已"的本体之天并无前后、分别的对立；另一方面，又不能自恃这一领悟而对世界的对立、变化无所认识，无动于衷。相反，人们应该积极地探索天地变化之"几"，做到"诚知此几而合之、续之，几几不失"、"以几先彻几后，以无待者运待"、"明不息之几于代错者，藏正因了因于缘因。以三一参两之存，用掀翻三谛之泯，则俱泯俱不泯可也。"（《东西均·三征》）即充分发挥人的主观能动性，把握事物变化发展的最好契机，从而更好地顺应自然的变化，实现人类活动的目的。

"合二而一"也是方以智辩证法思想的重要内容。它主要强调现象界对立的双方最终会在更高的层次上实现统一，所谓"两间无不交，则无不二而一者"（同上）。他在《反因》篇中，对"合二而一"作了系统论述。如说："吾尝言天地间之至理，凡相因者皆极相反。"（《东西均·反因》）他从自然界和人类的各种现象以及思想概念中归纳出一系列的"相反相因"、"相救相胜而相成"，如昼夜、水火、生死、男女、生克、刚柔、清浊、明暗、虚实、有无、形气、道器、真妄、顺逆、安危、劳逸、博约之类。

方以智还分别以水火、动静为例，进一步阐述相反相因的道理。他说："人身之水、火交则生，不交则病，可不谓相因乎？……静沉动浮，理自冰炭，而静中有动，动中有静，静极必动，动极必静。"（同上）最后他得出结论："有一必有二，二皆本于一，岂非天地间之至相反者，本同处于一原乎哉？"（同上）

不过，方以智的辩证法思想最终还是为形而上学所消解，他说：

因对待谓之反因，无对待谓之大因。然今所谓无对待之法，与所谓一切对待之法，亦相对反因者也，但进一层耳——实以统并，便为进也。有天地对待之天，有不可对待之天；有阴阳对待之阳，有不落阴阳之阳；有善恶对待之善，有不落善恶之善，故曰：真天统天地，真阳统阴阳，真一统万一，太无统有无，至善统善恶。（同上）

这种不落对待之中的所谓"真天"、"真阳"、"真一"、"太无"、"至善"，只能是否定矛盾对立的绝对实体。而且他要揭示出世界变化的总根据，并以"通几"、"太极"、"太无"、"所以"等概念表述之，这固然表现出力图以自己所把握的"一"来统贯世界杂多现象,但也明显表现出受程朱理学以一理为万物之本的客观唯心主义思想的影响。尽管如此,从"交"、"轮"、"几"到"合二而一",方以智对于矛盾的对立统一作了比前人更有深度的揭示,即强调了不仅要看到矛盾对立的一面,更要看到矛盾统一的一面,事物是在既对立又统一的矛盾运动中发展的。

总之,黄宗羲、方以智作为明清之际启蒙思想家的代表,他们的哲学思想在不同领域推动了中国哲学的发展,具有早期启蒙思想的意义。

思考题:

1. 黄宗羲是如何解释心、气、理三者关系的?

2. 为什么人们把《明夷待访录》称为中国的"人权宣言"?

3. 方以智是如何论述"质测"与"通几"的关系的?

第三十章　王夫之的哲学

王夫之（1619—1692 年），字而农，号薑斋，湖南衡阳人，我国古代朴素唯物主义和辩证法思想的集大成者，他的哲学是对整个中国传统哲学的批判总结。王夫之青年时代关心动荡的时局，并参加"行社"、"匡社"、"须盟"，立志改革弊政。明亡后参与起兵抗清。晚年隐居衡阳石船山麓，著书立说，后人称其为"船山先生"①。王夫之留存于世的著作有一百多种，共四百多卷，表达哲学思想的主要有《周易外传》、《老子衍》、《黄书》、《读四书大全说》、《诗广传》、《庄子通》、《相宗络索》、《张子正蒙注》、《思问录内外篇》、《读通鉴论》、《尚书引义》、《续春秋左氏传博议》等。今有《船山全书》行世。

第一节　太虚一实、理依于气的宇宙本体论

气本论是中国传统哲学中的一种宇宙本体论，经过王充、柳宗元、刘禹锡、张载、罗钦顺、王廷相等人的阐发，变得愈加丰满、精致。特别是张载的气本论从宇宙本体论的角度，对当时盛行的佛老唯心主义思想进行了深刻而有力的批判。张载之后，气本论的一些命题如天地之性与气质之性被程朱理学吸收和改造。气本论思想经明中叶罗钦顺、王廷相重新阐述，获得了新的发展。在此基础上，王夫之主要继承并发展了张载的气本论哲学，以"太虚一实"、"理依于气"的宇宙本体论将气本论哲学推向了一个新的理论高度。

一、气—诚—实有

王夫之从哲学本体论的高度对天地万物的存在方式作出了具有唯物主义意义的论述。他认为，无论人知与不知，人所面对的太虚世界都充满着实有之

---

① 王夫之 50 岁时曾自题观生堂联道："六经责我开生面，七尺从天乞活埋。"明确地表达出返本开新的学术志向和历史责任感。临终前，他自题墓石道："抱刘越石之孤愤，而命无从至。希张横渠之正学，而力不能企。"希冀自己能像东晋的刘琨一样报效民族国家，但感慨自己时命不济；十分仰慕宋儒张载的学问并试图光大之，但深感自己能力有限而无法承担此项重大的历史使命。这是他对自己毕生政治和学术活动的评价。

气，并非佛道二家所说的"无"。他说：

> 虚空者，气之量。气弥沦无涯而希微不形，则人见虚空而不见气。凡虚空皆气也。聚则显，显则人谓之有；散则隐，隐则人谓之无。（《张子正蒙注·太和篇》）
>
> 人之所见为太虚者，气也，非虚也。虚涵气，气充虚，无有所谓无者。（同上）
>
> 阴阳二气充满太虚，此外更无他物，亦无间隙，天之象，地之形，皆其所范围也。（同上）

由上可知，王夫之从宇宙本体论的角度批评了佛老的唯心主义本体论思想。他还进一步提炼"气"概念的普遍抽象性，使之与经验感觉中的各种现象之气区别开来，将"气"的存在状态规定为"诚"即"实有"，与现代唯物论的"物质一般"相接近。他说：

> 太虚，一实者也。故曰"诚者天之道也"。（《思问录·内篇》）
>
> 诚也者实也；实有之，固有之也；无有弗然，而非他有耀也。（《尚书引义·洪范三》）
>
> 夫诚者实有者也，前有所始、后有所终也。实有者，天下之公有也，有目所共见，有耳所共闻也。（《尚书引义·说命上》）

在宋明理学中，"诚者物之始终"之"诚"是精神性的，王夫之以"实有"释"诚"，着重强调太虚之气不是构成具体事物的质料，而是对具体事物最根本的一般属性即客观实在（实有、固有）的最高抽象，因而没有任何物可与之相比，也没有任何言辞可与之相对。"诚者，无对之词也。""说到一个'诚'字，是极顶字，更无一字可以代释，更无一语可以反形"（《读四书大全说·离娄上篇》）。同时，他以"诚"表明太虚之气作为高度抽象的概念，并非耳目等感觉所能直接把握，但是可以为人所信，为理所允，历然充盈。王夫之说："诚则形，形乃著明，有成形于中，规模条理未有而有，然后可著见而明示于天下。故虽视不可见，听不可闻，而为物之体历然矣。"（《思问录·内篇》）就是说，它是能为人的理性所认识的。可见，王夫之的气—诚—实有，把气从具体实物的质料中提升出来，把气本论与认识论相结合，都是对以往包括张载在内的气本论的发展。

王夫之将宇宙的本体规定为生生不已、变动不居的"实有"，这样就从根本上批判了佛老将宇宙本体规定为"真空"、"虚无"的唯心主义观点，进而提出了"破块启蒙，灿然皆有"和富有日新的哲学思想。他说：

> 然则彼之所谓"真空"者，将有一成不易之型，何不取两间灵蠢、姣丑之生，如一印之文，均无差别也哉？是故阴阳奠位，一阳内动，情不容吝，机不容止，破块启蒙，灿然皆有。静者治地，动者起功。治地者有而富有，起功者有而日新。殊形别质，利用安身，其不得以有为不可依者而谓之妄，其亦明矣。（《周易外传·无妄》）

王夫之讲得很明确，如果按照佛老的本体论观点，现象界的万物就会像印文与印章的关系一样，与预先固有的模型相同。然而真实不妄的实有世界在阴阳二气的相互作用下，是一个无须人为安排、生生不息、灿然富有的生化过程。万有世界之物的差异存在正好为人的生存与发展提供了客观的存有基础。这样就把气本论和发展观统一起来了。

从上述可见，王夫之的气—诚—实有赋予气以最高物质存在的意义，并把气本论与认识论、发展观相结合，使传统气本论蕴含的朴素唯物主义达到了前所未有的高度。

二、理气相依

王夫之坚持气本论，对于程朱的理本论特别具有批判总结的意义。朱熹主张理在气先、理为万物之根据。针对这样的观点，王夫之则说："天人之蕴，一气而已。"又说："气外更无虚托孤立之理也。"（《读四书大全说·告子上篇·二》）他不承认有一个独立于气而先在的理：

> 天下岂别有所谓理，气得其理之谓理也。气原是有理底，尽天地之间无不是气，即无不是理也。（《读四书大全说·告子上篇·六》）
>
> 气之妙者，斯即为理。气以成形，而理即在焉。两间无离气之理，则安得别为一宗，而各有所出？（《读四书大全说·泰伯篇·四》）

在王夫之的众多著作中，有关理气关系的论述十分丰富，但其大要在于坚持理气相依不离的观点。与朱熹理气不离的理论出发点不同，在王夫之看来，"理"首先是事物之条理和人性之至理，如他说："凡言理者有二：一则天地万物已然之条理，一则健顺五常、天以命人而人受为性之至理。二者皆全乎天之事。"（《读四书大全说·泰伯篇·四》）这就是说，理一方面是宇宙自然的道理和规律，是人的认识所把握的对象，另一方面是天所命、所赋予人的德性。合而观之，都是实有事物之中的理则。其次，王夫之主要讲"实有"中之理，如他说："气者，理之依也。气盛则理达。天积其健盛之气，故秩叙条理，精密变化而日新。"（《思问录·内篇》）由此可知，王夫之是从气上来说理，以气来统摄理。而朱熹却是以理来统摄气，认为有此理方有此气。王夫之还从理气相依的角度反驳朱熹的"理先气后"说，认为"理即是气之理，气当得如此便是理，理不先而气不后"（《读四书大全说·告子上篇·二》）。

从表面上看，王夫之的理气相依说与朱熹理气不离的说法相似，而实质内容大不相同。王夫之着重从气本论的角度强调理依于气，肯定"气化日新"的实有世界有自己的内在法则与条理，表现出完全不同于朱熹的哲学路线，充溢着一种健动日新的新气象。

三、道不离器

"道器"关系一直是中国哲学的根本问题之一。《易传》提出了"形而上者谓之道，形而下者谓之器"的命题，朱熹认定道先而器后。与此不同，王夫之从气本论的立场出发，反对有脱离具体之器而先在的道。他说："盈天地之间皆器矣。"又说："天下惟器而已矣。道者器之道，器者不可谓之道之器也。"（《周易外传·系辞上传第十二章》）认为天地之间只有具体的器，没有脱离器的抽象的道，道只是器所表现出来的抽象法则而已。可见，与理气论上的气本论相对应，王夫之在道器论上也坚持实有世界的第一性，反对有脱离具体存在的抽象法则。

由这一道器论出发，王夫之还进一步提出了"尽器则道无不贯"的突破性观点，如他说："圣人之所不知不能者，器也。夫妇之所与知与能者，道也。故尽器难矣。尽器则道无不贯。尽道所以审器，知至于尽器，能至于践形，德盛矣哉。"（《思问录·内篇》）这一"尽器"的说法，与他在理气论中所憧憬的"变化日新"的理想相一致，体现了王夫之哲学在实有世界中从事创造性活动的健动理想。

王夫之的道器论还对人类社会的"他年之道"充满了信心。他说：

> 洪荒无揖让之道，唐、虞无吊伐之道，汉、唐无今日之道，则今日无
> 他年之道者多矣。未有弓矢而无射道，未有车马而无御道，未有牢醴璧
> 币、钟磬管弦而无礼乐之道。则未有子而无父道，未有弟而无兄道，道之
> 可有而且无者多矣。故无其器则无其道，诚然之言也，而人特未之察耳。
> (《周易外传·系辞上传第十二章》)

王夫之这一道器论，深刻地阐述了人类由野蛮到文明的历史进程，是西方进化
论思想进入中国之前，中国社会内部产生的历史发展论思想，蕴含着破除复
古、循环历史观的近代性因素，打破了以往思想家向往上古黄金时代的复旧迷
梦。他所说的器不仅包括自然万物，而且也包括人类社会的各种具体生活和器
物制度。他对"他年之道"的期待与憧憬，实际上是那个时代富有哲学洞见的
哲人对中华民族未来的理想和呼唤，体现了中华民族生生不息、面向未来的积
极精神。

第二节　能必副所和行可兼知的认识论

就认识论而言，"心物"、"知行"关系一直是中国传统哲学的重要问题。
佛教传入中国后，"能所"关系也成为认识论的主题之一。王夫之通过对程朱、
陆王、佛老哲学的批判和扬弃，在气本论的前提下，提出了能必副所和行可兼
知的认识论。

一、"以心循理"与"能必副其所"

王夫之哲学中的"心"，既是与人的先验道德理性相关的道德心，也是人
的主体认识能力（知）与实践能力（能）相统一的认知心。在"心"的问题
上，王夫之力求将人的先验道德理性与后天的知、能统一起来，从而对"物"
与"所"发生作用，使人能够在正确把握物与所的基础上成就德性、建立
功业。

　　王夫之通过对天道变化和人性由来的分析，阐明人性与人心的特质。他认为人之性"原于天而顺乎道，凝于形气，而五常百行之理无不可知，无不可能，于此言之则谓之性"（《张子正蒙注·太和篇》）。通过此人性，然后"函之于心而感物以通，象著而数陈，名立而义起，习其故而心喻之，形也，神也，物也，三相遇而知觉乃发。故緷性生知，以知知性，交涵于聚而有间之中，统于一心，緷此言之则谓之心"（同上）。由上述引文可见，王夫之对人性含有的无限潜能抱有极大信心，在此基础上，对人心活动的复杂性作了深刻细致的阐述，并通过对先验人性与人心在感性世界活动的二重关系的论述，揭示了认识活动的复杂性；认为人性原于天道气化，内在地包含着一种认识万物的可能性。人的知觉能力由人性生发出来，然而人在天地之间感物而通、习故知性的认知活动又是通过心来统摄的，从而显示了"人心"认识活动的独立性和自主性。在《周易外传》里，王夫之说："夫天下之大用二，知、能是也；而成乎体，则德业相因而一。知者天事也，能者地事也，知能者人事也。"（《周易外传·系辞上传第一章》）又说："而夫人者，合知、能而载之一心也。故曰'天人之合用'，人合天地之用也。"（同上）认为人心是知、能的统一体，以此与具有自然功能的天地相区别，突出人心的能动性。

　　在心与理的关系方面，王夫之肯定了人心具有把握物与事的本来之用、当然之则的理性认识能力，但还不能完全正确地揭示人的理性认识能力的来源问题，而是简单地将理看作是"人心之实"，如他说：

　　　　万物皆有固然之用，万事皆有当然之则，所谓理也。乃此理也，唯人之所可必知，所可必行，非人之所不能知、不能行，而别有理也。具此理于中，而知之不昧、行之不疑者，则所谓心也。以心循理，而天地民物固然之用、当然之则各得焉，则谓之道。自天而言之，则以阴阳五行成万物万事之实体而有其理；即此阴阳五行之灵妙，合于人而为情性，以启其知行者，而有其心。则心之于理，所从出者本非二物。故理者，人心之实；而心者，即天理之所著所存者也。（《四书训义·里仁》）

在上述引文的前大半部分，王夫之比较正确地揭示了人心具有把握客观对象与客观事物的当然之则的理性认识能力，而且对"道"的阐述也颇具新意，即把"道"看作是人类通过正确的认识活动，让天地、人民、万物本来具有的功用、人伦的法则恰到好处地予以实现，体现了以认识论的真理为基础实现人伦之善的思想倾向。然而，在这段引文的后半部分，将"理"看作是"人心之实"，则表明王夫之还不能真正理解人的理性认识来源于社会实践的道理。所以，他又说："凡理皆天之理，凡心皆天之心，天以此理为人之心，人即以此心体天之理。使非然也，则尽者何所尽，推者何所推乎？"（《四书训义·里仁》）甚至还说："以心循理，心尽而理亦尽；以理御心，理可推而心必推。"（同上）这些有关"心"与"理"的论述，包含了对于人的认识能动性的肯定，但没有看到人的理性认识能力来源于长期社会实践。

王夫之利用、改造佛教哲学的"能"、"所"范畴，对认识活动中的主体与客体、主观认识能力与客观认识对象及其相互关系问题作了深入分析：

> 天下无定所也，吾之于天下，无定所也。立一畍以为"所"，前未之闻，自释氏眆也。境之俟用者曰"所"，用之加乎境而有功者曰"能"。"能"、"所"之分，夫固有之，释氏为分授之名，亦非诬也。乃以俟用者为"所"，则必实有其体；以用乎俟用而可以有功者为"能"，则必实有其用。体俟用，则因"所"以发"能"；用乎体，则"能"必副其"所"。体用一依其实，不背其故，而名实各相称矣。（《尚书引义·召诰无逸》）

在王夫之看来，"能"与"所"都是实有的，所必"实有其体"而能必"实有其用"。而且能与所、认识主体与认识对象必须相互依存、相互统一。因此，他尖锐批评佛教消所入能、以能为所，把所知对象视为能知主体表现出来的作用或幻境，同时又主张无能无所，取消能与所的实有性等一系列错误主张。他说："以心合道，其有'能'有'所'也，则又固然而不容昧。是故其说又不足以立，则抑'能'其'所'，'所'其'能'，消'所'以入'能'，而谓'能'为'所'，以立其说，说斯立矣。"（同上）认为佛教在能、所关系问题上虽然有自己的系统学说，但其观点并不正确。

通过对佛教能所关系的批判和吸收，王夫之又将能所关系与儒家传统思想中的体用关系、己物关系相贯通。他说：

> 夫"能"、"所"之异其名，释氏著之，实非释氏眆之也。其所谓"能"者即用也，所谓"所"者即体也，汉儒之已言者也。所谓"能"者

即思也，所谓"所"者即位也，《大易》之已言者也。所谓"能"者即己也，所谓"所"者即物也，《中庸》之已言者也。所谓"能"者，人之弘道者也；所谓"所"者，道之非能弘人者也，孔子之已言者也。援实定名而莫之能易矣。阴阳，所也；变合，能也。仁知，能也；山水，所也。中和，能也；礼乐，所也。（《尚书引义·召诰无逸》）

这表明王夫之把中国传统哲学与佛教的思想资源相结合，在心物关系上，对主体与客体、主体能动性与客体被动性等问题，作了创造性转化和创新性发展。

同心与理、能与所的关系问题相关，在理与事的关系上，王夫之要求人的理性认识活动必须从具体的客观对象出发，通过对客观对象的理论抽象上升到一种理性的认识。他说：

有即事以穷理，无立理以限事。故所恶于异端者，非恶其无能为理也，同然仅有得于理，因立之以概天下也。而为君子之言者，学不及而先言之，与彼同归，不已诬乎！异端之言曰："万变而不出吾之宗。"宗者，同然之仅得者也，而抑曰"吾之宗"矣。吾其能为万变乎？如其不能为万变，则吾不出吾之宗，而非万变之不出也。无他，学未及之，不足以言而迫欲言，则同然亦报以仿佛之推测也。（《续春秋左氏传博议·士文伯论日食》）

这里的意思是，正确的知识来源于对客观对象如实的了解和把握，此即"即事以穷理"；即事以穷理之后积累的正确知识即是"学"，无"学"而妄言客观对象及其变化，结果只能是：或者像有些异端那样凭借主观之理以概天下，或者以主观推测的方式来妄论变化。王夫之的结论是：佛老异端的"吾宗"说和中国历史上的"天人感应"说，都表现为"私为理以限天，而不能即天以穷理之说也"（同上）的主观唯心论。

二、"知行相资以为用"

在宋明理学中，程朱理学提出了"知先行后"说，陆王心学则提出了"知行合一"说。在王夫之看来，两者的知行理论有一个共同的缺陷，即在知与行之间"立一划然之次序"，而表现出"惮行之艰，利知之易，以托足焉"，其结果是"异尚而同归"（《尚书引义·说命中二》）。通过对程朱、陆王知行观的扬弃，王夫之提出了"知行相资以为用"、"并进而有功"的辩证知行观。他说：

> 诚明相资以为体，知行相资以为用，唯其各有致功而亦各有其效，故相资以互用，则于其相互，益知其必分矣。同者不相为用，资于异者乃和同而起功，此定理也。（《礼记章句·中庸》）

虽然从整体的过程来看，知行相资、知行并进，但就人类的知识起源以及人类行为的目的来说，行是第一位的。他说：

> 且夫知也者，固以行为功者也；行也者，不以知为功者也。行焉可以得知也，知焉未可以得行之效也。……行可兼知，而知不可兼行，下学而上达，岂达焉而始学乎？君子之学，未尝离行以为知也必矣。（同上）

最后，他这样批评"离行以为知"的观点：

> 离行以为知，其卑者，则训诂之末流，无异于词章之玩物而加陋焉；其高者，瞑目据梧，消心而绝物，得者或得，而失者遂叛道以流于恍惚之中。异学之贼道也，正在于此。（《尚书引义·说命中二》）

上述引文从不同角度、不同层面体现出王夫之在知行关系上重"行"的思想倾向，他着力批评并纠正宋明理学、心学及其末流在知行观上的各种思想流弊，比较正确地解决了知行关系问题。当然，他的知与行依旧以传统儒家的道德认知与道德践履为重要内涵，还肯定"人心之先得"的"良能"，在有些方面仍然陷入了先验论。

第三节　性"日生日成"的人性论

在王夫之之前，性善、性恶、性无善恶、性三品说以及"气质之性"与"天地之性"等观点都有丰富的内涵。相对于前人，王夫之人性论的突出贡献，在于明确地从日常生活的动态过程去论证人性变化、发展的特征，提出了"性者生理也，日生则日成也"和"习与性成"的观点。

一、性"日生日成"

与程朱、陆王的"复性"说不同，王夫之着重从社会生活的角度来阐明人性永远处于形成的过程中。

首先，他从人性来源的角度分析了人性与天道、天命的内在关系。他说："惟天有道，以道成性。"（《张子正蒙注·太和篇》）王夫之对《易传》"一阴一阳之谓道，继之者善也，成之者性也"一语，着重从"成性"的角度予以发挥，凸显人类所具有的潜在发展能力。他说："命日受则性日生矣，目日生视，耳日生听，心日生思……是以君子自强不息……以养性也。"（《尚书引义·太甲二》）这里，王夫之所说的"命"，并非一成不变的"命"，人性也不是人初生时"天命"降落在具体个人身上的先天规定性。他说：

> 天日临之，天日命之，人日受之。命之自天，受之为性，终身之永，终食之顷，何非受命之时？皆命也，则皆性也。天命之谓性，岂但初生之独受乎？（《同上》）

又说：

> 天命者，岂但初生之顷命之哉！……二气之运，五行之实，始以为胎孕，后以为长养，取精用物，一受于天产地产之精英，无以异也。形日以养，气日以滋，理日以成。方生而受之，一日生而一日受之……故天日命于人，而人日受命于天。故曰：性者生也，日生而日成之也。（同上）

由此可见，王夫之所说的"天命"是指阴阳二气流行不息的过程，因此人所禀受的天命之性也是一个日生而日成、自然而不断地生成长养的过程。他不仅认为性日生日成，而且还强调"已成可革"，他说："惟命之不穷也而靡常，故性屡移而异。抑惟理之本正也，而无固有之疵，故善来复而无难。未成可成，已成可革。"（同上）认为人性并非被动地由"天命"、"天理"所决定而一成不变，它是可以变革、改造，不断加以完善的。

其次，从人的能动性来看，王夫之认为，人性是人在具体的生活中不断选择的结果，因此人性是"习与性成"的。他说："生之初，人未有权也，不能自取而自用也。惟天所授，则皆其纯粹以精者矣。天用其化以与人，则固谓之命矣。已生之后，人既有权也，能自取而自用也。自取自用，则因乎习之所贯，为其情之所歆，于是而纯疵莫择矣。"（《尚书引义·太甲二》）因此，人性实际上是先天之性与后天之性的合成。所以王夫之说："先天之性天成之，后天之性习成之也。"（《读四书大全说·滕文公上篇·三》）"习与性成者，习成而性与成也。"（《尚书引义·太甲二》）强调人性的形成固然有着自然本性的影响，而更主要的是人进行权衡和选择的产物。

从"继善成性"、"习成而性与成"的人性论立场出发，王夫之批评了历史上各种人性论思想的理论缺陷。他说："故专言性，则三品、性恶之说兴；溯言善，则天人合一之理得；概言道，则无善、无恶、无性之妄又熺矣。"（《周易外传·系辞上传第五章》）他认为，这些人性论的谬误正在于"悬一性于初生之顷，为一成不易之例，揣之曰：'无善无不善'也，'有善有不善'也，'可以为善可以为不善'也，呜呼！岂不妄与！"（《尚书引义·太甲二》）这表明他的性"日生日成"是对传统人性理论的批判总结。

王夫之对传统哲学中各种人性论思想进行了合理的扬弃，突出了人的主体性、能动性和变化发展，显露出近代人性论的思想光芒。不过，他还局限在中国传统哲学个体道德实践层面，未能从社会存在决定社会意识的角度来论述人性的变化与发展，因而尚未超越抽象人性论。

二、天理寓于人欲之中

与宋明理学把"天理"、"人欲"对峙起来的思想不同，同时与李贽简单地将穿衣吃饭视作人伦、物理的思想也有差异，王夫之的理欲观，是对宋明理学和李贽的扬弃，其主要内容有以下三个方面。

第一，天理"必寓于人欲以见"，认为人欲是天理的基础。王夫之直接将"欲"看作是"天理"的基础，他说："礼虽纯为天理之节文，而必寓于人欲以见。"又说："故终不离人而别有天，终不离欲而别有理也。离欲而别为理，其唯释氏为然，盖厌弃物则，而废人之大伦矣。"（《读四书大全说·梁惠王下篇·三》）他还认为"饮食男女之欲，人之大共也"（《诗广传·陈风》），这种"人欲之大公，即天理之至正矣"（《四书训义·中庸二·第十三章》）。谁要是轻视这种"大公"之人欲，就是轻视"天理"的价值，因此王夫之说："吾惧夫薄于欲者之亦薄于理，薄于以身受天下者之薄于以身任天下也！"（《诗广传·陈风》）

第二，"甘食悦色，天地之化机也"（《思问录·内篇》）。认为甘食悦色这样的人欲，合乎人的社会化过程的需求。王夫之说："君子敬天地之产而秩以其分，重饮食男女之辨而协以其安。苟其食鱼，则以河鲂为美，亦恶得而弗河鲂哉？苟其娶妻，则以齐姜为正，亦恶得而弗齐姜哉？"（《诗广传·陈风》）又说："甘食悦色，天地之化机也。老子所谓犹橐籥篞动而愈出者也，所谓天地以万物为刍狗者也，非天地之以此刍狗万物，万物自效其刍狗尔。"（《思问录·内篇》）在王夫之看来，人们对美色美味的追求，是天地大化的根本秘密所在。万物相对于人的需要而言，只不过是如祭祀牺牲品的"刍狗"一般，随着人们需求的变化而由必需转变为过时。人性的充分发展，正在于"入五色而用其明，入五声而用其聪，入五味而观其所养"，然后"周旋进退，与万物交而尽性"，最终达到"以立人道之常"（《尚书引义·顾命》）的目的。如果人们不懂得"甘食悦色"的"天地之化机"，正是"恃天之仁而违其仁，去禽兽不远矣"（《思问录·内篇》）。王夫之强调人的欲望与人类文明之间的密切关系，虽然还不能说已经从社会实践的角度去阐述人的欲望具有社会历史性特征，但毕竟与宋明理学只简单地肯定人的自然食色之性而否定人们追求"美色美味"的观点相比，已经有了巨大的理论进步，初步从理论上揭示了人类需求即使在生理方面也打上了人类文化烙印的道理。

第三，"天下之公欲即理也"。认为欲有公私之异，因而要去私而尽公。王夫之所说的"公"并不是宋明理学所说的"公"，究其实际内容乃是李贽、黄宗羲、顾炎武等人所说的"万民之私"。他说："天下之公欲，即理也；人人之独得，即公也。道本可达，故无所不可达之于天下。"（《张子正蒙注·中正篇》）又说："人欲之各得，即天理之大同；天理之大同，无人欲之或异。"（《读四书大全说·里仁篇·一一》）强调"天理"就是每个人的欲望都得到满足。王夫之认为，人的"意欲"，即个人对食色的贪求之欲，是一种"私欲"，这种"私欲"不能代表天下人之"公欲"，因此"天理"、"不行意欲之中"。他说："理，天也；意欲，人也。理不行于意欲之中，意欲有时而逾乎理，天人异用也。"（《张子正蒙注·诚明篇》）由此，王夫之主张"私欲净尽，天理流行，则公矣"（《思问录·内篇》）。这种"公"与黄宗羲政治哲学中"天下之大公"之"公",顾炎武政治哲学中"合私成公"之"公",都是万民之所同然的欲求。

第四节 理势合一和依人建极的历史观

王夫之具有深厚史学修养,他提出了理势合一和依人建极的历史观。

一、理成势与势成理

王夫之综合了刘知几、柳宗元等人"势"的概念,批判吸收了宋明理学中"理"的概念,提出了理势合一的思想。他说:"言理势者,犹言理之势也,犹凡言理气者,谓理之气也。理本非一成可执之物,不可得而见;气之条绪节文,乃理之可见者也。故其始之有理,即于气上见理;迨已得理,则自然成势,又只在势之必然处见理。"(《读四书大全说·离娄上篇·八》)所谓"势",即历史发展的必然趋势;所谓"理",则是体现于历史发展中的规律性,而这历史观上的理势合一是以理依于气的气本论为基础的。

理与势的关系可以从两方面看:一是从"理成势"的角度看,"得理则自然成势","理当然而然,则成乎势矣"(《读四书大全说·离娄上篇·七》)。二是从"势成理"的角度看,则"在势之必然处见理"(《读四书大全说·离娄上篇·八》),"势既然而不得不然,则即此为理矣"(《读四书大全说·离娄上篇·七》)。在《读通鉴论》的第一篇,王夫之对秦变"封建制"为"郡县制"的重大事件所包含的历史必然性进行分析,得出了"势相激而理随以易"(《读通鉴论·秦始皇》)的结论,表达了理势合一、理势相成的历史观。

王夫之的理势合一论对历史发展的曲折过程有深刻的认识。由于"势因乎时,理因乎势"(《读通鉴论·愍帝》),历史的变迁充满着无穷的"忧患"和"险阻",其"贞一之理"是通过曲折复杂的"相乘之几"(《读通鉴论·文帝》)才得以实现的,这其中夹杂着各种矛盾冲突和偶然性的因素。例如,秦以郡县制取代封建制,本是出于秦始皇的私心,但正因为这种"私心",成就了"天下之大公",使封建诸侯私其一国人民、土地的封建制,变为郡县制下的人民、土地属于皇权制下的土地国有。因此,对历史人物功过之评价,必须放在较长的历史长河中来"通古今而计之",在矛盾的分析中把握历史变迁的复杂性。王夫之说："天欲开之，圣人成之；圣人不作，则假手于时君及智力之士以启其渐。以一时之利害言之，则病天下；通古今而计之，则利大而圣道以弘。……时之未至，不能先焉。迨其气之已动，则以不令之君臣，役难堪之百姓，而即其失也以为得，即其罪也以为功，诚有不可测者矣。天之所启，人为效之，非人之能也。"（《读通鉴论·武帝》）从以上的分析来看，王夫之认识到"恶"（私心）在历史发展过程中起到的重要作用，恩格斯在《路德维希·费尔巴哈和德国古典哲学的终结》中指出："自从阶级对立产生以来，正是人的恶劣的情欲——贪欲和权势欲成了历史发展的杠杆。"[1] 可以说，王夫之的理势合一论是从历史观上否定了宋明理学的"存天理，灭人欲"论。

二、相天大业与依人建极

王夫之历史哲学突出地强调了人道与天道的差异性，通过对人的道德理性、主体能动性的阐扬，肯定了历史前进过程中人的主观能动性的价值，提出了"依人而建极"的思想。

首先，他在肯定人道统一于天道的大前提下，指出了人道的独特性。他说："人之道，天之道也。天之道，人不可以之为道者也。"（《续春秋左氏传博议·吴征百牢》）认为人类社会发展之道不同于自然发展之道，有其特殊性。

其次，他倡导对人的主体能动性的尊重。所谓"相天之大业"，不必归之于圣人。人如果不敢以圣自居，则是同于禽兽之化："语相天之大业，则必举而归之于圣人，乃其弗能相天与，则任天而已矣。鱼之泳游，禽之翔集，皆其任天者也，人弗敢以圣自尸，抑岂曰同禽鱼之化哉？"（同上）所谓"任天"，即听任自然本能，如鱼游鸟飞；而"相天"则与之对立，即发挥主体能动性来辅助、治理自然；如果忽视了"相天"，人也就同鱼、鸟这类禽兽无异了。这是从人的主体能动性来说明人禽之辨。

再次，他对人之所以能够相天而成就大业的原因作出了两个方面的归纳。从类的方面说，人类有文明制度和前后相续的文明积累，这便是君、师和礼、义之存在，因此可以避免被动适应自然环境的结局。他说："天之所生而生，天之所杀而杀，则是可无君也；天之所哲而哲，天之所愚而愚，则是可无师也；天之所有因而有之，天之所无因而无之，则是可无厚生利用之德也；天之

---

[1] 《马克思恩格斯文集》第 4 卷，人民出版社 2009 年版，第 291 页。

所治因而治之，天之所乱因而乱之，则是可无秉礼守义之经也。"（《续春秋左氏传博议·吴征百牢》）从个体方面来说，人可以凭借自然的生理器官的独特性，通过人的弘道过程，而使人耳聪目明，心思睿哲。他说："夫天与之目力，必竭而后明焉；天与之耳力，必竭而后聪焉；天与之心思，必竭而后睿焉。""可竭者天也，竭之者人也。"（同上）王夫之肯定人通过主体的努力，可以将自然禀赋扩充到极致，从而使人类远离动物界的生存状态而不断地向文明的方向前进。

由此，他提出了"依人而建极"的思想。他说："道行于乾坤之全，而其用必以人为依。不依乎人者，人不得而用之，则耳目所穷，功效亦废，其道可知，而不必知。圣人之所以依人而建极也。""以人为依，则人极建而天地之位定也。"（《周易外传·泰》）认为作为宇宙乾坤的自然法则，其作用的发挥必须以人为本（依），否则是没有必要予以把握的，因此，就需要确立人的价值准则（人极），并以此来考察人的活动在天地自然中的意义。应当指出，这里的"人极"包含着民众意愿的含义。王夫之说："可以行之千年而不易，人也，即天也，天视自我民视者也。"（《读通鉴论·隋文帝》）认为一种制度能推行千年而不易，是因为它合乎民众的价值追求，而这也体现了历史发展的客观要求。这样的"依人而建极"，把历史发展的客观性与民众的价值意愿相结合，表现出平民性的以人为本的启蒙思想。

王夫之哲学是 17 世纪中国历史条件下的产物，以深刻的理论思维反映了明清之际的时代精神。他在历史观、人性论、认识论等诸领域都作出了重大贡献，特别是在清理宋明理学思想遗产的基础上，"推故而别致其新"（《周易外传·无妄》），创立了朴素唯物论与辩证法相统一的思想体系。尽管由于各种原因，他的思想在当时未能产生重大的社会影响，但在经历近两个世纪的清代文化专制之后，王夫之哲学成为近代启蒙思潮的重要思想资源。谭嗣同称赞王夫之的思想为"昭苏天地"的雷声（见《论艺绝句六篇》二）。梁启超在《中国近三百年学术史》中说，清初几位大师如黄宗羲、王夫之等人的思想，曾"像电气一般把许多青年的心弦震得直跳"（《中国近三百年学术史·清代学术变迁与政治的影响（下）》）。章太炎更加凸显王夫之思想的启蒙意义："当清之季，卓然能兴起顽懦，以成光复之绩者，独赖而农一家而已！"（《船山遗书序》）这些评论从不同侧面显示了王夫之哲学对近代中国哲学的发展所起到的推动作用。

思考题：

1. 王夫之"道器论"的主要观点和理论意义是什么？

2. 王夫之是如何改造佛教的"能"、"所"关系学说的？

3. 王夫之是如何批判程朱、陆王的唯心主义知行观的？

4. 王夫之历史哲学的主要内容是什么？

第三十一章 颜元和戴震的哲学

颜元和戴震是清代哲学的重要代表人物。颜元提倡经世致用，注重习行、践履。戴震是乾嘉考据学的领袖，在哲学上提出了"察分理"的认识论，批判了理学家理欲观的"以理杀人"。

第一节 颜元的哲学

颜元（1635—1704 年），字易直，又字浑然，自号习斋，河北博野人，明末清初学者。他的思想形成过程甚为曲折，先是信奉陆王，后改信程朱，最后扬弃陆王、程朱而自创重"实行"的"实学"。他是清初北方重要的儒家学者。后来，他的学生李塨继承并发扬颜氏之学，史称"颜李学派"。颜元的主要著作有《四存编》、《四书正误》、《朱子语类评》、《习斋记余》。今有《颜元集》行世。

一、重"习行"的实学观

在理气关系上，颜元主张"理气融为一片"（《存性编》卷二），反对理学家的"理在气先"等观点。不过，颜元思想的最大特点是崇"实"黜"虚"，主张以"实文、实行、实体、实用"的"实学"取代宋明理学的"空言"、"虚文"。"实学"本义为能贯彻于实际而切实有用的学问。颜元认为，真正的学问即是尧、舜、周、孔之道所规定的"三事三物"之道。"三事"，即正德、利用、厚生；"三物"，即《周礼·大司徒》所说的"六德"（知、仁、圣、义、忠、和）、"六行"（孝、友、睦、姻、任、恤）、"六艺"（礼、乐、射、御、书、数）。而"三物"其实就是"三事"，"六德即尧、舜所为正德也，六行即尧、舜所为厚生也，六艺即尧、舜所为利用也"（《习斋记余·寄桐乡钱生晓城》）。把"三物"归结为"三事"，表现了以"实"为"学"的追求。

颜元还提出了"六府"之学，即水、火、木、金、土、谷之学。根据其弟子李塨的概括，"六府"之学的主要内容是：

言水，则凡沟洫漕挽，治河防海，水战藏冰，醙榷诸事统之矣。言火，则凡焚山烧荒，火器火战，与夫禁火改火诸燮理之法统之矣。言金，则凡冶铸泉货，修兵讲武，大司马之法统之矣。言木，则凡冬官所职，虞人所掌，若后世茶榷抽分诸事统之矣。言土，则凡体国经野，辨五土之性，治九州之宜，井田封建，山河城池诸地理之学统之矣。言谷，则凡后稷之所经营……屯田贵粟实边足饷诸农政统之矣。（《瘳忘编》）

颜元的"六府"之学不同于传统的经、史、子、集的知识分类，蕴含着另求新知的萌芽，尤其体现出他的实学思想具有切于民生实用的特征。颜元认为自己的"实学"直接从孔子而来："我夫子……学教专在六艺，务期实用。"（《存学编·性理评》）试图以此说明自己的"实学"的历史根据。

颜元所提倡的"实学"，并不只是经世之学，同时也是一种成人之学。他认为"六艺之学"不只有功于天地，而且能使人"尽人道而死"。他说："子产云，历事久，取精多，则魂魄强。今于礼乐、兵农无不娴，即终身莫之用而没，以体用兼全之气还于天地，是谓尽人道而死，故君子曰终。故曰学者，学成其人而已，非外求也。"（《存学编·学辨一》）这表明颜元的经世实学并非简单的事功之学，而是与成人之道密切相关的学问。

"习行"是颜元"实学"中最重要的范畴，也是他最重视的人生态度。他说："孔子与三千人习而行之，以济当世，是圣人本志本功。"（《四书正误·大学章句序》）因此，他呼吁当时社会主盟儒坛之人，"垂意于习之一字，使为学为教，用力于讲读者一二，加功于习行者八九"（《存学编·总论诸儒讲学》）。颜元所谓的"习"，并不是温习书本知识，而是实习、练习；他所谓的"习行"，是指把书本知识施之于实事和生活中，而不再是王阳明"知行合一"的意念发动之"行"。

颜元的"习行"思想主要表现在以下两个方面：

其一是从知识的来源看，"习行"是一切真知的第一源泉。他在解释"格物致知"命题中的"格"字时说：

李植秀问"格物致知"。予曰："知"无体，以物为体，犹之目无体，以形色为体也。故人目虽明，非视黑视白，明无由用也。人心虽灵，非玩东玩西，灵无由施也。今之言"致知"者，不过读书、讲问、思辨已耳，不知致吾知者，皆不在此也。辟如欲知礼，任读几百遍礼书，讲问几十次，思辨几十层，总不算知。直须跪拜周旋，捧玉爵，执币帛，亲下手一番，方知礼是如此，知礼者斯至矣。辟如欲知乐，任读乐谱几百遍，讲问、思辨几十层，总不能知。直须搏拊击吹，口歌身舞，亲下手一番，方知乐是如此，知乐者斯至矣。是谓"格物而后知至"。故吾断以为"物"即三物之物，"格"即手格猛兽之格，手格杀之之格……故曰"手格其物，而后知至"。(《四书正误·戴本大学》)

这里的"'知'无体，以物为体"，强调客观事物是人的认识活动的根据、基础，离开实际事物，人的"灵明"无法开展认识活动；强调亲自动手的"手格其物"，才能获得知识。

其二是从知识与效用的关系看，只有通过"习行"才可以验证知识真假、有用与否。他说："读得书来，口会说，笔会作，都不济事；须是身上行出，方算学问。"(《习斋记余·答齐笃公秀才赠号书》) 如果不是"从身上习过，皆无用也"(《存学编·性理评》)。他赞同陈亮的"人才以用而见其能否，安坐而能者，不足恃也；兵食以用而见其盈虚，安坐而盈者，不足恃也"(《上孝宗皇帝第一书》)。并进一步指出："吾谓德性以用而见其醇驳，口笔之醇者不足恃；学问以用而见其得失，口笔之得者不足恃。"(《颜习斋先生年谱》) 认为一个人的德性和学问到底如何，不能只看口说笔写，必须在"习行"中得到验证。

颜元通过对儒家经典中"习行"思想的强调，发展出一种新的哲学论述方式，使宋明儒学重视心性的收敛性的思维方式，转变为一种重视社会生活实践、重视外在效用的思维方式。他从自己的"实学"观出发，对朱子学末流进行了激烈的批判。认为当时科举考试要求天下人在特定的年份读特定的书，这与原始儒家正德、利用、厚生的"三事"、"三物"以及现实生活毫不相干，是对天下读书人的误导，使之尽为无用之人。这种"实学"在对程朱理学的批判中，比前人更鲜明地阐发了"习行"在认识论中的重要作用和意义。但是，颜元的"习行"片面强调感性经验，把人的认识、德性、才能对实践的关系简单化，具有忽视理性思维作用的经验论化倾向。近代章太炎批评颜元"其学在物，物物习之，概念抽象之用少"(《訄书·颜学》)，正确地指出了这一点。

二、反对理善气恶的人性论

颜元认同孟子以来人性本善的思想。其与宋明儒学人性论思想的不同之处在于：他从气化流行的道论和理气混融的宇宙本体论的立场出发，坚持"气质之性不恶"、恶为外界"引蔽习染"的人性论立场，批评宋明理学"气质之性"与"义理之性"二分的人性论。

颜元的人性论思想建立在"有物有则"、"天道本善"之上。他坚持理气融为一片、阴阳二气是天道之良能的观点，反对理善气恶的观点。他认为："人之性，即天之道也。以性为有恶，则必以天道为有恶矣；以情为有恶，则必以元、亨、利、贞为有恶矣；以才为有恶，则必以天道流行乾乾不息者亦有恶矣；其势不尽取三才而毁灭之不已也。"（《存性编·性图》）在肯定人性与天道相通的理论前提下，他为人的"气质之性不恶"作了理论辩护：

> 若谓气恶，则理亦恶，若谓理善，则气亦善。盖气即理之气，理即气之理，乌得谓理纯一善而气质偏有恶哉！譬之目矣，眶、疱、睛，气质也；其中光明能见物者，性也。将谓光明之理专视正色，眶、疱、睛乃视邪色乎？余谓光明之理固是天命，眶、疱、睛皆是天命，更不必分何者是天命之性，何者是气质之性；只宜言天命人以目之性，光明能视即目之性善，其视之也则情之善，其视之详略远近则才之强弱，皆不可以恶言。盖详且远者固善，即略且近亦第善不精耳，恶于何加！惟因有邪色引动，障蔽其明，然后有淫视而恶始名焉。然其为之引动者，性之咎乎，气质之咎乎？若归咎于气质，是必无此目而后可全目之性矣，非释氏六贼之说而何！（《存性编·驳气质性恶》）

以上论述的合理性在于，颜元看到了人的生理欲望的正当性，这些生理欲望在质地上虽有精粗的差异，但并没有善恶性质的根本对立，尤其不能将质地粗陋者直接说成是恶。颜元看到了环境对人性的影响和作用，但将人性之恶的根源归咎于外在邪恶的引诱，以至于障蔽了人的内在明德从而生出恶来的说法，在理论上并不能说明人的善恶行为在相同的社会条件下何以不同的复杂现象。

我们从颜元憧憬的王道社会的角度，可以进一步理解他所谓人性之恶来自习染的观点。他说：

呜呼！祸始于引蔽，成于习染，以耳目、口鼻、四肢、百骸可为圣人之身，竟呼之曰禽兽，犹币帛素色，而既污之后，遂呼之曰赤帛黑帛也，而岂其材之本然哉！然人为万物之灵，又非币帛所可伦也。币帛既染，虽故质尚在而骤不能复素；人则极凶大慝，本体自在，止视反不反、力不力之间耳。……吾故曰，不惟有生之初不可谓气质有恶，即习染凶极之余亦不可谓气质有恶也。此孟子夜气之论所以有功于天下后世也。（《存性编·性图》）

颜元在这里以体用一致的观点进一步批评了理学家在人性问题上所持的理善气恶的观点，认为人之所以为恶，乃是后天环境的影响所致，与其所禀气质毫无关系。颜元人性论的现实意图是，要求人们在具体的社会实践中彰显人性，培养和完善人格，而不是闭目静坐、静观内省。

综上所述，颜元哲学的"实学"重"习行"，对宋明理学的唯心主义给予了有力的驳斥，反映了发展知识理性、重视外王之学的启蒙要求。但是，他把人性归结为人的自然生理气质，重经验之行而忽视理性思维的倾向，则表现了理论上的局限。

第二节　戴震的哲学

戴震（1724—1777年），先字慎修，后字东原，安徽休宁人。出身于小商人家庭，自幼随父经商。早年曾问学于同乡大儒江永，科举不第，赐同进士出身。被友人推荐入四库馆任纂修官，负责编校天文、算学、地理类书籍，是当时乾嘉考据学界的标志性人物。戴震重要的哲学著作有《原善》、《孟子字义疏证》等。今有《戴震全集》行世。

一、以"分"言"理"的认识论

戴震在理气之辨上，继承了张载以来的气本论。他说："气化流行，生生不息，是故谓之道。"（《孟子字义疏证·天道》）认为阴阳之气是实体，阴阳五行的运动变化过程就是道。然而，戴震对于"理"的考察最具特点的是提出了以"分"言"理"的认识论。他借助考据学的方法训诂"理"的本义："郑康成注云：'理，分也。'许叔重《说文解字》序曰：'知分理之可相别异也。'古人所谓理，未有如后儒之所谓理者也。"（《孟子字义疏证·理》）认为明白了"理"的本义是"分理"，才能把握具体的不同事物，这与宋明理学之"理"是不同的。在《孟子字义疏证》的开篇，戴震着重分析了以"分"言"理"的含义。他说："理者，察之而几微必区以别之名也，是故谓之分理。"（同上）在戴震看来，"理"是认识主体通过对对象的深入了解，分别此对象与彼对象之间的不同而给出的命名。"理"可以分为两大类：一是"在物之质"，二是"在人之情"。因此，"理"又可以分为"物理"和"情理"（包含着"事理"）。所谓"物理"，戴震说："在物之质，曰肌理，曰腠理，曰文理（亦曰文缕。理、缕，语之转耳）；得其分则有条而不紊，谓之条理。"（同上）所谓"情理"，"理也者，情之不爽失也；未有情不得而理得者也。凡有所施于人，反躬而静思之：'人以此施于我，能受之乎？'凡有所责于人，反躬而静思之：'人以此责于我，能尽之乎？'以我絜之人，则理明。天理云者，言乎自然之分理也；自然之分理，以我之情絜人之情，而无不得其平是也。"（同上）对"理"的上述区分是戴震"分理"说的重要内容，其意义在于阐明"物理"作为具体事物的规律，具有实在的客观性；"情理"作为以己度人的道德法则，具有公平的价值性。显然，这是用"物理"反对理学家的"理在事先"和"心即理"，用"情理"反对理学家的以理抑情。

戴震哲学的重点在于辨析人伦生活领域里的自然"分理"。这里所说的"分理"，就是每个人用自己的"情"去测度他人的"情"，即日常生活中所说的设身处地从对方角度考虑，看自己在对方所处的情境之下的所作所为，从而体谅他人的行为。此处所说的"情"，不仅指情感和情欲，而更主要的是指"情实"，尤其是指具体的生活情境。戴震专门解释过"情"与"理"两个概念的区别。他说：

在己与人皆谓之情，无过情无不及情之谓理。《诗》曰："天生烝民，有物有则；民之秉彝，好是懿德。"孔子曰："作此诗者，其知道乎！"孟子申之曰："故有物必有则，民之秉彝也，故好是懿德。"以秉持为经常曰则，以各如其区分曰理，以实之于言行曰懿德。物者，事也；语其事，不出乎日用饮食而已矣；舍是而言理，非古贤圣所谓理也。（同上）

这段话的意思是，"情"是指人与我所处的实际生活情境，在日常生活中避免过与不及，做得恰到好处，那就是"理"。在人伦生活领域里所说的"理"，就是每个人的生活处于一种恰到好处的状态。离开了民众日常生活中恰到好处的状态而讨论所谓抽象、玄妙的"理"或"天理"，就不是古代贤圣所阐发的"理"，也就不是正确的道理。

戴震还进一步从认识论角度来解释"理"，对孟子"心之所同然者何也？谓理也，义也"（《孟子·告子上》）的说法作出了新的解释，把"理"看作是人们能够把握的真理，把"义"看作是人们对真理的恰到好处的运用，从而在真与善的关系上给出了新的哲学论证。他说：

> 心之所同然始谓之理，谓之义；则未至于同然，存乎其人之意见，非理也，非义也。凡一人以为然，天下万世皆曰"是不可易也"，此之谓同然。举理，以见心能区分；举义，以见心能裁断。分之，各有其不易之则，名曰理；如斯而宜，名曰义。是故明理者，明其区分也；精义者，精其裁断也。不明，往往界于疑似而生惑；不精，往往杂于偏私而害道。求理义而智不足者也，故不可谓之理义。自非圣人，鲜能无蔽；有蔽之深，有蔽之浅者。人莫患乎蔽而自智，任其意见，执之为理义。吾惧求理义者以意见当之，孰知民受其祸之所终极也哉！（《孟子字义疏证·理》）

戴震从认识论的角度诠释传统伦理学中的伦理规范问题，认为通过人的心智所把握到的"理"，应当是古今中外的人们都承认的不可移易的真理，只有这样具有普遍性的真理才可以称之为"理"，否则就只是个人的意见。"明理"，就是对"物则"的正确把握；"精义"，就是对"理"的恰到好处的具体运用。除非是理想中的圣人，所有现实世界中的凡人，在认识上是很少没有蔽障的，只是蔽障的深浅不同而已。这样，由于人在认识能力方面存在固有的缺陷，每个人在处理具体的事情时都应当持审慎的态度，不要自以为真理在握而对他人产生伤害。作为执政者，更应当谨慎地、切实地了解事情的真实情况，以免作出错误的判断，对民众造成祸害。

戴震的"分理"说突出了真理性认识对于现实生活的指导作用，希望通过"求真"的途径实现为善的目的，以通经、解经的方式表达了经世致用的精神。他的这一论述虽然还是在传统经学的框架内展开，但已蕴含了突破传统经学的近代科学理性的萌芽。

二、批判理学"以理杀人"

明末清初是封建社会日趋没落、市民阶层兴起的时代。清朝统治者为了巩固王朝统治，政治上强化专制集权，思想上实行高压控制，不断强化程朱理学的官方哲学地位。在这样的时代背景下，戴震以"气化即道"的宇宙观和本体论否定并取代程朱理学的理本论，将"道"与"理"作了严格区分，提出"道主统，理主分"的理论。他说的"道"不再是程朱理学中先验的、抽象的天理，而是物质性气的运动规律和法则，具有客观实在性。以此作为理论基础，戴震尖锐批评理学家在理欲问题上是"以理杀人"。

戴震认为，程朱理学深受佛老思想的影响，把人的主观认识当作客观实在，把"理"（或称作"天理"）实体化。这一认识论上的错误导致了不良的社会后果，结果是表面上"执理"而其实不讲理，最终"理"沦为否定人们基本生存需要和奴役压迫底层民众的杀人工具。他认为程朱理学主张"存天理，灭人欲"、"天理人欲不能并"，完全是"以意见之理而祸天下"，所谓"理欲之辨，适成忍而残杀之具"（《孟子字义疏证·权》）。他说：

> 圣人治天下，体民之情，遂民之欲，而王道备。人知老庄释氏异于圣人，闻其无欲之说，犹未之信也，于宋儒，则信以为同于圣人；理欲之分，人人能言之。故今之治人者，视古贤圣体民之情，遂民之欲，多出于鄙细隐曲，不措诸意，不足为怪；而及其责以理也，不难举旷世之高节，著于义而罪之。尊者以理责卑，长者以理责幼，贵者以理责贱，虽失，谓之顺；卑者、幼者、贱者以理争之，虽得，谓之逆。于是下之人不能以天下之同情、天下所同欲达之于上；上以理责其下，而在下之罪，人人不胜指数。人死于法，犹有怜之者，死于理，其谁怜之？（《孟子字义疏证·理》）

在这里戴震指出，现实社会权力结构中，理学家所谓的"理"，已成为尊者、长者、贵者满足私欲的工具，而卑者、幼者、贱者由于这种所谓的"理"的责难与压制，即使正当的生存要求也得不到保证，不知道有多少卑者、幼者、贱者负屈含冤而死，这比酷吏在法的名义下冤杀人还要残忍。因为冤枉地被

"法"处死，社会舆论会同情死者，而冤枉地被"理"杀死，社会舆论还要强加给死者种种罪名。所以，"所谓理者，同于酷吏之所谓法。酷吏以法杀人，后儒以理杀人"（《与某书》）。

戴震进一步分析了"以理杀人"现象的深层原因。他说：

> 程朱以理为"如有物焉，得于天而具于心"，启天下后世人人凭在己之意见而执之曰理，以祸斯民；更淆以无欲之说，于得理益远，于执其意见益坚，而祸斯民益烈。岂理祸斯民哉？不自知为意见也。离人情而求诸心之所具，安得不以心之意见当之！则依然本心者之所为。（《孟子字义疏证·答彭进士允初书》）

认为如果"理"不是从经验事实中把握到的事物的内在规则，而仅是一种先验的、主观的"得于天而具于心"的"天理"，那么它在现实生活中就为有权有势者提供了任意运用"天理"的机会，从而把个人意见当作是天理。因此，"以理杀人"现象的出现不只是有权有势者简单使用权力的结果，更为深层的原因在于理学为他们提供了错误的理论根据。他对"以理杀人"现象的分析和抨击，实则是对理学所倡导并为之进行理论辩护的"纲常礼教"扼制人性的控诉。

三、欲私之辨与"自然"、"必然"

在理欲之辨问题上，戴震的欲私之辨是最具有特点的。他通过对"无私而非无欲"的阐述，强调了"尽其自然而归于必然"的人性发展理想。

在此之前，王夫之、陈确均曾提出过"天理寓于人欲之中"、"人欲之恰当处即是天理"等观点。戴震进一步将理欲之辨转化为欲私之辨，不仅批评宋儒将理与欲对立起来，而且批评他们混淆了欲与私两个范畴，造成了巨大的现实危害。他说：

> 宋儒程子、朱子易老庄、释氏之所私者而贵理，易彼之外形体者而咎气质；其所谓理，依然"如有物焉宅于心"。于是辨乎理欲之分，谓"不出于理则出于欲，不出于欲则出于理"，虽视人之饥寒号呼，男女哀怨，以至垂死冀生，无非人欲。……不幸而事情未明，执其意见，方自信天理

非人欲，而小之一人受其祸，大之天下国家受其祸，徒以不出于欲，遂莫之或寤也。凡以为"理宅于心"、"不出于欲则出于理"者，未有不以意见为理而祸天下者也。（《孟子字义疏证·权》）

他认为程朱以"贵理"取代佛老的自私，以气质之性取代佛老的蔑视形体，其实质是一样的。程朱所谓的理，依然犹如居住在心的独立的东西，由此就产生了理（道心）和欲（人心）的对立，把民众正常的生存意愿视为人欲而予以拒斥，这样就产生了严重的祸害，把自己的主观意见当作天理而强迫人们接受。

在此基础上，戴震批评程朱理学把恶归之于"私欲所蔽"的观点，是混淆了欲与私的区别。他说：

> 人之患，有私有蔽；私出于情欲，蔽出于心知。无私，仁也；不蔽，智也；非绝情欲以为仁，去心知以为智也。是故圣贤之道，无私而非无欲；老庄释氏，无欲而非无私；彼以无欲成其自私者也；此以无私通天下之情，遂天下之欲者也。（《孟子字义疏证·权》）

就是说，私与蔽都是人之大患，但两者并不是一回事。私是情欲方面的问题，而蔽是认识方面的问题。而且以仁德作为无私，并非是灭绝情欲，佛道的无欲恰恰是为了成就其灵魂永恒、长生不死的自私。因此无私的仁德不是否定情欲，而是通晓和体贴天下人的情感，满足他们追求美好生活的欲望。通过阐述"圣贤之道，无私而非无欲"，戴震进一步提出了"归于必然，适完其自然"的人性发展思想。他说：

> 由血气之自然，而审察之以知其必然，是之谓理义；自然之与必然，非二事也。就其自然，明之尽而无几微之失焉，是其必然也。如是而后无憾，如是而后安，是乃自然之极则。若任其自然而流于失，转丧其自然，而非自然也；故归于必然，适完其自然。（《孟子字义疏证·理》）
>
> 善，其必然也；性，其自然也；归于必然，适完其自然，此之谓自然之极致，天地人物之道于是乎尽。（《孟子字义疏证·道》）

上述两段文字中的"自然"，就是指人的感性欲望，"必然"则是理想的道德法则，相当于伦理学中所说的"应然"。戴震没有注意到人类的伦理法则带有历史性、阶级性等特征，但他正确地看到了如下两点：其一，伦理法则要建立在人的感性欲望的基础之上。这一点与程朱理学"存天理，灭人欲"的观点针锋相对。其二，人的感性欲望要受伦理法则的约束，并且只有通过理想的、合理的伦理法则的约束，才能达到人性的极致和光辉。这些观点既是对明清之际具有启蒙意义的理欲观的继承和发展，又是"五四"新文化运动批判程朱理欲观的先声。

总之，从"分理"说到辨欲私，戴震的哲学继承了明清之际思想启蒙的理论光芒。

思考题：

1. 颜元"习行"思想的主要内容和理论意义是什么？

2. 罗钦顺、王廷相、王夫之、颜元的人性论思想有何异同之处？

3. 戴震是怎样批判程朱理学的？

小　结

宋元明清时期是中国传统哲学发展的高峰。这个时期的中国哲学以复兴儒家思想为己任，以汇通儒、释、道为进路。理学兴起于北宋，发展于南宋，元明清时期成为占统治地位的官方哲学；明末清初形成批判反思理学的思潮，由此达到了对中国传统哲学的批判总结阶段，具有早期思想启蒙的意义。

在这一时期，哲学家们围绕着理气、道器、心性、知行等问题展开了激烈的思想论争，形成了多种派别。就理论形态的架构而言，大体上可以分为象数学派（邵雍），气学派（张载、王廷相、王夫之、戴震），理学派（二程、朱熹及元代以后的官方哲学），心学派（陆九渊、王阳明及其后学）；还有王安石的"新学"，陈亮、叶适的事功之学，以及晚明以后带有调和色彩的心、气、理合一的众多思想家（如刘宗周、黄宗羲、方以智等）。就历史嬗变过程而言，主要表现为气学、理学、心学三派的互相批判、吸收而促使哲学思想不断发展深化。程朱理学因满足了后期封建社会治国理政的现实需要，成了占主导地位的官方哲学。明代中期，随着朱学逐渐走向僵化，王阳明以"知行合一"与"致良知"的心学，试图解决程朱"格物致知"、"格物穷理"的理论缺陷和现实困境，使宋明理学获得了新的生命力。然而，阳明心学因自身理论的内在矛盾，在晚明社会的传播发展过程中出现了自我分化，其中的某些思想家提出了带有近代启蒙意义的观点。如李贽将"良知"转化为人的个性本真的"童心"，即与人的自然情欲相联系的"最初一念之本心"，为晚明萌发的市民意识开了先河。

明清易代之际，中国哲学走向对宋明理学的全面反思。明清之际的思想家们通过对程朱理学和阳明心学的扬弃，在更高的理论层面上回归张载开创的气学。他们以气本论为形上学，重新整合理学、心学，对先秦易学、宋明理学强调的"生生之德"和"一体之仁"的精神作了转化与创新，将其贯彻到现实生活的方方面面，为普通民众的物质财富创造和利益追求提供了合理性论证。同时，他们对理气、道器、心性、知行等问题从不同方面作了理论总结。

在宋元明清哲学思想的发展进程中，程朱理学将"理"看作是物之"所以然"与事物内部的秩序和条理，为人们探寻纷繁复杂现象背后的原则和规律，提供了颇具启发意义的思维路径。从社会政治和伦理建设的角度看，程朱理学将传统社会的"三纲"、"五常"本体化、绝对化，在具体的历史过程中逐渐暴露出其负面影响，但是，程朱理学所包含的"道尊于势"、"理高于事"的精神，对于培养执道抗权、执理抗位的道德勇气和文化气节具有一定的正面作用。张载开创的"气学派"，重视气化世界生生不息之机，提倡"民胞物与"的博爱情怀，成为催生王夫之、黄宗羲、戴震等具有启蒙性质的人道主义的思想资源。陆王心学为明清之际启蒙哲学提供的思想资源更为直接。阳明后学特别是其中的泰州学派（又称"王学左派"）的发展，使阳明学走向了反面，直接产生了以李贽为代表的早期启蒙哲学的萌芽。而阳明学末流与中国禅宗中的狂禅合流，形成了晚明社会"蹈虚"、空疏的学风，通过以清代明的政治激荡，直接反激出顾炎武、黄宗羲、王夫之、颜元和李塨等思想家重实证、重实际的新学风。清代前中期的乾嘉学术，则以重实证的方式研究经、史、子、集，为以经学为主干的知识形态向近代多元知识并行发展的转化做了准备。鸦片战争以后，伴随着西学的大量涌入，在中西哲学合流中逐渐形成了中国近代哲学，明清之际启蒙哲学思潮成为中国近代哲学的重要思想资源。

第四编 近代哲学

引　言

本书所谓"近代"，是指自 1840 年鸦片战争至 1949 年中华人民共和国成立这段时期，即中国处于半殖民地半封建社会的历史阶段。在这个时期，中国经历了空前的民族灾难和巨大的社会变革，中国人民展开了反对封建压迫、列强侵略的伟大斗争。中国传统哲学在此历史进程和斗争实践中，从内容到形式都不断变化，逐渐发展到近代哲学阶段。

鸦片战争是中国历史进入近代的标志性事件，中华民族由此经受了数千年未有之大变局。这主要表现在以下三个方面：

第一，在与世界的关系上，中国从闭关锁国状态演变为被迫纳入"世界历史"的发展进程。16 世纪至 19 世纪初，当中国处于封建社会晚期的兴衰更替之时，西方资本主义已经产生、发展起来，并开始向全球扩张。鸦片战争爆发后，西方列强用坚船利炮轰开了中国的大门，将其卷入资本主义世界体系和世界市场，中国人民遭受到外国资本主义势力和本国封建主义势力的双重压迫。与此同时，中华传统思想文化也经历了剧烈变革的阵痛。为了寻求救亡图存之策，中国人开始反省自身的传统文化，并开启了向西方文明学习的历史进程。20 世纪初，马克思主义进入中国，既引发了中华文明的深刻变革，也走过了一个逐步中国化的过程。

第二，在国家主权和世界中的地位上，中国经过了一个由主权独立而沦为主权严重丧失的半殖民地的过程。鸦片战争后，中国成为西方列强瓜分的对象，许多志士仁人不断地探索挽救中华民族危亡的道路。在经历了太平天国运动、洋务运动、戊戌变法之后，辛亥革命终于推翻了清王朝的封建君主专制统治，建立了中华民国，但仍未从根本上改变中国被西方列强压迫、欺凌的历史地位。中国共产党在"五四"运动后登上历史舞台，领导全国各族人民经过长期艰苦曲折的斗争，建立了中华人民共和国，赢得了民族独立和人民解放，中华民族从此屹立于世界民族之林。

第三，在经济基础和社会状况上，中国经过了一个由封建自然经济体系逐步瓦解而转为半殖民地半封建社会的过程。鸦片战争以前，中国已经出现了带有资本主义萌芽性质的商品经济，但延续了几千年自给自足的自然经济仍然占据主导地位。鸦片战争后，在外国资本和商品的强势冲击下，中国的封建自然经济体系以及与之相联系的社会经济结构开始逐渐瓦解。一方面，广大农民、手工业者和生产资料被迫分离；另一方面，这种畸形的经济体制也刺激一部分商人、地主和官僚投资于近代工商业。19 世纪 60 年代至 90 年代的洋务运动，通过发展实业来求强、求富，刺激了中国民族资本主义经济的兴起。19 世纪后期至 20 世纪初，中国民族资本主义经济得到了一定的发展，但直至 1949 年中华人民共和国成立，中国仍然没有能够实现工业化，也没建立起比较完备的国民经济体系。

身处上述历史大变局，中国近代思想家和哲学家面临的时代课题，就是毛泽东在《新民主主义论》开篇的提问："中国向何处去？"如何才能摆脱深陷半殖民地半封建社会的悲惨命运而获得民族独立、人民解放？围绕这个主题，在鸦片战争后一百多年的历史进程中，中国近代哲学融合中西文化，大致经历了如下三个发展阶段：

从鸦片战争到 1894 年甲午战争，是中国近代哲学的初期发展阶段。鸦片战争前后的龚自珍、魏源等人，依托今文经学，重提"经世致用"，主张"更法"、"变古"，肯定"众人"的作用，但他们始终未能超出"器可变，道不可变"的传统观念的束缚。代表农民阶级的太平天国领袖人物洪秀全、洪仁玕，把西方基督教思想与中国传统的大同思想结合起来，以神学形式提出了变革思想，但最终流于空想，归于失败。到了 19 世纪 60 年代，洋务运动兴起，主张学习西方科学技术，开办近代工商业。与之相应，出现了一些具有资本主义倾向的早期改良派思想家，如冯桂芬、王韬、郑观应等，他们以"道器"、"本末"、"体用"、"主辅"等范畴来论述中学与西学的关系。这些主张后来被概括为"中学为体，西学为用"而流行于世。尽管洋务运动根本目的在于维护封建制度及其意识形态，但也表露出向西方学习的价值取向，为西方哲学的引入打开了通道。从龚自珍、魏源到洪秀全、洪仁玕，再到早期改良派，他们对中国前途命运所做的种种理论探索，尽管有很大差别，但都主张社会变革和放眼世界，以变易史观作为哲学依据，怀疑旧的传统，汲取西方文化，动摇了崇古僵化、道统永恒的不变论，为近代哲学迈向进化论阶段做了准备，具有"创榛辟莽，前驱先路"（魏源：《海国图志·叙》）的作用。

从甲午战争到"五四"新文化运动前，是中国近代哲学的进化论阶段。在这个时期，中国民族资产阶级登上政治舞台，他们的政治代表维新派和革命派先后发动、领导了戊戌维新和辛亥革命。尽管维新派和革命派对"中国向何处去"的问题有着不同的回答，但他们依据的哲学理论和形成的思想体系，都是以进化论为核心，逐渐摆脱经学的束缚而走向近代形态。康有为把公羊"三世"说与进化论结合起来，严复将进化论作为世界观，他们的"天道尚变"、"物竞天择"的思想，突破了"天不变，道亦不变"的藩篱，为变法维新提供了有力的理论武器。戊戌维新失败后，随着资产阶级革命运动的兴起，孙中山、章太炎等思想家将"革命"观念纳入进化论，突出了革命在社会进化中的意义，反对维新派只言"渐进"而不言"骤变"，发展了资产阶级民主革命思想和近代进化论哲学，为辛亥革命推翻封建专制的清王朝做了思想准备。尽管辛亥革命没有为中国找到民族独立和人民解放的出路，但是，章太炎、孙中山等人的进化论已表现出某些唯物史观的萌芽，对"物竞天择"的原则提出了一些修正和质疑，预示着将有新的世界观来取代进化论。

从五四运动到 1949 年中华人民共和国成立，是中国近代哲学在不同思潮争鸣互动中马克思主义哲学居于主导地位的阶段。辛亥革命的失败，促使人们进一步思考和探索"中国向何处去"的问题；而第一次世界大战引发的西方文明危机和俄国十月革命的胜利，导致一部分先进的中国人把寻求真理的目光转向了马克思主义。在此历史背景下产生的五四运动，高举民主和科学的旗帜，以前所未有的力度和深度批判"孔教"即封建主义意识形态。同时，中国工人阶级登上了政治舞台，马克思主义在中国迅速传播。当时众多西方哲学思潮如实用主义、马赫主义、新实在论、逻辑实证主义等实证主义哲学，以及柏格森、尼采、叔本华等非理性主义哲学等也纷纷涌入中国。马克思主义哲学在与各种非马克思主义哲学展开的多次思想论争中，显示出理论上的巨大优势，为回答"中国向何处去"的时代问题提供了科学的世界观和方法论。中国近代哲学开始由进化论转向唯物史观，进入了以马克思主义哲学为主导的阶段。李大钊、李达、艾思奇、毛泽东等，将马克思主义哲学与中国革命实际相结合，批判继承了中国传统哲学的优秀成果，推动了马克思主义哲学的中国化。一些非马克思主义哲学家如胡适、梁漱溟、熊十力、冯友兰、金岳霖等，融会中西哲学，建构起自己的哲学体系，也在某些方面回应了时代的要求。

通过这三个阶段嬗变而获得发展的中国近代哲学，实现了一场伟大的哲学革命。它不忘本来，对中国传统哲学进行了创造性转化和创新性发展；它吸收外来，汲取西方思想而内化为有益的养分；它面向未来，阐明了指引中国社会变革的新的理想社会以及承担这一变革的新的理想人格。这场哲学革命不仅为民主革命的胜利做了理论前导，而且为进入社会主义社会做了思想准备。

第三十二章 龚自珍和魏源的哲学

清朝继续奉程朱理学为正统意识形态。在学术上，考据学（汉学）自清初起逐渐兴盛，形成了乾嘉学派。18世纪中叶后，在经世致用思潮的推动下，空谈心性、埋头考据两种脱离实际的学术风气发生丕变，注重"微言大义"的今文经学逐渐复兴。19世纪中叶后，面对日益严重的社会危机和民族危机，主张采取革新措施以匡时救世的变法思想，成为经世致用思潮的主流，龚自珍、魏源是其中的主要代表。他们借用今文经学，力主"更法"、"变古"，是中国近代哲学的前驱。

第一节 龚自珍的哲学

龚自珍（1792—1841年），字璱人，号定盦，又名巩祚，浙江仁和（今杭州）人。他出身官宦世家，自幼师从外祖父、著名古文经学家段玉裁，受到汉学的训练，后来师从刘逢禄研读公羊学，信崇今文经学。佛学对其亦有一定影响。他38岁中进士，出任过一些闲职，辞官之后，曾讲学于丹阳云阳书院。著作曾编为《定盦文集》。今有《龚自珍全集》行世。

一、"三世"说的变易史观

龚自珍所处的年代，正值清朝由康乾盛世转向衰落之际。然而，统治阶层依然沉浸在天下恬然、歌舞升平之中。龚自珍敏锐地洞察到了其背后的"衰世"本相，明确断言"乱世"即将到来，认为只有"更法"才能挽救清王朝的衰颓。为了给"更法"寻找理论依据，他提出"欲知大道，必先为史"（《尊史》），即要认识社会变革（"更法"）的根本方向（"大道"），不能离开对于历史规律的把握。他借助今文经学的公羊"三世"说，提出了变易史观：

吾闻深于《春秋》者，其论史也，曰：书契以降，世有三等。（《乙丙之际箸议第九》）

不仅春秋可分为三世即治世、衰世、乱世，大到古今历史，小到一岁一日，都包含了三世：

> 通古今可以为三世，春秋首尾，亦为三世。大桡作甲子，一日亦用之，一岁亦用之，一章一蔀亦用之。（《五经大义终始答问八》）

龚自珍力图将"三世"说上升到更普遍的层面，提出了"万物之数括于三"的命题：

> 万物之数括于三：初异中，中异终，终不异初。一瓟三变，一枣三变，一枣核亦三变。（《壬癸之际胎观第五》）

就是说，事物都包含了"初"、"中"、"终"三个发展阶段，"中"是"初"的变异，"终"是"中"的变异，而"终"又可以看作是对"初"的复归，"万物一而立，再而反，三而如初"（同上）。这里强调了事物不断变易的普遍性。由此他把历史看作是一个不断变化的过程："古人之世，倏而为今之世；今人之世，倏而为后之世；旋转簸荡而不已。"（《释风》）这个过程由简单到复杂："今字多于古字，今事赜于古事，是故今史繁于古史。等而下之，百世可知矣。"（《与徽州府志局纂修诸子书》）不过，所谓"三而如初"，没有把"三世"变化看作是遵循历史发展规律而不断前进的运动过程，尚未打破传统的历史循环论。

因为包括人类社会在内的万事万物都在不断变化，所以龚自珍认为适时更法是理所当然的。他说："自珍少读历代史书及国朝掌故，自古及今，法无不改，势无不积，事例无不变迁，风气无不移易。"（《上大学士书》）如果不积极主动地"自改革"，最终难免为"蹴兴者"所"改图"：

> 一祖之法无不敝，千夫之议无不靡，与其赠来者以劲改革，孰若自改革？抑思我祖所以兴，岂非革前代之败耶？前代所以兴，又非革前代之败耶？何莽然其不一姓也？（《乙丙之际箸议第七》）

为此他大声疾呼："奈之何不思更法？"（《良明论四》）呼唤变法改革的"风雷"打破"万马齐喑"的现状："九州生气恃风雷，万马齐喑究可哀"（《己亥杂诗·十六》)。同时,龚自珍意识到"更法"要解决"贫富不相齐"的问题,贫富的"小不相齐,渐至大不相齐;大不相齐,即至丧天下"(《平均篇》)。由此,龚自珍在很多方面提出了渐变的"更法"主张。值得注意的是,他认识到"更法"必须考察相关制度的起源,指出仁孝礼义等政治伦理制度以宗法关系为基础,而宗法关系又以农业生产为基础,"先有下,而渐有上",试图从经济基础解释政治伦理制度的起源,改变了以往儒者"不究其本"(《农宗》)的错误思路。这表现了把握历史"大道"要与考察经济基础相联系的思想。但是,龚自珍的"更法"并未能提供新的社会理想,如其自己所言"药方只贩古时丹"(《己亥杂诗·四十四》)。这与他仍以传统变易史观为理论根据是分不开的。不过,他提出的"欲知大道,必先为史",预示着中国近代哲学将以历史观作为主要内容之一,并将首先在这一领域破土而出。

二、"我"为主宰的价值观

讨论人类社会的历史,必然要涉及作为其主体的人本身。在《礼记》等典籍中,把身无羽毛鳞甲的动物称为"倮虫",龚自珍用此指人类:"谓天地古今之续为虫之为,平心察之,弗夺矣。"(《释风》)这是借"倮虫"说明历史为普通人所创造。这样无数个普通"自名曰我"。龚自珍指出:

> 天地,人所造,众人自造,非圣人所造。圣人也者,与众人对立,与众人为无尽。众人之宰,非道非极,自名曰我。我光造日月,我力造山川,我变造毛羽肖翘,我理造文字言语,我气造天地。(《壬癸之际胎观第一》)

上述说法有两点尤其值得注意:其一,包括"天地"在内的一切都由众人创造,而非圣人创造。其二,众人之主宰,不是外在的"道"与"极",而是内在的自我。这就不仅在与圣人相对应的意义上突出了众人的作用,而且高扬了人的主观精神,反对以"道"、"极"这类抽象的形上本体对自我的压抑,凸显了自我的价值。"道"、"极"是中国传统哲学用以指称最高本体的概念,龚自珍以"自我"来取代它们,就是把自我看作是世界的主宰,从哲学的高度推崇其价值。

龚自珍认为自我创造世界一切的力量源自主观精神即"心力"。在他看来,

"心力"是个体成就志业的最终依凭："心无力者，谓之庸人。报大仇，医大病，解大难，谋大事，学大道，皆以心之力。"（《壬癸之际胎观第四》）"心力"还是决定社会兴衰的根本因素："人心者，世俗之本也；世俗者，王运之本也。人心亡，则世俗坏；世俗坏，则王运中易。王者欲自为计，盍为人心世俗计矣。"（《平均篇》）这与龚自珍受到佛学思想的影响是分不开的。把社会变革归结为"心力"，夸大了自我的主观精神力量，陷入了主观唯心主义。这一方面表明他认识到"更法"需要自我意志发挥主观能动性，另一方面又反映了他找不到"更法"现实力量的迷茫。

不过，龚自珍肯定了与"圣人"相对立的"众人"的作用，这成为以后整个中国近代哲学历史观的主题之一；他凸显自我的价值，要求挣脱传统的"道"、"极"的束缚，标志着自我的觉醒，是中国近代人文主义的开端。因此，龚自珍的哲学思想展现出近代的性质。

第二节 魏源的哲学

魏源（1794—1857年），原名远达，字默深，湖南邵阳人，早年曾习阳明心学，后与龚自珍同习公羊学，二人思想主张大致相同，均为地主阶级改革派的代表人物，时人以"龚魏"并称。魏源是禁烟派的代表人物之一，亲身参与了抗英斗争。鸦片战争失败后，他以林则徐编纂的《四洲志》为基础，编成了《海国图志》，介绍当时世界主要国家的基本情况，提出"师夷长技以制夷"（《海国图志·叙》）的主张，开启了学习西方文明以图民族振兴的先河。著作曾汇编为《古微堂集》。今有《魏源全集》行世。

一、"变古"、"便民"的历史观

同龚自珍一样，魏源批评汉学与宋学空疏琐碎的学风，提倡经世致用，呼吁通过变法除弊而求新："何不借风雷，一壮天地颜。"（《北上杂诗七首同邓湘皋孝廉》）为此他借助公羊学提出了变古便民的历史观。

魏源指出，万事万物都处于变化过程之中。就自然界而言，"井田废而沟洫为墟，云梦竭而洞庭始大"，不断发生着沧海桑田的变化；就人类社会而言，殉葬、车战与肉刑曾在古代实行，而在今天，"刍灵、明器以为葬；乘车以战，肉刑以治；不谓大愚，则谓大戾"。(《默觚下·治篇五》) 他由此归结说："三代以上，天皆不同今日之天，地皆不同今日之地，人皆不同今日之人，物皆不同今日之物。"（同上）认为这种历史变易是不可阻挡的，"势则日变而不可复者也"（同上）。更重要的是，如此"不可复"的趋势表现为今胜于昔的进步，与儒家经典视为黄金时期的三代相比较，后世有不少制度达到了更高程度的文明。

> 后世之事，胜于三代者三大端：文帝废肉刑，三代酷而后世仁也；柳子非封建，三代私而后代公也；世族变为贡举，与封建之变为郡县何异？三代用人，世族之弊，贵以袭贵，贱以袭贱，与封建并起于上古，皆不公之大者。……自唐以后，乃仿佛立贤无方之谊，至宋、明而始尽变其辙焉，虽所以教之未尽其道，而其用人之制，则三代私而后世公也。(《默觚下·治篇九》)

尽管他和龚自珍一样，没有完全摆脱周而复始的循环论，将历史演变看作是"太古"、"中古"与"末世"的轮回，认为演变到"末世"，"弊极则将复返其初"（《论老子》二），但是把社会进步看作是历史变易的总趋势，潜含着近代进化论以进化即进步的思想萌芽。

更值得注意的是，魏源认为，历史变易之所以表现为不断走向社会进步的趋势而不可逆转，就在于"便民"。他说："变古愈尽，便民愈甚。……天下事，人情所不便者，变可复，人情所群便者，变则不可复。"(《默觚下·治篇五》) 把历史的变易与民众的意愿相联系，认为历史的进步与民众的意愿相一致，前者是后者的体现。这和龚自珍一样，都认为历史之"势"是众人造成的。因此，最高统治者应当体察众人之群情而顺应历史之"势"。正是在这个意义上，魏源说："天子者，众人所积而成。……人聚则强，人散则尪，人静则昌，人讼则荒，人背则亡，故天子自视为众人中之一人，斯视天下为天下之天下。"(《默觚下·治篇三》) 这里也表现了近代人文主义的思想萌芽。

同样可贵的是，魏源的"变古愈尽"并不是全盘否定传统。他明确反对"执古以绳今"或"执今以律古"，指出"执古以绳今，是为诬今；执今以律古，是为诬古；诬今不可以为治，诬古不可以语学"（《默觚下·治篇五》）。"诬今"就是因循守旧，"诬古"就是蔑视传统，魏源反对这两者，强调古与今的统一，即尊重历史与面向现实的统一。这表现了中国近代哲学在其开端就对传统哲学采取了历史主义的态度。

魏源的变易历史观未完全摆脱历史循环论，这是与其道器观相联系的。他说："气化无一息不变者也，其不变者道而已。"（《默觚上·治篇五》）气化而成之"器"无时不变，而"道"则永恒不变。他视变易为循环往复的实质，是认为封建制度本身不可更改。这一方面反映了中国传统变易观念对龚、魏的影响，另一方面是因为当时中国还未出现提出新的历史观的政治力量。几十年后，代表民族资产阶级政治力量的康有为才突破了这种"器"变而"道"不变的历史观，将传统变易史观发展为历史进化论。

二、"及之而后知"的知行观

中国近代哲学为了回答"中国向何处去"的时代课题，就必须认识人类历史和中国历史如何从过去演变到现在，又如何向将来发展这样的规律性问题，因此历史观问题在中国近代非常突出。同时，救国救民的理论还必须与变革中国的现实相结合，知必须付之于行，这就牵涉到认识论的知行观问题。因此知行观问题在中国近代也非常突出。龚自珍和魏源作为中国近代哲学的先驱，可以说前者是近代历史观的开启者，后者则是近代知行观的揭幕人。

魏源在知行关系上强调"行"的优先性，主张行而后知："'及之而后知，履之而后艰'，乌有不行而能知者乎?"并举例道：

> 披五岳之图，以为知山，不如樵夫之一足；谈沧溟之广，以为知海，不如估客之一瞥；疏八珍之谱，以为知味，不如庖丁之一啜。（《默觚上·学篇二》）

认为只有实际接触事物的人，才能获得真正的知识，樵夫、估客、庖丁正是这样的人。这里不仅强调了真知来自亲知，而且表现出以普通人作为认识主体的意向。对于这一意向，魏源作了如下表达：

> 人有恒言曰"学问"，未有学而不资于问者也。……独得之见，必不如众议之参同也。巧者不过习者之门，合四十九人之智，智于尧、禹。（《默觚下·治篇一》）

这里和龚自珍一样，高度肯定了"众人"的作用；不同于龚自珍之处，是把这样的作用与知行观相联系。如果说龚自珍更多的是从历史观上注重"众人"的作用，那么魏源则不仅在历史观上而且在知行观上强调"众人"的作用。这意味着中国近代哲学将以众人代替圣人而成为历史的主体和认识的主体。

既然把众人作为知行的主体，则普通人通过不断学习和践行，就可以把握"自我"的命运。魏源说：

> 万事莫不有本，众人与圣人皆何所本乎？……曰：以天为本，以天为归。（《默觚上·学篇一》）

在他看来，普通人和圣人一样以天为本，因此只要做到"心不受垢"、"彻悟心源"，就能"万物备我"而进入"与天地合德"（《默觚上·学篇五》）的境界。达到这样的境界，"人能与造化相通，则可自造自化"（《默觚上·学篇二》）。所以，魏源的"及之而后知"最终是为了使普通的"凡夫"能够成就自我。他说：

> 技可进乎道，艺可通乎神；中人可易为上智，凡夫可以祈天永命；造化自我立焉。（同上）

这里显然可以看到王阳明心学的影响。但是，魏源对于泰州学派和王夫之曾讨论过的"造命"，作了具有近代意义的发挥。他指出"造化自我"之"匹夫"，不同于因一时愤激或欲壑难填而处于危险之地、难免自罹祸患的"恃命之小人"，也不同于为了正义而狷然自守、始终不渝的"立命之君子"，而是能够"确然其志"、"不为天所拘"的"造命之君子"，这种君子可以通过充分发挥意志的作用，来改变乃至创造自己的命运（见《默觚上·学篇八》）。

这里把"造命"与"恃命"作为君子与小人的界限，与儒家传统理想人格有很大的差异，因为传统儒家讲的是君子畏天命，而小人则不畏天命。如果说龚自珍更多的是反对传统形上本体对自我的束缚，那么魏源则更多的是强调不能在服从天命中丧失自我。他们从不同侧面勾画出具有个性解放意义的人格形象。这表明如何造就新的理想人格，与历史观、知行观联系在一起，将成为中国近代哲学的重要内容。

在中国哲学从古代向近代发展演进的过程中，龚自珍、魏源的思想鲜明地体现了承上启下的特点。他们作为晚清今文经学的重要代表，在批判烦琐汉学与空疏宋学基础上提出的经世致用主张，反映了时代精神的要求。他们的变易史观，对以康有为、梁启超为代表的资产阶级改良派产生了直接的影响。从这个意义上说，他们的思想构成了中国近代哲学的开端。

思考题：

1. 龚自珍、魏源变易史观的主要内容是什么？

2. 龚自珍推崇自我的近代意义是什么？

3. 魏源知行观的近代意义是什么？

第三十三章　康有为和梁启超的哲学

甲午战争的惨败，宣告了洋务运动的破产，中国被西方列强瓜分的民族危机迫在眉睫，于是发生了标志着中国民族资产阶级登上政治舞台的戊戌维新。这是爱国救亡运动，也是思想启蒙运动。鸦片战争之后，西方近代科学比较多地介绍到中国，变法维新的思想家康有为、梁启超、严复、谭嗣同等人，把西方科学的进化论与中国传统思想相结合，以此来推动社会变革，中国近代哲学进入进化论阶段。本章论述康有为和梁启超的哲学。

第一节　康有为的哲学

康有为（1858—1927 年），字广厦，号长素，广东南海人，著名思想家和政治活动家。早年接受儒家教育。1890 年后，信奉公羊学，是晚清今文经学的重要代表。后来接触到西方文化，成为戊戌变法维新的思想领袖。变法失败后，流亡海外，直至辛亥革命后回国，终其一生坚持改良主义和君主立宪立场，晚年组织孔教会，参与复辟帝制活动。主要著作有：《新学伪经考》、《孔子改制考》、《春秋董氏学》、《大同书》、《诸天讲》等。今有《康有为全集》行世。这里主要论述其戊戌维新至辛亥革命期间的思想。

一、天变道变的进化论

康有为的学生梁启超说："先生之哲学，进化派之哲学也。"（《南海康先生传》）传统儒家的"天不变道亦不变"是当时顽固派、洋务派反对变法维新的重要理论依据。龚自珍、魏源用以作为"更法"、"变古"理论基础的变易史观，同样局限在器变道不变之中。康有为的重要贡献是提出了天变道亦变的进化论，突破了器变道不变的变易史观，为资产阶级维新变法提供了思想指引，率先迈向中国近代哲学的进化论阶段。

"天不变道亦不变"的思维模式，来自《周易》的"推天道以明人事"，以"天"作为"道"的形上根据，即"道之大原出于天"（董仲舒语）。康有为也从《周易》出发探究天人关系："康子深思天人之故，叹曰：呜呼！《易》

其至矣。"(《康子内外篇·未济篇》）但他着重把《周易》"穷则变，变则通，通则久"的观念和西方科学知识尤其是进化论结合起来，提出"变者，天道也"的思想，以此作为社会历史（人道）变迁的根据。

康有为明确指出，事物处于不停息的变化过程中，"变易"是自然界的普遍规律：

> 朝夕之暑，无刻不变矣。况昼夜之显有明晦，冬夏之显有寒暑乎？如使天有昼而无夜，有夏而无冬，万物何从而生？故天惟能变通而后万物成焉。（《变则通通则久论》）

这是对具体变易现象的列举和归纳，在此基础上，他进而提出了"变者天道"的普遍性命题：

> 盖变者天道也。天不能有昼而无夜，有寒而无暑，天以善变而能久。火山流金，沧海成田，历阳成湖，地以善变而能久。人自童幼而壮老，形体颜色气貌，无一不变，无刻不变。（《进呈〈俄罗斯大彼得变政记〉序》）

康有为的进化论进一步指出，事物的变易不是只有量的增减，而是一个不断进步、新陈代谢的过程。21岁时，他就写下了"世界开新逢进化"的感怀。在28岁时写成的《康子内外篇》中，他又描绘了一幅由天体生成到人类社会出现以至礼乐政教伦理产生的进化过程：

> 于无极，无无极之始，有湿热之气郁蒸而为天，诸天皆得此湿热之气，展转而相生焉。近天得湿热之气，乃生诸日，日得湿热之气，乃生诸地，地得湿热之气，蒸郁而草木生焉，而禽兽生焉，已而人类生焉。人得湿热之气，上养其脑，下养其心。湿则仁爱生，热则智勇出。积仁爱智勇而有宫室饮食衣服以养其身；积仁爱智勇而有礼乐政教伦理以成其治。五帝三王，犹湿热而选者也。（《康子内外篇·湿热篇》）

这里所举的具体例证，大多源自中国传统观念，而在《诸天讲》中，他则更多地运用西方近代科学知识来论证"变者，天道也"。如以康德-拉普拉斯的星云假说，来说明宇宙天体并非从来如此、一成不变的，"各天体创成以前是朦胧之瓦斯体，浮游于宇宙之间，其分子互相引集，是谓星云，实则瓦斯之一大块也"（《诸天讲·地篇第二》）。又如，以哥白尼、牛顿的学说，说明人们对于天地（天道）的观点也已经发生了变化，原来人们以为"上天下地"，其实地球作为"绕日志游星"，从别的星球上看，它也是在天上运行的，故可称"吾人既生于星中，即生于天上。然则，吾地上人皆天上人也"（《诸天讲·自序》）。这表明康有为的进化论具有不同于传统变易思想的近代科学基础。

在中国传统哲学尤其是宋明理学中，"道"和"理"是同一层次的概念，因此康有为也把"变者天道"称为"天之理"。他说：

> 积池水而不易，则臭腐兴；身面不沐浴，则垢秽盈；大地无风之扫荡改易，则万物不生。物新则壮，旧则老；新则鲜，旧则黯；新则洁，旧则败；天之理也。（《日本书目志·自序》）

康有为论证了"变"是自然界之"天道"、"天理"，既然"天"无刻不变，那么"道"之变就完全是合乎逻辑的。他从"变者天道"推演到人道，强调人类社会同自然界一样，也处在不停息的变易进化过程中，因而人类社会的变化同样可以说是"变者天也"。他指出：

> 夫变之道有二，不独出于人心之不容已也，亦由人情之竞趋简易焉。繁难者，人所共畏也；简易者，人所共喜也。去其所畏，导其所喜，握其权便，人之趋之若决川于堰水之坡，沛然下行，莫不从之矣。几席易为床榻，豆登易为盘碗，琴、瑟易以筝、琶，皆古今之变，于人便利。……故谓：变者，天也。（《广艺舟双楫》卷一）

这里值得注意的是，康有为认为社会进化的"变之道"出于两个方面：一方面是出于"人心之不容已"的必然性，另一方面是出于人情之"便利"即人们的意愿。这比魏源的变古便民思想更进一步，把历史进化与人们意愿的一致性提到了"道"的高度来认识。

那么，什么是社会进化的"变之道"呢？康有为借用今文经学的公羊"三世"说，对此作了进一步的阐发：

> 《春秋》发三世之义，有据乱之世，有升平之世，有太平之世，道各不同。（《日本书目志·自序》）

他认为在孔子"三世"的"微言大义"中，包含了不同之"道"，因而"世运既变，治道斯移"（《孔子改制考·序》）。他把升平世、太平世与《礼运》的小康、大同相联系，并与君主立宪、民主共和相对应，提出了具有进化论色彩的"三世"说。"三世"进化表现为一个由低级到高级循序渐进的过程：

> 乱世者，文教未明也；升平者，渐有文教小康也；太平者，大同之世，远近大小如一，文教全备也。（《春秋董氏学·春秋例第二》）
>
> 大约据乱世尚君主，升平世尚君民共主，太平世尚民主矣。（《孟子微》卷四）
>
> 自族制而为部落，而成国家，由国家而成大统。由独人而渐立酋长，由酋长而渐正君臣，由君主而渐为立宪，由立宪而渐为共和。（《论语注》卷二）

这里的"三世"进化，强调了君主专制、君主立宪、民主共和三种政治制度形态的依次取代是历史进化的必然，而"世"不同则"道"不同，因而变法维新就是要以升平之道取代据乱之道，最终走向大同之道。这与龚自珍、魏源的"三世"说已有很大的区别：不仅赋予"三世"以具体的政治制度内容，而且克服了其变易史观之器变道不变的局限，第一次把进化论引入历史观，有力地论证了维新变法是历史进化的必然。但是，他的历史进化论强调循序渐进，以此反对用革命来改造中国。正如梁启超所说："义取渐进，更无冲突。"（《南海康先生传》）这样，康有为在克服了器变道不变的局限之后，又陷入了只有渐变而无突变的局限，这与他改良主义的政治立场相一致。以后的革命派克服了这一局限，把革命包含于进化论之中。

二、大同与仁、智的近代转化

康有为的历史进化论以大同世界为进化的最终目标，并将人类实现大同的动因归结于人性中的"不忍人之心"，即仁爱之心的扩充，并以"开民智"为变法维新的首要任务。康有为对传统儒学的大同与仁、智都作了近代转化。

康有为集中阐述大同理想的《大同书》，虽然到 1902 年左右才成书，但据《康南海自编年谱》记载，早在 1885 年，他已经开始着手"定大同之制"，并于 1887 年以《人类公理》为篇名写出初稿。然而他却"秘不示人"，只在万木草堂对其少数弟子讲述过部分内容。在流亡海外的过程中，康有为结合所见所思，对该书的内容作了修改补充。1913 年，该书的甲乙两部分内容公开发表。直到 1935 年，康有为逝世 8 年后，《大同书》全书才由其学生出版。

如上所说，康有为主要借公羊"三世"说和《礼运》论述其大同思想。但它作为近代的社会理想，与公羊"三世"说及《礼运》是根本不同的。这首先表现在康有为的大同说提出了理想面向未来的观念。汉代公羊"三世"说的代表人物董仲舒说："春秋之道，奉天而法古"，"王者有改制之名，无易道之实"（《春秋繁露·楚庄王》），所主张的是复古的历史循环论。《礼运》称原始社会是"大道之行也，天下为公"，发展到夏商周三代，"大道既隐，天下为家"，只能行小康之道，这是历史退化论。康有为的大同理想强调"文明世界在于他日，日进而日盛"（《南海康先生传》）。这就赋予大同理想以不同于循环论和复古论的新观念：理想在未来，而不在太古，应遵循历史进化规律前进。这一前所未有的观念，突出地表现了康有为大同理想的近代性质。

康有为大同理想的近代性质，还表现在他运用资本主义的自由、平等、人权等观念对封建专制予以猛烈批判。在《大同书》里，他把现实生活中至高无上的皇帝视为"民贼屠伯"，把以"三纲"为核心的封建制度视为人世苦难的重要根源。他对君为臣纲、夫为妻纲这些封建时代的"大经"对人的压迫和束缚予以严厉挞伐：

> 非天之所立，人之所为也。而君之专制其国，鱼肉其臣民，视若虫沙，恣其残暴。夫之专制其家，鱼肉其妻孥，视若奴婢，恣其凌暴。在为君、为夫则乐矣，其如为臣民、为妻者何！（《大同书》）

在他看来，维护君主专制的伦理纲常，显然违背了自由、平等、天赋人权的"公理"：

> 人者，天所生也，有是身体即有其权利，侵权者谓之侵天权，让权者谓之失天职。男与女虽异形，其为天民而共受天权，一也。……以公共平

等论，则君与民且当平，况男子之与女子乎？（《大同书》）

《大同书》提出"去国界"，正是为了去除封建君主专制的统治：

> 削除邦国号域，各建自主州郡而统一于公政府者，若美国、瑞士之制是也。公政府既立，国界日除，君名日去。渐而大地合一……于是时，无邦国，无帝王，人人相亲，人人平等，天下为公，是谓大同。此联合之太平世之制也。（同上）

在此基础上，康有为对"大同"之世作了颇为详细的规划，把"大同"之世描绘成一个物质文明和精神文明都高度发达，没有国家与阶级，没有种族之异与贵贱之别，消灭了战乱与贫穷，人人平等、人人幸福，"全世界人共至于仁寿极乐善慧无边之境"的"人间乐土"。

康有为设计的大同理想虽然具有批判封建主义的现实意义，但只是一种空想。其突出表现是把扩充"不忍人之心"即"仁"作为实现"大同"的根本动因。然而，在这空想里却有着真实的近代内涵。

康有为将中国古代哲学的某些范畴，与近代西方自然科学中的某些名词糅合在一起，认为"仁"是"元气"，也是"以太"和"电"，它不仅是人人皆有的，而且是万物之本，是"万化之海，为一切根，为一切源"（《孟子微》卷一）。在此基础上，康有为遵循儒家天道性命相贯通的理路，认为对人而言，"仁"一方面得自于天："仁者，在天为生生之理，在人为博爱之德"（《中庸注》）；另一方面又内在于人："盖仁为己有，非由外铄，况志之所至，气亦赴之，金石可贯，鬼神可动。而况近取诸身，至易至简乎？"（《论语注》卷四）在他看来，两者贯通为一："仁者，人也。受仁于天，而仁为性之德、爱之理，即己即仁，非有二也。"（《论语注》卷七）正是在天人一体的意义上，康有为进而得出了"博爱之谓仁"（《论语注》卷六）、"仁莫大于博爱"（《论语注》卷十四）的结论，认为人在对"天下之人"体现兄弟之爱的基础上，还要以博大的胸怀泛爱众生。

这样的博爱之"仁"，贯注着近代人道主义的精神。康有为认为"仁"是人道能否确立、文明能否进步的不可或缺的因素："有仁而后人道立，有仁而后文为生。"（《论语注》卷三）反之，"然则人绝其不忍之爱质乎？人道将灭绝矣。灭绝者，断其文明而还于野蛮，断其野蛮而还于禽兽之本质也夫"（《大同书》）。而人道之"仁"的确立，源于人性的"不忍人之心"："一切仁政，皆从不忍之心生"，"人道之仁爱，人道之文明，人道之进化，至于太平大同，皆从此出"。（《孟子微》卷一）人道进化至大同之世的过程，全赖仁爱精神的不断扩充：

> 人道所以合群，所以能太平者，以其本有爱质而扩充之，因以裁成天道，辅相天宜，而止于至善，极于大同，乃能大众得其乐利。（《大同书》）

康有为进一步指出，扩充"不忍人之心"的过程是不断"求乐免苦"的过程，因此"求乐免苦"就是人道进化的标准。他说：

> 普天之下，有生之徒，皆以求乐免苦而已，无他道矣。其有迂其途，假其道，曲折以赴，行苦而不厌者，亦以求乐而已。虽人之性有不同乎，而可断断言之曰：人道无求苦去乐者也。（同上）
>
> 尽诸圣之千方万术，皆以为人谋免苦求乐之具而已矣，无他道矣。能令生人乐益加乐，苦益少苦者，是进化者也，其道善；其于生人乐无所加而苦尤甚者，是退化者也，其道不善。（同上）

他认为圣人讲人道，虽有千方万术，都无非是谋"求乐免苦"之计，一切物质生活的改善，一切精神文明的进步，都可归结为"免苦求乐之具"的改进。这与程朱理学的"圣贤千言万语，只是教人明天理，灭人欲"（《朱子语类》卷十二），形成鲜明的对比。在《大同书》中，康有为列举了一系列"生人之乐趣，人情所愿欲者"，既有精神性方面的，也有物质性方面的，还有生理性方面的。对于"欲"，康有为作了明确的肯定：

> 凡为血气之伦必有欲，有欲则莫不纵之，若无欲则惟死耳。（《康子内外篇·不忍篇》）
>
> 人生而有欲，天之性哉。（《大同书》）

可见康有为以"求乐免苦"为人道进化的标准，否弃了程朱理学的"存天理，灭人欲"之说，鲜明地表达了近代人道主义思想。

康有为希冀以仁道"博爱"救世，把实现大同之世的动力寄托于圣人"不忍人之心"的作用。这样的唯心主义历史观，是既缺乏阶级力量而又脱离人民群众的资产阶级改良派的软弱性在哲学上的反映。正如毛泽东所指出的："康有为写了《大同书》，他没有也不可能找到一条到达大同的路。"①

康有为把"开民智"置于实现社会变革的优先地位。因此，在知行关系上，他认为"先知后行"是"天然之理"，"士以智为先"。（《春秋董氏学》卷六下）"智"原是传统儒学"五常"之一，主要是指判断道德是非的伦理理性，康有为则以科学理性对其作了近代转化。他的"开民智"，就是学习西方的科学理性精神：

> 欧洲所以强者，为其开智学而穷物理也。（《日本书目志》）

魏源提出了"师夷长技以制夷"，把船坚炮利作为西方之"长技"，康有为进一步认识到西方的强大在于"智"，即科学理性的力量。他说："泰西当宋元之时，大为教王所愚，屡为回国所破，贫弱甚矣。英人倍根（今译培根——引者注）当明永乐时创为新义，以为聪明凿而愈出，事物踵而增华"，由此走上了强盛之路，这是"立科以励智学"（《上清帝第四书》）的结果。因此，"开民智"的本质就是要学习西方以培根为代表的、以近代科学为基础的理性主义。

康有为认为这种科学理性精神，在思维方式上与中国传统文化的区别，就在于是取证事实还是空谈虚理：

> 中国人向来穷理俱虚测，今西人实测。（《南海康先生口说》）
> 有实测之实，格致家所考明之实理是也。（《康子内外篇·实字解》）

他指出哥白尼日心说最终被认可，是因为"事不离实，远镜之发明日精，天文测验之证据日确"（《诸天讲·地篇第二》）。在康有为之前，郑观应也有类似的话，认为中学偏于"道"而西学偏于"器"，由此形成的差别是"我堕于虚，彼征诸实"，他赞赏后者，批评前者，但他以"道"与"器"来区分中学

———————————
① 《毛泽东选集》第四卷，人民出版社1991年版，第1471页。

与西学，主张器变道不变，并说"器由道出"（《盛世危言·道器》）。康有为则指出显微镜、望远镜等都是"器"，"道尊于器，然器亦足以变道"（《日本书目志》）。主张以西方近代科学之器变革中国传统思维之道，强调学习"实测"即实证的思维方式。

康有为认为西方近代科学的理性精神不仅表现在注重实证，而且表现在注重逻辑演绎。在他看来，数学作为最严密的科学，是由形式逻辑推导出来的公理系统，因此以科学开民智，就要学习这样的思维方式。他在 1885 年"从事算学，以几何著《人类公理》"；1886 年"又作《公理书》，依几何为之者"（《康南海自编年谱》）。现存的《实理公法全书》，就是模仿欧几里得几何学方法来论证的。他论述托古改制"三世"说的《春秋董氏学》，则运用了代数方法，"《春秋》以寓改制，其文犹代数，故皆称托，不过借以记号耳。数不能直叙，代以甲子、天元"（《春秋董氏学》卷二）。他认为《春秋》里的文字好像代数，是借用甲子、天元等为记数符号，"三世"、"三统"等也是代数符号。显然，康有为不仅要借用数学的形式逻辑方法来论证自己的学说，而且还要在中国倡导这样的思维方式。值得注意的是，他还把实证方法与逻辑方法相联系："出自几何公理之法，则其理较实"；"几何公理所出之法，称为必然之实"。（《康子内外篇·实字解》）实证和运用数学进行逻辑推导，是西方近代科学思维方式的两大特点，康有为以科学开民智，无疑有倡导科学思维方式的意义。

但是，康有为作为今文经学的代表，其辨析"伪经"是为了崇奉孔子的真经，并以此作为判断一切是非的根据。这显然与其开民智的注重科学理性精神是相矛盾的。

总之，康有为在戊戌变法维新期间，首先提出了历史进化论，对传统的大同与仁、智作了近代转化，迈出了走向进化论哲学的第一步。但由于尚未完全摆脱经学形式，其近代意义受到了限制，因此，中国近代进化论哲学须脱去经学的外衣才能进一步发展。

第二节　梁启超的哲学

梁启超（1873—1929 年），字卓如，号任公，又号饮冰室主人，广东新会人。年轻时追随康有为，变法维新的骨干成员，时人以"康梁"并称。变法失败后，流亡日本，创办《清议报》和《新民丛报》，系统宣传西方近代的社会政治学说，批判中国封建专制制度，以"新思想界之陈涉"（《清代学术概论·二十六》）自许，对当时中国思想文化界产生了广泛影响。梁启超在哲学、文学、史学等多个领域均有所建树。一生思想多变，这里主要论述他戊戌维新前后的思想。主要著述曾编为《饮冰室合集》。今有《梁启超全集》行世。

一、进化即进步的历史观

康有为的进化论包含着进化日趋于善的观点。梁启超同样如此，并且更深入地论述了进化即进步的历史观。这主要表现在两方面：一是进化以进步为目的；二是进化以"革"为动力。

梁启超和康有为都认为"变"是事物存在、发展的根本规律和普遍法则，但梁启超更突出地强调这样的"变"是趋向于进步的：

> 进化者，向一目的而上进之谓也。日迈月征，进进不已，必达于其极点。凡天地古今之事物，未有能逃进化之公例者也。（《中国专制政治进化史论·绪论》）

梁启超认为无论自然界还是人类社会的进化，都以进步为目的，"凡天下万物之不能不变也，天理也；变而日进于善也，天理而加于人事者也"（《读〈春秋〉界说》）。"天理"即必然规律，而通过人为努力使得日进于善就是人事，如此的天理加人事之所"变"，意味着用合规律性与合目的性之统一来认识历史进化。

梁启超从进化即进步的历史观出发，辨析了进化和循环的区别。他说：

> 循环者，去而复来者也，止而不进者也……进化者，往而不返者也，进而无极者也。（《新史学·史学之界说》）

认为循环论与进化论在历史观上的不同，就在于是否承认进步是历史发展的总趋向。同时他又指出，这并不意味着历史进化是直线的，而是表现为螺旋式上升的曲线：

> 就历史界以观察宇宙，则见其生长而不已，进步而不知所终，故其体为不完全，且其进步又非为一直线，或尺进而寸退，或大涨而小落，其象如一螺线。明此理者，可以知历史之真相矣。（《新史学·史学之界说》）

他认为一治一乱、治乱相嬗的历史循环论，其错误的认识根源是只看到"小时代"即局部、暂时、阶段的迂回曲折，而没有看到整体、长远、过程的进步趋势，将历史进化等同于简单的循环往复：

> 为螺线之状所迷，而误以为圆状，未尝纵观自有人类以来万数千年之大势，而察其真方向之所在；徒观一小时代之或进或退、或涨或落，遂以为历史之实状如是云尔。（同上）

从进化即进步的观点出发，梁启超探讨了历史进步的标准问题。他认为历史进步的向善过程，就是人类幸福不断增益、越来越多的人享受福祉的过程：

> 纵览数千年之世运，其幸福之范围，恒愈竞而愈广，自最少数而进于次少数，自次少数而进于次多数，自次多数而进于大多数，进于最大多数。他日其果能有国民全体、人类全体皆得最大幸福之一日乎？吾不敢忘。若在今日，则最大多数一语，吾信其无以易也。（《政治学学理摭言》）

进化带来的进步就在于增进越来越多人的幸福。这发展了魏源的"变古便民"的历史观，具有鲜明的近代人道主义精神。就此而言，它和康有为以"免苦求乐"为人道进化的标准是相通的。

然而，进化即进步的历史观面临着两个重要的理论困难：一是作为对未来的预测如何得以证明？二是历史在向善方面取得进步的同时，为恶的方面也在增长，那么还能说进化即进步吗？后来章太炎等人正是以此来质疑进化即进步的历史观。

梁启超和其他进化论者一样，认为竞争是进化的动力。他说："竞争者，进化之母也。"（《论近世国民竞争之大势及中国前途》）同时，他明确地把竞争解释为两种对立力量的斗争，即有动力就有反动力，竞争必然导致动力与反动力的激烈对抗。因而唯有"破坏"代表旧势力的反动力，才能"上于进步之途"(《新民说·论进步》)。所以,他提倡"破坏主义":"其破坏者,复有踵起而破坏之者。随破坏,随建设,甲乙相引,而进化之运乃递衍于无穷。"(同上)只有破坏旧的,才能建设新的,破坏是历史进化的必要手段。他说:

> 破坏主义,又名突飞主义,务摧倒数千年之旧物,行急激之手段……历观近世各国之兴,未有不先以破坏时代者。此一定之阶级,无可逃避者也。(《自由书·破坏主义》)

与破坏主义相联系,梁启超把"革"的观念引入进化论。他说:

> 革命者,天演界中不可逃避之公例也。凡物适于外境界者存,不适于外境界者灭,一存一灭之间,学者谓之淘汰。淘汰复有二种:曰"天然淘汰",曰"人事淘汰"……人事淘汰,即革之义也。(《释革》)

"革"就是有意识地进行人工选择,不断地去旧更新,以使人的活动、社会制度等能随时推移,与外境相适应。"革"包括改革和革命两层含义。如果是一部分一部分地淘汰、更新,那便是渐进的改革;如果是"从根柢处掀而翻之,廓清而辟辟之"(同上),那便是顿然的全体变革,也就是革命。他当时认为革命是救中国独一无二之法门,不仅要进行政治革命,而且还要进行经学革命、史学革命、道德革命、诗界革命、小说界革命,等等。

梁启超还敏锐地指出,社会变革的时代是"过渡时代"即社会转型的时代:

> 就广义言之,则人间世无时无地而非过渡时代。人群进化,级级相
> 嬗,譬如水流,前波后波,相续不断,故进步无止境,即过渡无已时,一
> 日不过渡,则人类或几乎息矣。就狭义言之,则一群之中,常有停顿与过
> 渡之二时代。互起互伏,波波相续体,是为过渡相;各波具足体,是为停
> 顿相。(《过渡时代论》)

> 过渡者,改进之意义也。凡革新者不能保持其旧形,犹进步者必当掷
> 弃其故步。欲上高楼,先离平地;欲适异国,先去故乡;此事势之最易明
> 者也。(同上)

就广义而言，进化不已，进化无极，无论是自然界，还是人类社会，都处在过渡之中；就狭义而言，过渡时代是打破原来停滞不前的状态而处在走向新时代的过程中。在这里，他指出变革作为历史进化的动力，就在于导致整个社会进入转型的"过渡时代"，洞察到了历史发展是连续性与阶段性的统一。

梁启超在宣传突飞、革命、破坏的同时，并未否定渐进、改良的意义。在他看来，统治者若能顺应时势民心而革故鼎新，就有可能以和平渐进的方式进行改良，即"无血之破坏"；若违逆时代民心，渐进改革无望，社会进化就只能采取突飞、革命的方式，即"有血之破坏"（《新民说·论进步》）。尽管梁启超更倾向于"无血之破坏"，但这种说法实际上构成了近代中国进化论历史观从渐变转向革命的一个重要环节。只是当民主革命真正到来的时候，梁启超还是否定了"有血之破坏"，明确反对资产阶级民主革命，而是主张"拾级而上"，由开明专制到共和立宪。

二、培养新型国民的"新民说"

戊戌变法失败后，梁启超认为，中国要从传统社会过渡到现代社会，必须培养新型的国民，"欲维新吾国，当先维新吾民"（《新民丛报章程》）。为此，他以"新民说"为题发表了系列文章，作了系统的阐释，其中最主要的是"除心中之奴隶"和"道德革命"两个方面。

梁启超认为，新民首要的是"除心中之奴隶"，培养自由人格。这以精神自由破除思想上的种种迷信为根本：

> 自由者，权利之表证也。凡人所以为人者有二大要件，一曰生命，二曰权利。二者缺一，时乃非人。故自由者，亦精神界之生命也。（《十种德性相反相成义》）

就是说，自由是人的天赋权利，是人之为人的本质规定。中国数千年来的专制腐败，近代以来亡国灭种的危机，都根源于自由的缺失和奴性的深重。因此，必须在精神上破除奴性，获得思想自由。

> 若有欲求真自由者乎，其必自除心中之奴隶始。（《新民说·论自由》）

今日而知民智之为急，则舍自由无他道矣。(《致康有为书》)

他列举了种种"心中之奴隶"：诵法孔子，"为古人之奴隶"；俯仰随人，"为世俗之奴隶"；听任命运，"为境遇之奴隶"；心为形役，"为情欲之奴隶"。(《新民说·论自由》) 这表明"除心中之奴隶"的实质，就是要人们解放思想。这与他提出史学、文学、经学、诗界等领域的革命是相呼应的。

梁启超将"除心中之奴隶"，与培根、笛卡尔的学说相联系：

培氏、笛氏之学派虽殊，至其所以有大功于世界者，则惟一而已，曰：破学界之奴性是也。(《近世文明初祖二大家之学说》)

他认为培根打破各种"偶像"的主张和笛卡尔的"系统的怀疑"方法，都在于反对"奴性"，倡导"一种自由独立，不傍门户，不拾唾余之气概而已"（同上）。这种自由独立的精神，实际上倾向于笛卡尔的理性主义。他说：

夫心固我有也，听一言，受一义，而曰我思之我思之，若者我信之，若者我疑之……高高山顶立，深深海底行，其于古人也，吾时而师之，时而友之，时而敌之，无容心焉，以公理为衡而已。自由何如也！(《新民说·论自由》)

就是说，理性（心）是"我"固有的，"我"独立思考、高瞻远瞩、深入探索，完全以"公理"为权衡标准，对他人的意见和古人的著作，也是相信、怀疑、赞同、反对兼有之，这就是精神自由。梁启超要让"我"的理性高踞于审判台上，将中外古今的学说都推到台前来受审，表现了追求自由人格的无畏气概和推崇理性主义的精神风貌。

梁启超把自由人格的理性精神归结为真我，即"良知"的本性。他说："自由之发源全归于良心（即真我）。"(《近世第一大哲康德之学说》) 他把真我即良知（理性）作为世界第一原理。由此，梁启超和龚自珍、谭嗣同一样，把世界看作由"心"所造："境者，心造也。一切物境皆虚幻，惟心所造之境为真实。"(《自由书·惟心》) 所以，他推崇具有强大"心力"的豪杰之士，比如称赞"卢骚（今译卢梭）心力之大"（同上）。他的自由人格把坚强意志

（心力）作为最重要的品格，表现出唯意志论的倾向。

梁启超"新民说"的另一个重要内容是"新民德"，即"道德革命"。他说：

> 且论者亦知道德所由起乎？道德之立，所以利群也。故因其群文野之差等，而其所适宜之道德，亦往往不同。而要之，以能固其群、善其群、进其群者为归。（《新民说·论公德》）

道德的起源在于利群，而群经历由野蛮向文明的进化，因此道德并非一成不变："群之文野不同，则其所以为利益者不同，而其所以为道德者亦自不同。"（同上）道德"有发达，有进步，一循天演之大例"（同上）。人们以孔孟的道德规范为准则，而孔孟生于两千多年前，怎么能制定适合于今日之道德呢？所以必须进行"道德革命"。这在当时极为惊世骇俗，而梁启超却公开宣称：

> 呜呼！道德革命之论，吾知必为举国之所诟病。顾吾特恨吾才之不逮耳，若夫与一世之流俗人挑战决斗，吾所不惧，吾所不辞。世有以热诚之心爱群、爱国、爱真理者乎？吾愿为之执鞭，以研究此问题也。（同上）

梁启超"道德革命"的重要内容是变革中国偏于私德而忽视公德的传统。他将道德分为公德与私德：

> 人人独善其身者谓之私德，人人相善其群者谓之公德，二者皆人生所不可缺之具也。（同上）
> 无私德则不能立……无公德则不能团。（同上）
> 知有公德，而新道德出焉矣，而新民出焉矣！（同上）

在梁启超看来，私德关乎个人人格的完善，公德则关乎群体凝聚力的增强和群体利益的实现。在中国传统社会中，偏重私德而忽视了私人对群体（国家、社会）的伦理关系，或者是持"束身寡过主义"，洁身自好，不关心国家兴亡；或者是把个人对于国家应尽的道德责任，看作是君臣间"私人感恩效力之事"；

还有"家奴走狗于一姓而自诩为忠者，为一己之爵禄也。势利所在，趋之若蚁，而更自造一种道德以饰其丑而美其名也"（《新民说·论国家思想》）。因此，必须改变偏重私德而轻视公德的倾向，大力倡导和培育国民的公德，使国民尽"报群报国之义务"（同上）。

梁启超强调公德对于新民的意义，但并不否定私德的养成对于公德建设也是有意义的：

> 夫所谓公德云者，就其本体言之，谓一团体中人公共之德性也；就其构成此本体之作用言之，谓个人对于本团体公共观念所发之德性也……故一私人而无所私有之德性，则群此百千万亿之私人，而必不能成公有之德性，其理至易明矣。（《新民说·论私德》）
>
> 公德者，私德之推也。知私德而不知公德，所缺者只在一推；蔑私德而谬托公德，则并所以推之具而不存也。故养成私德，而德育之事思过半焉矣。（同上）

他认为群体由个体构成，公德由私德推出。私德与公德并非互相对立、截然二分，而是互相联系、互相引发、互相促进的。在这两种德性之间，私德比公德更为根本，"有私德醇美，而公德尚多未完者，断无私德浊下，而公德可以袭取者"（同上）。之所以日言公德而不见公德，症结在于国民的私德有缺点。因此，"欲铸国民，必以培养个人之私德为第一义"（同上）。而"正本"、"慎独"、"谨小"，则是培养私德的基本方法。

不过，在1903年写的《论私德》一文中，梁启超已经不讲"道德革命"了，认为今日用以维持社会的，仍是"吾祖宗遗传固有之旧道德而已"。这其实是否定了"道德革命"的必要性。但是，他认为培养国民的新道德，必须公德、私德并重的思想是有合理性的。因为忽视个人修养的私德，培养良好的社会公德是不可能的。同时，在个人修养上，中国传统道德确有不少可取之处。梁启超虽然放弃了"道德革命"，但作为五四新文化运动的以新道德取代旧道德的先声，有其历史功绩。

总之，梁启超虽然思想驳杂、观点多变，但他终生以救国新民之责自任，在传播西方近代文化、批判封建专制制度、启发国民思想觉悟等方面发挥了重要作用。其进化变革的历史观，培养新型人格的新民学说，在中国近代哲学史上产生了广泛深远的影响。然而，当以孙中山为代表的资产阶级革命派站到了历史前台之时，梁启超原先的"新思想界之陈涉"的作用就逐渐消失了。

思考题：

1. 怎样理解康有为在中国近代哲学史上的地位？
2. 康有为大同理想的近代性质表现在哪些方面？
3. 梁启超如何发挥了进化论的历史观？
4. 梁启超"新民说"的主要观点是什么？

第三十四章　严复和谭嗣同的哲学

严复第一个明确地把西方进化论引入中国，使之成为马克思主义传入之前居于支配地位的思潮。严复的天演哲学是中国近代进化论哲学趋向成熟的标志。谭嗣同在变法维新运动中，是"别开一种冲决网罗之学"（《致唐才常》）的最为激进的思想家，他的思想表现了走向革命派进化论的动向。

第一节　严复的哲学

严复（1854—1921 年），字幾道，福建侯官（今福州）人。早年入福州船政学堂学习，毕业后在水师实习和工作。1877 年被派往英国留学。留学期间，注意学习西方资本主义经济制度和思想文化。1879 年回国，任北洋水师学堂总教习、总办等职。甲午战争后，严复投入变法维新运动，连续发表多篇宣传西学、鼓吹变法的文章。他在梁启超所谓"学问饥荒"的时代，把西方近代的学术著作系统地介绍到中国来，尤其是翻译出版了赫胥黎的《天演论》，对中国近代思想界产生了极为重要的影响。严复的翻译著作，最重要的有"严译名著"八种，除《天演论》之外，其余七种是：亚当·斯密的《原富》、赫伯特·斯宾塞的《群学肄言》、约翰·穆勒的《穆勒名学》和《群己权界论》、甄克斯的《社会通诠》、耶方斯的《名学浅说》，还有《孟德斯鸠法意》。著作曾汇编为《侯官严氏丛刊》。今有《严复全集》行世。

一、把进化论作为世界观

严复主要不是从生物科学的意义上，而是从世界观的意义上介绍和阐发进化论的。这源于他对中学与西学的比较。他认为不能像洋务派那样只在船坚炮利之类的"技艺"上认识西学，而是要抓住西学的根本"命脉"：

其命脉云何？苟扼要而谈，不外于学术则黜伪而崇真，于刑政则屈私以为公而已。斯二者与中国理道，初无异也。顾彼行之而常通，吾行之而常病者，则自由不自由异耳。（《论世变之亟》）

在他看来，西学的命脉在于学术上"黜伪而崇真"的科学精神，和政治上"屈私以为公"的民主制度；而这两者在中国之所以行不通，在于中西之间存在着崇尚自由与畏惧自由的差异："夫自由一言，真中国历古圣贤之所深畏，而从未尝立以为教者也。"（《论世变之亟》）自鸦片战争以来的半个世纪，中国人基本上以"体用"、"道器"、"本末"来看待中学与西学的关系，即中学为"体"（道、本），西学为"用"（器、末）。到 19 世纪后期，"中学为体，西学为用"已成为概括中学与西学关系之流行语。"中体西用"论最初被用以论证在"用"的层面上，采纳西学（主要是军事技术和科学知识）和进行改革（主要是兴办近代工商业和西式学堂）的必要，这在实践上就表现为洋务运动。但随着时代的发展，到了 19 世纪 80 年代，已有人批评洋务运动"遗其体而求其用"；到了 19 世纪 90 年代，郑观应在《盛世危言》中指出，西学自身也有其"体"和"用"，并转引他人的话说："西人立国其有本末，虽礼乐教化远逊于中华，然其驯致富强亦具有体用。育才于学堂，论政于议院，君民一体，上下同心，务实而戒虚，谋定而后动，此其体也。轮船、火炮、洋枪、水雷、铁路、电线，其用也。"这已表露了突破"中体西用"、进一步从"体"的层面上学习西方的呼声。然而，同时期的洋务运动代表人物张之洞依然坚守"中体西用"，抵制变法维新。有鉴于此，严复认为必须破除"中体西用"论的羁绊，才能认识西学的"命脉"，推动变法维新。因此，他对"中体西用"论予以有针对性的批评：

> 体用者，即一物而言之也。有牛之体，则有负重之用；有马之体，则有致远之用。未闻以牛为体，以马为用者也。……故中学有中学之体用，西学有西学之体用，分之则并立，合之则两亡。（《与〈外交报〉主人书》）

这是说中学与西学各具体用，两者不能调和折中。这是因为两者在世界观上是对立的。他说：

> 尝谓中西事理，其最不同而断乎不可合者，莫大于中之人好古而忽今，西之人力今以胜古；中之人以一治一乱、一盛一衰为天行人事之自然，西之人以日进无疆，既盛不可复衰，既治不可复乱，为学术政化之极

则。(《论世变之亟》)

中学、西学之间最大的区别在于"极则"即世界观迥然相异,西方以"力今以胜古"、"日进无疆"的进化论作为世界观,由此推动了学术"政化"的进步,而中国信奉"好古而忽今"、周而复始的复古循环的世界观,把天行人事的治乱盛衰看作是自然而然的。显然,严复介绍宣传进化论,是为了变革中国传统的世界观,而将进化论确立为观察宇宙和人类社会的新世界观。当然,变革不是断裂。严复批判"中体西用"论,主张抓住西学的"命脉"来认识中西学术的差异,并不是要"尽去吾国之旧,以谋西人之新",而是为了有分析地对待中国的传统思想,"去其旧染矣,而能择其所善者而存之"(《与〈外交报〉主人书》)。力图将西方近代文化与中国传统思想的"善者"结合起来,构建"天演之学"的新世界观。

严复选择性地译介达尔文、赫胥黎和斯宾塞等人的学说,充分反映了以进化论为世界观的哲学意义。生物进化论由达尔文创立,赫胥黎信奉并捍卫这一学说,但认为人类社会有高于动物的道德本性,因而不同于纯粹的"自然竞争"。斯宾塞则持一种普遍的进化观点,认为自然竞争是包括人类社会在内的普遍规律。严复出于将进化论作为世界观的考虑,站在普遍进化论的立场上,将赫胥黎的 Evolution and Ethics 译为《天演论》,即译介了宣传达尔文进化论的前半部分,而舍弃了强调人类道德本性的后半部分,意在强调达尔文进化论如同哥白尼的"日心说"一样,在西方引起了世界观的革命性变化:"盖自有歌白尼(今译哥白尼)而后天学明,亦自有达尔文而后生理确也。"他还指出:"教宗抟土之说,必不可信。"(《天演论·导言一》按语)突出了进化论与宗教相对立的科学性,确立了进化论作为世界观必须具备的可信性。他对斯宾塞思想作了这样的介绍:

斯宾塞尔者,与达同时,亦本天演著《天人会通论》,举天、地、人、形气、心性、动植之事而一贯之,其说尤为精辟宏富。(同上)

严复肯定斯宾塞把进化看作是贯穿于天地自然、人类社会的普遍法则的观点,意在凸显进化论作为世界观所必须具备的涵盖天道和人道的普遍意义。以进化论作为新世界观,使西方进化论在中国取得了新的理论形态,即从原本具有哲学意义的自然科学理论转变为有科学意义的哲学理论。这突出地表明了中国近代进化论哲学是西方思想中国化的产物。

严复在自然观上，基本是以牛顿力学和康德-拉普拉斯星云说为凭借的。他说：

> 大宇之内，质力相推，非质无以见力，非力无以呈质。（《天演论·自序》）

所谓"质"，是指近代科学所讲的具有一定质量的物体、原子（"质点"）；所谓"力"，是指物体之间的吸引和排斥（"物体之力"）、原子之间的化合和分解（"质点之力"）。他认为质与力不能分割，没有质就不能表现力，没有力也不能体现质，质力相推，就形成各种形态的运动变化。这种运动变化正如斯宾塞所说的那样："翕以合质，辟以出力，始简易而终杂糅。"（同上）

在生物领域，严复基本上持达尔文学说，其中心思想是"物竞天择"。他在介绍达尔文的《物种起源》时说：

> 其一篇曰物竞，又其一曰天择。物竞者，物争自存也；天择者，存其宜种也。（《原强》）[1]

这就是说，物种都处于生存竞争之中，通过生存竞争，孱弱者被淘汰，而强健、优良的品种则继续生存；又经过自然选择，那些与天时地利人和最相宜者，即最能适应的物种，就得到繁衍。严复把"适应"翻译为"体合"，说："体合者，进化之秘机也。"（《天演论·导言十五》按语）在他看来，物竞天择、适者生存是从低等生物以至人类社会概莫能外的公理："达尔文曰：'物各竞存，最宜者立。'动植如是，政教亦如是也。"由此，他总结说："天演之秘，可一言而尽也……进者存而传焉，不进者病而亡焉。""万物莫不如是，人其一耳。"（同上）

严复的进化论自然观以近代科学为基础，同时也继承了中国传统的气一元论。他说："一气之转，物自为变。此近世学者所谓天演也。"（《庄子评点·齐

---

[1] 本书所引用的《原强》，均指其修改稿。

物论第二》）他在《原强》中把整个自然界从天体以至生物、人类的演化过程归结为"一气演成万物"。不过，严复对"气"作了新的规定："今夫气者，有质点有爱拒力之物也，其重可以称，其动可以觉。虽化学所列六十余品，至热度高时，皆可以化气。"（《名学浅说》第 30 节）认为气是可量度之物，其运动形态能为人所觉知，可以归结为氮、氢、氧等六十多种元素，它们之间皆有"爱拒力"，即互相吸引和排斥、化合和分解。这是把近代科学的物质概念与传统哲学的"气"相融合。

严复进而将进化论作为世界观贯彻到社会历史领域。他说：

> 吾党生于今日，所可知者，世道必进，后胜于今而已。至极盛之秋，当见何象，千世之后，有能言者，犹旦暮遇之也。（《天演论·导言十八》按语）

就是说，历史是必然进化的，而进化的含义就是未来比现在好。这就强调了进化论的目的论和必然性的内涵。不过，严复并未像康有为那样对未来的理想世界进行细致描绘，只是肯定了它必定会出现。

严复以进化论为世界观，在比较完全的意义上把近代自然科学作为理论基础。而康有为等人的进化论，虽然在一定程度上吸收了西学，但依然归宗于今文经学的"三世"说。因此，严复的"天演"哲学意味着中国近代哲学的理论构建开始摆脱了仰仗经学权威的传统。

严复虽然赞同斯宾塞的普遍进化观，但他意识到，如果过分强调"物竞天择，适者生存"也适用于人类社会，将不得不接受斯宾塞的主张：在人类社会中也只能"任天为治"，即承认弱肉强食的合理性。这在殖民主义扩张的背景下，实际上就是任由强大民族欺凌甚至灭亡弱小民族。严复宣传进化论的根本目的是为了中华民族的救亡图存。因此，他明确反对斯宾塞"任天为治"的观点，而以中国古人柳宗元、刘禹锡"天人不相预""天人交相胜"的观念与赫胥黎的说法相参伍（见《天演论·论十六》按语），突出了自强、能群的积极意义，强调"人治"可以超胜"天行"：

> 天行人治，常相毁而不相成，固矣。然人治之所以有功，即在反此天行之故。何以明之？天行者以物竞为功，而人治则以使物不竞为的。天行者倡其化物之机，设为已然之境，物各争存，宜者自立。且由是而立者

强，强者昌；不立者弱，弱乃灭亡。皆悬至信之格，而听万类之自已。至于人治则不然，立其所祈向之物，尽吾力焉，为致所宜，以辅相匡翼之，俾克自存，以可久可大也。(《天演论·导言六》)

赫胥黎氏此书之旨，本以救斯宾塞任天为治之末流，其中所论，与吾古人有甚合者。且于自强保种之事，反复三致意焉。(《天演论·自序》)

天演之事，将使能群者存，不群者灭；善群者存，不善群者灭。(《天演论·导言十三》按语)

可见，严复大力宣传"物竞天择，适者生存"的"天演论"，归根结底是要唤起国人救亡图存、自强保种的群体意识。这显然是有见于群体力量在历史进化中的能动性。如果说龚自珍、梁启超的"心力"论，是把主体的能动性建立在意志的基础上，那么严复则试图把主体的能动性建立在"物竞天择"的普遍进化规律的基础上。但是"物竞天择"并非社会历史的规律，因而严复依然无法达到遵循历史规律和发挥主体能动性二者的真正统一。这表现在他否认历史进化过程中的飞跃和突变："民之可化，至于无穷，惟不可期之以骤。"(《原强》)其实，历史进化过程中的飞跃和突变，正是遵循历史规律与发挥主体能动性相统一的结果。

二、"实测"、"内籀"的认识论和归纳法

严复把以近代科学为基础的进化论作为世界观，也以近代科学为基础，提出了"实测"、"内籀"的认识论和归纳法。

他赞赏西方近代科学，"其为学术也，一一皆本于即物实测"(同上)。又说："言学者期于征实，故其言天不能舍形气。"(《天演论·论十六》按语)"西学格致……一理之明，一法之立，必验之物物事事而皆然，而后定之为不易。其所验也贵多，故博大；其收效也必恒，故悠久。"(《救亡决论》)强调以"实测"、"征实"来认识世界，总体来讲，是经验论的认识论。他认同17世纪英国经验论哲学家洛克的"白板"说，肯定人的认识来源于感觉经验，否认有脱离经验的先天"良知"的存在：

智慧之生于一本，心体为白甘，而阅历为采和，无所谓良知者矣。(《穆勒名学》部乙按语)

认为在认识活动中，作为认识主体的"心"就像一张白纸或一杯白水，经验就像在白纸上作彩色画，或在水中加调味品，与生俱来的所谓"良知"是没有的。他批评"良知"说是先验论的"心成之说"：

> 西语阿菩黎诃黎。[①] 凡不察事实，执因为果，先为一说以概余论者，皆名此种。若以中学言之，则古书成训，十九皆然；而宋代以后，陆、王二氏心成之说尤多。(《穆勒名学》部乙篇四夹注)

康有为、梁启超在维新变法期间，推崇陆王心学，认为日本明治维新以王学为引导，中国也应效法，而严复则批评陆王心学。他说："陆王之学，质而言之，则直师心自用而已。""其为祸也，始于学术，终于国家。"(《救亡决论》)严复和康、梁对王学的不同态度，说明在认识论上，前者基本上是经验论者，后者则有较多先验论倾向。

在认识对象上，严复强调，真正要获得知识，首先应该"学于自然"(《阳明先生集要三种·序》)，而不能只是闭门读书。他明确主张，"能观物观心者，读大地原本书，徒向书册记载中求者，为读第二手书矣"(《西学门径功用》)。就是说，真正能观察外物和内心的人，要直接去读大自然这本无字之书，从中获得第一手材料；而只从书本中求知识的人，只能取得第二手材料。

就获得知识的具体过程而言，严复区分了"元知"和"推知"的不同。"元知"是指由直接经验而获得的知识，也叫"接知"；而"推知"是指借助于间接推导而获得的知识，也叫"谟知"。严复说："接知、谟知出《庄子》，接知者直接之知，谟知者间接之知。"(《群学肄言·物蔽》译者注)他在《庄子评点》中也说了相似的话，并注明："接知 = know by intuition，谟知 = know by[②] inference。"严复充分强调了"元知"的基础作用。他说：

> 人之得是知也，有二道焉：有径而知者，有纡而知者。径而知者谓之元知，谓之觉性；纡而知者谓之推知，谓之证悟。故元知为智慧之本始，一切智识皆由此推。闻一言而断其为诚妄，考一事而分其为虚实，能此者

---

① 阿菩黎诃黎，即 apriori。
② "by"，原缺，据文意补。

> 正赖有元知为之首基，有觉性为之根据。设其无此，则事理无从以推，而
> 吾人智识之事废矣。(《穆勒名学》部首引论)

他还特别强调："穆勒氏举此，其旨在诚人勿以推知为元知，此事最关诚妄。"
(《穆勒名学》部首引论按语)这就是说，在认识活动中，由直接经验而获得的
知识即"元知"所具有的基础地位是不可替代的，直接经验归根结底构成了人
类知识的本始来源。但是，认识不能停留在直接经验，还需要"据已知以推未
知，征既然以睹未然"(《穆勒名学》部首引论)。

严复和他所师从的英国经验论者一样，具有实证论倾向，把认识局限于经
验范围。他说："窃尝谓万物本体虽不可知，而可知者，止于感觉。"(《穆勒名
学》部甲按语)认为在感觉经验的范围内是可知的，而感觉经验无法把握的
"万物本体"则是不可知的。囿于实证主义立场，再加之受康德哲学的影响，
严复最终走向了不可知论，认为人的认识只能及于感觉所把握的范围，经验以
外的事物则不可知。这其中也蕴含着对中国传统哲学本体论的否定，即把传统
哲学所讲的"天地元始、造化真宰、万物本体"作为"不可思议之理"(《天
演论·论十》按语)存而不论。可见，严复的实证论倾向与他试图将传统哲学
转向以实证科学为基础的近代哲学是相联系的。

严复还清楚地认识到，中国哲学要取得近代的形态，必须重视逻辑。他指
出中国传统学术缺乏形式逻辑作基础，因而许多概念(名)歧义丛生。以
"气"为例，有"正气"、"邪气"、"元气"、"淫气"、"余气"等等，而"欲
求其定义，万万无从"；其他的"若'心'字、'天'字、'道'字、'仁'字、
'义'字，诸如此等，虽皆古书中极大极重要之立名，而意义歧混百出"。对此
严复感叹道："出言用字如此，欲使治精深之科学哲学，庸有当乎?"(《名学浅
说》第30节)他认为只有克服概念歧混的弊病，中国哲学才能取得近代形态，
而要做到这一点，就必须学习西方的形式逻辑(名学)。他说："字有定义，言
有定意，此思辨之始基，而名家之所谨也。"(《名学浅说》第180节)

严复指出了中国传统哲学忽视形式逻辑的缺点，他所赞赏的是逻辑学的归
纳法。这与其经验论的认识论相一致。在他看来，首倡逻辑归纳法的弗朗西
斯·培根对于西方近代科学"黜伪而崇真"具有奠基性作用：

> 是以制器之备，可求其本于奈端(今译牛顿——引者注，下同)；舟

车之神，可推其原于瓦德（今译瓦特）；用电之利，则法拉第之功也；民生之寿，则哈尔斐（今译哈维）之业也。而二百年学运昌明，则又不得不以柏庚氏（即培根）之摧陷廓清之功为称首。（《原强》）

据此，严复高度重视归纳法在科学活动中的重要作用。在翻译《穆勒名学》时，他指出："本学之所以称逻辑者，以如贝根（今译培根）言，是学为一切法之法，一切学之学。"（《穆勒名学》部甲按语）他把归纳法和演绎法分别称作"内籀"与"外籀"：

内籀云者，察其曲而知其全者也，执其微以会其通者也。外籀云者，据公理以断众事者也，设定数以逆未然者也。（《天演论·自序》）

虽然严复把归纳与演绎一起视为"即物穷理之最要涂术也"（同上），但他更重视归纳。

首先，严复认为，从新知识获得的角度而言，只有通过经验归纳才有可能：

盖天生人，与以灵性，本无与生俱来预具之知能。欲有所知，其最初必由内籀。（《政治讲义》第一会）

强调只有运用归纳法，才能"新理日出"。演绎法则不能出新理："夫外籀之术，自是思辨范围。但若纯向思辨中讨生活，便是将古人所已得之理，如一桶水倾向这桶，倾来倾去，总是这水，何处有新智识来？"（《名学浅说》第109节）

其次，严复认为就归纳与演绎两者的关系而言，作为演绎法之大前提的公理（公例），也只有通过归纳才能从经验中得出，即使是最抽象的数学公理也不例外：

公例无往不由内籀，不必形数公例而独不然也。（《穆勒名学》部甲按语）

严复认为演绎推理是否具有论证力量，关键在于前提正确，而要使得前提正确，就必须运用归纳法。

再次，严复认为就两者的实际功效而言，归纳法在西方近代学术中所发挥的作用更为显著：

> 洎有明中叶，柏庚（今译培根）起英，特嘉尔（今译笛卡尔）起法，倡为实测内籀之学，而奈端（今译牛顿）、加理列倭（今译伽利略）、哈尔维诸子，踵用其术，因之大有所明，而古学之失日著……而雅里氏（今译亚里士多德）二千年之焰，几乎熄矣。（《天演论·论十一》按语）

这是认为近代以来归纳法显示的成效，使得亚里士多德的演绎法失去了光彩。但把笛卡尔和培根一样看作是归纳法的倡导者，则是不准确的。

严复特别重视归纳法，与其对中国"旧学"的批判相关。在他看来，旧学的毛病在于"外籀甚多，内籀绝少"（《论今日教育应以物理科学为当务之急》）。他指出：中国的传统往往是引经据典，从"诗云"、"子曰"出发，进行推演，这是"外籀"即演绎法。（见《名学浅说》第 108 节）在使用演绎法时，其演绎的前提多来自主观臆造或古旧成说："旧学之所以多无补者，其外籀非不为也，为之又未尝不如法也，第其所本者，大抵心成之说。"（《穆勒名学》部乙按语）由于前提不是来自经验的归纳，"其例之立，根于臆造，而非实测之所会通"（同上），因此，即使推论过程是正确的，讲起来似乎很有道理，但最后得出的结论必定还是错误的。这实际上批评了中国传统学术以"诗云"、"子曰"为演绎前提的经学方法，体现了中国近代哲学在思维方法上以科学理性取代经学方法的变革。

三、"自由为体"、"开明自营"的"新民德"

严复在《原强》中，把"新民德"作为维新变法的重要方面，"自由为体"、"开明自营"则是其内涵。

严复把中西学术的差异归结为"自由不自由"，并进一步指出这也是西方能在经济、政治、军事、学术等方面强于当时中国的根本原因：

苟求其故，则彼以自由为体，民主为用。(《原强》)

严复以"自繇"翻译 liberty。他说："其字与常用之 freedom 伏利当同义。伏利当者，无挂碍也，又与 slavery 奴隶、subjection 臣服、bondage 约束、necessity 必须等字为对义。"(《群己权界论·译凡例》)并指明自由包含政治自由与伦理自由两义："盖政界自由，其义与伦①学中个人自由不同。仆前译穆勒《群己权界论》，即系个人对于社会之自由，非政界之自由。政界之自由，与管束为反对。"(《政治讲义》第五会)从伦理学的角度来讲，严复认为自由是个人对于社会的一种权利，其字义是中性的，本身并不包含道德评价，无所谓善恶；在伦理领域贯彻"自由为体"，是以意志自由作为道德行为的根本前提：

> 斯宾塞《伦理学·说公》(*Justice in Principle of Ethics*) 一篇，言人道所以必得自繇者，盖不自繇则善恶功罪，皆非己出，而仅有幸不幸可言，而民德亦无由演进。故惟与以自繇，而天择为用，斯郅治有必成之一日。(《群己权界论·译凡例》)

这里强调人必须有意志自由，行为才可以区分善与恶、功与罪；如果行为不是出于意志自由，不仅不能为善，而且连作恶也不可能。就是说，如果行为并非出于意志自由，就不能对它作出道德评价，从而不能促使民德进步。所以，只有给人以自由，让人们在自由交往中自由竞争，使得自然选择发挥作用，才能促进人们的品德日益提高，以至演进到理想的境界。显然，这是把自由看作道德进步的推动力。严复的"自由为体"表现在伦理学上，还在于进一步指出了道德行为之所以必须出于意志自由，是因为自由是人道（社会历史）进化的目标。他说：

> 真实完全自繇，形气中本无此物，惟上帝真神，乃能享之。禽兽下生，驱于形气，一切不由自主，则无自繇，而皆束缚。独人道介于天物之间，有自繇亦有束缚。治化天演，程度愈高，其所得以自繇自主之事愈众。(同上)

---

① 疑脱漏"理"字，应为"伦理学"。

认为绝对自由在人类社会中是不存在的，只存在于上帝真神那里；自由与束缚相对，禽兽一切皆受束缚，而人类则处在天（绝对自由的神）和物（禽兽）之间，既有一定的自由，也受到一定的束缚。由此他不同意卢梭从天赋人权来讲"斯民生而自由"，认为初生婴儿和动物一样，也是完全受束缚的，"生死饥饱，权非己操，断断乎不得以自繇论也"（《群己权界论·译凡例》）。人类的自由是人道进化的产物，进化的程度愈高，自由就愈多。这是把自由作为人道进化的目标。既然人道的进化是一个摆脱束缚而趋向自由的过程，那么从合乎这一历史趋势来说，以意志自由作为道德行为的前提就是必需的。由此可见，严复"自由为体"的伦理思想以历史的经验作为道德行为的事实本体，这与他的经验论和进化论历史观是紧密相联系的。

严复根据"自由为体"的伦理思想，对于中西道德观念作了比较。他指出：

> 西之教平等，故以公治众而贵自由。自由，故贵信果。东之教立纲，故以孝治天下而贵尊亲。尊亲，故薄信果。（《原强》）

认为西方民主制度注重个人自由，因而看重"言必信，行必果"；中国的纲常名教要人顺从在上者，在下者往往屈己迎合之，因而把"言必信，行必果"看作是"小人"（同上）。这里固然有把西方民主制度理想化之嫌，但蕴含着重要的伦理思想：对自己的言行负有高度的责任感，即"言必信，行必果"，必须以独立人格的意志自由为前提。同时，这也表明了政治自由与伦理自由的互相关联。

由此可见，严复从"自由为体"来论述什么是道德行为，具有反对封建伦理道德的意义。就中国哲学的发展来说，儒学是中国古代伦理思想的主流，儒学仁智并举，比较强调道德行为（仁）出于理性自觉（智），相对忽视了道德行为也应当出于意志自由。戴震批评"后儒以理杀人"，正是指出了儒学的这一缺陷。因此，严复的"自由为体"把意志自由作为道德行为的先决条件，显示了中国近代哲学对于传统儒学的变革。

严复"新民德"的另一重要内涵，是主张"开明自营"（《天演论·论十六》按语）的合理利己主义。

"开明自营"以功利主义为依据，把趋利避害、求乐免苦看作人的天性，强调以苦乐为善恶。他说：

> 有叩于复者曰：人道以苦乐为究竟乎？以善恶为究竟乎？应之曰：以
> 苦乐为究竟，而善恶则以苦乐之广狭为分。乐者为善，苦者为恶，苦乐者
> 所视以定善恶者也。（《天演论·导言十八》按语）

严复认为，归根结底是苦和乐决定善和恶，但苦乐有广义狭义之分，与之相
应，善恶也有程度之差，使最大多数人得到最大快乐，就是最大的善。这种功
利主义观点，与康有为以"求乐免苦"作为人道标准相似，具有近代人道主义
性质。但是，严复摒弃了康有为先验论的"不忍人之心"，而把功利主义与经
验论相联系，肯定善恶的内容是利害，而利害可归结为苦乐。中国古代墨家也
持有这种观点。但墨家强调把"爱人""为彼"放在首位，而严复则把"为
己"放在首位，认为只有"为己"才能为群、为国，"民虽爱国，而以常情论，
终不敌于救其私。私者，切近之灾，而存亡之问题也"（《孟德斯鸠法意》第二
十二卷按语）。中国人正因为要求个人的生存，人人救其私，所以才爱国。这
与他的"自由为体"在伦理学上强调个人自由是相联系的，即所谓"身贵自
由，国贵自主"（《原强》）。

严复的功利主义把"为己"放在首位，与他的进化论世界观把人作为一种
生物是分不开的。在他看来，人作为生物，个人求生存、求感性快乐、求食色
欲望的满足，正是社会建立的基础。他引用亚当·斯密的话：

> 饮食男女，凡斯人之大欲，即群道之四维。缺一不行，群道乃
> 废。礼乐之所以兴，生养之所以遂，始于耕凿，终于懋迁；出于为
> 人者寡，出于自为者多，积私以为公，世之所以盛也。（《原富·译
> 事例言》）

就是说，"群道"即人类社会以满足饮食男女为根基，社会生产的发展、道德
文明的进步，都是由于人们为个人利益打算而造就的。因此，他反对把私与
公、利与义对立起来，指出：

> 生学之理，舍自营无以为存。但民智既开之后，则知非明道则无以计

功，非正谊则无以谋利。功利何足病，问所以致之之道何如耳，故西人谓
此为开明自营。开明自营，于道义必不背也。（《天演论·论十六》按语）

他认为人人都为了"自存"而"自营"，"明道"、"正谊"没有别的目的，就
是为了更好地计功、谋利。这种以道义谋功利的现象，就叫作"开明自营"，
也就是合理利己主义。严复认为提倡合理利己主义是近代民智大开的表现。
他说：

> 古之言为善也，以为利人而己无与也，今之言为善也，以不如是，且
> 于己大不利也。知为善之所以利己，而去恶且不止于利人，庶几民乐从
> 教，而不祸仁义也，亦庶几国法之成，无往而不与天理人情合也。（《孟德
> 斯鸠法意》第二十六卷按语）

在这里，他分辨了古代社会讲善与近代社会讲善的不同：前者讲善是利人，而
不包括自己在内；后者认为利人不利己，并非是善。只有懂得了为善去恶正是
利己而不只是利人而已，人们才会乐于接受道德教育，遵循道德规范，因为这
是与天理人情即人的天性相符合的。就是说，"开明自营"不仅体现了近代的
价值观，而且有利于培养人们的德性。以权利与义务的关系而言，严复指出，
人们只有获得了个人的权利，才有可能真正愿意尽义务："义务者，与权利相
对待而有之词也，故民有可据之权利，而后应尽之义务生焉。无权利，而责民
以义务者，非义务也，直奴分耳。"（《孟德斯鸠法意》第二十二卷按语）这是
说，没有权利，只要求尽义务，不是真的尽义务，实际上是做奴隶。只有以利
己为出发点，人们才会产生努力尽义务的美德。严复的这一看法，也体现了
"开明自营"与"自由为体"的紧密联系。

严复"开明自营"的功利主义思想，试图在利己的基础上统一道德与功
利，在义利之辨上具有由传统转向近代的意义。但是，以"为己"作为道德的
基础，在理论和实践上都有很大的缺陷，因为这很容易遮蔽道德利人的基本属
性，从而在实践上使得各种自私自利的行为都可以披上道德的外衣。

总体上说，严复从世界观的高度提出进化论哲学，并使其深入人心，突出
体现了中国近代哲学的时代精神。他提倡实测内籀之学，对推动中国传统哲学
认识论、方法论的近代转型起到了有力的促进作用。他的"自由为体"、"开明

自营"的伦理思想，强调了道德行为的自由原则和道德与个人利益之不可分割，也具有鲜明的近代意义。但他用"物竞天择"来解释人类历史，未能真正把握社会历史规律；其实测内籀之学有不可知论的倾向；而把"为己"作为道德的基础，与其"合群进化"存在矛盾，容易走向极端利己主义。

第二节　谭嗣同的哲学

谭嗣同（1865—1898 年），字复生，号壮飞，湖南浏阳人。少年时代鄙弃科举之路，注重今文经学。曾游历西北、东南各省，考察民情。甲午战争后，在浏阳率先创立学会，主张"兼西学"、"裨实用"，倡导新学，立志变法。1896 年结识梁启超，知晓康有为的变法主张；囿于父命，入资为江苏候补知府。在南京候缺期间，从杨文会学佛学。后参与开办时务学堂，编辑《湘学报》、《湘报》等，大力宣传维新思想。戊戌变法时，任军机章京，参议新政。变法失败后，慷慨赴死，是因变法而殉难的"戊戌六君子"之一。谭嗣同是康有为领导的戊戌维新运动中的激进人物，其哲学代表作是《仁学》。今有《谭嗣同全集》行世。

一、"仁学"的"以太"说

谭嗣同将封建纲常名教视为笼罩束缚人们的"网罗"，其"冲决网罗之学"对纲常名教尤其是君臣之伦作了猛烈批判："二千年来，君臣一伦尤为黑暗否塞，无复人理，沿及今兹，方愈剧矣。"（《仁学》三十）他称自己的"冲决网罗之学"为"仁学"。"仁"本是孔子的核心概念，谭嗣同的"仁学"和康有为相似，借重孔子而赋予"仁"以近代的诠释。如果说康有为主要以博爱来阐发"仁"，那么谭嗣同则强调平等是"仁"的本质。他试图以此冲决否塞不通的纲常名教：

仁以通为第一义。以太也，电也，心力也，皆指出所以通之具。（《仁学界说》）

通之象为平等。（同上）

平等者，致一之谓也。一则通矣，通则仁矣。（同上）

"仁"的首要含义就是"通",即把"中外"、"上下"、"男女"、"人我"打通为一,达到完全平等。可见,"仁学"冲决网罗的核心是用西方近代平等观来否定封建纲常名教。谭嗣同认为五伦中只有朋友一伦"最无弊而有益","所以者何? 一曰'平等';二曰'自由';三曰'节宣惟意'。总括其义,曰不失自主之权而已矣"(《仁学》三十八)。谭嗣同像康有为那样,将"仁"与"以太"混融为一。不同的是,谭嗣同比较明显地赋予"以太"以世界本原的地位,同时更充分地凸显了"心力"的地位和作用。

这与谭嗣同早期所接受的中国古代"元气"说是有联系的。他原先认为天地万物由"元气"所化生:"元气氤氲,以运为化者也。""夫天地非幻,即声光亦至实。声光虽无体,而以所凭之气为体。"(《石菊影庐笔识·思篇》)随着对近代自然科学的了解,他用"以太"代替"气",将其看作世界的本原:

> 遍法界、虚空界、众生界,有至大、至精微,无所不胶粘、不贯洽、不笼络而充满之一物焉,目不得而色,耳不得而声,口鼻不得而臭味,无以名之,名之曰"以太"。(《仁学》一)

在经典物理学中,"以太"曾被认为是一种存在于太空中可以传播光、电的极细微的介质。19 世纪末,迈克尔逊-莫雷实验否定了"以太"的存在。1890年,与谭嗣同有过交往的传教士傅兰雅翻译出版了《光学图说》,将"以太"假说传入中国。谭嗣同运用近代科学知识指出,表面上千差万别的事物,都是由"原质"亦即元素化合而成的,而"以太"则是"原质之原",即比当时已发现的 73 种元素更为基本的元素,是唯一的本原:

> 原质犹有六十四之异,至于原质之原,则一以太而已矣。(《仁学》十一)

他由此得出结论,从无机物到有机物,从低等生物到人类,从人的五官百骸到人类社会的家国天下,小到任"剖其质点一小分,以至于无",大到"巧历所不能稽,而终无有已时"的天体宇宙,"察其为何物所凝结",何以"皆互相吸引不散去","曰惟以太"(《仁学》一)。他认为"以太"贯穿于万物之中,但凭人的感官是感觉不到的。它表现为声、光、电的"浪"即波动,表现为事物间的吸引力和排斥力。谭嗣同这样来讲"以太"为"原质之原",在一定程度上蕴含着把物质实体作为世界本原的唯物论倾向。但这种倾向是不确定的和模糊的,因为他把"以太"理解为既是电,也是心力。不过,用自然科学的"以太"来代替中国传统哲学的"气",表现了中国近代哲学试图以实证科学作为自己基础的特点,但与严复相比,谭嗣同又显露出将科学作幼稚比附的缺点。

这样的特点和缺点,在谭嗣同的"仁学"中,突出地表现为将"仁"看作是"以太"的一种功用。"学者第一当认明以太之体与用,始可与言仁。"(《仁学》一)具体而言,"夫仁,以太之用,而天地万物由之以生,由之以通"(《仁学》四)。就是说,"以太"构成了统摄天地宇宙的本原,是为体;而"仁"作为"以太"之用,则把事物联通为一体。从体用不二的意义上说,"以太"与"仁"是合而为一的。谭嗣同指出:"以太,其显于用也,孔谓之'仁',谓之'元',谓之'性';墨谓之'兼爱';佛谓之'性海',谓之'慈悲';耶谓之'灵魂',谓之'爱人如己'、'视敌如友';格致家谓之'爱力'、'吸力'。咸是物也。"(《仁学》一)这里一方面把"仁"、"灵魂"等精神现象与"吸力"等物质现象都归结为物,把两者混淆在一起;另一方面又把物质性的"以太"归为本体,而把精神性的"仁"归为"以太"的功用。在谭嗣同看来,"仁"作为"以太"的功用,最根本的是变塞为通:

> 是故仁不仁之辨,于其通与塞;通塞之本,惟其仁不仁。通者,如电线四达,无远弗届,异域如一身也。故《易》首言元,即继言亨。元,仁也;亨,通也。苟仁,自无不通;亦惟通,而仁之量乃可完。由是自利利他,而永以贞固。(《仁学》四)

所谓"通"的内涵就是平等。因此,将"仁"作为"以太"的功用,其实就是要使得"冲决网罗"之"仁学",具有电流那样的无处不通达的力量。

由于谭嗣同注重"通",极其强调"仁"的作用,以至将物质性的"以太"和作为道德观念的"仁"等同起来。因此,他也说:"仁为万物之源"。"以太"和"仁"等同为万物之源,"以太"就成了精神实体,由此,谭嗣同就把"以太"的实质归结为"心力"。他说:"以太也,电也,粗浅之具也,借其名以质心力。"(《仁学》二十七)谭嗣同的"心力"与龚自珍的"心力"

相比，最大的不同是穿上了"以太"的科学外衣，目的是为了使其冲决封建纲常名教网罗的力量变得更为强大，"夫心力最大者，无不可为"（《仁学》四十三）。但是，作为现实社会关系的纲常名教，为悠久的传统、严密的制度和庞大的政权所支撑，要冲决如此坚固的网罗，新旧两种社会力量之间不能不经过残酷的流血斗争。谭嗣同在其生命的终点对此有所认识，他在被捕之前拒绝出走，说："各国变法，无不从流血而成，今日中国未闻有因变法而流血者，此国之所以不昌也。有之，请自嗣同始！"（梁启超：《谭嗣同传》）以后的革命派正是经过了流血革命，才推翻了封建的专制王朝。

谭嗣同的"仁学"虽有一定的唯物论的倾向，最终却走向了唯心论。这与当时变法改革的社会力量过于弱小，难以同封建势力相抗衡是密切相关的，因而维新派不得不高扬主体的能动性。这个特征不仅表现在谭嗣同的本体论思想上，还体现在他的历史观上。

二、"仁学"的"两三世"说

谭嗣同在解释何谓"中外通"时说："中外通，多取其义于《春秋》，以太平世远近大小若一故也。"（《仁学》二十七）这表明其"仁学"受到康有为"三世"说历史进化论的影响，以"太平世"即大同为理想社会。然而他的历史进化论与康有为也有不同之处。

谭嗣同特别看重王夫之的"无其器则无其道"的观点，并加以发挥。他说："道，用也；器，体也。体立而用行，器存而道不亡。"这里强调了道依存于器。他又强调"器既变，道安得独不变"（《思纬壹壹台短书·报贝元征》），从而否定了"器变道不变"的命题。如果说康有为是从天变而道变走向进化论，那么谭嗣同则是从器变而道变走向进化论。这既表明了突破"道不变"，是中国近代进化论哲学的起点，也表明了近代进化论与传统道器之辨的历史渊源。

谭嗣同发挥康有为"三世"说最为突出之处，是把"三世"和《周易》乾卦六爻相配合，形成了"两三世"说。所谓"两三世"，其大意是：初九，太平世也，于时为洪荒太古；九二，升平世也，于时为三皇五帝；九三，据乱世也，于时为三代。以上是"内卦之逆三世"。社会历史继续进化，九四，据乱世也，于时为自孔子之时至于今日；九五，升平世也，于时为大一统（全球群教、群国统一）；上九，太平世也，于时为遍地民主（教主、君主均废）。以上是"外卦之顺三世"(《仁学》四十七)。这是一种思辨的虚构,但包含着对近代进化论历史观的贡献。因为它不仅把历史进化的阶段描绘得更细致,而且把人类历史的进化理解为从原始阶段的"太平世",经过一个由"逆"返"顺"的曲线发展,到最高阶段"太平世"的过程,既非直线演进又非简单循环,这在一定程度上意识到了螺旋式上升的历史辩证法。

这样一个由"逆"而"顺"的历史进化过程,谭嗣同称其为"日新"之流,而日新的动力就在于"以太"自身:

> 日新乌乎本?曰:以太之动机而已矣。(《仁学》十九)

就是说,事物变化日新的动因就是"以太"的自己运动。他以雷电现象为例指出,原来天上虚空渺无一物,忽有云雨含有正负两电,"正负则有异有同,异则相攻,同则相取,而奔崩轰礚发焉"(同上)。他以此说明"以太"本身具有"异同攻取"的动力。这是认识到事物发展变化是由内部矛盾激烈冲突引起的。他认为正是这样的激烈冲突,促进了社会进化,因而赞美法国大革命"誓杀尽天下君主,使流血满地球,以泄万民之恨"(《仁学》三十四),冀求自己成为陈涉那样揭竿而起的造反者。这与梁启超的"革"偏重改良不太一样,是以后革命派把"革命"纳入进化论的前奏。

如前所述,谭嗣同将"以太"作为"心力"之"借名"。因此,把"以太"作为日新之动力,实际上就是以"心力"作为事物发展的动力。他说:

> 心之力量,虽天地不能比拟。虽天地之大,可以由心成之、毁之、改造之,无不如意。(《上欧阳中鹄书》十)

正是由于"心力"的作用如此巨大,谭嗣同提出了以"心力挽劫运"(同上)的主张。在他看来,只要"天下皆善其心力"(《仁学》四十六),则"感天下而劫运可挽也"(《仁学》四十四)。这实际上是要用意志的精神力量来挽救中华民族灾难深重的劫运。

从"以太"说到"两三世"说,"心力"贯穿于谭嗣同的"仁学",由此显示出强烈的唯意志论倾向。如此注重"心力",一方面反映了当时的先进者不惜牺牲,坚持用意志的精神力量来贯彻自己的理想,注重发挥主体的能动性；另一方面也反映了维新派力图变革社会，但又找不到现实的社会力量，只好把希望寄托在主观精神的"心力"上。这意味着主体能动性如何与社会实践相统一，成为中国近代哲学历史观和知行观领域的一个更加突出的问题。

谭嗣同"别开一种冲决网罗之学"，比较明显地表现出突破改良的思想倾向，在一定意义上是革命派进化论的先导。

思考题：

1. 严复是怎样把进化论作为哲学世界观的？

2. 严复的"实测内籀之学"有何重要的方法论价值？

3. 谭嗣同如何发挥了进化论历史观？

4. 谭嗣同"以太"为体、"仁"为用思想有什么哲学意义？

第三十五章　章太炎的哲学

章太炎（1869—1936年），初名学乘，字枚叔，因仰慕明清之际顾炎武（本名顾绛），更名绛，号太炎，后又改名炳麟，浙江余杭（今杭州）人，中国近代著名民主革命家、思想家。青年时师从俞樾学习经学，甲午战争后，积极投身戊戌维新运动。戊戌变法失败后，转变为资产阶级民主革命者，参与"光复会"的创立，曾因宣传革命、主张排满而入狱。出狱后至日本担任同盟会机关刊物《民报》的主笔，与改良派论战，成为革命派思想家的重要代表。章太炎的哲学思想前后有比较大的变化，这里主要论述他从戊戌维新到辛亥革命前后的重要观点。著述曾编为《章氏丛书》及《续编》、《补编》、《三编》。今有《章太炎全集》行世。

第一节　"革命"的进化论

章太炎进化论思想与康有为、严复等维新派进化论最为显著的不同之处，是把革命观念包含在进化论之中。

一、阿屯、以太与"以思自造"的自然进化

和先前的维新派一样，章太炎的进化论首先是从天道（宇宙和自然界）讲起的。他认为"以太"是宇宙万物的始基，而"以太"构成原子，原子构成万物："凡物之初，只有阿屯，而其中万殊。"（《菌说》）"阿屯"即原子（atom），其有形可量，是物质性的。"阿屯"作为世界的本原，并非一成不变，而是变化无穷的。

> 各原质皆有欲恶去就，欲就为爱力、吸力，恶去为离心力、驱力，有此故诸原质不能不散为各体，而散后又不能不相合。（同上）
> 以太即传光气，能过玻璃实质，而其动亦因光之色而分迟速。彼其实质，即曰阿屯，以一分质分为五千万分，即为阿屯大小之数，是阿屯亦有形可量。以太流动，虽更微于此，而既有迟速，则不得谓之无体。（同上）

原子相互吸引排斥、聚散分合，构成了宇宙万物，是宇宙万物的始基。"以太"虽比原子更微小，但其实质和原子一样，也是有形体，可以量度的。康有为把"以太"等同于"仁"、"不忍人之心"等精神性观念；谭嗣同一方面认为"以太"具有物质性，同时又将其比附为孔子的仁、佛教的性海、基督教的灵魂。章太炎以"阿屯"言"以太"，更着意于赋予后者以自然科学的意义。

不过，章太炎说原子具有"欲恶去就"之力，也还是把原子既看作物质力量，也看作是精神作用。"彼其知则欲恶去就而已，不如是不能自成原质"（《菌说》），无疑是说，"欲恶去就"还具有"知"的精神属性。这样讲"欲恶去就"，是与章太炎用拉马克的"用进废退"学说解释生物进化相联系的。他认为深水中鱼虾的目、鲸鱼的足、公羊的角、鸵鸟的翼，这些器官都因为不使用而失去了其功能，而"用进废退"与是否用"知"紧密相关。他由此进一步把进化动力引申为意志和思想：

> 物苟有志，强力以与天地竞，此古今万物之所以变。变至于人，遂止不变乎？（《訄书·原变》）
> 夫自诸异物而渐化为人者，此亦以思自造者也。（《菌说》）

在章太炎看来，物种的进化要靠生物在竞争中发挥主观力量，人类也是如此。人之所以能战胜动物，是靠智力。但人的智力如果不用，也会退化，"浸益其智，其变也侗长硕岸而神明。浸损其智，其变也若跛鳖而愚"（《訄书·原变》）。章太炎把生物之所以能合乎目的地进化，归结为"以思自造"的意志力量，具有唯意志论倾向。这可以说是延续了龚自珍、魏源对"心力"的强调，并与谭嗣同相似，给予意志力量以自然科学的支撑。这一方面反映了中国近代哲学试图从科学中找到根据的特点；另一方面也意味着唯意志论在章太炎哲学思想中占有十分突出的地位。

二、竞器合群与合群革命的社会进化

章太炎指出，万物进化都是"强力以与天地竞"的意志力量的结果，但人类与其他生物不同，用器械（工具、武器）作为"强力"来与天地万物进行竞争。他说：

　　　　人之相竞也，以器。(《訄书·原变》)

　　　　石也，铜也，铁也，则瞻地者以其刀辨古今之期者也。(同上)

认为在神农时代，人们以石为器，断木以为宫室；在黄帝时代，人们以玉为器，伐木以为宫室；在禹、益时代，人们以铜为器，决江导河，畅达交通；到后来，人们以铁为器，大大提高了改造自然的能力。因此，考古学家能从地下挖掘的石器、铜器、铁器来辨别历史年代。这说明他已经意识到生产工具的演变同历史进化有内在的联系。

　　更值得注意的是，他把以器相竞与"合群"联系在一起。章太炎与康有为、严复一样，强调合群进化："彼人之自保则奈何？曰：合群明分而已矣。"(《菌说》)不过，章太炎进一步指出人类社会的进化是以器相竞与"合群"的结合。他指出，由《世本·作篇》以及其他古籍的记载都可以证明，弓矢、筑城、造车、制衣冠、做宫室、发明历法等均是多人协作、"相待以成"的产物。因此，"苟史官之无《作篇》，而孰以知合群所自始乎？"(《訄书·尊史》)就是说，从《作篇》可以知晓"群"是在制"器"的过程中形成的。

　　章太炎的进化论不仅把相竞以器与"合群"相联系，还把"合群"与"革命"相联系，把合群革命作为人类"强力以与天地竞"的又一重要特点。如前所述，梁启超曾把"革"作为进化的"公例"，将其分为改良和革命两种方式，他倾向于前者而不赞同后者。革命派则着重强调，只有革命才能真正推动社会进化。邹容的《革命军》写道："革命者，天演之公例也。革命者，世界之公理也。"章太炎进而在理论上论述了社会进化必须通过革命的观点。他针对康有为"今日中国之人心，公理未明，旧俗俱在"，因而"不可革命也"的观点，驳斥道：

　　　　人心进化，孟晋不已。……公理之未明，即以革命明之；旧俗之俱在，即以革命去之。革命非天雄、大黄之猛剂，而实补泻兼备之良药矣！(《驳康有为论革命书》)

这是认为中国人心正在迅猛进化，世界进化的公理将通过革命而为人们所掌握，旧的礼制和政俗将通过革命而得到根本改造，革命不只是破坏旧世界的"猛剂"，同时也是建立新世界的"良药"。就是说，革命之所以能强有力地推动社会进化，在于它既有破，也有立。如上所述，中国近代进化论哲学突出"竞争"，以此论证改革是社会进化的动力，改革的内涵由维新派的"变法"发展到革命派的"革命"，而章太炎首先论证了革命作为社会进化动力的巨大意义。

章太炎指出，革命作为社会进化的动力是与群体力量相联系的。康有为以天命作为皇帝的神圣光环，说光绪皇帝"有天命存焉"，由此反对推翻帝制的革命。章太炎则说："拨乱反正，不在天命之有无，而在人力之难易。"（《驳康有为论革命书》）认为革命与天命无关，全靠人力。这里说的人力就是群体之力。他指出：

> 一人际遇，非能自主，合群图事，则成败视其所措。故一人有命，而国家无命。（《菌说》）
> 天无威庆而人有报施，一人则成亏前定，而合群则得丧在我。（同上）

作为个体的人力量微弱，其际遇、成亏无法自己把握，但作为群体的力量，就与天命无关，只要措施得当，就可以把国家的命运掌握在自己的手里。尽管这里的"一人有命"、"人有报施"等语，还留有因果报应的成分，但把合群作为革命反对天命的力量所在，应该说是中国近代哲学的重大进展。龚自珍、魏源以自我与天命抗衡，而章太炎则以"合群"之"我"来反对天命。这表现了群体作为"行"之主体革除天命的能动性意义，也表现了中国近代历史观越来越把社会历史的主体从自我转向群体的新觉醒。章太炎的这些思想，无疑包含着走向唯物史观的萌芽。

不过，章太炎认为合群革命的力量最终在于精神。他说："夫欲自强其国种者，不恃文学工艺，而惟视所有之精神。"（《驳康有为论革命书》）这里所说的精神主要指意志力，即前面所说的"以思自造"之"志"。这样的唯意志论的色彩，表明章太炎的进化论未能真正把历史发展的客观规律和主体的能动性统一起来。

三、善恶苦乐并进的"俱分进化"

章太炎到日本东京后，更广泛地接触到各种西方哲学和思想，目睹了现代资本主义文明的种种弊病，提出了"俱分进化论"，这是其进化论的又一个独特之处。

他指出，黑格尔以为"世界之发展即理性之发展者，进化之说已蘖芽其间矣"。按黑格尔的说法，自然和社会的进化"必达于尽美醇善之区"（《俱分进化论》）。其实不然。章太炎说：

> 进化之所以为进化者，非由一方直进，而必由双方并进，专举一方，惟言智识进化可尔。若以道德言，则善亦进化，恶亦进化；若以生计言，则乐亦进化，苦亦进化。双方并进，如影之随形，如罔两之逐影。非有他也，智识愈高，虽欲举一废一而不可得。（同上）

进化给人类带来的不仅是富足、快乐，同时也有贫穷、苦难。人类在道德上虽有高于其他动物之处，如有"父子兄弟之爱"等，但也有不如动物之处。如虎豹虽食人，犹不同类相残，人类却自残其同类，并随着社会的进化和器物的改善，同类相残愈演愈烈："一战而伏尸百万，蹀血千里，则杀伤已甚于太古。"因而"进化之实不可非，而进化之用无所取"（同上）。这实际上反映了章太炎看到西方资本主义制度在造就物质文明的同时，也带来了道德堕落、贫富悬殊等社会问题。他对社会进化即社会进步的观点提出的诘难，具有重要的理论意义。

这首先表现在对理性的反思。社会进化即社会进步的观点，以社会进化是理性设计的产物为基础。章太炎不满于黑格尔把世界的发展看作理性的发展，认为黑格尔把理性绝对化了，把宇宙目的看成理性预定了的，而个人自由成了合理、合法的代名词；其实，个人自由可以无视律法。他说：

> 凡取一物一事，而断其合法与否，此亦惟在自心，非外界所能证也。而人心之断其合法与否者，有时亦无一成之规则。（《建立宗教论》）
> 有生之物，以有自由而举止率多逾法。（同上）

章太炎认为，从主观来说，人心对行为的判断并无一定成规；从客观来说，追求意志自由的行为大多有不合法之处。这些观点包含有非决定论和唯意志论的成分，但指出了理性绝对化有压抑意志自由的弊端。章太炎这一诘难还表明，不能把生存竞争的自然进化规律作为人类社会进化的规律，而应当探索人类社会进化的特有规律。他说：若"循乎自然规则，则人道将穷。于是有人为规则以对治之，然后烝民有立"（《四惑论》）。这意味着进化论作为涵盖天道、人道的世界观将要解体。他对于摆脱"俱分进化"的困境，提供了"无政府、无聚落、无人类、无众生、无世界"（《五无论》）的虚无主义答案，这显然是消极的。

第二节　革命开民智的知行观

与革命为进化之"良药"的思想相一致，章太炎在知行观上提出了竞争生智慧、革命开民智的命题。

一、行先于知与知先于行

章太炎的竞争生智慧、革命开民智，在知行观上主张知依赖于行，强调人的智慧随着革命活动而增长，驳斥了改良派借口民智未开而不能革命的谬论，批评了知先于行的先验论观点。他说：

> 人心之智慧，自竞争而后发生，今日之民智，不必恃他事以开之，而但恃革命以开之。（《驳康有为论革命书》）

他举李自成起义为例："岂李自成生而有是志哉？竞争既久，知此事之不可已也。"还以义和团斗争、唐才常自立军起义等事例，说明"以名号言，以方略言，经一竞争，必有胜于前者"（同上）。认为每经历一次竞争，人的思想、观念、行动、策略都有进步。在这里，章太炎已有认识依赖于社会实践的思想萌芽，这与他竞器合群、合群革命所包含的唯物史观萌芽是相联系的。

章太炎多次讨论了知行关系问题。他认为从认识的自然过程来看，竞争生智慧，先行而后知；而一旦获得知识，发为自觉、自由的行为，则是知在行先。他说：

> 有先行而后知者：人身百体九窍，皆有司存；然婴儿之生，不以目听，不以耳食，彼岂知听必以耳，食必以口哉？稍长乃知其故耳。然则自

由之境，知后（在）行先；必至之涂，知在行后。（《訄书·王学》）

意思是说，自然发生的认识，如食必以口，听必以耳，都经历先行后知的必然过程。而达到了"自由之境"，则是"知在行先"。他在《訄书》中称，王阳明不讲知行先后问题而讲"知行合一"，其实讲的只是"直觉之知，本能之行"，未能对知行关系问题作深入的分析。

后来在《检论》中，章太炎又就同一认识过程来讨论知行关系问题，把认识过程看作开始于行而又完成于行的过程：

> 心之精爽乍动，曰作意。未有不作意而能行者。作意则行之端矣。是故本其初位，行先于知也。心所取象为之意言，然后有思。思者，造作也。取象为知，造作为行。是故据其末位，知先于行也。（《检论·议王》）

章太炎认为，若把主体对客体的认识理解为一个过程，则应该说：在开始时"行先于知"，在完成时"知先于行"。在他看来，作意就是"行之端"，而后才有感官的接触、感觉等，可见是"行先于知"；心灵由知觉取得表象，进而借助语言以形成抽象概念进行思维，抽象思维表现为行动，这便又是"知先于行"。可见认识过程是始于行并终于行。

虽然章太炎批评了王阳明的"知行合一"论，但他说的"作意则行之端"，与王阳明说的"一念发动处便是行"其实没有多大差别。不过，他对认识过程的上述两种分析，体现了在重视行的前提下对知行关系的辩证认识，是其革命开民智的理论基础。

二、概念抽象与"原型观念"

章太炎对认识过程中的感性和理性问题，也作了多方面的探讨。他根据《荀子·正名》，肯定通过耳、目、口等感官来分辨事物，形成种种感觉，这是人所共有的。他说：

> 黄赤、碧涅、修广，以目异；微角、清商、叫啸、喝于，以耳异……是以人类为公者也。（《訄书·公言》）

同时，他指出由感官所获得的认识是有局限性的，需要进一步提高到理性认识阶段：

> 五官感觉，惟是现量。故曰："五官薄之而不知"。心能知觉，兼有非量、比量。初知觉时，犹未安立名言。故曰"心征之而无说"。征而无说，人谓其不知，于是名字生焉。（《论诸子学》）

"现量"、"比量"原为佛教因明用语，在这里"现量"是指直接经验。在与外物直接接触的基础上，便产生了知觉。知觉还往往包含有推理在内。开始知觉时，还未给事物以名称，不能与他人进行交流。人们之间为交流思想，便需要立名言，形成概念，进而作判断、推理，这就是"比量"。他又说：

> 夫物各缘天官所合以为言，则又譬称之以期至于不合，然后为大共名也。虽然，其已可譬称者，其必非无成极，而可恣膺腹以为拟议者也。（《訄书·公言》）

人的感官与外物接触而有感觉、知觉，用一个名称来表达知觉到的事物，这时名和物直接相合。再经过比较、推类（譬称），概括出"大共名"，即一般概念或抽象概念，就不直接同事物相合。不过，这种抽象概念仍然有其客观根据和标准，并非是凭主观而随意拟议的。章太炎以上论述，说明他对人的认识从感觉、知觉到理性思维的过程，已有比较细致的考察。

章太炎很重视抽象思维的作用。他虽然肯定颜元是荀子以后的大儒，但在《訄书·颜学》中却批评颜元："独恨其学在物，物物习之，而概念抽象之用少"。他认为虽然"不见其物器而习符号，符号不可用"，但如果离开了抽象的概念符号，就会"滞于有形"而"道术分裂"，难以形成普遍的学术和统一的认识。因而，针对颜元讥刺朱熹"以讲读为求道"如"徒以习谱为学琴"的说法，章太炎认为，琴谱是一种抽象符号，学弹琴，不能离琴学谱，但学了琴谱对学琴是很有帮助的。又如学算学，人虽不能离开具体事物学算学公式，但由于算术是一种抽象符号，所以"数具矣，而物器未形，物器之差率，亦即无以跳匿"（《訄书·颜学》）。由此可见，不能忽视抽象概念的作用。

章太炎注重概念抽象，由此接受了康德的"原型观念"论。他在《四惑论》中写道：

> 如人见三饭颗，若只缘印象者，感觉以后，当唯生"饭颗、饭颗、饭颗"之想，必不得生"三饭颗"之想。今有"三饭颗"之想者，非于尔所饭颗，各各取其印象；亦非以尔所饭颗，和合为一以成一种印象。必有原型观念，在其事前；必有综合作用，在其事后。安得云只以物质对取物质耶？

这里所说的原型观念，就是康德的先天范畴。章太炎认为，单凭感觉印象而没有数量概念，就不能有"三饭颗"之想。要有"三饭颗"的认识，一定要有先天范畴在前，统觉的综合作用在后。科学要认识因果律，而"因果非物，乃原型观念之一端"（《四惑论》），即承认科学有关于因果律的知识，那便承认具体印象以外，还有先天的因果、数量等原型观念，并由统觉把它们综合起来，作出判断。但是章太炎又将原型观念归之于阿赖耶识的种子，这就走向了宗教信仰。

三、演绎法与"辩说之道"

章太炎和严复一样，十分重视逻辑学，认为理性与感性的结合是逻辑学的认识论基础。在谈到"闻知"、"说知"、"亲知"三者关系时，他说：

> 凡原物者，以闻、说、亲相参伍。参伍不失，故辩说之术奏。未其参伍，固无所用辩说。（《国故论衡·原名》）

"辩说之术"即进行论证、辩驳的逻辑方法。只有客观地把直接经验（亲知）、间接经验（闻知）和推论所得的知识（说知）互相参照、比较，才能有效地运用逻辑方法。没有亲、闻、说的认识作参照和比较，也就无所谓逻辑论证。

章太炎把亚里士多德的三段论、印度的因明、中国的《墨经》三者，作了比较研究，对"辩说之道"作出一般的概括：

> 辩说之道，先见其旨，次明其柢，取譬相成，物故可形。（《国故论衡·原名》）

就是说，逻辑思维的方法，首先要见其宗旨，即提出论题；其次要阐明根据、理由；再次取譬设喻，进行类比。由此可以说明事物的原因（物故）。按照他的看法，因明的宗、因、喻是最合乎"辩说之道"的逻辑思维。因为因明的"宗"就是"先见其旨"；因明的"因"就是"次明其柢"；因明的"喻"就是"取譬相成，物故可形"。而亚里士多德的三段论和《墨经》的论式都是"先喻体后宗"，即先提出大前提，后得出结论，便使大前提无所喻依，因而亚里士多德的三段论和《墨经》的论式都不及因明："先喻体者，无所容喻依，斯其短于因明。"（同上）章太炎强调应当像因明那样，在喻体中包含喻依。这实际上是认为演绎法中包含了归纳。这和严复倾向于归纳法有所不同。章太炎对因明的推崇以及对《墨经》的解释并不一定完全正确，但他比较希腊、中国、印度三种逻辑之异同，对于改变中国传统哲学忽视形式逻辑的弱点具有推动作用。这也反映了他以革命开民智的思想触及了思维方式近代化的问题。

第三节 "依自不依他"的"革命之道德"

章太炎的进化论、知行观都以"革命"为重心，与此相应，在人格理想上，他力倡"革命道德"。如果说他的进化论、知行观都有唯意志论的倾向，那么他的"革命之道德"，更突出了"依自不依他"的意志作用。

一、"革命非为一己"的道义论

章太炎认为，革命的过程也是造就革命者的过程，而造就革命者的关键是要具备"革命之道德"。这在他看来，并不需要讲很深的道理，"但使确固坚厉，重然诺，轻死生，则可矣"（《革命之道德》）。真正的道德行为就在于坚持原则，言必信，行必果，为革命和民族大义不怕牺牲生命：

> 今之革命非为一己而为中国，中国为人人所共有，则战死亦为人人所当有。（同上）

就是说，革命道德的核心是摒弃个人名利，勇于为人民和国家献身。他认为戊戌变法之所以失败，就是因为有这种道德的人太少了。如唐才常自立军起义的失败，即是"党人之不道德，致之也"（《革命之道德》）。他按照当时社会职业，分析了十六种人，认为愈是处在社会底层者，道德愈是高尚，愈是处在社会上层，愈有权势，愈是荣华富贵，"则离于道德也愈远"，"名利之念不忘，而欲其敌忾致果，舍命不渝，又可得乎？"（同上）这不仅是从道德担保上说明革命何以需要依靠社会底层，而且对龚自珍以来强调的"众人"作了社会阶层的分析。

章太炎认为，造成革命道德严重缺失的重要原因，是受到西方功利主义和传统儒家学说的影响。因此，他对严复提倡功利主义提出了批评：

> 光复旧邦之为大义，被人征服之可鄙夷，此凡有人心者所共审。然明识利害、选择趋避之情，孔、老以来，以此习惯而成儒人之天性久矣。会功利说盛行，其意乃益自固。则成败之见，常足以挠是非，诐辞遁说，吾所不暇辩也。所辩者，成败之策耳。（《〈社会通诠〉商兑》）

就是说，人们老是考虑成败，计较利害得失，这样就会把民族大义丢在一边，只求趋利避害，连歪曲是非、替不道德行为找种种借口的"诐辞遁说"也不去辩驳。

章太炎认为，确立了不计功利的革命道德，就能有坚定的"执著之性"，而"中国士民，流转之性为多，而执著之性恒少"（《箴新党论》）。这是因为中国士民受到儒家教人谋求富贵利禄的影响："儒家之病，在以富贵利禄为心。"（《论诸子学》）他以为孔子就羡慕荣利，志在为官，而不讲原则："孔子之教，惟在趋时，其行义从时而变，故曰'言不必信，行不必果'。"孔子讲中庸，"实无异于乡愿"（同上）。他对这种中庸之德作了激烈的批评：

> 君子"时中"、"时伸"、"时绌"，故道德不必求其是，理想亦不必求其是，惟期便于行事则可矣。用儒家之道德，故艰苦卓厉者绝无，而冒没奔竞者皆是。……用儒家之理想，故宗旨多在可否之间。……儒术之害，则在淆乱人之思想。此程、朱、陆、王诸家所以有权而无实也。（同上）

权即权变、权术。用儒家中庸之德，时伸时绌，奔竞于富贵利禄而随机应变，这是权变；用模棱两可、含含糊糊的议论，以诈取人，居阴而为阳，这是权术。权术和权变绝不是真正的道德。

总之，在章太炎看来，革命者必须摆脱西方功利主义和儒家追求富贵利禄的影响，才能有真正的道德。但是他用这样的道义论来排斥功利说，显然也有片面性。因为革命者不仅要讲革命的道义，也需要讲革命的功利主义。把儒家道德归结为追求富贵利禄也是有片面性的，因为儒家还有推崇以义取利和舍生取义的传统。

二、"自贵其心"的道德前提

章太炎认为，没有道德责任，是谈不上革命道德的；而道德责任则以意志自由为前提。他的"依自不依他"，就是强调道德行为要"自贵其心"，即以自己的意志为主宰，而不依赖于鬼神或他人：

> 盖以支那德教，虽各殊途，而根原所在，悉归于一，曰"依自不依他"耳。……虽虚实不同，拘通异状，而自贵其心，不以鬼神为奥主一也。(《答铁铮》)

在他看来，中国德教虽变易万端，但殊途同归，汇聚成一个好传统，就是"依自不依他"，"自贵其心，不援鬼神"。这样就能做到"自尊无畏"，就可以"排除生死，旁若无人。布衣麻鞋，径行独往，上无政党猥贱之操，下作懦夫奋矜之气，以此揭橥，庶于中国前途有益"（同上）。因此，他坚称："所以维持道德者，纯在依自，不在依他。"（同上）

这里牵涉到"己"和"群"的关系问题。章太炎不赞成个人意志从属于社会的观点，他说：

> 盖人者，委蜕遗形，倏然裸胸而出，要为生气所流，机械所制；非为世界而生，非为社会而生，非为国家而生，非互为他人而生。故人之对于世界、社会、国家，与其对于他人，本无责任。责任者，后起之事。……即实而言，人本独生，非为他生。而造物无物，亦不得有其命令者。吾为他人尽力，利泽及彼，而不求主撮之报酬。此自本吾隐爱之念以成，非有他律为之规定。吾与他人勠力，利泽相当，使人皆有余而吾亦不忧乏匮，

此自社会趋势迫胁以成，非先有自然法律为之规定。(《四惑论》)

这是说，一个人赤条条地来到世界上，生来具有独立的人格，并非为社会、为他人而生，更没有上帝对之发布命令。章太炎认为，与人为善的行为不外乎两类：一是出于天赋的"隐爱之念"，我无所为而为，为他人尽力不是为了求报酬，这叫"审善"；二是"以为道德当然而为之者"，我有所为而为，与他人勠力互助，彼此有利，"虽以尽义，犹选择为之，计度而起，不任运而起"，这叫"伪善"(见《国故论衡·辨性上》)。审善发于天性，出于自律，"非有他律为之规定"；伪善也"非由自然法律为之规定"，虽由社会趋势所造成，但由我经过计度，是出于自主的选择。然而，不论是审善还是伪善，道德行为都是人格独立、意志自由的活动，即"依自不依他"。

章太炎认为要培养革命的道德和人格，必须依靠宗教。他看到德性的形成是同信念相联系的，而信念要通过宗教来培养："用宗教发起信心，增进国民的道德。"(《东京留学生欢迎会演说辞》)章太炎认为佛教正是教人"依自不依他"，而且是没有偶像崇拜的"无神教"，因而对于培养革命道德极为有利。这体现了他反对康有为以孔教铸造新"国民常性"(《驳建立孔教议》)的意图，和梁启超的"道德革命"同样是"五四"新文化运动变革传统"孔教"(礼教)的先声。但让人们皈依佛教以培养革命道德，实际上是一种宗教幻想。

从戊戌维新前后到辛亥革命前后，章太炎的进化论、知行观和道德观都与"革命"紧密相连，突出地表现了其革命派思想家代表的风貌。但他晚年疏离了中国民主革命的潮流，思想日趋保守，也就逐渐失去了影响力。

思考题：

1. 章太炎的进化论具有哪些不同于前人的特点？
2. 章太炎的革命开民智体现了怎样的知行观？
3. 章太炎的"革命之道德"有哪些主要内容？

第三十六章　孙中山的哲学

孙中山（1866—1925 年），名文，字德明，号逸仙。因从事革命活动化名中山樵，后以中山名，广东香山（今中山市）人，中国民主革命的伟大先驱。1905 年，孙中山成立中国同盟会，提出"驱除鞑虏，恢复中华，建立民国，平均地权"的革命纲领和民族、民权、民生的三民主义思想。1911 年，孙中山领导的革命党人发动辛亥革命，推翻了清王朝统治，结束了中国两千年的封建君主专制制度。辛亥革命的果实被袁世凯窃取后，孙中山先后发动"二次革命"和护法运动，反对袁世凯复辟帝制。1924 年，孙中山把旧三民主义发展为新三民主义，并提出"联俄、联共、扶助农工"三大政策，同中国共产党结成了反帝反封建的革命统一战线。著作主要有《建国方略》、《建国大纲》、《三民主义》等。今有《孙中山全集》行世。

第一节　宇宙进化三时期学说

孙中山以进化论作为观察宇宙和人类社会的世界观。他继承中国古代哲学的发展观，汲取近代西方机械唯物主义思想以及进化论、星云说、细胞学说等自然科学成果，提出了宇宙进化三时期学说。

一、宇宙进化的历程

孙中山推崇达尔文的进化论，认为达尔文《物种起源》一书问世后，"进化之学，一旦豁然开朗，大放光明，而世界思想为之一变"。认为自古以来，许多聪明睿智之士就探讨过"天地万物何由而成"的问题，但都无法作出正确说明；只有达尔文的学说，才揭示了"世界万物皆由进化而成"（《建国方略·孙文学说·行易知难·第四章》）。孙中山把宇宙发展的历史过程分为三个时期：第一是"物质进化之时期"，指宇宙的起源和形成阶段；第二是"物种进化之时期"，指生命的发生和发展阶段；第三是"人类进化之时期"，指人类的产生和发展阶段。（同上）

首先，孙中山对"物质进化之时期"作了说明。

> 元始之时，太极（此用以译西名"伊太"也）动而生电子，电子凝而
> 成元素，元素合而成物质，物质聚而成地球，此世界进化之第一时期也。
> 今太空诸天体多尚在此期进化之中。而物质之进化，以成地球为目的。
> （《建国方略·孙文学说·行易知难·第四章》）

这里他用"太极"这个中国古代哲学范畴翻译"以太"（"伊太"），认为"以
太"是原始的物质始基，由此产生出电子、元素乃至地球。宇宙是由于太极的
运动，从简单到复杂逐渐演化而成的。这个"太极"并非某种精神实体，而是
一种物质性的"以太"。在他看来，"以太"没有精神性质，生命和精神现象的
产生是地球形成之后的事。这不同于康有为和谭嗣同将"以太"或诠释为"不
忍人之心"，或诠释为"心力"，而是把世界看作以"太极"、"以太"为物质
基础的生生不息的自然过程。

其次，孙中山对"物种进化之时期"作了说明。

> 由生元之始生而至于成人，则为第二期之进化。物种由微而显，由简
> 而繁，本物竞天择之原则，经几许优胜劣败，生存淘汰，新陈代谢，千百
> 万年，而人类乃成。（同上）
>
> 生元之为物也，乃有知觉灵明者也，乃有动作思为者也，乃有主意计
> 划者也。人身结构之精妙神奇者，生元为之也；人性之聪明知觉者，生元
> 发之也；动植物状态之奇奇怪怪不可思议者，生元之构造物也。（《建国方
> 略·孙文学说·行易知难·第一章》）

自然科学发展证明，地球经过漫长的进化才产生了生命。孙中山汲取近代生物
学的细胞学说，认为细胞是"生物之元子"，即生物的结构和功能的基本单位，
每个细胞是生命的独立体，它们又构成生物统一的机体。因此，他特地把细胞
翻译为"生元"，表示"生物元始"之意。这是对物种的起源和进化的科学解
释。孙中山将世界视为一个物质进化过程，将精神视为物质性的"生元"的属
性，并不是一种独立的精神实体，在世界起源和意识起源问题上表现出唯物主
义立场。然而，他把人类的产生视为纯粹自然进化的产物，没有看到劳动在人
类形成过程中的作用；又认为"生元"有知，每个细胞都具有知觉意识，并以
此解释人的精神现象，而没有看到思维是人脑的机能，是在实践基础上对于客

观事物的反映。

再次，孙中山对"人类进化之时期"作了说明。

> 近来科学中的进化论家说，人类是由极简单的动物，慢慢变成复杂的动物，以至于猩猩，更进而成人。（《国民要以人格救国》）
>
> 人类初出之时，亦与禽兽无异；再经几许万年之进化，而始长成人性。而人类之进化，于是乎起源。（同上）

孙中山认为，人类由动物经过漫长进化而来，是逐步摆脱兽性和形成人性的过程。他进而从人类认识水平的角度，将人类历史划分为"不知而行"的草昧时期、"行而后知"的文明时期以及"知而后行"的科学时期；从人与自然以及人与人的关系的角度，将人类历史划分为"人同兽争"的洪荒时代、"人同天争"的神权时代、"人同人争"的君权时代以及"人同君主相争"的民权时代；从人的生计角度，又将人类历史划分为太古时代、渔猎时代、游牧时代、农业时代和工商时代。孙中山对于社会历史的划分方法虽然不科学，但力图从社会本身说明人类历史，肯定人类社会是一个由低级到高级不断进化上升的过程。这不仅体现了中国近代历史观有别于传统循环论、复古论的特点，而且显露出试图从社会生产方式来说明社会发展的端倪，表现了中国近代历史观由进化论转向唯物史观的趋势。

二、"突驾"说和"互助原则"

孙中山认为，进化是人类社会的必然趋势，每个国家和民族尽管进化速度有快有慢，进化阶段有先有后，进化过程迂回曲折，但总的趋势是前进、上升的。他说：

> 世界潮流的趋势，好比长江、黄河的流水一样，水流的方向或者有许多曲折，向北流或向南流的，但是流到最后一定是向东的，无论是怎么样都阻止不住的。所以世界的潮流，由神权流到君权，由君权流到民权；现在流到了民权，便没有方法可以反抗。（《三民主义·民权主义·第一讲》）

针对改良派的社会进化只能循序而行、"断难躐等"，不能逾越君主立宪而直接实行共和的论调，孙中山指出："不可谓中国不能共和，如谓不能，是反夫进化之公理也，是不知文明之真价也。"（《在东京中国留学生欢迎大会的演说》）他认为在进化过程中，各国无不由旧而新。当世界上已有了经过改良、革新的先进技术，人们总是争先使用新技术，而不是亦步亦趋地先采用旧技术，然后再使用新技术；当世界上有了先进的民主制度，落后的民族和国家就无须再按照"由野蛮而专制、由专制而君主立宪、由君主立宪而始共和"的次序进化发展，而是可以实行最先进的民主制度。就是说，人类的进化总是踵事增华、后来居上。中国近代以来虽然落后了，但只要国人立足于中华悠久的传统文明，顺应潮流、奋发有为、积极猛进，不仅可以"突驾"日本，而且可以超过欧美发达国家：

> 中国之文明已著于五千年前，此为西人所不及，但中间倾于保守，故让西人独步。然近今十年思想之变迁，有异常之速度。以此速度推之，十年二十年之后，不难举西人之文明而尽有之，即或胜之焉，亦非不可能之事也。（同上）

这里反映了孙中山对于近代中国如何后来居上、自立于世界民族之林的哲学思考，表达了肯定革命对于推动社会发展的巨大作用，以及社会发展是循序渐进和飞跃突变相统一的观点。

孙中山的"突驾"说重视人的主体能动性。他认为人类与物质、物种都是进化的，但物质进化和物种进化是没有目的、没有意识的盲目的"天然力"作用的结果，人类社会的进化却是"天然力"和"人为力"共同作用的结果。他说：

> 世界中的进化力，不止一种天然力，是天然力和人为力凑合而成。人为的力量，可以巧夺天工，所谓人事胜天。（《三民主义·民族主义·第一讲》）
>
> 国家之本，在于人民。（《中华民国临时大总统宣言书》）
>
> 一国之趋势，为万众之心理所造成，若其势已成，则断非一二因利乘便之人之智力所可转移也。（《建国方略·孙文学说·行易知难·第六章》）

孙中山认为，人世间的事情以"人为力"为转移，这个"人为力"就是国民之力、群众之力。民众的心理造成了社会发展的时势，国民的力量构成了社会发展的基础。因此要顺民心、用民力。从龚自珍、魏源的"众人自造"、变古便民，到康有为、严复的"合群进化"，再到章太炎的"合群"而相竞以器，直至孙中山以人民力量为内涵的"人为力"，可以看到中国近代哲学历史观演进的趋势之一，即否定传统的圣人史观，而肯定普通民众在社会历史发展中的作用和价值。这表现了中国近代历史观走向唯物史观有着思想发展的必然性。

孙中山认为，物质进化以竞争为动力和原则，人类进化则须以互助为动力和原则。他说：

> 物种以竞争为原则，人类则以互助为原则。社会国家者，互助之体也；道德仁义者，互助之用也。人类顺此原则则昌，不顺此原则则亡。（《建国方略·孙文学说·行易知难·第四章》）
> 人类进化之主动力，在于互助，不在于竞争。（《建国方略·实业计划·结论》）

在他看来，由于人类进化为时尚浅，兽性尚未完全化除，只有推行互助原则，培育高尚人格，才能促进人类进步。他批判社会达尔文主义说：

> 欲以物种之原则而施之于人类之进化，而不知此为人类已过之阶级，而人类今日之进化已超出物种原则之上矣。（《建国方略·孙文学说·行易知难·第四章》）

认为人类社会已跨过了为生存而竞争的物种原则的进化阶段，若主张在国与国、人与人之间实行优胜劣败，只会造成有强权而无公理的局面。孙中山正确地看到了社会发展不同于自然进化的特点，反对私有制社会的剥削压迫和弱肉强食。同时，这也意味着他已认识到人类社会有着自身的发展规律，用进化论来解释人类社会是不科学的。章太炎的"俱分进化论"质疑进化论不能对人类社会发展作出有效的解释；孙中山则明确指出人类进化应当具有不同于物种进化的原则，表明进化论作为说明自然和人类社会的普遍规律的世界观即将完成历史使命。因此，后来先进的中国人从进化论转向唯物史观，是中国近代哲学合乎逻辑的发展。

第二节 "知难行易"学说

历史观旨在揭示社会历史的发展规律，而如何认识这样的规律以及把这样的认识付之于改造中国的实践，就涉及知与行的关系问题，孙中山提出了"知难行易"的知行观。

一、"知难"与"行易"

辛亥革命后，孙中山为了清除革命党内部既不重视理论又轻视实践的思想障碍，在深刻总结中国旧民主主义革命经验教训的基础上，一反千百年来"知易行难"的思想传统，明确主张"行之非艰，知之惟艰"，对中国传统知行观作了新阐发，论述了"知难行易"的学说，即"孙文学说"。他认为，虽然只有通过"行"即进行实际的活动，才有可能获得真知灼见，但是，获得理论知识比进行实践更为困难。例如，饮食是人们日常生活中最普遍、最易做到的事，但要懂得食物的营养、烹调、卫生等学问则非易事。又如，用钱也是人们日常生活中不可少的，文明人类的衣食住行都离不开用钱，然而，要真正懂得关于货币的理论是十分困难的，其他诸事也是如此（见《建国方略·孙文学说·行易知难·第四章》）。可见，孙中山的"知难行易"说包含了两方面的思想：一方面，孙中山强调"知难"，意在表明获得正确的认识和理论是非常艰难的，只有在行的基础上将认识提高到科学的水平，创立正确的理论和方法，并以此为指导，人类才会进步，社会才能发展；另一方面，他又强调"行易"，意在破除"知之非艰，行之惟艰"的旧观念，反对改良派认为改革必须以开民智为先的知先行后说。孙中山指出，如果按照改良派的观点，"中国之变法，必先求知而后行，而知永不能得，则行永无其期也"（《建国方略·孙文学说·行易知难·第五章》）。显然，他强调"行易"也是为了鼓舞革命党人勇于实践，不怕失败，百折不挠，为建设一个为民所有、为民所治、为民所享的政治最修明、人民最安乐的国家而奋斗。

总体来看，"知难行易"说的主要倾向是强调了"行先知后"，是章太炎革命开民智思想的进一步发展。中国传统知行观中，也有某些"行先于知"的思想，与它们相比较，孙中山的"知难行易"说最值得注意的有两个方面：赋予"知"、"行"以科学和实践的内涵；以"行"为"知"的起点和终点。

二、科学之"知"与实践之"行"

孙中山的"知难行易"说在思维与存在、言论与事实的关系问题上，体现了从物到感觉和思想的唯物主义观点。他认为人类的认识以整个宇宙为对象，知之范围甚广。而认识是人脑对于客观事物、客观事实的反映，不能离开客观事物、客观事实这个对象和前提。

> 宇宙间的道理，都是先有事实然后才发生言论，并不是先有言论然后才发生事实。（《三民主义·民权主义·第一讲》）
>
> 我们要研究宇宙间的道理，须先要靠事实，不可专靠学者的言论。（同上）

他认为，从客观事物到人的认识，从事实到言论，并不是自然而然完成的，必须以"行"为中介。因此，先有事实后有言论的观点，在知行关系上，就是肯定行先于知，即先有行，然后才能知。

特别需要指出的是，孙中山继承发展了中国近代以来赋予"知"、"行"范畴以科学和实践意涵的趋向。他把对外在客观事实的认识与科学知识相统一，认为"知"的内容就是以外在客观事实为认识对象的科学，是对于事物的本质和规律的系统认识，而不是经验的、感性的、零散的认识。他说：

> 夫科学者，统系之学也，条理之学也。凡真知特识，必从科学而来也。舍科学而外之所谓知识者，多非真知识也。（《建国方略·孙文学说·行易知难·第五章》）

可见，孙中山所说的"知"是对事实的系统考察而得来的科学认识。他指出，这样的科学认识是与哲学理论相联系的：大科学家获取知识都关注考察万事万物的方法，而"考察的方法有两种：一种是用观察，即科学；一种是用判断，即哲学。人类进化的道理，都是由此两学得来的"（《三民主义·民权主义·第一讲》）。通过科学的观察获得事实材料，然后再加以哲学分析，作出正确判断，这样形成的系统之学，就是科学。

孙中山不是一般地肯定行先于知，而是在对于何谓"行"的说明中，赋予"行"以社会实践的意蕴。他在阐述"先行后知"的观点时说：

> 夫习练也，试验也，探索也，冒险也，之四事者，乃文明之动机也。生徒之习练也，即行其所不知以达其欲能也。科学家之试验也，即行其所不知以致其所知也。探索家之探索也，即行其所不知以求其发见也。伟人杰士之冒险也，即行其所不知以建其功业也。由是观之，行其所不知者，于人类则促进文明，于国家则图致富强也。（《建国方略·孙文学说·行易知难·第七章》）

这里说的习练、试验、探索、冒险，还不是马克思主义讲的社会实践，但已包含着社会实践观点的因素，因为这里突出了"行"具有变革客观事物的能动性的含义。这与他强调以革命促成历史实现飞跃的"突驾"说是一致的。

可见，孙中山赋予"知"、"行"以科学和实践的含义，表明他的知行观已经超越了以道德认知和道德践履为核心的传统知行学说，具有鲜明的以科学为基础的近代认识论的性质。

三、以"行"为"知"的起点和终点

孙中山的"知难行易"说，把知行关系与人类进化联系起来考察，将人类认识发展的过程分为三个时期，表达了"行"既是"知"的起点，又是"知"的终点的观点。他说：

> 第一由草昧进文明，为不知而行之时期；第二由文明再进文明，为行而后知之时期；第三自科学发明而后，为知而后行之时期。（《建国方略·孙文学说·行易知难·第五章》）

这三个阶段的划分，较深刻地揭示了"知"是在"行"的基础上由不知到知、

由知之不多到知之较多、由自发之知到自觉之知、由自觉之知规划落实于"行"的过程。

所谓"不知而行"，是指以"行"作为"知"的起点。他说：

> 人类之进步，皆发轫于不知而行者也，此自然之理则，而不以科学之发明为之变易者也。故人类之进化，以不知而行者为必要之门径也。(《建国方略·孙文学说·行易知难·第七章》)

在他看来，"行"是"知"的源头，即使在科学昌明的今天也是如此。

所谓"行而后知"，是指获得"知"的过程是与"行"的过程相联系的。他说：

> 古人之得其知也，初或费千百年之时间以行之，而后乃能知之；或费千万人之苦心孤诣，经历试验而后知之。(《建国方略·孙文学说·行易知难·第五章》)

他认为人们所获得的"知"，是许多人长期"行之"的结果。

所谓"知而后行"，是指在科学发达的时代，由科学理论指导行动的过程。他说：

> 当今科学昌明之世，凡造作事物者，必先求知而后乃敢从事于行。所以然者，盖欲免错误而防费时失事，以冀收事半功倍之效也。是故凡能从知识而构成意像，从意像而生出条理，本条理而筹备计划，按计划而用工夫，则无论其事物如何精妙、工程如何浩大，无不指日可以乐成者也。(《建国方略·孙文学说·行易知难·第六章》)

在他看来，如果能够自觉地运用科学知识有条不紊地制订计划、做好准备，无论事情多么复杂、工程如何浩大，都能避免错误，收到事半功倍的成效。由此，他得出结论："天下事惟患于不能知耳，倘能由科学之理则以求得其真知，则行之决无所难"；"知之则必能行之，知之则更易行之"。(《建国方略·孙文学说·行易知难·第五章》)

以上述知行关系发展的三阶段论为基础，孙中山把知行关系概括为："以行而求知，因知以进行。"（《建国方略·孙文学说·行易知难·第五章》）这既强调了"知"对于"行"的依赖关系，又肯定了"知"指导"行"的能动作用，蕴含了以"行"为"知"的起点和终点的观点。如前所述，这里的"行"有社会实践的含义，因此与以往的"行先知后"相比，这一观点的意义在于，显示了近代中国知行观以实践作为统一知行的基础的趋向。

近代以来，从魏源的"及之而后知"到孙中山的"知难行易"，可以看到中国哲学知行观演进的三个趋向：一是将传统偏重于伦理的知行观，转变为与近代科学相联系的认识论意义的知行观；二是以注重面向实际的实践和发挥认识的能动作用为主线；三是试图将"知"与"行"相统一。孙中山"知难行易"说对于知行的辩证关系有比较深刻的认识，把近代中国知行观提高到一个新的阶段。但是，他把"知"与"行"的关系主要看作是一个孰难孰易的问题，实际上模糊了行对于"知"的根本性的决定作用。本来，"知"与"行"在认识过程中始终是相互联系、相互作用并反复循环的过程，并不存在界限截然分明的"不知而行"、"行而后知"、"知而后行"三个阶段，与这三个阶段相匹配，孙中山将认识主体分为三类："其一，先知先觉者即发明家也，其二，后知后觉者即鼓吹家也，其三，不知不觉者即实行家也。"（同上）这实际上就把"知"与"行"、经验与理论割裂开来了。

孙中山"知难行易"说的上述缺陷表明，直到他为止，中国近代哲学仍未能解决知行相统一的基础是什么的问题。事实上，这个问题后来是由毛泽东的《实践论》来解决的。

第三节　三民主义和民生史观

中国近代资产阶级民主革命面临着三大任务：摆脱国内民族压迫和国际帝国主义压迫以实现民族独立；废除封建专制政体以实现人民民主；破除封建制度对近代经济发展的束缚，以解决广大人民的民生问题。孙中山顺应近代中国反帝反封建的历史要求，提出三民主义学说，并把旧三民主义发展为新三民主义，在这个过程中提出了民生史观，倡导"替众人服务"的人生观。

一、新旧三民主义

孙中山在《〈民报〉发刊词》中提出的民族、民权、民生的三民主义，一般称之为"旧三民主义"。这是其革命民主主义思想的基本内容，也是当时中国资产阶级民主革命的政治纲领。他说：

> 今者中国以千年专制之毒而不解，异种残之，外邦逼之，民族主义、民权主义殆不可以须臾缓。而民生主义，欧美所虑积重难返者，中国独受病未深，而去之易。是故或于人为既往之陈迹，或于我为方来之大患，要为缮吾群所有事，则不可不并时而弛张之。……吾国治民生主义者，发达最先，睹其祸害于未萌，诚可举政治革命、社会革命毕其功于一役。还视欧美，彼且瞠乎后也。（《〈民报〉发刊词》）

在孙中山当时看来，所谓民族主义，就是推翻清王朝，反对民族压迫；所谓民权主义，就是推翻封建君主专制，建立民主立宪政体；所谓民生主义，就是反对少数富人专利，平均地权，发展实业，使民生得以改善。

国民党第一次全国代表大会重新解释的三民主义，被称为"新三民主义"。在新三民主义中，民族主义就是对内反对民族压迫，在国内各民族一律平等的基础上，组成统一的中华民国；对外反对帝国主义，废除不平等条约，使中华民族自由独立于世界。民权主义就是实行直接民权，国家政权为一般平民所共有，非少数人所得而私，并明确表明不得为资产阶级所专有。民生主义最重要的原则，一是平均地权，实行耕者有其田；二是节制资本，将有独占性或规模过大而为私人之力不能办的企业收归国家经营管理，使私有资本不能操纵国民之生计，防止出现贫富悬殊现象，同时要反对外国经济的压迫，保持国家的经济独立与主权。孙中山提出的新三民主义的政治原则，与中国共产党在新民主主义革命时期的政治纲领的若干基本原则是一致的，因而也为当时实行国共合作、共同进行民族民主革命创造了条件。

二、民生史观与服务众人

孙中山在重新解释三民主义时提出了民生史观。何谓民生？他说：

> 可说民生就是人民的生活——社会的生存、国民的生计、群众的生命

便是。(《三民主义·民生主义·第一讲》)

就是说，社会的存在与稳定，国民的生存与发展，群众的生命与健康等各种需要及其满足，是民生的基本内涵。他认为，民生的"第一个重要问题是吃饭，第二个重要问题是穿衣"(《三民主义·民生主义·第四讲》)。解决民生，就是"要全国四万万人都可以得衣食的需要，要四万万人都是丰衣足食"(同上)。在他看来，民生主义与资本主义根本不同，"资本主义是以赚钱为目的，民生主义是以养民为目的"(《三民主义·民生主义·第三讲》)。

孙中山高度重视民生在人类社会进化和历史发展中的作用，认为人类求生存是社会进化的定律和原因，民生问题是历史的重心以及政治、经济、社会等一切社会活动的中心。他说：

> 民生为社会进化的重心，社会进化又为历史的重心，归结到历史的重心是民生，不是物质。(《三民主义·民生主义·第一讲》)
> 要把历史上的政治和社会经济种种中心都归之于民生问题，以民生为社会历史的中心。先把中心的民生问题研究清楚了，然后对于社会问题才有解决的办法。(同上)

孙中山认识到民生问题的解决，有赖于生产发展、分配公平以及民族独立和人民民主。要解决民生问题，必须从经济、政治、社会诸多方面着力。

马克思主义认为，有生命的现实的个人存在是全部人类历史的第一个前提。人们为了能够创造历史，必须能够生活。而为了生活，首先就需要衣、食、住以及其他物质生活资料。而为了获得生活所需的物质生活资料，就必须进行物质生产。因此，物质生活资料生产就成为人类的"第一个历史活动"以及一切历史的"基本条件"。人类生存发展的需要以及为满足需要而进行的物质生产活动，就成为社会发展的深刻根源。孙中山看到人们的生存发展需要与物质生活在社会发展中的作用，力图从社会经济生活中寻找历史的根本动因，重视人民群众的基本物质利益，将解决人民基本生活问题作为民生主义的重要内容，表现了这位革命先行者的伟大抱负。更值得注意的是，民生史观与他所强调的"人为力"观点联系在一起，显示出中国近代哲学正在从重视物质生产和人民力量这两个维度生发出唯物史观的萌芽。

但是，孙中山的民生史观与唯物史观还是有本质区别的。首先，孙中山的"民生"范畴缺乏具体的社会历史内容，过分强调了人类求生存的欲望，而没有看到是生产力与生产关系的矛盾运动最终决定社会的发展。其次，孙中山不可能了解阶级斗争产生的深刻根源。他对地主剥削农民、资本家剥削工人表示极大的义愤，但又认为阶级斗争只是社会进化所带来的一种"病症"，其医治方法是用"互助原则"代替"竞争原则"。不仅如此，他还认为，中国只有大贫、小贫之别，没有阶级之分，认为马克思的阶级斗争方法不适合中国，主张用互助合作代替阶级斗争。这些都意味着民生史观无法真正成为指导中国走向大同理想的科学理论，正如列宁所说的，这是一种空想色彩浓厚的"主观社会主义"①。孙中山确曾把民生主义与社会主义、大同理想联系在一起，如说："民生主义就是社会主义，又名共产主义，即是大同主义。"（《三民主义·民生主义·第一讲》）孙中山理解的"社会主义"，显然不是科学社会主义，但是他将民生主义解释为社会主义，表明近代中国的社会理想，正在从追随西方资本主义转向把社会主义作为大同理想的现实方向。

孙中山的民生史观与人生观是联系在一起的。他认为民生主义的实现与培养道德高尚的人格紧密相关："我们的民生主义是图四万万人幸福的。"（《三民主义·民权主义·第二讲》）因此，为实现民生主义而奋斗的人就要具备服务大众的道德情怀。他说：

> 古时极有聪明能干的人，多是用他的聪明能力，去欺负无聪明能力的人。所以由此便造成专制和各种不平等的阶级。现在文明进化的人类，觉悟起来，发生一种新道德。这种新道德就是有聪明能力的人，应该要替众人来服务。这种替众人服务的新道德，就是世界上道德的新潮流。（《世界道德之新潮流》）

孙中山把服务众人与欺侮众人的对立，看作是利人与利己的对立，他说："我

---

① 《列宁选集》第2卷，人民出版社2012年版，第293页。

们可把人类两种思想来比对，便可以明白了。一种就是利己，一种就是利人。……人人当以服务为目的，而不以夺取为目的。"（《三民主义·民权主义·第三讲》）显然，服务众人是以服务为目的利人，而欺侮众人则是以夺取为目的利己。在孙中山看来，无论是在革命年代还是在建设时期，牺牲精神是利人而不利己的替众人服务的集中表现。他说："当建设时代，还要牺牲个人，为大家谋幸福。譬如，破坏时代，要牺牲性命，今日建设，也要牺牲，且要比从前牺牲加倍。"（《谋建设须扫除旧思想，提倡国家社会主义》）这种牺牲包括个人的性命和权利。

孙中山以服务众人而牺牲个人作为革命者应有的道德人格，实际上是回应了梁启超"新民说"的"道德革命"和章太炎的"革命之道德"，即何谓道德革命所要造就的人格，以及何谓革命道德的核心问题。他突出地把利他作为理想人格的根本，对以后革命者的人格塑造产生了重要影响。但是，他把服务众人与个人权利对立起来，在理论上也是有偏颇的。同时，他把道德人格的确立看作是人性克服兽性的过程，"要人类有高尚人格，就在于减少兽性，增多人性"（《国民要以人格救国》）。这种脱离人的社会性去考察人生观的抽象人性论，与其民生史观以满足人的生存欲望为社会"重心"以及否定阶级斗争是相关联的。

总之，孙中山作为伟大的资产阶级民主革命家和思想家，为近代中国的民族独立、民主自由、民生幸福而无私奉献，为实现国家统一、振兴中华而殚精竭虑，他的人格是高尚的，他的哲学思想则反映了中国民主革命由旧民主主义革命向新民主主义革命转变的伟大历史进程。孙中山逝世后，中国共产党一直将自己看作是孙中山开创的革命事业最坚定的支持者、最亲密的合作者、最忠实的继承者。正如毛泽东所说："现代中国人，除了一小撮反动分子以外，都是孙先生革命事业的继承者。"[1] 他又指出："像很多站在正面指导时代潮流的伟大历史人物大都有他们的缺点一样，孙先生也有他的缺点方面。这是要从历史条件加以说明，使人理解，不可以苛求于前人的。"[2] 这一评价同样适用于孙中山的哲学思想。

---

[1] 《毛泽东文集》第七卷，人民出版社 1999 年版，第 156 页。
[2] 《毛泽东文集》第七卷，人民出版社 1999 年版，第 157 页。

思考题：

1. 孙中山"突驾"说有何重要理论意义？

2. 孙中山"知难行易"说的主要观点是什么？

3. 孙中山民生史观以及与之相联系的人生观有何特点？

第三十七章 "五四" 新文化运动与中国近代哲学发展的新阶段

自 1915 年开始延续至 20 世纪 20 年代初的"五四"新文化运动，以民主和科学为旗帜，反对传统的封建主义意识形态。在此期间，俄国"十月革命一声炮响，给我们送来了马克思列宁主义"①。1919 年爆发了"五四"爱国运动，中国工人阶级开始登上历史舞台，中国民主革命由旧民主主义阶段转变为新民主主义阶段，中国近代哲学也相应地由以进化论为主流的阶段发展到以唯物史观和唯物辩证法为主流的新阶段。在"五四"新文化运动时期，众多西方哲学思潮涌入中国。其中一些影响较大的思潮与中国传统哲学相结合，相互激荡，彼此争鸣，形成了三大主要思潮，即以唯物史观和唯物辩证法为主要内容的马克思主义哲学思潮，以实验主义为代表的自由主义哲学思潮，以复兴儒学为基本取向的文化保守主义哲学思潮。本章主要论述这三大思潮代表人物的哲学思想。

第一节 "五四" 新文化运动时期各思想流派的争鸣

如前所述，在中国近代进化论哲学阶段，已经出现了走向唯物史观和唯物辩证法的趋向。不过，唯物史观和唯物辩证法要成为具有世界观意义的自觉形态，除了社会历史条件之外，还必须通过思想的自由争鸣才能实现。"五四"新文化运动时期，中西文化交相碰撞，各种思想竞相争鸣。正如当时的北京大学校长、新文化运动的支持者蔡元培所说的："无论为何种学派，苟其言之成理，持之有故，尚不达自然淘汰之运命者，虽彼此相反，而悉听其自由发展。"（《致〈公言报〉函并附答林琴南君函》）这样的百家争鸣，为中国近代哲学进入新的发展阶段开辟了道路。

一、新文化运动对"孔教"的批判

"五四"新文化运动的发生不是偶然的。辛亥革命推翻了长达两千多年的封

---

① 《毛泽东选集》第四卷，人民出版社 1991 年版，第 1471 页。

建帝制，但并未完成中国民主革命的任务。辛亥革命后袁世凯和张勋的两次帝制复辟，以及与此相联系的尊孔复古思潮的盛行，凸显了批判封建主义、进行思想启蒙的重要性和紧迫性。正是在这种情况下，以陈独秀①、胡适、李大钊、鲁迅、吴虞②、钱玄同③等为代表的一批知识分子，发动了新文化运动，举起科学与民主两面大旗，对封建思想文化尤其是长期作为封建统治阶级意识形态的"孔教"进行了空前猛烈的批判。1915年在《青年杂志》创刊号上，陈独秀宣称：

> 国人而欲脱蒙昧时代，羞为浅化之民也，则急起直追，当以科学与人权并重。（《敬告青年》）

他认为近代西方文明的精髓在于科学和民主，这两者如"车之有两轮"，不可偏废；只有确立以科学和民主为核心的现代价值观，才能"适于今世之争存"。为此，他号召青年以"利刃断铁，快刀理麻"的精神，解放思想，冲决封建传统的藩篱，即令这样的传统是"祖宗之所遗留，圣贤之所垂教，政府之所提倡，社会之所崇尚，皆一文不值也！"（同上）1919年，陈独秀撰文指出，《新青年》几年来遭受种种非难，被视为"离经叛道的异端，非圣无法的叛逆"，蒙有破坏孔教，破坏旧伦理、旧宗教、旧文学、旧政治等罪名。他为此辩护道：

> 但是追本溯源，本志同人本来无罪，只因为拥护那德莫克拉西（De-mocracy）和赛因斯（Science）两位先生，才犯了这几条滔天的大罪。（《〈新青年〉罪案之答辩书》）

陈独秀声明："我们现在认定只有这两位先生，可以救治中国政治上道德上学

---

① 陈独秀（1879—1942年），字仲甫，安徽怀宁（今安庆）人。1913年参加反对袁世凯的斗争失败后流亡日本。1915年回国，创办和主编《青年杂志》（1916年改名《新青年》），标志着新文化运动的开端。1916年任北京大学文科学长。"五四"运动后，接受马克思主义。1921年中国共产党成立，当选为总书记。在第一次国内革命战争后期，犯了严重的右倾机会主义错误。1929年被开除党籍。1922年出版汇集其此前文章的《独秀文存》。

② 吴虞（1872—1949年），原名永宽，字又陵，四川成都人。曾留学日本。归国后用诗文宣传民主革命思想。1921年任教北京大学。"五四"新文化运动期间，发表一系列尖锐抨击封建伦理道德的文章，有较大影响。这些文章大多编入1921年出版的《吴虞文录》。

③ 钱玄同（1887—1939年），原名夏，字德潜，浙江吴兴人。早年留学日本，师事章太炎。任教于北京大学、北京师范大学。参加"五四"新文化运动，提倡文字改革。

术上思想上一切的黑暗",并表示为了拥护这两位先生,"一切政府的压迫,社会的攻击笑骂,就是断头流血,都不推辞"(《〈新青年〉罪案之答辩书》)。此前,严复曾以"黜伪而崇真"的科学和"屈私以为公"的民主作为西学之"命脉"。陈独秀更把科学和民主称作两位救治中国一切黑暗的"先生",这是对严复思想的进一步继承和发展,不仅表现在明确地将科学和民主作为现代价值观的核心,而且表现了坚定地维护这两大价值的鲜明立场。

在科学和民主的旗帜下,新文化运动的主要人物对尊孔思潮和封建"孔教"发动了急风暴雨式的批判。李大钊在《新青年》上发表《青春》等文,号召青年"冲决过去历史之网罗,破坏陈腐学说之囹圄",为再造一个青春的中国而奋斗。他说:"孔子为数千年前之残骸枯骨","孔子为历代帝王专制之护符"。并且声明:

> 余之掊击孔子,非掊击孔子之本身,乃掊击孔子为历代君主所雕塑之偶像的权威也;非掊击孔子,乃掊击专制政治之灵魂也。(《自然的伦理观与孔子》)

陈独秀对纲常礼教的封建专制也作了尖锐的批判:

> 儒者三纲之说,为一切道德政治之大原:君为臣纲,则民于君为附属品,而无独立自主之人格矣;父为子纲,则子于父为附属品,而无独立自主之人格矣;夫为妻纲,则妻于夫为附属品,而无独立自主之人格矣。率天下之男女,为臣,为子,为妻,而不见有一独立自主之人者,三纲之说为之也。缘此而生金科玉律之道德名词——曰忠,曰孝,曰节——皆非推己及人之主人道德,而为以己属人之奴隶道德也。(《一九一六年》)

鲁迅则以小说《狂人日记》,无情地揭露了封建礼教吃人的本质。他借一个"狂人"的口吻说道:

> 我翻开历史一查,这历史没有年代,歪歪斜斜的每叶上都写着"仁义道德"几个字。我横竖睡不着,仔细看了半夜,才从字缝里看出字来,满本都写着两个字是"吃人"!

吴虞也指出儒学对中国文化发展的消极影响,并把矛头直接指向孔子:

> 孔子自是当时之伟人,然欲坚执其学,以笼罩天下后世,阻碍文化之发展,以扬专制之余焰,则不得不攻击之者,势也。(《致陈独秀》)

胡适认为陈独秀和吴虞是"近年来攻击孔教最有力的两位健将",赞扬吴虞是"'四川省只手打孔家店'的老英雄"[①]。他还说:

> 正因为二千年吃人的礼教法制都挂着孔丘的招牌,故这块孔丘的招牌——无论是老店,是冒牌——不能不拿下来,槌碎,烧去!(《吴虞文录·序》)

"五四"新文化运动高举科学和民主的旗帜,在思维方式上进一步明确了要用科学方法取代经学方法,在价值观上进一步明确了要用自由原则取代封建的权威主义,极大推进了中国哲学的近代化进程,有力推动了中国社会和思想文化的进步。对于新文化运动在批判尊孔思潮和封建礼教中的历史作用,毛泽东曾经做过正确的分析:新文化运动的倡导者"反对旧八股、旧教条,主张科学和民主,是很对的。但是他们对于现状,对于历史,对于外国事物,没有历史唯物主义的批判精神,所谓坏就是绝对的坏,一切皆坏;所谓好就是绝对的好,一切皆好"[②]。确实,新文化运动中存在着将传统儒学看作绝对的坏和把西方近代文化看作绝对的好的片面性倾向,这与当时的时代背景和思想背景有密切关系。"五四"新文化运动的先进人物坚决反对孔子、反对孔教,"打孔家店",是因为孔子早已"非复个人之名称",而是成了"专制政治之灵魂"、"君主政治之偶像",他们反对孔子的实质是批判封建专制的意识形态即当时所谓的"孔教",而不是全盘反传统。事实上,他们在新文化运动期间,就已为现代学术意义上的传统文化研究开创了新局面。

二、各思想流派的自由争鸣

新文化运动引发了如李大钊一篇文章标题所说的"新旧思潮之激战"。这

[①] 许多论著认为"五四"新文化运动提出了"打倒孔家店"的口号,而在至今能查到的当时文献中,并无"打倒孔家店"的提法,只有这里所说的"打孔家店"。

[②] 《毛泽东选集》第三卷,人民出版社1991年版,第832页。

一"激战"的根本问题，是如何反省中国传统文化，如何向西方文化学习。这一问题在前述近代思想家的中西文化观中就已经存在，并且从很多方面作了探讨。然而，由于新文化运动以前所未有的气势对两千多年来的封建专制主义展开了空前猛烈的批判，这个问题就比以往任何时候更为突出和尖锐地摆在了思想界面前，由此形成了以倡导新文化运动并主张批孔反儒的所谓"新派"，和反对新文化运动的主张尊孔复古的所谓"旧派"，新派的很多文章发表于《新青年》，旧派的很多文章发表于《东方杂志》。陈独秀认为两派的争论主要围绕着三个问题：一是西洋文明的输入，破坏了名教纲常，是否由此"精神界破产国家将致灭亡"；二是今日要挽救人们的精神迷茫，是否一定"非保守君道臣节名教纲常之固有文明不可"；三是要保存中国固有文明，是否"非废无君臣之共和制不可"。(《再质问〈东方杂志〉记者》)

1917 年俄国十月社会主义革命的胜利，促使中国先进人物重新思考"中国向何处去"的问题。人们意识到社会主义不仅是深刻改造社会的科学理论，而且在俄国革命斗争实践中取得了切实的成效；同时，这一理论有着坚实的哲学基础，即唯物史观和唯物辩证法。1919 年"五四"运动之后，马克思主义哲学在中国得到了迅速传播。一批先进分子如李大钊、陈独秀等人接受了马克思主义，在政治上经历了由激进的民主主义向科学社会主义的转变，在世界观上经历了由进化史观到唯物史观和唯物辩证法的转变。随着工人运动的发展，无产阶级开始登上历史舞台，新文化运动发展成为以马克思主义为主导的思想运动。

"五四"新文化运动时期，各种哲学思想蜂拥而入，一时鱼龙混杂、泥沙俱下。影响最大的几种思潮，除了马克思主义哲学之外，还有杜威的实用主义、罗素的实在论、柏格森的生命哲学、尼采的超人哲学等。杜威、罗素还先后于 1919 年和 1920 年来中国讲学，产生了很大影响。到"五四"新文化运动的末期，大致形成了前述三派哲学文化思潮的自由争鸣。

第一派以胡适、蒋梦麟、罗家伦、丁文江、吴稚晖等为代表。他们认同西方的科学和民主，主张重新估定中国传统文化的价值，赞成"全盘西化"，并认为这是改造"百事不如人"的中国使之实现现代化的唯一道路。其中胡适对实用主义哲学作了阐发和发挥，在中国哲学界发生了较大影响。

第二派以梁漱溟、杜亚泉、章士钊、张君劢等为代表。他们认为 1914—1918 年的第一次世界大战标志着西方"科学万能"论的破产，必须以东方的精神文明拯救西方的物质文明，提倡以儒学复兴来引导中国的现代化道路，以避免西方现代文明的种种弊病，尤其是精神沉沦的问题。其中，梁漱溟深受柏格森生命哲学的影响，试图将柏格森哲学与传统陆王心学、佛教唯识宗相结合，是现代新儒学①的开启者。

第三派以李大钊、陈独秀、瞿秋白等为代表。他们开始用马克思主义唯物史观分析中国社会和世界大势，主张对中国传统文化和西方近代文化进行双重反省，建立以社会主义为价值取向的新文化，以俄国为榜样，把实现社会主义视为中国走向独立、民主、富强的正确道路。

"五四"新文化运动时期，各种不同的思想流派自由争鸣，先后爆发了"问题与主义"论战、关于社会主义的论战、关于无政府主义的论战、东西文化论战、科学与玄学的论战，等等。马克思主义哲学正是在思想交锋和实践比较中，逐渐被人们理解和接受，成为改造旧中国的正确指导思想。

第二节　李大钊与马克思主义哲学的传播

在俄国十月革命的影响下，马克思主义哲学传入中国。一些先进知识分子开始用马克思主义来思考中国的命运和前途。李大钊是其中的杰出代表。

李大钊（1889—1927年），字守常，河北乐亭人，中国共产主义运动的先驱，伟大的马克思主义者，杰出的无产阶级革命家，中国共产党的主要创始人之一。青年时期曾留学日本，1916年回国后，积极参加新文化运动，任北京大学教授兼图书馆主任、《新青年》编辑。1917年俄国十月革命后，李大钊开始研究俄国革命经验，接受并传播马克思主义，从进化论转向唯物史观，由革命民主主义者转变为马克思主义者，是"五四"新文化运动时期传播马克思主义理论最重要的代表。1927年，他被奉系军阀张作霖逮捕，英勇就义。著作曾汇编为《守常文集》。今有《李大钊全集》行世。

---

① "现代新儒学"亦称"现代新儒家"，是力图用传统儒学融合、会通西学，从文化上探讨中国现代化问题的思想流派。20世纪20年代至40年代，主要代表人物有梁漱溟、熊十力、冯友兰、贺麟等，20世纪50年代以后，主要在港台地区和海外获得发展。贺麟1941年发表《儒家思想的新开展》，正式提出"新儒家思想"、"新儒学运动"的概念。

一、由"民彝"史观转向唯物史观

马克思主义哲学在中国的兴起，是以唯物史观在中国的传播和展开为标志的。这表示中国近代哲学由进化论阶段发展到了唯物史观和唯物辩证法阶段。李大钊是这一历史转变的标志性人物。

中国最早一批马克思主义者在接受马克思主义以前，多受过进化论哲学的影响。李大钊也同样如此，他曾说：

> 宇宙大化，刻刻流转，绝不停留。……历史的现象，时时流转，时时变易。(《"今"》)
>
> 天演之进[迹]，进化之理，穷变通久之道，国于天地，莫或可逃，莫或能抗者。(《民彝与政治》)

就是说，自然界和人类社会都受进化规律的支配，以此呼唤社会不断变革进步。这是中国近代进化论的基本观点。在成为马克思主义者之前，李大钊在进化论哲学的基础上，汲取、改铸中国传统的民本思想和西方近世的政治哲学，形成了独特的"民彝"史观，并把民彝作为历史进化的动因。1916年，他发表《民彝与政治》一文（以下引文，不特别注明者，均出自该文），对民彝史观作了系统阐发。

"民彝"一词，典出《诗·大雅·烝民》："天生烝民，有物有则。民之秉彝，好是懿德。"李大钊认为，"言天生众民，有形下之器，必有形上之道。道即理也，斯民之生，即本此理以为性，趋于至善而止焉"。就是说，在民众的身上，内在地具有一种"形上之道"，这个"道"即是"理"，此"理"就是人民大众的本性，民众秉承这样的本性改造社会和自我，使之趋于"至善"。因此，"民彝"以天赋理性为本质，具有冲破蔽障、照明世界的巨大作用。他强调"民彝"是政治的基础，是一切事理的衡量标准：

> 盖政治者，一群民彝之结晶，民彝者，凡事真理之权衡也。

这意味着"民彝"决定政治，而不是政治决定"民彝"，"今者政治上之神器在于民彝"。聪明的统治者，应当顺乎"民彝"，而不是违反"民彝"，更不是"盗劫民彝"、"罔惑民彝"：

> 向之盗劫民彝罔惑民彝者，终当听命于民彝而伏诛于其前，则信乎正
> 义之权威，可以胜恶魔，天理之势力，可以制兽欲也。

李大钊进而指出，20世纪的中国向何处去，不是基于统治者的意志，而是基于"民彝"的选择。这种选择的趋势是追求民主，反对专制。它已成为世界大势之所趋：

> 兹世文明先进之国民，莫不争求适宜之政治，以信其民彝，彰其民
> 彝。……顾此适宜之政治，究为何种政治乎？则惟民主义为其精神、代议
> 制度为其形质之政治，易辞表之，即国法与民彝间之连络愈易疏通之政
> 治也。

这样的"民彝"史观与进化论结合在一起，论证了实行民主共和是不可阻挡的历史潮流，更凸显了民众是推动历史前进的巨大力量。

李大钊呼唤"民彝之智察"，认为要唤醒民众的理性，必须"举一切迷蔽民彝之死灰陈腐，摧陷而澄清之"，"冲其网罗而卓自树立"。他继承谭嗣同冲决网罗的精神，对那些死灰陈腐的思想进行了尖锐的批判。

其一，统治者总是利用往哲前贤，特别是孔孟儒家学说，来蒙蔽"民彝"。他说："累代之大盗乡愿，假尧、舜、禹、汤、文、武、周、孔之名，所构酝之历史与经传，积尘重压，盘根深结，以障蔽民彝"。这实在是"以历史之陈死人，制服社会之活心理"，他的结论是："民彝者，可以创造历史，而历史者，不可以束制民彝。"

其二，迷信、盲从英雄人物的"英雄主义"也障蔽了"民彝"。在李大钊看来，所谓"英雄"，并不是神，也不是超人，而是那些能够顺应大众心理、集合人民力量从而成为历史活动中心的人物。他说："英雄者，顺从有众之心理，摄取有众之努力，而始成其为英雄。""英雄者，不过代表此无数之意志，而为其活动之中心耳。"因此，在历史活动中，不应当只看到"英雄"的作用，而看不到"民彝"的作用。两者相比，"民彝"比"英雄"更根本、更重要。因此，他强调"民彝"应当"坚持一己意志之自由"，不做环境的奴隶，创造新的文明：

> 盖文明云者，即人类本其民彝改易环境，而能战胜自然之度也。文明
> 之人，务使其环境听命于我，不使其我奴隶于环境。太上创造，其次改
> 造，其次顺应而已矣。

正是基于这种尊重民众理性和意志的"民彝"史观，李大钊把俄国十月革命的胜利称为"庶民的胜利"，认定这一人类历史的伟大转变，根源于民心的变化。他说：

> 历史是人间普遍心理表现的记录。人间的生活，都在这大机轴中息息
> 相关，脉脉相通。……一七八九年法兰西的革命，不独是法兰西人心变动
> 的表征，实是十九世纪全世界人类普遍心理变动的表征。一九一七年俄罗
> 斯的革命，不独是俄罗斯人心变动的显兆，实是二十世纪全世界人类普遍
> 心理变动的显兆。俄国的革命，不过是使天下惊秋的一片桐叶罢了。
> (《Bolshevism 的胜利》)

就是说，俄国十月革命的胜利，正代表了这种"民彝"的新觉悟。由此，李大钊从民主主义转向社会主义，与此相应，在世界观上则从进化论的"民彝"史观转向唯物史观。"民彝"史观把社会历史的动因归结为民众的理性和意志，显然还不是唯物史观，但其中强调民众的理性和意志的历史作用，无疑是他转向唯物史观的思想基础。从龚自珍把"众人"与圣人对立，到李大钊以"民彝"史观反对"英雄主义"，民众的历史主体性问题成为贯穿中国近代哲学的一条主线，就此而言，李大钊从"民彝"史观转向唯物史观，也是中国近代哲学发展的必然结果。

二、马克思主义与研究实际"交相为用"

自 1919 年起，李大钊先后发表《我的马克思主义观》等文章，在中国哲学史上第一次对唯物史观作了系统介绍和阐释，批判了各种唯心史观。更重要的是，他提出了把马克思主义哲学应用于中国实际的思想。

首先，李大钊比较完整系统地介绍了唯物史观的基本思想。他在《我的马克思主义观》中说：

马克思的唯物史观有二要点：其一是关于人类文化的经验的说明；其二即社会组织进化论。其一是说人类社会生产关系的总和，构成社会经济的构造。这是社会的基础构造。一切社会上政治的、法制的、伦理的、哲学的，简单说，凡是精神上的构造，都是随着经济的构造变化而变化。我们可以称这些精神的构造为表面构造。表面构造常视基础构造为转移，而基础构造的变动，乃以其内部促他自己进化的最高动因，就是生产力，为主动；属于人类意识的东西，丝毫不能加他以影响；他却可以决定人类的精神、意识、主义、思想，使他们必须适应他的行程。其二是说生产力与社会组织有密切的关系。生产力一有变动，社会组织必须随着他变动。社会组织即社会关系，也是与布帛菽粟一样，是人类依生产力产出的产物。手臼产出封建诸侯的社会，蒸汽制粉机产出产业的资本家的社会。生产力在那里发展的社会组织，当初虽然助长生产力的发展，后来发展的力量到那社会组织不能适应的程度，那社会组织不但不能助他，反倒束缚他、妨碍他了。而这生产力虽在那束缚他、妨碍他的社会组织中，仍是向前发展不已。发展的力量愈大，与那不能适应他的社会组织间的冲突愈迫，结局这旧社会组织非至崩坏不可。这就是社会革命。新的继起，将来到了不能与生产力相应的时候，他的崩坏亦复如是。可是这个生产力，非到在他所活动的社会组织里，发展到无可再容的程度，那社会组织是万万不能打破。而这在旧社会组织内，长成他那生存条件的新社会组织，非到自然脱离母胎，有了独立生存的运命，也是万万不能发生。恰如孵卵的情形一样，人为的助长，打破卵壳的行动，是万万无效的，是万万不可能的。

以上是马克思独特的唯物史观。

在这里，他比较准确地阐述了生产力对生产关系、经济基础对上层建筑的决定作用，指出了生产力是社会发展和社会革命的根本动因。与原先把历史动因归之于民众理性、意志的"民彝"史观相比，如他自己所说是"由精神的历史观进而为物质的历史观"（《史观》）。这就为回答如何进行中国新民主主义革命和进行怎样的新民主主义革命奠定了正确的理论基础。

其次，李大钊指出了唯物史观对于人生观的重大意义。他认为唯物史观坚持从经济关系中发现社会历史的规律，从而"把历史学提到与自然科学同等的地位"，"实为史学界开一新纪元"。（《马克思的历史哲学与理恺尔的历史哲学》)然而，这样的科学历史观并非是与人生观相脱离的。他强调唯物史观与以往的神学史观、理性史观不同，肯定"一切过去的历史，都是靠我们本身具有的人力创造出来的，不是哪个伟人圣人给我们造的，亦不是上帝赐予我们"，这就"给人以奋发有为的人生观"，而以往的历史观只是"给人以怯懦无能的人生观"。(《唯物史观在现代史学上的价值》) 根据这种新的历史观和人生观，"我们应该自觉我们的势力，快赶〔赶快〕联合起来，应我们生活上的需要，创造一种世界的平民的新历史"（同上）。因此，我们应当主动地与人民结合为一，使得"知识阶级与劳工阶级打成一气"(《青年与农村》)。总之，唯物史观给人生观以双重的影响：一方面，它要求人们以科学的态度对待历史和现实生活，"这种科学的态度，造成我们脚踏实地的人生观"(《史学要论》)；另一方面，它给人们指明了历史发展的方向，使我们的奋发有为与历史发展方向相一致。这意味着唯物史观不仅为建立新的社会理想奠定了基础，也为树立新的人生理想奠定了基础，体现了世界观和人生观的统一。

再次，李大钊的唯物史观是与唯物主义认识论紧密联系的。他强调，马克思的唯物史观不是教条，要在分析中国的实际情况上下功夫，"平心而论，马氏的学说，实在是一个时代的产物；在马氏时代，实在是一个最大的发现。我们现在固然不可拿这一个时代、一种环境造成的学说，去解释一切历史，或者就那样整个拿来，应用于我们生存的社会，也却不可抹煞他那时代的价值，和那特别的发现"(《我的马克思主义观》)。这里既肯定马克思学说具有"最大的发现"、"特别的发现"之创新，又反对把马克思学说教条地、照搬照抄地"整个拿来"，"去解释一切历史"，"应用于我们生存的社会"，而是要根据中国的历史传统和当前现实来科学地应用马克思主义。所以，他认为当前中国迫切的任务是：

> 应该细细的研考马克思的唯物史观，怎样应用于中国今日的政治经济情形。详细一点说，就是依马克思的唯物史观以研究怎样成了中国今日政治经济的情状，我们应该怎样去作民族独立的运动，把中国从列强压迫之下救济出来。(《这一周》)

这表明李大钊对唯物史观的阐发，是与理论联系实际的唯物主义认识论紧密结合的。中国近代的知行观，从魏源的"及之而后知"到孙中山的"知难行易"，贯穿着面向现实的精神。李大钊显然继承和发扬了这种精神传统。

在"问题与主义"论战中，李大钊的唯物史观和唯物主义认识论紧密联系的思想得到了充分反映。1919 年 7 月，在李大钊《我的马克思主义观》发表后不久，胡适便发表了《多研究些问题，少谈些"主义"》一文，认为"主义"只是些抽象名词，如果不去研究人力车夫生计之类的具体问题而妄想"根本解决"，那就是"中国社会改良的死刑宣告"。李大钊很快写了《再论问题与主义》予以反驳。他指出中国社会腐朽不堪，必须从根本上解决，具体问题的解决才有希望；而"经济问题的解决是根本的解决"，这必须通过"阶级竞争"、"工人联合的实际运动"才能实现。同时他指出："'问题'与'主义'，有不能十分分离的关系。……我们的社会运动，一方面固然要研究实际的问题，一方面也要宣传理想的主义。这是交相为用的，这是并行不悖的。"他强调"本着主义去作实际的运动"必须根据实际情况而有所变化，即"因时、因所、因事的性质情形，有些不同"。这就用"根本解决"的唯物史观和理论与实际"交相为用"的唯物主义认识论反对了实用主义。

李大钊对唯物史观的介绍和阐发，影响了更多先进的中国人去研究、接受并运用唯物史观，推动了马克思主义哲学的广泛传播，开启了马克思主义哲学中国化的历史进程，对中国近代哲学历史观和知行观的继续深化作出了重要贡献。作为中国第一个马克思主义哲学家，李大钊对唯物史观的介绍和理解，也有某些时代的局限。如他在《我的马克思主义观》一文中说，对于生产力，"属于人类意识的东西，丝毫不能加他以影响"，没有看到人的精神世界对于生产力的反作用。李大钊在此文中还认为，马克思主义唯物史观过于强调物质的变更而忽视以"伦理运动"改造"人类精神"，因而"近来哲学上有一种新理想主义出现，可以修正马氏的唯物论"。由于当时不具备充分接触和阅读马克思著作的条件，李大钊的批评并不准确，但他认为可以汲取最新理论成果来"修正"马克思学说，则是与时俱进地发展马克思主义的科学态度。

三、"大同团结"与"个性解放"的统一

中国近代一直把大同作为社会理想。马克思主义刚传入中国时，就有人称之为"大同学"，康有为、孙中山等也把社会主义与"大同"相联系。俄国十月社会主义革命胜利对于近代中国人来说，最大的感召力在于看到了大同理想正在邻国走向现实。因此，近代中国人对于马克思主义的认同，很大程度上是

出于在中国实现大同理想的追求。康有为、孙中山的大同理想具有空想性质，李大钊指出了"空想的社会主义与科学的社会主义的不同的点，就在两派对于历史的认识的相异——就是历史观的相异"［《桑西门（Saint-Simon）的历史观》］。李大钊把大同理想建立在唯物史观基础上，使其有了科学社会主义的性质。他说："社会主义的思想，由马克思及恩格斯依科学的法则组成系统。以其被认为历史的必然的结果，其主张乃有强固的根据。社会主义的主张，若只以人的理性为根据，力量实极薄弱，正如砂上建筑楼阁一样。今社会主义既立在人类历史的必然行程上，有具有绝大势力的历史为其支撑者，那么社会主义之来临，乃如夜之继日，地球环绕太阳的事实一样确实了。"（同上）这就指出了科学社会主义以唯物史观为依据，克服了康有为、孙中山的大同理想"只是以人的理性为根据"的空想性，反映了历史发展的必然性。

李大钊没有停留在一般地说明科学社会主义的历史必然性，而是进一步根据中国国情，阐明了社会主义是中国的必由之路。他指出："中国的经济情形，实不能超出于世界经济势力之外。现在世界的经济组织，既已经资本主义以至社会主义，中国虽未经自行如欧、美、日本等国的资本主义的发展实业，而一般平民间接受资本主义经济组织的压迫，较各国直接受资本主义压迫的劳动阶级尤其苦痛。中国国内的劳资阶级间虽未发生重大问题，中国人民在世界经济上的地位，已立在这劳工运动日盛一日的风潮中，想行保护资本家的制度，无论理所不可，抑且势所不能。……所以今日在中国想发展实业，非由纯粹生产者组织政府，以铲除国内的掠夺阶级，抵抗此世界的资本主义，依社会主义的组织经营实业不可。"（《中国的社会主义与世界的资本主义》）就是说，把中国的国情置于世界范围来考察，走资本主义道路是"理所不可，势所不能"，唯有以社会主义为理想目标才是正确的。

更值得注意的是，李大钊阐明了社会主义理想的本质是"大同团结"与"个性解放"的统一。他说：

> 现在世界进化的轨道，都是沿着一条线走，这条线就是达到世界大同的通衢，就是人类共同精神联贯的脉络。……这条线的渊源，就是个性解放。个性解放，断断不是单为求一个分裂就算了事，乃是为完成一切个性，脱离了旧绊锁，重新改造一个普通广大的新组织。一方面是个性解放，一方面是大同团结。这个性解放的运动，同时伴着一个大同团结的运

动。这两种运动，似乎是相反，实在是相成。(《平民主义》)

就是说，无论是西方还是中国，近代社会都遵循共同的进化轨道：开始于要求个性解放的反封建斗争，随后兴起了社会主义运动，而最终理想是达到个性解放与大同团结的有机结合。个性解放是人道主义的内涵，大同团结是社会主义的目标。因此，大同团结与个性解放相结合的本质就是社会主义和人道主义的统一。李大钊说："我们主张以人道主义改造人类精神，同时以社会主义改造经济组织。"(《我的马克思主义观》) 此前康有为、孙中山的大同理想，强调"博爱"、"互助"的人道主义，以此反对阶级斗争，这是他们大同理想空想性的重要表现。李大钊根据马克思主义理论，认为必须通过阶级斗争来改造社会组织，使本来受到限制的"博爱"、"互助"的人道主义精神真正得到贯彻，即"人人都把'人'的面目拿出来对他的同胞" (《"少年中国"的"少年运动"》)。这样，他既汲取了康有为、孙中山的人道主义的合理因素，又克服了他们在如何实现大同理想问题上的空想性的局限。

李大钊的上述思想，标志着中国近代以来关于社会理想的学说发展到了一个新阶段。李大钊在唯物史观与人生观相统一的基础上，指出了大同团结与个性解放是相反相成的关系，把社会主义理想和个人理想统一起来。这在本质上是社会主义的科学维度和价值维度的统一，即社会主义既是生产力和生产关系矛盾运动的产物，也是追求人的自由本质的过程。这样，李大钊就提出了中国哲学史上从未有过的一种新型的社会理想和人生理想。这种理想把中国传统的大同理想与马克思的共产主义理想有机结合起来，把中国传统文化注重群体的原则与西方近代强调个性的精神有机结合起来，表明中国马克思主义哲学在最初阶段，就既是对中国传统哲学的转化、创新，又是对中国近代哲学的推进、深化。

由上述可见，李大钊从进化论的"民彝"史观转向唯物史观，与中国哲学的近代进程紧密衔接，由他开始的马克思主义哲学中国化逐渐成为"五四"后中国哲学发展的主要趋势。

第三节　胡适的"实验主义"

实用主义是"五四"及其以后相当一段时期，在中国哲学领域有较大影响的哲学思潮，它的主要倡导者和宣传者胡适称其为"实验主义"。

胡适（1891—1962 年），字适之，安徽绩溪人。早年毕业于上海中国公学，1910 年赴美国，先后就读于康奈尔大学和哥伦比亚大学，师从著名的实用主义哲学家约翰·杜威（John Dewey）。1917 年回国后任北京大学教授，曾参加《新青年》编辑部工作，是"五四"新文化运动的领袖人物之一。胡适政治上坚持自由主义，主张社会改良。抗战期间曾出任中国驻美国大使，1946 年任北京大学校长，1948 年去美国，后到台湾，曾任台湾"中央研究院"院长。他出版于 1919 年的《中国哲学史大纲》（上卷）被认为是现代学术意义上的中国哲学史开山之作。著作曾编为《胡适文存》。今有《胡适全集》行世。

一、"经实验"构造世界和有用即真理

胡适的学术研究涉及哲学、文学、历史、教育等诸多领域，"实验主义"是贯穿于其中的世界观和方法论。1922 年，他在《我的歧路》中作了这样的自白：

> 我这几年的言论文字，只是这一种实验主义的态度在各方面的应用。我唯一的目的，是要提倡一种新的思想方法，要提倡一种注重事实，服从证验的思想方法。古文学的推翻，白话文学的提倡，哲学史的研究，《水浒》、《红楼梦》的考证，一个"了"字或"们"字的历史，都只是这一个目的。

实用主义是西方实证论的一个流派，创始人为美国的查理斯·皮尔士（Charles S. Peirce），威廉·詹姆士（William James）和约翰·杜威是其重要代表人物。胡适把实用主义称作"实验主义"，是因为在他看来，实用主义的实质在于以实验方法取得的效果来说明观念的意义。胡适将实用主义作为自己的世界观，是以他对 19 世纪中叶以来世界哲学史的看法为依据的。他在《五十年来之世界哲学》中认为，19 世纪中叶以后世界哲学的主流是实证主义，它有两个阶段，代表人物是赫胥黎和杜威。正是从这样的观点出发，胡适接纳了实证论，他说："我的思想受两个人的影响最大，一个是赫胥黎，一个是杜威先生。"（《介绍我自己的思想》）他以继承他们两人的思想为己任，但更注重杜威的实用主义，认为它是世界哲学的最新潮流，这是因为它使得进化论得到了全部的

贯彻。他说："这六十年来，哲学家所用的'进化'观念仍旧是海智尔（Hegel）的进化观念，不是达尔文的《物种由来》的进化观念。到了实验主义一派的哲学家，方才把达尔文一派的进化观念拿到哲学上来应用；拿来批评哲学上的问题，拿来讨论真理，拿来研究道德。"（《实验主义》）他在这里肯定的是杜威的"进化"观念。杜威的"经验的自然主义"把"进化"解释为生物学的"进化"，把"经验"看作是生物应付环境的办法，于是无须区分哲学上的唯物论和唯心论，认为真理、道德等都是随环境改变而改变的工具。如果与"五四"时期的李大钊、陈独秀等人的思想作比较，可以看到中国近代进化论在这个时期的两种转向：在李大钊、陈独秀等人那里，由进化论转向唯物史观；而在胡适那里，进化论则走向实验主义。

实用主义和其他实证论流派一样，以反对传统的形而上学为出发点，进而否定哲学基本问题的存在，把对哲学基本问题的探讨完全归之于超验的东西，认为唯物主义、唯心主义的争论是没有意义的。胡适说，杜威"把欧洲近世哲学从休谟（Hume）和康德（Kant）以来的哲学根本问题一齐抹煞，一齐认为没有讨论的价值。一切理性派与经验派的争论，一切唯心论和唯物论的争论，一切从康德以来的知识论，在杜威的眼里，都是不成问题的争论，都可以'不了了之'"（同上）。实际上，杜威的实用主义并没有超然于唯物论和唯心论之上。他以经验为第一原理，而"经验就是生活，生活就是人与环境的交互行为，就是思想的作用指挥一切能力，利用环境，征服他，约束他，支配他"（同上）。这是唯心主义的经验论，即认为经验是主观的，而世界是由经验构造出来的。但杜威的"经验"与以往唯心主义的经验也有所不同，他认为：经验不只是过去经历的记录，活的经验具有试验性，是伸向未来的；经验不是和思想相反的东西，有意识的经验都包含推论的作用，所以，"经验是向前的，不是回想的；是推理的，不是完全堆积的；是主动的，不是静止的，也不是被动的；是创造的思想活动，不是细碎的记忆账簿"（同上）。这样的经验观念与以往唯心主义经验论相比较，更具有进取冒险的性质。这表现在实在论上，就是把世界看成是可以由人的主观来改变的，以此鼓动人们进行冒险。胡适引用詹姆士的观点说：

> 实在是一个很服从的女孩子，他百依百顺的由我们替他涂抹起来，装扮起来。"实在好比一块大理石到了我们手里，由我们雕成什么像。"（同上）

> 实验主义（人本主义）的宇宙是一篇未完的草稿，正在修改之中，将来改成怎样便怎样，但是永远没有完篇的时期。……实验主义的宇宙是还在冒险进行的。（《实验主义》）

詹姆士认为经验是主观的冒险活动，人凭这样的活动不断改变宇宙实在。胡适完全接受了这种主观唯心论的世界观。马克思主义者瞿秋白在分析胡适的实用主义时指出，这样的世界观在当时的中国有两个方面的作用：一方面不同于"以'静观'作为考察宇宙的观点"，表现出"一种行动哲学"的"注意到现实世界的积极精神"；另一方面则表明"实验主义的宇宙观根本上是唯心论的"，与"互辩律的唯物主义"相对立，它"轻视理论"，其所谓"方法"只是应付环境而已，不赞成用革命的方法改造社会，因而"实验主义是多元论，是改良派"（《实验主义与革命哲学》）。

实用主义的主观唯心论表现在真理论上，是提出了有用即真理的观点。胡适认为：

> 真理原来是人造的，是为了人造的，是人造出来供人用的，是因为他们大有用处，所以才给他们"真理"的美名。（《实验主义》）

强调真理是"人造的最方便的假设"，不具有客观性和绝对性，只存在相对真理。胡适说："我们人类所要的知识，并不是那绝对存立的'道'哪，'理'哪，乃是这个时间、这个境地、这个我的这个真理。"（同上）这具有反对把宋明理学的最高本体"道"或"理"作为绝对真理的积极意义。这种积极意义的具体指向，就是否定封建社会的伦理纲常是永恒的真理："'三纲五伦'的话，古人认为真理，因为这种话在古时宗法的社会很有点用处。但是现在时势变了，国体变了，'三纲'便少了君臣一纲，'五伦'便少了君臣一伦。"（同上）但是，有用即真理的真理观是错误的。因为判断真理和谬误，在于是否与客观实在相符合，是事实认知的问题，而是否有用则与主体的需要相关，是价值评价问题，实用主义的真理观把这两者混为一谈，走向了主观唯心论和相对主义。

二、"大胆的假设，小心的求证"

从前面引述的胡适《我的歧路》里的那段话，可以看到他大讲实验主义的主旨，是要提倡一种"新的思想方法"。这当然是指实用主义的方法论。不过，胡适并非照搬杜威哲学的方法论。他认为应当在中国传统哲学中找到"有机地联系现代欧美思想体系的合适的基础"（《先秦名学史·导论》）。就中国新哲学的构建而言，他特别把"汉学家传给我们的古书"（《中国哲学史大纲·导言》）作为重要的思想源头。因此，在方法论上胡适尤其重视清代汉学家的治学方法，认为清代汉学家的方法"确有'科学'精神"（《清代学者的治学方法》）。但是，它们不过是无形之中与科学方法"暗合"而已，因而胡适认为自己最重要的哲学使命就是"把'汉学家'所用的不自觉的方法变为'自觉的'"（《论国故学——答毛子水》）。于是，他把实用主义概括的科学方法与汉学方法相结合，形成了以"大胆的假设，小心的求证"为核心的方法论，并将此运用于中国哲学史的研究和《红楼梦》的考证等。胡适把这一方法论归结为以下三方面。

首先，"拿证据来！"胡适认为，赫胥黎倡导进化论最重要的贡献是在方法论上提出了"存疑主义"（Agnosticism）。他说：

> 赫胥黎说，只有那证据充分的知识，方才可以信仰，凡没有充分证据的，只可存疑，不当信仰。这是存疑主义的主脑。（《五十年来之世界哲学》）

> 赫胥黎的存疑主义是一种思想方法，他的要点在于注重证据。对于一切迷信，一切传说，他只有一个作战的武器，是"拿证据来"。（同上）

清代汉学强调"无证不信"，胡适的"拿证据来"正是赫胥黎的存疑主义与清代汉学"以证求是"精神的结合。由此出发，他主张以"存疑主义"的态度对待一切圣贤经传、古史传说、风俗制度、是非标准，即"凡没有充分证据的，只可存疑，不当信仰"（同上）。胡适的"存疑主义"，从一方面来看，鼓励人们对传统的权威进行大胆怀疑和批判，具有解放思想的作用，在方法论上表现了反对主观武断的态度。但从另一方面来看，带有强烈的经验主义和怀疑主义色彩，把主观武断同理性推断混同起来。特别是他指责马克思主义是"武断的虚悬一个共产共有的理想境界"，唯物辩证法是一种"玄学方法"（《介绍我自己的思想》），更反映出他自己也没有脱离主观武断的政治偏见。

其次，"科学实验室的态度"。胡适介绍了杜威的五步思想法：第一，思想的起点是一种疑难的境地；第二，指定疑难之点究竟在什么地方；第三，假定一种解决疑难的方法；第四，把每种假定所含的结果一一想出来，看哪一个假定能够解决这个困难；第五，证实这种解决使人信用，或证明这种解决问题的谬误使人不信用。其中，前两步是提出问题，第三步是提出解决问题的假设，后两步是对假设加以证实或证伪。由此，胡适把杜威的五步思想法概括为"大胆的假设，小心的求证"。他说：

> 实验主义只是一个方法，只是一个研究问题的方法。他的方法是：细心搜求事实，大胆提出假设，再细心求实证。(《我的歧路》)
> 科学方法只是"大胆的假设，小心的求证"十个字(《介绍我自己的思想》)。

在这里，胡适强调了科学发现中，基于经验提出假设和运用实验手段检验假设这两个环节的重要性，正确地指出了假设与求证的统一是近代科学方法的重要特点。他还将其和清代汉学方法相沟通，在分析清代学者治学方法时说：

> 他们用的方法，总括起来，只是两点：(1)大胆的假设，(2)小心的求证。假设不大胆，不能有新发明。证据不充足，不能使人信仰。(《清代学者的治学方法》)

胡适认为汉学家所用的方法合乎科学方法，在于看到了"假设"的重要性。他说："汉学家的长处就在他们有假设通则的能力，因为有假设的能力，又能处处求证据来证实假设的是非，所以汉学家的训诂学有科学的价值。"(同上)这样，一方面以近代科学方法对汉学家的方法作了阐释，使其科学性由自在变为自觉；另一方面又使近代科学方法获得传统思想资源的支持。这就显示了胡适的方法论是融合中西的创造。

但是，胡适"大胆的假设，小心的求证"带有强烈的主观化倾向。他认为："经验确是一个活人对于自然的环境和社会的环境所起的一切交涉。"(《实验主义》)而在这种对付环境的行为中，思想的作用最为重要。经验尽管包含了人的全部活动，但主要是思想活动。他既认为假设来自经验，那么也就把假设当作了主观自生的推测。进一步，他又提出检验假设是否具有真理性的标准，在于这一理论作为工具是否有用。他说，所谓真理，"不过是人造的假设用来解释事物现象的，解释的满意，就是真的；解释的不满人意，便不是真的，便该寻别种假设来代他了"（《实验主义》）。由此获得的"真"，不管如何小心求证，都不具有客观性和绝对性，只是主观需要的满足。所以，不论是"大胆的假设"，还是"小心的求证"，都具有明显的主观倾向。这是由其上述的世界观和真理论所决定的。

再次，"历史的态度"。胡适强调实验主义与进化论有着渊源关系，很重要的一点，就是要把进化论纳入其方法论。他说：

> 进化观念在哲学上应用的结果，便发生了一种"历史的态度"（The Genetic Method）。怎么叫做"历史的态度"呢？这就是要研究事务如何发生，怎样来的，怎样变到现在的样子。这就是"历史的态度"。（《同上》）

胡适在《中国哲学史大纲·导言》中，把历史的态度规定为三个环节："明变"、"求因"、"评判"。所谓"明变"，就是考察"古今思想沿革变迁的线索"；所谓"求因"，就是要"寻出这些沿革变迁的原因"；所谓"评判"，就是要"把每一家学说所发生的效果表现出来"，由此来评判这些学说的价值。胡适认为这是对清代汉学以"历史的眼光"治学的继承和发扬。（《〈国学季刊〉发刊宣言》）胡适把历史的态度看作进化论在方法论上的运用，把传统的研究历史的方法置于近代科学基础上，这既是中国近代进化论哲学的延续，又是进化论由作为世界观之"道"转变为方法论之"器"的反映。但是，胡适主张多元论的历史观：

> 我们治史学的人，知道历史事实的原因往往是多方面的，所以我们虽然极欢迎用"经济史观"来做一种重要的史学工具，同时我们也不能不承认思想知识等等，也都是"客观的原因"，也可以"变动社会，解释历史，支配人生观"。（《答陈独秀先生》）

这样对原因不分主次、不分根据和条件的差异、不分本质联系和非本质联系，必然导致他说的"吐一口痰"或"起一个念头"也许就会引发某个重大历史事件的结论。（见《介绍我自己的思想》）这无疑是不能真正把握历史演变的原因，揭示历史演变规律的。

不过，应当肯定，胡适在方法论的中西融合上做了一些开创性的工作，对中国近代哲学方法论的创新有一定的推动作用。

第四节 梁漱溟的新儒学

在"五四"新文化运动时期发生的东西文化的论战，对当时以及后来的中国哲学产生了重要影响。梁漱溟作为这场论战中东方文化派的主要代表，提出在"全盘承受"西方科学和民主的基础上，"批评的把中国原来态度重新拿出来"（《东西文化及其哲学》第五章），即构建对于中国走向现代化具有重要价值的新儒学。由此他成为现代新儒学的开山人物。梁漱溟的哲学思想，是西方的柏格森生命哲学与中国传统哲学尤其是王阳明心学相结合而形成的唯意志论和直觉主义。

梁漱溟（1893—1988年），原名焕鼎，原籍广西桂林，其祖父因任京官迁居北京。毕业于顺天中学堂。早年潜心佛学，1917—1924年在北京大学任教。此后长期从事村治运动，先后筹办河南村治学院，创办山东乡村建设研究院，提出改良主义的"乡村建设"理论。抗日战争时期，参与发起中国民主政团同盟（后改组为中国民主同盟），从事民主运动。中华人民共和国成立后，任中国人民政治协商会议全国委员会常务委员。主要著作有《东西文化及其哲学》、《印度哲学概论》、《中国民族自救运动之最后觉悟》、《乡村建设理论》、《中国文化要义》、《人心与人生》等。今有《梁漱溟全集》行世。

一、"意欲"为本和"一任直觉"

与重视科学方法的胡适哲学不同，梁漱溟哲学主要是一种文化哲学，其内容是通过东西文化及其哲学的比较，论证"生命"、"生活"、"人心"与"宇宙"的同一，表现为唯意志主义的本体论和直觉主义的认识论。他说："我尝叹这两年杜威、罗素先到中国来，而柏格森、倭铿不曾来，是我们学术思想界的大幸；如果杜威、罗素不曾来，而柏格森、倭铿先来了，你试想于自己从来的痼疾对症否?"（同上）在他看来，杜威、罗素来中国讲学，与新文化运动提倡科学、民主是一致的，有助于中国人认识到自身文化的弊端；而柏格森、倭铿的哲学属于"生命派哲学",与孔子的思想有些相似,因而不能帮助中国人反省自身文化的缺陷。不过,梁漱溟并不赞成杜威、罗素的哲学,而是汲取与孔子思想相似的西方现代生命派哲学,以阐释儒学在现代文明中的价值。他的唯意志论和直觉主义是柏格森的生命哲学与唯识宗、王学泰州学派等思想的糅合。

首先,梁漱溟提出宇宙就是生命、生活的天人合一论。在他看来,宇宙为一大生命。生物进化和人类社会进化,同为宇宙大生命开展的表现。他称这种生命为"宇宙之生",说:

> 这一个"生"字是最重要的观念,知道这个就可以知道所有孔家的话。孔家没有别的,就是要顺着自然道理,顶活泼顶流畅的去生发。他以为宇宙总是向前生发的,万物欲生,即任其生,不加造作必能与宇宙契合,使全宇宙充满了生意春气。(《东西文化及其哲学》第四章)

这种宇宙大生命的运动,从本质上看,是通过人的生活的展开而实现的。因此,他又说:

> 尽宇宙是一生活,只是生活,初无宇宙。由生活相续,故尔宇宙似乎恒在,其实宇宙是多的相续,不似一的宛在。宇宙实成于生活之上,托乎生活而存者也。(《东西文化及其哲学》第三章)

他强调,离开了生命和生活的相续,就没有宇宙的存在和发展。生命与生活是体用关系,生命是体,生活其用。因此,生命与生活是不可分的。

在此基础上,梁漱溟又提出宇宙生命的核心就是人心的心物合一论。他认为既然生命与生活不可分,那么宇宙生命的核心就是人心(人的主体意识)。因此,他把宇宙大生命看成是一种"大潜力或大要求或大意欲——没尽的意欲"(同上)。这种"大意欲"是心的自由活动,即柏格森讲的"生命冲动"。梁漱溟将其与唯识宗的阿赖耶识相比附,认为"大意欲"通过眼、耳、鼻、舌、身、意等六样工具而活动。这就把宇宙生命作为人心的精神活动过程,由肯定人的生命主体性而陷入了以"意欲"为本的唯意志论。

从这种唯意志论出发,梁漱溟最后走向了唯我主义,认为只有"我"才是宇宙的唯一真实的存在。他说，宇宙间只有两个"我"，一个是"前此的我"或"已成的我"，这就是人们所感知的物质世界，如白色、声响、坚硬等等；另一个是"现在的我"，即"现在的意欲"，人们称之为"心"或"精神"。"现在的我"总是要求向前活动，而"前此的我"总是起着阻碍作用。宇宙发展就是通过"现在的我"对"前此的我"的奋斗努力来实现的（见《东西文化及其哲学》第三章）。

根据这种天人合一论和心物合一论，梁漱溟认为对于宇宙的认识也就是对于人心的自省、自证、自见、自知。这种对宇宙本体的自我认识，不能依靠感觉和理智，而必须依靠直觉。他认为科学研究的是外界物质，所用的是理智；宗教追求的是无声本体，所用的是感觉；而玄学（即哲学）所探寻的是宇宙的内在生命，所用的是直觉。只有直觉才能体悟人心，认识宇宙生命的本体。他介绍柏格森的观点说："宇宙的本体不是固定的静体，是生命，是绵延。宇宙现象则在生活中之所现，为感觉与理智所认取而有似静体的。要认识本体，非感觉理智所能办，必方生活的直觉才行。直觉时即生活时，浑融为一个，没有主客观的，可以称绝对。"（《东西文化及其哲学》第四章）什么是直觉呢？梁漱溟说：

> 儒家说："天命之谓性，率性之谓道"。只要你率性就好了，所以就又说这是夫妇之愚可以与知与能的。这个知和能，也就是孟子所说的不虑而知的良知，不学而能的良能，在今日我们谓之直觉。这种求对求善的本能、直觉，是人人都有的。（同上）

在他看来，直觉是每个人与生俱来的不待感觉和理智而把握善的本能。这种直觉不仅把握善而且把握美，好善与好美同是一个直觉。只有用直觉才能体悟"宇宙之生"，才能把握"无尽的意欲"。

梁漱溟把直觉比喻为打通"内里的生命"与宇宙的生命的"窗户"，由这个窗户达到主客观融为一体的境界，即仁的境界，"孔子之一任直觉"（同上）而达到了这样的境界。因此，他用直觉主义来解释孔子的"仁"：

> 此敏锐的直觉，就是孔子所谓"仁"。（同上）

他认为孔子讲"仁"是"完全凭直觉活动自如"，"仁就是本能、情感、直觉"，因此凭生命的冲动或本能的活动而产生饮食男女的情欲都是好的；问题在于"理智出来分别一个物我，而打量计较，以致直觉退位，成了不仁"。（《东西文化及其哲学》第四章）不仁之所以产生，就是因为用理智计较利害关系，损害了直觉，因而"最与仁相违的生活就是算账的生活"。"仁只是生趣盎然，才一算账则生趣丧矣。"（同上）总之，只有排斥理智，才能超脱利害关系，才会有任凭直觉的生趣盎然的"绝对乐的生活"（同上）。这种观点与王学泰州学派有着历史联系，梁漱溟说："惟晚明泰州王氏父子心斋先生、东崖先生为最合我意，心斋先生以乐为教，而做事出处甚有圣人的样子。"（同上）泰州学派认为人的意欲、情欲都是天然合理的，人心本是乐，凭良知自由活动，人就最快乐了。泰州学派本来就有唯意志论和直觉主义的倾向，梁漱溟将它与柏格森的生命哲学结合起来，建立了比较体系化的唯意志论和直觉主义哲学。

　　梁漱溟的生命意志本体论和直觉主义认识论是主观唯心主义哲学。他早年受到维新派和革命派的进化论思想的影响，后来却反对新文化运动以进化论来论证中国传统文化的落伍和被近代文化取代的必然性，接受了柏格森的生命哲学，走向了唯意志论和直觉主义，并以此作为讨论东西文化问题的哲学基础。这种转向在一定程度上深化了章太炎等对进化论哲学的质疑，包含有某些合理的因素，比如提出了主体意识的能动性、直觉认识的作用、生命情感的价值等问题，对于孔子"仁"的解释，也延续了康有为、谭嗣同等人反对禁欲主义理欲观的人道主义精神。他说："孔家本是赞美生活的，所有饮食男女本能的情欲，都出于自然流行，并不排斥。若能顺理得中，生机活泼，更非常之好的。"（同上）这表明梁漱溟虽然主张复兴儒学，但他并非抱残守缺、盲目复古，而是受到中国近代以来尤其是"五四"时期批判宋明理学"存天理，灭人欲"的影响，试图重新解释孔子思想，使儒家思想适合现代的价值观念。但是，梁漱溟贬低理智，实际上是与孔孟的理性主义传统相背离的，更是与中国近代尤其是"五四"时期倡导的科学理性精神相背离的。

二、文化三种路向与走"孔家的路"

　　梁漱溟从上述唯意志论和直觉主义出发来讨论东西文化问题。这首先表现在他给文化下的定义上：

> 你且看文化是什么东西呢？不过是那一民族生活的样法罢了。生活又是什么呢？生活就是没尽的意欲。（《东西文化及其哲学》第二章）

就广义的文化而言，把文化解释为"民族生活的样法"，并没有错。但他认为生活就是"没尽的意欲"，实际上就是以人的意志、意欲为文化发展的根本原因。他说："我以为我们去求一家文化的根本或泉源有个方法。……通是个民族，通是个生活，何以他那表现出来的生活样法成了两异的采色？不过是他那生活样法最初本因的意欲分出两异的方向，所以发挥出来的便两样罢了。然则你要求一家文化的根本或源泉，你只要去看文化的根原的意欲。"（同上）这就是说，"意欲"是人类生活的"根本"或"最初本因"，"意欲"的不同方向，决定了社会生活（历史）和文化发展的不同性质和方向。

这种"意欲"产生和决定文化的观点，是与天才创造文化的观点相联系的。他说：

> 其实，文化这样东西点点俱是天才的创作，偶然的奇想，只有前前后后的"缘"，并没有"因"的。（《东西文化及其哲学》第三章）

就是说，文化是天才的意欲随意创造出来的。他以此解释中国文化和西方文化的起源，认为"中国之文化全出于古初的几个非常天才之创造，中国以前所谓'古圣人'，都只是那时的非常天才"；而西方的天才不如中国的"非常天才"的天分高，只是"平常的天才"，因此只能"一点一点"地"逐渐发明"（同上）。由此，他明确反对用马克思主义唯物史观来研究人类文化，说："马克思主义说生产力为最高动因。这所以使生产力发展可钝可利的在哪里呢？还在人类的精神方面"；这种精神就是"人的物质生活的欲求"，发展生产力是由如此的精神欲求所决定的，"所以我们以为人的精神是能决定经济现象的"。（同上）既然文化是天才意欲冲动的产物，那么就没有产生文化的客观原因。他说所谓客观，"只有前前后后的'缘'，并没有'因'的"；若要论"因"，那么，"照我们的意思，只认主观的因，其余都是缘"。（同上）于是，他认为唯物史观阐明文化产生和发展的最终的客观原因在于生产力，是把人类文化看成"只被动于环境的反射"(《东西文化及其哲学》第三章)。这种唯心主义的文化观,完全否定了文化发展的物质基础,颠倒了社会存在与社会意识的关系,否定了文化发展的客观原因。因此,从这种文化观来比较东西文化,必然有很大的主观随意性。中国近代从龚自珍到章太炎,不少思想家都有唯意志论的倾向,而且也没有摆脱唯心史观的制约,但他们都在一定程度上突出了"众人"和"群力"。就此而言,梁漱溟以天才意欲为根本动因的文化观,不仅是与唯物史观对立的,而且是对中国近代以来重视群体力量的思想潮流的一种倒退。

梁漱溟文化观的本质是以意欲作为文化的动因,因而他就按照"意欲"的不同,把人类文化分为三种完全不同的路向:"以意欲向前要求为其根本精神"的西洋文化路向;"以意欲自为、调和、持中为其根本精神"的中国文化路向;"以意欲反身向后要求为其根本精神"的印度文化路向。(见《东西文化及其哲学》第二、三章)由于这三种文化路向的根本精神不同,它们对待生活的态度也不同:西洋文化"向前面要求","是奋斗的态度";中国文化"对于自己的意思变换、调和、持中","回想的随遇而安";印度文化"转身向后去要求",想根本取消当前的问题或要求。(见《东西文化及其哲学》第三章)因此三者的思维结构也不同:西洋文化"着眼研究者在外界物质,其所用的是理智";中国文化"着眼研究者在内界生命,其所用的是直觉";印度文化"着眼研究者将在无生本体,其所用的是现量(即感觉——引者注)"。(《东西文化及其哲学》第五章)在此基础上,他提出了"世界文化三期重现说",认为人类文化发展是按照西洋文化、中国文化、印度文化三个步骤进行的。在他看来,西洋文化"意欲向前要求"的精神导致人生观的根本错误,发展到今天已经"毛病百出,苦痛万状"。世界大战给人类造成的灾难,带来的严重社会问题,表明这一文化路向已经走到了历史尽头。在他看来,与西洋文化所处的困境相比,以中国文化为代表的第二路向比西方文化更优越、更健全,并作出判断:"现今西方思想界已彰明的要求改变他们从来人生态度,而且他们要求趋向之所指就是中国的路、孔家的路。"(同上)

显然,文化三路向说的目的是论证唯有儒学复兴才是世界文化的出路,提倡和重建时代需要的新儒学。虽然他把以印度文化为代表的第三路向看作是文明发展的最高层次,但他意识到就现实中国的混乱局面来看,还不能采取避世态度来解决中国的出路问题,故第三路向只能等到未来再议。

梁漱溟这种东西文化比较观以及将文化发展的历史描绘成"意欲"冲动史，无疑是主观的虚构，没有科学的依据。正如胡适所批评的，这是"主观的文化哲学"、"主观的文化轮回说"。（《读梁漱溟先生的〈东西文化及其哲学〉》）但要看到，梁漱溟与那些顽固守旧派是有所不同的。他在肯定西方文化科学与民主成就的同时，对传统儒学的人生观也有一些批评，曾尖锐地批判"假儒学"，指斥其沦为政治工具、吃人礼教。梁漱溟的新儒学之所以提倡儒学复兴论，主观意愿是想借助柏格森的生命哲学等来重新阐释儒家的人生态度，使儒学具备现代形态，从而达到老干新枝、返本开新的效果。梁漱溟的这种主观构想，把他自己推入了自相矛盾的悖论中。他一再把中西文化说成是两条绝不相通的路向，竭力反对调和这两条文化路向的主张。可是既然要与现代社会接轨，就不能不对传统儒学有所反思，有所损益，这样就又回到"中学为体，西学为用"的老路上去了。

总之，梁漱溟的唯心主义文化观以唯意志论和直觉主义为基础，对西方文化和儒家文化的认识存在着很多盲目性，比如过分夸大西方近代文化发展中的弊病，否定西方近代贯穿着科学和民主精神的人生态度的合理性，缺乏对儒学以及所依附的中国传统社会的前现代性的批判意识，把儒学等同于中国文化的全部，过分夸大了儒学的作用，以为世界文化的未来取决于儒学的昌明，等等，都表现出了其文化观的历史局限性。但不能否认，梁漱溟文化观也包含着一些有价值的因素，比如他对东西文化差异及其哲学基础的思考，不仅有助于推进近代中国对西学的认识，而且开辟了中西哲学比较的研究领域；强调中西文化差异不仅要看到时代性差异，还要看到民族性差异，深化了对中国传统文化民族性的思考；他的复兴儒学主张，其理由虽不完全正确，但对于阐明传统文化在现代社会的价值，继承和发展传统文化中的有益成分，仍具有一定意义。

第五节　科学与玄学的论战

1923—1924 年，中国思想界爆发了科学与玄学论战①（又称"科学与人生

---

① 论战文章结集为《科学与人生观》，上海亚东图书馆 1923 年版；《人生观之论战》，泰东图书局 1923 年版。

观的论战”）。张君劢和丁文江①是这场论争的发难者，分别为论战中玄学派和科学派的主要代表人物。这场论战影响广泛，各种哲学思想相互争鸣交锋，马克思主义哲学也参与其中，并在一定意义上为其作了总结。

1923 年，文化保守派学者张君劢在清华大学发表题为《人生观》的演讲，主要观点是无论科学怎样发达，都解决不了人生观问题，解决这个问题只能依靠人自身。接着，丁文江发表《玄学与科学——评张君劢的〈人生观〉》一文，对张君劢进行批评，双方开始激烈论辩。不久，许多著名学者都卷入论战，站在丁文江一边的有胡适、吴稚晖、王星拱等，站在张君劢一边的有梁启超、张东荪、林宰平等。陈独秀、瞿秋白、邓中夏②等马克思主义者也相继发表相关文章，遂使这场论战形成了科学派、玄学派和唯物史观派三家争鸣的局面。

一、玄学派的唯意志论

玄学派之兴起，同当时的国际思潮有关系。第一次世界大战充分暴露了资本主义社会存在的问题，西方有些人试图从东方文明中寻找精神支柱。而中国也有人认为“西方物质文明破产了”，“东方精神将复兴”，如梁启超的《欧游心影录》和梁漱溟的《东西文化及其哲学》。张君劢与他们同调。他说：“自孔孟以至宋元明之理学家，侧重内心生活之修养，其结果为精神文明。三百年来之欧洲，侧重以人力支配自然界，故其结果是物质文明。”（《人生观》）张君

---

① 张君劢（1887—1969 年），原名嘉森，号立斋，江苏宝山（今属上海市）人。他先后留学日本、德国，师从倭铿学哲学，推崇柏格森的唯意志论。回国后任北京大学、燕京大学教授。为国家社会党（1946 年改称民主社会党）领导人之一，长期从事政治活动。1949 年经澳门去印度，后到美国，卒于旧金山。丁文江（1887—1936 年），字在君，江苏泰兴人。他早年留学英国，学习动物学与地质学，回国后成为著名地质学家，曾任北京大学教授、中央研究院总干事。曾参加胡适创办的《努力周报》、《独立评论》。其思想深受马赫主义等实证论的影响。

② 瞿秋白（1899—1935 年），又名霜，江苏常州人。1919 年在北京参加“五四”运动，1920 年参加李大钊组织的“马克思学说研究会”，同年以记者身份赴苏俄采访，最早系统向国内介绍苏俄情况。1922 年加入中国共产党。1923 年回国后，长期担任党的主要领导工作，写了大量政治理论文章，是党探寻中国革命的理论和道路的先行者之一。1931—1933 年，和鲁迅共同指导左翼文化运动。1935 年被俘，英勇就义。邓中夏（1894—1933 年），号仲澥，又名邓康，湖南宜章县人。1917 年入北京大学国文门学习。1920 年参加北京的共产党主义小组。1923 年参加创办上海大学，任校务长。1923 年发表的《中国现在的思想界》（《中国青年》1923 年第 6 期）和 1924 年发表的《思想界的联合战线问题》（《中国青年》1924 年第 15 期），都分析了科学与玄学论战中的三派。长期从事和领导早期中国工人运动。1932 年到上海任全国赤色互济会总会主任兼党团书记。1933 年被捕，不久英勇就义。

劢讲人生观是强调在西方物质文明破产之际，需要弘扬孔孟以至宋明理学的精神文明。

张君劢和梁漱溟一样，推崇柏格森哲学，也是唯意志论者。他认为人生观是出于意志自由的选择，而不受科学的支配。他说：

> 人生观之特点所在，曰主观的，曰直觉的，曰综合的，曰自由意志的，曰单一性的，惟其有此五点，故科学无论如何发达，而人生观问题之解决，绝非科学所能为力，惟赖诸人类之自身而已。（《人生观》）

> 科学上之因果律，限于物质，而不及于精神。……人类活动之根源之自由意志问题，非在形上学中，不能了解。（《人生观之论战·序》）

在张君劢看来，意志具有绝对自由的品格，完全不受因果律的约束，每个人都可凭"自身良心之所命"而主张某种人生观。他列举了大家族主义和小家族主义、男尊女卑和男女平等、自由婚姻和专制婚姻、私有财产制和公有财产制、守旧主义和维新主义、物质文明和精神文明、个人主义和社会主义、为我主义和为他主义、悲观主义和乐观主义、有神论和无神论，等等，认为这些对立的双方都是人们可以自由选择的。例如，此时选择君主制，彼时选择民主制；此时主张资本主义，彼时主张社会主义；等等。他说：

> 故曰人生者，变也，活动也，自由也，创造也。惟如是，忽君主，忽民主，试问论理学之三公例（曰同一，曰矛盾，曰排中），何者能证其不合乎？论理学上之两大方法（曰内纳，曰外绎），何者能推定其前后之相生乎？忽而资本主义，忽而社会主义，试问论理学之三大公例，何者能证其合不合乎？论理学上之两大方法，何者能推定其前后之相生乎？（《再论人生观与科学并答丁在君》）

这是虚构的自由意志的神话。事实上不可能有这种"忽君主，忽民主"；"忽而资本主义，忽而社会主义"的自由意志。一个人自以为可以随心所欲地"忽而这样，忽而那样"，这正是没有意志自由的表现。坚强的意志具有自由和专一的双重品格，一个人在行动上忽而往左，忽而往右，正说明他既缺乏坚忍不拔的毅力，又缺乏自由选择的胆略。而"忽君主，忽民主"云云，其实也并没有违背形式逻辑。因为即使在反复无常者的头脑里，仍然存在着"君主是君主，民主是民主"，这还是遵守同一律的。

参加论战的其他几个玄学家，说法亦大体相似。玄学派论证上述观点时，往往以柏格森哲学为思想资源。张君劢批驳丁文江关于20世纪西方哲学都转向了科学知识论的观点，指出西方哲学在发展科学知识论的同时，还有形而上学的复兴。他把西方形而上学的复兴称为"新玄学时代"，认为这种"新玄学"的特点在于主张自由意志，"振拔人群于机械主义之苦海中，而鼓其努力前进之气"（《再论人生观与科学并答丁在君》）。柏格森的唯意志论正是这种"新玄学"，因此他们的玄学是与西方哲学重建形而上学本体论的"新玄学"相吻合的。

不过，玄学家主张的人生观的内核，更多的是以宋明理学为底色。这反映在他们的义利观和群己观上。张君劢说：

> 若夫国事鼎沸纲纪凌夷之日，则治乱之真理，应将管子之言颠倒之，曰："知礼节而后衣食足，知荣辱而后仓廪实"。吾之所以欲提倡宋学者，其微意在此。（同上）

> 孟子之所谓"求在我"，孔子之所谓"正己"，即我之所谓内也。本此义以言修身，则功利之念在所必摈，而惟行己之心之所安可矣。以言治国，则富国强兵之念在所必摈，而惟求一国之均而安可矣。吾惟抱此宗旨，故于今日之科学的教育与工商政策，皆所不满意，而必求更张之。（同上）

这是用理学家的义利观和群己观，来维护近代以来尤其是"五四"以来正在崩溃的"纲纪"、"礼教"，坚决排斥功利主义，甚至连洋务派那种富国强兵之术都要摈弃，竭力提倡"内生活修养之说"，以求得社会群体的"均而安"，达到"德化之大同"（同上）。

张君劢的这些说法，带有封建传统社会的宗法色彩。不过，它们已不同于封建时代的儒学。在中国古代，占统治地位的儒学用天命论来维护封建宗法制度，论证君权出于天命，要被统治者顺从命运的安排。到了近代，许多进步思想家如龚自珍、魏源、谭嗣同、章太炎等用唯意志论来反对宿命论，具有反封建的意义。但到了玄学家那里，唯意志论却成了用来维持"纲纪"、"礼教"的工具了。这一变化说明纲常名教已失去现实性的内容，变成不合理的东西，只能凭主观意志加以维护了。不过，玄学家的一些思考，如怎样解决现代社会中科学与人生的矛盾，传统儒学在现代精神生活中是否仍然具有价值，如何认识哲学的科学化与哲学的形上学重建等，是有一定理论价值的。

二、科学派的实证论

与玄学派对立的科学派，强调人生观跳不出科学方法的范围。丁文江指斥："玄学家先存了一个成见，说科学方法不适用于人生观。""假若人生观真是出乎科学方法之外，一切科学岂不是都可以废除了？"（《玄学与科学——评张君劢的〈人生观〉》）胡适后来为论战作总结，也指斥玄学家高喊"欧洲科学破产"的荒谬。他说："我们那里配排斥科学？至于'人生观'，我们只有做官发财的人生观，只有靠天吃饭的人生观，只有求神问卜的人生观，只有《安士全书》的人生观，只有《太上感应篇》的人生观，——中国人的人生观还不曾和科学行见面礼呢！"（《科学与人生观·序》）他"深信人生观是因知识经验而变换的"，并认为因果律"笼罩一切"，人类社会有其"演进的历史和演进的原因"，"一切心理的现象都是有原因的"，"道德礼教是变迁的，而变迁的原因都是可以用科学方法寻求出来的"。（同上）这些说法与"五四"时期倡导科学精神的潮流颇为一致。

但是他们所谓用科学方法寻求因果律，是以实证论（包括马赫主义和实用主义）观点为基础的。丁文江介绍实证论的"存疑唯心论"说：

> 凡研究过哲学问题的科学家如赫胥黎、达尔文、斯宾塞、詹姆士、皮尔生、杜威，以及德国马哈（即马赫——引者注）派的哲学，细节虽有不同，大体无不如此。因为他们以觉官感触为我们知道物体唯一的方法，物体的概念为心理上的现象，所以说唯心。觉官感触的外界，自觉的后面，有没有物，物体本质是什么东西：他们都认为不知，应该存而不论，所以说是存疑。（《玄学与科学——评张君劢的〈人生观〉》）

这里承认了实证论是主观唯心主义与不可知论的结合。它把感觉同物质割裂开来，认定感觉要素是唯一的实在，通常说的物体不过是感觉要素的结构，所以说"物体的概念为心理上的现象"。至于有没有物质实体的问题，既然人类跳不出自己的感觉经验，便只好对此存疑了。从这样的实证论观点出发，丁文江说："我们所谓科学方法，不外将世界上的事实分起类来，求他们的秩序。"（《玄学与科学——译张君劢的〈人生观〉》）按照存疑唯心论的说法，所谓"事实"，不过是心理上的现象或主观感觉经验而已。因此，所谓"将事实分类以求秩序"，只不过是主观的安排方式或方便假设，是没有客观性和必然性的。丁文江在《玄学与科学——答张君劢》中说：

> 科学上所谓公例，是说明我们所观察的事实的方法，若是不适用于新发见的事实，随时可以变更。马哈同皮尔生（今译皮尔士）都不承认科学的公例有必然性，就是这个意思。这是科学同玄学根本不同的地方。玄学家人人都要组织一个牢固不拔的"规律"（System），人人都把自己的规律当做定论。科学的精神绝对与这种规律迷的心理相反。

这种真理论一方面正确地否定了把规律绝对化的形而上学，另一方面又错误地否定了客观的、绝对的真理，导致了相对主义的非决定论。用相对主义的非决定论来解决人生问题，同张君劢所谓"甲一说，乙一说，漫无是非真伪之标准"，在本质上是没有什么区别的。

胡适对科学派的人生观勾画了一个轮廓，称之为"自然主义的人生观"。他根据生物科学，强调"人不过是动物的一种，他和别种动物只有程度的差异，并无种类的区别"（《科学与人生观·序》）。他肯定人的生物学要求，赞赏吴稚晖的"人欲横流"的人生观，所以在义利观上赞成功利主义、快乐主义。在群己观上，胡适称其人生观为"健全的个人主义的人生观"。他说：

> 易卜生的戏剧中，有一条极显而易见的学说，是说社会与个人互相损害；社会最爱专制，往往用强力摧折个人的个性，压制个人自由独立的精神；等到个人的个性都消灭了，等到自由独立的精神都完了，社会自身也没有生气了，也不会进步了。（《易卜生主义》）
>
> 自治的社会，共和的国家，只是要个人有自由选择之权，还要个人对于自己所行所为都负责任。若不如此，决不能造出自己独立的人格。（同上）

这在当时具有反封建的意义。他痛斥专制主义借"社会"之名来摧残个性,并指出发展人的个性或造成自由独立的人格,要有两个条件:第一,"要个人有自由选择之权",即有自由意志;第二,要个人对自己的行为承担责任。只有由这样独立人格组成的社会,才是真正自由的社会。所以,他引易卜生的话说:"你要想有益于社会,最妙的法子莫如把你自己这块材料铸造成器。"也就是说,实行这种"为我主义",就是"最有价值的利人主义"。(《易卜生主义》)胡适在个人主义基础上讲"为我"与"为人"的统一,和严复"开明自营"的合理利己主义具有同样的片面性,不可能正确解决群己关系。而且胡适还讲:"人生的意味,全靠你自己的工作;你要它圆就圆,方就方,是有意味。"(《胡适讲演集·科学的人生观》)这样的个人主义人生观,虽然打着科学的旗号,但其实是在鼓励人们盲动。从这个意义来看,所谓科学派与玄学派并无本质的区别。

三、马克思主义者对两派的批评

马克思主义者在这场重要论战中没有置身事外。陈独秀基本站在唯物史观的立场上,着重批评了玄学派一方。他指出:张君劢列举的那些对立的不同的人生观,社会科学可一一加以分析,说明其客观原因,如大家族主义变小家族主义,"纯粹是由农业经济宗法社会进化到工业经济军国社会之自然的现象",等等。他根据唯物史观来论述因果律和意志自由的关系,说:"在一定范围内,个人意志之活动,诚然是事实,而非绝对自由,因为个人的意志自由是为社会现象的因果律并心理现象的因果律支配,而非支配因果律者。"(《答张君劢及梁任公》)陈独秀驳斥张君劢"思想者事实之母也"的命题说:"在社会动象中,只看见思想演成事实这后一段过程,而忘记了造成思想背景的事实这前一段过程,这本是各派唯心论之共同的中心的错误。他们只看见社会上一种新制度改革之前,都有一种新思想为之前驱,因此便短视地断定思想为事实之母;他们不看见各种新思想都有各种事实为他所以发生的背景,决非无因而生。……思想明明是这些事实底儿孙,如何倒果为因,说思想是事实之母?"(同上)

同时,陈独秀也适当地批评了科学派一方。他指出,丁文江自号存疑唯心论,是"沿袭了赫胥黎、斯宾塞诸人的谬误,你既承认宇宙间有不可知的部分而存疑,科学家站开,且让玄学家来解疑"(《科学与人生观·序》)。就是说,不可知论为玄学留了地盘,使得张君劢等有空子可钻。陈独秀还批评了胡适的多元论的历史观：胡适"坚持物的原因外，尚有心的原因，——即知识、思想、言论、教育，也可以变动社会，也可以解释历史，也可以支配人生观"，这就是把物的原因和心的原因并列，不分主次了。他指出："像这样明白主张心物二元论，张君劢必然大摇大摆的来向适之拱手道谢。"[《答适之（1923年12月9日）》] 即是说，胡适主张历史多元论，并不能真正揭露张君劢玄学理论的错误实质。

陈独秀对两派的上述批评基本上是正确的。不过，陈独秀在这次论战中也存在着若干理论上的错误。他把实用主义和唯物史观都说成是关于社会历史的科学理论，还说实证论者孔德把历史分为三个时代即宗教迷信时代、玄学时代、科学时代，这是科学的定律（见《科学与人生观·序》）。可见，他当时还没能完全划清马克思主义和实证论的界限。

瞿秋白比较正确地用马克思主义来总结这场论战。他于1923年写了《自由世界与必然世界》，指出此次论战中"所论的问题，在于承认社会现象有因果律与否，承认意志自由与否，别的都是枝节"。也就是说，这场争论的中心，是如何认识自由与必然的关系。玄学派指责唯物史观是宿命论，而科学派则主张非决定论。对此瞿秋白指出：

> 社会现象是人造的，然而人的意志行为都受因果律的支配；人若能探悉这些因果律，则其意志行为更切于实际而能得多量的自由，然后能开始实行自己合理的理想。
>
> 因此，"必然论"是社会的有定论（diterminisme），而不是"宿命论"（fatalisme）。（《自由世界与必然世界》）

这里阐明了三个方面的问题。首先，在意识与存在的关系上，阐明了人的有意识、有目的的活动归根结底取决于社会存在，人们的种种意向都是经济活动的结果，反过来再成为影响社会发展的因素。其次，在自由与必然的关系上，阐明了社会现象都受因果律的支配，"唯知此因果律之'必然'，方能得应用此因果律之'自由'"（同上）。社会领域的意志自由是与认识和应用社会领域的规律相联系的。再次，在理想与现实的关系上，阐明了"社会的有定论以科学方法断定社会现象里有因果律；然后能据此公律推测'将来之现实'——就是'现时之理想'"（同上）。当前的现实是过去的果，也是将来的因。真正的社会理想是合乎规律产生的"将来之现实",是必然可以达到的目标。这就既回应了玄学派对唯物史观的指责,又批评了科学派的非决定论。

马克思主义者对于论战中涉及的义利观和群己观问题,也提出了自己的见解。陈独秀用唯物史观来讲功利主义。例如,对张君劢提出的"守旧主义和维新主义"两种人生观的对立,陈独秀解释说:"守旧维新之争持,乃因为现社会有了经济的变化,而与此变化不适应的前社会之制度仍旧存在,束缚着这变化的发展,于是在经济上利害不同的阶级,自然会随着变化之激徐,或激或徐的冲突起来。"(《科学与人生观·序》)李大钊虽然没有参加此次论战,但在1921年与无政府主义的论战中,对群己关系即个人与社会的关系问题,也作出了正确的回答。他在《自由与秩序》一文中指出,个人与社会原是不可分的,个人主义与社会主义并非绝对不相容。他写道:

> 真正合理的个人主义,没有不顾社会秩序的;真正合理的社会主义,没有不顾个人自由的。个人是群合的原素,社会是众异的组织。真实的自由,不是扫除一切的关系,是在种种不同的安排整列中保有宽裕的选择机会;不是完成的终极境界,是进展的向上行程。真实的秩序,不是压服一切个性的活动,是包蓄种种不同的机会使其中的各个份子可以自由选择的安排;不是死的状态,是活的机体。

李大钊所说的"合理的个人主义"与"合理的社会主义"的统一,也就是合乎社会发展规律的个性自由与大同团结的统一。在他看来,真实的自由是"秩序中的自由",是一个不断进展的向上的行程;真实的秩序是"自由间的秩序",是一个能给各个分子以自由选择机会的活的机体。他认为,社会秩序应该是生动活泼的机体,而人的自由则是历史地演进着的过程。这样的群己观既不是玄学派有浓厚宗法色彩的"均而安"的整体主义,也不是科学派强调个人的"为我主义",而是个人与社会、自由与秩序的有机统一。

总之,在"五四"新文化运动时期,人们回顾历史、面对现实,提出种种见解,学术争鸣和新旧思潮的激战得以在更大规模和更深层次上展开。在思想的自由争鸣中,人们经过比较鉴别,作出选择。特别是在东西文化论战和科学与玄学论战中,马克思主义依靠自身理论的先进性、科学性和严谨性以及俄国十月革命胜利的实例,脱颖而出,引起了中国先进知识分子和青年学生的广泛关注，有力地推进了马克思主义的传播，中国近代哲学开始进入以唯物史观和唯物辩证法为主流的新阶段。这就为中国革命从旧民主主义革命过渡到新民主主义革命提供了重要的世界观和方法论基础。

思考题：

1. 李大钊对中国马克思主义哲学有什么重要贡献？

2. 胡适"实验主义"方法论的主要观点是什么？

3. 梁漱溟的唯意志论和直觉主义在其文化观中有何表现？

4. 在科学与玄学论战中马克思主义者的主要观点是什么？

第三十八章　专业哲学家中西融合的理论

"五四"运动之后，直至中华人民共和国成立，中国哲学的发展有两个特点：一是马克思主义哲学的中国化逐渐成为主流，毛泽东哲学思想是其主要代表；二是一些专业哲学家如熊十力、冯友兰、金岳霖等人尝试建立中西结合的哲学体系，也为中国哲学的发展作出了一定贡献。本章论述熊十力、冯友兰、金岳霖等专业哲学家的哲学思想。

第一节　熊十力的"新唯识论"

熊十力（1884—1968 年），原名升恒，字子真，湖北黄冈人，青年时代参加辛亥革命和护法运动，以后脱离政界，潜心研究哲学特别是儒学和佛学，曾任北京大学教授。中华人民共和国成立后，任中国人民政治协商会议特邀代表及第二、三、四届全国政协委员。熊十力认为，西方"科学文明一意向外追逐"，导致人类走向自我毁灭，而东方学术的精髓在于"反本求己，自适天性"的玄学，正可以救治西方文明的弊病，所以，"吾意欲救人类，非昌明东方学术不可"（《十力语要》卷二）。他以这样的中西文化观来会通中西哲学，出入儒佛，建立了"新唯识论"哲学体系。主要著作有《新唯识论》（文言文本和语体文本分别于 20 世纪 30 年代和 40 年代问世）、《十力语要》、《佛家名相通释》、《原儒》、《体用论》等。今有《熊十力全集》行世。

一、科学与哲学"当分二途"

熊十力玄学本体论的重建是从科学与哲学的关系入手的。这显然与"科学与玄学论战"有直接关系。熊十力是最先自觉地由此来重建本体论的哲学家。他指出：

> 学问当分二途：曰科学，曰哲学（即玄学）。（《新唯识论》语体文本第一章）

在他看来，科学与哲学作为两种不同的学问，各有自己的出发点、研究对象、研究目的和研究方法。从出发点看，科学从日常生活的经验出发，哲学则纯为人类伟大精神的产物。从研究对象看，科学以物质世界为研究对象，而绝不问及万物的根源，哲学则以世界本质为研究对象，所用心者在于本体问题。从研究目的看，科学是为了认识自然和改造自然，哲学则是为了认识人生和修养人生。从研究方法看，科学探索自然以实测为本，哲学探索本体则用"反求自证"的方法。

根据科学与哲学的上述特点，熊十力把科学称为"逐物之学"、"日益之学"，是追求知识的学问；而把哲学称为"返己之学"、"日损之学"，是关于修养的学问。因此，科学与哲学各有自己的意义范围和存在价值。人们既不能用哲学代替科学，也不能用科学代替哲学，熊十力尤其反对用科学来取代哲学。他认为，如若用科学代替哲学，只讲逐物而不讲返己，那么人就丧失了内部生活的灵性，剩下的只是由科学所获得的一大堆无灵性的知识。

熊十力认为，尽管随着科学的发展，许多原来属于哲学研究的东西逐渐变成了由科学探讨的东西，哲学的意义范围日益缩小。但是，哲学中仍有不可能变成科学的内容，这就是本体论。对于本体论来说，它不是建立在经验之上的，不是独立于主体而存在的，不是可以用实测方法来研究的。科学无论发展到何种程度，都没有办法把本体论纳入自己的意义范围，而只能把这个领域永久地留给哲学。他说：

> 哲学自从科学发展以后，他底范围日益缩小。究极言之，只有本体论是哲学的范围，除此以外，几乎皆是科学的领域。（《新唯识论》语体文本第一章）

在这个意义上，可以说"哲学所穷究的，即是本体"；"哲学建本立极，只是本体论"。（同上）本体论是哲学的根基和立足点，不应当离开本体论去谈哲学。可见，熊十力通过对科学与哲学的划界，为哲学本体论的重建奠定了基础。但是，中外哲学史表明，哲学与科学并不能截然分离，科学始终是哲学的重要基础，哲学本体论始终与科学的经验世界保持着某种联系。熊十力所讲的本体不是离开心的外在境界，因而只能用"实证"即直觉才能获得。以直觉认识本体，是对柏格森哲学的吸取。他坦言，西洋生命派哲学"其所见，足与《新论》相发明者自不少"（《十力语要·印行十力丛书记》）。

二、"体用不二"与"翕辟成变"

熊十力认为："哲学上的根本问题，就是本体与现象。"（《新唯识论》语体文本卷中"后记"）他重建本体论的基本点，就在于对本体与现象的关系作出新的理解和阐释。

熊十力指出，传统形而上学的根本缺陷，特别是西方传统形而上学的根本缺陷，在于将本体与现象割裂开来、对立起来，把本体看作是立于现象背后或现象之上的根源性实体。这样一来，就不可避免地出现世界的二重化问题。其结果是将"物"与"心"、客体与主体、宇宙与人生、现实与理想都加以割裂，不能对宇宙人生作出正确的说明。

针对这种现象，他提出"新唯识论"的本旨即"体用不二"，强调本体与现象相即不离。他说：

> 体、用二词，只是约义分言之，实则不可析为二片的物事。（《新唯识论》语体文本第六章）

在他看来，离"用"而言"体"，或离"体"而言"用"，都是不正确的。其所以如此，就在于他所说的"体"，不是传统形而上学所说的那种高于现象界的绝对实体，也不是宗教所说的那种超越宇宙万有之上的造物主，而只有通过"用"才能显现出来；他所说的"用"，是功用以及功用流行变化所展开的现象界，这些都不过是本体的显现。也就是说，"用"，就是体的显现；"体"，就是用的体；"无体即无用，离用元无体"（《新唯识论》语体文本第三章）。

在此基础上，熊十力进一步指出，既然"体"、"用"相即，由"用"显"体"，那么所谓本体就不是一种凝固不变的绝对实体。尽管本体不是空无，有其自体，但不能把本体看作是个恒常的物事。他反复说：

> 本体自身是个生生不息的物事。……本体底自身是个变化不可穷竭的物事。（《新唯识论》语体文本第六章）

在他看来，只有深刻领悟了这一点，才能真正把握"体用不二"的观点，克服世界的二重化。

为什么"体"与"用"会流行变化、生生不息呢？熊十力认为，这是因为"本体现为大用，必有一翕一辟"（《新唯识论》语体文本第四章），从而使每一功能都具有内在的矛盾而成其发展。熊十力对"翕"与"辟"这对中国传统哲学的范畴予以改造，指出所谓"翕"，是凝于物化的动势，具有固闭、下坠的性质，是"辟"所依据、所显发的工具，其动向与本体相反。所谓"辟"，是不可物化的动势，具有刚健、开发、升进、昭明等德性，为运动"翕"、转化"翕"的力量，代表了本体的动向。"翕"与"辟"是相反相成的。他说：

> 每一功能都具翕、辟两极，没有一个功能只是纯翕而无辟，或只是纯辟而无翕的。（《新唯识论》语体文本第六章）

"翕"与"辟"是融合在一起的，不可当作物体之有上下或南北两极，更不可能把它们割裂开来。正是"翕"与"辟"的相互作用，造就了大用流行。

熊十力又认为，所谓"翕"也就是"物"，所谓"辟"也就是"心"。在物质宇宙发展过程中，在自然界一切事物的内部都有一种向上而不为物化的势用即"辟"、"心"潜存着。及至有机物发展阶段，这种势用逐渐显盛起来，方显示出主宰的作用。至于人类，则使这种势用得到充分的发展和发挥。"辟"、"心"与"翕"、"物"相比，具有主动性、创造性，从而使得"翕辟成变"不是如机械的动作，其间宛然有一种"自由的主宰力"。在熊十力看来，本体即是"本心"、"仁心"、"宇宙的心"。但是，"本心"、"仁心"、"宇宙的心"并不是外在于现象的绝对精神，而是存在于现象之中的主体性。"心"对于"物"的能动作用，正是"本心"、"仁心"、"宇宙的心"的体现。可以说："一一物各具之心，即是宇宙的心；宇宙的心，即是一一物各具之心。"（《新唯识论》语体文本第四章）这样一来，"本体非是离我的心而外在者"，"万物本原与吾人真性，本非有二"（《新唯识论》语体文本第一章）。熊十力通过对"体用不二"与"翕辟成变"的阐释，把本体与主体结合起来。

应当指出，熊十力在强调"心"之作用的同时，并未完全否定"物"。他是在"翕"、"辟"融合为一，"心"、"物"不可分割的前提下肯定"辟"、"心"的主体性、能动性和创造性的。他所说的"本体"，包含着"翕"与"辟"、"心"与"物"两方面的内容。因此，熊十力认为"新唯识论"既不同于以前的唯心主义，也不同于以前的唯物主义。他说：

> 哲学家中，有许多唯心论者，其为说似只承认吾所谓辟的势用，而把翕消纳到辟的一方面去了。亦有许多唯物论者，其为说又似只承认吾所谓翕的势用，而把辟消纳到翕的一方面去了。他们唯心和唯物诸论者，均不了一翕一辟是相反相成的整体。至我之所谓唯心，只是着重于心之方面的意思，并不是把翕的势用完全消纳到辟的方面去。（《新唯识论》语体文本第四章）

熊十力的"新唯识论"，并没有像他说的那样超越了唯心主义和唯物主义。他虽然主张"翕"、"辟"融合为一，"心"、"物"不可分割，但又认为本体是"本心"、"仁心"、"宇宙的心"，真正能体现本体的是"辟"和"心"而不是"翕"和"物"，"辟"、"心"是主导的动势，"翕"、"物"是被动的动势。这反映了"新唯识论"的唯心主义倾向。但同那些机械唯物主义和绝对唯心主义相比，"新唯识论"中确实包含着一些深刻的思想。首先，熊十力对"辟"、"心"的高扬，不仅强调了人的主体性，而且揭示了宇宙流行不是纯粹的物质之流，也不是纯粹的生命之流，而是一个主体改造客体、不断把自在之物转化为为我之物的过程。所谓本体，正是通过这种改造和转化而显现出来的。其次，熊十力认为本体并非是把未来发展的一切都包罗无遗的绝对完美之物，而是一个"无穷尽的可能的世界"（《新唯识论》语体文本第七章）。通过"辟"运转"翕"、"心"改造"物"，发挥人的自由创造性，可能的世界才逐渐转化为现实的世界。最后，熊十力不仅将本体还原为现象，而且"直指本心"，将本体还原为各个人的"心"、我的"心"，还原为"本心之仁"，反对人们向外部世界、向彼岸世界追求理想境界，要求人们通过自我努力、自我超越来实现理想境界。显然，熊十力高度重视主体的主观能动性。但是，这样的能动性，既不是以科学知识为依据，也不是落实于社会实践之中，而是"返诸自家固有的明觉"（《十力语要》卷一），即自觉的本心。这与其以心为本体的唯心论是一致的。

三、"天人合德，性修不二"

性习问题即天性与习行是中国传统哲学的天人之辨的重要方面，尤其为

宋明的心性论所注重，这也是中国近代哲学讨论理想人格问题所不可回避
的。熊十力从"实体即本心"的唯心论出发，认为人性是先天的。但人们发
挥精神力量，通过后天的修习，可以显发出天赋的本性。这就是"性修不
二"。文言文本《新唯识论·明心下》说："天人合德，性修不二故，学之所
以成也。《易》曰：'继之者善，成之者性'。全性起修名继，全修在性名成。
本来性净为天，后起净习为人。故曰：人不天不因；天不人不成。"意思是
说，天（性）与人（习）、本性（性）与工夫（修）是统一的。人若没有天
然具足的本性，便不能因之而为善，而若不尽人力，则天性也不能充分显发；
天性具足，因之而起修（即从事学习、修养），便叫"继"，而努力修习，以
求把固有的德性充分扩展，便叫"成"。所以在他看来，"成性"即是"复
性"。中国古代哲学的唯心论者，大多认为本性一切具足，后天学习、修养的
工夫就在于"复性"；中国古代的一些唯物论者则讲"习与性成"，认为人是环
境和教育的产物，德性是在学习、修养中形成的。熊十力的"性修不二"说，
在某种程度上把这两种观点统一起来了。他说："功能者，天事也；习气者，
人能也。"（《新唯识论·功能》文言文本）"无事于性，有事于习，增养净习，
始显性能。极有为乃见无为，尽人事乃合天德，习之为功夫大矣哉！"（同上）
就是说，既重视"天事"，又重视"人能"，既强调自然禀赋，又强调"习"
的作用，不断地增养净习，克服染习，让天赋的功能显发出来，以达到天人合
德的境界。

　　不过，熊十力的这种统一是在唯心主义基础上进行的，他的"性修不二"
说，特别强调生命是个不断创新的过程。他说："有生之日皆创新之日，不容
一息休歇而无创、守故而无新"，"然虽极其创新之能事，亦只发挥其所本有，
克成其所本有"（《新唯识论·明心下》文言文本）。即认为人生是一个一息不
停地创新和不断发挥其本有之生命力的进取的过程。因此，他反对宋明儒学的
"复性"说，认为"先儒多半过恃天性，所以他底方法只是减。……以为只把
后天底染污减尽，天性自然显现，这天性不是由人创出来。若如我说，成能才
是成性，这成的意义就是创。而所谓天性者，恰是由人创出来"（《十力语要》
卷四）。熊十力强调"成能才是成性"，以为只有凭借"人能"不断创新，才
能使本性得以发挥，达到完成。这在一定程度上继承了王夫之性"日生而日
成"的思想，批判了宋明儒学的"复性"说没有"创"只有"减"的宿命论
倾向。但是，熊十力对于主观能动性的高度重视，只是抽象地发展了能动的方

面，他不懂得精神主体所具有的一切能力和德性，主要是在社会实践中形成和发展的，并不只是对于自然赋予的天性充分发挥的结果。

熊十力的"新唯识论"在总体上是唯心主义的体系，但他对于重建本体论的自觉，以及挖掘中国传统哲学的积极成果，提出"翕辟成变"、"性修不二"的思想，以回应现代哲学的问题，这些是其有贡献之处。

第二节　冯友兰的"新理学"

冯友兰（1895—1990年），字芝生，河南唐河人。他青年时期留学美国获博士学位，回国后曾任中州大学、中山大学、燕京大学、清华大学、西南联合大学教授。中华人民共和国成立后，任北京大学教授，第二、三、四届全国政协委员，第六、七届全国政协常委，第四届全国人民代表大会代表。他称自己的哲学体系为"新理学"，即对程朱理学"接着讲"而不是"照着讲"（见《新理学》绪论）。同时，"新理学的工作，是要经过维也纳学派的经验主义，而重新建立形而上学"（《新知言》第六章）。因此，新理学是用西方新实在论和逻辑实证主义的逻辑分析，重建以继承、发展程朱理学为主轴的哲学体系。主要哲学著作有"贞元六书"（《新理学》、《新事论》、《新世训》、《新原人》、《新原道》、《新知言》）和《中国哲学史》、《中国哲学简史》、《中国哲学史新编》等。今有《三松堂全集》行世。

一、"真际"与"实际"

冯友兰同熊十力一样，十分重视对哲学与科学进行划界。为此他区分了"真际"与"实际"：

> 真际与实际不同，真际是指凡可称为有者，亦可名为本然；实际是指有事实底存在者，亦可名为自然。真者，言其无妄；实者，言其不虚；本然者，本来即然；自然者，自己而然。(《新理学》绪论)
>
> 有某种事物之有，新理学谓之实际底有，是于时空中存在者。"有某种事物之所以为某种事物者"之有，新理学谓之真际底有，是虽不存在于时空而又不能说是无者。(《新原道》第十章)

可见，"实际"作为"有"，是与存在于时空的某种事物相联系的，而"真际"作为"有"，则与某种事物之所以为某种事物的根据相联系，是超越时空的。显然，"实际"指向的是现实世界，而"真际"指向的是理念世界。前者是科学研究的对象，"科学是对于实际有所肯定者"；后者是哲学研究的对象，"哲学只对于真际有所肯定，而不特别对于实际有所肯定"，因此两者是不同"种类"的学问。而"哲学中之派别或部分对于实际有所肯定者，即近于科学。其对于实际所肯定者愈多，即愈近于科学"；而"最哲学底哲学"只对真际有所肯定，"不以科学为根据"，像公孙龙、程朱对于真际"有充分知识"的哲学即是如此，他们"不是以当时之科学底理论为根据，亦不需用任何时代之科学底理论为根据，所以不随科学理论之变动而变动"（《新理学》绪论）。

尽管哲学以"真际"为对象而不着"实际"，"但就我们之所以得到哲学之程序说，我们仍是以事实或实际底事物，为出发点"。这与科学的出发点是一样的，即承认"人的知识，都是从经验中得来底"。（同上）然而，在对待经验的态度上，哲学又与科学不同。科学的目的是对经验作事实的、积极的释义，哲学的目的则是对经验作逻辑的、形式的释义。对经验作逻辑的形式的分析、总结及解释，其结果可以得到几个超越的观念。所谓超越，就是超越于经验。这几个超越的观念，也就是形上学中的主要观念。因此，"形上学是哲学中底最重要底一部分"（《新知言》绪论）。形上学的一个重要特点，就是具有超越性。

冯友兰又指出，哲学特别是形上学，由于不着"实际"，与科学无关，因而不能增加人的积极的知识。但是，这并不是说哲学特别是形上学没有用处。在他看来，科学是"为学"，哲学是"为道"："为学是求一种知识，为道是求一种境界"（同上）。人要达到最高境界，需要对于人生有最后的觉解。形上学所能给予人的，就是这种觉解。这种对于人生的最后的觉解、情感的满足，是科学所不能达到的，唯有哲学形上学才能达到。

冯友兰通过对"真际"与"实际"的区分，比较深入地区分了哲学与科学的界限，说明了本体论的存在价值和意义范围，而且揭示了本体的非实证性、超经验性的基本特点，显示出不同于胡适以实证化、科学化来融合中西哲学、重建中国哲学的路径，这是把形而上本体论作为融合中西哲学的核心以重建中国哲学的路径。

冯友兰区分了"实际"与"真际"，但他把两者的区分变成了两者的割裂。

他在论述这两者的关系时说：

> 我们平常日用所有之知识、判断及命题，大部分皆有关于实际底事物。哲学由此开始，由知实际底事物而知实际，由知实际而知真际。宋儒所谓"由著知微"，正可说此。及知真际，我们即可离开实际而对于真际作形式底肯定。（《新理学》第一章）

就是说，从"实际"（经验事实）的抽象中获得"真际"（理念）之后，就与原有的经验事实隔绝；而对"真际"作形式的肯定，就是对理念进行形式逻辑的分析，剔除一切实际内容，使哲学成为没有内容的形式化体系。这必然导致哲学成为与具体科学和经验事实完全疏离的思辨虚构。事实上，只对"真际"作形式肯定的新理学就是如此。

二、以"四个形式底观念"为主干

冯友兰的"新理学"体系，是根据他所讲的"真正底形上学"的标准建立起来的。从方法上讲，它是运用逻辑分析方法构成的；从内容上讲，它又是程朱理学的发扬。冯友兰指出，在西方哲学史里，并没有"真正底形上学"的传统。而在中国哲学史上，先秦的道家、魏晋的玄学、唐代的禅宗、宋代的程朱理学，恰好形成了这个传统，这就是"即世间而出世间"、"极高明而道中庸"（《新原道》绪论）的传统；它也是对哲学史上的内与外、本与末、精与粗、动与静、体与用、出世与入世的超越与统一。新理学受到这种传统的启示，是对这个传统的最后代表程朱理学的"接着讲"。因为是"接着讲"，所以，冯友兰又强调了新理学与传统哲学的区别，指出：新理学的"不著实际，可以说是'空'底。但其空只是其形上学的内容空，并不是其形上学以为人生或世界是空底。所以其空又与道家，玄学，禅宗的'空'不同。它虽是'接著'宋明道学中底理学讲底，但它是一个全新底形上学。至少说，它为讲形上学底人，开了一个全新底路"（《新原道》第十章）。就是说，新理学对西方哲学的形而上学和中国传统哲学的反省，目的是开辟建构新形而上学的道路。

新理学建构的新形而上学，以理、气、道体和大全这"四个形式底观念"为主干。冯友兰说："在新理学的形上学的系统中，有四个主要底观念，就是理，气，道体及大全。这四个都是我们所谓形式底观念。这四个观念，都是没有积极底内容底，是四个空底观念。在新理学的形上学的系统中，有四组主要底命题。这四组主要底命题，都是形式命题。四个形式底观念，就是从四组形式底命题推出来底。"（《新原道》第十章）这四组命题与四个观念，构成了新理学体系的基本结构。

第一组主要命题是：

> 凡事物必都是什么事物，是什么事物，必都是某种事物。有某种事物，必有某种事物之所以为某种事物者。借用旧日中国哲学家底话说："有物必有则。"（同上）

在这里"某种事物之所以为某种事物者"，也就是"理"。就是说，凡事物都必属于某些类，是某种事物；有某种事物，就有某种事物之理。有某种事物，是"实际底有"；而有某种事物之理，则是"真际底有"。"实际底有"是于时空中存在者；"真际底有"是虽不存在于时空而又不能说是无者。前者是所谓存在，后者是所谓潜存。存在是"在"，"在"是有时空的；潜存不是"在"，而是"有"；"有"没有时空，但又不是"无"。所谓某种事物之理，对于某种事物来说，不能说理"在"事中，而只能说事中"有"理。也就是说，"理"是没有时空的，因此既不能"在"事上，也不能"在"事中；但"理"虽没有时空，却又规定着事物的存在，不是事中"无"理，而是事中"有"理。因此，"理"可以多于实际事物的种类，并且在逻辑上先于实际事物。总括所有的"理"，名之曰"太极"，亦曰"理世界"。这个"理世界"在逻辑上先于"实际底世界"。这样一来，通过对"实际"作形式的解释，发现了一个"洁净空阔"的新世界即"理世界"。

第二组主要命题是：

> 事物必都存在。存在底事物必都能存在。能存在底事物必都有其所以能存在者。借用中国旧日哲学家底话说："有理必有气。"（同上）

这是说事物之存在，一要有"之所以为存在者"，它是存在的事物的依照；二要有"所以能存在者"，它是存在的事物的依据。"理"是事物存在的依照，"气"则是事物存在的依据。只有既依照"理"，又依据"气"，才有实际的存在事物。因此，有实现的"理"，必有实现的"气"。"气"有相对意义和绝对意义。相对意义的气，是实际的事物，是从科学意义上讲的；绝对意义的气，是"绝对底料"，是"真元之气"，是从哲学意义上讲的。在新理学中，"气"完全是一逻辑的观念，不是一种实体、一种实际的事物，因此不能说这种"真元之气"是什么。气既是无名，因而称为"无极"。"无极"不是实际的，因而也是超时空的，所以并不存在"理"与"气"孰先孰后的问题。

第三组主要命题是：

> 存在是一流行。凡存在都是事物的存在。事物的存在，是其气实现某理或某某理的流行。实际的存在是无极实现太极的流行。总所有底流行，谓之道体。一切流行涵蕴动。一切流行所涵蕴底动，谓之乾元。借用中国旧日哲学家底话说："无极而太极。"又曰："乾道变化，各正性命。"（《新原道》第十章）

认为就事物的存在言，是"气"实现某理或某某理的运动；就全体的事物的存在——实际的存在言，是"无极"实现"太极"的运动。自"无极"至"太极"之间的程序，就是现实的世界，称为"无极而太极"。就"无极而太极"说，"太极"是体，"而"是用，一切的用皆在"而"中，所以"而"可以说是"大用流行"。"大用流行"也就是"道体"。因此，"道体"就是"无极而太极"的程序。"道体"的运动流行，是"气"的纯活动，并不存在第一推动者，因此"道体"又称为"乾元"。

第四组主要命题是：

> 总一切底有，谓之大全。大全就是一切底有。借用中国旧日哲学家底话说："一即一切，一切即一。"（同上）

在这里"大全"是一切的有的别名。一切事物均属于"大全"，但属于"大全"者不仅只是一切事物。形上学的工作，是对于一切事物作形式的解释。这一工作开始之时，形上学所谓一切，是"实际"中的一切；这一工作将近完成之际，形上学所谓一切，是"真际"中的一切，"真际"包括"实际"。因此，总括一切的有的"大全"，包括了"实际"与"真际"中的一切。"大全"又称为"宇宙"。"宇宙"与"道体"在范围上是相同的。只是前者是从事物之静的方面说，后者是从事物之动的方面说。"宇宙"是"静底道"，"道"是"动底宇宙"。"大全"又称为"一"。因此可以说"一即一切，一切即一"。但这个"一"并不肯定一切事物之间有内部的关联或内在的关系，而仅肯定一形式的统一。"一"只是一切的总名，对于"实际"并无所肯定。

以上四组主要命题分别提出的"理"、"气"、"道体"、"大全"四个观念，就是冯友兰对经验作逻辑的、形式的分析、总括和解释所得到的几个超越的观念。这些观念都是理智自经验出发所得到的超越于经验的东西。其中"理及气是人对于事物作理智底分析，所得底观念。道体及大全是人对于事物作理智底总括，所得底观念"（《新原道》第十章）。"理"与"气"都是将事物分析到最后所得到的，不能对事物再作进一步的分析，因而称它们为"物之初"。"道体"与"大全"都是将一切有总括到最后所得到的，因而称它们为"有之全"。"理"是不可感觉而可思议的，"气"、"道体"、"大全"则是既不可感觉又不可思议、不可言说的。它们都具有一种超验的性质。

由上述可见，新实在论和逻辑实证主义等西方哲学的逻辑分析方法主要为新理学的形上学建构提供了近代的形态，而程朱理学的思辨体系则为新理学的形上学建构提供了历史的资源。同时，以四个观念为主干来构成新理学的框架，实际上是把从经验中抽象出来的概念加以绝对化，使之与事实割裂开来而成为纯形式的概念。冯友兰将之称为"过河拆桥"，其实这是形而上学思辨的旧路。因此，新理学也遇到了凡是肯定超验的超时空的理念（真际）为本体者难以克服的困难：如何由经验而达到超验？这一由此达彼的"桥"是什么？整个实际世界都在"无极而太极"的"而"字上，这"而"的动因是什么？冯友兰对这些问题几乎是回避的。不过，在新理学的构建中，冯友兰对中国传统哲学的重要概念，如"气"、"理"、"道体"的多重含义，运用逻辑分析方法予以廓清和界定，例如区分了"气"的四种含义（见《新理学》第二章、《新原道》第二章）；指出了"道"有六义（见《新理学》第二、三章）。这使得中国传统哲学的许多重要范畴的含义变得清晰起来，推进了中国哲学的近代化和中西哲学的融合。

三、"觉解"与人生境界

新理学的逻辑终点不是本体论，而是人生哲学。冯友兰在阐发其建立新理学本体论的目的时指出：

> 新理学中底几个主要观念，不能使人有积极底知识，亦不能使人有驾驭实际底能力。但理及气的观念，可使人游心于"物之初"。道体及大全的观念，可使人游心于"有之全"。这些观念，可使人知天，事天，乐天，以至于同天。这些观念，可以使人的境界不同于自然，功利，及道德诸境界。（《新原道》第十章）

在他看来，这些超越经验、超乎形象的"空"的观念，都具有十分丰富的内容。它们不是现成的知识，不是实际的能力，而是超知识的、超实际的通向人生最高境界的途径。冯友兰的《新原人》着重论证了人生境界的高低取决于对人生"觉解"的程度。所谓觉解，就是人做一件事情，了解这是怎么回事，了解即是"解"；同时，人又是自觉地做这件事，自觉即是"觉"。了解是一种运用概念的活动，自觉则是一种心理状态，了解而又自觉，合称为"觉解"。冯友兰指出，同一宇宙人生，按照人们不同程度的觉解，可以分为四种境界，即自然境界、功利境界、道德境界和天地境界。

在自然境界中，人对他所做的事没有觉解或不甚觉解，只是顺着他的本能或社会的风俗习惯去做。不论是人类还是人的个体，在其童年期都是如此。在功利境界中，人意识到他自己，为自己做各种事。这些事及其后果可能有利于他人，但其动机则是利己的。在道德境界中，人了解到社会的存在，他是社会这个整体中的一部分，因而自觉地为社会的利益做各种事。这些事都具有道德价值。在天地境界中，人觉悟到超乎社会整体之上还有一个更大的宇宙，他不仅是社会的一员，同时还是宇宙的一员，为宇宙的利益做各种事。在这种境界中的人，不仅知天、事天、乐天，而且与天、与宇宙同一。他所做的事也还是人伦日用的事，但他对于人生的觉解已经达到"经虚涉旷"的高度。这就是"即世间而出世间"、"极高明而道中庸"的真正理想境界。这种理想境界是超自然本性、超功利观念、超道德价值的。冯友兰认为，前两种境界是自然的产物，后两种境界是精神的产物。新理学的形上学的根本意义，就是帮助人超越经验，超越自我，达到道德境界乃至天地境界。

由上述可见，冯友兰的人生境界论是以"觉解"为基础的。就人生哲学而言，这是把觉解作为人生的根本特征："人生是有觉解底生活，或有较高程度底觉解底生活。这是人之所以异于禽兽，人生之所以异于别底动物的生活者。”（《新原人》第一章）觉解作为人生的根本特征，构成了道德行为的内在品格：

> 严格地说，只有对于道德价值有觉解底，行道德底行为，始是道德行为。（《新原人》第四章）

因此，把觉解程度与境界高低相联系的实质，就是强调出于理性自觉是道德行为的特点。这是儒家一以贯之的理论传统。冯友兰在继承这一传统的同时，进一步指出了自发的道德行为的缺陷：一是它常常失于偏颇，往往只顾及道德关系的一个方面，而不及其他；二是它容易出于一时冲动，缺乏恒常性，至多做到“慷慨捐生”，却很难做到“从容就义”；三是它往往很单纯，缺乏丰富动人的感染力。显然，这是把儒家注重道德行为出于理性自觉的传统进一步系统化了。同时，冯友兰的人生境界论指出了境界是有高低等级的，实际上指出了人的精神境界的提升和德性的形成，需要经历由自在到自为、由自发到自觉的发展过程。

冯友兰的人生境界论有两个主要缺陷。首先，在强调道德行为出于自觉的同时，忽视了道德行为也应当出于自愿。他说：“不籍学养”的“自由意志所发出底行为，恐怕亦只是自发底合乎道德底行为，其人的境界，恐怕亦只是自然境界。在道德境界或天地境界中底人的意志自由，必是由学养得来底”；而学养所给予的就是觉解，因此，“在道德境界或天地境界中底人，由觉解而有主宰”（《新原人》第九章）。就是说，道德行为中的意志自由是由觉解决定的，一旦有了高度的觉解，也就有了意志自由，这实际上是以理性自觉取消了出于意志自由的自愿。由此，冯友兰的人生境界论与顺命说联系在一起：“命是人所只能顺受，不能斗底。”（同上）无论是“天命之谓性”的命，还是命运的命，都只能顺受，或自觉地顺受，或无可奈何地顺受。这与中国近代以来用人力、意志自由反对顺从天命和命运的潮流是相背离的。其次，以为有“理”、“气”、“道体”、“大全”等四个观念就能达到天地境界，忽视了社会实践对于德行培养的巨大作用。觉解是重要的，但只有觉解而又力行，才能真正提高精神境界。就此而言，冯友兰的人生境界论仍存在着理学家空谈心性修养的弊端。

如果说熊十力的新唯识论主要是吸取西方柏格森等非理性主义，继承发挥宋明理学的心学传统，那么，冯友兰的新理学主要是吸取西方新实在论，继承发挥宋明理学的理学传统。这从一定意义上在"五四"以后的中西哲学融合的进程中，激活了中国传统儒学的思想资源，因而他们成为现代新儒学在哲学领域的重要代表。

第三节　金岳霖的知识论和元学

金岳霖（1895—1984 年），字龙荪，湖南长沙人。1914 年毕业于清华学堂，后赴美留学获得博士学位。1925 年回国后，任清华大学、西南联合大学教授。中华人民共和国成立后，曾任北京大学教授、中国社会科学院哲学研究所研究员，是第二、四、五、六届全国政协委员。他长期致力于哲学、逻辑学的教学和研究，在认识论和本体论两个领域做了会通中西的工作。主要著作有《逻辑》、《论道》、《知识论》等。今有《金岳霖文集》行世。

一、"所与是客观的呈现"

金岳霖的认识论主要表现于《知识论》。此书的"主旨是以经验之所得还治经验"（《知识论》第十三章）。他试图在实在论的基础上，阐明感性与理性、事与理的统一。

"以经验之所得还治经验"，是以肯定感觉能给予客观实在为基础的。感觉能否给予客观实在？这是中西哲学史上争论了几千年的老问题，在西方近代，从贝克莱、休谟、康德到罗素以及现代实证论各流派，都把认识论的出发点界定为"主观的或此时此地的感觉现象"，由此得出结论：感觉不能给予客观存在。金岳霖把这种认识论观点称为"唯主方式"（即主观唯心主义）。它有两个缺点：一是"得不到真正的共同的客观和真假"，必然导致否认客观真理；二是从主观经验无法"推论"或"建立"外物之有，必然导致否认独立存在的外物（见《知识论》第二章）。

金岳霖认为，认识论应当从"有独立存在的外物"这一无可怀疑的事实出发。在他看来，这首先就要肯定"对象的实在感"：对象的存在是不依赖于人的认识的；对象的性质虽在关系网中，却独立于人的意识；对象具有自身绵延的同一性，即在一定时间内具有相对稳定状态。显然，这种实在主义突破了一般实证论的界域，具有唯物主义的倾向。

由此出发，金岳霖提出了"所与是客观的呈现"的理论，"所与"（Given）即感觉所给予的形色、声音等，它是客观事物在人们正常感觉活动中的呈现，是知识的最基本的材料。他说：

> 所与就是外物或外物底一部分。所与有两方面的位置，它是内容，同时也是对象；就内容说，它是呈现；就对象说，它是具有对象性的外物或外物底一部分。内容和对象在正觉底所与上合一。（《知识论》第三章）

就是说，在正常的感觉（正觉）中，认识的内容和对象是合一的。人们看到的形色、听到的声音，既是见闻的内容，又是见闻的对象；既是呈现，又是外物，所以在正常的感受中，"所与是客观的呈现"。他肯定感觉的内容与感觉的对象有一致性，也就肯定了感觉能给予客观实在。

关于呈现（感觉内容）和外物（感觉对象）的关系，旧唯物主义者通常用"因果说"和"代表说"来解释，以为原因（外物）与结果（呈现）、代表（呈现）与被代表者（外物）是两个项目或两个个体。这就遭到贝克莱、休谟等的诘难：既然呈现与外物是两个项目，而一个在意识中，一个在意识外，那么，你怎么能证明感觉是由外界对象引起的而不是由别的原因引起的呢？或者，你怎么能证明颜色、声音这些观念作为外物的"摹本"是与那"原本"相似的呢？他们认为感觉给人的认识划定了界限，越出这界限是非法的，所以经验不能在意识和对象之间建立任何直接联系。从贝克莱、休谟直到现代实证论者，一直用这种划界的办法向唯物主义提出种种诘难。

金岳霖"所与是客观的呈现"的观点，肯定感觉内容与感觉对象是"合一"的，克服了旧唯物论以呈现（内容）与外物（对象）为两个项目的理论上的困难，冲破了实证论设置的界限。按照金岳霖这一理论，感觉并不像实证论者所说的，是把主体与客体分隔开来的屏障；相反，正是通过感觉，外物即对象不断地转化为经验的内容，感觉成为沟通主、客观的桥梁。可见，金岳霖的这一理论比之旧唯物论和实证论，都大大地前进了。不过，他没有马克思主义的实践观点，因而不能说明对象的实在感首先是由实践提供的，没有把感性活动了解为实践，不能指出人是在变革现实中感知外物的。

二、概念对所与的"摹状与规律"

在概念论上，金岳霖提出，概念对所与具有"摹状与规律"的双重作用。

金岳霖说："所谓知识，就是以抽自所与的意念还治所与。"（《知识论》第三章）从所与抽象出概念（意念），转过来又以概念还治所与，这便是知识。概念是人们通过对具体事物的抽象获得的，但它又超越具体的特殊的东西而具有普遍性。因此，抽象概念对于所与就具有双重作用："摹状与规律"。

所谓"摹状"，金岳霖说："是把所与之所呈现，符号化地安排于意念图案中，使此所呈现的得以保存或传达。"（《知识论》第七章）意念是通过抽象作用得自所与，这抽象过程本身就是对所与的一种摹状。比如说，指着当前一所与作判断说："那是一只狗。""狗"这个概念是对于所与之所呈现的抽象，即"符号化地安排"，因为概念是抽象的符号，而"狗"这个概念是个概念图案，即它是和"家畜"、"动物"、"四只脚"等相关联的结构。因此，当作出"那是一只狗"的判断时，就是把"那"（所与之所呈现）安排在"狗"的意念图案之中，这就是用"狗"摹状了"那"，使其得以保存和传达。

所谓"规律"，金岳霖说：

是以意念上的安排，去等候或接受新的所与。（同上）

"规律"（规范）的意思是用意念去接受对象。意念作为接受方式，是抽象的，而被接受的所与是具体的、特殊的。用意念去规范现实，同引用法律的条文或者某某章程的规则有相似之处。例如，法律上有"杀人者死"的条文，它没有规定人的行动，它只规定一个办法：如有杀人者，便以处以死刑的办法去应付。与此相似，意念的规范作用，"不是规定所与如何呈现，它所规定的是我们如何接受"（同上）。

金岳霖认为，摹状和规律是不能分离的。在引用概念（意念）于所与，总是既摹写又规范。从传达方面说，如果不摹写而规范，别人就会觉得太抽象，不好懂，会叫你举例子。举例子，就是要你提供摹写成分。如果不规范而摹写，那么也不能表达清楚，因为只有真正能够运用某概念作为接受的方式，才是真正能用这概念去摹写。所以，概念的双重作用是不可或缺的。

金岳霖认为，用得自所与的意念规范和摹写所与，即以所与之道还治所与之身，这从对象方面说，就是化所与为事实，而从主体来说，便是主体有意识，知觉到一事实。所以，所与并不因为概念对于它的既摹写又规范的关系而改变本身的性质。

金岳霖概念双重作用的理论，是他在深入地批判了休谟、康德之后得出的结论。他批评休谟"不承认抽象的思想"（《论道·绪论》），认为休谟把概念看作是摹状某一具体事物的意象，而不是看作经过抽象作用的意念，所以就不承认概念是对某一类事物的共同本质的把握，具有对这类事物的普遍的规范作用。康德则认为只有把感性和知性、直观和概念结合起来才能产生知识，但他认为两者的来源是不同的，一个来自感觉，一个来自先天原则。金岳霖批评了康德把概念（范畴）归之于先天的人类心智的先验论（见《知识论》第八章），说明了知识经验就是以得自所与（经过抽象）来还治所与，比较辩证地解决了感觉与概念的关系问题。不过，金岳霖的这一理论并不是彻底的辩证法。他只承认"抽象概念"，而不承认辩证法的"具体概念"，认识过程中从抽象上升到具体的原理还在他的理论视野之外。

三、"居式由能，莫不为道"

金岳霖的《论道》是论述"元学"即本体论的著作。《论道》第一章的第一条是"道是式—能"，最后一条是："居式由能，莫不为道。"可见，他的"道"就是"式"与"能"的统一。他的"式"接近于朱熹的"理"或亚里士多德的"形式"，而他的"能"则接近于朱熹的"气"或亚里士多德的"质料"。中国传统天道观上的理气之辨，在近代久被忽视。直至金岳霖、冯友兰，才又将其重新提出来，作了新的探讨。金岳霖说的"式"与"能"已经建立在近代科学的基础上，和宋明哲学家说的"理"与"气"有很大的区别。

金岳霖给"式"下定义：式是析取地无所不包的可能。（见《论道》第一章）这里说的"可能"，是指逻辑上没有矛盾的可能，包括一切实的共相和空的概念。把所有的可能，"包举无遗地，用'式'的思想排列起来"，就是"式"。这个"式"的思想是从现代数理逻辑吸取来的。至于"能"，是指纯粹的质料。金岳霖认为，不论是宏观事物的变更还是微观粒子的转化，都是"能"在改变其形态，"能"是永恒地活动的，是感觉和概念所不能把握的。他认为"式常静，能常动"，把"能"而不是把"式"看作动力因，这不同于亚里士多德以形式而非以质料为动力因，而比较接近中国传统哲学所讲的"气"。金岳霖还说"能无生灭，无新旧，无加减"，并把这一思想同 Indestructibility of

Matter Energy 的原则联系起来，说明他讲"能"，也试图对近代科学关于物质—能量的理论作哲学的概括。同时，他又把"能"与"可能"相联系，"所谓可能是可以有而不必有'能'的'架子'或'样式'"（《论道》第一章）。而"能"的活动就是不断地出入于"可能"："能"之入于或出于一"可能"，即一类事物或一具体事物的生和死。因为"式"包括了所有的可能，所以"能有出入"，但总在"式"中。"无无能的式，无无式的能"，"式"与"能"不能分离，而"居式由能，莫不为道"（同上）。

金岳霖从"可能底现实"（即"可能"由"能"而成为现实）和"现实底个体化"来讲现实世界的演变，认为川流不息的现实历程中既有共相的关联，也有殊相的生灭。共相的关联即实理，殊相的生灭则形成他所谓的"势"。他说：

个体的变动，理有固然，势无必至。（《论道》第八章）

明清之际王夫之曾说"在势之必然处见理"，强调现实的发展有其必然趋势，那正是规律性的体现。金岳霖所说的"势"不同于以往说的"趋势"。"势无必至"是说殊相生灭有其偶然性。所谓偶然性，不是不能理解的意思。从理（即共相的关联）方面来说，"无论个体如何变动，我们总可以理解（事实成功与否当然是另一问题）"。但从势（即殊相的生灭）方面来说，则"无论我们如何理解，我们也不能完全控制个体的变动"。（《论道》第六章）因为殊相的生灭是一个"不定的历程"，既不能完全知道以往历程的历史陈迹，也不能预测和决定将来有什么样的殊相出现，所以说"势无必至"。但他又说："势虽无必至而有所依归。势未成我们虽不知其方向，势既成我们总可以理解。势未成无必至，势既成仍依理而成。"（《论道》第八章）这样，金岳霖既肯定了现实的演化遵循客观规律，世界不是没有理性的世界，也承认现实的历程中有"非决定"的成分。这一论点基本是正确的，对于进一步探索必然、偶然与自由，理性与非理性的关系问题具有启发意义。

《论道》最后一章论述"无极而太极"。金岳霖认为，道无始无终，但虽无始，追溯既往，无量地推上去，其极限可以叫作无极；虽无终，瞻望未来，无量地向前进，其极限可以叫作太极。无极是天地万物之所从生的混沌，而太极则是"至真、至善、至美、至如"的理想境界。他说："无极而太极是为道。"

（《论道》第六章）"无极而太极"就是宇宙洪流或自然演化的方向，同时也表示目标、价值。金岳霖认为，万物都是情求尽性，用求得体，势求归于理，其终极目标是"绝逆尽顺，理成而势归"的"至真、至善、至美、至如"的太极。这是形而上学的目的论的宇宙观。他的"式"作为无所不包的可能，也是把形式逻辑的必然形而上学化的结果，他的"能"非感觉和概念所能把握，包含有不可知论的倾向。但他在认识论上提出的上述观点表现了中国哲学家的创造性，在本体论上的会通中西具有对传统哲学天道观进行现代转化的意义。

思考题：

1. 如何把握熊十力"新唯识论"的主要观点和哲学精神？

2. 冯友兰"新理学"的基本结构和性质是什么？

3. 金岳霖在知识论和本体论上有什么贡献？

第三十九章　毛泽东的哲学思想

毛泽东（1893—1976 年），字润之，湖南湘潭人，伟大的马克思主义者，无产阶级革命家、战略家、理论家，中国共产党、中国人民解放军和中华人民共和国的主要缔造者和领导人，党的第一代中央领导集体的核心，领导中国人民彻底改变自己命运和国家面貌的一代伟人，马克思主义中国化的伟大开拓者，毛泽东思想的主要创立者。

以毛泽东同志为主要代表的中国共产党人，根据马克思列宁主义的基本原理，把中国长期革命实践中的一系列独创性经验作了理论概括，形成了适合中国情况的科学的指导思想——毛泽东思想。毛泽东思想是马克思列宁主义在中国的运用和发展，是被实践证明了的关于中国革命的正确理论原则和经验总结，是中国共产党集体智慧的结晶。毛泽东哲学思想是毛泽东思想的哲学基础和极为重要的组成部分。毛泽东哲学思想体现在《毛泽东选集》、《毛泽东文集》和一系列重要文稿中。本章着重论述新中国成立以前毛泽东的哲学思想。

第一节　毛泽东哲学思想的产生

毛泽东哲学思想是在中国共产党领导的中国革命和建设实践中形成与发展起来的，是在马克思主义基本原理同中国具体实际相结合、同中华优秀传统文化相结合的过程中形成和发展起来的，是关于中国革命和建设的正确的理论原则与经验总结的哲学概括，是马克思主义哲学在中国的运用和发展，是立足中国革命和建设实践对中国传统哲学精华的创造性转化与创新性发展，这其中也包括对中国近代哲学革命的深刻总结，将中国哲学推进到一个崭新的阶段。

一、运用马克思主义哲学解决中国革命的问题

1840 年以后，中国社会的性质发生了两个根本性变化：一是独立的中国逐步变成了半殖民地的中国，二是封建的中国逐步变成了半封建半殖民地的中国。与此相应，中国社会的主要矛盾也就由地主阶级和农民阶级的矛盾，转变为帝国主义和中华民族的矛盾、封建主义和人民大众的矛盾。如何解决这一矛

盾，改变中国半封建半殖民地的社会状况和落后面貌是当时中国社会面临的基本问题；找到解决这个基本问题的道路和科学理论是中国近现代思想史上，也是马克思主义发展史上前所未有的难题。

面对中国的特殊国情和历史难题，一大批中国先进知识分子在不断摸索和艰苦探索的过程中逐步找到了指导无产阶级和劳动群众实现自身解放的理论——马克思主义，并在这一理论的指导下逐步形成了一条解决中国社会主要矛盾，实现民族独立、人民解放、国家富强、人民共同富裕的基本道路和理论原则。在这一过程中，毛泽东运用马克思主义理论观察时代、把握时代、引领时代，深刻认识到：不能以教条主义的观点对待马克思列宁主义，必须把马克思主义基本原理同中国具体实际相结合，从中国实际出发，探索争取民族独立和人民解放的道路，实现马克思主义中国化，即他在1938年10月说的："使马克思主义在中国具体化，使之在其每一表现中带着必须有的中国的特性，即是说，按照中国的特点去应用它"（《中国共产党在民族战争中的地位》）的过程。毛泽东哲学思想正是这个探索过程的理论结晶。

毛泽东哲学思想是在20世纪20年代后期和30年代前期逐步形成和发展起来的。这一时期在国际共产主义运动中和我们党内曾经盛行把马克思主义教条化、把共产国际决议和苏联经验神圣化的错误倾向，结果使中国革命误入歧途。以毛泽东同志为主要代表的中国共产党人在同这种错误倾向的斗争中，运用马克思主义理论不断解决中国问题，不断推进马克思主义中国化，成功地坚持和发展了马克思主义。毛泽东哲学思想就是在"深刻总结这方面的历史经验的过程中逐渐形成和发展起来的"，"在土地革命战争后期和抗日战争时期得到系统总结和多方面展开而达到成熟，在解放战争时期和中华人民共和国成立以后继续得到发展。"（《中国共产党中央委员会关于建国以来党的若干历史问题的决议》）毛泽东撰写的《中国社会各阶级的分析》（1925年）、《湖南农民运动考察报告》（1927年）对中国工人阶级的革命彻底性和这个阶级在中国革命中的巨大作用进行了科学阐释，对农民的"半无产阶级""强烈的革命要求"、对民族资产阶级的两面性做了具体分析，对因中国社会的性质而决定了中国民主革命是一个新式的民主革命问题，作出了初步的论证。这是毛泽东运用马克思主义基本原理思考和寻找中国革命道路、解决中国革命问题的早期探索。在《反对本本主义》（1930年）中指出："马克思主义的'本本'是要学习的，但是必须同我国的实际情况相结合。我们需要'本本'，但是一定要纠正脱离实际情况的本本主义。"这样的"本本主义"产生了"唯心的阶级估量和唯心的工作指导",违背了"共产党人从斗争中创造新局面的思想路线",即"一切结论产生于调查情况的末尾,而不是在它的先头"的唯物主义认识论的思想路线。这是毛泽东对马克思主义中国化所作的最初的哲学阐发。毛泽东后来说,这里讲的"本本主义"就是教条主义。这篇文章提出的思想,被当时"左"倾路线的代表者讥笑为"狭隘经验主义"。在共产国际和党内教条主义者影响下,"左"倾错误路线在党内占据统治地位,使得中国革命遭受严重损失,几乎陷入绝境。

1935年在长征途中召开的遵义会议实际上确立了毛泽东在党中央的领导地位。党中央到达陕北后,为了彻底清算党内错误路线的思想基础,也为了给即将到来的抗日战争做好理论准备,毛泽东以极大的精力从思想路线包括从哲学上,对中国共产党成立以来特别是第二次国内革命战争时期和抗日战争初期党的历史经验进行了科学总结,先后发表了《论反对日本帝国主义的策略》《中国革命战争的战略问题》、《实践论》和《矛盾论》、《论持久战》等著作,运用马克思主义立场、观点、方法,立足中国实际,全面阐述中国革命和中国革命战争的一系列重大理论和路线问题。《实践论》和《矛盾论》两篇著作运用马克思主义哲学的基本观点,从世界观和方法论的高度对建党以来党内若干次右倾和"左"倾错误,尤其是王明"左"倾教条主义进行了深刻的哲学分析和批判,标志着毛泽东哲学思想已经形成了系统、完整的理论,成为马克思主义哲学中国化的经典之作,为党确立正确的思想路线奠定了坚实理论基础。

毛泽东哲学在解决中国革命的问题中不断得到发展。在《中国共产党在民族战争中的地位》(1938年)中,毛泽东指出:"马克思主义必须和我国的具体特点相结合并通过一定的民族形式才能实现。马克思列宁主义的伟大力量,就在于它是和各个国家具体的革命实践相联系的。""因此,使马克思主义在中国具体化,使之在其每一表现中带着必须有的中国的特性,即是说,按照中国的特点去应用它,成为全党亟待了解并亟须解决的问题。"在《战争和战略问题》(1938年)中,毛泽东指出:"中国的特点是:不是一个独立的民主的国家,而是一个半殖民地的半封建的国家;在内部没有民主制度,而受封建制度压迫;在外部没有民族独立,而受帝国主义压迫。因此,无议会可以利用,无组织工人举行罢工的合法权利。在这里,共产党的任务,基本地不是经过长期合法斗争以进入起义和战争，也不是先占城市后取乡村，而是走相反的道路。"这就是农村包围城市、武装夺取政权的道路。在《〈共产党人〉发刊词》（1939年）中，毛泽东科学概括了中国革命的"三大法宝"，指出："统一战线，武装斗争，党的建设，是中国共产党在中国革命中战胜敌人的三个法宝，三个主要的法宝。""统一战线问题，武装斗争问题，党的建设问题，是我们党在中国革命中的三个基本问题。正确地理解了这三个问题及其相互关系，就等于正确地领导了全部中国革命。"在《中国革命和中国共产党》（1939年）中对中国革命的对象、中国革命的任务、中国革命的动力、中国革命的性质、中国革命的前途进行了科学的分析和论述。在《新民主主义论》（1940年）中，对新民主主义的政治、经济、文化进行了科学的阐释。概括地说，这一时期毛泽东从中国的历史状况和社会状况出发，深刻研究中国革命的特点和中国革命的规律，发展了马克思主义关于无产阶级在民主革命中的领导权的思想，创立了无产阶级领导的，工农联盟为基础的，人民大众的，反对帝国主义、封建主义和官僚资本主义的新民主主义革命的理论。

毛泽东哲学思想是毛泽东思想的重要组成部分和理论基础，它体现在毛泽东思想多方面的丰富内容之中，如关于新民主主义革命的思想、关于社会主义革命和社会主义建设的思想、关于革命军队的建设和军事战略的思想、关于政策和策略的思想、关于思想政治工作和文化工作的思想、关于党的建设的思想等，都是毛泽东思想的重要内容，也是毛泽东哲学思想的具体运用。毛泽东思想的活的灵魂，是贯穿于上述各个组成部分的立场、观点和方法，它们有三个基本方面，即实事求是，群众路线，独立自主。

总之，以毛泽东同志为主要代表的中国共产党人在这一时期运用马克思主义基本原理创造性地分析和解决中国革命的问题，系统阐明了中国新民主主义革命的基本理论和基本路线，团结带领中国人民取得了新民主主义革命的伟大胜利，创造了新民主主义革命的伟大成就，在寻求和解决中国革命道路的过程中把中国哲学的发展推到了前所未有的高度。

二、运用马克思主义哲学批判继承中华优秀传统文化

毛泽东哲学思想是在马克思主义基本原理同中国具体实际相结合的过程中产生和发展起来的，也是在同中华优秀传统文化相结合的过程中产生和发展起来的。以毛泽东同志为主要代表的中国共产党人在运用马克思主义理论分析如

何解决近代中国社会的主要矛盾、寻找如何摆脱帝国主义和封建主义的统治、推翻压在中国人民头上的"三座大山"、让苦难中的中国人民真正站起来的现实道路的过程中，遇到的一个重要难题就是如何对待中华优秀传统文化。中国共产党明确回答了这个问题，这就是立足于中国革命和建设的实践，运用马克思主义的立场、观点和方法，批判继承中华民族优秀文化，实现中华优秀传统文化的创造性转化和创新性发展。

基于此，毛泽东明确指出："我们是马克思主义的历史主义者，我们不应当割断历史。从孔夫子到孙中山，我们应当给以总结，承继这一份珍贵的遗产。"（《中国共产党在民族战争中的地位》）毛泽东提出上述论断的重要背景之一，就是抗战全面爆发前后思想文化界对于"五四"新文化运动的反思。1935—1936 年，在一些马克思主义者倡导和推动下，北平、上海等地兴起了新启蒙运动（艾思奇是重要参与者），提出了"打倒孔家店，救出孔夫子"的口号，认为"五四"新文化运动批判封建主义意识形态的启蒙精神值得肯定，但是对于传统文化缺乏具体分析的缺点需要反省和克服。毛泽东站在总结中国革命正反两方面经验的高度，把反思"五四"新文化运动与反对教条主义以及批判继承中国历史文化遗产结合起来，肯定"五四"运动号召人民摆脱"把孔夫子的一套当作宗教教条一样强迫人民信奉"的"老八股、老教条"；但批评其所用的"形式主义的方法"，即所谓坏就是绝对的坏，所谓好就是绝对的好，是"形式主义向'左'的发展"（《反对党八股》）。中国共产党内的教条主义者"言必称希腊，对于自己的祖宗，则对不住，忘记了"（《改造我们的学习》），也是"形式主义向'左'的发展"的表现。所以，把中国优秀传统文化与马克思主义相结合，既是对"五四"新文化运动的继承和超越，也是废止教条主义"洋八股"的必然要求。

就马克思主义哲学中国化而言，毛泽东十分重视挖掘中国哲学的优秀传统。他指出，墨子是"古代辩证唯物论大家"（《致陈伯达》）；孔子的体系虽然是"观念论"即唯心论的，但"观念论哲学有一个长处，就是强调主观能动性，孔子正是这样"；还指出孔子有"辩证法的许多因素"。（《致张闻天》）毛泽东提出要继承从孔夫子到孙中山的优秀传统，包含着对于中国传统哲学优秀思想资源的汲取。《实践论》的副标题是"论认识和实践的关系——知和行的关系"，在写作前后，他在李达等译的著作上，曾写下"先行后知，知难行易"的批注。由此可见，毛泽东的实践论是以中国两千多年的知行观，包括近代从魏源到孙中山的知行学说为理论先导的。

毛泽东也重视对中国近代以来研究中国传统哲学观点的批判分析。毛泽东说，章太炎、梁启超他们"在中国学术上有其功绩，但他们的思想和我们是有基本区别的"，"凡引他们的话，都是引他们在这些问题上说得对的，或大体上说得对的东西"，但同时不能忽视"对于他们整个思想系统上的错误的批判"（《致张闻天》）。就是说，批判继承中国近代以来研究中国传统文化的成果，才能推动马克思主义对中国传统文化更深入的研究和批判继承。

毛泽东哲学围绕着解决"中国向何处去"问题展开了对中国近代哲学的总结。中国近代知行观的主流是面向现实，注重主体的能动性，而历史观的主流是探索历史演变规律，强调主体的心力的能动作用。能动的革命的反映论在继承中国近代知行观、历史观主流的同时，又克服了它们的历史局限性。就历史观来说，在马克思主义之前，无论是变易史观还是进化史观，都没有科学的社会实践的观点，不了解社会生活本质上是实践的，不可能把唯物主义反映论的原则贯彻到社会历史领域。就认识论来说，马克思主义以前的知行观，离开人的社会性，离开人的历史发展，去观察认识问题，因而不能了解认识对于社会实践的依赖关系。所以，毛泽东哲学既继承又超越了中国近代的知行观和历史观，标志着以认识论和历史观为中心而演变的中国近代哲学实现了一次革命性的飞跃。

总之，毛泽东运用马克思主义基本原理，把中国长期革命实践中的一系列独创性经验作了理论概括，批判继承了中国传统哲学，汲取了近代以来中西哲学融汇的积极成果，把"实事求是、群众路线、独立自主"这一活的灵魂贯穿马克思主义中国化的全过程，形成了一套彻底改变中国半封建半殖民地的社会状况和经济技术落后面貌、让中国人民真正站立起来的哲学理论，创立了毛泽东哲学思想。

第二节　以实践为基础的能动的革命的反映论

"生活、实践底观点，应该是认识论底首先的和基本的观点"。毛泽东《实践论》引用了列宁的《唯物主义和经验批判主义》中提出的这个论断。教条主义者轻视实践，不尊重中国革命的经验，不注重调查研究，只是生搬硬套马克思主义的词句和外国革命的经验，给中国革命造成了严重危害。毛泽东的《实践论》从实践的观点出发，理解和论述主观与客观、理论与实践、知与行、认识世界与改造世界的辩证关系，精辟论述了以实践为基础的认识的辩证发展过程，揭示了人类认识的根本规律和真理发展的规律，指明了实现主观与客观相统一、理论与实际相结合的辩证途径，丰富和发展了马克思主义能动的革命的反映论。

一、能动的革命的反映论

毛泽东在认识论上的一个重要特点就是着重阐明辩证唯物主义的认识论是能动的革命的反映论，特别强调充分发扬根据和符合客观实际的自觉的能动性。1936 年 11 月至 1937 年 4 月，毛泽东在读苏联哲学教科书时写下批注："反映论不是被动的摄取对象，而是一个能动的过程。在生产和阶级斗争中，认识是能动的因素，起着改造世界的作用。"（《读〈辩证法唯物论教程（中译本第三版）〉一书的批注》）更能体现能动的革命的反映论创造性的，是毛泽东将其把辩证唯物论和历史唯物论联结为一体。他在发表于 1940 年的《新民主主义论》中指出：

> 马克思说："不是人们的意识决定人们的存在，而是人们的社会存在决定人们的意识。"他又说："从来的哲学家只是各式各样地说明世界，但是重要的乃在于改造世界。"这是自有人类历史以来第一次正确地解决意识和存在关系问题的科学的规定，而为后来列宁所深刻地发挥了的能动的革命的反映论之基本的观点。

毛泽东第一次把客观过程的反映、主观能动性的作用、革命的实践这三个环节，用"能动的革命的反映论"统一起来，既概括了辩证唯物论的基本观点，也概括了历史唯物论的基本观点，从两者相统一的高度突出了马克思主义哲学的核心和根本立场。

二、实践是认识的基础

一切认识都来自实践。人们要想在实践活动中达到预期的目的，取得工作的胜利，就一定要使自己的思想合乎外部世界的规律。如果不合，就会在实践中失败。主观与客观相一致，是中国革命胜利的前提和保证。这是毛泽东在总结中国革命经验过程中得出的哲学结论。他指出："唯心论和机械唯物论，机会主义和冒险主义，都是以主观和客观相分裂，以认识和实践相脱离为特征的。以科学的社会实践为特征的马克思列宁主义的认识论，不能不坚决反对这些错误思想。"（《实践论》）在他看来，"人类的生产活动是最基本的实践活动，是决定其他一切活动的东西"。"人的社会实践，不限于生产活动一种形式，还有多种其他的形式，阶级斗争，政治生活，科学和艺术的活动，总之社会实际生活的一切领域都是社会的人所参加的"。（同上）这就突破了中国古代知行观主要局限于道德践履的"行"，而把"行"理解为"千百万人民的革命实践"（《新民主主义论》）。

为什么说实践是认识的基础呢？首先，实践是认识的来源。毛泽东说："无论何人要认识什么事物，除了同那个事物接触，即生活于（实践于）那个事物的环境中，是没有法子解决的。"（《实践论》）。离开了实践，人的认识就成为无源之水、无本之木。正是基于实践是认识的源泉，毛泽东非常强调实际调查的重要性，"没有调查，就没有发言权"（《关于农村调查》）。其次，实践是认识发展的动力。实践不断向人们提出新问题和新要求，推动人们去求得新知，并为人们积累了日益丰富的经验材料，创造了新的认识工具和手段。同时，社会实践的发展也不断地锻炼和提高了人们的思维能力和行动能力。所以，毛泽东说："人类社会的生产活动，是一步又一步地由低级向高级发展，因此，人们的认识，不论对于自然界方面，对于社会方面，也都是一步又一步地由低级向高级发展，即由浅入深，由片面到更多的方面。"（《实践论》）再次，实践是认识的目的。"理论的基础是实践，又转过来为实践服务。"把握规律，指导实践，改造世界，是认识的最终目的。"马克思主义看重理论，正是，也仅仅是，因为它能够指导行动。"（《同上》）毛泽东把理论服务于实践比喻为"有的放矢"，"矢"就是箭，"的"就是靶，放箭要对准靶，"马克思列宁主义和中国革命的关系，就是箭和靶的关系"（《整顿党的作风》）。离开了解决实际问题的目的，理论就会成为空洞的教条。最后，实践是检验真理的唯一标准。毛泽东指出："只有人们的社会实践，才是人们对于外界认识的真理性的标准。""判定认识或理论之是否真理，不是依主观上觉得如何而定，而是依客观上社会实践的结果如何而定。真理的标准只能是社会的实践。"（《实践论》）真理是人们对客观事物及其规律的正确反映，是主观与客观相符合的认识。实践是检验人的认识是否具有真理性的唯一标准，因为实践具有直接现实性的特点，具有把主观和客观相比较相对照的特点。把某一认识运用于人类的实践过程中，如果总是能够达到预期的目的，就证明这一认识是正确的；如果经过反复实践，最终都不能达到预期的目的，就证明这一认识是错误的。

三、认识过程中的"两个飞跃"

毛泽东把以实践为基础的认识的辩证发展过程，概括为"两个飞跃"，即从感性认识向理性认识的飞跃和从理性认识到革命实践的飞跃。

关于认识的第一次飞跃，他指出：人的认识分为感性认识和理性认识两个阶段；感性认识是对于事物的现象、各个部分和外部联系的认识，理性认识则是对于事物的本质、全体和内部联系的认识。要实现从感性认识到理性认识的飞跃，一是必须通过实践获得丰富的而不是零碎的、合于实际的而不是主观臆造的感觉材料；二是必须对感觉材料进行去粗取精、去伪存真、由此及彼、由表及里的改造制作功夫，造成概念和理论的系统，从而获得对于事物的本质和规律性的认识。理性认识依赖于感性认识，感性认识有待于发展到理性认识。唯理论只承认理性的实在性，经验论只承认经验的实在性。教条主义和经验主义正是实际工作中的唯理论和经验论，都是我们必须反对的。

关于认识过程的第二次飞跃，他指出："认识从实践始，经过实践得到了理论的认识，还须再回到实践去。认识的能动作用，不但表现于从感性的认识到理性的认识之能动的飞跃，更重要的还须表现于从理性的认识到革命的实践这一个飞跃。"（《实践论》）认识只有回到实践中去，其真理性才能得到检验；认识只有回到实践中去，人类改造世界的目的才会得到实现。

四、三个"循环往复"

关于认识运动的总过程、总秩序、总规律，毛泽东用三个"循环往复"来精辟地加以概括和阐明。他在《实践论》中说：

> 通过实践而发现真理，又通过实践而证实真理和发展真理。从感性认识而能动地发展到理性认识，又从理性认识而能动地指导革命实践，改造主观世界和客观世界。实践、认识、再实践、再认识，这种形式，循环往复以至无穷，而实践和认识之每一循环的内容，都比较地进到了高一级的

程度。这就是辩证唯物论的全部认识论，这就是辩证唯物论的知行统一观。

这就是说，知和行、认识和实践的矛盾是贯穿于人的认识过程始终的基本矛盾，人类的认识活动就是这对矛盾不断产生而又不断解决的过程。"变革客观现实的实践，一次又一次地向前，人们对于客观现实的认识也就一次又一次地深化"（《实践论》）。实践的发展没有止境，人的认识也永远不会完结。人类的认识运动不是直线式的，而是循环往复的螺旋式地上升的前进运动过程。

从认识对象的逻辑关系来说，毛泽东又把人类认识运动的总秩序看作是特殊和一般的循环往复的不断深化过程。他指出：

就人类认识运动的秩序说来，总是由认识个别的和特殊的事物，逐步地扩大到认识一般的事物。人们总是首先认识了许多不同事物的特殊的本质，然后才有可能更进一步地进行概括工作，认识诸种事物的共同的本质。当着人们已经认识了这种共同的本质以后，就以这种共同的认识为指导，继续地向着尚未研究过的或者尚未深入地研究过的各种具体的事物进行研究，找出其特殊的本质，这样才可以补充、丰富和发展这种共同的本质的认识，而使这种共同的本质的认识不致变成枯槁的和僵死的东西。这是两个认识的过程：一个是由特殊到一般，一个是由一般到特殊。人类的认识总是这样循环往复地进行的，而每一次的循环（只要是严格地按照科学的方法）都可能使人类的认识提高一步，使人类的认识不断地深化。（《矛盾论》）

人们在实践中获得的认识，首先是与某个具体事物相联系的感性认识。然而，理论则要求把握一般的东西。所以，理论从实践中来又回到实践中去，也是从个别概括出一般，又用一般来指导个别的过程。人们通常以为个别事物是具体的，而一般概念是抽象的。其实，经过特殊与一般的反复而达到的对一般本质的认识，才是真正具体的，所以没有抽象的真理，真理总是具体的。因此，认识由特殊到一般，又由一般到特殊的循环往复，也就是由具体到抽象，又由抽象到具体的循环往复。认识的总过程是一个不断地由（低级的）具体到抽象，又由抽象到（高级的）具体的螺旋式的前进运动过程。

毛泽东不仅把辩证唯物论的知行统一观与"由特殊到一般，由一般到特殊"的辩证法相联系，而且与"从群众中来，到群众中去"的唯物史观相统一。他在《关于领导方法的若干问题》中说：

> 在我党的一切实际工作中，凡属正确的领导，必须是从群众中来，到群众中去。这就是说，将群众的意见（分散的无系统的意见）集中起来（经过研究，化为集中的系统的意见），又到群众中去作宣传解释，化为群众的意见，使群众坚持下去，见之于行动，并在群众行动中考验这些意见是否正确。然后再从群众中集中起来，再到群众中坚持下去。如此无限循环，一次比一次地更正确、更生动、更丰富。这就是马克思主义的认识论。

从青年时代起，毛泽东就坚信"唯物史观是吾党哲学的根据"（《致蔡和森》）。他明确指出："人民，只有人民，才是创造世界历史的动力。"（《论联合政府》）"群众是真正的英雄，而我们自己则往往是幼稚可笑的，不了解这一点，就不能得到起码的知识。"（《〈农村调查〉的序言和跋》）人民群众既是社会实践的主体，也是认识的主体。因此，"从群众中来，到群众中去"不仅是一般的工作方法，从本质上说，它也是一条马克思主义的认识路线。

毛泽东讲的三个"循环往复"并不是互相分立或并列的，它们在人的认识过程中是同时展开、融为一体的，是从不同角度、不同方面来展现同一个螺旋式上升的认识运动过程。三个"循环往复"的一致性，突出地体现了唯物主义认识论、辩证法和唯物史观的统一，是毛泽东对马克思主义认识论的新概括、新贡献。

第三节　以矛盾法则为核心的唯物辩证法

辩证法是关于物质世界的普遍联系和永恒发展的规律的科学。毛泽东在《矛盾论》中指出，辩证法的宇宙观，"主要地就是教导人们要善于去观察和分析各种事物的矛盾的运动，并根据这种分析，指出解决矛盾的方法"。"事物的矛盾法则，即对立统一的法则，是唯物辩证法的最根本的法则"。他从两种宇宙观、矛盾的普遍性和特殊性、主要矛盾和非主要矛盾、矛盾的主要方面和非主要方面、矛盾的同一性和斗争性、矛盾的对抗性和非对抗性等各个方面，阐发了唯物辩证法的丰富内容，为中国共产党人认识和解决中国社会与中国革命中的复杂矛盾、制定正确的战略策略，提供了科学的世界观和方法论。

一、矛盾的普遍性和特殊性

矛盾的普遍性也就是矛盾的共性或绝对性，矛盾的特殊性也就是矛盾的个性或相对性。"这一共性个性、绝对相对的道理，是关于事物矛盾的问题的精髓，不懂得它，就等于抛弃了辩证法。"（《矛盾论》）

矛盾普遍性有两个方面的含义。其一是说，矛盾存在于一切事物的发展过程中；其二是说，每一事物的发展过程中存在着自始至终的矛盾运动。也就是说，矛盾无处不在，矛盾无时不有。从矛盾的普遍性出发，不能不"把事物的发展看做是事物内部的必然的自己的运动"（《同上》）。事物发展有多方面的矛盾，既有内部矛盾也有外部矛盾。内部矛盾（内因）是事物变化的根据，外部矛盾（外因）是事物变化的条件。内因决定着事物发展的过程和发展方向，外因只有通过内因作为中介，才能影响事物的发展。"社会的变化，主要地是由于社会内部矛盾的发展"推动的。中国"近百年来发生了很大的变化"（同上），主要是中国社会内部矛盾运动的结果。

针对教条主义者很少"研究当前具体事物的矛盾的特殊性"（《同上》），毛泽东着重强调要研究矛盾的特殊性。他指出，事物内部的特殊矛盾构成了一事物区别于他事物的特殊本质，认识矛盾的特殊性是认识事物的基础。只有正确认识矛盾的特殊性，才能正确认识事物的本质，从而找到解决矛盾的方法。为此，毛泽东对如何分析矛盾特殊性做了详尽的阐释，具体分析了矛盾特殊性的五种情况：

> 各个物质运动形式的矛盾，各个运动形式在各个发展过程中的矛盾，各个发展过程的矛盾的各方面，各个发展过程在其各个发展阶段上的矛盾以及各个发展阶段上的矛盾的各方面。（《同上》）

这些情况归结起来有以下三个方面：首先，不同事物及过程所包含的矛盾具有特殊性。认识任何事物，都必须注意它的运动形式具有的特殊矛盾。同时，事物的发展过程，也包含着许多矛盾，如"在中国资产阶级民主革命过程中，有中国社会各被压迫阶级和帝国主义的矛盾，有人民大众和封建制度的矛盾，有无产阶级和资产阶级的矛盾"等，这些矛盾"各各有其特殊性，不能一律看待"（《矛盾论》）。其次，事物发展的不同过程及不同阶段所包含的矛盾具有特殊性。《矛盾论》指出，事物发展中的不同过程，其矛盾各不相同，如在社会发展中，民主革命过程和社会主义革命过程的矛盾就不是同质的。在每一事物发展的不同阶段，其矛盾也存在差异，比如自辛亥革命以来的民主革命经过了几个阶段，在这些阶段中，就存在着有些矛盾激化了、有些矛盾部分地或暂时地解决了、有些矛盾重新发生了等各种不同的特殊情形。最后，不同过程与不同阶段中矛盾的各个方面各有其特殊性。《矛盾论》指出，中国民主革命过程中存在的诸多矛盾的"每一矛盾的两方面，又各各有其特点，也是不能一律看待的"。在国共两党经历的第一次统一战线、统一战线破裂和第二次统一战线三个阶段中，两党在每一个阶段都有不同的特点。

研究矛盾的特殊性，还须在各种矛盾和矛盾的各个方面，区分主要矛盾和次要矛盾、矛盾的主要方面和次要方面。毛泽东指出，在众多矛盾中，主要矛盾对于事物具有决定作用，抓住了主要矛盾，就能带动全局，"一切问题就迎刃而解了"（同上）。但是，主要矛盾和次要矛盾的区分并不是固定不变的，而是在一定条件下可以互易其位的。如由于中国遭到日本的全面侵略，原来中国国内的统治阶级和被统治阶级的矛盾，就由主要矛盾降到次要矛盾，而中华民族和日本帝国主义的矛盾则上升为主要矛盾了。《矛盾论》还认为，在每对具体矛盾中，矛盾着的两个方面，必有一方是主要的，另一方是次要的，两者在一定条件下也会发生转化。如在生产力和生产关系这对矛盾中，生产力一般地表现为主要的、起决定作用的方面，但"当着不变更生产关系，生产力就不能发展的时候，生产关系的变更就起了主要的决定的作用"（同上）。中国革命就是要变更阻碍生产力发展的落后的生产关系。

二、矛盾的同一性和斗争性

把握事物矛盾问题的精髓，除了要把握矛盾的普遍性和特殊性的关系之外，还要把握矛盾的同一性和斗争性的关系。对此毛泽东在《矛盾论》中汲取了老子"相反相成"的思想来予以说明：

"相反"就是说两个矛盾方面的互相排斥，或互相斗争。"相成"就是说在一定条件之下两个矛盾方面互相联结起来，获得了同一性。

矛盾的同一性有两方面的含义：一是事物发展过程中每一矛盾的两个方面都以对立的方面为自己存在的前提，即矛盾的双方互相依存，共处于一个统一体中；二是矛盾的双方在一定条件下相互转化，由此推动事物的发展。毛泽东指出，"宣传事物的本来的辩证法"，在社会历史领域，就是要发挥人的自觉能动性，积极创造条件，"促成事物的转化，达到革命的目的"。（《矛盾论》）

矛盾的斗争性是指矛盾双方互相排斥、互相对立、互相否定的趋势和性质。具有同一性的对立面互相联系和互相转化，都与一定的条件相联系，因而是相对的；对立面互相排斥、互相否定的斗争性，在任何条件下都存在于事物发展过程中，因而是绝对的。尽管矛盾的斗争性是绝对的，但是斗争的形式是多样的，"对抗是矛盾斗争的一种形式，而不是矛盾斗争的一切形式"（《同上》）。矛盾斗争究竟采取哪种形式，取决于矛盾的性质是对抗性的还是非对抗性的。对抗性矛盾和非对抗性矛盾，在一定条件下也可以互相转化。如"经济上城市和乡村的矛盾"，在资本主义社会和中国国民党统治区域里面，"那是极其对抗的矛盾。但在社会主义国家里面，在我们的革命根据地里面，这种对抗的矛盾就变为非对抗的矛盾"（同上）。毛泽东说："有条件的相对的同一性和无条件的绝对的斗争性相结合，构成了一切事物的矛盾运动。"（同上）就是说，如果把同一性和斗争性割裂开来，就不能正确把握事物运动发展的规律。中国革命实践中的右和"左"的错误，或者是片面地讲联合，或者是片面地讲斗争，都陷入了把同一性和斗争性相割裂的形而上学。

三、矛盾法则转化为思维方法

毛泽东指出："事物矛盾的法则，即对立统一的法则，是自然和社会的根本法则，因而也是思维的根本法则。"（同上）这里体现了主观辩证法和客观辩证法统一的自觉意识。对立统一规律作为逻辑思维的根本法则，其核心是分析与综合的结合：既分别考察事物矛盾的各个方面（分析），又全面地把握矛盾的统一整体（综合）。毛泽东论述中国革命战争的一些重要著作都运用了这种矛盾分析与综合相结合的方法。这里以《论持久战》为例予以说明，它运用分析与综合相结合的方法，具体表现在以下三个方面。

首先，把握事物发展的根据。"问题的提出"是《论持久战》的第一个大标题，即为什么抗日战争是持久战，而亡国论和速胜论都是错误的？它的第二个大标题是"问题的根据"，即经过持久战而赢得胜利的根据是什么？"问题就是事物的矛盾。"（《反对党八股》）持久战的根据就在于战争中矛盾双方互相对立的基本特点：论军力、经济力和政治组织力，敌强我弱；论战争的性质，我方是进步、正义的，敌方是退步、野蛮的；再加上我方地大物博、人多兵多以及国际上得道多助等优势，而敌方在这些方面的条件恰恰相反。"这些特点是事实上存在的，不是虚造骗人的；是战争的全部基本要素，不是残缺不全的片段；是贯彻于双方一切大小问题和一切作战阶段之中的"（《论持久战》）。"事实上存在的"，就是客观的；"全部基本要素"，就是全面的；贯彻于一切之中，就是本质的。通过这样的考察，就把握了战争的持久性和中国终将取得胜利的有力根据。

其次，揭示事物进展的过程和可能性。根据的展开就是矛盾在实际中如何发展，由此揭示出主导的现实可能性。《论持久战》指出，中日矛盾双方互相对立的基本特点的展开，将使战争进程经历如下"大端"：开始时的不平衡（敌强我弱）转变为平衡（敌我相持），再转变到新的不平衡（敌弱我强）。这就是持久战的三个阶段：战略防御、战略相持、战略反攻。由此在亡国和民族解放的两种可能性中，后者逐渐成为占优势的可能性，"这就是中日战争的过程，中日战争的必然趋势"，或者说中日"战争的自然逻辑"（《同上》）。也就是说，经过持久战而获得民族解放，具有合乎逻辑的客观必然性。

最后，阐明如何发挥"自觉的能动性"以达到目的。上述两方面归结起来，是论述了抗日战争发生发展的全部根据和客观过程，"大体上都是说的'是什么'和'不是什么'"。这是《论持久战》的前半部分，其后半部分"转到研究'怎样做'和'不怎样做'的问题上"。所谓"怎样做"，就是在认识全部根据和客观过程的基础上，发挥人民和军队在"战争中的自觉的能动性"，使民族解放的可能性变为现实，达到驱逐日本侵略者的目的。从"是什么"到"怎样做"，《论持久战》清晰而完整地体现了运用分析与综合相结合的方法的过程和主要环节，是运用辩证思维的典范。

矛盾法则转化为思维方法，就是"应用辩证法到客观现象的研究"，而"教条主义者因为没有这种研究态度，所以弄得一无是处"（《矛盾论》）。从中国近代哲学史的进程来看,《矛盾论》在肯定中国具有辩证法思想传统的同时,又说:"在中国,则有所谓'天不变,道亦不变'的形而上学的思想,曾经长期地为腐朽了的封建统治阶级所拥护。近百年来输入了欧洲的机械唯物论和庸俗进化论,则为资产阶级所拥护。"马克思、恩格斯的辩证唯物论和历史唯物论"一经传到中国来,就在中国思想界引起了极大的变化"。这意味着毛泽东用马克思主义的唯物辩证法否定了传统的形而上学,也超越了中国近代的机械唯物论和庸俗进化论,使中国的辩证法传统发生了革命性的变化。中国近代哲学关于逻辑方法论的探索,主流是以科学方法取代经学方法。《矛盾论》以矛盾法则作为思维法则,是把科学方法提升到了唯物辩证法的高度。

第四节 以为人民服务为价值追求的
人生观与社会理想

毛泽东哲学思想包括关于人生观和社会理想的思想。人生观是人类在社会实践中形成的对于人生目的和意义、人生道路、生活方式的总的看法和根本观点,是世界观的一个重要组成部分。社会理想是建立在人生观基础上的对社会建设目标的价值追求。毛泽东运用马克思主义基本原理,紧密联系中国革命和建设实践,联系中国共产党人和中国人民改造社会、改造中国的实践,充分吸取中国传统文化关于人生观、价值观和以天下为公为核心的社会理想思想的精华,形成了独具中国特色的人生观和社会理想的思想。

一、为人民服务的人生观

全心全意为人民服务是中国共产党立党的根本宗旨,也是毛泽东一生向往和不懈追求的理想人格和正确的人生观。《为人民服务》《纪念白求恩》中的张思德和白求恩,正是这样的人格典范。建构践履这样的理想人格,需要义利统一、群己统一,更需要与工农劳苦群众在一起"永久奋斗"。

就义利统一来说,毛泽东指出:"我们是无产阶级的革命的功利主义者,我们是以占全人口百分之九十以上的最广大群众的目前利益和将来利益的统一为出发点的","任何一种东西,必须能使人民群众得到真实的利益,才是好的东西"(《在延安文艺座谈会上的讲话》)。这里的"好"指广义的价值,包括道德上的善。为人民服务的理想人格把人民得到真实利益视为道德的至善，由此达到义和利的统一。从革命的功利主义出发，在动机和效果的关系上，毛泽东说："唯心论者是强调动机否认效果的，机械唯物论者是强调效果否认动机的，我们和这两者相反，我们是辩证唯物主义的动机和效果的统一论者。为大众的动机和被大众欢迎的效果，是分不开的，必须使二者统一起来。"（《在延安文艺座谈会上的讲话》）是否真正具有为人民服务的善心，要看在实际行动上是否产生有益于人民的效果，必须用群众的获得感来检验。

就群己统一来说，为人民服务的理想人格和人生观，要求"共产党员无论何时何地都不应以个人利益放在第一位，而应以个人利益服从于民族的和人民群众的利益"（《中国共产党在民族战争中的地位》）。这就是"毫无自私自利之心的精神"，"只要有这点精神，就是一个高尚的人，一个纯粹的人，一个有道德的人，一个脱离了低级趣味的人，一个有益于人民的人"（《纪念白求恩》）。人格的伟大和渺小，不取决于其他东西，而是取决于有没有全心全意为人民服务的崇高境界。具有这种精神境界的人，为了人民的利益，不惜牺牲自己的生命，"我们为人民而死，就是死得其所"（《为人民服务》）。毫无自私自利的精神更多地表现在日常生活中，只要是有益于人民的，"不惜从任何小事情做起"（《论联合政府》）。这里继承和发展了中国古代天下为公、公而忘私、国而忘家、舍生取义的献身精神和崇高人格，也汲取了儒家在日常生活中培育和涵养人格的"极高明而道中庸"的思想方法。

塑造为人民服务的理想人格和人生观，还需要坚定不移地与劳动群众站在一起，确立为人民事业"永久奋斗"的崇高理想。毛泽东指出，"五四"以来，青年运动有两个潮流，一个是"跟工农劳苦群众在一块的"，"一个是反人民的"，选择了前者，就"要有'富贵不能淫，贫贱不能移，威武不能屈'的骨气来坚持这个方向"，无论遇到什么环境，都应该"永久奋斗"。他认为："这个永久奋斗是非常要紧的，如要讲道德就应该讲这一条道德。……这样的道德，才算是真正的政治道德。"（《永久奋斗》）正是在为人民服务需要奋斗一辈子的意义上，毛泽东说："一个人做点好事并不难，难的是一辈子做好事，不做坏事，一贯地有益于广大群众"（《吴玉章寿辰祝词》）。永久奋斗的意志磨炼，使为人民服务的人生观内化为理想人格的德性。

在中国近代哲学史上，从龚自珍到孙中山，再到"五四"时期的各种思潮，都讨论过理想人格和正确人生观培养问题。在"科学与人生观"论战之后，"哲学界普遍地研究起人生问题来"；20世纪30年代初期，哲学论坛上又有"人生问题研究复活"（艾思奇：《二十二年来之中国哲学思潮》）；抗战以来，从"辩证法唯物论的立场上来解决道德修养问题的研究"，成为马克思主义哲学中国化的重要课题（艾思奇：《抗战以来的几种重要哲学思想评述》）。毛泽东以树立为人民服务的人生观对此作出了回答，把中国近代理想人格学说提升到了以人民为中心的新高度。

二、大道之行的现实道路

《礼记·礼运》以"大道之行，天下为公"来描述"大同"理想。毛泽东说："康有为写了《大同书》，他没有也不可能找到一条到达大同的路。"（《论人民民主专政》）如前所述，中国近代思想家都以大同作为社会理想。然而，他们都像康有为一样，没有找到达到大同的道路。中国共产党在毛泽东领导下找到了这条道路，即经过新民主主义革命，建立人民民主专政的社会主义国家，实现社会主义和共产主义理想。

毛泽东创造性地运用唯物史观关于生产力和生产关系、经济基础和上层建筑、阶级斗争和社会革命、人民是历史发展的主体等原理，全面系统地阐明了包括中国历史和现状的特殊国情，由此揭示了中国特色民主革命的对象、任务、动力、性质和前途，也就是民主革命的必然规律。《新民主主义论》等著作指出：中国地广人众、历史悠久而又富于革命传统，近代以来沦为半殖民地半封建社会，其主要矛盾是帝国主义和中华民族、封建主义和人民大众的矛盾，政治、经济发展极不平衡，处于第一次世界大战和十月革命之后的国际形势等。根据这种国情，"中国式、特殊的、新式的民主主义"（《新民主主义论》）的革命道路就是：现阶段反对帝国主义和封建主义的民主革命，属于资产阶级民主主义性质，但这个革命由无产阶级领导，建立以工农联盟为主体的最广泛的统一战线，通过农村包围城市的武装斗争，达到革命的胜利，并在这个革命完成后及时转变为社会主义革命。实践证明了这条道路的正确性，中国特色民主主义和中国特色社会主义成功地实现了历史衔接。

中国特色民主革命道路既是对于反映了中国国情的必然规律的认识，也是运用这样的规律来能动地改造旧中国。明白了中国特色革命道路的历史必然性并遵循这一必然性前行，就意味着驶向新中国的革命航船由必然王国向自由王国的转化。中国特色民主革命道路的形成，既表现了历史观上对于历史规律的把握，又反映了认识论上的从必然走向自由的历史过程，并和矛盾法则的运用相联系，突出地显示了毛泽东开拓马克思主义哲学中国化的基本路径和理论品格，即历史观、认识论、辩证法的统一。这是对中国近代哲学注重历史观、认识论和方法论的发展和提升。

毛泽东指出，人民民主专政是"到达阶级的消灭"、实现"世界的大同"的必经过程。他说：

> 资产阶级的民主主义让位给工人阶级领导的人民民主主义，资产阶级共和国让位给人民共和国。这样就造成了一种可能性：经过人民共和国到达社会主义和共产主义，到达阶级的消灭和世界的大同。（《论人民民主专政》）

所谓人民民主专政，就是"对人民内部的民主方面和对反动派的专政方面，互相结合起来"（同上），正确处理敌我矛盾和人民内部矛盾。旧时代的国家机器掌握在少数剥削者手里，它实质上是镇压人民大众的暴力工具，所谓仁政、"德教"往往是用来掩盖这个实质的。人民共和国则掌握在人民大众手里，它对少数反动派使用暴力，而对人民来说，则是用民主的方法进行自我教育的工具。毛泽东上面讲的两个"让位"，就说明人民民主专政是到达大同理想的必由之路，也是中国民主革命历史的必然选择。

从新民主主义革命到社会主义革命和建设，贯穿毛泽东社会理想的一道红线就是为人民服务、人民主体，人民是国家的主人。毛泽东所要构建的理想社会就是让人民当家作主，实现每个人的自由发展与解放的社会。因此，新民主主义革命的重要任务，就是以制度"保障广大人民能够自由发展其在共同生活中的个性"。在旧中国半殖民地半封建的废墟上，若没有"几万万人民的个性的解放和个性的发展"，试图建立起社会主义社会，"只是完全的空想"（《论联合政府》）。民主革命尚且如此，经过人民民主专政走向社会主义更是要形成个性得到充分发展的环境，显示社会主义的制度优势。毛泽东说："在我们党领导的解放区，不仅社会上的人都有人格、独立性和自由，而且在我们党的教育下，更发展了他们的人格、独立性和自由。这个问题，马克思在《共产党宣言》里讲得很清楚，他说：'每个人的自由发展是一切人的自由发展的条件。'不能设想每个人不能发展，而社会有发展"（《在中国共产党第七次全国代表大会上的结论》)。就是说，每个人的自由发展应当是社会主义作为理想社会的努力方向。毛泽东的这些思想，是对李大钊的"个性解放"与"大同团结"相统一的社会主义理想的继承和发挥，也使中国传统的大同理想获得了新的生命力。

总之，毛泽东把唯物主义和辩证法、辩证唯物的自然观和辩证唯物的历史观有机结合起来，对中国革命和建设实践进行哲学总结，不仅丰富发展了马克思主义哲学思想，找到了指导中国人民"站起来"的哲学思想武器，而且对中国传统哲学思想进行创造性转化、创新性发展，将中国哲学推进到了一个崭新的阶段。坚持习近平新时代中国特色社会主义思想指导，继承发展毛泽东哲学思想，不断推进马克思主义哲学中国化，实现中华民族由"富起来"到"强起来"的伟大飞跃，是当代中国哲学的根本使命。

思考题：

1. 马克思主义哲学中国化的历史背景和时代特点是什么？

2. 为什么说《实践论》是对中国哲学史上知行问题的科学总结？

3. 毛泽东对事物矛盾问题的精髓是怎样具体分析和把握的？

4. 如何理解毛泽东人生观和社会理想学说的科学性？

小　结

中国近代经历了空前的民族灾难和巨大的社会变革，同时在哲学上也经历了革命性的变革。从哲学根源于社会实践的角度来说，这场变革围绕着时代的中心问题"中国向何处去"而展开，最终马克思主义与中国革命实践相结合，以毛泽东思想为代表的中国化马克思主义正确地回答了这个问题，哲学革命成为取得民主革命伟大胜利的理论前导。从对思想资源的批判继承来看，这场变革既与中国传统哲学有纵向联系，又与西方近现代哲学有横向联系，中国近代哲学中具有积极影响的理论成果，都体现了古今会通和中西结合的特点，以毛泽东思想为代表的中国化马克思主义哲学是其中最富有创造性和现实性的杰出典范。

概括起来，中国近代哲学主要对以下四个重大问题作了深入研讨。

一是历史观问题。循环论、复古论是中国传统历史观的重要形态。它认为历史的发展是一治一乱、循环往复的过程，并把向古先圣王的复归看作现实人类社会的自我完善之道。这种历史观包含了颂古非今的价值取向。在近代中国变法图强、革命解放的时代洪流中，这样的历史观必然成为近代哲学的批判对象。与此同时，对于新历史观的阐发和建构始终是中国近代哲学的重要领域。以道器之辨而激活传统变易史观为开端，到传统变易史观和西方进化论相结合，形成了进化论的历史观，这在"五四"之前曾经产生过重要的积极影响。但无论是变易史观还是进化论史观，尽管包含着重视物质生产和人民大众在历史发展中的作用的因素，却仍然没有从根本上摆脱唯心史观的窠臼，因而无法真正揭示社会历史发展的规律。先进的中国人在"五四"以后，从进化论转向唯物史观。从李大钊到毛泽东，不仅批判了"神权的、精神的、个人的、退落的或循环的历史观"，正确说明了社会历史发展的动因和规律，而且运用唯物史观科学分析中国近代社会的性质、经济结构、阶级关系和主要矛盾，解决了中国革命的任务、对象、动力和途径问题，阐明了中国革命的历史必由之路，同时也深刻把握了中国近代的历史规律。马克思主义哲学中国化在历史观领域的重要特征和独特贡献，就是把唯物史观与辩证法紧密结合起来，从新的高度总结了中国近代的历史观，从而开拓了新的理论境界。

二是认识论问题。认识论在中国近代哲学中占有突出地位。近代许多哲学家都围绕着主观与客观、理论与经验、认识与实践等问题进行了反复深入的思考和探索，而知行观始终贯穿其中，是中国近代认识论的核心问题。从魏源提出"及之而后知"的知行问题以来，无论是维新派还是革命派，都对这个问题作了进一步探索，提出了不少有价值的观点，如以近代实证科学"开民智"、革命开民智等思想，及孙中山的"知难行易"说明确赋予传统知行范畴以新的内涵，都突出表现了近代知行观的发展走向，是将社会实践纳入视野以及重视主体能动性的作用。"五四"时期，李大钊等马克思主义者在回应"问题与主义"等论争中，已经体现出理论联系实际的唯物主义认识论的知行观。从李达、艾思奇到毛泽东，逐渐形成了马克思主义哲学中国化的理论立场即"能动的革命的反映论"，阐明了主观和客观、理论和实践、知和行的具体的历史的统一。这种知行观把社会实践作为认识论的基础，鲜明地体现了中国化马克思主义哲学的理论风格，即辩证唯物论与唯物史观的有机统一。这不仅继承和发展了马克思主义哲学，确立了实事求是的思想路线，而且充分汲取了传统知行观中的唯物主义因素，克服了其缺乏社会实践观点和不能从人的历史性去考察知行问题的局限性，因而对中国传统直至近代两千多年的知行观作了深刻总结。

三是思维方式和方法论、逻辑学问题。中国近代哲学把儒家经学教条式思维方式作为变革对象，从龚自珍、魏源批判泥古不化，康有为的《新学伪经考》，梁启超以除心奴反对一切"依傍比附"孔子，孙中山颠覆传统经典的"知易行难"说，李大钊以"民彝"反对迷信经传，胡适用"评判的态度"重估传统，直至毛泽东指出把马克思主义作为教条的"本本主义"是变相的老八股，都反映了这样的变革精神。变革经学教条式思维方式既有"破"也有"立"，所谓"立"就是倡导近代科学方法。因而近代科学方法以及与之相联系的逻辑学成为中国近代哲学的重要关注点之一。康有为以近代科学实证和数学演绎的方法来推导"公理"；严复自觉介绍了近代实证科学方法的基本环节和西方逻辑学，尤为注重归纳法；而章太炎则注重以演绎法为"辩说之道"，还比较了《墨经》与希腊、印度的逻辑学。"五四"时期，胡适提出了"大胆的假设，小心的求证"的方法论，"科玄论战"则关注科学方法与人生观的关系问题。注重逻辑和方法论，推动中国近代哲学在理论构造上改变传统哲学缺乏形式系统的弱点，这在熊十力、冯友兰、金岳霖等专业哲学家那里更是十分明显。马克思主义哲学则为分析与综合、归纳与演绎的辩证统一提供了理论基础。毛泽东对马克思主义哲学中国化的重要贡献，是将客观辩证法和主观辩证法相统一，自觉地把矛盾法则作为思维法则，将唯物辩证法由理论转化为研究中国实际问题的科学方法论，批判了"天不变，道亦不变"的形而上学传统，对中国古代辩证法作了创造性转化和创新性发展。

四是理想社会和理想人格问题。中国近代思想家把远古的"大同"说改造成为面向未来的理想社会，标志着中国人对理想社会的追求起了根本性的变化，这与批判循环论、复古论历史观是一致的。中国近代的"大同"理想，从太平天国的"新世界"，到康有为的《大同书》，再到孙中山三民主义的"天下为公"，都有程度不同的空想社会主义色彩。在"五四"后马克思主义中国化的进程中，从李大钊描绘的"大同团结"与"个性解放"相统一的理想蓝图，到毛泽东指出经过人民民主专政是达到大同的唯一道路，实际上解决了中国传统的"王霸（德力）"之争，大同理想取得了科学社会主义的形态。如何造就与新的理想社会相一致的理想人格，一直是中国近代哲学家们关注的问题，其主流是不再以封建时代的圣贤为理想人格。龚自珍、魏源的"自我"主宰说和"造命"的"豪杰"思想，梁启超的新民说与"道德革命"，章太炎"依自不依他"的"革命道德"，孙中山的"替众人服务"，熊十力"性修不二"的性习论，冯友兰的人生境界说等，都包含着培养理想人格的某些积极成果。然而，他们培养理想人格的立论基础即人性学说依然受困于唯心史观。中国化马克思主义哲学理论，在社会实践的基础上理解环境改造和人性发展的一致性，从这样的人性学说出发，李大钊主张以唯物史观来造就"脚踏实地的人生观"、"乐天努进的人生观"。毛泽东提出的"全心全意为人民服务"的人生观，更是集中体现了共产党人的理想人格，这就为实现以社会主义、共产主义为价值取向的理想社会，提供了真实可靠的人格保证。

中国近代哲学革命围绕着上述四大问题而展开，从中可以看到，以毛泽东哲学思想为杰出代表的中国化马克思主义哲学，不仅是中国近代哲学革命的历史性总结，而且也是整个中国哲学史发展的必然逻辑和历史性总结。"总结"意味着在一定历史阶段上达到了完成状态。作为"大道之源"的中国哲学经典《周易》在第六十三卦"既济"之后，"受之以'未济'终焉"，说明一切完成（既济）都是相对的，而发展是无止境的。马克思主义哲学中国化的进程亦是如此。随着中华人民共和国的成立，历史翻开了新的一页。时代的中心问题由"中国向何处去"的革命问题，转变为"如何建成社会主义现代化强国"的建设问题。如果说近代哲学主要是研究"革命的逻辑"，那么当代中国哲学就要研究"建设的逻辑"。从邓小平理论、"三个代表"重要思想、科学发展观到习近平新时代中国特色社会主义思想，展示出马克思主义中国化的新发展、新境界，谱写着当代中国哲学"建设的逻辑"的主旋律和总基调。在这一历史转变过程中，始终不变的正是毛泽东倡导的"永久奋斗"精神。

阅 读 文 献

■ 习近平：《在纪念孔子诞辰 2565 周年国际学术研讨会暨国际儒学联合会第五届会员大会开幕会上的讲话》，人民出版社 2014 年版。

■ 习近平：《在文艺工作座谈会上的讲话》，人民出版社 2015 年版。

■ 习近平：《在哲学社会科学工作座谈会上的讲话》，人民出版社 2016 年版。

■ 习近平：《在庆祝中国共产党成立 100 周年大会上的讲话》，人民出版社 2021 年版。

■《马克思恩格斯文集》（第 1—10 卷），人民出版社 2009 年版。

■《马克思恩格斯选集》（第 1—4 卷），人民出版社 2012 年版。

■《马克思恩格斯全集》第 3 卷，人民出版社 1960 年版。

■《列宁专题文集·论辩证唯物主义和历史唯物主义》，人民出版社 2009 年版。

■《列宁选集》（第 1—4 卷），人民出版社 2012 年版。

■《毛泽东选集》（第一至四卷），人民出版社 1991 年版。

■《毛泽东文集》第七卷，人民出版社 1999 年版。

■《毛泽东哲学批注集》，中央文献出版社 1988 年版。

■《十三经注疏》（附校勘记），中华书局 1980 年版。

■ 黄寿祺、张善文：《周易译注》，上海古籍出版社 1989 年版。

■《管子集校》，《郭沫若全集》（第五至八卷），人民出版社 1984 年版。

■ 杨丙安校理：《十一家注孙子校理》，中华书局 1999 年版。

■ 张震泽：《孙膑兵法校理》，中华书局 1984 年版。

■ 程树德：《论语集释》，中华书局 1997 年版。

■ 王弼注：《老子道德经注》，《诸子集成》本。

■ 孙诒让注：《墨子间诂》，《诸子集成》本。

■焦循注：《孟子正义》，《诸子集成》本。

■郭庆藩辑：《庄子集释》，中华书局 1961 年版。

■陈柱：《公孙龙子集解》，商务印书馆 1937 年版。

■王先谦：《荀子集解》，中华书局 1988 年版。

■王先慎：《韩非子集解》，中华书局 1998 年版。

■荆门市博物馆编：《郭店楚墓竹简》，文物出版社 1998 年版。

■国家文物局古文献研究室编：《马王堆汉墓帛书（壹）》，文物出版社 1980 年版。

■许维遹撰，梁运华整理：《吕氏春秋集释》，中华书局 2009 年版。

■何宁：《淮南子集释》，中华书局 1998 年版。

■王利器：《新语校注》，中华书局 1986 年版。

■阎振益、钟夏校注：《新书校注》，中华书局 2000 年版。

■《董子文集》，中华书局 1985 年版。

■司马迁：《史记》，中华书局 1959 年版。

■班固：《白虎通义》，《四部丛刊》本。

■黄晖：《论衡校释》，中华书局 1990 年版。

■王明编：《太平经合校》，中华书局 1960 年版。

■王明：《抱朴子内篇校释》，中华书局 1985 年版。

■楼宇烈校释：《王弼集校释》，中华书局 1980 年版。

■戴明扬校注：《嵇康集校注》，人民文学出版社 1962 年版。

■陈伯君校注：《阮籍集校注》，中华书局 1987 年版。

■僧祐编撰：《弘明集》，《大正新修大藏经》本。

■道宣：《广弘明集》，《大正新修大藏经》本。

■张春波校释：《肇论校释》，中华书局 2010 年版。

■ 高振农校释：《大乘起信论校释》，中华书局 1992 年版。

■ 吉藏：《中观论疏》，《大正新修大藏经》本。

■ 智顗：《法华玄义》，《大正新修大藏经》本。

■ 李安校释：《童蒙止观校释》，中华书局 1988 年版。

■ 韩廷杰校释：《成唯识论校释》，中华书局 1998 年版。

■ 方立天校释：《华严金师子章校释》，中华书局 1983 年版。

■ 宗密：《华严原人论》，《大正新修大藏经》本。

■ 郭朋校释：《坛经校释》，中华书局 1983 年版。

■ 李荣注：《道德真经注》，《正统道藏》本。

■ 司马承祯：《服气精义论》，《正统道藏》本。

■ 吴筠：《玄纲论》，《正统道藏》本。

■ 杜光庭：《道德真经广圣义》，《正统道藏》本。

■《韩昌黎集》，商务印书馆 1958 年版。

■《李翱集》，甘肃人民出版社 1992 年版。

■《柳宗元集》，中华书局 1979 年版。

■《刘禹锡集》，中华书局 1990 年版。

■《周敦颐集》，中华书局 1990 年版。

■《邵雍集》，中华书局 2010 年版。

■《张载集》，中华书局 1978 年版。

■《王文公文集》，上海人民出版社 1974 年版。

■ 容肇祖辑：《王安石老子注辑本》，中华书局 1979 年版。

■《二程集》，中华书局 1981 年版。

■ 朱熹：《四书章句集注》，中华书局 1983 年版。

■ 黎靖德编：《朱子语类》，中华书局 1986 年版。

■《陆九渊集》，中华书局 1980 年版。

■《陈亮集》，中华书局 1987 年版。

■《叶适集》，中华书局 1961 年版。

■ 王喆：《重阳全真集》，《正统道藏》本。

■ 丘处机：《大丹直指》，《正统道藏》本。

■ 吴澄：《吴文正集》，《文渊阁四库全书》本。

■《许衡集》，东方出版社 2007 年版。

■《陈献章集》，中华书局 1987 年版。

■《王阳明全集》，上海古籍出版社 1992 年版。

■ 方以智：《物理小识》，《文渊阁四库全书》本。

■ 方以智：《通雅》，《文渊阁四库全书》本。

■ 罗钦顺：《困知记》，中华书局 1990 年版。

■《王廷相集》，中华书局 1989 年版。

■《徐光启集》，中华书局 1963 年版。

■《顾亭林诗文集》，中华书局 1983 年版。

■《黄宗羲全集》，浙江古籍出版社 2005 年版。

■《船山全书》，岳麓书社 1988—1996 年版。

■《颜元集》，中华书局 1987 年版。

■《戴震文集》，中华书局 1980 年版。

■ 戴震：《孟子字义疏证》，中华书局 1961 年版。

■《龚自珍全集》，上海人民出版社 1975 年版。

■《魏源全集》，岳麓书社 2004 年版。

■《严复集》，中华书局 1986 年版。

■《康有为全集》，中国人民大学出版社 2007 年版。

■ 梁启超：《饮冰室合集》，中华书局 1989 年版。

■《谭嗣同全集》，中华书局 1981 年版。

■《章太炎全集》，上海人民出版社 1982—1994 年版。

■《孙中山全集》，中华书局 2011 年版。

■《李大钊全集》，人民出版社 2006 年版。

■《胡适全集》，安徽教育出版社 2003 年版。

■《梁漱溟全集》，山东人民出版社 2005 年版。

■《熊十力全集》，湖北教育出版社 2001 年版。

■ 胡适：《中国哲学史大纲》，岳麓书社 2010 年版。

■ 冯友兰：《中国哲学史》，华东师范大学出版社 2000 年版。

■ 冯友兰：《中国哲学简史》，北京大学出版社 1985 年版。

■ 冯友兰：《中国哲学史新编》（上、中、下），人民出版社 1998、1998、1999 年版。

■ 冯友兰：《中国现代哲学史》，广东人民出版社 1999 年版。

■ 张岱年：《中国哲学大纲》，江苏教育出版社 2005 年版。

■ 任继愈主编：《中国哲学史》，人民出版社 2010 年版。

■ 任继愈主编：《中国道教史》，中国社会科学出版社 2001 年版。

■ 冯契：《中国古代哲学的逻辑发展》（上、中、下），上海人民出版社 1983、1984、1985 年版。

■ 冯契：《中国近代哲学的革命进程》，上海人民出版社 1989 年版。

■ 肖萐父、李锦全主编：《中国哲学史》（上、下），人民出版社 1982、1983 年版。

■ 冯达文、郭齐勇主编：《新编中国哲学史》，人民出版社 2004 年版。

■ 张立文主编：《中国哲学史新编》，中国人民大学出版社 2012 年版。

■ 刘文英主编：《中国哲学史》，南开大学出版社 2002 年版。

■ 北京大学哲学系中国哲学教研室：《中国哲学史》，北京大学出版社 2003 年版。

■ 范文澜：《中国通史》，人民出版社 1978 年版。

■ 侯外庐：《中国思想通史》，人民出版社 1959、1960 年版。

■ 吕振羽：《中国政治思想史》，生活·读书·新知三联书店 1955 年版。

■ 郭沫若：《十批判书》，东方出版社 1996 年版。

■ 侯外庐、邱汉生、张岂之主编：《宋明理学史》，人民出版社 1997 年版。

■ 徐复观：《中国人性论史·先秦篇》，上海三联书店 2001 年版。

■ 方克立：《中国哲学史上的知行观》，人民出版社 1982 年版。

■ 方克立主编：《中国哲学与辩证唯物主义》，高等教育出版社 1998 年版。

■ 方立天：《中国佛教哲学要义》，中国人民大学出版社 2002 年版。

■ 牟钟鉴：《儒道佛三教关系简明通史》，人民出版社 2018 年版。

■ 冯达文：《中国古典哲学略述》，广东人民出版社 2009 年版。

■ 陈卫平：《第一页与胚胎——明清之际的中西文化比较》，上海人民出版社 1992 年版。

■ 陈来：《宋明理学》，辽宁教育出版社 1991 年版。

■ 宋志明：《中国现代哲学通论》，中国人民大学出版社 2008 年版。

■ 郭齐勇：《中国哲学智慧的探索》，中华书局 2008 年版。

■ 孙熙国：《先秦哲学的意蕴——中国哲学早期重要概念研究》，华夏出版社 2006 年版。

■ 白奚：《稷下学研究：中国古代的思想自由与百家争鸣》，生活·读书·新知三联书店 1998 年版。

■ 劳思光：《新编中国哲学史》，广西师范大学出版社 2005 年版。

■ 本杰明·史华兹：《古代中国的思想世界》，程钢译，江苏人民出版社 2004 年版。

第一版后记

《中国哲学史》是马克思主义理论研究和建设工程重点教材。在编写过程中，得到了马克思主义理论研究和建设工程咨询委员会的指导，得到了中央有关部门和有关专家学者的帮助和支持。同时，广泛听取了高校、社科研究机构相关专业领域的专家学者、一线教师和大学生的意见和建议。

本教材由首席专家方克立、郭齐勇、冯达文、陈卫平、孙熙国主持编写。郭齐勇、冯达文主持了教材初稿的编写和统稿工作，参加的有李存山、李翔海、吴根友、麻天祥、丁为祥、徐洪兴、陈少明、杨信礼、张连良、吾敬东、萧洪恩等。方克立、陈卫平、孙熙国主持了教材后期的编写、修改和统稿工作，参加的有李存山、李翔海、吴根友、杨信礼、刘成有、陈静、苗润田等，冯达文参加了最后的统稿工作，郭齐勇提出了修改统稿意见。张磊主持了工程办公室组织的审改和统稿工作。何成、邵文辉、李会富、段海宝、臧峰宇、温海明、张继军、宋凌云、田岩、冯静、汤荣光、唐棣宣、宋义栋、王燕燕、魏学江、陈东琼、张造群等参加了具体统稿和修改工作。参加集中阅看并提出修改意见的有：李毅、李德顺、蔡方鹿、许苏民、廖名春、詹石窗、刘学智、乔清举、柴文华、邵汉明、李宗桂、李维武、汪学群、周贵华、康中乾、洪修平、黄朴民、朱承等。

2012 年 5 月

第二版后记

组织全面修订马克思主义理论研究和建设工程重点教材，是推动习近平新时代中国特色社会主义思想和党的十九大精神进教材、进课堂、进头脑的重要举措。《中国哲学史》（第二版）是在第一版教材的基础上修订而成的。在教材修订过程中，得到了马克思主义理论研究和建设工程咨询委员会的指导，得到了中央有关部门和有关专家学者的帮助和支持。同时，也广泛听取了高校专业课程教师和学生的意见和建议。

教材修订课题组由 方克立 、冯达文、陈卫平、孙熙国任首席专家，方克立 主持修订，刘成有、杨立华、杨信礼、苗润田、段海宝、顾红亮作为主要成员参加修订。何成、陈启清主持了工程办公室组织的审改定稿工作。王昆、王勇、石文磊、田岩、冯静、吴学锐、曹守亮、刘一、聂大富等参加了审改。参加集中审阅并提出修改意见的有：李捷、尹汉宁、张磊、韩震、杨瑞森、许全兴、李维武、李存山、李宗桂、周向军、王南湜、向世陵、柴文华、李佑新、景海峰、丁为祥、吴根友、乔清举、李承贵、严正、杨海文、宋进、杜云辉等。

2021 年 9 月